Pitz, Siedlungsnamen auf -villare (-weiler, -villers)
zwischen Mosel, Hunsrück und Vogesen

Beiträge zur Sprache im Saar-Mosel-Raum

Herausgegeben von Wolfgang Haubrichs

Band 12, Teil I

Martina Pitz

Siedlungsnamen auf -villare (-weiler, -villers) zwischen Mosel, Hunsrück und Vogesen

Untersuchungen zu einem
germanisch-romanischen Mischtypus
der jüngeren Merowinger-
und der Karolingerzeit.

SDV

Saarbrücker Druckerei und Verlag

Gedruckt mit freundlicher Unterstützung
Ministerium für Bildung, Kultur und Wissenschaft.

Die Deutsche Bibliothek – CIP-Einheitsaufnahme

Pitz, Martina:
Siedlungsnamen auf -villare (-weiler, -villers) zwischen Mosel,
Hunsrück und Vogesen : Untersuchungen zu einem germanisch-
romanischen Mischtypus der jüngeren Merowinger- und der
Karolingerzeit / Martina Pitz. – Saarbrücken : SDV, Saarbrücker
Druckerei und Verlag, 1997
  (Beiträge zur Sprache im Saar-Mosel-Raum ; Bd. 12, Teil 1 und 2)
  Zugl.: Saarbrücken, Univ., Diss., 1994
  ISBN 3-930843-29-3

© 1997 by Saarbrücker Druckerei und Verlag GmbH, Saarbrücken
Alle Rechte, insbesondere das Recht der Vervielfältigung und Verbreitung sowie der Übersetzung
vorbehalten. Kein Teil des Werkes darf in irgendeiner Form durch Fotokopie, Mikrofilm oder ein
anderes Verfahren ohne schriftliche Genehmigung des Verlages reproduziert oder unter Verwen-
dung elektronischer Systeme verarbeitet, vervielfältigt oder verbreitet werden.
Umschlaggestaltung: Michael Hardt
Gesamtherstellung: SDV Saarbrücker Druckerei und Verlag GmbH, Saarbrücken
Printed in Germany
ISBN 3-930843-29-3
ISSN 0175-6001

Inhaltsverzeichnis

1.	Weshalb ein Wiederaufgreifen der *Weiler* - Thematik ?	1
1.1	Forschungslage	1
1.2.	Themenstellung	26
1.3.	Zur Auswahl des Untersuchungsraumes	40
2.	Katalog der *Villare*-Siedlungsnamen des Saar-Mosel-Raumes	51
2.1.	Vorbemerkungen	51
2.2.	Siedlungsnamen-Katalog	56
2.3.	Nachträge zum Siedlungsnamen-Katalog	553
2.4.	"Scheinbare" Weilernamen mit analogischer Angleichung des nicht mehr verstandenen Grundwortes ahd. *bûr* an den Weiler-Typus	554
3.	*Nova rebus novis nomina* ? Wortgeschichtliche Überlegungen zum Problem der Siedlungsbezeichnung *villare*	557
3.1.	Forschungsmeinungen	557
3.1.1.	Etymologische Grundlage	557
3.1.2.	Zeitstellung: lateinisch oder romanisch ?	560
3.1.3.	Anzusetzendes Grundwort: *villare* oder *villarium* ?	563
3.1.4.	Benennungsmotiv	564
3.1.5.	Die sprachwissenschaftliche Stütze des Steinbachschen Konzepts: Der Erklärungsansatz von Anna Veronika Bruppacher	568
3.2.	Sichtung der wortgeschichtlichen Daten	572
3.2.1.	Die lateinischen Adjektive auf *-âlis/-âris*	572
3.2.2.	Das Adjektiv *villaris*	582
3.2.2.1.	Zusammenstellung der Belege	582
3.2.2.1.1.	Plinius, Naturalis Historia 10, 116: *villares gallinae*	582
3.2.2.1.2.	Ennodius, Epistulae 8,4: *villares deliciae*	587
3.2.2.1.3.	Concilium Epaonense C. 25: *in oratoriis villarebus*	590
3.2.2.1.4.	Zur Bewertung des Beleges *Terrae ... villares* aus Flavigny	594
3.2.2.2.	Zur Aussage der adjektivischen Belege	595
3.2.3.	Zur Substantivierung lateinischer *-âlis*-Adjektive	596
3.2.3.1.	Substantiviertes *-âlis/-âris*	596
3.2.3.2.	Funktionsbereiche des romanischen *-âle/-âre*	600
3.2.3.3.	Zur Beurteilung der Substantivierung *villare*	604
3.3.	Überlegungen zur Wortbedeutung	611
3.4.	*Villare* in der frühmittelalterlichen Kanzleischreibung	624
3.5.	Romanische Ableitungen von *villare*	627
3.6.	Zur Grundwortentwicklung im Französischen	628
3.6.1.	Vokalentwicklung beim Suffix *-âre*	628
3.6.2.	Zur Behandlung von nebentonigem [i]	649
3.6.3	r-Ausfall im Wortauslaut	649
3.6.4.	Entwicklung des intervokalischen Liquiden	650
3.6.5.	Anlautendes [v]	651
3.6.6.	Unorganische Auslautkonsonanten	652

V

3.7.	Zur Entlehnung ins Fränkisch-Althochdeutsche und zum althochdeutschen Lehnwort *wilari*	653
3.7.1.	Zur Begründung der Entlehnung	653
3.7.2.	Lautentwicklungen beim Lehnwort *wilari*	656
3.7.2.1.	Entwicklungen beim Suffix *-âri*	657
3.7.2.2.	Assimilationserscheinungen	658
3.7.2.3.	Kürzung des Stammvokals	659
3.7.2.4.	Kontraktion *-willer* > *-ler*	660
4.	Siedlungsnamen auf *-villare/-wilari*: Charakteristik und Typologie	
4.1.	Zu den Eigentümlichkeiten der romanischen Namen vom Typ *Avricourt*	662
4.2.	Zur Komposition der romanischen Namen	678
4.2.1.	Verteilung der Akzente	678
4.2.2.	Probleme der Wortfuge: Lateinische Genitive und romanische Bindevokale	680
4.2.3.	Flexion der Personennamen	692
4.2.3.1.	Stark flektierte männliche Personennamen	692
4.2.3.2.	Schwach flektierte männliche Personennamen	695
4.2.3.3.	Weibliche Personennamen	701
4.2.4.	Männliche Personennamen auf *-o, -ône*, weibliche Personennamen auf *-a, -âne*, männliche Namen auf *-wini* und *-înus* als Bestimmungswörter romanischer *Avricourt*-Typen: Möglichkeiten und Grenzen ihrer Unterscheidung	703
4.2.5.	Stark bzw. schwach flektierte Varianten fränkischer Kurznamen als Bestimmungswörter von *Avricourt*-Typen	709
4.3.	Zu den Ableitungssilben genuin althochdeutsch entwickelter Namen	713
4.3.1.	Mittelsilbenschwund	713
4.3.2.	Zu den [s]-Lauten in der Wortfuge stark flektierter Personennamen	714
4.3.3.	Oberdeutsche *-in*-Genitive in westmitteldeutschen Siedlungsnamen?	718
4.4.	Zur Verfertigung von Doppelnamen	721
4.5.	Siedlungsnamen-Typologie	730
5.	Personennamen als Bestimmungswörter	737
5.1.	Personennamen-Synopse	738
5.1.1.	Germanische Namenbildungselemente	738
5.1.2.	Romanische Personennamen	765
5.1.3.	Personennamenindex	769
5.2.	Zur Namenbildung	777
5.3.	Romanismen	788
5.3.1-	Romanische Senkung der Kurzvokale [i] > [e] und [u] > [o]	788
5.3.2.	Zur Behandlung von germ. [ai]	789
5.3.3.	Germ. [au]	791
5.3.4.	Germ. [eu]	792

5.3.5.	Umlaut in romanischen *Avricourt*-Namen ?	793
5.3.6.	Germ. [h] im Anlaut von Personennamen	795
5.3.7.	Germ. [w] im Anlaut des Personennamen-Zweitgliedes	798
5.3.8.	Vokalisierung von [w] im Nexus [sw]	800
5.3.9.	Lateinische Distribution der Nasale	801
5.3.10.	Entwicklungen im Bereich der Dentale	803
5.3.11.	Romanischer Schwund von intervokalischem [g]	804
5.3.12.	Liquidenmetathese im Personennamen-Stamm	805
5.3.13.	Westfränkische Stammerweiterungen durch l-, n- und r-haltige Suffixe	806
6.	Lautliche Entwicklung der Bestimmungswörter	808
6.1.	Romanische Namen	810
6.1.1.	Vokalismus	810
6.1.1.1.	Palatalisierung von (nicht haupttonigem) [a] > [ę]	810
6.1.1.2.	Verdumpfung von vortonigem [a] > [ǫ]	812
6.1.1.3.	[e] > [a]	814
6.1.1.4.	[e] > [i] unter dem Vorton	816
6.1.1.5.	Prothetisches [e-]	818
6.1.1.6.	Zum Lautwert der Graphie <ea>	818
6.1.1.7.	Zur Behandlung von (nicht haupttonigem) [i]	821
6.1.1.8.	"Parasitisches" <i>	824
6.1.1.9.	Zur Entwicklung von (nicht haupttonigem) [o], [ǫ], [au] > [ǫ]	828
6.1.1.10.	(Nicht haupttoniges) [û]	833
6.1.1.11.	Nasalierung und Entnasalierung	836
6.1.2.	Konsonantismus	847
6.1.2.1.	Liquide	847
6.1.2.1.1.	Zur Entwicklung von vorkonsonantischem [l] im Lothringischen	847
6.1.2.1.2.	Liquidentausch	851
6.1.2.1.3.	Metathese	852
6.1.2.1.4.	[r]-Schwund	853
6.1.2.2.	Zur Lautqualität der Graphie <x>	857
6.1.2.3.	Zur Behandlung des germanischen [h]	861
6.1.2.4.	Germ. [w] im Anlaut	865
6.2.	Genuin althochdeutsche Namen	867
6.2.1.	Vokalismus	867
6.2.1.1.	Umlaut	867
6.2.1.2.	Verdumpfung [â] > [ô], [a] > [o]	871
6.2.1.3.	Dehnung alter Kürzen	872
6.2.1.4.	Kürzung alter Längen	874
6.2.1.5.	Mitteldeutsche Senkung	876
6.2.1.5.1.	[i] > [e]	876
6.2.1.5.2.	[u]/[ü] > [o]/[ö]	877
6.2.1.6.	Assimilation [e - i] > [i - i]	880
6.2.1.7.	Vokalentrundung	882
6.2.1.8.	Rundung	883

6.2.1.9.	Mitteldeutsche Monophthongierung		883
6.2.1.9.1.	[uo], [üe] > [û], [ü:]		883
6.2.1.9.2.	[ie] > [i]		887
6.2.1.10.	Zur Behandlung von wgerm. [ai]		889
6.2.1.11.	Ahd. [iu]		893
6.2.1.12.	'Neuhochdeutsche' Diphthongierung		896
6.2.2.	Konsonanten		902
6.2.2.1.	Zu den Nasalen		902
6.2.2.1.1.	Assimilation [n] > [m] vor Labial		902
6.2.2.1.2.	Nasalschwund vor folgender Spirans		902
6.2.2.1.3.	[nd]-Velarisierung		905
6.2.2.2.	Entwicklungen im Bereich der Liquiden		906
6.2.2.2.1.	[r]- Metathese		906
6.2.2.2.2.	Dissimilation [l] > [r]		908
6.2.2.2.3.	Dissimilation [l] > [n]		908
6.2.2.3.	Zum Lautwert von wgerm. [ƀ]		908
6.2.2.4.	Spirantisierung und Schwund von intervokalischem [g]		910
6.2.2.5.	[h] vor [s] und [t]		911
7.	Zusammenfassung und Ausblick		917
8.	Anhang		926
8.1.	Linguistische Zeichen		926
8.2.	Sonstige Zeichen		926
8.3.	Abkürzungen		926
8.4.	Verzeichnis der ausgewerteten archivalischen Quellen		932
8.5.	Gedruckte Quellen und Literatur		940

Verzeichnis der Abbildungen

1/1	Verbreitung der deutschen Weilernamen	21
1/2	Zur Herausbildung der westlichen Sprachgrenze	30
1/3	Verbreitung merowingerzeitlicher Grabfunde im Saar–Mosel–Raum	31
1/4	Fränkische Siedlung im Saar-Mosel-Raum aus sprachwissenschaftlich-namenkundlicher Sicht: Toponomastische Indizien einer frühen Germanisierung vor dem Jahr 800	33
1/5	Das Kontinuitätsproblem im Saar-Mosel-Raum aus sprachwissenschaftlich-namenkundlicher Sicht: Toponomastische Indizien für einen Fortbestand restromanischer Bevölkerung über das 8. Jahrhundert hinaus	34
1/6	Hinweise auf Doppelsprachigkeit im Saar–Mosel–Raum um das Jahr 800	35
1/7	Die 'Weißenburger' Familien im Oberen Saargau	39
1/8	Lotharingien und die germanisch–romanische Sprachgrenze	42
3/1	*Villare* als Ortsname in der Iberoromania	571
3/2	Zur Bezeichnung der Kleinsiedlung in den Mundarten der Galloromania	622
3/3	Nordostfranzösische Entsprechungen lateinischer Infinitive auf *-âre*	630
3/4	Zur Entwicklung der Infinitive auf *-âre* in den Südvogesen	633
3/5	Amtliche Schreibungen für die mit dem Simplex *villare* gebildeten Ortsnamen Nordfrankreichs	634
3/6	Zur Mouillierung von intervokalischem [l] in den Mundarten der Vogesen	642
3/7	Zur Behandlung von intervokalischem [l] in den Ardennen	643
3/8	Intervokalisches [l] in der Wallonie	644
3/9	Verbreitung der mit dem Heiligennamen *Hilar(i)us* komponierten Siedlungsnamen in der nördlichen Galloromania	647
4/1	Zur Präponierung der Farbadjektive	666
4/2	Zur Stellung der Farbadjektive in den Dialekten der Südvogesen	667
4/3	Nach dem *Avricourt*-Muster komponierte Siedlungsnamen mit Grundwort *villare* in der nördlichen Galloromania (nur Frankreich)	669
4/4	Siedlungsnamen auf *-villare* mit romanischer Postponierung des Bestimmungswortes in der nördlichen Galloromania (ohne Westschweiz)	671
4/5	Zur Ablösung der *Avricourt*-Typen durch genuin romanische Varianten mit Postponierung des Bestimmungswortes in der Beauce	672
4/6	"Umkehrung" des *Avricourt*-Musters in der Westschweiz	673
4/7	*Villare*-Ortsnamen in althochdeutscher und romanischer Morphologie im Bereich zwischen Sundgau und Plateau de Langres	674
4/8	Zur Deglutination des Anlautvokals im Lothringischfranzösischen	679
4/9	Zur Entwicklung von altem [i] + [n] + Konsonant in den Südvogesen	706
4/10	Villare-Namen als Zeugen alemannischer Nachwanderungen in den Vogesen?	711
4/11	Germanische Orts- und Gewässernamen im *Verdunois*	723
4/12	Germanische Ortsnamen in der *Terra Gallica*	724

IX

4/13	Romanische und germanische Siedlungsnamen im Bereich der deutschfranzösischen Sprachgrenze des Moselraumes	726
4/14	Einfache *Villare*-Namen in der nördlichen Galloromania (ohne Wallonien und Westschweiz)	732
4/15	Binnenausbau durch einfache *Villare*-Namen: Das Beispiel der Siedlungsnamen Villers-lès-Moivrons (Nr. 703) und Villers-sous-Prény (Nr. 709)	734
6/1	Zur Palatalisierung von nicht haupttonigem [a] > [e] im Lothringischfranzösischen	811
6/2	Verdumpfung von nicht haupttonigem [a] > [o] in den Mundarten der Südvogesen	814
6/3	Zur Entwicklung von nicht haupttonigem [e] > [a] in den ostfranzösischen Mundarten	815
6/4	Vokalvorschlag in Personennamen und Ortsnamen vor dem Jahr 1000	819
6/5	Zum Vokalvorschlag in den lothringischen Dialekten	820
6/6	Zur Entwicklung von lat. *bonus* im Lothringischfranzösischen	827
6/7	Ostfranzösische Schließung von [o] > [u] in gedeckter Position	829
6/8	Abschwächung von vortonigem [o] > [e]	632
6/9	Zur Entwicklung von nicht haupttonigem [û]	835
6/10	Zur Entwicklung von [an] + Palatal in den Mundarten der Südvogesen	838
6/11	Zur Reduktion von haupttonigem [ie] + Nasal zu [ĩ] in den Mundarten der Südvogesen	842
6/12	Zur Entnasalierung des Nasalvokals	844
6/13	Zur Entwicklung von [a] + [l] + Konsonant im Lothringischen	848
6/14	Zur r-Metathese in den lothringischen Mundarten	853
6/15	r-Ausfall vor Konsonant	854
6/16	Zur Repräsentation von intervokalischem [s] in den Mundarten der Südvogesen	859
6/17	Erhaltenes *h aspiré*	863
6/18	Erhaltenes germanisches [w] in der nördlichen Galloromania	866
6/19	Zur Verbreitung der mitteldeutschen Senkung [i] > [e]	878
6/20	Zur mitteldeutschen Monophthongierung von [uo], [üe] > [û], [ü:]	885
6/21	Zur mitteldeutschen Monophthongierung von [ie] > [î]	888
6/22	Zur Entwicklung von wgerm. [ai]	891
6/23	Zur Lautentwicklung von ahd. [iu] im Saar-Mosel-Raum	895
6/24	Zum Nasalschwund vor folgender Spirans	903
6/25	Zur Entwicklung von intervokalischem [g]	912
6/26	h-Ausfall vor [s] und [t]	914

Kartenbeilagen: Siedlungsnamen auf *-villare/-wilari* im Untersuchungsraum

Karte 1: Mit Personennamen komponierte Siedlungsnamen mit Grundwort *-villare*
Karte 2: Einfache Weilernamen, Namen mit adjektivischem bzw. nachweislich erst sekundär hinzugetretenem Bestimmungswort

Vorwort

Die vorliegende Untersuchung ist im Mai 1994 von der Philosophischen Fakultät der Universität des Saarlandes als Dissertation angenommen worden. Ich möchte es nicht versäumen, an dieser Stelle all jenen zu danken, die ihre Entstehung mitverfolgt und durch Hilfen und Hinweise verschiedenster Art zu ihrer Realisierung beigetragen haben.

Mein herzlicher Dank gilt dabei zunächst und vor allem meinem germanistischen Lehrer, Herrn Prof. Dr. Wolfgang Haubrichs. Er hat mein Interesse für die Onomastik geweckt und mir die Möglichkeit geboten, durch eine Mitarbeit an verschiedenen namenkundlichen Projekten seines Lehrstuhls den Umgang mit dieser Materie auch praktisch zu erproben. Seine zahlreichen eigenen Arbeiten zur saarländischen und lothringischen Toponymie haben diese Studie inspiriert, sein Rat und Interesse ihr Vorankommen über Jahre begleitet. Ebenso danke ich meinem romanistischen Lehrer, Herrn Prof. Dr. Max Pfister, für die Übernahme des Korreferats.

Für gewinnbringende Diskussionen bin ich auch den Organisatoren und Teilnehmern der an der Universität des Saarlandes zum Thema 'Namen und Siedlung' alljährlich stattfindenden interdisziplinären Kolloquien zu Dank verpflichtet, insbesondere der Archäologin Prof. Dr. Frauke Stein, die mir Einsicht in ihre eigenen Materialien gewährte und die alle in diese Untersuchung eingeflossenen Aussagen über eine mögliche Zuordnung merowingerzeitlicher Funde zu Weiler-Orten kritisch begutachtet hat, sowie dem Romanisten Prof. Dr. Max Pfister, dem Landeshistoriker Prof. Dr. Hans-Walter Herrmann und dem Mittelalterhistoriker Prof. Dr. Reinhard Schneider. Wichtige Hinweise zu Detailproblemen verdanke ich auch meinen Kollegen am Projekt 'Archiv für Siedlungs- und Flurnamen des Saarlandes und des germanophonen Lothringen' der Universität des Saarlandes, vor allem Dr. Roland W. L. Puhl, der mir einen Einblick in seine noch unveröffentlichte Dissertation zu den Raumnamen und den mit ihnen spezifizierten Ortsnamen des Saar-Mosel-Raumes gestattete und von dessen profunder Kenntnis der frühmittelalterlichen Raum- und Besitzstrukturen der betreffenden Landschaften ich immer wieder profitierte. Des weiteren gilt mein herzlicher Dank allen Mitarbeiterinnen und Mitarbeitern der zahlreichen Archive und Bibliotheken, die mir bereitwillig ihre Türen öffneten und mich bei der Durchsicht ihrer Bestände nach Kräften unterstützten, vor allem Prof. Dr. Hans-Walter Herrmann und Dr. Wolfgang Laufer (Landesarchiv Saarbrücken), Dr. Alain Atten (Archives Nationales, Luxembourg), Dr. Karl-Heinz Debus (Landesarchiv Speyer), Dr. Dietmar Flach (Landeshauptarchiv Koblenz), Dr. Günther Franz (Stadtbibliothek Trier), Dr. Reiner Nolden (Stadtarchiv Trier), Dr. Gilbert Trausch (Bibliothèque Nationale, Luxembourg), Jocelyne Barthel (Archives municipales, Metz), Mireille-Bénédicte Bouvet (Archives départementales des Vosges, Epinal), Sylvain Chimello (Archives municipales, Thionville), Hubert Collin (Archives départementales de la Meurthe-et-Moselle, Nancy), Jacques Dorléans (Archives départementales du Bas-Rhin, Strasbourg), Didier Hemmert (Archives municipales, Sarreguemines), Jacques Mourier (Archives départementales de la Meuse, Bar-le-Duc) und Lucie Roux (Archives départementales de la Moselle, Metz), sowie den Damen und Herren der Universitätsbibliothek Saarbrücken und der Stadtbibliothek Metz, die mir bei der Beschaffung der oft entlegenen Literatur stets hilfreich zur Seite standen. Schließlich bin ich auch Herrn Raimund Zimmermann zu großem Dank verpflichtet, der die Reinzeichnung zahlreicher Karten übernommen hat.

Die Drucklegung des Buches wurde gefördert durch eine großzügige Beihilfe des saarländischen Ministeriums für Bildung, Kultur und Wissenschaft sowie der Vereinigung der Freunde der Universität des Saarlandes, welche die vorliegende Untersuchung mit dem Dr.-Eduard-Martin-Preis ausgezeichnet hat. Auch dafür danke ich herzlich.

Großen Dank schulde ich aber nicht zuletzt auch meiner Familie, insbesondere meinem Mann und meinen Eltern, für ihre beständige Unterstützung und Ermunterung, für tatkräftige praktische Hilfe bei der computistischen Bearbeitung des Manuskripts und bei der Betreuung meiner Kinder, und für ihre über viele Jahre bewahrte Geduld. Meinen kleinen Töchtern Sophie und Noémie, die, eingesponnen in Netzwerke unterschiedlichster Art, ihre ersten Lebensjahre zwischen Schreibtischbeinen und Bücherbergen verbracht haben, sei die vorliegende Untersuchung gewidmet.

Colligny (Moselle), im Februar 1997

Martina Pitz

1. Weshalb ein Wiederaufgreifen der Weiler-Thematik?

1.1. Forschungslage[1]

"...Gerade mit den Weilernamen ist es eine eigene Sache. Kein Ortsnamentyp ist so heiß umstritten worden und hat zu so leidenschaftlichen Kontroversen geführt wie gerade die Namen auf Weiler".

K. Hoppstädter, in: Hoppstädter/Herrmann/Klein, Landeskunde, Bd. I, S. 69.

Bettainvillers erklärt sich aus: *Bett-* (Abkürzung für "beten") + *-ain-* (Abkürzung für "einbläuen") + *-villers* und bedeutet:"ville orthodoxe" bzw. "Ort, in dem das Beten eingebläut wird". In solch volkstümlich-naiver Weise versuchte noch 1864 Auguste Terquem[2], seiner Phantasie freien Lauf lassend, zu einer Deutung des lothringischen Siedlungsnamens Bettainvillers zu gelangen. Terquems unbekümmerte Wortspielereien, die der "bedeutungserschließenden" Silbenstückelung antiker und mittelalterlicher Grammatiker recht nahe kommen[3], machen deutlich, wie jung die wissenschaftlichen

---

[1] Jüngster Überblick über die Geschichte des "Weilerproblems", der allerdings die französischen Siedlungsnamen des *Villare-*Typus nur am Rande behandelt, bei Löffler, Weilerorte 28-32. Ebd. S.28 Anm. 12, Hinweise auf ältere Darstellungen, denen für den hier speziell interessierenden Raum noch hinzugefügt sei: Risch, Beiträge 67 ff.; Pöhlmann, Bliesgau I 98 f.; Lévy, Histoire I 93-98; Engels, ONN 126 ff.; Langenbeck, in: ZGORh. 99 (1951) 134 f.
Die Geschichte der Toponomastik als wissenschaftlicher Disziplin wird für die ältere Zeit, in der gerade die *villare-*Namen Gegenstand heftiger Diskussionen waren, dargestellt bei Will, Namenforschung; vgl. neuerdings auch Gerlich, Landeskunde 140-167, sowie die älteren regionalen Forschungsberichte bei Kaspers (Rheinland, in: ZONF 5 (1929) 166-176); Mentz (Baden, in: ZONF 6 (1930) 82-100); Langenbeck (Elsaß-Lothringen, in: ZONF 6 (1930) 165-191); Christmann (Pfalz, in: ZONF 12 (1936) 153-163).

[2] Terquem, Etymologies 14. Das Beispiel wird auch genannt bei Langenbeck, Ortsnamenliteratur 168; vgl. zu Terquem außerdem Egli, Geschichte I 157 f.; Hiegel, Orts- und Flurnamenforschung 289; Uibeleisen, Lothr. ONN 55 (dort die amüsante Bemerkung, daß in Terquems Deutungssystem, "wo gewöhnlich jeder Buchstabe einem ganzen Worte entspricht, ... die Ortsnamen förmliche Reden halten"). Chirurgetymologien ähnlicher Machart finden sich auch noch in sehr viel jüngeren Arbeiten, so etwa bei Piémont, Toponymie 150 (ohne Rekurs auf historische Belege!). Zu Piémont vgl. Hiegel, Orts- und Flurnamenforschung 291; Lanher, in: Cahiers lorrains (1982) 405-407.

[3] Pfister, Etymologie 45, unter Bezug auf Sanders, Grundzüge. Dort findet sich der Hinweis auf mittelalterliche Etymologien wie die des Petrus Heli, der im 12. Jahrhundert CADAVER als CAro DAta VERmibus interpretierte und in seiner Schrift *Summa prisciani* das Wesen der Etymologie wie folgt bestimmte: *"Ethimologia ergo est expositio alicuius vocaboli per aliud vocabulum sive unum sive plura magis nota secundum rei proprietatem et litterarum similitudi-*

Grundlagen etymologischer Forschung gerade im Bereich der Namen sind [4].

Als eine Hilfswissenschaft der Siedlungsgeschichte verstanden, gewann die Toponomastik in den 1870er Jahren das Interesse besonders der rechts- und wirtschaftshistorischen Forschung, die sich um die Erhellung der Siedlungsvorgänge zur Zeit der germanischen Wanderungen und der fränkischen Landnahme bemühte. In erster Linie sollten dabei Zusammenhänge zwischen Siedlungsnamen und Siedlungsgründern, einzelnen historischen Personen oder bestimmten siedelnden Völkerschaften, aufgezeigt und historisch begründet werden. Wilhelm Arnold hat zwar nicht als erster erkannt, in welchem Umfang Namenzeugnisse siedlungsgeschichtliche Aufschlüsse zu geben und so unsere Kenntnis der quellenarmen *dark ages* der Spätantike und des frühen Mittelalters zu mehren vermögen [5], doch hat er erstmals systematisch einzelne Siedlungsnamentypen bestimmten Siedlungsperioden zugewiesen. Arnolds aus der Beobachtung der Prädominanz einzelner Namentypen in bestimmten geographischen Räumen abgeleitete Überlegungen über die frühmittelalterlichen Besiedlungsverhältnisse münden in eine eigentümliche Stammes-Ortsnamen-Theorie [6], die diese

---

nem" (zitiert nach Pfister, Etymologie 15).

[4] Daß die Onomastik innerhalb der germanistischen wie der romanistischen Sprachwissenschaft noch immer einen eher peripheren Rang belegt und deshalb die Sichtung und philologische Aufarbeitung des Namenmaterials für bestimmte Teilräume noch stark im Rückstand ist, so daß allzu häufig ein unzureichender Forschungsstand perpetuiert bzw. "Deutungsversuche durch eifrige Dilettanten und geschichtsbeflissene Liebhaber, die mehr mit unbekümmerter Phantasie als wissenschaftlicher Erfahrung und Vorsicht ans Werk gehen" (Gerlich, Landeskunde 140), unbesehen weitergegeben werden, und daß auch von berufener Seite eine "Unsicherheit des Deutens" besonders toponomastischer Quellen fortbesteht, hat insbesondere Henning Kaufmann betont, vgl. dessen "Namenforschung auf Abwegen" (S.13 f.) sowie ders., Rufnamen 2 f. Aus romanistischer Perspektive hat neuerdings Pfister, Bedeutung toponomastischer Quellen, die Wichtigkeit der Namenzeugnisse, die bisher bekannte Erstbelege um Jahrhunderte vordatieren können, für die galloromanische Lexikologie hervorgehoben.

[5] Schon 1847 hatte der Rechtshistoriker Georg Waitz anläßlich einer Untersuchung der salischen Stammesrechte die Ausdehnung des Stammesgebietes der salischen Franken nach Namenzeugen zu bestimmen versucht, vgl. Waitz, Recht 53 f. Dezisive Impulse dürften auch von den namenkundlichen Studien Ernst Förstemanns ausgegangen sein, der bereits auf eine eventuelle Gebundenheit bestimmter Grundworttypen an einzelne Landschaften hinwies und eine Erklärung dieses Phänomens "in dialektischen Verhältnissen und damit in uralten historischen Vorgängen" suchte (Förstemann, Ortsnamen 264).

[6] Gerlich, Landeskunde 144. Zur Erläuterung dieser Theorie vgl. Arnold, Ansiedlungen 1-42, 606-635; ders., Studien 24 f.: "Ein für die Geschichte besonders wichtiger Bestandteil der Sprache sind die Ortsnamen, denn wir können aus ihnen, sobald es gelingt, sie zu sondern und zu erklären, leicht die verschiedenen Völker und Stämme ermitteln, welche nacheinander das Land in Besitz gehabt haben, und für dasjenige, welches bis auf die Gegenwart sich darin behauptet hat, meist auch die Art und Weise und den allmählichen Fortschritt der Ansiedelung bestimmen". Dieses Konzept, nach dem die überlieferten Namenzeugnisse nach Grundwörtern zu sortieren

räumliche Streuung der Siedlungsnamen auf die Siedlungstätigkeit einzelner germanischer Stämme in den betreffenden Landschaften zurückführen will. Ausweislich ihres Namenschatzes würden sich also bestimmte Regionen als Siedlungsgebiete dieser ethnischen Gruppen zu erkennen geben.

Die Namen auf -*weiler* wies Arnold ebenso wie -*hofen*, -*bronn*, -*wang*, -*schwand* und das patronymische -*ingen* dem Stamm der Alemannen zu [7]; ja er sah in dieser "sicherste(n) und entscheidendste(n) Klasse der Namen auf weiler" sogar den wichtigsten Indikator der alemannischen Siedlung überhaupt [8], geeignet, insbesondere in Übergangsbereichen Franken und Alemannen zweifelsfrei zu unterscheiden und so die

---

und diese unterschiedlichen Siedlungsperioden zuzuweisen sind (Arnold meint hier allerdings eine chronologische Abfolge bestimmter siedelnder Völkerschaften; erst Steinbach hat erkannt, daß sich vor allem Altsiedelland und Zonen des Landesausbaus in bestimmten Ortsnamentypen abbilden !), erweist sich rückblickend mit Gerlich, Landeskunde 143, als eine der Grunderkenntnisse der Arnoldschen Theorie, die sich (unabhängig von den zu Recht kritisierten Thesen von der "Stammeszugehörigkeit der Grundwörter") als zukunftsträchtig erweisen sollte und die den Reiz dieser von den Zeitgenossen enthusiastisch gefeierten Darlegungen (vgl. Scherer, Besprechung 472) ausmachte. Zur wissenschaftsgeschichtlichen Stellung Arnolds vgl. etwa Langenbeck, Ortsnamenliteratur 176 f.; ders., Untersuchungen 72 ff., sowie neuerdings Gerlich, Landeskunde 144: "Die Schwäche der Stammes-Ortsnamen-Theorie Wilhelm Arnolds beruht auf zwei Voraussetzungsmängeln: zum ersten gab - und gibt - es noch keine Anthropologie, die exakt und überzeugend die ethnographischen Unterscheidungen von stammesmäßig gebundenen Volksschlägen nachweisen und somit für Arnolds Annahmen die notwendige Stütze bieten könnte; zum anderen hatte er, bei aller Fruchtbarkeit des Zeitstufengedankens, in der Namenchronologie die Zuweisungen zu sehr vereinfacht... Arnold hat indirekt neue Ansätze gefördert, Namenwanderungen zu untersuchen. Aus dem germanistischen Ursprungsfeld führten diese hinüber auf das der Ortsnamengeographie."

[7] Vgl. Arnold, Ansiedlungen 163: "Was wir im Ganzen schon aus der Geschichte kennen, wird nun im Einzelnen auf das Merkwürdigste durch die Ortsnamen bestätigt. Zunächst haben wir die alemannischen zu verfolgen, um zu sehen, wie Alemannen und Franken gerade am Niederrhein handgemein werden konnten, was manchen Historikern noch immer räthselhaft vorkommt. Das Räthselhafte verschwindet, sobald wir an Hand der Ortsnamen den Ansiedlungen der Alemannen näher nachgehen. Denn nicht blosz in der Wetterau, in Nassau und im Rheinland, sondern auch im Maas- und Moselgebiet bis in die Gegend von Maastricht, Aachen und Jülich, also weit über Zülpich hinaus, finden wir alemannische Ortsnamen in Menge. Als charakteristisch für dieselben ist vor allem das ahd. *wilari* oder *weiler* anzusehen". Ähnlich ders., Studien 37. 104 f. Der *Villare*-Typus ist schon vor Arnold mit alemannischer Siedlung in Verbindung gebracht worden, vgl. etwa Riehl, Pfälzer 99: "Noch entschiedener alemannisch aber erscheint die Bildung der Ortsnamen auf 'weiler', die vom Elsaß, wo sie geradezu die herrschende ist, in die südliche Pfalz herüberzieht, dort mit der mehr mittelrheinischen Silbe 'heim' um den Rang streitet, in Rheinhessen aber der letzteren gänzlich das Feld räumt."

[8] Vgl. Arnold, Ansiedlungen 166.

"Ansiedlungen und Wanderungen" gerade dieser beiden "Stämme" [9] transparent zu machen. An Versuchen, diese Thesen an Hand kleinräumiger Studien zu verifizieren, hat es auch für die Gegenden an Mosel und Saar nicht gefehlt [10]. Arnolds Interpretation gerade der *villare*-Namen gab indessen schon sehr bald Anlaß zu einer Infragestellung wenn nicht des gesamten Theoriegebäudes, so doch der Richtigkeit einzelner Namen-Stamm-Relationen [11]. Die mit dem Lehnappellativ *villare* gebildeten Siedlungsnamen schienen schon Wilhelm Scherer in seiner Besprechung des Arnoldschen Hauptwerkes nicht primär von germanischer Siedlung, sondern in erster Linie von galloromanischer Kontinuität bzw. früher Lehnwortübernahme zu zeugen: "Wenn die Namen mit -weiler auf alemannischem Gebiet besonders häufig sind", so Scherer [12], "so erklärt sich dies daraus, daß die Alemannen im Dekumaten

---

[9] Daß der Stammesbegriff selbst von Arnold nicht reflektiert wird, betont Gerlich, Landeskunde 144.

[10] Hier ist in erster Linie (auf das Rheinland bezüglich, aber die Saar-Mosel-Lande südlich und westlich von Trier mit umgreifend) an Lamprecht, Wanderungen, zu denken. Ihm ist (S.203) "weiler fast ausschließlich alemannisch, und deshalb aufs Entschiedenste beweisend"; "man wird daher, gestützt auf das jetzige Vorkommen der Ortsnamen auf -weiler und -ingen, sehr wohl zu einem übersichtlichen Bilde der alemannischen Ansiedlungen gelangen können" (S. 204). Vgl. Thomas, Barr 7; Uibeleisen, ONN 58: "Dagegen treten die elsässischen Ortsnamen-Typen, nämlich die Endungen weiler, bach, bronn, und heim so zahlreich in den Kreisen Saargemünd und Forbach, sowie im östlichen Theile des Kreises Saarburg auf, daß hier sicherlich alemannische Besiedlung vom Elsaß aus ... angenommen werden darf"; Besler, ONN Forbach II 14: "So kommen wir auf Grund der Untersuchung der Ortsnamen zu dem Ergebnisse, daß die heutige Bevölkerung Deutsch-Lothringens, besonders des Kreises Forbach, oberfränkisch, chattisch ist, wobei eine Untermischung von alemannischen Bestandteilen nicht verkannt werden kann, wie aus den Namen mit —weiler und —ingen hervorgeht. Trotzdem ist auch mit Wahrscheinlichkeit anzunehmen, daß die Franken bei irer Einwanderung in Gegenden, die von Alemannen besetzt waren, ire Gründungen mit alemannischen Endungen bezeichnen konnten; denn viele Ortsnamen auf -weiler und -ingen sind mit Personennamen zusammengesetzt, welche fränkisch sind", sowie die bei Langenbeck, Ortsnamenliteratur 176, genannten Titel.

[11] Vgl. etwa Schlüter, Siedlungswesen 416: "Ist auch die Enge der Arnoldschen Hypothese aufzugeben und ihre schematische Anwendung abzulehnen, so bleibt doch der Grundgedanke - die geographische Wanderung ethnographischer Merkmale - bestehen".

[12] Scherer, Besprechung 475. Scherer gesteht Arnold (ebd.S.474) allerdings zu: "Es scheint in der That eine Zeit gegeben zu haben, wo die Alemannen nahezu jede ihrer Ansiedelungen mit weiler oder hofen benannten, ebenso wie die Franken mit heim oder hausen". Arnold, Studien 37, bemerkt dazu: "Man hat gemeint, die Beweiskraft von weiler sei doch fraglich, weil es dem römischen villare entlehnt sei. Allein wenn dem auch so wäre, so kommt es hier eben nicht auf die Herkunft, sondern auf die allgemeine Verbreitung des Wortes an." So hat man denn unter Berufung auf Arnold gerade für den lothringischen Raum auch die mit Hilfe germanischer Personennamen und romanischer Grundwörter gebildeten Siedlungsnamen gelegentlich als genuin germanische, nämlich fränkische Gründungen interpretiert, vgl. etwa Uibeleisen, ONN

lande viele *villares* vorfanden: aber überall, wo römische Cultur sich befestigt hatte, gab es *villare, villares, villaria*. Und das Wort konnte von jedem deutschen Stamm ebensowohl beibehalten werden, wie von den Alemannen".

Zu den ersten, die - und zwar gerade an Hand lothringischen Namenmaterials [13] - in Bezug auf die mit dem Grundwort *villare* komponierten Siedlungsnamen eine von Arnold unbeeinflußte Entstehungshypothese vortrugen, gehört Hans Witte. Waren noch für Oskar Döring 1886 [14] die in den Bestimmungswörtern dieser Namen enthaltenen germanischen Personennamen ein hinreichender Beweis des germanischen Ursprungs dieses Typus, so gab Witte nun zu bedenken, daß germanische Personennamen spätestens seit der jüngeren Merowingerzeit auch von Romanen getragen werden

---

69: "Neben diesen romanischen Ortsnamen treten vom frühesten Mittelalter an als neues wichtiges Element die germanischen Ortsnamen auf. Sie sind mit altdeutschen Personennamen zusammengesetzt und endigen sich auf court, ville, viller ..."; Doering, Geschichte 136: "Beweisend für germanische Besiedlung sind die Ortsnamen auf ... court, ville, viller ..., soweit dieselben mit germanischen Personennamen componirt sind". Das Paradoxon, daß dieser Ansatz für das französische *viller(s)*, das Arnold, Studien 37, zumindest für Lothringen noch als graphische Umsetzung eines dialektalen *willer* (*weiler*) interpretiert hatte (ähnlich Besler, ONN Forbach I 3), fränkischen, für das deutsche *weiler* hingegen alemannischen Ursprung behauptet, wurde nicht aufgelöst.

In der umstrittenen Frage der Etymologie des nhd. *Weiler* legt sich Arnold an keiner Stelle eindeutig fest. Sehr viel entschiedener tut das dagegen Wilser, Weiler-Orte 116, wenn er "das Vorhandensein eines zur Wohnortbezeichnung dienenden Wortstammes *vil* im Germanischen und Keltischen" zu erweisen sucht und daher auf die Zuhilfenahme einer Entlehnung aus dem Lateinischen verzichtet. Wie schon Arnold sind auch ihm die Weiler-Siedlungen alemannische Gründungen (vgl. ebd. S. 118: "Wo keine Alemannen, da keine Weiler-Orte"). Varianten der Arnoldschen Alemannen-These finden sich in der Literatur bis in die 1920er Jahre, so etwa bei Longnon, Noms de lieux 238: "Le mot villare a été adopté par les Alamans, l'une des nations germaniques qui, par raison de voisinage, ont été le plus directement en contact avec les populations romaines ...", sowie (bezogen auf die elsässischen Siedlungsverhältnisse) bei Wolfram, Siedlungsprobleme 184: "... ich halte es nicht für ausgeschlossen, daß gerade nach dem Eindringen der Franken und der Besetzung der Ebene durch fränkische Herren den besiegten Alemannen im nahen Bergland oder auf übrigem Gebiete ein neuer Siedlungsplatz zugewiesen wurde". Wolfram vertrat eine ähnliche Position auch noch in seinen späten Arbeiten, vgl. ders., Geschichte 6 Anm. 4: "Ich bemerke hier ausdrücklich, daß ich an meiner Auffassung über die germanische Siedlungsrichtung und an der Zuteilung der Dorfnamen auf Alemannen und Franken ... im allgemeinen durchaus festhalte. Daß ingen und heim gemeingermanisch sind, unterliegt auch für mich keinem Zweifel. Es kommt mir lediglich darauf an, daß die ingen in Elsaß-Lothringen im wesentlichen den Alemannen, die heim und ville im wesentlichen den Franken zugehören ... (Die) Weilerorte ... sind Ausbausiedlungen späterer Zeit".

[13] Bereits Arnold, Studien 105-115, hatte seine Sicht der elsaß-lothringischen Verhältnisse in einem eigenen Kapitel dargestellt.

[14] S. o. Anm. 12.

konnten [15].

Maßgeblicher als die germanischen Personennamen in den Bestimmungswörtern dieses Typus, "philologisch betrachtet eine germano-romanische Mischbildung" [16], schien ihm deshalb bei der Beurteilung der "Nationalität der Weilerorte" [17] bzw. ihres

---

[15] Witte, Deutsche und Keltoromanen 12 ff., exzerpierte die in einer Reihe leichter zugänglicher Quellen (Chartulare bedeutender klösterlicher Niederlassungen aus dem gesamten Bereich der unter fränkische Herrschaft gekommenen Galloromania, soweit diese in Editionen vorlagen und - allerdings zumeist in jüngerer Abschrift - frühmittelalterliches Urkundenmaterial überlieferten) genannten Personennamen besonders der *mancipia*, also der abhängigen, wohl mehrheitlich galloromanischen Bevölkerung. Das so gewonnene statistische Material schien ihm den Schluß zuzulassen, daß "im ganzen Norden Frankreichs ... die germanischen Personennamen zu einer man kann sagen unumschränkten Herrschaft gelangt (sind)" (ebd. S. 14); ein Phänomen, das spätestens nach der Publikation des Polyptychons der Pariser Abtei Saint-Germain-des-Prés durch Auguste Longnon im Jahr 1895, die erstmals eine zusammenhängende Quelle mit ca. 10.000 Personennamen des beginnenden 9. Jahrhunderts zugänglich machte, kaum mehr bezweifelt wurde. Das Verhältnis der germanischen zu den nichtgermanischen Personennamen - "wobei unter den letzteren der gesamte Fundus des spätantiken Namengutes zu verstehen ist, sei er nun römischen, griechischen, jüdischen, christlichen ... Ursprungs" (Ebling/Jarnut/Kampers, Nomen et gens 689) - beträgt in dieser Quelle 9 zu 1, vgl. Schützeichel, Westfrk. Problem 595. Noch vor Longnon (vgl. ders., Polyptyque I 260 f.) und Kurth (vgl. ders., Etudes 125 ff.), auf die Ebling/Jarnut/Kampers, Nomen et gens 690, hinweisen, haben z.B. Fustel de Coulanges (in: Revue des questions historiques (1887) 12) und Pfister (in: Annales de l'Est 2 (1888) 577 Anm. 1: "Nous ferons ... observer que tous les noms barbares n'appartiennent pas nécessairement à des hommes d'origine franque. A l'époque mérovingienne, ... le fils d'un Romain porte souvent, par mode, un nom germain") auf diese seit dem ausgehenden 6. Jahrhundert zunehmende Namenmode unter der autochthonen Bevölkerung des romanischen Reichsteils aufmerksam gemacht, → Kapitel 5.1, 5.3.

[16] Witte, Deutsche und Keltoromanen 11. Witte hat alle hybriden Bildungen, die ein romanisches Appellativ mit einem zumeist germanischen Personennamen in regressiver Sequenz verbinden (→ 4.1), in Anbetracht der Einheitlichkeit ihres Bildungsmusters unter dem Begriff "Weilerklasse" (Witte, Sprachgebiet 506) subsumiert und einen Bogen geschlagen zu den formal vergleichbaren deutschen Siedlungsnamen auf *-weiler*, vgl. Witte, Deutsche und Keltoromanen 21: "Angesichts der Thatsache, daß die germanischen Personennamen nicht beweisend sind für die nationale Zugehörigkeit des von ihnen bezeichneten Individuums, wird die ... beliebte Scheidung der Weilernamen in zwei Gruppen ... hinfällig und für die Bestimmung der nationalen Besitzverhältnisse unverwertbar. Für uns können nunmehr die auf -villare ausgehenden Ortsnamen nur noch eine völlig einheitliche Masse sein, von einheitlicher Entstehungszeit, einheitlicher Bildungsart und einheitlicher Bedeutung für die nationale Herkunft".

[17] W(olfram), in: ASHAL 6 (1894) 329; vgl. auch Witte, Sprachgebiet 505, über "die entscheidende Wichtigkeit der "Weilerfrage" für die Auffassung der durch die Völkerwanderung geschaffenen nationalen Besitzverhältnisse Lothringens wie für die Entstehung des deutschen Sprachgebietes"; ders., in: ZONF 12 (1936) 257: "Für die Beurteilung der früheren Nationalitätsverhältnisse Nordgalliens ist es geradezu von grundlegender Bedeutung, wie man diese große

Aussagewertes für die Klärung komplexerer Fragen wie der nach den Modalitäten der germanischen Besiedlung der nördlichen Galloromania oder nach dem Zustandekommen der deutsch-französischen Sprachgrenze - und Witte stellte das "Weilerproblem" ausdrücklich in diesen größeren Zusammenhang [18] - das romanische Grundwort des Namens zu sein: "Dieses Grundwort" (verleiht) den nationalen Stempel"; es "gehört immer und ohne Ausnahme der nationalen Sprache an"[19]. Witte hielt es daher für unzweifelhaft, "daß die Weilerorte von Keltoromanen benannt worden sind"[20], zumal er glaubhaft machen konnte, daß die ältesten urkundlichen Nennungen dieses Typus auch innerhalb des althochdeutschen Sprachgebietes häufig in romanischer Orthographie erfolgten[21]. Detaillierte Flurnamenstudien schienen ihm ebenfalls für einen

---

Ortsnamenschicht einordnet. In ihr ist ein siedlungsgeschichtliches Kardinalproblem beschlossen".

[18] Eigentliches Forschungsanliegen ist ihm die Genese der deutsch-französischen Sprachgrenze und die Bestimmung ihres frühmittelalterlichen Verlaufs. Hier hat Witte insbesondere durch seine Flurnamenstudien den methodischen Weg vorgegeben für die nur wenig jüngeren Arbeiten von Zimmerli, Sprachgrenze, und Kurth, Frontière. Das Bild, das er von der allmählichen Herausbildung dieser Sprachgrenze als Völkerscheide entwirft, ähnelt einer modernen "Familienzusammenführung", vgl. Witte, Deutsche und Keltoromanen 4: "Dergestalt erscheint die Herausbildung einer festen Sprachgrenze als ein nationaler Austausch der am weitesten von den geschlossenen Siedlungsgebieten bezw. an ihrer Peripherie gelegenen Siedlungen".

[19] Witte, Deutsche und Keltoromanen 23. Ähnlich ders., Sprachgebiet 508. Die Möglichkeit, daß den deutschen Namen dieses Typus ein althochdeutsches Lehnwort (→ 3.7.1) zugrunde liegen könnte, schließt Witte aus.

[20] Witte, Deutsche und Keltoromanen 24. Ähnlich ebd. S. 63: "Die Weilernamen sind ... die Schöpfung der romanischen Bevölkerungsmasse; und die Weilerorte waren dementsprechend in der ersten Zeit ihres Bestehens bewohnt von einer romanisch redenden Bevölkerung. Diejenigen von ihnen, welche geographisch dem Bereiche des sich allmählich bildenden geschlossenen deutschen Sprachgebietes angehörten, wurden germanisiert". Witte ist ein entschiedener Verfechter der Vorstellung von einer demokratischen, d.h. im wesentlichen durch die abhängige Bevölkerung, nicht durch den Grundherrn vorgenommenen Namengebung, vgl. Witte, Deutsche undKeltoromanen 62; ders., Sprachgebiet 507, u. ö. Er will seine Behauptung eines romanischen Ursprungs der *villare*-Namen deshalb zunächst so verstanden wissen, "daß zur Zeit ihrer Entstehung in ihrer Bevölkerung das Romanentum überwiegend war. Die Möglichkeit einer geringen germanischen Beimischung ist ... selbstverständlich nicht ausgeschlossen" (Witte, Sprachgebiet 507). Nicht ausgeschlossen erscheint ihm deshalb wohl auch die Annahme eines germanischen Grundherren, nach dem "die unter ihm wohnende Masse keltoromanischer Unfreier die Siedlung ... benannt habe" (Witte, Deutsche und Keltoromanen 12).

[21] Vgl. Witte, Deutsche und Keltoromanen 29. Die romanische Wortfügung in den Urkunden, von der Witte meint, daß sie keinesfalls dem Einfluß romanischer Urkundenschreiber zugeschrieben werden kann, soll den Namen einen "fremdartigen Charakter" gegeben haben.

genuin romanischen Charakter der so benannten Siedlungen zu sprechen [22]. Ein interessantes Ergebnis dieser umfangreichen Flurnamensammlung ist der Nachweis, daß das wichtigste formale Charakteristikum der "Weilerklasse", nämlich die scheinbar "unromanische" Präponierung des Bestimmungswortes, in zahlreichen Flurnamen des romanophonen Lothringen wiederkehrt [23]. Die mit romanischen Wortbildungsregeln

---

[22] Witte geht von der Annahme aus, daß sich in Orten mit ehemals mehrheitlich germanophoner Bevölkerung in der Regel noch Jahrhunderte nach einem eventuellen Sprachwechsel deutsche Flurnamen relikthaft erhalten haben. Eine Überprüfung der Verhältnisse im Bereich der von ihm angenommenen Sprachgrenze des Jahres 1000 (vgl. die entsprechende Kartierung bei Witte, Sprachgebiet) scheint ihm zu ergeben, daß sich längs dieser Linie in den mit *villare* benannten Siedlungen überwiegend, wenn nicht ausschließlich romanische Flurnamen finden, wogegen die deutsche Siedlungsnamen tragenden Nachbargemeinden während des gesamten Mittelalters einen mehrheitlich deutschen Flurnamenschatz aufweisen sollen. Vgl. Witte, Deutsche und Keltoromanen 56 f.; ebd. auch Hinweise auf Ausnahmen von dieser "Regel", die man nach heutigem Forschungsstand nicht wird aufrechterhalten können, da sich doch die Siedlungsnamengebung im Sprachgrenzbereich gerade durch eine genuin gewachsene Doppelbenennung auszeichnet, die insbesondere die merowingisch-romanischen Namen der "Weilerklasse" mit bestimmten Grundwörtern germanischer Typen (*-ingen, -dorf,* etc.) kombiniert (→ 4. 1, 4. 4).

[23] Witte, Deutsche und Keltoromanen 65: "Diese halbdeutsche Ortsbenennung beschränkte sich nicht auf die Ortsnamen in engerem Sinne, sie war auch bei den Flurbezeichnungen im frühen Mittelalter nahezu alleinherrschend"; ders., Sprachgebiet 509: "Nun giebt es aber auch Flurnamen, die dieser Gattung angehören, weil zweistämmig mit einem genetivischen Bestimmungswort im ersten und romanischen Grundwort im zweiten Gliede". Man wird Witte recht geben, wenn er betont, daß die große Zahl solcher hybrider Flurnamenbildungen mit Präponierung des Bestimmungswortes, die zumindest den lothringischen Raum lückenlos abzudecken scheinen (die bei Witte, Sprachgebiet 511, aufgeführten Beispielreihen können allerdings nur Testcharakter haben), keinesfalls von einer flächendeckenden germanischen Besiedlung des betreffenden Raumes zeugen kann. Man wird vielmehr das geschilderte sprachliche Phänomen als ein Merkmal des Lothringischfranzösischen werten müssen (→ 4. 1). So "wird man wohl kaum über die allgemeine Erklärung hinauskommen, daß die fränkische Einwanderung ... in diesem Sinne auf die Sprache der eingeborenen keltoromanischen Bevölkerung eingewirkt hat" (Witte, Sprachgebiet 526). Wittes methodische Ansätze haben offenbar gerade in der französischen Toponomastik lange nachgewirkt. Noch 1963 vertrat Nègre, Noms de lieux 83, die Ansicht, das umstrittene Problem der *villare*-Siedlungsnamen werde sich nur lösen lassen, indem man den Flurnamenbestand der betreffenden Orte (und zwar des gesamten nordfranzösischen Verbreitungsgebietes) auf eventuelle germanische Reliktformen untersuche. Wolfram, Völkische Eigenart 26, sowie ders., Siedlungsprobleme 183, bestreitet allerdings die von Witte behauptete Prädominanz romanischer Flurnamen gerade in *Villare*-Siedlungen. Er gibt auch zu bedenken (vgl. Wolfram, Entwicklung der Nationalitäten 80; ähnlich F. Wrede, in: Historische Zeitschrift 71, 498 ff.), daß die Vorstellungen Wittes vom keltoromanischen Charakter dieser Siedlungen sich nur schwer vereinbaren lassen mit dem offensichtlichen Fehlen des Typus gerade in Regionen wie dem *Pays messin*; vgl. Schiber, ONN Metzer Land, und jetzt vor allem Haubrichs, Warndtkorridor. Zur archäologischen Fundsituation im Raum um Metz vgl. z.

argumentierenden sprachwissenschaftlichen Einwände gegen eine Autorenschaft romanischer Bevölkerungsgruppen des Merowingerreiches bei der Schaffung dieses Namentypus sehen sich dadurch einer zentralen Stütze beraubt.

Augenscheinlich durch das Studium der topographischen Lage der elsässischen *Villare*-Orte beeinflußt [24], formulierte Witte in einer späteren Arbeit seine als "Flüchtlingstheorie" bekannt gewordene Erklärungshypothese, wonach die Namen der "Weilerklasse" insgesamt als Gründungen einer durch die germanische Landnahme in wenig günstige geographische Räume abgedrängten romanischen Restbevölkerung zu begreifen seien [25]. Große Massen solcher romanischer "Flüchtlinge" hätten sich im

---

B. Stein, Franken und Romanen 587: "Metz ..., das an sich sehr gut erforscht ist, hat nur wenige Gräber mit Beigaben der Merowingerzeit ergeben, die ... sämtlich Romanen zugeschrieben werden müssen".

[24] Diese Siedlungen fallen durch ihre gegenüber den mit deutschen Ortsnamen auf -*heim* benannten Orten wenig günstige Lage an der Ostabdachung der Vogesen auf.

[25] Wittes Erklärungsansatz impliziert ein wenig friedliches Bild der politischen Verhältnisse im Übergang zwischen Spätantike und frühem Mittelalter, das nach heutigen Erkenntnissen insbesondere der archäologischen Forschung nicht mehr aufrecht erhalten werden kann. Ähnlich wie Witte hatte auch Schiber, Siedlungen 62, mit einem Kulturbruch infolge der fränkischen Reichsbildung gerechnet; er vermutete, daß "sich germanische Volksstämme im ehemaligen Römerreiche in breiten Massen ansiedeln, nicht allmählich mit den älteren Einwohnern mischen, sondern unter Vertreibung letzterer". Es muß jedoch im Anschluß an Böhme, Grabfunde, mit einem starken fränkischen Einsickern in den gallorömischen Raum bereits seit Mitte des 4.Jahrhunderts gerechnet werden, das wohl schon vor der eigentlichen Reichsbildung durch Chlodwig zu einer frühen galloromanisch-germanischen Mischkultur in diesem Raum führte. Die hier angesprochene Mischzivilisation ist inzwischen gut dokumentiert in einem Ausstellungskatalog des Römisch-Germanischen Zentralmuseums Mainz (Gallien in der Spätantike. Von Kaiser Constantin zu Frankenkönig Childerich. Mainz 1980). "Für die oft und heiß diskutierte fränkische Landnahme eröffnen sich damit", so Schneider, Frankenreich 6, "überraschende Perspektiven, und der These von einer eigentlichen, weil gewaltsamen Landnahme gar in Form einer Wanderlawine ist der Boden entzogen". Man muß vielmehr "davon ausgehen, daß insgesamt gesehen eine Siedlungskontinuität trotz der durch die Landnahme von Eroberern und des Rückzugs der Vorbevölkerung entstandenen Inkongruenz der Regionen erhalten blieb. Von einem totalen ethnischen Wechsel kann keine Rede sein, wohl aber von einem Zuwachs germanischer Bevölkerung, die durch die Landnahme zur galloromanischen hinzukam" (Gerlich, Landeskunde 151). Daß die fränkische Reichsbildung in der nördlichen Galloromania durchaus nicht, wie in vielen, auch jüngeren Darstellungen gerne behauptet wird (vgl. etwa Doehard, Le Haut Moyen Age 351, über "le processus dépressif d'une société d'ingérence installée en Occident après les invasions. Cette pauvreté endémique est pour nous l'image de la société du haut Moyen Age. ... C'est sans doute le paradoxe de son histoire politique, qu'une souveraineté centrale ait pu se maintenir si longtemps, et dans ce dénuement"), zum Beginn einer generellen, erst durch die karolingische Reform halbwegs aufgefangenen kulturellen "Talfahrt" wurde, betont Werner, Rôle 51 ff.: "...à des siècles de bouleversements et de souffrances, la domination mérovingienne fait suivre une période de paix, car les luttes dans la dynastie royale touchent peu la

Vorfeld der germanischen Wanderungen in einer Ost-Westbewegung [26] in die Höhenlagen der Vogesen zurückgezogen, um dann schließlich den Gebirgskamm zu überschreiten und sich in ganz Nordfrankreich auszubreiten [27]. Es war Witte offensichtlich nicht bewußt, daß dieser neue zeitliche Ansatz, der die Entstehung der *Villare*-Namen auf die kurze Zeitspanne während bzw. unmittelbar nach der germanischen Landnahme festlegt, der (im übrigen dann auch schwer verständlichen [28]) Annahme germanischer

---

population, qui depuis des siècles, n'a plus vu une vie aussi calme. La conséquence de cela est un essor démographique considérable, surtout au VIIe siècle, et qui est confirmé par les archéologues. Il est accompagné d'une amélioration des conditions économiques qui a permis, entre autres, une activité remarquable dans le domaine de la construction, surtout des églises".

[26] Es sei darauf hingewiesen, daß Witte ganz offensichtlich annimmt, die germanische Besiedlung des linksrheinischen Rheinlandes und das fränkische Vordringen nach Nordfrankreich sei durchweg in einer Ost-West-Bewegung erfolgt: "Wie sollte der fränkische Stamm", so gibt er zu bedenken (Witte, Sprachgebiet 508), "der doch in seiner großen Masse in der Rheingegend sitzen geblieben ist, über ein so ungeheueres Menschenmaterial verfügt haben, mit dem so ausgedehnte Lande hätten erfüllt werden können?". Witte rechnet insgesamt für die nördliche Galloromania der fränkischen Zeit mit einer dünnen germanischen "Herrenschicht", der eine numerisch weit bedeutendere "breitere, niederen Ackerbau treibende Bevölkerung" gegenüber stehen soll (Witte, in: ZONF 14 (1938) 211).

[27] Vgl. Witte, Geschichte des Deutschtums 418 ff.: "... so stellt sich das Gebiet dicht gedrängter Weilerorte als ein Kolonisationsgebiet dar ... Dort, wo sie ganz vereinzelt zerstreut unter den deutschnamigen Orten der Ebene angetroffen werden, dort sind sie entstanden, geschaffen von den geringen Resten der römischen Provinzialbevölkerung, die im Lande ansässig geblieben sind und die Stürme der Völkerwanderung überdauert haben. Dort, wo sich in den Vorbergen die Weilernamen häufen, dort schon sind die so benannten Orte nicht durch die ruhige Weiterentwicklung einer ansässigen Bevölkerung, sondern durch Zuzug aus der dem Germanensturm anheimgefallenen Ebene ... entstanden. ... Die Flüchtlinge, welche in der Zone der ostvogesischen Weilerorte keinen Raum mehr fanden, ... überstiegen die Höhe und ließen sich jenseits derselben ... nieder ... Dort beginnen auch wieder die Ortsnamen des Weilertyps in größerer Zahl aufzutreten, um sich über einen großen Teil des nördlichen Frankreich zu verbreiten". Schon vor Witte hatte 1894 Adolf Schiber aus der räumlichen Lage der elsässischen *villare*-Orte geschlossen, diese Siedlungen nähmen sich aus wie "Flüchtlinge, die vor dem Erscheinen der Alemannen im Osten und vor dem der Franken im Westen sich hierher zurückgezogen haben" (Schiber, Siedlung 66. Ebd. S.68 scheinen ihm diese Siedlungsplätze "wie geschaffen zur Zufluchtsstätte eines unterjochten Volkes").

[28] So betont etwa Risch, Beiträge 69, "daß es kaum möglich sei, anzunehmen, daß bereits in der Zeit der ersten kriegerischen Auseinandersetzung Keltoromanen die Namen ihrer Feinde angenommen hätten"; ähnlich schon Zimmerli, Sprachgrenze III 107 Anm. 1. Witte hat auch später in die nicht enden wollende Diskussion zum "Weilerproblem" eingegriffen; vgl. etwa seine Stellungnahme zu Behaghels Behauptung eines römischen Ursprungs dieser Namen (s. u.), in: ZGORh. N. F. 26 (1911) 344-350, wo er betont, daß ihn von Behaghels Ansatz vor allem eine unterschiedliche Sicht des Problems unterscheide: ihm gehe es nicht um eine Bewertung der Siedlungsstellen, die möglicherweise tatsächlich schon vorlandnahmezeitlich als römische

Personennamen durch Romanen, die ja die eigentliche Prämisse seiner ethnischen Zuweisungen gewesen war, nur wenig Raum ließ und so die in älteren Darstellungen erarbeitete These eines maßgeblichen romanischen Anteils am Zustandekommen dieses Namentyps insgesamt in Frage stellte [29].

Obwohl er wie Witte davon ausging, daß die mit Namen des *villare*-Typs benann-

---

villaria bestanden hätten, sondern allein um die Siedlungsnamen, die als solche ausweislich ihrer Bestimmungswörter in römischer Zeit noch nicht denkbar seien. In allen Punkten hat Witte die Ansichten Behaghels entgegen Gradmann, Siedlungswesen 113, und Engels, Ortsnamen 127, wohl nicht akzeptiert. Vgl. auch Wittes Besprechungen der Arbeiten von Gamillscheg (in: ZONF 12 (1936) 255-264) und Petri (in: ZONF 14 (1938) 206-217) in denen er an seiner Behauptung des romanischen Charakters dieser Siedlungen festhält und trotz des "geradezu ungeheuren sprachlichen Einfluss(es), den das eingewanderte Germanentum hier ausgeübt hat" (ZONF 14 (1938) 210) vor einer Überschätzung des numerischen fränkischen Anteils in der Bevölkerung der nördlichen Galloromania warnt.

[29] Steinbach, Studien 149, beurteilt den Beitrag Wittes zur "Weilerfrage" rückblickend wie folgt: "... auch in der Witteschen Theorie steckt wohl ein richtiger Kern, wenn man sie aus ihrer schematischen Enge herausführt. Die eingeengte gallorömische Vorbevölkerung dürfte an dem Siedlungswerk dieser Epoche (d.i. der Zeitraum nach der Völkerwanderung und vor Karl dem Großen) nicht beteiligt sein. Im westlichen Frankenreiche, wo sie durch den Zuwachs der Flüchtlinge aus dem Osten verstärkt war, ist ihr wahrscheinlich der Hauptanteil zugefallen". Die Auffassungen Wittes sind in der Forschung (nicht zuletzt wegen der erheblichen Bedeutung, die dieser den romanischen Bevölkerungsgruppen bei der Aufsiedlung des Landes insgesamt zugemessen hatte) ausführlich diskutiert worden. Seine Sicht des Weilerproblems haben sich u.a. Schlüter, Siedlungswesen; Schäfer, Sprachgrenze 389; Wirtz, Franken u. Alemannen 172 f.; Schmidt, Geschichte der deutschen Stämme 314; Hund, Wanderungen 433 ff., zu eigen gemacht. Ähnlich auch Tourneur-Aumont, L'Alsace et l'Alémanie 95, der allerdings im Unterschied zu Witte in den Bewohnern der *villare*-Orte keine vor den germanischen Neusiedlern zurückweichenden galloromanischen "Flüchtlinge" sehen will, sondern eine bodenständige Bevölkerung aus galloromanischen Weinbauern, "dont les Alamans n'avaient ni le pouvoir ni le gout de modifier la distribution et le genre de vie". An romanische Winzer hatte auch Schiber, Siedlung 66, schon gedacht. Er hat darauf hingewiesen, daß die Hanglage der Orte eher für romanische Siedlungen spreche; den "rosseliebenden Germanen" traute er die Kultivierung der Rebe nicht zu. "Die Gründer dieser weiler im Gebirge und am Gebirge", so faßt er zusammen (ebd. S. 67), "... müssen ein von den alemannischen Einwanderern im Osten, aber auch von den fränkischen Ansiedlern im Westen verschiedenes Volk gewesen sein" und weiter (ebd. S. 67): "Die Annahme, die Alles am einfachsten erklärt, ist offenbar die, daß die Weiler Wohnsitze der vorgermanischen Bewohner des Landes waren, welche in dem beschriebenen Gelände sich zusammendrängten, sei es freiwillig oder unter einem Zwange ..." Für die *villare*-Orte an der Saar hat Schnur, Entwicklungslandschaft 60-64, ebenfalls keltoromanische Herkunft angenommen, und noch 1980 wird der Typus bei Born, Landeskunde 99-101, für das Hunsrückvorland, wo Kombinationen mit appellativischen Bestimmungswörtern und einfache *villare*-Namen besonders häufig sind, einer indigenen romanischen Bevölkerung zugeschrieben.

ten Siedlungen eine mehrheitlich romanische Bevölkerung indizieren[30], und obwohl er auch an der Richtigkeit der philologischen Bewertung dieser Namen durch Witte als genuin romanische Benennungen keinen Zweifel hegte[31], gelangte Adolf Schiber zu einer abweichenden Beurteilung ihres siedlungsgeschichtlichen Aussagewertes. Da er (zu Unrecht, wie der Gang der Forschung erweisen sollte) nicht bereit war, die von Witte behauptete Übernahme germanischer Personennamen durch Romanen anzuerkennen und in diesen Personennamen deshalb einen deutlichen Hinweis auf die ethnische Zugehörigkeit ihrer Träger erblickte[32], mußten ihm die Eponymen der *villare*-Orte ausnahmslos als Germanen gelten. Er sah in ihnen germanische Herren, nach denen die überwiegend romanische Bevölkerung die Siedlung benannte: "Ob nun

---

[30] Vgl. Anm. 27.

[31] Vgl. Schiber, Siedlungen 68. Es scheint aus den Ausführungen Schibers hervorzugehen, daß dieser das Werk der eigentlichen Namengebung nicht dem fränkischen Grundherren zuschrieb (der, so will es Schiber, ebd. S. 72, für die in seinem Besitz befindliche *villa* im eigenen Sprachgebrauch möglicherweise eine fränkische Doublette einführte, die sich, da wenig volkstümlich, allerdings nicht halten konnte), sondern der ortsansässigen romanischen Bevölkerung, allerdings "als Nachbildung des deutschen Ortsnamens" (ebd. S.71) mit Hilfe eines entlehnten Bildungsmusters. Vgl. allerdings das bereits bei Petri, Volkserbe 705, gegebene Zitat (= Schiber, Siedlung 58), in dem mit einem maßgeblichen Impuls auch des fränkischen Grundherrn gerechnet wird: "Jene -ville, -court usw. (sind also) Siedlungen ..., welche fränkische Herren sich gründeten oder erwarben, Heime, die sie mit dem stolzen Selbstbewußtsein des Herren nach sich selbst ... benannten, mit Namen, welche nicht nur bei romanisch sprechenden Nachbarn, sondern die im Munde der eigenen romanischen Dienstleute selbst einer der wälschen Zunge angepaßten Umformung bedurften". Sieht man einmal von den zweifellos zu wenig differenzierenden Vorstellungen ab, die Schiber hinsichtlich der Koexistenz von Franken und Romanen im Westteil des Reiches entwickelte, so verdient der Gedanke einer ursprünglichen Doppelnamigkeit meines Erachtens durchaus Beachtung, da sich hierfür nachweislich auch außerhalb der eigentlichen Sprachgrenzzone Beispiele finden; vgl. z.B. Haubrichs, Warndtkorridor 264 ff.; ders., Germania submersa 633 ff., s. auch unter 4.4.

Bei der Entwicklung der Schiberschen Hypothese dürften Arbeiten namhafter französischer Historiker des 19. Jahrhunderts (Fustel de Coulanges, d'Arbois de Jubainville) Pate gestanden haben, die auf der Grundlage begriffsgeschichtlicher Studien einzelne Siedlungsformen des frühen Mittelalters zu beschreiben versuchten und dabei insbesondere mit zum Teil aus der Römerzeit überkommenen großen ländlichen Domänen (*villae*) sowie kleineren, von diesen *villae* abhängigen *villaria* rechneten (vgl. z.B. d'Arbois de Jubainville, Recherches IX: "Les seconds termes latins: *villa, villare, cortis, vallis, mons*, attestent que nous sommes en présence d'une idée gallo-romaine identique à l'idée germanique ...").

[32] Schiber, Siedlungen 69: "Aber darin scheint Witte zu weit zu gehen, daß er den germanischen Personennamen einfach darin erklärt, es hätten diese Orte von Romanen, die einen deutschen Namen führten, ihre Bezeichnung erhalten".

der Mann, dem der neue Ort seinen neuen Namen [33] verdankt, zu den Einwohnern immer in einem Grundherren-Verhältnisse stand, oder ob die Beziehung bisweilen eine andere war, jedenfalls wurde der Ort als sein *villare* bezeichnet"[34].

Bereits 1888 hatte der Romanist Gustav Gröber die Siedlungsnamen des *villare*-Typus wegen ihrer eigentümlichen Bildungsweise als "Übertragungen von Namen germanischer Ortsanlagen" bezeichnet und ihnen eine indizierende Funktion "über die deutsche Besiedlung galloromanischen Landes" zugeschrieben[35]. "Daß bei der Zurückführung aller französischen Weiler-Namen auf ältere germanische Bezeichnungen in weitesten nordfranzösischen Gebieten eine ziemlich geschlossene germanische Besiedlung angenommen werden müßte"[36], woran er aus verschiedenen Gründen nicht glauben mochte, hat schon Schiber erkannt; mit Rücksicht auf diese von Schiber vorgebrachten Einwände ist Gröber selbst später von seiner stringenten Übersetzungshypothese abgerückt[37].

Eine Reaktualisierung erfuhr diese These, daß die heutige Gestalt dieser Siedlungsnamen im Grunde nichts anderes sei als das Ergebnis einer über ehemals germanisierte Gebiete Nord- und Ostfrankreichs sich ergießenden "Reromanisierungswelle"[38],

---

[33] Schiber hält die Siedlungsnamen in ihrer heutigen Gestalt für "Nachbenennungen" von Siedlungen, die unter einem galloromanischen Namen bereits in römischer Zeit existiert hätten - dieser "individuelle Name dürfte wohl ähnlich beschaffen gewesen sein wie die galloromanischen Ortsnamen, die erhalten geblieben sind" (ebd. S. 69) -, dann aber nach der Landnahme einen "neuen Namen" erhielten:"... diese *villaria* werden zum großen Theile schon in römischer Zeit angelegt gewesen sein und haben später den Namen des germanischen Besitzers angenommen, wodurch vermuthlich ein keltoromanischer Name in der Regel verdrängt wurde, denn *villare* war ja nur ein Appellativum" (ebd. S. 69 f.). Zu möglichen Gründen eines solchen groß angelegten Umbenennungsprozesses äußert sich Schiber nicht; auch bleibt unklar, weshalb in diesem Falle nicht alle vorgermanischen Siedlungsnamen der nördlichen Galloromania durch frühmittelalterliche Typen ersetzt worden sind. Als wenig wahrscheinlich hat Langenbeck, Ortsnamenliteratur 180, diese Vorstellung eines umfassenden Namenwechsels abgelehnt.

[34] Schiber, Siedlung 70.

[35] Gröber, Grundriß 423 f.: "Namen solchen Ausgangs, deren keiner vor der deutschen Einwanderung auf französischem Boden in lateinischen Schriftstücken auftritt, sind nämlich darum aus gleichwertigen deutschen Benennungen hervorgegangen, weil sie den Regeln romanischer Wortbildung widerstreiten, also von Romanen nicht erzeugt werden konnten". Auf die Fragwürdigkeit dieser Annahme hat bereits Witte hingewiesen (s. o. Anm. 22), vgl. auch die Einwände bei Schiber, Siedlung 58.

[36] Petri, Volkserbe 704.

[37] Vgl. Gröber, in: ZRPh. 18 (1894) 443: "Der Vorgang wäre also eine Art Übersetzung gewesen, oder bei zweisprachiger Benennung desselben Ortes von Haus aus ... hätte der deutsche Einwanderer wenigstens die Bildungsweise des Namens bestimmt".

[38] Gamillscheg, Romania Germanica I 87; vgl. ebd. S. 92: "Die Namen werden ebenso in das Romanische umgesetzt wie die Ausdrücke der Alltagssprache und werden in der Zeit der Zwei-

indessen durch die Arbeiten des Romanisten Ernst Gamillscheg. Die Beobachtung, daß "diese ... Namen ... in dem Gebiet (fehlen), wo noch im späten Mittelalter die Franken ihr Volkstum bewahrten", sich indessen "überall dort (finden), wo die Franken im 7./8. Jhdt. romanisiert wurden", ließ ihn den Typus "als Zeugnisse der Zeit der Zweisprachigkeit der altfränkischen Bevölkerung" bewerten [39]. Insbesondere am Westrand des althochdeutschen Sprachgebietes sei, so glaubte Gamillscheg aus einer Analyse gerade der *villare*-Namen zu erkennen, allerdings auch mit einem "junggermanischen", respektive alemannischen Vorstoß aus dem Südosten über die Gebirgskette der Vogesen hinweg in heute französischsprachige Gebiete zu rechnen [40].

Einen grundsätzlich anderen Weg zur Deutung der Namen beschritt Otto Behaghel, der die mit dem Grundwort lat. *villare* [41] gebildeten Siedlungsnamen in ihrer großen Masse [42] als römische Gründungen interpretierte [43]. Die germanischen Personennamen

---

sprachigkeit der eingewanderten Franken übersetzt ... Bei der frühen Romanisierung der Franken und dem frühen Untergang der ursprünglichen fränkischen Varianten der Namen sind fast überall die ON nur mehr in der romanischen Umsetzung erhalten". Es fragt sich allerdings, inwieweit die Präsenz von Siedlungs- und Flurnamen, die Grund- und Bestimmungswort in regressiver Sequenz verbinden, überhaupt als Indikator tatsächlicher fränkischer Siedlung in der betreffenden Region gelten kann.

[39] Ebd S. 87. Gamillscheg folgt hier einer Vorgabe seiner Schülerin Lotte Risch, deren namenkundliche Analyse der *villare*-Namen des Oberelsaß (vgl. Risch, Beiträge 70 f.) zu belegen schien, daß "die Namensformen, die rein sprachlich ein germanisch-romanisches Mischprodukt darstellen", nur erklärbar seien als "Ausdruck eines wirklichen Sprachmischungsvorganges zweier lebendiger Sprachen. Es ist denkbar", so Risch, "daß die germanischen Völkerstämme, die auf romanischem Boden siedelten, schon früh die Sprache der Romanen angenommen haben, ohne zunächst die ihre aufzugeben. Aus dem Kampf zweier Sprachen innerhalb einer Volksgemeinschaft entsteht ein Mischungsvorgang, der sich so auswirkt, daß der innere Sprachgeist der einen Sprache in dem sprachlichen Material der anderen seinen Ausdruck findet. Diese kolonisierenden deutschen Stämme sprechen bereits französisch, aber der innere Sprachgeist der aufgegebenen Sprache klingt noch nach in den sprechenden Individuen. Er kommt innerhalb dieser Ortsnamentypen zum Ausdruck durch die germanische Art der Zusammensetzung".

[40] Vgl. Gamillscheg, Romania Germanica I 91. 219: "Die junge germanische Zuwanderung aus dem Südosten, besonders aus dem Elsaß ..."; und vor allem ders., Siedlung 150. Zur Kritik dieses Ansatzes s. ausführlich unter 4.2.5., vgl. auch die Besprechung des letztgenannten Werkes durch Kaspers, in: ZONF 16 (1940) 79-93, bes. S. 84 f.

[41] Es ist Behaghels Verdienst, die lateinische Etymologie des Grundworts zweifelsfrei nachgewiesen zu haben (→ 3.1.1., 3.7.1).

[42] An der grundsätzlichen Möglichkeit späterer Nachbenennungen in Anlehnung an den römischen Typus zweifelt Behaghel nicht; "daß aber solche spätere Neubegründung von Weilerorten in größerem Umfang geschehen sei, ist durchaus unwahrscheinlich" (Behaghel, Weiler-Orte 48).

[43] Vgl. ebd. S. 45: "Entstammt also der Name -*Weil*, -*Weiler* nicht dem Germanischen, sondern dem Lateinischen, und ist das lateinische Grundwort auch nicht als Lehnwort zu den Nachbarn

der Bestimmungswörter können bei diesem Ansatz nur späte Zutat sein [44]. Als wichtigste Stütze seines Konzepts galten ihm die räumliche Verbreitung des Typus innerhalb des durch den *limes* begrenzten Gebietes des alten *Imperium Romanum* [45] sowie auffällige Korrelationen mit archäologischen Grabungsergebnissen, welche die mit *villare*-Namen benannten Siedlungsstellen als Standorte römischer *villae* zu erweisen schienen [46]. Da sich aus dieser Kombination geographischer und archäologischer Informationen eine enge Bindung des Typus an militärische Einrichtungen der Römerzeit zu ergeben schien, glaubte Behaghel hier Fortsetzer eines spezifisch römischen Siedlungstyps, nämlich des durch Landzuweisungen an ausgediente Soldaten zustandegekommenen *villare* oder *villarium*, zu erkennen [47].

---

der Römer hinausgewandert, so müssen es diejenigen zur Namengebung verwandt haben, deren altererbter Besitz es gewesen ist, d. h. die Träger der lateinischen Sprache selbst". Behaghel bestreitet die Existenz eines frühen althochdeutschen Lehnwortes *wilari*, von der im Rahmen der älteren Diskussion zum *villare*-Problem etwa Scherer, Besprechung 475; Fuchs, Zabern 21; Heeger, Besiedlung 48; Heilig, Baden 58; Weller, Ansiedlungsgeschichte 31; Schiess, Wil-Orte 17; Schulte, Frankreich 40; Miedel, Bayer. ONN 19. 21 u.v.a. ausgegangen waren. Mit Witte, Deutsche und Keltoromanen 41, bzw. ders., Geschichte des Deutschtums 417, ist er der Ansicht, daß ein solches Lehnappellativ, das im übrigen in schriftlichen Quellen der althochdeutschen Periode nicht nachweisbar sei, "auch zu den Stämmen des nördlichen Deutschlands gekommen sein (müßte)", und man würde vergebens fragen, "weshalb es dort an Weilernamen gänzlich fehlt" (Behaghel, Weiler-Orte 44).

[44] Die germanischen Personennamen der Bestimmungswörter bezeichnen nach Behaghel, Weiler-Orte 52, nicht die ursprünglichen Besitzer. Behaghel verweist auf die aus frühmittelalterlichen Quellen belegbaren Fälle eines Namenwechsels im Anschluß an Besitzverschiebungen, auf die schon Heeger, Besiedlung 39, und andere hingewiesen hatten. Da er glaubt, diese Beispiele auf ältere Verhältnisse zurückprojizieren zu können, scheint es ihm auch nicht ausgeschlossen, daß "diese Namen der späteren Besitzer ... an die Stelle der früheren römischen oder keltischen, keltoromanischen Besitzernamen getreten" seien (Behaghel, Weiler-Orte 52). In der bei diesem Ansatz problematischen "unrömischen" Wortbildung der Namen glaubt er (ebd. S. 53) Reflexe des keltischen Wortbildungsschemas zu erkennen.

[45] Behaghel, Weiler-Orte 46: "Die Weiler-Orte liegen bis auf verschwindende Reste durchaus innerhalb der Linie, die uns als die politische Grenze des römischen Imperiums bekannt ist; nur aus der Art wie die Römer vom deutschen Südwesten Besitz ergriffen haben, erklärt sich ihre räumliche Verteilung". Jenseits des Limeswerkes sich findende Siedlungsnamen dieses Typus werden als römische Vorposten "sozusagen unter den Kanonen des Limes" (ebd. S 78) interpretiert.

[46] Behaghel, Weiler-Orte 47: "Wo aber römische Siedlungen waren, da müßte der Spaten römische Reste zu Tage fördern, und in der Tat ist das in großem Umfang geschehen; ja man hat vielfältig geradezu römische *villae* an Orten aufgedeckt, die noch heute den Weilernamen tragen".

[47] Behaghel, Weiler-Orte 51: "Es handelt sich um Gründungen von Leuten, die Vertreter des römischen Imperiums sind und im amtlichen Verkehr dessen Sprache reden. Vor allem gescha-

Um diesen Deutungsansatz des bekannten Gießener Germanisten als "Märchen"[48] zu entlarven, bedurfte es eines erheblichen und, wie H. Löffler einwirft[49], zweifellos übertriebenen Forschungsaufwandes. Indessen dürfte die beachtliche Resonanz, die Behaghels Konzept zunächst in breiten Kreisen fand[50], nicht allein durch die

---

hen Landanweisungen an die ausgedienten Soldaten ... Diese *villae* der Veteranen waren natürlich *villae rusticae*, die ländlichen Meierhöfe ...".

[48] Vgl. Bruppacher, Siedlungsbezeichnungen I 157 : "Das Märchen von den römischen *villaria* sollte nicht mehr weitergegeben werden".

[49] Löffler, Weilerorte 29. Es sei allerdings betont, daß gerade die aus der Auseinandersetzung mit Behaghel recht zahlreich erwachsenen kleinräumigen Studien zur Zeitstellung der *villare*-Siedlungen in Teilgebieten insgesamt doch zu einem beachtlichen Erkenntnisgewinn führten. Die sicherlich aufwendige Detailarbeit der Materialerhebung und Quellensicherung, der namenkundlichen Analyse und der Integration insbesondere der Archäologie und der historisch-geographischen Landesaufnahme, die als notwendige Reaktion auf Behaghel in den 1920er Jahren begann, fügte sich ein in das allmählich sich entwickelnde Konzept einer ganzheitlichen, d.h. die unterschiedlichen Perspektiven von Sprachwissenschaft, Geschichte, Siedlungsgeographie, Archäologie und Pfarrgeschichtsforschung auf die Erkenntnis des Siedlungsganges hin koordinierenden "Siedlungsgeschichte kleiner Räume", deren namenkundlichen Part wohl der Behaghel-Schüler Adolf Bach am nachhaltigsten geprägt hat.

[50] Behaghels Ansicht eines römischen Ursprungs aller (oder doch der meisten) Siedlungen des *villare*-Typus wurde u. a. übernommen von Busch, Weiler-Orte 51 ff.; Stucki, Orts- und FlNN 293; Saladin, Siedlungsgeschichte 5-60, die Behaghels Resultate für das jeweils eigene Untersuchungsgebiet (Baden, St.Gallen, Westschweiz) bestätigt sehen; ähnlich z.B. auch Wrede, Rheinische Volkskunde 14; Solmsen Fränkel, Eigennamen 63. Sehr viel größer ist die Zahl derer, die wie Behaghel die Anfänge noch in die Römerzeit verlegen, aber im Prinzip eine längere Fruchtbarkeit des Typus über die Spätantike hinaus für wahrscheinlich halten. Hermann Aubin (in: Vierteljahresschrift für Sozial- und Wirtschaftsgeschichte 15 (1919) 311) u. bes. Alfred Götze (in: Namn och Bygd 11 (1923) 13-16) glaubten das Chronologieproblem durch die Annahme einer inneren Schichtung des Typus lösen zu können: Da die *villare*-Namen nach Ansicht dieser Autoren keinen homogenen Namentypus darstellen, verbiete sich jeder Versuch einer Einzelheiten gerecht werdenden Erklärungshypothese, wie sie noch Hund, Wanderungen 448, ausdrücklich gefordert hatte. Vielmehr müsse die Toponomastik in jeder Namenlandschaft, ja bei jedem Einzelbeispiel neu ansetzen. Mit Aubin und Götze ist Kaspers, Weiler-Orte, überzeugt, "daß sich deutlich eine römische Schicht abhebt" (ders., in: ZONF 3 (1927/28) 228, so auch noch 1938 in ZONF 14 (1938) 133); ähnlich Dopsch, Grundlagen 122-125; Schumacher, Siedlungs- und Kulturgeschichte 64 (vgl. auch ders., in: Prähistorische Zeitschrift 8 (1916) 133-165, bes. S. 160 f.); Helbok, Ortsnamen 35: "Dazu kommt, daß sie im Westen älter als im Osten sind. Und geht man nach Frankreich, so fällt ein Teil von ihnen gewiß noch in die gallorömische Zeit". Römische Realtradition zumindest für einen Teil der einfachen, d.h. nicht mit einem Bestimmungswort versehenen *villare*-Namen wurde noch 1958 von Gysseling, Enkele toponymische gegevens 29, behauptet: "Een Wilre ligt an de R. baan Tongeren-Maastricht. Dat volstaat om aan te tonen dat het plaatsnaambestanddeel Latijn *villare* "boerderij" zeker opgekomen is in Gallo-Romeinse tijd. De schaarse plaatsnamen van dat type op Neder-

wissenschaftliche Autorität seines Autors zu erklären sein. Viel eher scheint sie mir in dem resümierenden Charakter der Schrift selbst begründet, die zwar wenig völlig Neues beiträgt [51], dafür aber die gesamte bis dato vorliegende Literatur kritisch sichtet und in eine - allerdings nur scheinbar - stimmige Synthese einmünden läßt [52]. Ebenso

---

lands taalgebiet en in het Regierungsbezirk Düsseldorf (Wilderen, Wijler, Wyler, enz.) zijn hoogstwaarschijnlijk toen ontstaan"; ähnlich auch Tummers, Romaans 41 ff. Allenthalben beobachtbar ist ein Festhalten der Lokalforschung an der "Römerthese": hier wird die Möglichkeit eines Hiatus zwischen römischer und fränkischer Siedlung nur selten in Betracht gezogen, so daß die Römervilla als "Keimzelle" der nachfolgenden fränkischen Siedlung gelten muß. Schon Bohnenberger, Heim- und Weiler-Namen 12 Anm. 32, hat aber darauf hingewiesen, "daß zu unterscheiden ist zwischen deutscher Neugründung der römischen Siedlung und Fortbestand der letzteren. Nur die Neugründung möglichst nahe den vordeutschen Siedlungen ist in größerer Zahl durch Bodenfunde erwiesen. Sie ist aus sachlichen Gründen (Nutzung der Wege, Brunnen, Gartenländer usw.) so naheliegend, daß uns die erhärtenden Bodenfunde kaum eine neue Erkenntnis gebracht haben".

[51] Das Fundament der Behaghelschen Theorie scheint mir tatsächlich durch Vorarbeiten - anderer gelegt zu sein: Für einen römischen Ursprung des Typus waren neben anderen bereits Mone, Urgeschichte 207; Scherer, Besprechung 475, und Pfister (in: Annales de l'Est 2 (1888) 577 Anm. 1) eingetreten, ebd. auch bereits Hinweise auf römische Funde in *villare*-Orten:"... il n'en résulte d'aucune façon que les localités doivent leur fondation à quelque conquérant franc. Du reste, en beaucoup de ces endroits, on avait trouvé des antiquités romaines: ce qui prouve que ces *villae* existaient avant l'invasion des barbares". Auch Witte und besonders Schiber haben ihre Ansicht eines römischen Ursprungs des Typus eingehend begründet. Wie Behaghel hält schon Schiber die germanischen Personennamen der Bestimmungswörter für spätere Zutaten und geht von einem totalen oder partiellen Namenwechsel aus. Das von Behaghel in größerem Rahmen angewandte Verfahren, bei dem verstärkt Ergebnisse der Archäologie herangezogen werden, hat schon Cramer, Ortsnamen, vorgezeichnet, der sich mit dem Einwand, daß die *villare*-Namen im Raum Aachen "gerade mitten im fruchtbarsten und am günstigsten gelegenen Gelände" (ebd. S.146) angesiedelt seien, gegen Witte gestellt hatte und dem insbesondere "römische Ziegel- und Mauerreste, die er bei persönl. Nachforschung im Mauerwerk einiger Gebäude der Weiler-Orte entdeckte" (vgl. Löffler, Weilerorte 29 Anm. 15), als deutliches Indiz römischer Realtradition galten. Auf "regelmäßigen römischen Anbau nicht militärischen Charakters" in *villare*-Orten hatte auch C. Wolf, in: Korrespondenzblatt der westdeutschen Zeitschrift 10 (1891) 132, bereits hingewiesen (nach Hinweis bei Wirtz, Franken 172 Anm. 6).

[52] In diesem Sinne wird die Arbeit bereits von Witte, Wiederaufleben 344 ff., gewürdigt. Das Theoriegebäude hielt allerdings einer detaillierteren Überprüfung insbesondere der archäologischen Argumente nicht stand. Daß römische Funde in *villare*-Orten nicht häufiger, sondern eher seltener waren als an anderen Orten, belegen schon die bei Gradmann, Siedlungswesen 113. 208, publizierten Fundstatistiken, vgl. auch Helbok, Grundlagen 385 f.; Bohnenberger, Heim- und Weiler-Namen 11; Hoppstädter/Herrmann/Klein, Landeskunde I 70. Gradmann, Siedlungswesen 113, konnte überdies belegen, daß speziell im Schwarzwald die Mehrzahl der so benannten Siedlungen sich auf Regionen verteilten, "die nach dem übereinstimmenden Zeugnis der Bodenfunde, der urkundlichen Erwähnung, der Ortsnamen und der Siedlungsformen zur

wenig wie alle anderen bisher vorgestellten Erklärungshypothesen vermag Behaghels Ansatz nämlich die eigenartige Komposition der *villare*-Namen hinreichend zu erklären [53].

Das forschungsgeschichtliche Paradoxon, daß dieser Typus von der romanistischen Forschung (Gröber, Gamillscheg) als Indikator germanischer Siedlung, von germanistischer Seite hingegen als römisch in Anspruch genommen wurde, ließ viele an der Lösbarkeit der "Weilerfrage" zweifeln. "On a eu recours", faßt etwa Paul Lévy zusammen [54], "à tous les peuples, à toutes les tribus qui depuis notre ère, ont occupé les régions rhénanes et mosellanes. Finalement il faut reconnaître que la question des *weiler* est loin d'être résolue à la satisfaction de tous".

Alle Gegensätze schienen sich aufzulösen, als Franz Steinbach 1926 im Zuge einer "Umdenkung des Gesamtproblems der germanischen Siedlung in Belgien und Nordfrankreich" [55] das jeweils fremde Element der Namen als Ausfluß einer romanisch-germanischen Koexistenz im Rahmen der merowingischen Reichskultur interpretierte, die sich als eine romanisch-germanische Mischkultur darstellt und von einer Schicht adeliger Herren getragen wird, in der sich fränkische Große und Angehörige der romanischen Oberschicht zusammenfinden [56]. "Die gemeinsame Kultursprache des fränkischen Reiches war", so Steinbach [57], "das Latein, und zwar nicht das bereinigte

---

römischen Zeit überhaupt noch nicht besiedelt" waren, und daß außerdem (ebd. S. 114) der Typus die römische Reichsgrenze nicht nur mit wenigen Exemplaren und um wenige Kilometer überspringt. Gradmann zählt 64 Exemplare östlich des Limes und mißt für die östlichsten Vertreter eine Entfernung zur römischen Reichsgrenze von mehr als 70 km.

[53] Man wird Risch, Beiträge 68 f., zustimmen können, wenn sie zu bedenken gibt, "daß die Annahme eines so umfassenden Namenwechsels", wie ihn Behaghels Theorie voraussetzt, "etwas Gezwungenes hat".

[54] Lévy, Histoire I 93 (Steinbach, Studien, wurde nicht verarbeitet, vgl. ebd. Anm.2). Eine sehr pessimistische Auffassung über den Aussagewert toponomastischer Quellen für die Siedlungsgeschichte hat auch Wirtz, Franken 172: "Wir müssen also nach dem heutigen Stande der Forschung die Ortsnamen gänzlich beiseite lassen".

[55] Draye, Ortsnamen- u. Sprachgrenzforschung 100. Die wissenschaftliche Bedeutung des Steinbachschen Konzepts, das insbesondere die vielfältigen Auswertungsaspekte von Siedlungsnamen und Flurnamen als Indikatoren früher sprachgeschichtlicher und siedlungsgeschichtlicher Vorgänge deutlich herausstellt und die "Namenkunde als ein(en) Wissenschaftszweig" erkennt, "mit dessen Hilfe 'horizontale' Bewegungen von Region zu Region erschlossen und 'vertikale' Erschließungsprozesse in ein und derselben Region verdeutlicht werden können" (Gerlich, Landeskunde 147), unterstreicht Petri, Landnahme 10 f.

[56] Eine sehr summarische Darstellung der "ethnische(n) und kulturelle(n) Grundlagen des fränkischen Reiches" gibt Löwe, Deutschland 57-64. Vgl. zur Gesamtproblematik vor allem Petri, Landnahme, sowie ders., Siedlung, bes. S. XIII-XIX; zusammenfassend auch Büttner, Franken; Legros, Nord; Pfister Bedeutung des germanischen Superstrates.

[57] Steinbach, Studien 148.

Latein der Zeit nach Karl dem Großen, sondern ... ein mit germanischem Sprachempfinden und mit germanischen Wörtern stark durchsetztes Latein"[58]. "So möchte ich", fährt Steinbach fort[59], "die deutschen wie die französischen Weilernamen als den unmittelbaren Niederschlag des Einflusses der Kultursprache des fränkischen Staates auf die Ortsnamengebung erklären, ohne den Umweg über das Lehnwort"[60].

Vom Königtum mit der Aufgabe sowohl der ortsnahen Verwaltung einzelner Landesteile als auch der weiteren Landeserschließung betraut, propagiert die fränkische Oberschicht - so will es das Steinbachsche Konzept, das für die anschließenden

---

[58] Im Zuge der durch die fränkische Reichsbildung veranlaßten Verschiebung des politischen Schwergewichts nach Norden kommt es während der merowingischen Herrschaft allmählich zu einer verstärkten literarischen Betätigung auch in der nördlichen Galloromania; vgl. dazu Reichenkron, Lat.-altromanische Grammatik 136, mit weiteren Literaturhinweisen. Neben dem prägenden Einfluß der christlichen Lehre wird so mit Stach, Wort 318, vor allem das sogenannte Merowinger- oder Frankenlatein zur "zweite(n) umgestaltende(n) Kraft, die den mittelalterlichen Wortschatz idiomatisch geprägt hat". Es sei allerdings nachdrücklich darauf hingewiesen, daß die lateinische Überlieferung der angesprochenen Epoche so unterschiedliche Autoren wie Sidonius Apollinaris, Gregor von Tours und den Pseudo-Fredegar, daneben eine umfangreiche hagiographische Literatur, Gesetzestexte und Urkunden umfaßt; von einer Einheitlichkeit des in diesen Texten überlieferten Lateins kann deshalb keine Rede sein. Umso schwieriger scheint die sprachliche Bewertung dieser Zeugnisse: auch die erhaltenen Originalurkunden, Formelsammlungen, etc., können trotz unbestreitbarer Vulgarismen entgegen Muller, Chronolgy; Pei, Language, und anderen nicht als unmittelbare Zeugen eines gesprochenen Protoromanischen in Anspruch genommen werden; vgl. dazu vor allem Uddholm, Formulae 229-330; daneben Norberg, Forschungen 17 ff.; Mohrmann, Etudes IV 43 f.: "Dans ces diplomata, nous voyons des éléments de la langue populaire s'allier à des éléments traditionnels d'une façon qui caractérise bien cette période de transition". Die wichtigsten allgemeinen Arbeiten zum Merowingerlatein sind zusammengestellt bei Oennerfors, Mittellateinische Philologie 439 f.

[59] Steinbach, Studien 149.

[60] Mit einem althochdeutschen Lehnwort hatte vor allem die ältere, auf den grundlegenden Untersuchungen von K. Weller (der im übrigen die *villare*-Siedlungsnamen lange vor Steinbach als frühmittelalterliche Ausbaunamen grundherrlichen Ursprungs deutete, vgl. dazu Löffler 30 u. Anm. 17, mit ausführlichen Literaturhinweisen) aufbauende Forschung gerechnet (s. dazu oben Anm. 43). Auch Langenbeck, Beiträge, hält die Annahme eines frühen Lehnwortes noch für unabdingbar und verwendet viel Mühe darauf, einzelne geographische Räume zu eruieren, in denen sich eine solche Lehnwortübernahme plausibel machen ließe. In Frage kommen dabei im Prinzip alle sprachgrenznahen Zonen, in denen für das Frühmittelalter mit einer reellen Zweisprachigkeit einer germanisch-romanischen Mischbevölkerung gerechnet werden darf (→ 1.2, 4.4). Schon Risch, Beiträge 70 f., hatte sich ähnlich geäußert: "So wird man kaum mit Steinbach annehmen können, daß die Sprache der obersten Schichten, von denen die Kolonisation nicht ausgehen konnte, auf die Ortsnamengebung hat einwirken können. Die Namensformen ... wird man nicht erklären können aus dem Ergebnis einer gemeinsamen Kultursprache heraus" (s. auch oben Anm. 39).

Forschungen Franz Petris und der sogenannten "Rheinischen Schule" stark prägend wirkte [61] - die wohl in ihren Kreisen entstandene Mode der *villare*-Namen: "Wenn beispielsweise der Abt Fulrad von St. Denis auf seinem elsässischen Besitz eine Cella erbaut, die den Namen Fulradsweiler (= Fulradovilare) erhält, so sehen wir an einem Einzelbeispiel mit aller nur wünschenswerten Deutlichkeit, auf welchem Wege die Mode der Weiler-Namen vom Westen des Reiches an den Rhein verpflanzt worden ist" [62].

Der *villare*-Typus hat nach Steinbach und Petri als Indikator eines ersten fränkischen Landesausbaus nach der Landnahmezeit, mithin des späten 6. bis 7. Jahrhunderts zu gelten [63]. Er hat sich ausweislich seines romanischen Grundwortes im westlichen Teil des fränkischen Reiches ausgebildet und breitete sich mit zunehmender Ostausdehnung dieses Reichskomplexes allmählich auch über den Südwesten des althochdeutschen Sprachgebietes aus. Ohne Rücksicht auf Sprachbarrieren dehnten sich die Namen dabei gerade soweit im Raum aus, wie der Einfluß der fränkischen Kultur zum Zeitpunkt ihrer Entstehung reichte. Aus der räumlichen Verteilung der Namen (→ Abb. 1/1) ergeben sich also für Steinbach entscheidende Datierungsansätze: Die Namenmode der *villare* muß vor der Eingliederung der sächsischen Stammesgebiete in das fränkische Reich, also spätestens um das Jahr 800, endgültig ausgeklungen sein, denn nördlich des Mains lassen sich keine Repräsentanten dieses Typus ausfindig machen [64].

Eine brauchbare Formel für die siedlungsgeschichtliche Bedeutung der "Weiler-Orte" [65] schien gefunden. Die grundsätzlichen Aussagen Steinbachs und Petris über diese Namengruppe, "daß wir es bei der für sie charakteristischen Verbindung von

---

[61] Vgl. Petri, Landnahme 8 f.: "Als Schäfer-Schüler, der von der überkommenen Anschauung einer sehr stabilen und entscheidend nur durch Siedlung zu verändernden Grenze an das Studium der Sprachgrenze herangegangen war, habe ich 1926 das Revolutionierende von Steinbachs neuer, dynamischer Auffassung vom Wesen dieser Grenze sehr lebhaft empfunden".

[62] Petri, Volkserbe 716. Schon 1920 hatte Kluge, Sprachgeschichte 257 f., die Ansicht vertreten, "daß *villare* ... mit dem späten Vulgärlatein des 7. Jahrhunderts über Lothringen zum Mittelrhein vorgedrungen (sei), um bald auch Alemannien und Schwaben zu erobern".

[63] Steinbach, Studien 149: "Mir scheint kein Zweifel möglich, daß die Entstehung der Weilerorte und ihrer Namen in die Periode nach der Völkerwanderung und vor Karl dem Großen zu setzen ist. Die letztere Grenze wird durch das völlige Fehlen der Weilernamen in den sächsischen Gebieten gezogen. Nach der Eroberung Sachsens und seiner Einbeziehung in den fränkischen Kulturkreis ist dieser Ortsname nicht mehr üblich gewesen".

[64] Vgl. auch Langenbeck, Beiträge 32: "Seine Ausstrahlungskraft mußte aber erschöpft gewesen sein, als fränkische Staatsmacht und fränkischer Kultureinfluß auch in Bayern und Sachsen wirksam zu werden begannen; das aber schließt nicht aus, daß in den schon gewonnenen Verbreitungsgebieten *wilari* noch weiter ortsnamenbildend wirksam blieb".

[65] Löffler, Weilerorte 430.

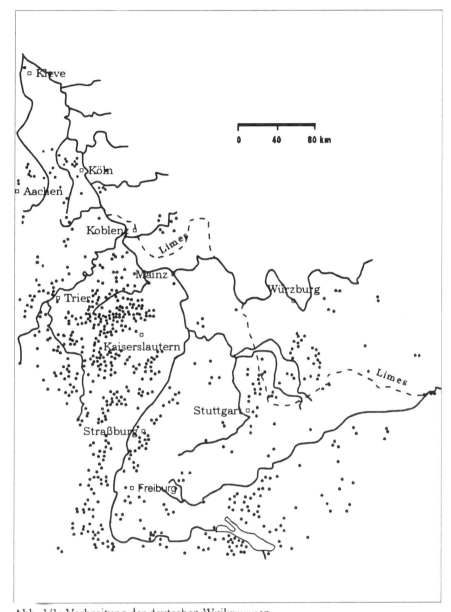

Abb. 1/1: Verbreitung der deutschen Weilernamen.
Quelle: F. Petri, Germanisches Volkserbe in Wallonien und Nordfrankreich. Die fränkische Landnahme in Frankreich und den Niederlanden und die Bildung der westlichen Sprachgrenze. I. Halbband, Bonn 1937, S. 710.

romanischen und germanischen Sprachelementen mit einer typischen Hervorbringung der merowingischen Reichskultur zu tun haben"[66], sind denn auch vor dem Hintergrund des offensichtlichen und durch Einzelstudien[67] erhärteten Ausbaucharakters der so benannten Siedlungen "heute nicht mehr ernsthaft umstritten"[68].

---

[66] Petri, Landnahme 43 f. Es ging Steinbach und Petri im wesentlichen darum, zu zeigen, daß die französischen *villare*-Namen entgegen Witte und Schiber "in erster Linie als Zeugnisse frühmittelalterlicher Ausbausiedlungen anzusehen sind", d.h. "daß sie ... im ganzen genommen als Zeugnisse für die fränkische Landnahme nicht zu verwenden sind" (ebd. S. 37). Sie wenden sich damit gegen ein Dictum, auf dem auch Gamillscheg in der ersten Auflage seiner *Romania Germanica* (I 94) noch ausdrücklich bestanden hatte: "Das Verbreitungsgebiet des Avricourt-typus und das der *baki*-Namen zusammen lassen das Gebiet umschreiben, auf das sich die fränkische Siedlungstätigkeit im ersten Jahrhundert der Landnahme erstreckte".

[67] Hier sei in erster Linie verwiesen auf die landschaftlich gebundene Untersuchung von Heinrich Löffler (= Löffler, Weilerorte). Sie unternimmt den Versuch, die Siedlungsstruktur einer typischen Ausbaulandschaft, deren Siedlungskammern sich im Zuge der spätmerowingisch-karolingischen Landeserschließung durch Aufsiedlung kleinerer Seitentäler und Rodung von Waldflächen allmählich erweitern, "nach historischen Quellen möglichst vollständig aufzuarbeiten" (Löffler, Weilerorte 21). Die für die von Löffler bearbeitete Weiler-Landschaft außerordentlich günstige Quellenlage, bedingt durch die für das 8. und 9. Jahrhundert überaus reiche urkundliche Überlieferung des Bodenseeklosters St.Gallen (vgl. Ernst, Besiedlung 43; allgemeiner auch Sonderegger, Althochdeutsch), erleichtert das Vorhaben in diesem Raum, für den schon Ernst, Besiedlung 40 ff., auffallende Übereinstimmungen zwischen den (über eine sprachwissenschaftliche Analyse der Bestimmungswörter) erschließbaren Eponymen der *villare*-Orte und urkundlich belegbaren Grundherren der Karolingerzeit festgestellt hatte. Zu diesen Korrelationen ausführlich Löffler, Weilerorte 361-375; Sonderegger, Ortsnamenüberlieferung 205.

[68] Petri, Landnahme 144. Ein von dem durch Steinbach und Petri vorgegebenen Konzept sehr deutlich abweichender Erklärungsversuch des schwedischen Romanisten J. Johnson, der in seiner Göteborger Dissertation (= Johnson, Etude) die These aufstellte, "daß die unbestreitbaren unfranzösischen Züge dieser Namen nicht auf die Franken, sondern auf das Weiterwirken eines bereits gallischen Benennungsprinzips zurückzuführen seien" (Petri, Landnahme 37), ist von romanistischer Seite heftig diskutiert und schließlich als unhaltbar verworfen worden. Nach Johnson soll ein fränkischer Einfluß beim Zustandekommen dieses Typus schon deshalb ausgeschlossen sein, weil sein Verbreitungsgebiet nicht, wie allgemein behauptet, auf Nordfrankreich beschränkt sei; die Namen fänden sich, wenn auch weit weniger zahlreich als im Norden, durchaus auch südlich der Loire. Johnson, Etude 121: "Les noms en -court, -ville et -villiers sont ... selon notre manière de voir, le résultat naturel en même temps que nécessaire de la friction de deux langues étroitement affinées, le celtique et le latin. Ils offrent dans leur évolution linguistique, l'image d'une romanisation continuelle, romanisation contre laquelle différents éléments linguistiques ont opposé une résistance d'une force variée: leur forme extérieure s'est, petit à petit, revêtue de l'habit de la nouvelle langue, tandis que l'ancien usage réglant l'ordonnance de ces constructions nominales a gardé sa force. Ces noms sont, de naissance, un produit linguistique gallo-roman, créés par une population romane descendant des anciens Celtes mais

Heinrich Löffler [69] hat indessen darauf hingewiesen, "daß jede Formel, die die Entstehungszeit, die Art der Siedlungen zur Zeit der Gründer und Namengeber, die Lage und Vergesellschaftung des bestimmten Namentypus mit anderen auf einen kurzen, handlichen Nenner bringen möchte, sich bei der Anwendung auf ein begrenztes Namenmaterial einer Landschaft in viele Variationen auflöst".

Tatsächlich wirkt die Lösung der "Weilerfrage" durch Steinbach - die zahlreichen richtungweisenden Impulse unbenommen, durch die sein Konzept der Forschung in dieser wie in anderen essentiellen Fragen der "Grundlegung der europäischen Einheit durch die Franken" [70] neue Wege erschlossen hat, denen man eine "revolutionierende Dynamik" [71] zweifellos nicht absprechen kann - insgesamt doch recht statisch. So berücksichtigt sie z.B. nicht, daß Namenmoden wandern und in unterschiedlichen Gebieten unterschiedliche Produktivitätshöhepunkte haben können; ein Handikap, das jede schematische Anwendung der Steinbachschen Thesen auf kleinere Räume von

---

porteuse de la civilisation romane"). Vgl. aber die Kritik dieses Ansatzes bei Wartburg, Erklärungsversuch, und Dauzat, in: RIO 1 (1949) 305 f. Die tatsächliche Unhaltbarkeit dieser These hat als hervorragender Kenner der altgermanischen wie der keltischen Namenschichten des betreffenden Raumes L. Weisgerber (in: RhVjBll. 14 (1949) 262 ff.) herausgestellt. Immerhin bleibt eine detaillierte Gesamtverbreitungskarte der merowingisch-romanischen Avricourt-Namen der nördlichen Galloromania ein dringliches Desiderat, zumal die von Johnson, Etude 97 f., in Aussicht gestellte Publikation der seiner Studie zugrundegelegten, offenbar über die Materialien der *Dictionnaires topographiques* hinausreichenden Belegreihen meines Wissens nicht realisiert wurde. Von einigen älteren, zudem sehr summarischen Arbeiten abgesehen, liegen zwar für die sprachgrenznahen Gebiete der Wallonie, nicht aber für Nordfrankreich eingehendere Untersuchungen zu diesem zum Verständnis der merowingischen Siedlungsverhältnisse so eminent wichtigen Typus vor, so daß man tatsächlich "von großen Gebieten mangels Belegen nur Vermutungen anstellen (kann) und ... die in einem Gebiet gewonnen Erkenntnisse ungeprüft auf andere Landschaften übertragen (muß)" (Löffler, Weilerorte 21). Als Kartengrundlage dient für Nordfrankreich immer noch die von Petri, Volkserbe 706, nur für die Wallonie ergänzte Verbreitungskarte, die Adolf Schiber 1894 gezeichnet hat (Schiber, Studien - Anhang Karte 1; kaum genauer ist die Kartierung bei Gamillscheg, Siedlungen). In Anbetracht "der Feststellung, daß J(ohnson) zwei Gruppen von Ortsnamen zusammengeworfen hat, die nichts miteinander zu tun haben" (Wartburg, Erklärungsversuch 61), nämlich die mit germanischen Personennamen komponierten Siedlungsnamen des sogenannten *Avricourt*-Typus und solche mit adjektivischem Bestimmungswort, würde man sich neben einer separaten Darstellung der einzelnen Grundworttypen insbesondere auch eine Kartierung wünschen, die nach Grundwörtern getrennt die einfachen bzw. nur mit einem adjektivischen Bestimmungswort versehenen Namen von den mit Personennamen komponierten abhebt.

[69] Löffler, Weilerorte 430.
[70] Vgl. Steinbach/Petri, Grundlegung.
[71] Petri, Volkserbe 716.

vorneherein fragwürdig erscheinen lassen muß⁷².

Man kann, so hat in neuerer Zeit etwa W. König versichert⁷³, "die Ortsnamentypen im allgemeinen nicht ausschließlich einer bestimmten Zeitperiode zuordnen. Das Appellativ *Weiler* bleibt in seiner Bedeutung 'kleinere Hofsiedlung' bis in die Neuzeit hinein produktiv ...". Zudem, und das dürfte für die Gesamtbewertung des Typus noch wichtiger sein als die Feststellung eventueller hochmittelalterlicher bzw. neuzeitlicher Nachbenennungen ⁷⁴, mehren sich die Hinweise dafür, daß Siedlungsnamen des eigentlichen *villare*-Typus der "ersten Schicht", deren innere Zusammengehörigkeit insbesondere Löffler herausgestellt hat ⁷⁵ und deren Herausbildung Steinbach auf die verhältnismäßig kurze Zeitspanne der späteren Merowinger- und frühen Karolingerzeit festgelegt hatte, gerade im deutschsprachigen Reichsteil in größerem Umfang auch noch nach 800, also *nach* der Eingliederung der Sachsen, vergeben worden sein müssen ⁷⁶. Sollten sich die bisher bekannten Beispiele für *villare*-Gründungen des 9. oder sogar des 10. Jahrhunderts noch vermehren lassen, so erscheint es zumindest fraglich, ob das zeitliche Argument zum Verständnis des auffälligen Verbreitungs-

---

⁷² Ein Beispiel einer solchen schematischen Anwendung der Steinbachschen Ergebnisse gibt Christmann, SNN III 50 f.: "Die -weiler stellen das Ergebnis des von den Siedlungen der Landnahmezeit ausgehenden ersten Landesausbaus dar ... Ich sehe also die -weiler der Pfalz insgesamt, vielleicht von wenigen Nachzüglern abgesehen, als Ausbausiedlungen des 7. und der ersten Hälfte des 8. Jh. an". Für den betreffenden Raum hatte H. Zeiss (in: Pfälzischer Geschichtsatlas, Neustadt 1935, S. 3) wegen des gänzlichen Fehlens merowingischer Funde in den mit *villare* benannten Orten diese Ausbausiedlungen in eine spätere Zeit datiert.

⁷³ König, dtv-Atlas 129.

⁷⁴ Vgl. zu solchen Nachbenennungen für den oberschwäbischen Raum Löffler, Weilerorte 415 ff.

⁷⁵ Löffler, Weilerorte 412 ff. 430.

⁷⁶ Vgl. die entsprechende Statistik bei Löffler, Weilerorte 413. In seinem Untersuchungsgebiet sind 112 Personennamen gleichzeitig als Bestimmungswörter von *villare*-Siedlungsnamen und urkundlich als Donatoren- und Zeugennamen des betreffenden Gebietes (Löffler orientiert sich an der fränkischen Raumeinheit des *pagus*) belegt; die weitaus meisten dieser urkundlich genannten Personen lassen sich auf den Zeitraum zwischen 780 und 860 festlegen. Für den Saar-Mosel-Raum möge zunächst ein Hinweis auf einen mutmaßlichen Eponymen einer *villare*-Siedlung genügen, der in die Mitte des 9. Jahrhunderts datiert werden kann: zu den Ausstattungsgütern des 863/64 von einem Herzog Nantharius und Gattin Kunigunde gegründeten Nonnenklosters St. Saturnin zu Münstherdreisen gehört eine *villa Nentriswilre* (= Entersweilerhof bei Kaiserslautern; vgl. MG DD Ludw. d. Dt. Nr. 114). Das Bestimmungswort läßt sich zum Personennamen *Nandhari* (vgl. Förstemann, Altdeutsches Namenbuch I 1150) stellen. Für die Schweiz sind solche Korrelationen der Bestimmungswörter mit Schenker- bzw. Besitzernamen sogar noch für das 10. Jahrhundert nachzuweisen, vgl. etwa den bei Kaufmann, Rufnamen 25, genannten Siedlungsnamen Lingenweil im Kanton St.Gallen: "10. Jh. *Linkenwilare*, woselbst der Besitzer *Linko*".

gebietes dieses Typus, das in der deutschen Namenlandschaft keine Parallele hat, wirklich ausreicht[77]. Auch das Phänomen des althochdeutschen Lehnwortes *wilari* aus *villare*, das im Gegensatz zu allen anderen Grundwörtern des merowingisch-romanischen *Avricourt*-Typus die Sprachgrenze überspringt, wird von Steinbach wohl unzureichend allein aus dem merowingischen Kulturzusammenhang erklärt. Es ist durchaus nicht so, daß alle anderen romanischen Siedlungsnamen-Grundwörter sich nur deshalb nicht über das deutsche Sprachgebiet ausbreiten konnten, weil die Periode ihrer Fruchtbarkeit in eine Zeit fällt, in der das fränkische Reich noch nicht tief in den deutschen Sprachraum hineingewachsen war[78]. *Villa* beispielsweise setzt zwar tatsächlich früher ein als *villare*, ist aber in Nordfrankreich noch im hohen Mittelalter produktiv[79]. Hier sollte wohl auch der spezifischen Bedeutung des Wortes für den Landesausbau sowie der Überlegung Rechnung getragen werden, daß für andere romanische Grundwörter deutsche Entsprechungen als Übersetzungsvorlagen bereitstanden, für den frühmittelalterlichen Neologismus *villare* hingegen nicht.

Die solchermaßen noch immer nicht restlos geklärten Aspekte des "Weilerpro-

---

[77] Zur Verbreitung des *villare*-Typus im deutschen Sprachgebiet vgl. Abb. 1/1 sowie Löffler, Weilerorte 25 f.: "Auf deutschem Boden liegen sie am Niederrhein im Raum Aachen-Köln, einige wenige auch rechtsrheinisch. Der nördlichste Vertreter am Niederrhein ist Wyler bei Nymwegen/Holland. Nach Süden hin häufen sich die Weiler-Orte. Sie liegen in der Eifel und auf dem Hunsrück, in der Pfalz und im angrenzenden Saarland und in der Oberrheinebene auf elsässischer und deutscher Seite bis in die Vorhügelzone des Schwarzwaldes und der Vogesen hinein. Auf badischer Seite nehmen sie nach Norden zu ab; am Westhang des Odenwaldes finden sich nur noch einige wenige. Im Süden erstreckt sich das Verbreitungsgebiet bis Basel und in die Schweiz und den Sundgau ... In der Schweiz liegen sie in großer Zahl vom Hochrhein und dem Südabhang des Schwarzwaldes bis hinauf in die Alpentäler und teilweise bis ins Wallis. Östlich des Schwarzwaldes finden sie sich im Raum Villingen-Freudenstadt-Nagold, östlich von Stuttgart im Welzheimer Wald, nördlich davon in den Löwensteiner und Waldenburger Bergen ... In Ostfranken häufen sie sich um Dinkelsbühl und Rothenburg o. T., einige wenige liegen noch im Norden östlich von Würzburg. Zwischen Bodensee und Donau, in Oberschwaben, bilden sie in großer Zahl eine geschlossenen Weilergruppe, werden aber östlich der Iller seltener und verschwinden am Lech ganz. Weiler-Orte fehlen nördlich der Donau auf altbayerischem Gebiet, sie fehlen aber auch in Thüringen und Sachsen und in der Schweiz in Graubünden vollständig".

[78] Das aber scheint im Anschluß an Steinbach auch Bruppacher, Siedlungsbezeichnungen I 155, anzunehmen: "In der kurzen Zeitspanne zwischen der ersten Ausbauzeit (*villa*- und *curtis*-Gründungen) und den späteren Karolingern bestand beidseits des Rheins eine Vorliebe für Ortsnamen mit *villare*. Sie müssen einer Schicht angehören, die sich über die *court*- und *ville*-ONN legt, einer Zeit, in der das fränkische Reich über den Rhein hinausgewachsen war, denn sonst hätten sich mit ebensolcher Berechtigung auch die anderen beiden Grundwörter auf das ostrheinische Gebiet ausdehnen müssen".

[79] Vgl. Bruppacher, Siedlungsbezeichnungen I 118-127; FEW XIV 449-452; Wartburg, Erklärungsversuch 61; Büttner, Franken 564.

blems" hat Walter Schlesinger vor einigen Jahren zu einer speziell an die romanische und germanische Philologie gerichteten Frage nach dem Motiv dieser Namengebung zusammengefaßt: "Wie steht es mit den Weilernamen ...? Sie gelten als Ausbauorte, und es ist gezeigt worden, daß sie in der Tat Ausbauorte sind. Man kommt aber nicht um die Frage herum, warum ausgerechnet -*villare* für diese Ausbauorte verwendet worden ist"[80].

1.2. Themenstellung

Die Siedlungsnamen auf -*villare* sind ein Namentypus, dessen Herkunft aus dem westlichen, heute französischsprachigen Teil des Merowingerreiches inzwischen als gesichert gelten kann. "Verbreitungsdichte und sprachliche Eigenart", so betont Steinbach sicherlich zu Recht [81], "weisen eindeutig auf Nordfrankreich als Ursprungsland dieses franko-romanischen Ortsnamentypus hin. Er gehört ohne Zweifel zu jenen Kulturerscheinungen, die durch die reichsfränkische Eroberung, Kolonisation, Mission, Organisation und Kulturbewegung nach Osten getragen worden sind". Petri hat insbesondere den "westfränkischen Kirchen und Klöster(n)"[82], deren Ausgriff in die Rheingegend und in den südwestdeutschen Raum durch zum Teil sehr bedeutende exogene Besitzungen in diesen Gebieten erleichtert worden sein dürfte[83], eine tragende Rolle bei der Vermittlung der merowingischen Kultur und gerade auch der *villare* zugeschrieben, und Friedrich Prinz hat diese gesellschaftsbildende Funktion der Klöster bzw. des frühmittelalterlichen Mönchtums überhaupt im Rahmen eines im 7.

---

[80] Diskussionsbeitrag 1969, in: RhVjBl 1. 35 (1971) 79.

[81] Steinbach, Weiler-Orte 177. Ähnlich und ausführlicher schon Petri, Volkserbe 716 :"Man könnte der Meinung sein, daß wir es hier, ähnlich wie bei der fränkischen Reihengräberkultur, mit einer in Westdeutschland und Nordfrankreich ziemlich gleichzeitig in Aufnahme gekommenen Kulturform zu tun haben. Indessen spricht doch vieles dafür, daß den westfränkischen Gebieten bei der Schöpfung des uns hier beschäftigenden Namentypus der Vorrang gebührt. Nur dort haben wir wohl im 6./8. Jahrhundert einen solchen Grad germanisch-romanischer Mischkultur anzunehmen, wie er aus dem Sprachbild der westfränkischen Weiler-Namen spricht". Kaum bekannt ist, daß Miedel, Bayerische ONN 20, bereits im Jahre 1914 eine ähnliche Interpretation zumindest in Erwägung gezogen hat: "... während *villare* rechts (des Rheins) erst später auftritt, gerade wie wenn es erst von Westen aus östlich vorgedrungen, d.h. etwa durch die Franken verbreitet worden wäre".

[82] Petri, Volkserbe 716.

[83] Vgl. etwa die Auflistung der Besitzungen der Abtei St.Denis bei Paris im lothringischen Raum bei Fleckenstein, Fulrad 11 f., oder der Abtei St.Remi zu Reims im Raum Kusel (Auflistung der Reimser Besitzungen nach dem Einkunftsverzeichnis des 12. Jahrhunderts bei Devroey, Polyptyque 121 ff.).

Jahrhundert sich etablierenden und von einer "adligen"[84] Führungsschicht des Reiches getragenen "'Verbundsystem(s)' von Kirche und 'Welt', von Mönchtum und politischem 'Establishment'"[85] noch weiter präzisieren können: das Mönchtum "erscheint ... als Exponent einer grundherrlichen Oberschicht, die dem Kloster einen präzise beurteilbaren Platz in der gesamtgesellschaftlichen Struktur zuweist. Es war nunmehr in erster Linie religiöses, kultisches Zentrum, Grablege und zumeist Eigentum einer Adelsfamilie oder des Königs bzw. Herzogs, es war Wirtschaftszentrum und damit zugleich Ausgangspunkt für grundherrschaftlich organisierten Landesausbau"[86].

Den im Zuge des spätmerowingischen Landesausbaus sich vollziehenden 'Transfer' der ursprünglich im Westen des Reiches beheimateten *villare*-Mode nach Osten hat Petri als Anzeiger einer besonderen "rheinisch-westfränkischen(n) Verbundenheit"[87] gewertet; er rechnet also zumindest arbeitshypothetisch mit einem durch die Namen indizierten Bezug typischer "Weiler-Landschaften" zum Westen des Merowingerreiches.

Solche Überlegungen dürften für die Siedlungsgeschichte der betreffenden Regionen nicht uninteressant sein. Immerhin hat z. B. Walter Janssen für die Rheinlande nördlich der Mosel festgestellt, daß "sprachwissenschaftliche Studien zu Zweifeln daran Anlaß (geben), daß die fränkische Besiedlung der Rheinzone die römischen Siedlungsräume frühzeitig und in großer Dichte auffüllte, wie dies bisher immer angenommen worden ist. Statt dessen scheint sich anzudeuten, daß im 5. und 6. Jahrhundert die Anzahl der fränkischen Siedlungen recht begrenzt war und daß erst spätere Siedlerschübe des 7. und 8. Jahrhunderts eine dichte Aufsiedlung bewirkten.

---

[84] Zur Problematik des frühmittelalterlichen Adelsbegriffes vgl. Schneider, Frankenreich 75 f. Die Herausbildung einer führenden Schicht, ob man sie nun mit dem Begriff 'Adel' benennt oder nicht, ist für die jüngere Merowingerzeit archäologisch nachgewiesen: "Aus dem relativ homogenen Verband der Reihengräberfriedhöfe (sondern sich seit dem ausgehenden 7. Jahrhundert) wesentlich reicher ausgestattete Grablegen aus, die man wohl zu Recht mit dem Terminus 'Adelsgräber' belegt hat ... Die sich ausdifferenzierende kleine Gruppe reich ausgestatteter Gräber (löst sich) auch topographisch vom allgemeinen Bestattungsplatz und (ist) zumeist bei einer Kirche angesiedelt" (Prinz, Frühes Mönchtum 157 f., der hier die Ergebnisse der archäologischen Untersuchung von Stein, Adelsgräber, referiert).

[85] Prinz, Einleitung, in: ders., Mönchtum 1-11, hier S.4.

[86] Prinz, Frühes Mönchtum 153. Vgl. auch ebd. S. 158: "Bevölkerungszunahme und Landesausbau sind somit eng verbunden mit der Etablierung der "adeligen" Oberschicht, und zwar nicht nur chronologisch, sondern auch kausal: der Führungsanspruch einer militärisch spezialisierten Schicht aus der Wanderungsepoche und der frühen Merowingerzeit verstärkt sich durch die organisatorische Beteiligung dieser Gruppe am Landesausbau und an der Welle von Klostergründungen, die ja selbst ein Teil dieses Siedlungsvorganges waren".

[87] Petri, Landnahme im Rheinland, 21: "In welchen Bezirken die rheinisch-westfränkische Verbundenheit sich aufrecht erhielt, wird auch durch das Auftreten der sogenannten Weilernamen angezeigt ...".

Für das rechte Rheinufer trifft diese Beobachtung zweifellos zu, wie eine Überprüfung des Einsetzens fränkischer Gräberfelder ergibt. Historiker und Archäologen widersprechen aber für das linksrheinische Rheinland solchen Auffassungen, die dieses Gebiet zugleich auch seines Charakters als eines ursprünglichen Kernsiedlungsraumes der Franken entkleiden würden. Die Frage bleibt nach wie vor offen"[88].

Das hier implizit mit angesprochene Problem der Kontinuität zwischen Spätantike und frühem Mittelalter, und hier vor allem die differenzierte Problematik einer Sprach- und Siedlungskontinuität galloromanischer Bevölkerung in denjenigen Provinzen des alten Römerreiches, in denen durch Zuwanderung germanischer Stämme eine Entromanisierung erreicht wurde, beschäftigt die Fachwissenschaften seit langem, wobei von Seiten der sprachwissenschaftlichen Frühmittelalterforschung insbesondere das Sachgebiet der *traditio nominum*, die Frage nach der Dichte, Deutung und Chronologie vorgermanischer Relikte im Namenbestand einzelner Teilräume dieser *Romania submersa* in den Mittelpunkt gerückt wurde. Die Sprachwissenschaft im allgemeinen, die Namenkunde im besonderen hat denn auch zu dieser interdisziplinären Kontinuitätsdiskussion einiges beitragen können. Da für diese frühen Zeiten andere Quellen eher spärlich fließen, sind es häufig gerade die relativ exakt datierbaren und in aller Regel auch im Raum präzise situierbaren toponomastischen Zeugnisse, die ein aussagefähiges Gesamtbild der Sprach- und Siedlungsgeschichte einzelner Landschaften vermitteln. Schweizerische, österreichische, belgische und deutsche Ortsnamenforschung[89] sind in den letzten 30 Jahren weitgehend übereinstimmend (wenn auch im einzelnen mit von den topographischen und historischen Besonderheiten der untersuchten Siedlungsräume diktierten Differenzen) zu der Überzeugung gelangt, daß in starker regionaler Differenzierung galloromanische Bevölkerungsteile die Auflösung des römischen Reiches auch südlich und östlich der heutigen romanisch-germanischen

---

[88] Janssen, Studien I 25.

[89] Zu verweisen ist hier besonders auf die im Literaturverzeichnis genannten Arbeiten von St. Sonderegger, P. Glatthard, H. Stricker und P. Zinsli (Schweiz), K. Finsterwalder, G. Plangg, I. Reiffenstein und P. Wiesinger (Österreich), H. Draye, M. Gysseling und E. Legros (Belgien), W. Jungandreas und W. Kleiber (Trierer Moselromania). Für die hier besonders interessierende Region, nämlich den zwischen der großen romanischen Kontinuitätszone des Trierer Mosellandes und der heutigen deutsch-französischen Sprachgrenze situierten Raum des germanophonen Lothringen und des Saarlandes sind die einschlägigen Arbeiten von M. Buchmüller-Pfaff und W. Haubrichs zu vergleichen. Die bedeutsame Entdeckung der frühmittelalterlichen Moselromania, deren eigentümlicher, den ostfranzösischen Mundarten sehr nahestehender Dialekt inzwischen auch die romanistische Forschung beschäftigt (vgl. Pfister, Altromanische Relikte; Monjour, Dialektraum; Wolf, Phonétisme), ist in ihren einzelnen Aspekten und im Forschungsstand am besten dokumentiert in einem Sammelband von W. Kleiber und M. Pfister (Kleiber/Pfister, Aspekte und Probleme).

Sprachgrenze überlebt haben⁹⁰. Die eigentliche Herausbildung der deutsch-französischen Sprachgrenze als einer vom Schweizer Mittelland zum Ärmelkanal ziehenden Linie ist das Ergebnis Jahrhunderte währender Ausgleichserscheinungen, auf die politische Grenzen des frühen und hohen Mittelalters vermutlich wenig Einfluß hatten (→ Abb. 1/2). "Daß sich im geographischen wie im politischen Raum der Sprachraum konsolidiert hat, ist in der Hauptsache wohl eine Folge der Prävalenz der einen oder anderen Sprachgemeinschaft in der betreffenden Landschaft"⁹¹. Für die hier speziell interessierende Periode der jüngeren Merowinger- und der Karolingerzeit muß mit breiten bilingualen Zonen zu beiden Seiten der heutigen Sprachgrenze gerechnet werden. Auch östlich der Sprachgrenze überlebten zweifellos galloromanische Bevölkerungsgruppen die germanische Landnahme; es gabe größere und kleinere romanische Sprachinseln, die sich erst im Laufe des Frühmittelalters allmählich auflösten. Lautchronologische Untersuchungen der vorgermanischen Toponyme zeigen, daß Entromanisierung und Germanisierung der alten römischen Siedlungsräume regional sehr differenziert zu datieren sind; oft setzen sie später ein und waren später vollendet, als frühere Forschung annahm. Die Verteilung einzelner lautchronologischer Kriterien im Raum zeigt das allmähliche Fortschreiten der Germanisierung.

Auch für die Lande an Mosel und Saar häufen sich die Indizien dafür, daß die Mehrzahl der fränkischen Siedlungen nicht unmittelbar im Anschluß an die Eingliederung der römischen Provinz *Belgica Prima* in das Frankenreich entstand. Die grundlegenden archäologischen Untersuchungen durch Frauke Stein haben für diesen Raum ergeben, daß "mit einer fränkischen Besiedlung in breiter Front im Sinne Petris ... nicht gerechnet werden (kann). Wir erfassen hier vielmehr eine offenbar durch Angehörige der fränkischen Oberschicht initiierte fränkische Besiedlung in einem Raume, der von einer beträchtlichen romanischen Bevölkerung besiedelt ist"⁹² (→ Abb. 1/3). Distribution und lautchronologische Analyse der vorgermanischen Relikte im Namenbestand dieses Raumes erlauben dabei sehr differenzierte Aussagen zur Genese

---

⁹⁰ Die sogenannte Katastrophentheorie, die mit einem völligen Neubeginn der Besiedlung durch die fränkische bzw. alemannische Landnahme rechnete, kann in ihrer extremen Form nicht aufrechterhalten werden; → 1. 1., Anm. 25.

⁹¹ Gerlich, Landeskunde 153.

⁹² Stein, Franken und Romanen 587. Das 7. Jahrhundert steht in Lothringen ganz im Zeichen des Landesausbaus, vgl. ebd. S. 581: " ... es entfallen auf je eine alte Siedlung ungefähr fünf Neugründungen des 7. Jahrhunderts", ein Phänomen, das Stein allerdings weniger durch einen "Siedlerschub" im Sinne Janssens, für den bisher ausreichende archäologische Anhaltspunkte fehlen, als vielmehr durch die Hypothese erklären möchte, daß hier "durch Wiederaufnahme der Beigabensitte ... die Romanen zu Beginn des 7. Jahrhunderts archäologisch faßbar werden". Die Frage ist bisher, soweit ich sehe, auch von Seiten der Frühgeschichte nicht entschieden, vgl. etwa den Diskussionsbeitrag von Ament, Franken und Romanen. Aus sprachwissenschaftlich-namenkundlicher Perspektive vgl. jetzt auch Buchmüller-Pfaff, SNN 750 ff.

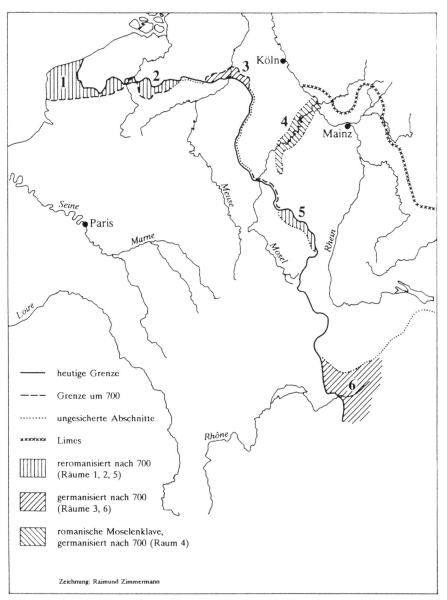

Abb. 1/2: Zur Herausbildung der westlichen Sprachgrenze.
Quelle: M. Pfister, Die Bedeutung des germanischen Superstrates für die sprachliche Ausgliederung der Galloromania, in: H. Beumann/W. Schröder (Hgg.), Aspekte der Nationenbildung im Mittelalter. Ergebnisse der Marburger Rundgespräche 1972–1975. Sigmaringen 1978, S. 127–170, hier S. 129.

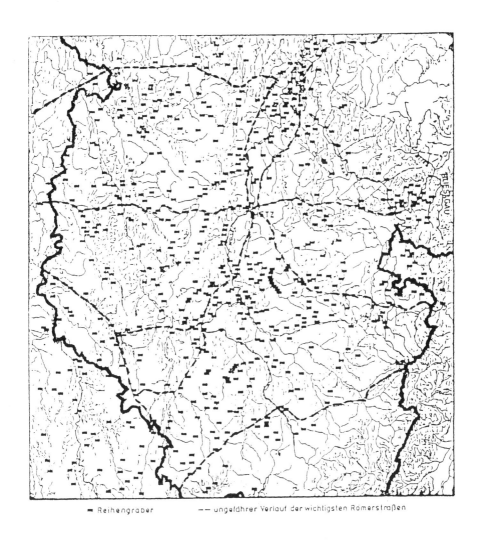

Abb. 1/3. Verbreitung merowingerzeitlicher Grabfunde im Saar–Mosel–Raum. Quelle: F. Stein, Die Bevölkerung des Saar–Mosel Raumes am Übergang von der Antike zum Mittelalter. Überlegungen zum Kontinuitätsproblem aus archäologischer Sicht, in: Archaeologia Mosellana 1 (1989), S. 89–195, hier S. 139.

der heutigen deutsch-französischen Sprachgrenze aus ehemals bilingualen Räumen und auch chronologisch unterscheidbaren fränkischen Siedlungswellen [93]. Es lassen sich nämlich kleinräumig [94] (auf Grund der zum Teil sehr unterschiedlichen natur- und kulturräumlichen Voraussetzungen in den einzelnen Landschaften) durchaus unterschiedlich strukturierte Siedlungsräume ausmachen, denen unterschiedliche Kontinuitätsformen und Siedlungsabläufe entsprechen. Es gibt Gebiete mit ausgesprochen dünner Kontinuität bzw. eventuell sogar Diskontinuität, in denen trotz nachgewiesener römerzeitlicher Besiedlung die vorgermanischen Namen heute fast völlig ausgeräumt sind (→ Abb. 1/4). Oft sind dies die fruchtbaren, siedlungsgünstigen Gaulandschaften, in denen frühe fränkische Typen dominieren. Ihnen stehen, häufig in weniger günstiger Lage, ausgesprochene Kontinuitätszonen gegenüber, in denen sich die vorgermanischen Relikte häufen und die eigentliche fränkische Siedlung erst mit dem gerade durch den *Weiler*-Typus charakterisierten spätmerowingisch-karolingischen Landesausbau des 8./9. Jahrhunderts einsetzt (→ Abb. 1/5). Hinzu kommen "gemischtethnische" Landschaften, für die ein Nebeneinander vorgermanischen und germanischen Namengutes, d. h. romanischer und fränkischer Siedlung typisch ist (→ Abb. 1/6).

In diesem Licht erhält die Oberschichtenmode der *villare*-Namen ein neues, bisher so kaum gesehenes Gewicht, bietet sie doch unter Umständen die Chance, mit Hilfe einer gezielten sprachwissenschaftlichen Analyse der in den Bestimmungswörtern dieser Namen enthaltenen Personennamen solche mutmaßlichen Siedlerschübe zu fassen und aus der sprachlichen Gestalt der Namen Hinweise auf die Herkunft bzw. die ethnische Zugehörigkeit der Träger zu gewinnen. Denn wenn Janssen zur Klärung der offenen Fragen vorschlägt: "Eine Lösung kann nur dadurch erreicht werden, daß die bisher bekannten Reihengräberfelder für die Siedlungsgeschichte der einzelnen Perioden der Merowingerzeit numerisch ausgewertet werden" [95], so ist dies zweifellos richtig. Es muß aber doch auch bedacht werden, daß die Reihengräberfunde in den linksrheinischen Gebieten aus Gründen des Brauchtumswechsels um das Jahr 680/700 abbrechen[96]. Siedlungsbewegungen des 8. und 9. Jahrhunderts lassen sich deshalb mit

---

[93] Für den saarländisch-lothringischen Raum, den Petri, Volkserbe 717-767, in den Mittelpunkt seiner grundlegenden Untersuchungen gerückt hatte, ist der Stand der Forschung zur Genese der Sprachgrenze jetzt gut dokumentiert bei Kleiber/Pfister, Aspekte und Probleme; grundlegend auch Buchmüller/Haubrichs/Spang, Namenkontinuität; Buchmüller-Pfaff, SNN; dies., Namen im Grenzland; Haubrichs, Siedlungsnamen; ders., Ortsnamenprobleme; ders., Wüstungen; ders., Warndtkorridor; ders., Verfertigung.

[94] Die folgenden Ausführungen weitgehend nach Buchmüller/Haubrichs/Spang, Namenkontinuität; Buchmüller-Pfaff, Namen im Grenzland 173 f.

[95] Janssen, Studien I 25.

[96] Die merowingerzeitlichen Funde sind für Lothringen, Saarland und Westpfalz ausführlich dokumentiert bei Stein, Bevölkerung. Vgl. mit Bezug auf diese Arbeit Haubrichs, Ausbildung 36, mit Anm. 8: "Wie weit die Siedlung damals ... in den Landen um Mosel und Saar gediehen

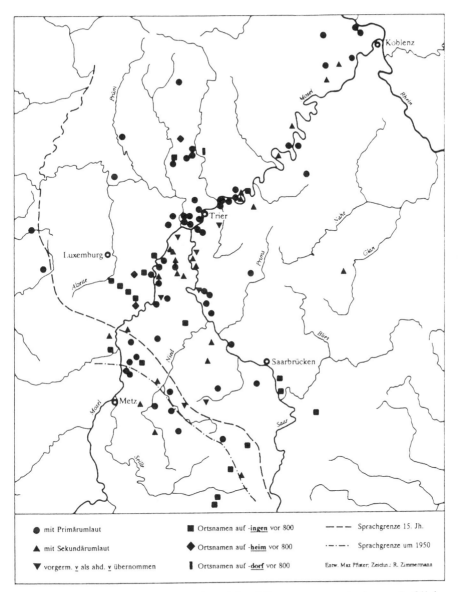

Abb. 1/4: Fränkische Siedlung im Saar-Mosel-Raum aus sprachwissenschaftlich-namenkundlicher Sicht: Toponomastische Indizien einer frühen Germanisierung. Quelle: W.Kleiber/M.Pfister, Aspekte und Probleme der römisch-germanischen Kontinuität. Sprachkontinuität an Mosel, Mittel- und Oberrhein, sowie im Schwarzwald. Stuttgart 1992, S. 95.

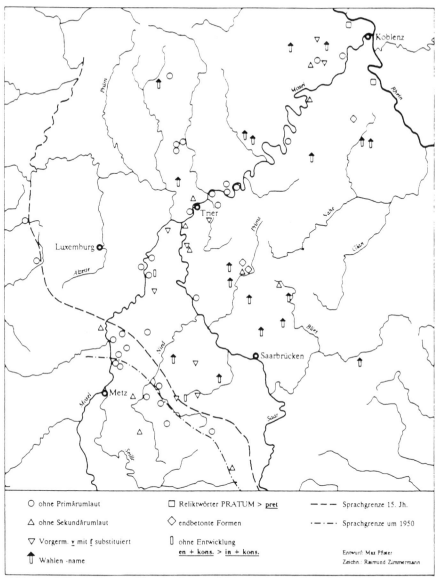

Abb. 1/5: Das Kontinuitätsproblem im Saar-Mosel-Raum aus sprachwissenschaftlich-namenkundlicher Sicht: Toponomastische Indizien für einen Fortbestand restromanischer Bevölkerung über das 8. Jahrhundert hinaus. Quelle: W. Kleiber/M. Pfister, Aspekte und Probleme der römisch-germanischen Kontinuität. Sprachkontinuität an Mosel, Mittel- und Oberrhein sowie im Schwarzwald. Stuttgart 1992, S.93.

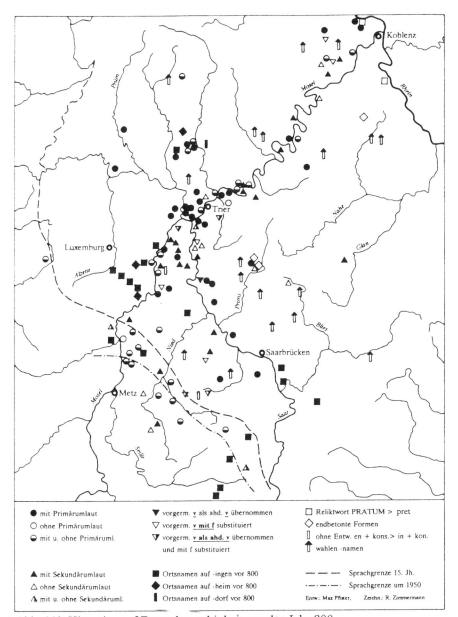

Abb. 1/6: Hinweise auf Doppelsprachigkeit um das Jahr 800.
Quelle: W. Kleiber/M. Pfister, Aspekte und Probleme der römisch–germanischen Kontinuität. Sprachkontinuität an Mosel, Mittel- und Oberrhein sowie im Schwarzwald. Stuttgart 1992, S. 96.

Hilfe von Grabungen nur schwer fassen.

Hier setzt die Namenkunde an: "Namenkunde ist Spracharchäologie, sie hilft geschichtliche Zustände, über die uns durch direkte Überlieferung wenig oder nichts berichtet ist, und Vorgänge aufhellen, und sie arbeitet mit einer Unzahl zufällig erhaltener sprachlicher Überlieferungssplitter, die es zusammenzusetzen und, wo Lücken bleiben, zu ergänzen gilt ..."[97].

Die Chancen, Siedlungsbewegungen der Karolingerzeit mit namenkundlichen Mitteln transparent zu machen - ein Desiderat, das speziell die historische Forschung schon öfter explizit an die Onomastik herangetragen hat [98] - sind von sprachwissenschaftlicher Seite im allgemeinen recht pessimistisch beurteilt worden. Insbesondere schien die sprachliche Gestalt des überlieferten Namengutes des 7. bis 9. Jahrhunderts sowie das bekannte Übergreifen germanischer bzw. romanisch-christlicher Namenmoden auf das jeweils andere Ethnos eine eindeutige Aussage über die Provenienz oder die ethnische Zugehörigkeit einzelner Namensträger nicht zuzulassen: "Versuche, der Personalfluktuation mit Hilfe des PN-schatzes nachzuspüren, scheitern", stellt etwa H. Löffler fest[99], "an der zu jener Zeit einheitlichen PN-Mode und an dem unzureichenden Namenmaterial. So ist es bisher nicht möglich, mit Hilfe der Namen eine 'westfränkische', 'alemannische' oder 'bayerische' Personenschicht in einem Gebiet voneinander abzuheben".

Demgegenüber hat vor allem Henning Kaufmann, der wohl als erster das reichhal-

---

war, vermag eine großräumige Kartierung der Reihengräberfunde aufzuzeigen: Man erkennt, wie sich die frühen fränkischen Siedlungen, denen die Friedhöfe zuzuordnen sind, in den fruchtbaren Gaulandschaften drängen: im Norden zwischen Mosel und unterer Saar, in der Mitte nördlich und südlich von Metz, um Nancy und Toul und auch im Osten an mittlerer Saar und Blies ... Aber auch sonst finden sich im Saar-Mosel-Raum nahezu überall, wenn auch dünner, fränkische Siedlungsinseln. Völlig fundleer ist jedoch das Wald- und Bergland - von Süden nach Norden - der Vogesen, der Pfälzer Haardt und des Pfälzer Waldes, sowie das Hunsrückvorland an oberer Blies, Nahe, Glan und der eigentliche Hunsrück ... Auch wenn der Mangel an merowingischen Funden nicht in allen Fällen auch Siedlungsleere indiziert, sondern auf Brauchtumsdifferenzen beruhen kann, muß man doch für Gebiete, für die auch Kontinuität anzeigende Ortsnamenzeugnisse in höherer Verdichtung fehlen, von einer weitgehenden Verwaldung in Spätantike und frühem Mittelalter ausgehen".

[97] Polenz, Landschafts- und Bezirksnamen, Vorwort.

[98] Vgl. etwa R. Gensen, in: Rhein. VjBll. 35 (1971) 61: "Wir haben nach dem archäologischen Zeugnis z.B. in der Wetterau eine intensive merowingerzeitliche Besiedlung, in Nordhessen zur gleichen Zeit fast eine Fundleere, im 8./9. Jahrhundert aber eine ganz intensive Kolonisation mit inzwischen einigen hundert neuen Siedlungsplätzen ... Ist es möglich, aufgrund von den wenigen überlieferten frühen Personennamen oder Ortsnamen, die mit Personennamen verbunden sind, evtl. aus den westfränkischen Bereichen zugewanderte Leute oder Bevölkerungsteile auszusondern ?".

[99] Löffler, Weilerorte 391.

tige Material aus Förstemanns *Altdeutschem Namenbuch* systematisch auf die Frage möglicher Romanismen bzw. eines Einflusses des sogenannten Westfränkischen[100] in den Namen der nördlichen Galloromania hin durchgemustert hat[101], auf eine Vielzahl von graphischen und lautlichen Besonderheiten in der Personennamenüberlieferung des westlichen Teils des Merowingerreiches hingewiesen, die zweifellos aus einer romanischen Schreibtradition bzw. durch Kollisionen zwischen germanischen und romanischen Lauterscheinungen, die sich in den Graphien widerspiegeln, erklärbar sind[102]. Ähnliches glaubt Kaufmann auch im frühmittelalterlichen Namenschatz des sprachgrenznahen Saar-Mosel-Raumes und der linksrheinischen Rheinlande, insbesondere in den als Bestimmungswörter von Ortsnamen überlieferten Personennamen, erkennen zu können, und er erklärt sich diese Beobachtung über einen "west-östlich gerichtete(n) Einfluß"[103] im Sinne Petris, der sich nicht allein, wie etwa Adolf Bach angenommen hatte, in einer kulturellen "Einstrahlung vom Westen her"[104] geäußert hätte, sondern (ähnlich wie für die Ausbreitung germanischen Namengutes in der älteren Merowingerzeit "vorwiegend Siedler"[105] verantwortlich gemacht werden können) von einem tatsächlichen Zuzug westfränkischer bzw. romanischer Siedler begleitet worden wäre: "Da um 600 insbesondere das Mittelrheingebiet nur erst dünn besiedelt war", so Kaufmann[106], "war die dann einsetzende stärkere Siedeltätigkeit wesentlich getragen von einer Invasion oder Infiltration ... westfränkischer Siedler, deren mehr oder weniger romanisierte Namensformen sich aus den nach ihnen benannten Siedlungen zum Teil noch erschließen lassen".

---

[100] Zur Definition des Begriffes vgl. Schützeichel, Ludwigslied 258. Zur Kritik des Begriffes 'westfränkisch' vgl. z. B. Felder, Germ. PNN 94 f.

[101] Vgl. Kaufmann, Rufnamen; ders., Ergänzungsband; Neusz, Westfrk. PNN 122: "Das hier (bei Förstemann, Namenbuch) zusammengetragene Material ist aber für das Westfränkische über den Hinweis auf Einzelbelege hinaus in größerem Maße nur von H.Kaufmann genutzt worden".

[102] Beispiele solcher typischer Romanismen in den Graphien der aus dem Westen des Reiches überlieferten Personennamen sind etwa der romanische Wandel von germ. [hr], [hl] zu [fr], [fl] (s. dazu zuletzt Pfister, Bedeutung toponomastischer Quellen 672; Buchmüller-Pfaff, SNN 566 ff.), aus romanischer Entwicklung erklärbarer Schwund des germ. [w] in Personennamen, die im Zweitglied etwa Nameneelemente -*wini* oder -*wald* zeigen (s. dazu Braune/Eggers § 105 Anm. 3; vgl. auch Haubrichs, Tholeyer Abtslisten 52; Menke, Namengut 362; Felder, PNN 55), die romanische Sondergraphie <gu> für germ. [w], unorganische h-Prothesen in vokalisch anlautenden Personennamen, und vieles mehr.

[103] Kaufmann, Rufnamen 171.

[104] Vgl. Bach, Namenkunde II, 2 § 677 S. 465: "Nicht durch Umsiedlung, sondern durch Einstrahlung von Westen her sind die -weiler-Namen nach dem Oberrhein gekommen".

[105] Vgl. Bach, Namenkunde II, 2 § 685 S. 486.

[106] Kaufmann, Rufnamen 172.

Die Anstöße für eine dichtere Aufsiedlung der betreffenden Landschaften in spätmerowingisch-karolingischer Zeit wären demnach aus dem Westen gekommen. Es bietet sich an, gerade den *villare*-Typus, der durch seine im Grundwort offenliegenden westlichen Bezüge und seine feststehende Rolle bei der frühmittelalterlichen Landeserschließung geeignet ist, solche siedlungsgeschichtlichen Phänomene sichtbar zu machen, auf diese Fragestellungen hin zu untersuchen.

In einer für die vorliegende Arbeit richtungweisenden Studie analysierte Wolfgang Haubrichs[107] die frühmittelalterliche Raumorganisation des aus den Quellen als *Pagus Saroinsis* bekannten Oberen Saargaus[108], wo die bereits im 7. Jahrhundert einsetzende urkundliche Überlieferung des elsässischen Klosters Weißenburg mit einer Vielzahl von gerade in diesem Raum zahlreich erscheinenden *villare*-Namen einen Blick auf die Entstehungszusammenhänge der Namen und die Modalitäten der durch sie dokumentierten Ausbausiedlung erlaubt. Es zeigt sich hier nicht nur das erstaunliche Ergebnis, daß die durch sprachwissenschaftliche Analyse erschließbaren Eponymen gerade der *villare*-Siedlungen in statistisch signifikanter Weise mit den Namen urkundlich belegbarer Grundherren des Raumes korrespondieren und so die Trägerfamilien der Ausbausiedlung prosopographisch faßbar werden (→ Abb. 1/7); die in den Bestimmungswörtern dieser Namen enthaltenen Personennamen scheinen in diesem Raum trotz der nachweislich recht späten Entstehung des *villare*-Typus auch noch erstaunlich viele romanische bzw. westfränkische Namensformen zu enthalten[109]. Der Bezug des *villare*-Typus zum Westen des Frankenreiches ließe sich damit nicht allein durch das romanische Grundwort, sondern zusätzlich durch bestimmte, typisch westfränkische Merkmale der Bestimmungswörter sichern.

Die Erforschung der westfränkischen Personennamen hat in den letzten Jahrzehnten, nicht zuletzt durch die Publikation des Namenlexikons von Marie-Thérèse Morlet, beachtliche Fortschritte gemacht[110], so daß die unter anderem von Löffler beklagten Voraussetzungsmängel für eine Bestimmung der Provenienz einer überlieferten

---

[107] Haubrichs, Siedlungsnamen und frühe Raumorganisation.

[108] Der Name dieses *Pagus* ist durch die frühe Weißenburger Überlieferung gut bezeugt (vgl. DTW Nrn. 192-272 'Urkunden aus dem Saargau'). Im Vertrag von Meersen aus dem Jahr 870 wird neben diesem *Sarachowa superior*, dessen Zentrum wohl im Muschelkalkgebiet zwischen Vogesen und oberer Saar zu suchen ist, auch ein *Sarachowa subterior*, der wohl am Unterlauf der Saar lokalisiert werden muß, genannt (*Annales Bertiniani*, ediert bei Rau, Quellen II 210. Vgl. auch Haubrichs, Siedlungsnamen und frühe Raumorganisation 225 m. Anm. 9).

[109] Vgl. z. B. Haubrichs, Siedlungsnamen und frühe Raumorganisation 266-272. 273 m. Anm. 211: "*ad Actulfovillari seu villari meo quem ego de novo edificavi*, heißt es in einer Weißenburger Urkunde ... Personennamen auf *Act-* kommen ausschließlich im westfränkisch-romanischen Gebiet vor ... Der Erstgründer des *villare* darf also als Romane betrachtet werden".

[110] Vgl. Morlet, noms de personne I-II.

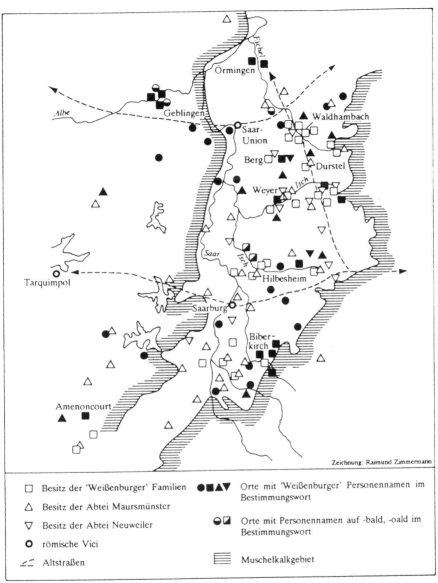

Abb. 1/7: Die 'Weißenburger' Familien im oberen Saargau.
Quelle: W. Haubrichs, Siedlungsnamen und frühe Raumorganisation im oberen Saargau, in: ders./H. Ramge, Zwischen den Sprachen. Siedlungs- und Flurnamen in germanisch-romanischen Grenzgebieten. Saarbrücken 1983, S. 221-287, hier S. 258.

Namensform bis zu einem gewissen Grad behoben sind [111].

Für die hier interessierenden Fragestellungen muß es darum gehen, typische Ausflüsse einer merowingisch-romanischen Schreibtradition, etwa die romanische Sondergraphie <gu> für germ. [w], zu trennen von bestimmten lautlichen Phänomenen wie dem romanischen Lautersatz von germ. [ai] durch [â] [112], die eindeutigere Hinweise auf die Provenienz der Namensträger geben können. "Schreibformen, die nicht notwendig auf die von den Namensträgern bevorzugte Form und damit auf deren ethnische Zugehörigkeit schließen lassen" [113], dürften tatsächlich einen nicht unerheblichen Teil der Romanismen in den Namen ausmachen, denn der hohe Anteil romanischer Schreiber in den Konventen gerade des bilingualen lothringischen Raumes ist bekannt. Damit hier der "Kanzleigebrauch" nicht "vieles verwischt" [114], ist mit E. Neusz "ein Untersuchungsgang zu wählen, der zunächst die graphematischen Feststellungen phonetisch interpretiert und danach diese phonetischen Interpretationen sowohl zur historischen Lautgrammatik des Französischen als auch des Deutschen in Beziehung setzt" [115].

Die Aussagekraft der *villare*-Namen bzw. toponomastischer Quellen überhaupt für die Frage möglicher Siedlungsbewegungen der Karolingerzeit kann allerdings in jedem Fall nur eine subsidiäre sein. Zur Erkenntnis des Siedlungsganges einzelner Landschaften vermögen die Namen erst in Kombination mit den Perspektiven anderer Wissenschaften beizutragen; "dabei erweist sich" für die Siedlungsforschung die "Notwendigkeit interdisziplinärer Methodenergänzung wie kaum bei einem anderen Forschungsgegenstand" [116].

1.3. Zur Auswahl des Untersuchungsraumes

Ein unter Leitung von Franz Petri im Jahr 1969 in Bonn abgehaltenes Kolloquium zu speziellen Problemen der "Siedlung, Sprache und Kultur des Frankenreiches" [117] hat als wichtigstes Tagungsergebnis die Forderung nach einer "wirklich intensiven Durch-

---

[111] Vgl. Löffler, Weilerorte 391.

[112] Für <gu> für germ. [w] vgl. Kaufmann, Rufnamen 187 ff. ; Gamillscheg, Romania Germanica I 393 ff.; Bach, Namenkunde II, 1 35. Zu rom.-wfrk. [â] für germ. /ai/ s. Kaufmann, Rufnamen 114. 176. 181; ders., Ergänzungsband 132. 139 f. u. ö.; Neusz, Westfrk. PNN 147; Felder, Germ. PNN 40 f.; Menke, Namengut 360.

[113] Haubrichs, Tholeyer Abtslisten 55.

[114] Schützeichel, in: RhVjBll. 35 (1971) 62.

[115] Neusz, Westfrk. PNN 172 f.

[116] Gerlich, Landeskunde 156.

[117] Bericht über dieses Kolloquium (mit Kurzzusammenfassung der Redebeiträge und der anschließenden Diskussionen durch F.Irsigler), in: RhVjBll. 35 (1971) 1-106.

forstung von Einzelräumen, von der Sprachgrenze aus vortastend, ... aber doch auch in das Innere der alten *Francia* hineingreifend [118]", formuliert. Für eine Betrachtung frühmittelalterlicher Siedlungsbewegungen aus sprachwissenschaftlicher Sicht scheinen sich tatsächlich gerade solche Räume besonders zu eignen, "in denen infolge Eroberung oder auch friedlicher Durchdringung mehr oder minder lange Zeit eine Zweisprachigkeit herrschte"[119]; Substrat- und Superstratwirkungen lassen sich hier gerade im Bereich der Namen gut beobachten.

In besonderer Weise trifft dieses Voraussetzungserfordernis auf jene fränkischen Siedlungsräume zu, die in unmittelbarer Nähe des heutigen Verlaufs der romanisch-germanischen Sprachgrenze gelegen waren, welche sich infolge eines allmählichen Absetzungsprozesses von romanischer und germanischer Welt im 8. und 9. Jahrhundert herauszubilden begann.

Die Lande zwischen Mosel und Saar sind ein solcher sprachgrenznaher Raum (→Abb. 1/8). Dieses "alte austrasische Kerngebiet um Mosel und Saar"[120], "ein historisch gewachsener, über zwei Jahrtausende 'zwischen den Sprachen' (Gallisch und Latein, Galloromanisch und Germanisch, Altfranzösisch und Althochdeutsch) lebender und bis heute aktiver Interferenzraum (Deutsch-Französisch, jeweils in hoch-, umgangssprachlicher und mundartlicher Ausprägung)"[121], darf angesichts der historischen Bedeutung der spätantiken Kaiserresidenz Trier und des merowingischen Königssitzes Metz sowie als Herkunftsgebiet der Pippiniden-Arnulfinger überdies als eine der europäischen Zentrallandschaften des Frühmittelalters gelten[122]. Die engen Verbindungen zwischen dem Saarraum und dem Maas-Mosel-Gebiet, die als ein zusammenhängender Siedlungsraum mit Zentrum an der mittleren Mosel um Metz betrachtet werden müssen, hat Hans-Walter Herrmann herausgestellt[123].

Die besondere Eignung gerade dieses lothringisch-saarländisch-luxemburgischen Raumes, der im 7. Jahrhundert "ganz im Zeichen des Landesausbaus" stand[124], für

---

[118] Petri, in: RhVjBll. 35 (1971) 103. Vgl. auch Büttner, Franken 584 f., der solche kleinräumigen Studien schon vor vielen Jahren gefordert hatte:"Für die Aufhellung der Geschichte Galliens im 5. bis 8. Jahrhundert ist eine Aufteilung der Forschungsarbeit auf die einzelnen Landschaften unbedingt erforderlich... Diese intensive Forschungsarbeit wird sich mit den heute vorliegenden Quellen nicht ohne weiteres und für weite Gebiete überhaupt noch nicht durchführen lassen, aber sie sollte wenigstens für eine Reihe natürlicher Landschaften, möglichst aber in den der heutigen Sprachgrenze benachbarten, geleistet werden".

[119] Gerlich, Landeskunde 147.

[120] Fleckenstein, Fulrad 17.

[121] Buchmüller-Pfaff, Namen im Grenzland 170.

[122] Zu diesem Raum für die frühmittelalterliche Zeit zuletzt Cardot, L'espace; Parisse, Lotharingien; ders., Austrasie; Schneider, Einheit; Herrmann/Schneider, Lotharingia.

[123] Herrmann, Beziehungen.

[124] Petri, Landnahme 126.

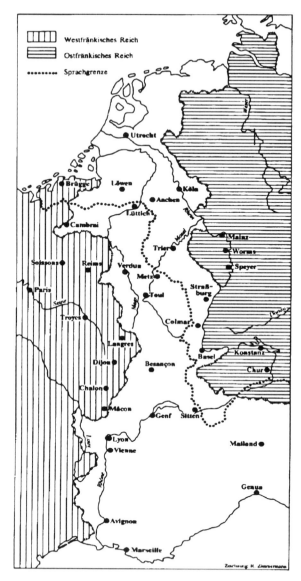

Abb. 1/8: Lotharingien und die germanisch–romanische Sprachgrenze.
Quelle: W. Haubrichs, Volkssprache und volkssprachige Literaturen im lotharingischen Zwischenreich (9. – 11. Jh.), in: H. W. Herrmann/R. Schneider (Hgg.), Lotharingia. Eine europäische Kernlandschaft um das Jahr 1000. Saarbrücken 1995, S. 181–244, hier S. 185.

detailliertere Studien zur Bildungsweise frankenzeitlicher Siedlungsnamentypen hat Petri bereits 1937 erkannt [125] und auch in jüngeren Arbeiten immer wieder bekräftigt [126]. Eine monographische Untersuchung des großen saarländischen "Weilergebietes", das sich an den archäologisch gut erforschten Birkenfelder Raum anschließt, für den von der Archäologie ein auffälliger Hiatus zwischen römischer und fränkischer Siedlung herausgearbeitet worden ist, hat Steinbach einmal ausdrücklich gefordert [127]. In diesem im Übergangsbereich zwischen romanischem und fränkischem Teil des Merowingerreiches gelegenen Gebiet dürften sich die sprachlichen Eigentümlichkeiten gerade des *villare*-Typus, in den romanisches und fränkisches Sprachmaterial einfließt, besonders gut illustrieren lassen.

Um dem Charakter dieser Namen als fränkischer Ausbautypus Rechnung zu tragen, soll als eigentlicher Untersuchungsraum ein Gebiet gewählt werden, an dessen Rändern Zonen von naturräumlicher Siedlungsungunst [128] dem frühmittelalterlichen

---

[125] Petri, Volkserbe 718: "Einen geeigneten Ausgangspunkt für unsere Betrachtungen bietet Lothringen".

[126] Petri, Landnahme 144: "Die meistversprechenden Anhaltspunkte... bieten dabei der Raum um Metz und die frühbesiedelten Teile der Schweiz, wo sich... in den der Sprachgrenze benachbarten Gebieten altbezeugte Ausgleichsformen vom Avricourt- und Weilertypus in auffälliger Weise häufen". Schon Schiber, Siedlungen 68, glaubte eine besondere "Neigung der Weiler" feststellen zu können, "in der Nähe jetziger oder früherer Sprachgrenzen aufzutauchen". Risch, Beiträge 71, hat den Gedanken aufgegriffen; er scheint ihr die von ihr (und auch von Gamillscheg) vertretene These zu stützen, daß eine "wirkliche Sprachmischung" in ehemals bilingualen Räumen für die Entstehung dieses Typus unabdingbar sei. Aus dem gleichen Grund möchte Dauzat, Noms de lieux 136, den Avricourt-Typus als solchen und besonders die Bildungen auf *-curtis* im austrasischen Raum entstanden wissen: "L'examen de la toponymie nous permet d'affirmer que cette transformation s'est opérée dans l'Austrasie romane, le maximum de densité des noms de lieu en -court se trouvant en Lorraine ... Formation austrasienne, de date postérieure, qui a essaimé ensuite des rejetons dans presque toute la France du Nord jusqu'à la Loire, résulat de la suprématie de l'Austrasie et des seigneurs austrasiens après la bataille de Testry et le triomphe des Pippinides". Die auffällige Häufung von Siedlungsnamen des Typus *Avricourt* entlang des heutigen Sprachgrenzverlaufs läßt sich aber meines Erachtens sehr viel einfacher durch den Ausbaucharakter der so benannten Siedlungen erklären. Die Sprachgrenze konsolidiert sich in bestimmten siedlungsungünstigen und daher in der Merowingerzeit nur sehr schwach besiedelten Räumen wie den großen Waldgebieten der Ardennen und der Vogesen erst allmählich, und zwar gerade im Zuge der durch den Landesausbau eingeleiteten und mit Avricourt-Namen benannten Rodungen.

[127] Steinbach, Weiler-Orte.

[128] Schöller, Kräfte 477, hat insbesondere zwei Kriterion hervorgehoben, welche eine natürliche Landschaft zum "Eignungsraum" frühmittelalterlicher Siedlung machten. Er nennt einmal das Leistungspotential des Raumes, also Bodengüte, Bodenschwere, Klima- und Grundwasserverhältnisse, Bodenschätze, zum anderen aber auch die Durchgängigkeit des Raumes, seine Reliefenergie und Höhenlage, die Dichte des natürlichen Bewuchses usw. Eine besondere Rolle

Landesausbau natürliche Hindernisse boten. Die Höhenlagen der Vogesen, des Pfälzerwaldes, des Hunsrücks, des luxemburgischen Oeslings und der Woëvre sind solche typischen Ungunstgebiete, für die in fränkischer Zeit mit einer dichteren Besiedlung noch nicht zu rechnen ist; es darf also erwartet werden, daß sich der an der Siedlungsgunst der Böden orientierte Landesausbau des Frühmittelalters in dem durch diese großen Waldgebiete nahezu ganz umschlossenen Gebiet um Mosel und Saar abbildet [129].

Die Beschäftigung mit Fragen der frühmittelalterlichen Siedlungsgeschichte legt daneben eine Orientierung an der historischen, fränkischen Raumorganisation [130] nahe, welche die als Einheiten empfundenen Siedlungskammern des fränkischen Reiches als sogenannte *pagi* [131] benannte. Ursprünglich zur Bezeichnung der vorrömischen Landgemeinden als untersten Einheiten der Stämme dienend, gab der *pagus*-Begriff [132] während der römischen Stadtperiode einen bestimmten (Flur-)Bezirk (nun ohne politische Funktion, aber mit ökonomisch-kultureller Selbstorganisation und eigenen

---

spielt die eventuelle Bedeckung des Geländes mit Wald. Gradmann, Siedlungsformen 30, betont, "daß sich unter dem Klima des mittleren Europa ... jede sich selbst überlassene Fläche binnen weniger Jahrzehnte mit Wald überzieht". Er kann sich infolgedessen alle im Frühmittelalter noch nicht oder nur spärlich besiedelten Gebiete "unmöglich anders als im Urwaldzustand" vorstellen. Diese als sehr bedrohlich empfundenen großen Waldgebiete, welche die menschlichen Siedlungsinseln allenthalben umschlossen, und die beschwerliche Arbeit ihrer Rodung sind in zahlreichen antiken und mittelalterlichen Texten beschrieben, Literaturhinweise dazu bei Berges, Land und Unland.

[129] Die östlichen Randgebiete des hier interessierenden Raumes sind gebirgig. Von den Hoch- und Niedervogesen im Süden zieht sich eine Höhenkette über die Ausläufer des Haardt-Gebirges und das Saar-Nahe-Bergland zum nördlichen Hunsrück. Das Zentrum des Raumes hat im wesentlichen Plateaucharakter; Tiefengebiete unter 200 m finden sich nur in der Talweitung zwischen Metz und Thionville und im Trierer Moseltal.

[130] Zum Begriff der Raumorganisation, bezogen auf Fragen der Frankonisierung (dazu u.a. Schlesinger, Franken 3) bzw. der fränkischen Administration und siedlungsmäßigen Durchdringung in Teilräumen des großen Reichskomplexes, vgl. bes. Haubrichs, Siedlungsnamen 223.

[131] Die folgende Darstellung in Anlehnung an *Der kleine Pauly* 4, Sp. 405 f., bzw. Schulze, Gau, Sp. 1394 ff. Dort der Hinweis, daß die Römer in Gallien auch germanische Föderaten als *pagi* angesiedelt hätten, was nach Gerlich, Landeskunde 247, "die Vermutung nahe(legt), daß es sich [bei diesen *pagi*] um ethnisch homogene Verbände gehandelt haben könnte. Andere Nennungen könnten jedoch ein Indiz abgeben dafür, daß regionaladministrative Grundeinheiten gemeint waren".

[132] Nach Walde/Hofmann, Wörterbuch II 236; Ernout/Meillet, Dictionnaire 475, bzw. Pokorny, Wörterbuch I 787 f., stellt sich lat. *pagus* zu einer indogermanischen Wurzel *pak- 'befestigen', 'zusammenfügen' (durch Einrammen eines Pfahls) bzw. idg. *pago* 'Zusammenfügung', 'Verband', 'territoire rural délimité par des bornes, district', 'Landgemeindeverband einer Bauernschaft, Dorf'.

Kultstätten) an. Nach der Invasion der Römer in Gallien diente das Wort diesen zur Bezeichnung der gallischen Völkerschaften [133], was sich schließlich in den vornehmlich nach Städten benannten *pagi* des westlichen Teiles des Merowingerreiches fortsetzte. Die fränkische Raumorganisation richtete die politische *pagus*-Einheit auf den fränkischen Begriff des Gaus [134] ebenso aus wie etwa auf den antiken Begriff der *civitas* oder auf die Region eines *castellum*.

Die *pagi* der Karolingerzeit sind für den Saar-Moselraum im Vertrag von Meersen [135] über die Teilung des Reiches Lothars II. im Jahre 870 fast katalogmäßig aufgelistet [136]. Als 'zwischen Mosel, Hunsrück und Vogesen' gelegen, berücksichtigt

---

[133] Die eigentlichen keltischen Völkerschaften wurden von den Römern als *civitates*, ihre Teilstämme als *pagi* bezeichnet. Die galloromanische Verwaltungsstruktur faßt die in der Regel kleineren *pagi* zu nach städtischen Zentren ausgerichteten *civitates* zusammen. Für den Trierer Raum konnte Ewig, Civitas, feststellen, daß "durch die fränkischen Eroberer ... die Struktur der galloromanischen Verwaltung insofern verändert (wurde), als die alten *civitates* oftmals zerlegt wurden", und "daß mit *civitates* hinfort der Hauptort, mit *pagus* das Umland ... bezeichnet wurden" (Gerlich, Landeskunde 248).

[134] Nhd. Gau wird zurückgeführt auf ein germ. **ga-aw-ja-* (> got. *gawi*, ahd. *gewi, gouwi*), dessen etymologische Herleitung bis heute strittig ist (Forschungsüberblick z. B. bei Feist, Wörterbuch 210 f.). Im Anschluß an Polenz, Landschafts- und Bezirksnamen 36 ff., deutet die jüngere Forschung das Wort zumeist als neutrales Kollektivum zu germ. **a(g)wjô*, ahd. *ouwa* 'Aue', 'Wasserland' (mit Bedeutungsverschiebung von 'Landschaft am Wasser' zu 'offene, siedlungsgünstige Landschaft'), doch weist E. Seebold (in: Kluge/Seebold, Wörterbuch 247) diese Etymologie neuerdings als "weder lautlich noch semantisch wahrscheinlich" zurück. Ältere Ansätze wieder aufnehmend (vgl. Heinertz, Studien 46 ff.; Schrader, Reallexikon II 453 f.) verweist er auf ahd. *inouwa* 'Wohnsitz' bzw. das mit diesem urverwandte urgriech. *owá* 'Dorf', was auf eine Wortbedeutung 'Kollektiv von Wohnsitzen', 'Gesamtheit der Dörfer', dann auch 'Gegend', 'Landschaft' führen würde.

[135] *Annales Bertiniani*, publiziert bei Rau, Quellen II 208 ff.

[136] Es fällt auf, daß die im Teilungsvertrag genannten Raumeinheiten nicht als *pagi*, sondern als *comitatus* (Amtsbezirke eines Grafen) bezeichnet werden. Da sich in den Siedlungslandschaften der *pagi* natürlich auch Herrschaft konkretisierte, werden in den Schriftquellen des frühen Mittelalters seit dem 9. Jahrhundert Ortslokalisierungen immer seltener allein durch Verweis auf die Lage des Ortes in einem namentlich genannten Siedlungsraum (*pagus*) vorgenommen, sondern als zusätzliches Element raumbezogener Orientierung tritt nun der Verweis auf die entsprechende Verwaltungseinheit (*comitatus*) hinzu (älteste Beispiele für Lothringen bei Parisse, Noblesse Lorraine I 109). Die Frage nach einer Identität bzw. Divergenz von Gauen und Grafschaften, und damit verquickt die Frage nach Existenz und Gestalt einer fränkischen 'Grafschaftsverfassung', ist in der historischen Forschung noch nicht abschließend geklärt. Einen zusammenfassenden Überblick über die historische *pagus*-Forschung gibt jetzt Nonn, Pagus 29-45, eine ausführliche Übersicht über die ältere Literatur auch bei Niemeyer, Pagus 21-77. Insgesamt scheint sich abzuzeichnen, daß das fränkische Königtum wohl eine organisatorische Gliederung des gesamten Reiches in *comitatus*, also in von Grafen verwaltete Bezirke konzeptio-

die folgende Untersuchung aus dieser Aufzählung den Kalmenzgau (*Calmontis*)[137], den oberen Saargau (*Sarachowa Superior*)[138], den Bliesgau (*Blesitchowa*)[139], den unteren Saargau (*Sarachowa Subterior*)[140], den Niedgau (*Nitachowa*)[141], den Moselgau

---

nell anstrebte; inwieweit ihm allerdings eine flächendeckende Durchsetzung dieser Grafschaftsorganisation gelang, ist umstritten.

[137] Vgl. zu diesem von der Ausdehnung her größten lothringischen *pagus*, dessen Kerngebiet um Nancy, an der unteren Meurthe und am Sanon angesiedelt war, Parisse, Noblesse I 934. Durch die in der Karolingerzeit allmählich einsetzende Aufsiedlung der Westabdachung der Vogesen erfährt der *pagus* eine starke Ostausdehnung in typische Ausbaulandschaften hinein. Wir fassen hier ein Phänomen des "Wachstums vom 'Urgau' zum späteren 'Großgau'", das Gerlich, Landeskunde 251, als "natürliche Folge demographischer Entwicklungen und der frühmittelalterlichen Landeserschließung" interpretiert. "Dieser durch zunehmende Quellenaussagen auch besser faßbare Prozeß fände eine Erklärung durch das Ausgreifen von Siedelverbänden aus den die Bevölkerung nicht mehr fassenden Kernregionen nach den Randzonen". Die *comitatus*-Nennungen der Urkunden sind wohl auch Ausdruck eines Bedürfnisses nach stärkerer Differenzierung, als im Zuge dichterer Besiedlung die Verwaltung eines Großraumes von den kommunikativen und infrastrukturellen Bedingungen her ohne Untergliederung nicht mehr möglich ist.

[138] Der *pagus Saroensis* ist benannt nach dem Fluß Saar (< *Sarâuâ* bzw. *Sarâuos*, zu idg. *ser-, *sor- 'strömen' bzw. einer Variante mit idg. [o] > [a] + Suffix -auâ, -auos, vgl. Buchmüller/Haubrichs/Spang, Namenkontinuität 96 Nr. 153), welcher in den Vogesen am Donon entspringt (Quellbäche Rote und Weiße Saar) und bei Konz in die Mosel mündet. Den durch Siedlungsnamenbelege indizierten und durch merowingische Reihengräberfunde (Stein, Bevölkerung 139) bestätigten Kernraum des Gaues bilden die Landschaften zwischen dem lothringischen Weihergebiet und den Vogesenausläufern am Oberlauf der Saar, dazu ausführlich Haubrichs, SNN 225 ff.

[139] Zu dessen räumlicher Erstreckung vgl. Parisse, Noblesse Lorraine I 933 f.; Herrmann/-Hoppstädter/Klein, Landeskunde II 39. Namengebendes Gewässer ist die Blies (< gall. [?] *Blesâ, zu idg. *bhles- 'glänzen', vgl. Buchmüller/Haubrichs/Spang, Namenkontinuität 79 Nr. 121), welche bei Bliesen (Kr. St. Wendel) entspringt und bei Saargemünd in die Saar mündet.

[140] Vgl. Vanderkindere, Formation II 410-413; Mailänder, Untersaargau 34-73. Der "untere" Saargau, der wohl die Lande an der mittleren und unteren Saar zwischen Saarbrücken und Saarburg umfaßte (mit Kernraum in den fruchtbaren Muschelkalkgebieten), wird mit dem unterscheidenden Zusatz nur in der Reichsteilung genannt, → 1.2. Anm. 108. Namengebend war wie beim Oberen Saargau der Flußname der Saar (s. o. Anm. 138).

[141] Vgl. Parisse, Noblesse Lorraine I 934 f.; Haubrichs, Ortsnamenprobleme 22. Namengebend für diesen durch Quellen verhältnismäßig schlecht belegten *pagus* ist der Flußname der Nied (< idg. *Nidâ*, zu idg. *neid- 'fließen', vgl. Buchmüller/Haubrichs/Spang, Namenkontinuität 91 f. Nr. 145). Kernraum dürften die altbesiedelten Muschelkalklandschaften zwischen Warndtwald und Deutscher Nied gewesen sein.

(*Moslensis*)¹⁴², den Charpaignegau (*Scarponinse*)¹⁴³, das Toulois (*Tullense*)¹⁴⁴, das Saintois (*Suentisium*)¹⁴⁵ sowie den Seillegau (*Seline*)¹⁴⁶ im Gebiet der Seille, eines rechten Nebenflusses der Mosel. Einzubeziehen sind ferner der im Raum um die alte *civitas* Metz zu situierende Metzgau (*pagus Mettensis*) ¹⁴⁷, der häufig mit diesem verwechselte Methingau (*pagus Matensis*) ¹⁴⁸ sowie diverse "Kleingaue" wie der Albegau (*pagus Albensis*)¹⁴⁹, der Eichelgau (*pagus Aquilensis*)¹⁵⁰, der Itongau (*pagus*

---

¹⁴² Kerngebiet dieses nach dem Flußnamen der Mosel (< idg. **Mod-s-ilâ*, zu idg. **mad-*, **mod-* 'naß' mit um ein s-Element erweitertem Stamm und l-Suffix, vgl. Buchmüller/Haubrichs/-Spang, Namenkontinuität 90 f. Nr. 143) benannten und sicherlich bedeutenden *pagus* dürften die fruchtbaren Talauen der Mosel zwischen Metz und Konz, siedlungsgeographisch ein ausgesprochenes Gunstgebiet, gewesen sein.
Trotz zahlreicher urkundlicher Nennungen für beide *pagi* faßt die jüngere französische Forschung (vgl. etwa Parisse, Noblesse Lorraine I 934; Arnod, Lorraine 41) den nach dem Flußnamen benannten *pagus Moslensis* und den auf die alte *civitas* Metz ausgerichteten *pagus Mettensis* häufig zu einem Großgau zusammen. Meines Erachtens besteht zu dieser Vereinheitlichung jedoch kaum Veranlassung, denn die urkundlichen Belege zeigen deutlich, daß der nach der *civitas* benannte *pagus Mettensis* (wie übrigens auch der *pagus Tullensis* um Toul herum) wohl keine allzu große Flächenausdehnung hatte und lediglich das nähere Umland der *civitas* umfaßte.

¹⁴³ Vgl. zu diesem *pagus*, dessen Zentrum südwestlich von Metz am Rupt de Mad zu suchen ist und dessen Namengebung sich an dem antiken Kastell *Scarponna* (gall. GewN **Scarpona*, zu idg. **(s)kerb(h)-* 'drehen, krümmen', vgl. Pokorny, Wörterbuch 948 f. Das *castellum* lag an einer Moselschleife auf einer Insel, daher wohl Benennung nach einem Nebenarm der Mosel ?) orientiert, besonders Parisse, Noblesse Lorraine I 935; Davillé, Pagus Scarponensis.

¹⁴⁴ Vgl. Parisse, Noblesse Lorraine I 936.

¹⁴⁵ Vgl. Parisse, Noblesse Lorraine I 935.

¹⁴⁶ Zum *pagus Salnensis* vgl. RL III 1024; Meaujean, Histoire 231-532; Parisse, Noblesse Lorraine I 935; Vanderkindere, Formation 442-445.

¹⁴⁷ Vgl. Châtelain, Comté 72-119; Vanderkindere, Formation II 417-425. Abgeleitet ist der *pagus*-Name vom Namen der Stadt Metz, der seit dem 4. Jahrhundert als *Mettis* belegt ist (Bouteiller, Dictionnaire 167 f.; Hiegel, Dictionnaire 233; Dauzat/Rostaing 454; Nègre, Toponymie 155).

¹⁴⁸ Vgl. zu dieser in ihrer Etymologie rätselhaft gebliebenen Gaubezeichnung z. B. Abel, Institutions 451-454; Bouteiller, Dictionnaire 162; Davillé, Pays; Châtelain, Comté 77-81. Man wird den *pagus* etwa im Bereich der heutigen Hochfläche des Pays Haut (zwischen Longwy und Briey) suchen müssen.

¹⁴⁹ Vgl. zu diesem *pagus*, der sich zwischen dem Saar- und Seillegau im Norden und dem Calmenzgau im Süden erstreckt, z. B. Vanderkindere, Formation II 441.

¹⁵⁰ Zum Gaunamen und zur geographischen Erstreckung ausführlich Glöckner, Anfänge 29 ff.; Haubrichs, SNN 238. 251 mit Anm. 96; ders., Lautverschiebung 1382 Nr. 66; ders., Überlieferungsprobleme 64 ff.

Idonensis) [151] und der Rosselgau (*pagus Roslensis*) [152]. Das durch diese fränkischen *pagi* umrissene Gebiet [153] umfaßt nach heutigen Verwaltungsgrenzen die französischen Departements Moselle, Meurthe-et-Moselle, Vosges und das heute zum Departement Bas-Rhin gehörende sogenannte "Krumme Elsaß" (Kantone Drulingen, Sarre-Union und La-Petite-Pierre) [154], das gesamte Saar-

---

[151] Der nur in zwei Urkunden des Metzer Klosters St. Arnulf erwähnte Kleingau (dazu Haubrichs, Ortsnamenprobleme 16. 20 ff.) enthält den untergegangenen gallischen Namen der Deutschen Nied (< *Idonâ, *Itonâ, dazu Buchmüller/Haubrichs/Spang, Namenkontinuität 84 f. Nr. 132). Er dürfte entlang der Deutschen Nied im Grenzbereich von südlichem Niedgau und Seillegau zu suchen sein.

[152] Benennung nach dem Rosselbach (< *Rôsalâ, zu idg. *res-, *ros- 'fließen' + l-Suffix, vgl. Buchmüller/Haubrichs/Spang, Namenkontinuität 94 f. Nr. 151); dieser entspringt bei Longeville/Lubeln und mündet bei Völklingen in die Saar. Der Kleingau erstreckte sich vermutlich vom Tal der Rossel bis in den Saarbrücker Raum hinein.

[153] Es sei hier ein kurzer Hinweis auf die naturräumlichen Gegebenheiten der betreffenden lothringischen Landschaften beigegeben: Das Gebiet ist im wesentlichen Teil des sogenannten lothringischen Plateaus. "Wie an den Schwarzwald das schwäbisch-fränkische Stufenland angelehnt ist, schließt sich" nach Schmithüsen, Gliederung 64, "an die Vogesen nach Westen auf Grund des spiegelbildlichen Bodenbaus des Oberrheingebietes eine ähnliche Folge von Landterrassen und Landstufen an". Diese Stufen sind im östlichen Lothringen infolge geringerer Höhenunterschiede nicht so stark ausgeprägt wie im westlichen Teil des Landes; Schmithüsen will deshalb zwischen einem westlothringischen Stufenland und einem ostlothringischen Hügelland unterscheiden, wobei sich letzteres geologisch dadurch kennzeichnet, daß sich hier Muschelkalk, Keuper und Lias nur undeutlich voneinander absetzen. In mehr oder weniger breiten Nord-Süd-Bändern reihen sich hier die geologischen Formationen - von West nach Ost: Dogger, Lias, Keuper, Muschelkalk, Buntsandstein - aneinander und markieren den typisch stufigen Charakter der Landschaft. Anhand der naturräumlichen Gestalt, aber auch unter Zuhilfenahme archäologischer und namenkundlicher Ergebnisse hat Schlüter, Siedlungsräume 101, als Altsiedelgebiete des lothringischen Raumes festgehalten: 1. den Muschelkalkstreifen des östlichen Lothringens zwischen Vogesen und Saar, der bei Pfalzburg nahe an die Freilandschaften des Unterelsaß herantritt; 2. die fruchtbare Liaslandschaft an der Mosel zwischen Metz und Thionville; 3. die sich an die Buntsandsteinbedeckung des Saarkohlenwaldes (der noch bis auf die Höhe von St. Avold in lothringisches Gebiet hineinreicht) anschließenden Muschelkalkflächen. Da der Muschelkalk hier vielfach als Muschelsandstein ausgeprägt ist, kann mit einer flächenhaften frühen Besiedlung nicht sicher gerechnet werden, wahrscheinlicher ist eine auf Einzelstellen beschränkte Siedlung; 4. im Gebiet des Keupers lassen sich trotz des schweren Bodens viele Einzelstellen alter Besiedlung nachweisen, die sich durch die schon zur Römerzeit sehr intensive Nutzung lokaler Salzvorkommen erklären läßt. Vgl. zur Bewertung des Raumes auch Overbeck, Bedeutungswandel.

[154] Zur Geographie des oberen Saartales im Bereich des sogenannten "Krummen Elsaß" vgl. Herrmann, Saarwerden II 28, mit weiterer Literatur.

land[155], die rheinland-pfälzischen Kreise Zweibrücken-Pirmasens und Kusel[156] sowie den ehemaligen Kreis Saarburg und den südlichen Teil des Großherzogtums Luxemburg (Kantone Grevenmacher, Esch-sur-Alzette, Luxembourg-Campagne und Remich)[157].

---

[155] Mit Born, Landeskunde 14, ist das Saargebiet in physisch-geographischer Hinsicht als Randgebiet zu werten. Deutlich kommt das vor allem bei der Beurteilung seiner Triasgebiete zum Ausdruck, die französische Geographen als die östlichsten Ausläufer des Pariser Beckens und damit als Teil der lothringischen Schichtstufenlandschaft ansprechen, während man diese Landschaft aus deutscher Sicht zum linksrheinischen Flügel der süddeutschen Schichtstufenlandschaft rechnet. Die Oberfläche des Gebietes wird im wesentlichen durch Sedimente aus vier Erdzeitaltern gebildet. Im Westen und Süden nimmt das Buntsandsteingebirge einen großen Raum ein. Muschelkalkzonen, die nach Westen in das lothringische Schichtstufenland überleiten, schließen sich an; sie prägen auch den südlichen Bliesgau. Fast das gesamte Nordsaarland gehört der Epoche des Rotliegenden an. Rotliegendes und Buntsandstein schliessen das Kohlengebirge ein. Die sehr unterschiedliche Siedlungsgunst dieser naturräumlichen Einheiten ist offensichtlich. Ausgesprochen siedlungsungünstig sind der Saarkohlenwald, der Warndt und die Quarzitrücken des Hunsrücks; mittelmäßig, teilweise noch ungünstig sind der Raum südlich des Hunsrückrandes, der nördliche Teil des Saar-Nahe-Berglandes und die Gebiete an der oberen Nahe. Etwas besser, teilweise schon günstig sind die Voraussetzungen im Hügelland zwischen Prims und Blies, und für eine landwirtschaftliche Nutzung zweifellos am besten geeignet sind die Muschelkalkgebiete. Vgl. zur landschaftlichen Gliederung des Saarlandes auch Overbeck, Stellung; Liedtke, Grundzüge.

[156] Durch die Einbeziehung des Kreises Kusel soll der ausgedehnte Reimser Besitz zwischen Glan und Oster berücksichtigt werden, der auf eine Schenkung des Merowingers Childrich II an das Bistum zurückgeht und den Bischof Artold von Reims im Jahr 931 der bedeutenden Reimser Abtei St. Remi übertragen hat. Dieses sogenannte Remigiusland wird in den Quellen noch 902 zum Wormsgau gerechnet (vgl. MRhUB I Nr. 176) und scheint im 10. Jh. dem Nahegau zugeschlagen worden zu sein, doch betreffen alle anderen *in-pago*-Nennungen für diesen Nahegau Orte, die weiter flußabwärts lokalisiert werden können (vgl. Herrmann/Hoppstädter/Klein II 39. 73 F. 91 f.). Der Raum um Zweibrücken und Pirmasens gehörte im Hochmittelalter zur Diözese Metz und muß nach den frühmittelalterlichen *in-pago*-Angaben dem Bliesgau zugerechnet werden. Die Landschaft dieser heute pfälzischen Teile des Untersuchungsgebietes wird bestimmt durch den Pfälzer Wald, ein Buntsandsteingebirge, das in seinem westpfälzischen Bereich noch heute ein geschlossenes Waldgebiet von 30 km Breite und 60-70 km Länge bildet. Südlich von Kaiserslautern und westlich von Pirmasens beginnt die von Muschelkalk bedeckte, fruchtbare südwestpfälzische Hochfläche, die sich nach Westen in den Muschelkalklandschaften des Saarlandes fortsetzt.

[157] Das im Frühmittelalter dem Moselgau zugerechnete südluxemburgische Gutland kann in weit geringerem Maße als Einheit aufgefaßt werden als der nach Norden sich anschließende Oesling. Im Süden wird das Gebiet von den nördlichen Ausläufern des lothringischen Schichtstufenlandes berührt, im übrigen zählt das Gutland zum trierisch-luxemburgischen Becken. Die Schichtenabfolge der geologischen Formationen ist der Situation im östlichen Lothringen vergleichbar: Muschelkalk, Keuper und vor allem Lias in unterschiedlicher Prägung

bestimmen das Bild, die Alluvialzonen der Flüsse spielen eine bedeutende Rolle. In dem östlich sich anschließenden Bereich des ehemaligen Kreises Saarburg stehen im Westen die Bildungen des Trias - Buntsandstein, Muschelkalk, Keuper - als flachlagernde, gürtelförmig angeordnete Schichten an, während der östliche Teil des Kreises Anteil am rheinischen Schiefergebirge hat. Ausgesprochen siedlungsgünstig sind in diesem Bereich des Moselgaus vor allem die Muschelkalkflächen und, sofern er kalkig ausgebildet ist, auch der Lias, während in den gebirgigen östlichen Gebieten die landwirtschaftlichen Nutzungsmöglichkeiten auf den Weinbau beschränkt bleiben.

2. Katalog der *Villare*-Siedlungsnamen des Saar-Mosel-Raumes

2.1. Vorbemerkungen

Die *villare*-Siedlungsnamen des Untersuchungsgebietes werden in dem nachfolgenden Verzeichnis in alphabetischer Reihenfolge genannt, historisch belegt und etymologisch aufgeschlossen.

In den Namenkatalog aufgenommen wurden die Namen aller existierenden sowie der historisch belegbaren aufgelassenen *villare*-Siedlungen des Untersuchungsraumes, außerdem rezente Flurnamen auf *-weiler, -villers, -villiers,* usw., die in den Katasterämtern[1] bzw. in Frankreich in den *Archives Départementales* nach dem sogenannten *Cadastre Napoléonien*[2] erhoben wurden. Hinzu kommen historische Flurnamen aus

---

[1] Für die Zwecke dieser Untersuchung wurde eine Neuaufnahme der amtlich geltenden Flurnamen anhand des Katasters im deutschsprachigen Teil des Untersuchungsraumes nur für die heute zu Frankreich bzw. zum Großherzogtum Luxemburg gehörigen Landschaften sowie für den Bereich des ehemaligen Kreises Saarburg durchgeführt, wobei die Aufnahme in Luxemburg wegen der dort vorherrschenden dialektalen Reduktion des Grundwortes zu -*(l)er* (→ 3.7.2.) auf eine sicherlich subjektive Auswahl beschränkt werden mußte. Für das Saarland konnte im wesentlichen auf das von Dieter Staerk vorgelegte Wüstungsverzeichnis zurückgegriffen werden. Allerdings fehlen dort eine ganze Reihe von historisch nachweisbaren Siedlungsobjekten; andere von ihm aus neuzeitlichen Flurnamen, zumal aus einfachem *Weiler*, rekonstruierte Wüstungen ließen sich nicht aufrechterhalten. Außerdem hat Staerk nicht selten durchaus unterschiedliche Siedlungsnamen, die aus namenkundlicher Sicht keinesfalls dem gleichen Objekt zugeordnet werden können, miteinander verschmolzen, so daß für die sprachwissenschaftliche Bewertung seines Materials neu angesetzt werden mußte. Für die westpfälzischen Teile des Untersuchungsgebietes wurden die Arbeiten von Christmann und Kaufmann sowie das neue *Historische Siedlungsnamenbuch der Pfalz* von Martin Dolch und Albrecht Greule zugrundegelegt.

[2] Vgl. zur Anlage des napoleonischen Katasters, das auf einen Gesetzesbeschluß vom 15.9.1807 zurückgeht, besonders Herbin/Peberau, Cadastre 21 ff. In den heutigen Départements Moselle, Meurthe-et-Moselle und Vosges wurde das Kataster zwischen den Jahren 1808 und 1841 angelegt. Von der per Gesetz vom 7.8.1850 autorisierten Möglichkeit einer Katastererneuerung in den Gemeinden, für die die ersten Katastrierungen mehr als 30 Jahre zurücklagen, machte man vor allem im Bereich des heutigen Départements Meurthe-et-Moselle Gebrauch, so daß hier in den 1850er Jahren zahlreiche Gemeinden neu vermessen wurden. Nach dem Napoleonischen Kataster neu aufgenommen wurden für die vorliegende Untersuchung die einschlägigen Flurnamen der Départements Moselle und Meurthe-et-Moselle sowie der betreffenden Kantone des Départements Bas-Rhin. Für das Département Vosges gibt der *Dictionnaire topographique* von Paul Marichal solche "wüstungsverdächtigen" Flurnamen an.

bestimmten flurnamenreichen Quellengruppen [3] wie den klösterlichen Urbaren und den Rechnungsbüchern einzelner weltlicher Herrschaften sowie aus neuzeitlichen Weistümern, Flurbüchern und Bannrenovaturen, die in Frankreich als *Terriers* [4] bezeichnet werden.

Grundsätzlich wurde versucht, für rezente Flurnamen historische Namenbelege zu finden, um sie dadurch sicherer als Indikatoren einer abgegangenen Siedlung zu erweisen und Anhaltspunkte für die sprachwissenschaftliche Interpretation zu gewinnen. Gerade in den lothringischen Teilen des Untersuchungsgebietes, in denen die Wüstungsforschung über Anfänge bisher nicht hinausgekommen ist [5], ist es im Rahmen der Materialaufnahme vielfach gelungen, bisher unbekannte Wüstungen aufzufinden und zu lokalisieren, sowie bisher nicht oder falsch identifizierte historische Namenbelege existenten oder wüstgefallenen Siedlungen zuzuweisen [6].

Die Mehrzahl der *villare*-Orte, die heute zu einem großen Teil abgegangen, ansonsten ihrem spezifischen Charakter als Ausbausiedlungen entsprechend häufig Kleinsiedlungen sind, wird in den für den Raum zur Verfügung stehenden Quelleneditionen [7] so selten aufgeführt, daß ein extensiver Rückgriff auf ungedruckte Quellenbestände [8] sich als unabdingbar erwies, wenn die Forderung nach wissenschaftlicher

---

[3] Eine detaillierte Zusammenstellung der für die Wüstungsforschung relevanten Quellengattungen findet sich bei Staerk, Wüstungen 35-39.

[4] Vgl. zu diesen *Livres Terriers* ausführlich Herbin Peberau, Cadastre 13 ff.

[5] Für den lothringischen Teil des Untersuchungsgebietes liegt ein neueres Wüstungsverzeichnis, das allerdings die Flurnamen nur am Rande berücksichtigt, lediglich für den Bereich des sogenannten "Krummen Elsaß" vor (vgl. Humm, Villages; Humm, Villages et hameaux désertés; Humm/Wollbrett, Villages). Im übrigen muß für das germanophone Lothringen auf eine freilich, wie der Verfasser selbst einräumt, unvollständige und unsystematische Zusammenstellung durch F. Langenbeck (vgl. Langenbeck, Wüstungen) zurückgegriffen werden. Für das frankophone Lothringen fehlen solche Verzeichnisse, soweit ich sehe, ganz.

[6] Zur methodischen Relevanz namentypologisch für sich sprechender Flurnamen für die Wüstungsforschung vgl. für Lothringen besonders Haubrichs, Wüstungen; ders., Ortsnamenprobleme; ders., Gelenkte Siedlung; ders., Miszellen.

[7] Einen Überblick über Quelleneditionen und Literatur der Region (auch Lothringen und Luxemburg) geben Herrmann/Hoppstädter/Klein II 549-565. Für die im Katalog verwendeten gedruckten Quellen sei auf das beigegebene Abkürzungs- sowie auf das Quellen- und Literaturverzeichnis verwiesen (→ 8.3, 8.5).

[8] Einen Überblick über die herangezogenen Archivalien gibt das Quellenverzeichnis im Anhang dieser Arbeit (→ 8.4). Sofern eine Belegstelle mit allen philologisch relevanten Informationen (Überlieferungsart, Urkundensprache) publiziert vorlag und die Lesungen mit den eigenen übereinstimmten, wurde nach der leichter zugänglichen Edition zitiert, und zwar auch dann, wenn die Schreibung vorher am Original überprüft worden war. Angaben von Archivsignaturen beziehen sich daher immer auf bisher unbekanntes oder nur in wenig verläßlichen Editionen publiziertes Material.

Brauchbarkeit des mitgeteilten Materials erfüllt werden sollte, die der Siedlungsgeograph Martin Born einmal so formuliert hat: "Die Nennungen der Einzelbelege ... mögen durchaus unvollständig sein; soweit sie dargeboten werden, sollten sie aber gesichert und ihre Interpretation überzeugend sein"[9].

Insbesondere für die aus namenkundlicher Sicht besonders interessanten sprachgrenznahen Zonen des Untersuchungsgebietes sowie für bestimmte französischsprachige Gebiete, etwa die im Vogesenvorland zwischen den Flußgebieten von Sanon, Meurthe, Mortagne und Vezouze sich erstreckenden Ausbaulandschaften, in denen *villare* zum bestimmenden Namentypus geworden ist, sind überdies die Vorgaben an philologisch brauchbaren Quelleneditionen gering. Die sprachliche Analyse hätte sich hier im wesentlichen an dem Namenmaterial orientieren müssen, das H. Lepage und E. de Bouteiller vor über 100 Jahren in den von den Lesungen wie von der Zuordnung der Belege her durchaus nicht immer verläßlichen *Dictionnaires topographiques* [10] zusammengetragen haben, denen zudem die für die philologische Interpretation der Namenbelege unverzichtbaren Angaben zur Überlieferungsart (Original bzw. Kopie) fehlen [11]. In deutschen, belgischen, französischen und luxemburgischen Archiven und Bibliotheken wurden deshalb zahlreiche einschlägige Quellenbestände systematisch herangezogen und lückenhafte Belegreihen ergänzt.

In der Natur der Sache liegen die nicht unerheblichen Identifizierungsprobleme begründet, die sich bei der Bearbeitung der zahlreichen "einfachen", d. h. im Hochmittelalter, zum Teil sogar noch heute ohne Bestimmungswort oder unterscheidenden Zusatz auftretenden Weilernamen ergaben. Sichere Zuweisungen setzen hier in jedem einzelnen Fall detaillierte besitzgeschichtliche Untersuchungen voraus, und selbst bei sorgfältigster Sondierung des überlieferungsgeschichtlichen Zusammenhangs bleibt ein kleiner Rest von Einzelbelegen, für die eine völlig zweifelsfreie Zuordnung letztlich nicht zu leisten ist.

Ein eigenes Problem stellt schließlich die große Masse von rezenten und historischen Flurnamen auf *Weiler (Weilerberg, Weilerbach, Weilerstück*, etc.) dar, die in einer Untersuchung, welche sich speziell mit dem Leitwort *Weiler* befaßt, natürlich keinesfalls vernachlässigt werden dürfen, die aber dennoch vermutlich in vielen Fällen keine alten *Villare*-Siedlungen repräsentieren. Tatsächlich spricht vieles dafür, daß einfaches *Weiler* als Flurname durchaus nicht immer eine abgegangene Siedlung indiziert, und vor allem muß diese nicht zwangsläufig einen Weilernamen getragen haben. Schon in hochmittelalterlichen Quellen scheint *Villare* als einfacher Flurname auf, etwa 1178 Or. in einer Urkunde des Bistums Autun als *vineam que dicitur clau-*

---

[9] Born, Stand und Aufgaben 119.

[10] Lepage, Dictionnaire; Bouteiller, Dictionnaire.

[11] Dieser Mangel kennzeichnet auch die gründliche Arbeit von Marichal über das Département Vosges.

sum de Vilers[12], vermutlich ein Hinweis auf besitzgeschichtliche Zusammenhänge, wie sie im Untersuchungsgebiet auch für die Besitzungen der Zisterzienserabtei Weiler-Bettnach östlich von Metz naheliegen, ja in vielen Fällen sogar sicher nachweisbar sind[13].

Auch zeichnet sich ab, daß Fluren, auf denen Relikte römerzeitlicher Siedlungsstellen ergraben werden konnten, nicht selten mit dem Flurnamen *Weiler* benannt sind[14] - wohl einfach, weil man aus beim Pflügen zutage tretendem Bauschutt auf die Existenz einer abgegangenen, namentlich unbekannten Siedlung, eben eines *Weilers*, schloß; doch sind solche Korrelationen zwischen Flurbenennungen und archäologischen Funden bisher noch kaum untersucht.

In den Namenkatalog aufgenommen wurden alle Hinweise auf rezente bzw. historische Flurnamen auf *Weiler*, für die sich ein Bezug auf ein ehemaliges Siedlungsobjekt - und sei es ein römerzeitliches, für das der Flurname als nur sekundäre Benennung dient - einigermaßen wahrscheinlich machen läßt, wobei Flurnamenbelege aus aneinandergrenzenden Gemeinden, die sich augenscheinlich auf das gleiche Objekt beziehen, zu einem Namenartikel zusammengefaßt wurden. Aufgenommen wurden auch sämtliche heute auf *Villé, Viller, Villiers,* etc., lautenden Flurnamen in den französischsprachigen Teilen des Untersuchungsgebietes. Da hier in den rezenten Mundarten mit einem appellativischen Gebrauch des Wortes nicht zu rechnen ist[15], hat der französische Siedlungshistoriker Michel Roblin wohl tatsächlich recht, wenn er feststellt: "Si un toponyme terminé ... en ... villers ... s'applique à un simple lieu-dit, on peut être certain de la disparition d'un habitat"[16].

---

[12] Charmasse, Cartulaire 109.

[13] Im Kataster scheinen bei näherem Hinsehen zahlreiche Flurnamen auf *Weiler* auf, welche in deutlicher Relation zu urkundlich nachweisbaren Besitzungen der Abtei in den betreffenden Orten gesehen werden müssen, so etwa im Raum Boulay/Moselle in Guenkirch 1700 Or. *Preys de Viller* (AD Mos 4 E 220; zum Besitz der Abtei vgl. AD Mos H 1713 f° 115 ff.), in Elzange 1744 Or. *la corvée de Villers* (AD Mos G 84, vgl. auch H 1713 f° 33); in Ebersviller *Villerbrühl* (Nap. Kat., vgl: AD Mos H 1713 ff° 33. 87; in Dalstein *Veiler* (Nap. Kat., vgl. AD Mos H 1713 f° 32), in Rurange 1336 K. *la terre de Villers* (AD Mos 7 F 43 f° 160 v°), 1632 *prel de Willer* (AD Mos H 1853-2), 1658 *Villeur pert* (AD Mos 4 E 488) , in Bockange *Canton de Veillerberg* (ca. 1700 Or., AD Mos 4 E 57), in Burtoncourt *Breuille de Vilers* (1697 Or., AD Mos H 1866), und vieles mehr.
Wo solche Zusammenhänge anhand der Besitzlisten von Weiler-Bettnach sicher nachweisbar waren, wurden die betreffenden Flurnamen nicht als wüstungsverdächtig in den Katalog übernommen.

[14] Beispiele hierfür sind Flurnamen auf *Weiler* in Bous, Niedaltdorf, Nennig-Sinz, Wellenstein, vgl. auch Born, Acker- und Flurformen 521 Anm. 51.

[15] → 3.3.

[16] Roblin, Oise 129.

Der leichteren Orientierung dienen Verweiszeilen, die bei einfachen Weilernamen Hinweise auf Lokalisierung und mitgenannte Orte geben; bei den mit Bestimmungswörtern komponierten Namen sind in diesen Verweiszeilen bestimmte stärker vom Haupteintrag abweichende Schreibungen vermerkt.

Für die Gestaltung der Namenartikel wurde folgendes Schema zugrundegelegt:

Nr.   Siedlungsname, ggf. Gemeinde, Bundesland bzw. Département, Kreis bzw. Kanton:

Historische Belege (Datum, Überlieferungsart [17]) in repräsentativer Auswahl, evtl. Angaben zur mundartlichen Lautung [18].

Quellennachweis zu den historischen Belegen, Begründung problematischer Identifizierungen, Ausscheidung von Fehlzuweisungen.

Etymologie, evtl. mit Hinweisen auf vergleichbare Siedlungsnamen innerhalb und außerhalb des Untersuchungsgebietes; Analyse des Bestimmungswortes. Kommentar zur Belegreihe, Diskussion anderer von der Forschung erwogener Möglichkeiten zur Deutung des Siedlungsnamens.

---

[17] Mit "Or." sind dabei im Original überlieferte Urkunden bezeichnet, "K." (+Ziffer) steht für kopiale Überlieferung; die Zahlenangaben beziehen sich dabei jeweils auf das Jahrhundert, in dem die Kopie entstand.

[18] Die mundartliche Lautung des Siedlungsnamens wurde für die im deutschen Sprachgebiet gelegenen Siedlungen nur in solchen Fällen eigens festgestellt, in denen die historischen Namenbelege keine eindeutigen Deutungshinweise lieferten. Sofern diese vorlagen, wurden aber Angaben aus der Literatur übernommen.

Für den französischsprachigen Raum, in dem die alten Dialekte heute kaum noch gesprochen werden, ist eine eigene Erhebung mundartlicher Namensformen heute nicht mehr sinnvoll. Deshalb und wegen des in diesem Bereich insgesamt dürftigen Forschungsstandes für Frankreich mußte hier die orale Komponente leider weitgehend ausgeklammert werden. Wo hingegen entsprechende Angaben vorlagen (und sei es aus lokalhistorischen Publikationen), sind diese aber grundsätzlich eingearbeitet worden.

2.2. Katalog

1. **Abreschviller**, F, Moselle, Lorquin:

Elberswylre (1050 K. 18, 1356 Or.); Albericheswilre (1137 Or.); Helbeswilre (1260 Or.); Elberswilre (1285 Or., 13 Jh. E. Or.); Elbeswilre (1317 Or., 1327 Or., 1344 Or., 1348 Or., 1349 Or. u. ö.); Elborswilre (1338/39 Or.); Alberswiler (1457 K.); Elbeßwiler (1460 K. 15); Elb[er]ßwilr[e] (15. Jh. Or.); Albelßwiller (1480 K. 15); Abresviler germanice Elbersweiler (1751); Abrechville (1757).- Mda. *abreŝwil* [1].

< *Albrîches-wîlâri* zum ahd. PN *Albrîch* [2], komponiert aus den Stämmen *alb-a-*, *alb-i-* [3] und *rîk-a-* [4]. Eine besondere Vorliebe für Bildungen auf <-rîcus> zeigt das Westfränkische [5]. Aus der Galloromania lassen sich Formen mit gefallenem wie mit erhaltenem Fugenvokal belegen; beide setzen sich in altfranzösischer Zeit fort [6].
In dem SN ist der ahd. Primärumlaut von [a] > [e] vor folgendem [i] [7] durchgeführt. Die Lautentwicklung verläuft von einer Grundform *Albrîches-wîlâri* zu *Elbricheswillere* mit Umlaut und Abschwächung des Zweitgliedes *-rîch* zu *-rich* [8]. In der Folge tritt vor [r] ein Sekundärvokal ein [9]. Durch Schwund des Stammvokals und Erhalt des Sproßvokals kommt es in den (unbetonten) Mittelsilben zur r-Metathese [10] und zur Assimilation von [χs] > [ʃ] (→ *Elberswilre*), dann von [rʃ] > [ʃ] (→ *Elbeswilre*).
Die heutige französische Lautung des SN ist sicher nicht genuin entwickelt, sondern [11] auf der Basis eines deutschen *Elberschwiller* (des späten Mittelalters bzw. der frühen Neuzeit, denn frühestens zu dieser Zeit erfolgte die allmähliche Neubesiedlung des im 15. Jh. stark entvölkerten Gebietes durch französische Siedler, die eine Verschiebung der Sprachgrenze nach Osten zur Folge hatte [12]) entstanden. Dabei wird sich die auffällige Entwicklung im Stammvokal des ersten Namengliedes, die in jüngeren französischen Adaptationen fränkischer SNN in Sprachgrenznähe viele Parallelen hat [13], durch den im romanischen Dialekt der Gegend vor Liquid regelhaften Wandel von vortonigem [e] > [a] [14] erklären. Vorkonsonantisches [l] dürfte in der französischen Namenform zunächst durch Liquidentausch zu [r] gewandelt [15] und dann vor [r] der Folgesilbe geschwunden sein [16]. Der verbleibende zweite Liquid tritt in der Folge in nachkonsonantische Stellung [17].

1) Quellennachweis: Kuhn, Hesse 74; AD Mos H 4708-2; AD BR H 609 Nr. 5; AD MM B 742 Nrr. 2. 9. 68; Schoepflin, Alsatia Diplomatica II 41; AD Mos H 4707-1; SVL I Nrr. 514. 556; AD Mos H 4755-34; HRS Nrr. 389. 394; Kirsch, Kollektorien 149. 314; NRH Nr. 415; AD Mos G 8 f° 32; AD Mos G 1903 bis f° 39 r°; AD Mos G 8 f° 174; Lepage, Dictionnaire 1; AD Mos J 6642; Zéliqzon, Dictionnaire 1;

	Callais, Mundart 310. Zur Identifizierung des von Lepage, Dictionnaire 1, und RL III 9, hier zugeordneten *Ermenberto villare* vgl. Nr. 82.
2)	Vgl. Förstemann, Altdeutsches Namenbuch I 71; Morlet, Noms de personne I 29; Drevin, Sprachelemente 23; Kremer, PNN 50; LMR 223. In Unkenntnis der ältesten Belege deuten Morlet, Noms de personne III 212, und Weis, Ortsnamenprobleme 309, mit Hilfe des PN *Abertus* < *Albertus* < *Adalbertus*, allerdings bleiben bei dieser Interpretation (das gilt auch für den von Dauzat/Rostaing 2 und Hiegel, Dictionnaire 37, vorgeschlagenen, schwach deklinierten und deshalb hier auszuscheidenden PN *Albero* < *Adalbero* / *Albhari*) die umgelauteten Formen des SN unerklärt. Man vergleiche (ohne Umlaut) das pfälzische Albersweiler bei Bergzabern (1223 Or. *Albrecswilre*, 1266 K. *Albrechteßwill[e]re*, Belege nach HStA München, Rheinpfälz. Urk. Nr. 413; LA Sbr. Nass. Sbr. II Nr. 2448 f° 44), sowie den gleichlautenden Siedlungsnamen in der Gemeinde Herdwangen, Kr. Pfullendorf (nach Heilig, ONN 60, 1199 *Alberswilere*).
3)	→ 5.1.1.7.
4)	→ 5.1.1.145.
5)	Vgl. Kaufmann, Rufnamen 320; Bach, Namenkunde I,2 § 276.
6)	Vgl. den Namen des aus dem Nibelungenlied bekannten Zwerges *Alberich*, afrz. *Oberon* ; zum altfranzösischen PN *Aubris*, der den Fall des Fugenvokals voraussetzt, vgl. Stoering, PNN 81 (daneben aber afrz. *Auberi* , vgl. Drevin, Sprachelemente 23).
7)	→ 6.2.1.1.
8)	Kaufmann, Ergänzungsband 291; Kaufmann, Rufnamen 87.
9)	Vgl. Braune/Eggers § 65 Anm. 2; Schatz, Lautform 131.
10)	Vgl. Braune/Eggers § 120 Anm. 4.
11)	Zu erwarten wäre **Aubri-villers*, vgl. Le-Ménil-Aubry (Gde. Ecouen-Lochères, F, Val d'Oise: ± 1240 *de Alberici Meisnillo*, vgl. Morlet, Noms de personne III 221). Zur Entwicklung des Zweitgliedes vgl. z.B. Beaudrévilliers (F, Loiret: 1103 *Baldricivillare*, 1071 *Baldrivillare*, Belege nach Gröhler, Ursprung II 301; Soyer, Loiret 219); Attricourt (F, Hte. Saône: 852 *Helperici curtis*, belegt bei Perrenot,Toponymie 209); Heudicourt (F, Eure: 12. Jh. *Held-ricicurtis*, vgl. Morlet, Noms de personne III 360 a). Eine Zusammenstellung solcher mit PNN auf <*-ricus*> gebildeter SNN (allerdings ohne historische Belege) gibt Longnon, Noms de lieux 263 ff.: "Sa forme française, -ri, ... subsiste toujours dans les noms de lieu dont le second élément est un nom d'homme en - ricus; mais quand au contraire le nom d'homme tient la première place, -ri se réduit le plus souvent à re, ré-".
12)	Vgl. etwa HMB V 281. Französische Namenformen tauchen für diesen SN erst im 18. Jh. auf. Die Belege des 15.Jhs., die <a> zeigen, finden sich in den deutschsprachigen Urkunden der Metzer Bischofskanzlei, wo in dieser Zeit an deutschsprachige Adressaten in deren Muttersprache geurkundet wurde. Sie erscheinen denn auch, sieht man von der zwar recht seltenen, aber doch möglichen Nichtmarkierung des Umlauts ab, ganz in "deutschem Gewand".
13)	Vgl. z.B. die SNN Arzviller (Nr. 30) und Barville (Nr. 50).
14)	→ 6.1.1.3.
15)	→ 6.1.2.1.2.
16)	Dazu ausführlich Meyer-Lübke, Romanische Grammatik I § 573.
17)	Zur mundartlichen Liquidenmetathese vgl. für das Lothringische Stark, Untersuchun-

gen 122; Betzendörfer, Sprache § 103; Güttler, Lautstand § 96; Fletcher, Etude 126 f.; Friemel, Laut- und Formenlehre 32. Für die heutigen Mundarten vgl. Bruneau, Etude 365; Bloch, Parlers 49.

2. **Abweiler**, Gde. Bettembourg, Luxemburg, Esch-sur-Alzette:

Abwilre (1128 K. 13); Abweiler (1563 K., 1656 K.); Abweyler (1619 K., 1732); Abweiller (1624 Or.); Apweiller (1757 Or.).- Mda. *abler* [1].

< **Abben-wîlâri* zum häufigen germ. PN *Abbo* [2]. Wenngleich ein Primärstamm **ab-* [3] existiert, welcher mit dem got. *aba* 'Ehemann' [4] in Verbindung gebracht wird, dürfte der Kurzname *Abbo* in vielen Fällen hypokoristisch, etwa als Assimilationsform zum PN *Albo* [5] oder zweistämmige Kürzung aus *Adalbert* [6] zu verstehen sein.

1) Quellennachweis: WLT I Nr. 372; Majérus, Gemeinden I 576; Werveke, Ansenbourg Nr. 526; Majérus, Gemeinden I 591. 39. 43; Publ. Lux. 49, 290; Kaufmann, Bildungsweise 64. Die Identifizierung des Echternacher Frühbesitzes in *Vilare ... cum attinentiis in villa Pippingen et finibus eius* (739/75, vgl. Wampach, Echternach Nr. 77) mit Abweiler, wie sie in der Literatur bisweilen vertreten wird (so z.B. noch bei Werner, Adelsfamilien 78, Anm. 210), scheint mir nicht ausreichend begründet, zumal sich das nahegelegene Weiler-la-Tour, im Gegensatz zu Abweiler eine einfache Bildung mit Grundwort *weiler* und sicherlich ebenfalls alter Echternacher Besitz, anbietet. Ebensowenig werden die bei Meyers, Siedlungsgeschichte 120, angeführten Belege für einfaches *Wilre* hierher gehören.
2) Vgl. Förstemann, Altdeutsches Namenbuch I 11; Morlet, Noms de personne I 12; Schönfeld, PNN 1; Selle-Hosbach, Prosopographie 39; Stark, Kosenamen 28; Gysseling, PNN 19; Longnon, Polyptyque I 276; Menke, Namengut 76; LMR 217; Geuenich, Prüm 59; Wagner, Studien 32, u.v.m. Zur Deutung vgl. auch Meijers, Siedlungsgeschichte 120, der auch ein appellativisches Bestimmungswort ("Abt-weiler", Grundherr des Ortes ist der Abt des Klosters Echternach, vgl. Klein, in : Ons Hemecht 28, 47) in Erwägung zieht, wofür die historischen Belege aber keine Anhaltspunkte liefern. Eine vergleichbare volksetymologische Umdeutung liegt z.B. für das pfälzische Abtweiler (Gde. Meisenheim, Kr. Bad-Kreuznach, vgl. Kaufmann, Bad Kreuznach 109), für Apweiler bei Düren (dazu Cramer, ONN 162 f.) und Abtwil bei St. Gallen (13. Jh. *Appewilere*, zitiert nach Stucki, St. Gallen 294) vor. Andere mit dem PN *Abbo, Appo* gebildete SNN liegen in Oberschwaben (vgl. Löffler, Weilerorte 76 f.), in Baden (vgl. Krieger, Wörterbuch I 72; Heilig, ONN 59) und im heutigen Territoire de Belfort (dazu Stoffel, Dictionnaire 7; RL III 35; Morlet, Noms de personne III 210 a).
3) → 5.1.1.1.
4) Vgl. Feist, Wörterbuch 1.

5) → 5.1.1.7.
6) Vgl. Stark, Kosenamen 28 f.; Menke, Namengut 76.

3. **+Achweiler**, sw. Altenkirchen, VG Schönenberg-Kübelberg, Rheinland-Pfalz, Kusel:

Achweiller zehent (1571 Or.); des Acher zehenden (1601 Or.); Achtweyler zehenden bezirck, der Achtler zehende (1610 Or.).
FINN: im Achweiler (1744, 1771, 1779); im Agwiler (1744, 1753,1798); Agweyler (1745, 1754); Agweiller (1746, 1778, 1798); rezent: am Agerberg, in der Agerwies [1].

Die Graphien <ch> und <g> bezeichnen hier wohl den aus germ. [k] verschobenen stimmlosen Reibelaut [2], so daß von einer Grundform *Achenwilâri zum PN Acho [3] auszugehen wäre. Der PN dürfte aus älterem Ac(c)o [4] entwickelt sein; dieses wiederum ist inlautverschärfte Variante [5] des häufigen PN Ago [6], zum Stamm *ag-i- [7]. Sporadisch aufscheinendes Achtweyler, das Dolch/Greule [8] zum Ansatz eines PN Ahto veranlaßt, zeigt dann epithetisches /t/ im Silbenauslaut [10].

1) Quellennachweis: GLA Karlsruhe 63/4 f. 47; LA Speyer A 2/38. 27 ff. 126. 128 v; LA Speyer, Ausfautei Waldmohr Nr. 1; Christmann, SNN II 107; vgl. Christmann, in: MHVP 61 (1963) 138 f.; Dolch/Greule 29; Nikolaus/Zenglein, Kohlbachtal 33.
2) Allgemeines zur Verschiebung von germ. [k] bei Braune/Eggers §§ 87. 145; Paul/Wiehl/Grosse §§ 86 ff. 133; Haubrichs, Lautverschiebung 1350 ff. <ch> ist die Normalschreibung für verschobenes [k] (vgl. Paul/Wiehl/Grosse § 138; Moser § 34.2); Beispiele für <g> als Graphem für diesen Laut bei Weinhold § 235; Gleißner Frings, Urkundensprache 50; Langenbucher, Studien 48 (mfrk.); Schellenberger, Studien 61 (mfrk.).
3) Vgl. Förstemann, Altdeutsches Namenbuch I 16 (Acho, Accho, letzteres mit merowingischer Sonderschreibung für die aus germ. [k] entstandene gutturale Spirans zur Unterscheidung von ererbtem germ. [h], dazu Haubrichs, SNN 240 Anm. 69).
4) Belegt bei Förstemann, Altdeutsches Namenbuch I 15, und Morlet, Noms de personne I 22 b.
5) Zu solchen Bildungen ausführlich Kaufmann, Rufnamen 17 ff.
6) Förstemann, Altdeutsches Namenbuch I 15; Morlet, Noms de personne I 22 b.
7) → 5.1.1.2.
8) Dolch/Greule 29.
9) Förstemann, Altdeutsches Namenbuch I 44, zum Stamm *aht- ausführlich 5.1.1.5.
10) Vgl. Paul/Wiehl/Grosse §§ 113. 147.

4. **Actulfouillari**, alter Name von Tiefenbach, F, Bas-Rhin, La-Petite-Pierre [1]:

ad Actulfouillari seu uillari meo quam ego de nouo edificaui super fluuio Aquila ubi Theotpacis ingreditur in Aquila (718 K. 9); ad Actulfiuillare (718 K. 9) [2].

< *Actulfo-vîlâre zum germ. PN *Aht-wulf > wfrk.-rom. Actulf [3]. Das Erstglied des PN ist (mit romanischer Wiedergabe des spirantischen germ. [h] vor [t] durch <ct> [4]) zu ahd. ahta 'Verfolgung, Friedlosigkeit, Acht' [5] zu stellen. Das Zweitglied *wulf-a- 'Wolf [6], das im Althochdeutschen lautgesetzlich zu -ulf reduziert wird [7], liegt im westfränkischen Bereich in einer latinisierten Variante -ulfus [8] vor.

1) Zur Zuordnung der Belege vgl. Haubrichs, SNN 273 Anm. 211; Haubrichs, Datierung 74; Humm/Wollbrett, Villages 40, mit weiterer Literatur.
2) Quellennachweis: DTW Nrr. 194. 224.
3) Vgl. Förstemann, Altdeutsches Namenbuch I 45; Morlet, Noms de personne I 26; Longnon, Polyptyque I 380.
4) Vgl. dazu z.B. Schwan/Behrens § 306 Absatz 6.
5) → 5.1.1.5.
6) → 5.1.1.175.
7) Vgl. Braune/Eggers § 105 Anm. 4; Franck/Schützeichel § 69.4; Schramm, Namenschatz 29; Bader, Fugenvokale 5 ff.; Kröger, Kompositionsfuge 213; Schatz, Lautform 153; Sonderegger, Vorakte 274.
8) Vgl. Bergh, Etude 179; Longnon, Polyptyque I 380; Roth, Polyptychon 87.

5. **Adamswiller**, F, Bas-Rhin, Drulingen:

in Atamannovilla (± 1142 < 10. Jh. E. K. 18); ? grangiam Almansvillere (1147 K.); ? Adelmanneswilre (1156 K.18); ? Adelmansvillere (1158 K.18); ? Almaneswilre (1177 K. 18); ? curtem Adelmanniswilre (1201 K.); ? curtem Delmannswilre (1219 Or.); ? Adelmanswiler (1281 K. 17); ? Adelmanswilre (1347 Or., 1356 Or.); Wilre (1361 Or.); Adamsweiller, Weiller (1589 Or.); Adamsweyler (1728).- Mda. *Willer* [1].

< *Athamannes-wîlâri zum germ. PN Athaman [2], der zu den Stämmen *apa- - als namenrhythmische Verkürzung eines dreistämmigen *apal-a- [3] - und *mann-φ- [4] zu stellen ist. Die heutige Namenform erklärt sich durch Abschwächung und Schwund des unbetonten Mittelsilbenvokals und Assimilation von [n] an folgendes [s] [5].
Sollte sich die Zuordnung des Neuerburger Besitzes zu Adamswiller als sicher erweisen [6], so müßte man davon ausgehen, daß im Kanzleigebrauch eine

gelehrte, mit Hilfe des Langstammes *apal-a- gebildete Variante *Athalmannes-wîlâri üblich war, an die sich das 1147 genannte Almansvillere mit Assimilation von [dl] > [ll] > [l] anschließen ließe. Delmannswilre beruht dann auf falscher Abtrennung.

1) Quellennachweis: Perrin, Essai 141; Schoepflin, Alsatia Diplomatica I Nr. 281; MG DD Friedrich I Nrr. 136. 206; Schoepflin, Alsatia Diplomatica I Nr. 318; Meister, Hohenstaufen 120; Huillard/Bréholles, Historia Diplomatica I, 2 Nr. 665; Hessel, Urkunden Nr. 33; AD BR H 928 Nr. 1-3; AD BR 16 J 139 Nr. 1; AD BR E 407; AD BR E 5133-6; RL III 7. Die mit Fragezeichen versehenen Quellenzitate beziehen sich auf eine grangia bzw. curtis der Zisterzienserabtei Neuerburg bei Hagenau, deren Besitz dem Kloster durch diverse kaiserliche und päpstliche Diplome bestätigt wird und die, soweit ich sehe, bisher immer mit Adamswiller gleichgesetzt worden ist. Der umfangreiche Besitz der Abtei Neuerburg konzentriert sich indessen westlich des sogenannten Heiligen Forstes zwischen den Flußläufen von Zorn, Moder und nördlicher Zinsel; ein kleinerer Komplex findet sich westlich von Brumath, ein weiterer im Breuschtal. Sieht man von den mutmaßlichen Besitzungen der Abtei in Adamswiller ab, so ist über Güter im Krummen Elsaß nichts bekannt. Auch über Besitz in den Nordvogesen weiß man nichts, sieht man einmal von den sporadischen Erwähnungen von Erckartswiller bei Lützelstein in Neuerburger Urkunden ab. Die auch sprachlich problematische Identifizierung des Neuerburger Adelmanswilre mit Adamswiller scheint mir deshalb durchaus nicht gesichert. Unter Umständen ist an Almansweiler (Baden) zu denken, denn dort findet sich Reichsbesitz, den Kaiser Maximilian 1495 dem Grafen von Saarwerden übertrug (AD BR 25 J 377).
2) Förstemann, Altdeutsches Namenbuch I 156; Morlet, Noms de personne I 14. Dauzat/Rostaing 3, und Morlet, Noms de personne III 213, die vom PN Adalman ausgehen, berücksichtigen nicht, daß die heutige Namenform des SN bei diesem Ansatz bestenfalls als Ergebnis volksetymologischer Umdeutungen erklärbar wäre.
3) → 5.1.1.17. Das germ. [þ] ist im Mittelhochdeutschen über eine in allen althochdeutschen Dialekten noch nachweisbare Zwischenstufe [ð] zum stimmhaften Verschlußlaut [d] geworden (vgl. Braune/Eggers § 166; Paul/Wiehl/Grosse § 144). Der in romanischem Gewand überlieferte Erstbeleg des SN zeigt romanische Substitution von germ. [þ] durch [t], → 5.3.10.
4) → 5.1.1.122.
5) Die gleiche Entwicklung zeigt Attenschwiller im Oberelsaß (F, Haut-Rhin, Huningue: 1187 Hadmanswilre, 1210 Atemeswilre, 1254 Attemswilr, 1303 Atmanswilr, Belege nach Stoffel, Dictionnaire 8), das von Dauzat/Rostaing 33, zu einem PN *Ath-mo, dagegen bereits von Morlet, Noms de personne III 212, richtig zum PN Athaman gestellt wird.
6) Vgl. Anm. 1.

Adelartswilre (1212 Or.), unbekannt an der Saar: → Nr. 7.

Adelmanneswilre (1156 K. u.ö.), Besitz der Abtei Neuerburg: → Nr. 5.

Uillare Adoaldo (717 K. 9): → Nr. 35.

6. **+Adweiler**, Gde. Eppelborn, OT Calmesweiler, D, Saarland, Neunkirchen:

Adewilre (1339 Or.), 1346 Or.,1367 Or.); Adewylre (1343 Or., 1374 Or.); Aidwilre (1358 Or.); Adewilr (1365 K. 16); Aidewilre (1404 Or.); Aydewilre (1442 Or.); Anweiler (1503 K.); Anweiller (1532 K., 1554 K., 1567 Or.); Athweyler Guth (1565 K. 16); Abweyler (1612); Adweyller (1612). FlNN: Atweiler, Abweiler, Anweiler [1].

< *Aden-wîlâri* zum gerade im westfränkischen Bereich außerordentlich beliebten Kurznamen *Ado* [2], der sich zum Stamm *aþa*- stellt.[3] In der Lautentwicklung des SN bewirkt der Schwund des tonlosen Mittelvokals eine Dehnung des ursprünglich kurzen Stammvokals des PN; diese Vokallänge wird in den historischen Belegen gelegentlich durch den für das Mitteldeutsche typischen Zusatz von <i> bzw. <y> angedeutet [4]. Seit dem 16. Jh. lassen sich Formen ausmachen, in denen der auslautende Dental des Bestimmungswortes an folgendes [w] assimiliert erscheint, was zu hyperkorrekten Schreibungen wie *Anweiler* und *Abweiler* führt [5].

1) Quellennachweis: TUH I Nrr. 217. 253. 256; TUH II Nr. 417; LHA Kobl. 1 A 5181; TUH II Nr. 14; TUH I Nr. 292; LA Sbr. Nass.-Sbr. II Nr.6908 f° 19; TUH II Nrr. 133. 288; LHA Kobl. 54 H 1045; LHA Kobl. 54 E 166; LHA Kobl. 54 F 167-171; Schmitt, Eppelborn 240; LHA Kobl. 54 E 427; LHA Kobl. 1 C 415; Staerk, Wüstungen 71.
2) Zahlreiche Belege bei Förstemann, Altdeutsches Namenbuch I 172; Morlet, Noms de personne I 15; LMR 217; Longnon, Polyptyque I 277; Bruckner, Sprache 215; Kremer, PNN 68; Jarnut, Studien 62.
3) → 5.1.1.17.
4) Vgl. Paul/Wiehl/Grosse §§ 19. 65. 165,6, zu <y> auch §§ 73. 156; Dornfeld, Untersuchungen II §§ 2 ff.; Langenbucher, Studien 158 ff.; Müller, Untersuchungen 80; Schützeichel, Mundart 32 f.
5) Wie schon Staerk, Wüstungen 71, vermutet, verweisen die im Kataster verzeichneten Flurnamen trotz der variierenden Graphien wohl auf das gleiche Siedlungsobjekt. Hoppstädter, in: Herrmann/Hoppstädter/Klein, Landeskunde I 82 f., rechnete noch mit drei unterschiedlichen Siedlungsstellen.

7. **+Alarswilre**, unbekannt im Saarraum:

Adelartswilre (1212 Or.); Alarswilre (1214 K. 18) [1].

< *Athalhardes-wilâri zum germ. PN *Athalhart* [2], komponiert aus den Elementen *aþal-a-* [3] und *harð-u-* [4]. *Alarswilre* zeigt Assimilation von [dl] > [ll] und von [ds] > [ss], [s].

1) Quellennachweis: BRW Nr. 58 (auch in: Ausfeld, Fraulautern Nr. 10; Gysseling, Woordenboek 49); BRW Nr. 61 (vgl. MRhUB III Nr. 26). Die Bestimmung der Herkunft des Lifwin von *Adelartswilre/Alarswilre*, der im Jahr 1212 für den Grafen von Zweibrücken eine Schenkung in Reisweiler an das Kloster Fraulautern bezeugte, und der zwei Jahre später bei der Schenkung des Dorfes Willingen an die Abtei Wadgassen erneut als Zeuge fungierte, ist bisher nicht gelungen.
2) Vgl. Förstemann, Altdeutsches Namenbuch I 170 f.; Morlet, Noms de personne I 16 b. Zu austrasischen Potentaten dieses Namens vgl. auch Langenbeck, Probleme 29 f.; Ebling, Prosopographie 29 f.
3) → 5.1.1.18.
4) → 5.1.1.86.

+Albesweiler (nach J. Touba bei Sarralbe): → Nr. 8.

8. **+Albweiler**, Vorgängersiedlung von Willerwald, F, Moselle, Sarralbe:

? (Anselm von) Wilre (13. Jh. M. K. 14); ? (Guding von) Willer (1322); Niderwilre (1392 Or.); Weyler bey Alben (1423 K.); Oberwilre (1457 K.16); Wyler (1487 Or.); Oberwiler (±1494 Or., 1534 K.16); Wiler wiger gelegen zu Oberwiller zwischen Herbißheim vnnd Alben (1524 K.16); Chasteau d'Aulbe et ban de Willer (1538 Or.); la terre et seigneurie de Weiler (1557/58 Or.); Weyler Bann (1581 Or.); Alberweiller (1601); vu la requête à nous présentée par notre ami gruyer de Dieuze ... aux fin qu'il nous plaise de leur accorder un certain bois appelé Weiller pour l'essarter, défricher et y rebâtir un nouveau village, ainsi qu'autre fois il y en a eu un (1618); Viller proche Albe (1621) [1].

Ausweislich der Belege ein einfaches *Wîlâri*; das erst spät faßbare Bestimmungswort nimmt Bezug auf die geographische Nähe zu Sarralbe [2], zu dem der Ort offensichtlich als Ausbausiedlung gehörte.

1) Quellennachweis: AD MM B 693 Nr. 1; ASHAL 7, 54;AN Lux A 52 Nr. 897; Bouteiller, Dictionnaire 283; LA Sbr. Nass.-Sbr. II Nr. 2443 ff° 553. 577. 625; ASHAL 13, 153; AD MM B 489 Nr. 40 f.; AD MM B 2063; Bouteiller, Dictionnaire 283. Der von Bouteiller, Dictionnaire 283, zitierte Beleg *Alberzwiller* ist auf Abreschviller (Nr. 001) zu beziehen.
2) Da das heutige Willerwald, das ohne Zweifel die siedlungsmäßige Fortsetzung des

alten *Albweiler* ist (für eine davon unabhängige Siedlung *Albesweiler*, mit der Touba, Saaralben 131, rechnete, fehlt jeder Anhaltspunkt), nicht am Fluß liegt, scheidet die von Haubrichs, Bliesgauische ONN I 59, vorgeschlagene Deutung "villare an der Albe, einem Nebenfluß der Saar" aus.

9. **+Allweiler**, n. Rutsweiler, VG Wolfstein, D, Rheinland-Pfalz, Kusel [1]:

FLNN: Allweiler (1604 K.18); im Allweyler (1751).- Mda. *alwile'* [2].

< **Allen-wilâri* zum weit verbreiteten PN *Allo* [3]. Der PN ist wohl zum Stamm **ala-* [4] zu stellen, doch können hier sicher auch hypokoristische Bildungen, etwa solche, die die romanische Kontraktion von **apal-a-* > <*al*→> [5] zeigen, mitspielen.
Angesichts der für die Westpfalz charakteristischen Assimilation von [lt] > [ll] [6] ist daneben auch ein Ansatz **(bi dem) alten wîler* nicht auszuschließen [7].

1) Genaue Hinweise zur Lokalisierung "an der Gemarkungsgrenze zwischen Wolfstein und Rutsweiler" gibt Christmann, SNN I 8 f.
2) Quellennachweis: LA Speyer A 2/168 1 f° 192; LA Speyer F 5/195 f° 18; Christmann, SNN I 8 f.; Dolch/Greule 34.
3) Förstemann, Altdeutsches Namenbuch I 52; Morlet, Noms de personne I 28 a; Gasnault, Documents 87; LMR 222; Kremer, PNN 52; Jarnut, Studien 45 f. Zum gleichen PN stellt sich der SN Allenwiller (F, Bas-Rhin, Marmoutier: ±1120 *Alonevilla*, 1220 *Allenwilre*, vgl. RL III 13).
4) → 5.1.1.6.
5) Zu diesen Kontraktionsformen ausführlich Nr. 5.
6) Vgl. dazu z.B. Kaufmann, Westdeutsche ONN 256; ausführlich auch Martin, Untersuchungen § 131; Scholl, Mundarten § 44 Anm. 1; Müller, Mundart § 90.
7) So Christmann, SNN I 8; Dolch/Greule 34. Ähnliche Bildungen unter Nr. 14.

10. **Alsweiler**, Gde. Marpingen, D, Saarland, St. Wendel:

Altzveiler (1347 K.18); Alzwilre (1384 Or.); Altzwilr (1393 Or., 1395 Or., 1401 Or., 1406 Or.); Altzwyller (1402 K. 16, 1413 K. 16); Altzwilre (1410 Or., 1437 Or.); Altzweiler (1413 K.); Altzweiller (1450 K., 1554 Or., 1594 K. 17); Altzwijler (1480 Or.); Altzwieler (1518 K. 16); Altzweyler (1569); Altzwiler (1570); Alzweiller (1779) [1].

Die auf Grund der in allen historischen Belegen durchgehaltenen Schreibung <tz> bzw. <z> im Auslaut des Bestimmungswortes anzunehmende Affrikata [2] läßt sich am einfachsten bei Ansatz einer Grundform *Alzen-wilâri begründen, wobei der zugrundeliegende PN Alzo [3], der schon von Förstemann zum Stamm *ald-a- [4] gestellt wird, als wfrk. *Ald-s-o, d.h. als westfränkische Erweiterung dieses gerade in der Galloromania äußerst beliebten Namenstammes [5] mit Hilfe eines westfränkisch-romanischen s-Suffixes, [6] erklärt werden kann.

1) Quellennachweis: BA Trier 71,3/17,1 f° 113; PRZ Nr. 924; HStA München, Rheinpfälz. Urk. Nr. 2697; LA Speyer C 19/1; PRZ Nr. 1015; LA Sbr. Nass.- Sbr.II Nr. 80; LA Sbr. Nass.-Sbr. II Nr. 2443 ff° 286. 295; Pöhlmann, Bitsch Nrr. 31. 33; LA Speyer C 19/51; Jungandreas, Lexikon 14; AD MM B 486 Nr. 56; Alix 87; StA Trier S 94; Kath. Pfarrarchiv St. Wendel I f° 52; Pauly, Wadrill 21; Jungandreas, Lexikon 14; Durival III 9. Schon Spang, Gewässernamen 130. 149, korrigiert die auf Müller, ONN I 46, zurückgehende, u.a. von Jungandreas, Lexikon 14, übernommene Fehlidentifizierung von Belegen wie Alentzwilre, die zu Nr.12 zu stellen sind. Er weist zu Recht darauf hin, daß die in der Forschung immer wieder versuchte Deutung des bei Dirmingen in die Ill mündenden Alsbaches als vorgermanischer Gewässername (so z.B. Müller, ONN I 46; Jungandreas, Lexikon 14; Krahe, Flußnamen 301) sich nicht halten läßt, weil vielmehr der Bachname als Klammerform aus *Als(weiler)bach vom Ortsnamen abgeleitet ist. Zur Lokalisierung des von Gysseling, Woordenboek 49, und Morlet, Noms de personne III 213, hierher gestellten +Adelartswilre vgl. Nr. 7.
2) Zur phonetischen Interpretation dieser Graphien vgl. Paul/Wiehl/Grosse § 150: "Die Aussprache entspricht im allgemeinen der nhd., also mhd. <z> als [ts], wenn im Nhd. <z, tz> steht, dagegen stl. scharfer s- Laut, wenn nhd. <ss> oder <ß> steht"; ähnlich Boesch, Urkundensprache § 26.
3) Förstemann, Altdeutsches Namenbuch I 57. Die Annahme eines PN Adalwin oder Alawin, wie sie Spang, Gewässernamen 149, vorschlägt (letzteres ist nicht "Nebenform" zu *Athal-win, sondern zum Stamm *ala- zu stellen, vgl. Förstemann, Altdeutsches Namenbuch I 51; Kaufmann, Ergänzungsband 27 f.; Tiefenbach, Xanten-Essen-Köln 341), scheint mir durch die urkundlichen Belege nicht ausreichend begründet.
4) → 5.1.1.8.
5) Vgl. Gasnault, Documents 87; Kremer, PNN 53 ff.; Bergh, Etudes 14; Meyer-Lübke, Namenstudien I 10; Longnon, Polyptyque I 181 f. Zu den zahlreichen frz. PNN auf <aud-> vgl. Kalbow, PNN 43; Stoering, PNN 290.
6) Vgl. dazu ausführlich 5.2.

11. **+Alsweiler**, Stadt Neunkirchen, D, Saarland, Neunkirchen:

Alwilre < *Alswilre ? (± 1200 K.17); Allewilre < *Aleswilre ? (1270 K.17); Aleswilre (1330 Or., ± 1380 K.17); Alswilre (1352 K., 1363 Or.); Alwilre < *Alswilre ? (1429); Arsweiler (1433 K. 17); Alßweiller (1441 K.17); Alßwiler (1486 Or.) [1].

< *Athales-wîlâri zum germ. PN *Athal* bzw. *Adalus* [2], der zum Stamm
aþal-a- [3] gehört. Der SN zeigt Assimilation von [d] an folgendes [l].

1) Quellennachweis: JRS Nr. 176 (vgl. MRR II Nr. 2033); JRS Nr. 503; LA Sbr. Neumünster Nr. 8; JRS Nrr. 1921. 1536; Schwingel, Ottweiler 28; BRW Nr. 755; LA Sbr. Nass.- Sbr. II Nr. 3016 f° 5; LA Sbr. Neumünster Nr. 26. Die Zuordnung des sicherlich in entstellter Form überlieferten Erstbelegs ergibt sich aus der von der Urkunde geforderten Lage des Ortes im Gericht Neunkirchen; ähnliches gilt für das 1270 zusammen mit Oberlinxweiler und Sindern genannte *Allewilre*. Der Beleg *Alwilre* des Jahres 1429 entstammt einem Weistum für Neumünster und kann deshalb wohl ebenfalls auf +Alsweiler bezogen werden. Der Beleg 1433 (K.) *Arsweiler* zeigt Dissimilation [l] > [r] (→ 6.2.2.2.2).
2) Vgl. Schönfeld, PNN 33; Förstemann, Altdeutsches Namenbuch I 153; Morlet, Noms de personne I 19a; LMR 218.
3) → 5.1.1.18.

12. **+Alsweiler**, Stadt Saarbrücken, D, Saarland, Saarbrücken [1]:

Aleswilre (±1290 K.18); Alentzwilre (1344 Or.); Alenswilre (1346 K.); Alensweiler (1346 K.); Alletzwillre (1457 K.); Alßwilre (1468 K. 16); Alß-wyllers Hänschen (1518) [2].

Da die Urkunden auch für den stimmlosen [s]-Laut nicht selten <tz> schreiben [3], mag auch hier in der Wortfuge [s] zu lesen sein, was eine Grundform *Adalenes-wîlâri* wahrscheinlich macht, deren Bestimmungswort, der wfrk. PN *Adalenus* [4], den häufigen germ. Stamm *aþa-* [5] mit dem gerade in der Galloromania außerordentlich beliebten hypokoristischen *-lenus/-linus*-Suffix [6] kombiniert.
Die heutige Namenform entsteht durch Schwund der unbetonten Mittelsilbenvokale und Assimilation von [dl] > [l(l)] und von [ns] > [s(s)].

1) Zur Lokalisierung der Siedlung, deren Name sich in Flurnamen nicht erhalten hat, vgl. Bauer, Flurnamen 61. 66 ff.; Spang, Gewässernamen 150. 174, sowie bes. Staerk, Wüstungen 75 f., mit zahlreichen Literaturhinweisen. Da der heute die Gemarkungsgrenze zwischen Saarbrücken-Burbach und Altenkessel-Rockershausen bildende Alsbach (sicherlich als Klammerform aus *Als(-weiler-)bach* zu interpretieren) auf die Siedlungsstelle verweist, dürfte Alsweiler an diesem Bach gelegen haben.
2) Quellennachweis: JRS Nrr. 698. 1412. 1458. 1709; Schwingel, Beiträge 122; LA Sbr. Nass.-Sbr. II Nr. 2441 f° 501; Staerk, Wüstungen 76.
3) Vgl. Paul/Wiehl/Grosse § 150.
4) Vgl. Förstemann, Altdeutsches Namenbuch I 160; Morlet, Noms de personne I 19b; LMR 218; Gasnault, Documents 87 (*Addolenus*). Besser fernzuhalten ist der von Spang, Gewässernamen 174, vorgeschlagene PN *Al(l)în*, dessen [î] wohl Umlaut be-

wirkt hätte; man beachte dagegen die romanischen PNN *Alanus* (Morlet, Noms de personne II 15) und *Alenus* (Schulze, Eigennamen 71).
5) → 5.1.1.17.
6) Vgl. dazu Kaufmann, Ergänzungsband 10; Bergh, Etudes 173; Solmsen/Fraenkel 175; allgemeiner Kluge, Stammbildungslehre § 59; Braune/Eggers § 196 Anm. 3.

13. **Altforweiler**, Gde. Überherrn, D, Saarland, Saarlouis:

? Forwilre (1121 F.K. 17) [1]; Vorwilre (1180 K. 14, 1210 K. 14, 1310/20 Or., ±1332 K., 1344 K. 15, 1378 Or., 1380 Or., 1391 Or., 1400 Or., 1406 Or., 1407 Or. u.ö.); Wolwilres (1267 K. 14); Forwilre (1293 K., 1322 Or., 1344 K. 15, 1385/97 Or., 1407 Or. u.ö.); Worwilre (1295 Or., 1361 Or.); Worrewilre (1310 Or.); Vorwiler (1371 K. 15, 1489 Or.); Vorewyre (1374 Or.); Forwilr (1394 Or.); Vorwilr (1410 Or.); Wollwillre (1438); Forwiller (1480/81 Or.) [2].

< **Fullen-wilâri* zum germ. PN *Fullo* [3], zum Stamm **full-a-* [4]. Der Stammvokal des PN wird vor folgendem [o] schon in althochdeutscher Zeit zu [o] [5]. Heutiges <vor-> erklärt sich durch Dissimilation [l] > [r] vor l-haltigem Grundwort. Geläufig ist die Graphie <v> für seit dem 9. Jh. lenisiertes germ. [f] [6]; besonders im Westmitteldeutschen und Alemannischen kann hierfür im Anlaut auch <w> eintreten [7].
Der unterscheidende Zusatz hebt die Siedlung ab von Nr. 457.

1) Die Zuweisung dieses einer Urkunde Bischof Stefans von Metz für das bei St. Avold gelegene Kloster Lubeln entnommenen Beleges ist unsicher. Die Urkunde, die Parisse, Etienne 17 Anm. 1, und Fray, Recherches 86, für gefälscht halten, die aber nach Haubrichs, Urkunden 24 Anm. 114, wohl doch eine echte Grundlage hat, ist in mehreren Kopien überliefert, von denen die älteste im großen Lubelner Chartular des 14. Jhs. (BN ms.lat. 10030 f° 4) die Schreibung *Dorwilre* hat. Da sowohl für das saarländische Forweiler als auch für Dorviller bei Gänglingen an der Nied (Nr. 150) in späterer Zeit Besitz der Abtei nachgewiesen werden kann, identifiziert Haubrichs, Urkunde 27 Anm. 138, mit dem lothringischen, Parisse, Etienne 18 Anm. 64, dagegen mit dem saarländischen Ort. Vor allem weil sich Dorviller als ursprünglich einfaches *villare* erweist, für das ein appellativischer Zusatz in so früher Zeit (zumal bei Annahme einer ursprünglich echten Urkunde) nicht unbedingt zu erwarten ist, scheint mir eine Zuordnung zu Forweiler letztlich doch wahrscheinlicher.
2) Quellennachweis: AD Mos H 1032-1; BN Paris ms. lat. 10030 ff° 69r°.4v°; BRW Nrr. 369. 430.; AD Mos H 1025 f° 10v°; Schwingel, Beiträge 78; BN Paris Coll. Lorr. Bd. 83 Nr. 63; AD Mos 6 F 67; BRW Nr. 655; LHA Kobl. 54 M 935; StA Trier WW 30; BN Paris ms. lat. 10030 f° 1v°; JRS Nr. 735; AD Mos 3 J 30; AD Mos H 1025 f° 10 v°; AD Mos B 2344 Nr. 7330 f° 4v°; LHA Kobl. 54 M 936; BRW Nr. 285; JRS Nr. 1671; BN Paris Coll. Lorr. Bd. 976 Nr. 55; AD Mos H 1225 f° 13r°;

LHA Kobl. 143/709 f° 238; AN Lux A 52 Nr. 650; AD MM B 659 Nr.79; AD Mos 6 F 62; HMB V 354; AD MM B 1937 f° 52 r°. Der schon 1305 (u.ö.) urkundlich erwähnte Edelknecht Godelman von Forweiler hatte seinen Stammsitz sicher nicht, wie z. B. von Gde.-u. Ortslexikon II 12, angedeutet, in Fürweiler (Nr. 221). Belege, die sich auf dieses Geschlecht beziehen, sind deshalb unter Altforweiler verzeichnet.

3) Vgl. Förstemann, Altdeutsches Namenbuch I 560 (*Vullo*); Gasnault, Documents 91 (*Uullo*).

4) → 5.1.1.60. Man beachte, daß der bekannte Abt Fulrad von St. Denis, dessen Familie in den Gauen an Saar, Blies, Rossel, Nied und Seille umfangreiche Besitzungen hatte (dazu ausführlich Fleckenstein, Fulrad 10 ff.; Haubrichs, Bliesgauische ONN I 23 ff.; ders., Urkunden 30), einen mit diesem Namenstamm gebildeten PN trägt (vgl. Menke, Namengut 112 f.).

5) Vgl. zu diesem Vorgang Braune/Eggers § 32; Franck/Schützeichel § 21; Paul/Wiehl/Grosse § 34.

6) Vgl. dazu Braune/Eggers §§ 137 f.; Franck/Schützeichel § 81; Paul/Wiehl/Grosse § 131.

7) Vgl. Paul/Wiehl/Grosse § 132; Wilhelm, Denkmäler II 79; Boesch, Urkundensprache § 146. Durchgängig erscheint <w> in französischsprachigen Urkunden (1310 *Worrewilre*, 1438 *Wolwillre*), wo die Substitution des Graphems <v> durch <w> auf eine mittellateinische (vgl. Haag, Latinität 37 f.) bzw. altfranzösische (Goebl, Urkundensprache 279), respektive altlothringische Schreibtradition (Stark, Untersuchungen 123) zurückgehen dürfte.

+Altherchweiler, nö. Herchweiler (Christmann, SNN I 16; Dolch/Greule 40; Staerk, Wüstungen 78): → Nr. 306.

+Alt-Münchweiler, bei Münchweiler (Staerk, Wüstungen 79): → Nr. 442.

14. **Altviller**, F, Moselle, St. Avold:

Alwilr (1221 K.15); Altewilre (1281 Or.); Altwilre (1289 Or., 1312 Or., 1438 Or., 1444 Or. u.ö.); Altwiler (1346 K. 16, 1413 Or., 1440 Or., 1461 K.15); Atteuille < *Alteuille (1361 Or.); Altwiller (1429 Or., 1469 K.15, 1502 Or. u.ö.).- Mda *oltwiller* [1].

< *(bî dem) alten wîler* [2]. Der Erstbeleg des SN zeigt, falls nicht kopial verderbt, Assimilation [lt] > [ll] [3].

1) Quellennachweis: BRW Nr. 73 (vgl. auch JRS Nr. 229 mit Lesung *Altwilre;* MRhUB III Nr. 166 mit Lesung *Altwiler*); WMB 1281, 72; AD MM B 743 Nr. 3; Herrmann, Betreffe 230; AD Mos H Suppl. 6, 2 B 1 Nr. 16; AD Mos 3 J 11; AD Mos 10 F 3 f° 60; LHA Kobl 54 W 329; AD Mos G 8 f° 40 v°; Kirsch, Kollektorien 311;

2) AD Mos H Suppl. 6,2 B 1 Nr. 6; AD Mos G 8 f° 72 v°; TUH III Nr. 64; Colbus, Altviller 7.
Auf der Flur Denzerbühl in der Nachbargemeinde Lachambre (Ortsteil Holbach), etwa 1 km westlich des Ortskerns von Altviller, brachten Grabungen im Jahr 1930 Reste einer römischen *Villa* zutage (vgl. Marion, in: Cahiers Lorrains (1930) 165 f.). Auch in Altviller selbst wurden Mauerreste und Töpferwaren römischen Ursprungs gefunden, die wohl auf eine größere Anlage schließen lassen (vgl. Colbus, Altviller 11). Der SN könnte sich deshalb als fränkische Benennung für eine vorgefundene vorgermanische Siedlungsstelle bzw. eine autochthone romanische Siedlung (ganz in der Nähe liegen die Walen-Namen Vahl-Ebersing und Valmont, zu ihnen Pfister, Relikte 143, bzw. zu diesem Namentypus allg. Bach, Namenkunde II § 490; Langenbeck, Studien II 48 ff.; Schwarz, Baiern; Sonderegger, ONN 85) interpretieren lassen, ähnlich wie das für die saarländischen und lothringischen SNN vom Typus Altdorf bereits vermutet worden ist (vgl. dazu Haubrichs, Miszellen 24; ders., SNN 242; allgemeiner Sonderegger, Kontinuitätsproblem 379; ders., Interferenzforschung 45 f.). Zu anderen mit dem Adjektiv ahd. *alt* 'alt, abgenützt', auch 'vergangen, altüberkommen' (Schützeichel, Wörterbuch 5) komponierten SNN des Weilertyps vgl. z.B. RL III 19; Löffler, Weilerorte 75. Der Typus ist insgesamt nicht allzu häufig; er ist jedenfalls seltener als sein mit dem Adjektiv 'neu' gebildetes Gegenstück.
3) Vgl. Nr. 9 Anm. 6.

15. +Altviller, jetzt OT Alteville, Gde. Tarquimpol, F, Moselle, Dieuze:

Altweiller (1564); Alteuille (1727/28, ±1840); Altviller (1779) [1].

< *(bî dem) alten wîler* [2].

1) Quellennachweis: Lepage, Dictionnaire 3; AD MM B 11959; Nap. Kat.; Durival III 8. Vgl. auch Lepage, Communes I 52: "La construction de cette habitation remonte à la seconde moitié du 16e siècle. Etienne Touppet, trilleur des salines de Dieuze, ayant acquis de plusieurs particuliers quelques terres labourables et repailles près de Tarquimpol, et y désirant faire ériger ... un gagnage et bergerie en un lieu vulgairement appelé Altweiller ...". Der Name ist offensichtlich älter als die zugehörige Siedlung; er dürfte sich auf eine aufgelassene Vorgängersiedlung beziehen.
2) Vgl. Nr. 14.

16. +Altweiler, sö. Rothselberg, VG Wolfstein, D, Rheinland-Pfalz, Kusel:

FlNN: Alt Weylerbach (1742), Altweilerbach (±1825) [1].

< *(bî dem) alten wîler* [2].

1) Quellennachweis: Christmann, SNN II 120.
2) Vgl. Nr. 14.

17. **+Altweiler**, Gde. Saarwellingen, OT Saarwellingen, D, Saarland, Saarlouis:

? zu Wilre by dem borne (1454 Or.).
FlN: le confin qui aboutist sur Altweiller (1686 Or.)[1].

< *(bi dem) alten wiler[2].

1) Quellennachweis: LA Sbr. Nass.-Sbr. II Nr. 3003 f° 5 (ob für Nr. 334 ?); AD Mos 10 F 456.
2) Vgl. Nr. 14.

+Altweiler, bei Bubach-Calmesweiler, zitiert bei Gde.- u. Ortslexikon III 27; Hoppstädter, SNN 6; Schmitt, Eppelborn 238 ff.: nach Staerk, Wüstungen 81, ohne Belege. Vgl. Nr. 6.

18. **Altwiller**, F, Bas-Rhin, Sarre-Union:

? von Honkessen und von Wilre (±1350 Or.); Altwiller (1578)[1].

< *(bi dem) alten wiler[2].

1) Quellennachweis: HRS 663; AD BR 8 J 59; RL III 26. Die Zuweisung des ältesten Beleges ist unsicher. Möglicherweise ist mit Willer bei Harskirchen (Nr. 760) zu identifizieren.
2) Vgl. Nr. 14. Nach Herrmann, Saarwerden 33 Anm. 47, ist Altwiller eine erst neuzeitliche Gründung, die um die Mitte des 16. Jhs. auf dem Bann des wohl mindestens 100 Jahre zuvor abgegangenen Ortes Honkessen (hierzu Herrmann, Saarwerden 214) entstand. RL III 26; Matthis, Bilder 186; ders., Leiden 9, und Cuny, Reformation I 174, hatten die Siedlung noch unter den Orten eingereiht, die nach zum Teil Jahrhunderte währender Verödung seit 1559 durch französischsprachige, protestantische Zuwanderer wiederbesiedelt wurden.

Alwilr (1221 K.): → Nr. 14.

Alwilre (±1200 K. u.ö.): → Nr. 11.

19. **Amanvillers**, F, Moselle, Rombas:

Almanuiller (1178 K.18); Amanvilleir (1181 K.18, 1246 K.14, 1386 Or.); Amanvilers (1192 K.18); Amanuileir (1219 Or.); Amanuiller (1241 K.14, 1299 K.15); Amanvillers (1275 Or., 14. Jh. K. glz.); Amanuilleirs (1275 K.14, 1278 Or., 1284 Or.); Amenvilleir (1284 K.15); Ammanvilleirs (1293 Or.); Amenvillers (1312 K.15); Amanviller (1484 Or.); Ame[n]uiller (1494 Or.).- Mda. emāvleï, omāvle, "Manv'lé" [1].

< *Almanno-villāre zum PN *Athal-man bzw. *Athil-man > wfrk. Alman [2]. Das PN-Element <adal->, <adel->, entwickelt aus germ. *aþal-a- bzw. *aþil-u- [3], war im westfränkischen Bereich außerordentlich beliebt [4]. Die hier häufige Kontraktion zu <al-> erklärt sich durch romanische Synkope des Zwischentonvokals und anschließende Assimilation [dl] > [ll] > [l] [5]. Der im Erstglied des PN zu erwartenden romanischen Vokalisierung von [l] in der Stellung [a] + [l] + Konsonant mit anschließender Monophthongierung des Diphthongs zu [ô] [6] entspricht im Lothringischen ein Verstummen des Liquiden [7]. Remacle rechnet dabei mit einer diphthongischen Zwischenstufe, die seit dem 12. Jh. zu [â] vereinfacht worden wäre [8]. Der so entstandene "Übergangslaut zwischen a und o" kann dialektal zu [o] verdumpfen [9]. Die in der mundartlichen Lautung sich niederschlagende Palatalisierung von vortonigem [a] > [e] [10] ist ein charakteristisches Merkmal der Stadtmetzer Mundart. Die nur mundartlich belegte Deglutination des anlautenden Vokals dürfte sich durch falsche Abtrennung in bestimmten syntaktischen Verbindungen (à Amanvillers) erklären lassen.

Das im Zweitglied dieses SN vorliegende Namenelement *mann-ϕ- [11], in der Galloromania zu <-mannus> latinisiert [12], erscheint in SNN des Avricourt-Typs im allgemeinen als <-man> [13]. Die gelegentlichen Graphien <en> für [a] + [n] + Konsonant erklären sich vor dem Hintergrund der seit dem ausgehenden 11. Jh. nachzuweisenden allgemeinfranzösischen Öffnung von [e] > [a] [14], an der auch das Lothringische teilhat und durch die die Ergebnisse von lat. [a] + [n] + Konsonant und [e] + [n] + Konsonant homophon werden [15].

Für die Deutung des SN nicht in Frage kommt wohl der von Morlet vorgeschlagene PN Alaman [16], dessen zwischentoniges [a] sich in altfranzösischer Zeit als [e] erhält, so daß auch die Vokalisierung von [l] unterbleibt [17]. Auszuscheiden ist auch der nicht belegte PN *Amano, an den Dauzat/Rostaing [18] denken, da er auf einen Ansatz *Amanône-villâre - mit ganz anderem lautlichen Ergebnis - führen würde.

1) Quellennachweis: AD Mos H 1921-5 (vgl. HMB III Pr. 133); HMB III Pr. 140 (vgl. Voigt, Bertram Nr. 15); BN Paris ms. lat. 10023 f° 73 r°; AM Metz II 312; AD Mos

H 1921-1 (vgl. HMB III Pr. 157); AD Mos H 2117-1; BN Paris ms. lat. 10023 f° 41 v°; AD Mos H 2124-1; WMB 1275, 467; BN Paris ms. lat. 10023 ff° 169r°. 97v°; WMB 1278, 213; AM Metz II 303; AD Mos H 4601 bis f° 6v°; AD Mos H 2117-2; AD Mos 4 E 366; AD Mos H 2117-2; Zéliqzon, Dictionnaire 34. 234; Bouteiller, Dictionnaire 6; RL III 27; Rohr, Blasons 45; Weyland, in: Mém. Ac. Metz (1909) 49. Der in RL III 27 erwähnte fränkische Bestattungsplatz ist nach einer freundlichen Mitteilung von Frau Prof. Dr. F. Stein (Saarbrücken) dem Nachbarort St. Privat zuzuordnen.

2) Vgl. Förstemann, Altdeutsches Namenbuch I 175; Morlet, Noms de personne I 17; Gröhler, Ursprung II 295.
3) → 5.1.1.18.
4) Vgl. Longnon, Polyptyque I 277 ff.; Bergh, Etudes 12 ff.; Roth, Polyptychon 65.
5) Vgl. dazu Kaufmann, Ergänzungsband 286 f.; Bach, Namenkunde I,1 § 115; Stark, Kosenamen 46. Der Vorgang wird durch die Namengleichung *Adalgisus sibi Allo* aus Weißenburger Überlieferung bereits für das Jahr 695 belegt (DTW Nr. 46); für die Galloromania ist er auch schon im 7. Jh. gut dokumentiert (vgl. Gasnault, Documents 87).
6) Vgl. dazu Rheinfelder §§ 326. 584. 602; Schwan/Behrens § 174; Regula 162 ff.; zur Datierung (möglicherweise schon ab dem 7. Jh.) Wolf/Hupka § 80; Richter, Beiträge § 91.
7) Vgl. Stark, Untersuchungen 77. 82; Keuffer, Kanzleien 49; Gossen, Skriptastudien 167; Betzendörfer, Sprache § 108; Schönig, Vorkons. L 111 ff.
8) Remacle, Probleme 45.
9) → 6.1.1.2.
10) → 6.1.1.1.
11) → 5.1.1.122.
12) Vgl. Longnon, Polyptyque I 350; Roth, Polyptychon 80.
13) Vgl. etwa Osmanville (F, Calvados: 1040 *Almannvilla*, ± 1350 *Amanvilla*); Emanville (F, Eure: 1180 *Esmanvilla*, 1275 *Emanvilla*); Hermanville-sur-Mer (F, Calvados: 1138 *Hermanvilla*). Belege nach Morlet, Noms de personne III 219. 215. 355.
14) Vgl. Rheinfelder § 193.
15) → 6.1.1.11.
16) Vgl. Morlet, Noms de personne III 219. Zum PN *Alaman* vgl. Förstemann, Altdeutsches Namenbuch I 53; Morlet, Noms de personne I 28. Dem Forschungsstand der Zeit (1882) entsprechend "stammesgebunden" ist der Deutungsvorschlag bei Uibeleisen, ONN 71: "Entsprechend den deutschen Ortsnamen Allmansweiler ... ein alemannischer Ortsname".
17) Vgl. dazu diverse Beispiele aus der nördlichen Galloromania für vermutlich mit dem Volksnamen der Alemannen gebildeten SNN bei Longnon, Noms de lieux 133; Gamillscheg, Romania Germanica I 200.
18) Vgl. Dauzat/Rostaing 13. Belegt ist bei Morlet, Noms de personne I 35, lediglich *Amannus*, dem ein *Ammanus < *Almannus, also der oben angesetzte PN, zugrundeliegen dürfte.

20.   **Amenoncourt**, F, Meurthe-et-Moselle, Blâmont:

ad Alta Petra in Immanniuilla (699 K.9); ad Altapetra in Imminniuilla (699 K.9); in Imminniuilare (699 K.9); ad Alta Petra in Imminune uilla (699 K.9); ad Alta Petra qui uocatur Emmenune uilla (715 K.9); Emmenoneuilla (715 K.9); Emmenone uuillare seu et Alta Petra (715 K.9); in cu[r]te Emennoniaca (771 K.9); Amenuncourt (1274 Or.); Amenoncort (1276 Or., 1283 Or.); Ameno[n]corth (1294 Or.); Amenoncourt (1311 Or., 1324 Or., 1327 Or., 1387 Or., 1396 Or., u.ö.); Amenoncour sus lou Rui d Albes (1363 Or.).- Mda. *âmnǫŋko* [1].

< <*curte> Imminôniaca / *Imminône-vîlla / -vîllâre / -curte* zum ahd. Kurznamen *Immino* > wfrk. *Emmeno* [2] bzw. *Immino-vîlla/ -vîllâre* zu dessen stark flektierter Variante *Immin* > wfrk. *Emmenus*. Der PN ist als Assimilationsform zum Stamm **erman-a-*, **irmin-a-* 'groß, allumfassend, erhaben' [3] zu stellen [4].

Heutiges Amenoncourt verdankt seinen Anlautvokal einer im romanischen Lothringen regelhaften Entwicklung von vortonigem [e] > [a] [5].

1) Quellennachweis: DTW Nrr. 223. 205. 252. 240. 239. 218. 226. 245; AD MM B 574 Nrr. 8. 9. 12. 28. 53; AD MM B 580 Nr. 44; AD MM B 574 Nr. 83; AD MM B 580 Nr. 67; AD MM B 575 Nrr. 187. 122; Callais, Mundart 310. Zur Identifizierung der ältesten Belege vgl. jetzt auch Buchmüller-Pfaff, SNN 56; Haubrichs, Sprachgestalt 187 f.
2) Vgl. Morlet, Noms de personne I 85.
3) Vgl. Förstemann, Altdeutsches Namenbuch I 473 ff.; Tiefenbach, Xanten-Essen-Köln 353; Kaufmann, Ergänzungsband 108 f. Zur Assimilation von [rm] > [mm] vgl. Kaufmann, Ergänzungsband 214 ff.; Haubrichs, SNN 261. Über den Wechsel von [i] und [e] ausführlich Tiefenbach, Namengut 304.
4) So auch Buchmüller-Pfaff, SNN 56. Von den bei Lepage, Dictionnaire 5, genannten Belegen ausgehend, nehmen Dauzat/Rostaing 14, eine Grundform *Ermenône-curte* an; Morlet, Noms de personne II 224, denkt an einen nicht belegten PN *Amano*, siehe dazu Nr. 19 Anm. 18.
5) → 6.1.1.3.

Ameswilre, bei Nohfelden: → Nr. 33.

Ancerville/Anserweiler, F, Moselle, Pange: → Nr. 21 Anm. 8.

Ancervilleirs, im Besitz des Metzer Domkapitels: → Nr. 23.

21. **Ancerviller**, F, Meurthe-et-Moselle, Blâmont:

in pago Calmontinse et in villa nomine Ancher villa (937 F.K. 17/18); Anselmivillare (1125 Or., 13. Jh. Or.); Ancelini uillarem < *Ancelmi uillarem (1153 K.14); Anpsalmi villare (13. Jh. Or.); Enceruiller (1292 Or.); Anceuvilleir (1302 Or.); Anceuiller, var. Anceuilleir (1311 Or.); Anseruilleir (1328 Or.); Anseuilleir (1396 Or.); Anserwiler (1401 K. dt., 1437); Ancerviller (1536 Or., 1661 K.) [1].

< *Ans(h)ero-vîllâre zum PN *Ans-hari > wfrk. Ans(h)erus [2], komponiert aus den Elementen *ans-u- [3] und *har-ja- [4].
Belege wie *Anselmivillare*, die ausnahmslos der Überlieferung des Vogesenklosters Senones entstammen, sind vervollständigende Schreiberformen auf der Basis eines gesprochenen *Anselviller (mit Liquidentausch [r] > [l], der sich allerdings nicht durchsetzt) [5]. *Encerviller* spiegelt das in den Urkunden häufige Schwanken zwischen den Graphien <an> und <en> [6]; *Anceuvilleir*, *Ancerviller* zeigen den altlothringischen Ausfall von silbenauslautendem [r] vor Konsonant [7].
Nicht lautgesetzlich entwicklelt ist die deutsche Doublette *Anserwiler*, da man "bei einer deutschen Doppelform aus *Anshareswîlâri ... *Ansersswiller erwarten [würde]" [8].

1) Quellennachweis: Bautier, Origines 74 Nr. 6; Pflugk-Harttung, Acta I Nr. 144; MG SS XXV 336; Meinert, Papsturkunden I Nr. 60; MG SS XXV 315; AD MM B 574 Nr 26; BN Paris Coll. Lorr. Bd. 979 Nr. 2; AD MM B 574 Nr. 53; AD MM B 857 Nr. 2; AD MM B 575 Nr. 187; Oberndorff, Regesten Nr. 1688; HMB V 344; BSPV (1899/1900) 370; DHV III 268.
2) Förstemann, Altdeutsches Namenbuch I 128 ff.; Morlet, Noms de personne I 39; vgl. auch Morlet, Noms de personne III 229; Dauzat/Rostaing 16.
3) → 5.1.1.15.
4) → 5.1.1.87.
5) Ursprüngliches *Anshelmo-vîllâre zum germ. PN *Anshelm* (Förstemann, Altdeutsches Namenbuch I 128) ist auszuschließen. Es würde auf heutiges *Anseaumeviller mit durch Vokalisierung von vorkonsonantischem [l] entstandenem [eáu] > [eo] > [o] führen. Vgl. dazu Rheinfelder I § 324, sowie das bei Morlet, Noms de personne III 229, und Dauzat/Rostaing 16, genannte Anceaumeville (F, Seine-Maritime: 1030 *Anselmi villam*, 1337 *Anseaumeville*).
6) → 6.1.1.11.
7) → 6.1.2.1.4.
8) Haubrichs, Warndtkorridor 279 Anm. 73, über die in der Reichsland-Zeit offiziell gewordene analoge Bildung *Anserweiler* für den SN Ancerville (F, Moselle, Pange: 1263 Or., 1269 Or. u.ö. *Anserville*, 1245 Or. *Anseruile*, 1262 Or., 1267 Or. *Anceruille*, 1263 Or. *Enserville*, Mda. āsre̅´vel. Quellennachweis: Arnod, Publication Nr. 227;

WMB 1269, 532; WMB 1245, 255; WMB 1262, 178; WMB 1267, 338; Arnod, Publication Nr. 227; AD Mos 4 E 12; Zéliqzon, Dictionnaire 31). Die von Bouteiller, Dictionnaire 6, und RL III 34, diesem SN zugeordneten Besitzungen des Metzer Kathedralkapitels in *Ancervilleirs* (1320 Or., AD Mos G 498- 11) sind zu Angevillers (Nr.23) zu stellen. Mit einer *villare*-Doublette ist für Ancerville bei Pange daher wohl nicht mehr zu rechnen.

22.   +**Andreviller**, Gde. Girmont, F, Vosges, Châtel-sur-Moselle:

ad Tadonem vna [ecclesia] cum capella sibi subjecta ad Andelarevilla (1003 K.18).
FlN: Andreviller, var. Handreviller [1].

< **Andel(h)ero-villa / -villâre* zu einem wfrk. PN **Andel(h)erus*, komponiert aus den Stämmen *<and->* [2] (erweitert um ein aus dem Romanischen übernommenes und in westfränkischen PNN häufiges r-haltiges Suffix [3], das vor r-haltigem Zweitglied in einer dissimilierten Variante vorliegt [4]) und **har-ja-* [5].
Andelarevilla dürfte dabei archaisierende Schreiberform sein, da das Zweitglied *-hari* ebenso wie lat. *-arius* um die Jahrtausendwende längst auf der Lautstufe *-er(e)* angelangt war [6]. In der heutigen Namenform zeigt sich Ausfall des in den Silbenauslaut gelangten [r] des PN-Zweitgliedes [7] mit anschließendem Wechsel des nachkonsonantischen [l] > [r] [8].

1)   Quellennachweis: MG DD Heinr. II Nr. 58a S. 71 Z. 43, nur erhalten in einer 1779 auf der Basis einer Nachzeichnung des 12. Jhs. angefertigten Kopie; Marichal, Dictionnaire 6.
2)   → 5.1.1.13.
3)   Vgl. dazu Kaufmann, Rufnamen 320-340; Bach, Namenkunde I, 1 § 107. Anders bei Kremer, PNN 57 (wfrk. **and(a)r-* 'der Andere'); Longnon, Polyptyque I 283 f., und Morlet, Noms de personne I 36 (hybride Bildungen auf der Basis des biblischen PN *Andreas*). Eine analoge Bildung ist wohl Andrevilliers (Gde. St. Georges-sur-Eure, F, Eure-et-Loir: ± 1200 K. *Andreviller*, 1293 *Andreville*, 1297 *Andrevillier* ; Belege nach Merlet, Dictionnaire 3).
4)   Soweit ich sehe, weisen alle aus dem westfränkischen und langobardischen Bereich bekannt gewordenen Belege für eine von Kaufmann, Ergänzungsband 34, in Rechnung gestellte [l]-Erweiterung des Stammes *<and->* im Zweitglied r-haltige Namenwörter auf, so daß es sich in allen diesen Fällen eher um dissimilierte Varianten eines weit verbreiteten wfrk. *<andar->* denn um eigenständige Erweiterungen mit Hilfe eines l-Suffixes handeln dürfte.
5)   → 5.1.1.87.
6)   Vgl. etwa Felder, PNN 41.
7)   → 6.1.2.1.4.

8) → 6.1.2.1.2.

23. **Angevillers / Answeiler**, F, Moselle, Fontoy:

in pago Metensi in comitatu Matfridi ... Anscherreswillere (926 K.17, nach Verfälschung 10. Jh. M. ?); Anchevillers (1155/57 K.); Ansievillers (1236 K.20); Anxievilleirs (1281 Or.); Anchievilleirs (1292 Or.); Ancervilleirs (1320 Or.); Anxiuillers (1345 K.17/18, 1387 Or.); Eucheuilleir (1361 Or.); Anxeuilleir (1385 K.17/18); Answilre (1403 Or.); Answiller (1473 Or.); Answiler (1495 K.16); Answyler (1515, 1531); Anßwyller (1533 K.16); Antzweyler (1667 K.); Antzueyller (1688); Angeuillers (1698) [1].

< *Anskero-villâre / *Anskeres-wilâri zum wfrk. PN *Anskerus* [2], dessen erstes Glied zum Stamm *ans-u-* [3], das zweite wohl am ehesten zu germ. *har-ja-* [4] (mit romanischem Ersatzlaut [k] für germanisches spirantisches [h] [5]) gehört.

Aus lat. bzw. germ. [sk] im Lothringischen und Wallonischen sich entwikkelndes [χ] [6] wird in der lothringischen Skripta in der Regel durch <x> wiedergegeben; daneben findet sich <xi> mit sekundärem <i> (eventuell zur graphischen Markierung der Mouillierung ? [7]) sowie <ch>, <s>, <c> für diesen Laut. Bereits im ausgehenden 13. Jh. findet sich der für das Lothringische charakteristische Ausfall von [r] im Silbenauslaut vor Konsonant [8].

Die früh belegte deutsche Namenform zeigt den frühestens in spätalthochdeutscher Zeit einsetzenden Wandel von ahd. [sk] zu der durch <sch> wiedergegebenen stimmlosen Spirans [ʃ] [9]; da dieser Lautübergang keinesfalls schon für das beginnende 10. Jh. anzunehmen ist, dürften hier kopiale Retuschen im Spiel sein. Über eine Zwischenstufe *Anscherswilre entsteht durch Entwicklung von [rs] > [rʃ] > [ʃ] [10] und Ausfall der unbetonten Mittelsilbe heutiges *Anschwiller.

1) Quellennachweis: WLT I Nr. 150 (nach schlechterer Vorlage auch in: MRhUB I Nr. 165; MRR I Nr. 866. Maßgebend ist StB Trier, ms. 1644/297. Zur Annahme einer Überlieferung "nicht in ursprünglicher Fassung" vgl. Oppermann, Urkundenstudien II 40. 42, dagegen Wisplinghoff, Untersuchungen 180. Ausstellungsort ist nach Wisplinghoff, Untersuchungen 177, das Trierer Kloster St. Maximin. Zur Identifizierung des Belegs vgl. Ewig, Trier 202; Wisplinghoff, Untersuchungen 102); BN Paris ms. nal. 1608 f° 13 v° (vgl. Mangin, St. Pierremont 36); AD Mos H 994 bis f° 4 v°; WMB 1281, 317; Mangin, St. Pierremont 137; AD Mos G 498-11; AD Mos H 1714 f° 157 v°; AD Mos H 1911; Kirsch, Kollektorien 310; AD Mos H 1714 f° 55 r°; AN Paris KK 290; Grob/Vannérus, Dénombrement 25; Publ. Lux. 40, 350 Nr. 55; Publ. Lux. 49, 256; AD Mos 7 F 793 f° 10r°; AD Mos H 1853-2; AD Mos H 1788 f° 18; AD Mos H 4242.
Nach Gaspard/Simmer, Canton 26, begann sich die französische Sprache in Angevil-

2) lers gegen Ende des 17. Jhs. auszubreiten. Die Flurnamen des Bannbuchs von 1693 sind noch ganz, die des Urkatasters weitgehend deutschsprachig, vgl. AD Mos 4 E 14; Toussaint, Frontière 66 ff.
2) Vgl. Morlet, Noms de personne I 38; Morlet, Noms de personne III 229. Dauzat Rostaing 19, Gysseling, PNN 58, und Monjour, Dialektraum 272, deuten den SN mit Hilfe des PN *Anshari*, doch wäre bei diesem Ansatz das gleiche lautliche Ergebnis wie für Nr. 21 zu erwarten. Mit Angevillers vergleichbar ist dagegen der SN Encherville (Gde. Francourville, F, Eure-et-Loir: ±1080 *Anscherii Villa*, 1101 K. *Ancheri Villa*, 1486 *Ancherville*; Belege nach Merlet, Dictionnaire 64, und Morlet, Noms de personne III 229).
3) → 5.1.1.15.
4) → 5.1.1.87. Nicht ganz auszuschließen ist wohl auch ein PN *Ans-waccar*, vgl. die belegten PNN *Auda-waccar* > *Ot(a)kar*, etc. Zum Stamm *wak(a)r-a-* vgl. 5.1.1.163.
5) Im Anlaut des Zweitgliedes *-hari* ist [h] bei der Integration ins Romanische meist verstummt (vgl. etwa Rheinfelder § 548; Kalbow, PNN 146; Gamillscheg, Romania Germanica I 384). Daß daneben auch der oben in Rechnung gestellte Lautersatz möglich war, hat schon Gamillscheg, Romania Germanica I 385, betont. Zu vergleichen sind etwa die PNN *Jutcarius* (Morlet, Noms de personne I 149) und *Leutcarius* (Morlet, Noms de personne I 159).
6) Vgl. Stark, Untersuchungen 115. 117; Gossen, Skriptastudien 27; Remacle, Variations 74 ff. 251 f. 294 ff.
7) So Remacle, Variations 259.
8) → 6.1.2.1.4.
9) Vgl. Braune/Eggers § 146; Paul/Wiehl/Grosse § 155.
10) Vgl. Paul/Wiehl/Grosse § 155.

Angovilleir (1289 Or.): → Nr. 250.

24. **Angviller-lès-Bisping**, Gde. Belles-Forêts, F, Moselle, Fénétrange:

Angwilre (1275 Or.); Anwilre (1287 Or., 1320 Or., 1335 Or., 1355 Or., 1380 Or. u.ö.); Auwilre < *Anwilre (1361 Or.); Augwyller < *Angwyller (1480 K.); Angwiller (1489 K.15, ±1525 Or.); Angweiller (1594 K.17).- Mda. *yãwî* [1].

< **Angen-wîlâri* [2] zum germ. PN *Ango* [3], komponiert mit Hilfe eines Namenelementes, welches mit ahd. *ango* 'Haken' [4] in Verbindung zu bringen ist.

1) Quellennachweis: AD MM H 2461; AD Mos H 4733-1; AD MM H 2485; HRS Nr. 204; AD Mos H 4693-1; AD MM B 742 Nr. 18; AD Mos H 4733-2; Kirsch, Kollektorien 313; ASHAL 9 (1897) 274; AD Mos G 11 f° 105 v°; Lepage, Rustauds 18;

Alix 90; This, Sprachgrenze 10; Zéliqzon, Dictionnaire 27; ALLR; Callais, Mundart 309. Zur Identifizierung des alten *Johanne villare* der Weißenburger Urkunden, das u.a. von RL III 34, hier zugeordnet wird, vgl. Nr. 600.

2) Die Umgangssprache am Ort war im Jahr 1887, als Constant This seine "Begehung" der Sprachgrenzregion unternahm, das romanische Patois; mir sind jedoch keine Hinweise auf eine genuin entwickelte romanische Doppelform des SN bekannt geworden. Zu den frühneuzeitlichen Sprachgrenzverschiebungen im lothringischen Weihergebiet vgl. Nr. 1 Anm. 12.

3) Vgl. Förstemann, Altdeutsches Namenbuch I 107; Kaufmann, Ergänzungsband 34 f.; Morlet, Noms de personne III 227. Die urkundlichen Formen geben meines Erachtens keinen Anlaß, mit Dauzat/Rostaing 19, einen PN *Ancho* (mit expressiver Verschärfung [ng] > [nk], vgl. dazu Kaufmann, Rufnamen 24; Kaufmann, Ergänzungsband 35) anzunehmen. Belege wie *Anwilre* zeigen unvollständige Schreibung für den gutturalen Nasal im Silbenauslaut, vgl. dazu z.B. Gleißner/Frings, Urkundensprache 78.

4) → 5.1.1.14.

Anselmivillare (1125 Or. u. ö.), Altbesitz der Vogesenabtei Senones: → Nr. 21.

Anserweiler: → Ancerviller.

25.   **+Ansonviller**, Gde. Hardancourt, F, Vosges, Rambervillers:

FlN: L'Ansonviller [1].

< *Ansône-vîllâre* zum germ. Kurznamen *Anso* [2], der zum Stamm *ans-u-* [3] zu stellen ist, bzw. *Lansône-vîllâre* zum PN *Landso, Lanso* [4] mit romanischer Assimilation von [ds] > [ss] [5] zum Stamm *land-a-* [6]. Der PN zeigt westfränkisch-romanisches s-Suffix [7].

1) Quellennachweis: Marichal, Dictionnaire 7.
2) Förstemann, Altdeutsches Namenbuch I 121; Morlet, Noms de personne I 40. Auf die gleiche Grundform des PN gehen zurück: Ansonville (Gde. Rouvres-Saint-Jean, F, Loiret: 988 Or. *Ansonisvilla*, vgl. Soyer, Noms de lieux 168); Ensonville (Gde. Ouarville, F, Eure-et Loir: 1215 *Ansonvilla*); Ensonville-les-Noyers (Gde. Louville-le-Chenard, F, Eure-et-Loir: 1101 *Ansonvilla*, vgl. Morlet, Noms de personne III 230).
3) → 5.1.1.15.
4) Förstemann, Altdeutsches Namenbuch I 1004; Morlet, Noms de personne I 157a.
5) → 5.3.10.
6) → 5.1.1.114.
7) → 5.2.

26. +**Answeiler**, Gde. Breistroff-la-Grande, F, Moselle, Cattenom:

   FIN: Answeiller [1].

   Falls nicht zu bestimmten Vollformen des Stammes *ans-u-* [2] gehörig [3],
   < *Ansen-wîlâri* zum Kurznamen *Anso* [4].

   1) Quellennachweis: Nap. Kat.
   2) → 5.1.1.15.
   3) Vgl. Nr. 23.
   4) Vgl. Nr. 25 Anm. 2.

   Answeiler: → Angevillers.

   Answeiler, bei Nohfelden: → Nr. 33.

27. +**Anviller**, Gde. Obergailbach, F, Moselle, Volmunster:

   Nunnenweiler < *(N)annenweiler (1331 K.17).
   FIN: Anviller [1].

   < *An(n)en-wîlâri* zum germ. PN *An(n)o* [2]. Für den PN ist (falls nicht als
   Assimilationsform zum Stamm *ar-an-*, *arn-u-* [3] zu stellen) ahd. *ano* 'Ahn' [4]
   zu vergleichen. Nicht auszuschließen ist auch ein Ansatz *Nannen-wîlâri* mit
   Hilfe des Lallnamens *Nanno* [5].

   1) Quellennachweis: Buttmann, Quellen 26 (<Nu> dürfte aus <A> verlesen sein); Nap. Kat.
   2) Förstemann, Altdeutsches Namenbuch I 99; Morlet, Noms de personne I 35. Auch Annweiler am Trifels (D, Rheinland-Pfalz, Bergzabern: 1276 Or., 1325 Or. u.ö. *Annewilre*, 1277 Or., 1302 Or. u.ö. *Anewilre*, 1290 Or. *Annenwilre*, vgl. HStA München, Rheinpfalz, Urk. Nrr. 470. 690. 473. 551. 522) ist mit diesem PN gebildet, vgl. Kaufmann, Pfälz. ONN 10. Vgl. auch das schweizerische Andwil (846, 884 *Anninwilare*; Belege nach Eisenstuck, Weil 252; Stucki, St. Gallen 294).
   3) → 5.1.1.16.
   4) Vgl. Schützeichel, Wörterbuch 8.
   5) Förstemann, Altdeutsches Namenbuch I 1147. Zum Stamm vgl. 5.1.1.131.

28. +**Anvillers**, Gde. Chicourt, F, Moselle, Delme:

Chemin de commune allant à Anuillé (1689 Or.).
FlN: Anvillers [1].

< *An(n)en-wîlâri zum PN An(n)o [2], bzw. bei Annahme einer romanischen Ausgangsform *An(n)e-vîllâre zu einem in romanischem Mund aus An(n)o sich entwickelnden PN *An(n)e(s) mit abgeschwächtem Auslautvokal [3]. Da der SN im 17. Jh. im Verbund mit deutschsprachigen FlNN genannt wird und wohl im unmittelbaren Sprachgrenzbereich angesiedelt war, mögen eine deutsche und eine französische Namenform nebeneinander bestanden haben.

1) Quellennachweis: AD MM H 1240; Nap. Kat. Die Siedlung lag südwestlich des Ortskerns am Weg nach Oron.
2) Vgl. Nr. 27 Anm. 2.
3) → 4.2.5.

+Anweiler, bei Bubach-Calmesweiler: → Nr. 6.

Anwilre (1287 Or.): → Nr. 24.

+Anzweiler, bei Neunkirchen/Potzberg: Nr. 450.

Arembeviller (1253 Or.): → Nr. 178.

29. +**Argeviller**, am linken Ufer des Illon zwischen Adompt und Gelvécourt, heute Gde. Gelvécourt-et-Adompt, F, Vosges, Dompaire:

Argeviller (1656) [1].

< *Aragairo-vîllâre zum germ. PN *Ara-gair [2]. Das Erstglied des PN zeigt namenrhythmische Verkürzung aus *ar-an-, *ar-in- [3]. Der im althochdeutschen Sprachgebiet noch recht lange erhaltene Fugenvokal des PN wird unter romanischem Einfluß früh synkopiert. Im Zweitglied des PN, das zum Stamm *gaiz-a- (> ahd. gêr 'Speer') [4] zu stellen ist, zeigt sich Ausfall von [r] im Silbenauslaut vor Konsonant [5].

1) Quellennachweis: Marichal, Dictionnaire 91.

2) Förstemann, Altdeutsches Namenbuch I 136; Morlet, Noms de personne I 40. Ebenso wohl Argeville (Gde. Vernou, F, Seine-et-Marne: 1561 *Argeville lez Vernou*, vgl. Stein/Hubert, Dictionnaire 6).
3) Zum Stamm *ar-an-*, *arn-u-* vgl. 5.1.1.16, zu dessen verkürzter Variante neben der dort zitierten Literatur auch Bach, Namenkunde I, 1 § 115; Schatz, Lautform 136.
4) → 5.1.1.63.
5) → 6.1.2.1.4.

30. Arzviller, F, Moselle, Phalsbourg:

Arschweiler (1353); Ehrsweiler (1568); Erschweiller (1573, 1575); Erschweiler (1616); Hercheviller (1707); Archeviller (1735); Archeville (1779).- Mda. *eášwiler* [1].

Da der Erstbeleg des SN schon wegen der <ei>-Schreibung im Grundwort sicher aus kopialer (und wohl französisch überformter) Überlieferung stammt, dürfte, auch angesichts der mundartlichen Lautung, im Stammvokal des PN [e] anzunehmen sein [3]. Der SN ist daher am ehesten zu einer Grundform *Eres-wîlâri* zum stark flektierten germ. Kurznamen *Eri* [4], evtl. auch *Erines-wîlâri* zum PN *Erin* [5] bzw. *Eriches-wîlâri* zum PN *Erich* [6], zu stellen. Die PNN sind mit einem Namenelement <er->, <eran->, <erin-> gebildet, das Kaufmann [7] mit guten Gründen (als rhythmisch verkürzte Variante) an *erman-a-*, *irmin-a-* [8] anschließt. Synkope und Assimilation führen in allen Fällen zu heutigem *Erschwiller*. Auch die Entwicklung der Phonemverbindung [rs] > [rʃ] ist lautgerecht [9].
Nicht ganz auszuschließen ist auch der von Dauzat und Rostaing [10] herangezogene, bisher nicht belegte, aber als Koseform *Ar(i)cho* mit verschobenem k-Suffix [11] durchaus denkbare PN *Archo*. Eine Ausgangsform *Arichen-wîlâri*, bei der der Suffixvokal des PN Umlaut auslösen konnte [12], hätte wohl zum gleichen Ergebnis geführt.

1) Quellennachweis: RL III 39; AD MM B 781 Nr. 32; Lepage, Communes I 38; AD MM B 781 Nr. 9; MSAL (1883) 126; AD MM B 781 Nrr. 13. 2; AD Mos J 1708; Durival III 16; ALLG.
2) Zur lothringischen Entwicklung von vortonigem [e] > [a] vor folgendem [r] vgl. 6.1.1.3.
3) Rom. *ars* (< lat. *ardere* 'verbrennen', Partizip; Bezeichnung für durch Feuer gerodete Flächen), das Schmid, Westgrenze 124 ff., als Bestimmungswort einiger schweizerischer SNN nachweisen konnte, ist deshalb hier wenig wahrscheinlich. Auszuschließen ist wohl auch das für das pfälzische Archenweiler s. Steinweiler (südl. Weinstraße) von Kaufmann, Westdeutsche ONN 301; ders., Pfälz. ONN 13 (wohl zu Unrecht, wie der von Dolch/Greule 44, neu gefundene Beleg 1300 Or. *Alhenwilre* erweist), in

Erwägung gezogene lat. *arca* (Georges, Handwörterbuch I 539), als Lehnwort im Westmitteldeutschen Bezeichnung einer Vorrichtung zum Fischfang.
4) Vgl. Förstemann, Altdeutsches Namenbuch I 453; LMR 235.
5) Vgl. Förstemann, Altdeutsches Namenbuch I 453.
6) Vgl. Förstemann, Altdeutsches Namenbuch I 453; Morlet, Noms de personne I 128a; Geuenich, Fulda 154; LMR 237.
7) Kaufmann, Ergänzungsband 105; Kaufmann, Rufnamen 92. Ebenso Menke, Namengut 105; Tiefenbach, Xanten-Essen-Köln 353.
8) → 5.1.1.52.
9) Vgl. Paul Wiehl Grosse § 155.
10) Vgl. Dauzat Rostaing 31.
11) Vgl. Morlet, Noms de personne I 128a *Arico*. Zu zweisilbigem <*ara-*>, <*ari-*> vgl. Kaufmann, Ergänzungsband 37, mit weiterer Literatur.
12) Vgl. Kaufmann, Pfälz. ONN 13.

Asco uuillare (718 K.9): → Nr. 32.

Ascwirre, etc., im Besitz der Abtei Lubeln: → Nr. 191.

31. **Aßweiler**, Stadt Blieskastel, D, Saarland, Saar-Pfalz-Kreis:

Aßweiler (1421 K., 1553 Or.); Aßwiller (1585 Or.).- Mda. *aswiller* [1].

< **Assen-wilâri* zum wfrk. PN **Asso* [2], den Kaufmann meines Erachtens überzeugend als romanisierte Nebenform (mit romanischer Assimilation von [ds] > [ss] [3]) eines wfrk. *Adso* [4], seinerseits Kosenamenbildung mit s-Suffix [5] zum Stamm **aþa-* [6], deutet.

1) Quellennachweis: Spies, Erfweiler 27; Krämer, Sulger 50; Pöhlmann, Bitsch Nr. 290; Christmann, SNN I 28.
2) Vgl. Christmann, SNN I 28; Kaufmann, Pfälz. ONN 16. Haubrichs, Bliesgauische ONN II 28 Anm. 257, stellt Aßweiler zu ahd. *asc* 'Esche'.
3) → 5.2.
4) Vgl. Kaufmann, Rufnamen 311. Namenbeispiele bei Förstemann, Altdeutsches Namenbuch I 219; Mansion, Naamkunde 93; LMR 218.
5) → 5.2.
6) → 5.1.1.17.

32. **Asswiller**, F, Bas-Rhin, Drulingen:

Asco uuillare (718 K.9); Ascouilare (718 K.9); Areouillari < **Ascouillari*

(718 K.9); Assewilre (1212 K.15); Aswilre (1266 Or.); Ahswilre (1321 Or.); Aswilr (1333 Or., 1349 Or.); Aßwiller (1348 K.15); Aschwyler (1477 Or.); Aßweiler (1509 K.16); Aswiler (1553 Or.); Asweyller (1557 Or.); Aaßweyler (1603 Or., 1728 Or.).- Mda. *aswiller* [1].

Wenn Kaufmann, der <sc> als romanische Graphie für [ss] interpretiert [2], recht behält, wofür Namengleichungen wie *Ascelina* / *Asselina* und afrz. *Asse* neben *Ascelin* sprechen [3], dann führt der in romanischer Morphologie vorliegende Erstbeleg im Verbund mit den jüngeren Belegen auf eine althochdeutsche Ausgangsform *Assen-wîlâri* [4] zum PN *Asso* [5]. <sch> für mhd. geminiertes [s] ist recht gut belegt [6]. <hs>, das hier (wie übrigens auch in der häufigen Schreibung <Elsahs> für den Landschaftsnamen Elsaß [7]) ebenfalls für [ss] eintritt, dürfte sich vor dem Hintergrund der im Mittelfränkischen, Hessischen, zum Teil auch im Alemannischen regelhaften Assimilation von [hs] > [ss] [8] eingebürgert haben.

1) Quellennachweis: DTW Nrr. 224. 227. 194; NRW Nr. 27 (zur Identifizierung des Belegs vgl. C. Pöhlmann, Berichtigung bezüglich Aßweiler, in: Westpfälz. Geschichtsblätter 34 (1935) Nr. 2); AD MM H 3223; Mone, in: ZGORh. 14 (1862) 69; HRS Nrr. 273. 369. 392; AD Mos 24 J 128; HRS Nr. 1647; Herr, Kirchenschaffnei Nr. 100; AD BR E 5133 Nr. 9; AD BR 3 E 181 bis f° 29r°; AD BR E 5133 Nr. 6; RL III 40.
2) Vgl. Kaufmann, Ergänzungsband 40 f.; Haubrichs, Codex 142; Grienberger, Besprechung 554. Als [ts] wird <sc> gedeutet bei Braune/Eggers § 157-159; Neuß, PNN 145; Wagner, Buchstaben; Wagner, Butilin. <sc> als hyperkorrekte Schreibung für [ss] ist jedoch vor dem Hintergrund der romanischen Entwicklung von lat. [sc] vor [o, u] zu [ss] gut verständlich.
3) Vgl. Morlet, Noms de personne I 19; Drevin, Sprachelemente 22; Förstemann, Altdeutsches Namenbuch I 148: "*Aselin* wol für *Ascelin*".
4) Zwar verlangen die alten Weißenburger Belege wegen des romanischen Bindevokals <-o-> einen stark flektierenden PN auf -*us*, die jüngeren Formen einen schwach flektierten Kurznamen auf -*o*; doch werden gerade in den Weißenburger Urkunden PNN auf -*us* und solche auf -*o* nebeneinander gebraucht (→ 4.2.3.2., 4.2.5.). Eine Alternation **Asso*/**Assus* wäre also keineswegs ungewöhnlich, so daß sich die Belege durchaus vereinbaren lassen.
5) Vgl. Nr. 31 Anm. 2. Christmann, SNN I 28, deutet den SN als "Weiler bei den Eschen"; Cuny, Reformation I 134 Anm. 1, Fischer, Assweiler 5, u.a. stellen die Belege zu Eschwiller (Nr. 193). Zur Identifizierung des in der älteren Literatur bisweilen hier zugeordneten *Actulfo villare* vgl. Nr. 4.
6) Vgl. z.B. Boesch, Urkundensprache § 156.
7) Vgl. etwa Pöhlmann, Winstein Nr. 41.
8) Vgl. dazu explizit Paul/Wiehl/Grosse § 141 Anm. 1; Lessiak, Beiträge 80, wegen des Wandels von [hs]> [ss] ferner Wagner, Geschichte; Bergmann, Glossen 117; Gleißner/Frings, Urkundensprache 145 ff.; Schwitzgebel, Kanzleisprache 111 ff. Zur

heutigen Situation im Untersuchungsgebiet zusammenfassend Ramge, Dialektwandel 39. 77.

33. **Asweiler**, Gde. Freisen, D, Saarland, St. Wendel:

? Amelirle < *Ameswilre (1276 K. 18); Ameßwilre (1411 Or.); in nafelder Geriecht zuschen reytschyt vnd Amßwiler (1475 Or.); Anßwilre (1479 K.); Amswiler (1482 K.); Amßwilre (vor 1500 Or.); Amßwiller (1515 Or.); Answeiler (1580); Aßweiler (1580 Or.); Aßwiller (1587 Or.); Asweiler (1597 Or.).- Mda. ǫ:swiller [1].

< *Ammes-wîlâri zum germ. PN *Am(m)i als stark flektierter Variante zu gut bezeugtem Am(m)o [2], vielleicht auch (aber [ls] > mdal. [ʃ]!) *Amales-wîlâri zum PN Amal(us) [3]. Der Namenstamm *am-a-, *am-i- oder *amal-a- [4] wird im allgemeinen zu anord. ama 'plagen, belästigen' [5] gestellt.
Die jüngeren Belege zeigen dialektalen Schwund des Nasals vor dentaler Spirans mit anschließender Ersatzdehnung des vorausgehenden Vokals [6] und mundartlicher Erhöhung von [â] zu [ǭ] [7].

1) Quellennachweis: LHA Kobl. 182/42 (= MRR IV Nr. 297); Mötsch, Regesten III Nr. 3455; HStA München, Rheinpfälz. Urkk. Nrr. 4021 (vgl. Baldes, Birkenfeld 424; Pauly, Wadrill 23). 4022. 4023; LA Speyer F 1/204 Nr. 50; LHA Kobl 54 B 141; LHA Kobl 54 S 1358; Baldes, Birkenfeld 424 (vgl. Pauly, Wadrill 23); Jung, Gerichtsbuch Nrr. 85. 105. 183. Wegen des von Pöhlmann, Bliesgau I 111, hierher gestellten Alwilre (±1200) vgl. Nr. 11.

2) Vgl. z.B. Förstemann, Altdeutsches Namenbuch I 87; Morlet, Noms de personne I 34b; Jarnut, Studien 50.
Zum rom. PN Ammius vgl. Kajanto, Studies 45 (lat.); Holder, Sprachschatz I 130 f (kelt.). Einen gleichlautenden PN aus germanischer Wurzel stellen Schönfeld, PNN 18, und Stark, Kosenamen 19, zum Stamm *haim-a- (→ 5.1.1.81), Förstemann, Altdeutsches Namenbuch I 87, dagegen ebenfalls zu *am-a-.

3) Vgl. Förstemann, Altdeutsches Namenbuch I 88; Schönfeld, PNN 14 f.; Morlet, Noms de personne I 34b; Kremer, PNN 56. Ebensogut möglich ist auch gerade im westfränkischen und langobardischen Bereich häufiges Amulus, Amolus (Morlet, Noms de personne I 34b; Jarnut, Studien 50; Menke, Namengut 83), und evtl. ist auch an den lat.-rom. PN Amelius (Schulze, Eigennamen 121. 440; Förstemann, Altdeutsches Namenbuch I 89; Kremer, PNN 55; Stroheker, Adel 145; LMR 224) bzw. kelt. Ammilius (Holder, Sprachschatz I 129) zu denken.

4) Es ist letztlich kaum entscheidbar, ob *amal- l-Erweiterung eines ursprünglichen Kurzstammes (so Kaufmann, Ergänzungsband 32; Kaufmann, Rufnamen 89; Menke, Namengut 83) oder umgekehrt *am- verkürzte Variante zu *amal- (so Schramm, Namenschatz 149, nach Meißner, Hamlet 370 ff.) ist. Beide sind jedenfalls eng verwandt.

5) So zuerst Grimm, Geschichte 313.
6) Vgl. bes. Will, Sprachgeschichte 47; Christmann, Sprachbewegungen 36 ff.; Müller, Untersuchungen 64f.; Frisch, Studien 8; Aubin/Frings/Müller 132 ff.; Scholl, Mundart 32; Ramge, Dialektwandel 31; Kleiber, FINN 205.
7) Vgl. Wiesinger, Untersuchungen I 327 mit Anm. 124; ebd. zahlreiche weiterführende Literatur.

Aswilre, in Lubelner Überlieferung: → Nr. 191.

34.   **+Audinvillers**, Gde. Vagney, F, Vosges, Saulxures-sur-Moselotte:

FIN: Audinvillers [1].

< *Aldoino-vîllâre zum wfrk. PN *Aldoin* [2], komponiert aus den Elementen *ald-a-* [3] und *win-i-* [4], bzw. *Aldîno-villâre zum PN *Aldîn* [5], der mit n-Suffix ebenfalls zum Stamm *ald-a-* gehört.
Romanische Vokalisierung von vorkons. [l] > [u] [6] führt zur heutigen Lautung.

1) Vgl. Marichal, Dictionnaire 12; Georgel, Noms 15 Anm. 2.
2) Vgl. Förstemann, Altdeutsches Namenbuch I 64; Morlet, Noms de personne I 31b.
3) → 5.1.1.8.
4) → 5.1.1.171.
5) Förstemann, Altdeutsches Namenbuch I 57; Morlet, Noms de personne I 31b. So wohl auch (mit unetymologischem [h]) Haudinville (F, Meuse: 1049 *Aldenivilla*, vgl. Morlet, Noms de personne III 223). Daß dem Ansatz mit Hilfe des Kosenamens meiner Erachtens hier der Vorzug zu geben ist, wird in Kap. 4.2.4. ausführlich begründet.
6) → 6.1.1.12.

Audoneuillare (705/06 K. 9): → Nr. 511.

35.   **Audviller**, Gde. Val-de-Guéblange, F, Moselle, Sarralbe:

ad ipsa uillare Adoaldo uel Gebolciagus (717 K.9); Adewilre (1305 K.); Odewilre (1380 K.15, 1400 Or., 1427 K.15); Adwiler (1453 Or.); Odewiler (1474 K.15); Odwiller (1492 K.16, 1494 K.16); Odewilr (15 Jh. Or.); Adviller (±1525 Or.); Adwiller (1595 Or.); Adeveiller (1681 K.18) [1].

< *Aden-wilâri zum PN *Ado* ², der hier, wie der in romanischer Morphologie und mit romanischer Postponierung des Bestimmungswortes überlieferte Erstbeleg des SN zeigt, als umgangssprachliche Variante des westfränkischen Vollnamens *Adoald* ³ interpretiert werden muß. Das Erstglied dieses PN ist in der Regel mit romanischem Lautersatz von germ. [þ] durch [t] > [d] ⁴ zum Stamm **aþa-* ⁵ zu stellen. Besitzgeschichtliche Argumente ⁶ lassen in diesem speziellen Fall jedoch auch die Möglichkeit einer Variation *Audoald* ⁷/*Adoald* zu, eventuell ein Hinweis auf einen bisher kaum bezeugten Wandel von germ. [au] > wfrk. [ao], [â] ⁸.
Anlautendes <o> in den jüngeren Belegen spiegelt velare Aussprache von [â] ⁹.

1) Quellennachweis: DTW Nr. 225; BRW Nr. 324; AD Mos 3 J 65 f° 9 v°; LA Sbr. Helmstatt Urk. Nr. 85; AD Mos 3 J 65 f° 9v°; AD Mos G 9 f° 183r°; AD Mos G 11 ff° 117r°. 143v°; HRS Nr. 1074; Lepage, Rustauds 74; AD Mos 3 J 14; Stadtarchiv Sbr., Kleine Erwerbungen Nr. 19; AD MM G 928.
2) Vgl. Nr. 6 Anm. 2.
3) Vgl. Förstemann, Altdeutsches Namenbuch I 157; Morlet, Noms de personne I 14; Jarnut, Studien 37.
4) → 5.1.10.
5) → 5.1.1.17.
6) Vgl. Haubrichs, SNN 269 Nr. 43.
7) Vgl. zu diesem sehr häufigen wfrk. PN, dessen erstes Glied zum Stamm **auð-a-* (→ 5.1.1.19.) zu stellen ist, Förstemann, Altdeutsches Namenbuch I 203; Morlet, Noms de personne I 45a; Gasnault, Documents 87; Jarnut, Studien 65 f.
8) Als wichtigstes Indiz für eine solche spezifisch westfränkische Lautentwicklung galt lange ein im Ludwigslied (ca. 882, dazu genauer Schützeichel, Ludwigslied 260 ff.) bezeugtes Adjektiv *frâno* 'herrlich, heilig', für das jedoch nach den neueren Arbeiten von Combridge, Handschrift 33 f., und Urmoneit, Wortschatz 166 ff., wohl *frôno* zu lesen ist. Parallelen sonst nur im Altsächsischen, vgl. Urmoneit, Wortschatz 167 Anm. 112; Gallée/Lochner § 96; Kaufmann, Rufnamen 117, über asächs. *Ado* neben *Audo*. Für das Langobardische vgl. Bruckner, Sprache 109; Braune/Eggers § 45 Anm. 1.
9) Vgl. Nr. 33 Anm. 7.

36. **+Auviller**, Gde. Zincourt, F, Vosges, Châtel-sur-Moselle:

FlN: Auviller ¹.

< **(ad) altum villâre(m)* ². SNN dieses Typs sind in der gesamten Galloromania überaus zahlreich ³.

1) Vgl. Marichal, Dictionnaire 15.
2) Zu lat. *altus* 'hoch' vgl. Georges, Handwörterbuch I 347 ff.; zur spätlateinisch

eingeschränkten Bedeutung 'hoch gelegen' vgl. FEW I 78 f. Zu den SNN vgl. Gysseling, Woordenboek 84 ("ferme élevée"); Soyer, Recherches 224 ("le haut domaine, le domaine situé sur une hauteur"); Morlet, Thiérache 81 ("haut village").

3) Vgl. Auvillar (F, Tarn-et-Garonne: 1291 *Auvillars*); Le Grand Villard (Gde. St. Disdier, F, Hautes Alpes: 1138 *Alt Vilar*); Auvillars (F, Calvados: ±1350 *Auvillaria*); Hautvilliers (F, Marne: ±662 *locus Altivillaris*); Auvillier (Gde. Meslay-le-Vidame, F, Eure-et-Loir: ±1150 *Auviler*); Auvilliers (Gde. Louville-le-Chenard, F, Eure-et-Loir: 1176 *Auvilers*); Auvillars (Gde. St. Victor-sur-Ouche, F, Côte-d'Or: 1278 *Auviller*); Hautvillar (Gde. Fanjeaux, F, Aude: 1320 *Altum villare*) u.v.m. Belege nach AD Tarn-et-Garonne G 543; Roman, Dictionnaire 75; Hippeau, Dictionnaire 26; Longnon, Dictionnaire 128; Merlet, Dictionnaire 7; Roserot, Dictionnaire 17; Sabarthes, Dictionnaire 176.

37. **Auvillet**, Gde. Attignéville, F, Vosges, Neufchâteau:

Aviller (1296 Or.); Avilleis dessus Autegneyville (1392 K.); Avellet (16. Jh. E. Or.); Avillers (1631, 1779); Ovillers (1708); Ovillé (1724); Avillet (1729); Auvillet (1738) [1].

< *(ad) altum vîllâre(m)*. Die Lautentwicklung des Bestimmungswortes folgt lothringischen Dialektverhältnissen: während in allgemeinfranzösischer Entwicklung [l] in der Stellung [a] + [l] + Konsonant zu [u] vokalisiert, verstummt es in dieser Position im Lothringischen [2]. Schriftsprachlich beeinflußte Formen, die die Graphien <au> bzw. <o> zeigen, setzen sich erst im Laufe des 18. Jhs. durch.

1) Quellennachweis: AD Vos G 1297; DHV VII 56; AD Meuse B 353 f° 229; Marichal, Dictionnaire 15; Durival III 20; Marichal, Dictionnaire 15.
2) → 6.1.2.1.1.

38. **Auvillet**, Gde. Neufchâteau, F, Vosges, Neufchâteau:

Avillers (1683 K.18); Auvillet (1859) [1].

< *(ad) altum vîllâre(m)*.

1) Quellennachweis: DHV IX 159; Marichal, Dictionnaire 16.

39. **+Auweiler**, in bzw. bei St. Wendel, D, Saarland, St. Wendel:

zu Hirßwilrre und Auwillre (1527 Or.).
FlN: wißen pletzen ... gelegen by Awewiler bornen (1429 Or.) [1].

Zu germ. *awjō, ahd. auwia, ouwa 'Land am Wasser, nasse Wiese, Insel' ? [2]

1) Quellennachweis: StA Trier, Nachlaß Max Müller, Schöffenbuch St. Wendel S. 8; Pfarrarchiv St. Wendel Urk. Nr. 42.
2) Kluge/Mitzka 36.

40. **Auzainvilliers**, F, Vosges, Bulgnéville:

Osenvillare (1116 K.17); Osenviler (vor 1166 Or., 1181 K.17, 1240 Or.); Ozainviller (1179 K.18); Osenviller (12 Jh., 1211 K.18); Ozenviller (1210 K.18); Ausenvillers (1774 K.13 E.); Ozainvilleir (1315 Or.); Auzainvilliers (1329 K.17); Ousainvillari (1402 K.); Ouzainviller (1405 Or.); Auzainvilleir, var. Ozainviller (1456 Or.) [1].

< *Ausoino-villāre zum ahd. PN *Aus-wini [2], komponiert mit Hilfe eines vor allem im Langobardischen und Fränkischen stark verbreiteten, aber noch nicht befriedigend erklärten Namenelementes <aus-> [3] sowie des häufigen *win-i- 'Freund' [4].
Die historischen Belege für diesen SN reflektieren zum Teil eine Schließung von [o] > [u]/<ou> unter dem Vorton, ein lothringisches Dialektmerkmal [5], das sich allerdings nicht durchsetzt.

1) Quellennachweis: BN Paris ms. lat. 12661 f° 41 f.; AD Vos 18 H 6; BN Paris ms. lat. 12661 f° 43 f.; Lanher, Chartes Nr. 6; Bibl. de l'Arsenal (Paris) ms. 1066 f° 13; MG SS XII 342; Bibl. de l'Arsenal (Paris) ms. 1066 ff° 23v°-24v°; BN Paris ms. lat. 10024 f° 5v°; AD Vos 18 H 18; DHV VIII 31; Lepage, Pouillé 303; AD Vos G 2366; AD Vos 18 H 6.
2) Förstemann, Altdeutsches Namenbuch I 210; Morlet, Noms de personne I 47. Weniger wahrscheinlich ist der Kosename *Ausin (→ 4.2.4.). Zu den mit dem Zweitglied *win-i- gebildeten wfrk. PNN vgl. 5.3.7.
3) → 5.1.1.21.
4) → 5.1.1.171.
5) Vgl. Stark, Untersuchungen 109; Betzendörfer, Sprache § 63; Güttler, Lautstand § 53.

41. **+Auzainvilliers**, Gde. Dompaire, F, Vosges, Dompaire:

FIN: Auzainvilliers [1].

< *Ausino-villâre* [2].

1) Vgl. Marichal, Dictionnaire 16.
2) Vgl. Nr. 40.

42. **Aventiovillare**, nicht identifizierter Frühbesitz des Kapitels St. Goëry zu Epinal, evtl. Altname von St. Gorgon, F, Vosges, Rambervillers:

de locis episcopii antea sibi famulantibus haec loca traditit et in provendam eterno iure concessit: ... de Longocampo ... de Arentella ... de Tadone .. de Aventiovillare ... de Malseivilla ... ad Fald ... ad Moncels ... ad Belzoncort ... ad Acei ... ad Sarcus ... ad Barnei ... ad Vincei ... ad Dommartin ... ad Volmaircurt ... ad sanctam Rodewaram (1003 K. 12) [1].

< *Adventio-villâre* zum romanischen PN *Adventius* [2].

1) Quellennachweis: MG DD Heinrich II Nr. 58. Auf Bitten Bischof Adalberos II. von Metz (984/1005) bestätigt der Kaiser in diesem Diplom den Besitz des Nonnenklosters zu Epinal, das von Adalberos Vorgänger Theoderich gegründet und mit umfangreichen Gütern beschenkt worden war. Die in der Urkunde ausdrücklich angesprochene Provenienz des Ausstattungsgutes dieses Klosters aus Kirchengut läßt sich z.B. für Vincey (F, Vosges, Charmes) bestätigen, das der Metzer Bischof Sigebald im Jahr 707/08 von dem als Stifter von St. Mihiel bekannten Grafen Wulfoald erworben hat (Lesort, St. Mihiel Nr. 2).
2) Gut bezeugt ist der PN *Adventus*; vgl. Périn, Onomasticon I 36; Morlet, Noms de personne II 14; Kajanto, Cognomina 349. Speziell aus Lothringen ist auch die Variante *Adventius* überliefert: Im Jahr 745 wird das Kloster Gorze mit Metzer Kirchengut ausgestattet, das bis dato ein *Adventius* "per beneficium" innehatte (vgl. Herbomez, Gorze Nr. 1). *Adventius* ist auch der Name des Amtsnachfolgers des großem Metzer Bischofs Drogo, der deshalb als Eponym dieses SN durchaus in Erwägung zu ziehen ist.

43. **Avillers**, F, Meurthe-et-Moselle, Audun-le-Roman:

Villare (952 K.17); Avilers (1232 Or.); Auuileir (1240 Or.); Avillâre (13. Jh. Or.); Auilleis (1288 Or.); Auvilleir (1290 Or.); Auuillers (1291 Or., 1419 K.15 u. ö.); Auillers (1291 Or., 1328 K.15 u.ö.); Avilleirs (1337 Or., 1347

Or. u. ö.); Auilleir (1343 Or., 1445 Or. u.ö.); Aviller (1355 K.16, 1443 Or. u.ö.); Auviller (1427 Or.); Auuillers (1451 Or. u.ö.).- Mda. *auvlé, o'vle* [1].

< *(ad) altum vîllâre(m)* [2], mit lothringischem Ausfall von vorkons. [l] [3].

1) Quellennachweis: Roussel, Verdun 2; AD Mos H 948 (vgl. Ramm, Actes 27); AD Mos H 788-1; Aimond, in: ASHAL 21,2 202; WMB 1288, 250; WLT V Nr. 366; AD Mos H 1288-1; Duvernoy, in: ASHAL 39, 60; AD Mos H 845-1; MCM I Nr. 229; AM Metz II 25; AM Metz II 307; AD Mos H 1744-9; Salveda de Grave/Meijers/ Schneider, Droit coutumier I Nr. 815; AD Mos 4 E 364; AM Metz II 315; AD Mos 7 F 774; BSAL (1927) 26; Bouteiller, Dictionnaire 13; Vincent, France 294. Hierher auch *Avillers* (ruisseau d'), GewN. Gde. Spincourt, F, Meuse, Spincourt (vgl. Liénard, Dictionnaire 11).
2) Vgl. Nr. 36. Vincent, France 294, interpretiert den SN als einfache *villare*-Bildung mit sekundärem adjektivischem Zusatz, vgl. auch den FIN *Côte de Villiers* in der Gemeinde Avillers (Nap. Kat.).
3) Vgl. 6.1.2.1.1. Die heutige Mundart zeigt Verdumpfung von vortonigem [a] > [o] (→ 6.1.1.2.).

44. **Avillers**, F, Vosges, Charmes:

Aviller (1243 K. 15, 1306 Or., 1594 K. 17); Auuillers (1295 K. 14); Aviler (1333/34 Or., 1476 Or.); Auviller (14. Jh. Or.); Avilleirs, var. Avillers (14. Jh. Or.); Avillers (1455); Avilaire (1737) [1].

< *(ad) altum vîllâre(m)* [2].

1) Quellennachweis: DHV X 235; Marionnet, Catalogue; Alix 68; BN Paris ms. lat. 12866 f° 93r° (vgl. DHV I 88); Levallois, Raoul Nr. 3; Haillant, Formes 300; BN Paris ms. nal. 2532 Nr. 124; AD Vosges G 1363; MSAL (1893) 227; Marichal, Dictionnaire 16. Zur mundartlichen Aussprache des SN bemerkt Haillant, Phonétique 428, der Vokal des Bestimmungswortes sei ein "a bref ouvert".
2) Vgl. Nr. 36. Verfehlt ist die Deutung bei Vincent, France § 122, und Gamillscheg, Siedlung 149: "... ist vielleicht in *à villers, au viller* zu zerlegen".

Aycoviller (1332 K.): → Nr. 124.

Badenweiler: → Badonviller.

45. **Badonviller**, F, Meurthe-et-Moselle, Blâmont:

Badonvilari (14. Jh. K.16 zum Jahr 1077/1115); de Baldo[n]villari (± 1124 Or.); Baidonis villare (1147 Or.); Baidunviller (1157 K.); de Badonvillario (1185 K.18); Badonviller (1243 K.18); Badonviler (1257 Or.); Baldeswilre (13 Jh. E.Or.); Baudonuiller (1344 K.15); Balczwiler (1394 Or.); Balzweiler (1406 K., in frz. Parallelüberlieferung Bauldonviller); Baldonvilleir (1407 K.); Balswiler (15 Jh. Or.); Baltzwilre (1421 Or.); Bauldoviller (1439 Or.); Baltzwiller (1452 Or., ±1496 K.15); Bauldonviller (1470 K.16); Badonuiller (1472 K.15); Badouuiller (1530 Or.); Badonuille (1634); Badonuilliers (1637).- Mda. *bádõvlę̨* [1].

< *Baldône-villâre/*Baldes-wîlâri. Die romanische Namenform ist zum ahd. PN *Baldo* [2], zum Stamm **balþ-a-* [3], zu stellen. Ihre Lautentwicklung zeigt die lothringische Sonderentwicklung von [a] + [l] + Konsonant > [â] [4]. Historische Belege, die für den Stammvokal des PN die Graphie <ai> zeigen, repräsentieren mit H. Stark [5] individuelle (und wohl nur auf der Grundlage eines vorherigen Ausfalls von [l] erklärbare) Palatalisierungen von [â]. Die von Gamillscheg vorgeschlagene Deutung des SN mit Hilfe des PN *Bado* [6] läßt sich angesichts des auch im Lothringischen regelhaften Ausfalls von intervokalischem [d] [7] wohl nicht aufrechterhalten; ebensowenig wird mit Longnon an den PN *Baddo* (zum Stamm **bad-wa-* mit geminiertem Dental) [8] zu denken sein, der die <l>-Schreibungen nicht erklärt.
Für die exogene deutsche Doppelform des SN, die am ehesten im nördlich anschließenden Raum um Saarburg entstanden sein dürfte [9], ist der stark flektierte wfrk. PN *Baldus* [10] anzusetzen.

1) Quellennachweis: Jérôme, in: BSPV 24 (1898/99) 208 Anm. 5; MG SS XV,2 984; Bridot, Chartes Nr. 60; Gallia Christiana XIII, Instr. 514; Chatton, St. Sauveur Nr. 4; Erpelding, Salm Nr. 41; Arnod, Publication Nr. 130; AD MM B 742 Nr. 68; AD Mos G 5 f° 141 v°; Albrecht, Urkundenbuch II Nr. 396; HRS Nr. 742; HMB IV 593; HMB IV 596; AD Mos G 1903 bis f° 134 r°; HRS Nr. 885; Chanteau, Notes Nr. 4; LA Sbr. Nass.-Sbr. II Nr. 3110 f° 26; AD Mos G 11 f° 155 v°; MSAL 41 (1891) 66; AD Mos G 9 f° 157 v°; TUH III Nr. 102; Schmit, Pièces originales I 221. II 317; Callais, Mundart 310.
2) Förstemann, Altdeutsches Namenbuch I 235; Morlet, Noms de personne I 50. So auch Vincent, France § 435; Morlet, Noms de personne III 247b; Dauzat/Rostaing 45; Gröhler, Ursprung II 302.
3) → 5.1.1.26.
4) → 6.1.2.1.1.
5) Vgl. Stark, Untersuchungen 76; Schönig, Vorkons. L 111 f.
6) Vgl. Gamillscheg, Romania Germanica I 91: "... daß -d- erhalten bleibt, beweist nichts"; ebenso Bauer, Namenkunde 159.

7) Vgl. für die allgemeinfranzösische Entwicklung Rheinfelder § 687.
8) So Longnon, Noms de lieux 262. Intervokalische geminierte Dentale werden in romanisch-altfranzösischer Entwicklung vereinfacht, vgl. Schwan/Behrens, § 117.
9) Bei Paulin, ONN 55 Anm. 1, als exogene Doppelform für Badonviller notiertes *Badenweiler* dürfte demgegenüber nicht alt sein.
10) Belege hierfür bei Förstemann, Altdeutsches Namenbuch I 235; LMR 229; Kremer, PNN 78. Zum gleichen PN gehört das elsässische Balschwiller (F, Bas-Rhin, Dannemarie: 728 *Baltowiler*, sicher verderbt aus rom. *Baldo-vîllâre; 1202 *Balswiler*, vgl. RL III 51).

46. **+Badonvillers**, Gde. Hymont, F, Vosges, Mirecourt:

FIN: Badonvillers [1].

< *Baldône-vîllâre [2].

1) Vgl. Marichal, Dictionnaire 18.
2) Vgl. Nr. 45.

Baidunviller (1157 K.9): → Nr. 45.

47. **+Baldinovillare**, Gde. Weyer, F, Bas-Rhin, Drulingen:

in pago Saroinse in Ueuiris marco in uilari ad Tanitius (? 737 K.9); Baldinovillare (±1142 < 10. Jh. E.K. 17/18) [1].

< *Baldoino-vîllâre zum wfrk. PN *Baldoin* [2], komponiert aus den Stämmen **balþ-a-* [3] und **win-i-* [4], bzw. zum Kosenamen *Baldîn* [5].

1) Quellennachweis: DTW Nr. 248; Perrin, Essai 146. Zur Identifizierung der Belege vgl. Humm/Wollbrett, Villages 41; Haubrichs, SNN 266. Die dort zitierten historischen Namenformen *Baldeswilre* und *Baltzwilre* sind zu Nr. 45 zu stellen.
2) Beispiele bei Förstemann, Altdeutsches Namenbuch I 242; Morlet, Noms de personne I 50. Über einen dem Weißenburger Gründerkreis zuzurechnenden Träger dieses Namens vgl. Haubrichs, SNN 266.
3) → 5.1.1.26.
4) → 5.1.1.171.
5) Vgl. Förstemann, Altdeutsches Namenbuch I 236; Morlet, Noms de personne I 51 a; LMR 229.

48. **Ballweiler**, Stadt Blieskastel, D, Saarland, Saar-Pfalz-Kreis:

Ballweiler (1231 K.16, 1246 K.16, 1570); Balwilre (1433 K.); Ballewilre (1460 Or.); Balwilr (1461/62 Or.); Baldwilre (1464); Balwill[e]r (1489 Or.); Baldewiler (1512); Baldweiler (1535); Balweiler (1553 Or.); Balwiler (1564 Or.) [1].

< *Balden-wîlâri* zum germ. PN *Baldo* [2], zum Stamm *balþ-a-* [3], mit dialektaler Assimilation [ld] > [ll] [4].

1) Quellennachweis: NRW Nrr. 82. 129; Spies, Erfweiler 29; LA Speyer Y2/152 Reg. 95; Von der Leyensches Archiv Waal; StA Trier WW 38 f° 3v°; Christmann, SNN I 32; Kaufmann, Pfälzische ONN 19; Krämer, Sulger 86. 39; ZGSG 15 (1965) 154.
2) Namenbeispiele unter Nr. 45 Anm. 2. Vgl. auch Christmann, SNN I 32. Der dort ebenfalls in Erwägung gezogene PN *Ballo* (Förstemann, Altdeutsches Namenbuch I 243) ist mit Kaufmann, Pfälz. ONN 19, wegen der d-haltigen Namenbelege (diese allerdings allesamt aus wohl kopialen, schwer überprüfbaren Quellen) auszuscheiden. Eine analoge Bildung ist das schweizerische Baldenwil (±1200 *Baldinwilare*, 1279 *Baldenwil*), vgl. Sonderegger, Appenzell 564; Stucki, St. Gallen 294.
3) → 5.1.1.26.
4) Vgl. Nr. 9 Anm. 6.

49. **Baltersweiler**, Gde. Namborn, D, Saarland, St.Wendel:

Balterswilre (1304 Or.); Balt[erswi]ler (1377 K. 15); Balterswilr (1415 Or.); Balterßwiller (1478 Or., 1502 Or., 1575 Or.); Baltersswiller (1480 Or., 1492 K.); Baltersweiler (1572 Or.) [1].

< *Baldheres-wîlâri* zum germ. PN **Balþ-hari* > wfrk. *Baldherus* [2], komponiert aus den Namenstämmen *balþ-a-* [3] und *har-ja-* [4], mit lautgerechter Entwicklung [rs] > [rʃ] [5] in der Wortfuge des SN. Oder ist wegen des fehlenden r-Umlauts [6] an einen mit Zweitglied -*wini* [7] gebildeten PN zu denken?

1) Quellennachweis: Gerber, Urkundensammlung Nr. 1; LHA Kobl. 54 S 547 Nr. 2; Hannig, Regesten 14. 33; LHA Kobl. 1 E 1350; LHA Kobl. 1 A Nr. 3784; Hannig, Regesten 35; Pöhlmann, Bitsch Nr. 151; Jung, Freisen Nr. 346.
2) Förstemann, Altdeutsches Namenbuch I 237; Morlet, Noms de personne I 50. Zum gleichen PN stellen sich das badische Baltersweil (Kreis Waldshut: 1360/70 *Balterswile*, 1530 *Baldherswiller*, vgl. Krieger I 123; Heilig, ONN 61; Eisenstuck, Weil 249) sowie Baltersweil bei St. Gallen, das schon 855 als *Baldherreswilare* belegt ist (Stucki, St. Gallen 294).
3) → 5.1.1.26.

4) → 5.1.1.87.
5) → 4.3.
6) → 6.2.1.1.
7) → 5.1.1.171.

Baltewiler, (1377 K., Besitz der Abtei Tholey in Buweiler und B.): → Nr. 49.

Balzweiler: → Badonviller.

50. **Barville/Berweiler**, Gde. Nitting, F, Moselle, Lorquin:

ad Beruni uillari (718 K.9); ad Beruni uillare (718 K.9); in Beroni uilla (846 K.9); in Beruniuilla (846 K.9); Berono uuilare (847 K.9); in Bereni villare (±1142 < 10 Jh. E.K. 17/18); Belnoyre < *Beluuyre (1049 K.18); Berwilre (1137 Or. 13. Jh. E.Or., 1361 Or.); Berwilr (15. Jh. Or.); Berrweiler (1471 K.); la moitie du ban et de la ville de Beruiller desolee et ruynee par les guerres (1519 Or.); Beruiller (1538 K. 17/18); in nitinger vnd berwyller ban (1573 Or.); Berweiller Waldt (1613 Or.); Forst Berweiler (1637 Or.); la haute foret de Barville de Nitting (1718 Or.); son altesse royale ayant permis uers l'année 1712 dessarter le finage d'un vieux village nommé Baruil avec retablissement du dit village (1726); Barville (1779) [1].

< *Berône-villâre / *Beren-wîlâri zum germ. PN Bero [2], zum Stamm *ber-an-, *ber-(i)nu- [3].
Die erst im 18. Jh. faßbare französische Namenform, die den für die Region typischen Wandel von [e] + [r] > [a] + [r] unter dem Vorton zeigt [4], ist wohl erst in jüngerer Zeit auf der Basis des deutschen Namens entstanden [5].

1) Quellennachweis: DTW Nrr. 19. 224. 270. 271. 200.; Perrin, Essai 143; Kuhn, Hesse 74; AD BR H 609 Nr.5; AD MM B 742 Nr. 68; Kirsch, Kollektorien 315; AD Mos G 1903 bis f° 29 v°; Hertzog, Rechts- und Wirtschaftsverfassung 100; AD MM B 742 Nr. 32 (vgl. auch Wagner, Sarrebourg 101; Steinthal, Document 244); AD Mos J 1701; AD Mos 8 F 5-1 f° 32 r°; AD Mos 8 F 5-3 f° 10 r°; AD Mos H 4719; AD Mos J 1695-3; AD MM 3 F 257; Durival III 29.
2) Förstemann, Altdeutsches Namenbuch I 260; Morlet, Noms de personne I 53. So häufig wie der PN *Bero* selbst sind auch die mit ihm gebildeten SNN, vgl. im Untersuchungsgebiet die Nummern 70-74. Weitere Beispiele aus der Pfalz bei Kaufmann, Bad Kreuznach 90, aus dem Elsaß bei RL III 79; Stoffel, Dictionnaire 14, aus Baden bei Krieger I 131, aus Oberschwaben bei Löffler, Weilerorte 80-83.
3) → 5.1.1.29.

4)   → 6.1.1.3.
5)   An die romanischen Erstbelege kann wegen der nicht erhaltenen -ône-Fuge nicht angeknüpft werden. Die betreffenden Landschaften des Oberen Saargaus sind nach Haubrichs, SNN 250, im Laufe des 8. Jhs. germanisiert worden. Sie wurden jedoch seit dem ausgehenden Mittelalter zum Teil reromanisiert, so daß der Ort heute dicht an der Sprachgrenze liegt (vgl. Toussaint, Frontière, Kartenanhang).

51. **Basonisvillare**, Altname von St. Wendel, D, Saarland, St. Wendel:

Basonis villare (916/17 Or. zum Jahr 630/48); Basenvillare (950 Or.); Basone uillari sancti Uualdelini confessoris (10. Jh. Or. nach älterer Vorlage); in basone uillari natale sancti uuandelini confessoris (vor 999/1003 Or. nach älterer Vorlage); in basonis uilla sancti uuandelini confessoris (11. Jh. Or. nach älterer Vorlage); Baso uuilare s[an]c[t]i uuadelini confessoris et monachi (±1300 nach älterer Vorlage) [1].

< *Basône-villâre/*Basen-wilâri zum wfrk. PN Baso [2]. Kaufmann interpretiert das Namenelement <bas-> als romanisierte Variante (mit romanischer Assimilation des Dentals an folgendes [s] [3]) eines um ein s–Suffix[4] erweiterten Stammes *bad-wa- [5].

1)   Quellennachweis: MG SS IV 43; MG DD Otto I Nr. 117; Cod. Bruxelles 1814/16; Cod. Rom Vat. lat. 3806; BM Verdun ms. 7; BN Paris ms. lat. 10018, alle zitiert nach Haubrichs, Basenvillare, dort auch eine ausführliche Begründung der Identifizierung. Erste Belege für die Siedlungsbenennung nach dem Heiligennamen sind 1180, ±1200 *de sancto Wandalino*, ±1200 *curtis S. Wandelini* (vgl. Haubrichs, Basenvillare 15). An den alten Namen erinnern der Flurname *Bosenberg* und der Gewässername *Bosenbach* unweit von St. Wendel. Beide sind mit Haubrichs, Basenvillare 55 f., als Klammerformen aus *Basen(weiler)berg bzw. *Basen(weiler)bach zu interpretieren, wobei das für den Stammvokal des PN anzunehmende [a] im Zuge der nhd. Dehnung in offener Tonsilbe (vgl. Paul/Wiehl/Grosse § 45) sekundär gelängt und mundartlich zu [o] entwickelt wurde (vgl. Haubrichs, Basenvillare 56).
2)   Förstemann, Altdeutsches Namenbuch I 249, vgl. Haubrichs, Basenvillare 53. Zum gleichen PN gehören etwa auch Basoncourt (F, Moselle, Pange: 977 K. *Basonis curtis*, 1239 *Basoncourt*, Belege nach Bouteiller, Dictionnaire 17); Baronville (Gde. St. Hilaire-sur-Yerre, F, Eure-et-Loir: ±1100 *Basonisvilla*, 1469 *Basonville* - Belege nach Morlet, Noms de personne III 244) und Baho (F, Pyrénées Orientales: 988 *villam que dicunt Basone*, vgl. Sachs, ONN 42).
3)   → 5.3.10.
4)   → 5.2.
5)   → 5.1.1.23.

52. +**Bateauvillers**, Gde. Morville-sur-Nied, F, Moselle, Delme:

FlN: Bateauvillers [1].

< *Bertoaldo-vîllâre zum wfrk. PN *Bertoald* [2], komponiert aus den Namenwörtern *berχt-a-* [3] und *walđ-a-* [4]. Die spezifisch lothringische Entwicklung von vortonigem [e] + [r] > [a] belegt Stark mehrfach gerade für die Namen auf *berχt-a-* [5]. Mundartlich ist auch der Ausfall von [r] vor folgendem [t] [6]. Im Zweitglied des PN zeigt sich die Vokalisierung von [a] + [l] + Konsonant > [au] > [ô] [7].

1) Quellennachweis: Nap. Kat.
2) Vgl. Förstemann, Altdeutsches Namenbuch I 296; Morlet, Noms de personne I 56 a; Gasnault, Documents 88.
3) → 5.1.1.30.
4) → 5.1.1.165.
5) Vgl. Stark, Untersuchungen 89 f.: *Bartaudon, Bartemins, Aubarton*.
6) Vgl. Zéliqzon, Mundarten § 74.
7) → 6.1.2.1.1.

53. **Batschweiler**, Gde. Wadern, OT Noswendel, D, Saarland, Merzig-Wadern:

Badachenroth (11. Jh. E.Or. < 10. Jh. M.); Baichtenwilre < *Baitchenwilre (1391 K.15); Battychwiller (1483 K.16); Battychwyler (1493 K.16); Batischweiler Erb zu Noßwenden (1576).- Mda. *bęt∫wiler* [1].

< *Badachen-/Badichen-rot* [2]/**Badichen-wîlâri* zum PN *Badicho* [3], als Kosename mit k-Suffix zum Stamm *bad-wa-* [4]. Der SN zeigt Umlaut des Stammvokals [a] > [e] vor folgendem [i] [5]; der Suffixvokal fällt aus.

1) Quellennachweis: Müller, Güterrolle 117; StB Trier 1670/349 f° 235r° (vgl. Lager, Mettlach 336). 296v°. 297r°; LA Sbr. Best. Dagstuhl Nr. 825.
Aus der *dimidia oba in Badachenroth*, welche das Kloster Mettlach ausweislich einer noch in das 10. Jh. hinaufreichenden Urbarnotiz in der Grundherrschaft *Waderella*/Wadern (vgl. die überzeugende Identifizierung bei Müller, Güterrolle 116 Anm. 1, ausführlich auch Raach, Mettlach 102) besaß, war der Abtei jährlich am Tag des Hl. Andreas eine Unze Geldes zu entrichten; man beachte dabei, daß Petrus, Paulus und Andreas im Jahr 995 als Abteipatrone in Mettlach aufscheinen (MRhUB I Nr. 270), und daß auch die Pfarrkirche zu Wadern 1289 das Andreaspatrozinium trug (MRR IV Nr. 1653; Pauly, Wadrill 91; Raach, Mettlach 103). Aus dem alten Mettlacher Urbar geht gleichfalls hervor, daß der Zehntbereich der Pfarrei Wadern, welche sich im Besitz der Abtei befand, einen Kreis von zehn Orten umfaßte (*in villa Waderella*

habemus ecclesiam cum decimactione X villarum), zu denen ausweislich eines Visitationsprotokolls vom Jahr 1582 (vgl. Pauly, Wadrill 90) nicht nur Bardenbach - mit diesem Ort haben Pauly, Wadrill 19, und Staerk, Wüstungen 87, das alte *Badachenroth* identifiziert, während Müller, Güterrolle 117, an eine Wüstung nahe bei Bardenbach, Raach, Mettlach 103, an Noswendelroth dachte -, sondern unter anderem auch Noswendel gehörte. Die Identifizierung mit Batschweiler, das mit dem "passenden" PN komponiert ist, während Noswendelroth in den Quellen durchweg als einfaches *Roden* (1335, vgl. Lager, Mettlach 320) aufscheint, läßt sich von daher gut begründen, zumal auch in Batschweiler selbst Mettlacher Besitz gut faßbar ist.

2) Grundwort ist ahd. *rot* 'Rodung' (Schützeichel, Wörterbuch 154). Zum Wechsel des Suffixvokals im PN, der beim germanischen k-Suffix nicht selten ist, vgl. Bach, Namenkunde I,1 § 104; Kaufmann, Ergänzungsband 8 f. Erklärungshypothesen bei Gallée/Lochner § 156; Geuenich, Fulda 69. Daß sich in diesem Fall das auch sonst häufigere [i] vor dem Suffix durchsetzt, zeigt die weitere Lautentwicklung des SN.

3) Vgl. Förstemann, Altdeutsches Namenbuch I 227; Geuenich, Fulda 69 (*Batacho*); Morlet, Noms de personne I 49 b; Geuenich, Prüm 60 (*Badicho*). Man beachte einen etichonischen Träger des Namens *Baticho*, nach Vollmer, Etichonen 183, ein Sohn des Stammvaters dieses austrasischen Hochadelsgeschlechts, *Adalricus-Eticho*.

4) → 5.1.1.23.

5) Vgl. 6.2.1.1., dort auch Hinweise zu den noch im 16. Jh. aufscheinenden archaisierenden Schreiberformen, in denen der Umlaut nicht markiert und der Suffixvokal erhalten ist. Über vor Doppelkonsonanz unbezeichneten Umlaut in Wormser Urkunden vgl. Hoffmann, Geschäftssprache 150. Wohl statt <a>, also ebenfalls für nicht markierten Umlaut, ist in dem sicherlich fehlerhaft überlieferten *Baichtenwilre* des Jahres 1391 <ai> gesetzt, vgl. zu dieser Graphie z.B. Schellenberger, Studien 85; Hoffmann, Geschäftssprache 150; Bach, Werke § 38.1; Bruch, Das Luxemburgische § 20; Jeske, Kodex 74.

Battanviller (1157 K.): → Nr. 77.

54. Battweiler, VG Zweibrücken-Land, D, Rheinland-Pfalz, Pirmasens:

Batwilre (1272 K.14, 1278 K., 1311 Or., 1371 K.); Batwiler (1362 Or., 1448 Or.); Batwilr (1479 Or.); Battwiler (1564 Or.); Battweiler (1585 Or.). - Mda. *badwile'* [1].

Batten-wîlâri zum germ. Kurznamen *Batto* [2], der mit verschärftem und geminiertem Dental [3] zum Stamm *bað-wa-* [4] gehört.

1) Quellennachweis: Pöhlmann, Mauchenheimer Nr. 2; NRH Nr. 119; HStA München Rheinpfalz. Urkunden Nr. 2106; Glasschröder, Urkunden Nr. 724; NRH Nr. 282; Glasschröder, Neue Urkunden Nr. 389; LA Speyer B 3 / 284; Stella, Karte 7; LA

	Speyer D 52/5 f° 29; Christmann, SNN I 36; Dolch/Greule 53.
2)	Förstemann, Altdeutsches Namenbuch I 225; Morlet, Noms de personne I 49; LMR 229. Vgl. Christmann, SNN I 36, Dolch/Greule 53.
3)	Kaufmann, Rufnamen 14. 17.
4)	→ 5.1.1.23.

55. **? +Bauswiller**, Gde. Algrange, F, Moselle, Hayange:

FlNN: sur le ban de Bauseler, chemin de Bauseler, ruisseau de Bauseler [1].

< *Bôsen-wîlâri ? [2].

1)	Quellennachweis: Toussaint, Frontière 78.
2)	Belege für den PN *Boso* unter Nr. 104.

56. **+Bayonvillers**, Gde. Abbeville-lès-Conflans, F, Meurthe-et- Moselle, Conflans-en-Jarnisy:

FlN: Les Hayes de Bayonvillers (1556 Or.) [1].

< *Baiône-vîllâre zu einem wohl germ. PN *Baio* [2]. Für die Etymologie des PN kommt neben altem **boj*-> germ. **bai*- [3] angesichts der im Romanischen möglichen Auflösung von [g] > [j] vor auslautendem [-u, -o] [4] auch ein Namenelement **bag-a*- 'Zank, Streit' [5] in Frage.

1)	Quellennachweis: AD MM B 709 Nr. 66.
2)	Beispiele bei Förstemann, Altdeutsches Namenbuch I 324; Morlet, Noms de personne I 50; Kremer, PNN 77; Gasnault, Documents 88. Man beachte aber auch die bei Schulze, Eigennamen 186; Kajanto, Cognomina 142, zitierten lateinisch-romanischen PNN *Baius, Baianus*. Mit einem PN *Baio* komponierte SNN des Typus *Avricourt* sind recht häufig, man vgl. etwa Bayonvillers (F, Somme - Dauzat/Rostaing 60); Bayonville-sur-Mad (F, MM, Thiaucourt: 960 Or. *Baionis villam*, 977 Or. *Baionis villa*: MG DD Otto I Nr. 210; MG DD Otto II Nr. 159); Bayonville (F, Ardennes: ± 1312 *Bayonvilla*, 1440/70 *Baionville*, Belege nach Morlet, Noms de personne III 245; Dauzat/Rostaing 60); Bahuvilliers (Gde. St. Lubin-de-Cravant, F, Eure-et-Loir: ±1130 *Baionviler*, 1552 *Bahainvillier* mit hiatustilgendem <h> nach Schwund von [g], vergleichbar ist *Baonville* (13. Jh. Or., Rudolf, Censier 32) für Bayonville-sur-Mad, Belege nach Merlet, Dictionnaire 8).
3)	Mit idg. /o/ > germ. /a/, vgl. Krahe/Meid I § 30; Kienle § 11; Schwarz, Stammeskunde 164. 184. 186; Perrin, Onomasticon I 241.
4)	Vgl. Rheinfelder, §§ 726. 787; Schwan/Behrens § 145. Daneben ist auch ein Schwund des intervokalischen Palatals möglich, vgl. Wolf/Hupka, § 91; Rheinfelder,

5) §§ 714 ff.; Schwan/Behrens §§ 144 f.
Vgl. Förstemann, Altdeutsches Namenbuch I 231; Kaufmann, Ergänzungsband 52; Bach, Namenkunde I,1 § 193. Mit einem Wandel *Bago* > *Bajo* in wfrk.-rom. PNN rechnen Morlet, Noms de personne I 50. III 245, und Kremer, PNN 77. Ob allerdings die bei Gasnault, Documents 88, aufscheinenden Originalbelege des ausgehenden 7. Jhs. für wfrk. <*bai*-> so zu interpretieren sind, bleibt angesichts des bei Bonnet, Latin 161; Haag, Latinität 27; Beszard, Langue 14; Vieillard, Latin 45 ("le phénomène n'est pas encore constaté à l'époque mérovingienne") vorgegebenen zeitlichen Rahmens fraglich.

57. **+Bayonvilliers**, Gde. Romont, F, Vosges, Rambervillers:

FlN: Bayonvilliers [1].

< **Baiône-vîllâre* [2].

1) Quellennachweis: Marichal, Dictionnaire 33.
2) Vgl. Nr. 56.

58. **+Beauvillé**, Gde. Doncourt-en-Jarnisy, F, Meurthe-et-Moselle, Conflans-en-Jarnisy:

Beauvillé (1779) [1].

< **(ad) bellum vîllâre(m)*. Offensichtlich eine neuzeitliche Nachbenennung; der Typus selbst ist jedoch alt, wie zahlreiche Parallelbeispiele erweisen [2].

1) Durival III 35: "Bourg fief... érigé le 3 août 1725 en faveur d'Alexis de Rozières".
2) Vgl. z.B. Beauvillard (Gde. Les Crottes, F, Hautes-Alpes: 1285 *Vilarium*, 1286 *Bellum Villarium*, 1449 *Bellum villarium de Crotis*); Beauvillé (Gde. Vaux, F, Aisne); Beauvillet (Gde. Brémoy, F, Calvados); Beauvilliers (F, Yonne: 1200 *Beauviler*); Beauvilliers (F, Eure-et-Loir: 1272 *Beauviler*, 1300 *Bellumvillare*); Beauvilliers (Gde. Fessanvilliers, F, Eure-et-Loir); Beauvilliers (Gde. Loigny, F, Eure-et-Loir); Beauvilliers (Gde. Montigny, F, Loiret: 1220 *de Bello Villari*); Beauvillard (Gde. Aschères-le-Marché, F, Loiret). Belege nach Roman, Dictionnaire 14; Matton, Dictionnaire 22; Hippeau, Dictionnaire 21; Quantin, Dictionnaire 10; Merlet, Dictionnaire 13; Soyer, Recherches 225 mit Anm. 1; Vincent, France 295.

Beckwilre (1357 K.): → Nr. 94.

Bedelweiler: → Nr. 68.

Bedweiler: → Nr. 68.

59. **? +Behler**, Gden. Esch-sur-Alzette, L, Esch-sur-Alzette, und Russange, F, Moselle, Fontoy:

FlN: Behler [1].

< *Beben-wilâri zum PN Bebo [2] ?

1) Quellennachweis: Nap. Kat.; Carte Archéologique du Grand-Duché de Luxembourg, Feuille 28 A.
2) Förstemann, Altdeutsches Namenbuch I 299; SNN-Parallelen bei Löffler, Weilerorte 82.

60. **Beidweiler**, Gde. Junglinster, Luxemburg, Grevenmacher:

Bitwilre (1148 K.13); Biduilre (1161 Or.); Bidewilre (1239 Or., 1294 K., 1358 Or.); Bydewijlre (1294 K.14); Bydewilre (1313 K.18); Byedewilre (1334 Or.); Beiddewilre (1412 Or.); Bidwyler (1434 Or., 1456 K., 1498 Or., 1499 K.); Bydewyler (1447 Or.); Biedwijler (1453 Or.); Bijdwijlre (1460 Or.); Biedwyler (1461 Or., 1467 Or.); Bydewyre (1462 Or.); Biedwyller (1473 K.); Biedwiler (1488 Or., 1565 Or.) [1].

< *Biden-wilâri zum PN Bido [2]. Ein Namenelement *bid- - in diesem Fall aufgrund der nhd. Diphthongierung [3] eindeutig mit langem Stammvokal - gilt als gesichert, ist in seiner Etymologie jedoch nicht endgültig geklärt. Schlaug [4] und Tiefenbach [5] denken an as. bidan 'erwarten'.

1) Quellennachweis: Wampach, Echternach Nr. 205; MRhUB I Nr. 622; WLT VIII Nr. 44; MRR IV Nr. 2319; Wurth-Paquet, Clervaux Nr. 364; WLT V Nr. 543; WLT VII Nr. 1424; SVR II Nr. 2205; Wurth-Paquet, Clervaux Nr. 730; WLT IX Nrr. 818, 911; Publ. Lux. 37, 66; WIA Nr. 99; Publ. Lux. 29, 75; WLT IX Nrr. 899, 933; Publ. Lux. 31, 84; Publ. Lux. 32, 62; Publ. Lux. 31, 95; Majérus, Gemeinden VI 440; WLT X,2 Nr. 1026; Wurth-Paquet, Clervaux Nr. 2055. Sicher nicht hierher gehörig ist das bei Meyers, Siedlungsgeschichte 126 (danach z.B. auch bei Engels, ONN 130) genannte *Betonis villa*.
2) Vgl. Schlaug, PNN 61; Förstemann, Altdeutsches Namenbuch I 301 (*Bito*); Morlet, Noms de personne I 57b (*Bita*); Tiefenbach, Xanten-Essen-Köln 349 (*Bita*). Man beachte allerdings auch kelt. *Bito* (Holder, Sprachschatz I 430), lat. *Bitonius, Bitorius*

3) (Schulze, Eigennamen 211; Kampers, Studien Nr. 403).
4) → 6.2.1.12.
5) Schlaug, PNN 61.
   Tiefenbach, Xanten-Essen-Köln 349.

Beizweiler, FlN Gde. Noswendel (Staerk, Wüstungen 89): → Nr. 53.

61. **+Berchenvileirs**, nicht identifiziert, evtl. bei Ottange, F, Moselle, Fontoy, jedenfalls aber im Großraum des *Pays Haut* nö. von Briey, F, Moselle/Meurthe-et-Moselle:

Aleydis de Berchenvileirs (1276 K.)[1].

< *Berichen-wîlâri zum PN Bericho, Biricho[2]?

1) Quellennachweis: WLT IV Nr. 378. Die Genannte wird bei TUH III 296, als Tochter des Ritters Nikolaus von Öttingen bezeichnet. Dieser führt mit der luxemburgischen Abtei Marienthal einen Streit wegen des Dorfes *Berrenzey*, den er 1276 verliert. Zwei Söhne des Nikolaus sind Kanoniker in Longuyon.
2) Förstemann, Altdeutsches Namenbuch I 260; Morlet, Noms de personne I 53a.

62. **Bergweiler**, Gde. Tholey, D, Saarland, St. Wendel:

Bergweyler (1339 K. 18); Wylre (1402 Or.); Wilre (1419 Or.); Willer (1481 Or., 1489 Or. u. ö.); Wieller Immeloch (±1525 Or.); Weyler (1667); Bergweyler (1684)[1].

< *Wîlâri. Das erst in jüngerer Zeit hinzugetretene appellativische Bestimmungswort leitet sich von der Lage der Siedlung "am Berg"[2] ab.

1) Quellennachweis: Bistumsarchiv Trier 71,3/17,1 f° 308; HRS Nr. 693; AN Lux. A 52 Nr. 1278; LHA Kobl. 54 S Nr. 599; LHA Kobl. 54 S Nr. 603; Lepage, Rustauds 203; Jacob, in: ZGSG 10/11 (1960/61) 92; Engel, Dautweiler 35. Ob der von Jungandreas, Lexikon 58, nach Müller, ONN II 69, und Kaufmann, Genetivische ONN 95, ohne Angabe von Quellen zitierte, wegen der so früh ganz sicher nicht möglichen <ei>-Graphie überhaupt "verdächtige" Beleg *Weiler* (angeblich 13. Jh.) tatsächlich hierher gehört, bleibt fraglich.
2) Vgl. Müller, ONN II 69; Haubrichs, Abtslisten 144: "... ist doch dieser Ort ausweislich seines Namens nichts anderes als ein Ausbauhof des Klosters [Tholey] am Berg gewesen, dem Schaumberg nämlich".

63. **+Bergweiler**, bei Woustviller, F, Moselle, Sarreguemines:

Berge (1232 Or.).
FlN: Bergweiler, Hangweiler (1793)¹.

Die Siedlung Woustviller wurde gegen Ende des 17. Jhs. auf den Trümmern ("wüster Weiler") eines alten *Wîlâri* ² - es lag wohl im Tal an der Stelle des heutigen Ortes - neu errichtet. Als Ausbauort der Talsiedlung entstand vor 1232 ³ ein *wîler ûf dem berge*.

1) Quellennachweis: BRW Nr. 107; Lempfrid, Verschwundene lothr. Orte 14. Dort und bei RL III 433, werden die Belege für die Wüstung Bergweiler/Hangweiler mit dem sicherlich ebenfalls im Bann von Woustviller, aber nordwestlich des Ortskerns in Richtung auf Guebenhouse und Diebling, zu lokalisierenden +*Hildemannswilre* (Nr. 301) verschmolzen. Eine Gleichsetzung beider Siedlungen ist onomastisch unmöglich. Sie verbietet sich auch deshalb, weil sich die Flurnamen *Bergweiler, Hangweiler* auch in den südlich von Woustviller liegenden Orten Ernestviller, Heckenransbach und Hambach fortsetzen. Die Siedlung muß also mit RL III 75, "auf der Höhe gegen Ernstweiler" lokalisiert werden.
2) Diese mit einem einfachen Weilernamen benannte Siedlung ist erstmals 1232 erwähnt (BRW Nr. 107) und bestand wohl noch im 16. Jh. Vgl. Nr. 775.
3) In diesem Jahr wird *Berge* zusammen mit *Wilre, Heckenransbach, Rinderburen* (wohl die Vorgängersiedlung von Ernestviller, vgl. Nr. 183) und einem nicht eindeutig zu identifizierenden *Bunhole* als selbständige Siedlung genannt.

Berhardeswilre (1223 K.): → Nr. 75.

64. **+Bernéviller**, Gde. Agincourt, F, Meurthe-et-Moselle, Nancy-Est:

FlN: Bernéviller ¹.

< **Bern(h)ero-vîllâre* zum wfrk. PN *Bern(h)erus* ², komponiert aus den Elementen **ber-an-*, **ber-(i)nu-* ³ und **har-ja-* ⁴, mit lothringischem Ausfall des silbenauslautenden [r] vor Konsonant ⁵.

1) Quellennachweis: Nap. Kat.
2) Förstemann, Altdeutsches Namenbuch I 269; Morlet, Noms de personne I 53.
3) → 5.1.1.29.
4) → 5.1.1.87.
5) → 6.1.2.1.4.

65. **Berschweiler**, Gde. Heusweiler, D, Saarland, Saarbrücken:

Berßwilr (1344 K.15, 1427 Or., 1451 Or., 1467 K.15, 1470 K.15, 1490 Or., 1491 Or. u.ö.); Berswilre (1364 K., 15. Jh. Or.); Berneßwiller (1376 K.15); Berneswilre (1377 Or., vor 1381 K.); Bernßwilr (1423 Or.); Berswilr (1428 Or.); Berßwilre (1449 Or.); Berßwiller (1466 K.16, 1467 K.16, 1542 Or.); Berschwyller (1492 K.); Berschweiller (±1540 Or., 1756) [1].

< *Bernes-wîlâri zum PN Bern(i) [2], der zum Stamm *ber-an-, *ber(-i)nu- [3] gehört. Der SN zeigt Assimilation [rn] > [rr], [r] und Entwicklung der Lautgruppe [rs] > [rʃ] [4].

1) Quellennachweis: LA Sbr. Nass.-Sbr. II Nrr. 6173 f° 8, 1049, 2805 f° 9, 5404 ff° 91. 113; AD Mos 10 F 82; LA Sbr. Nass.-Sbr. II Nr. 1255; JRS Nr. 1707; AD Mos 10 F 82; LA Sbr. Nass.-Sbr. II Nrr. 6173 f° 5, 5572; JRS Nr. 1921; LA Sbr. Nass.-Sbr. II Nrr. 5575, 1251, 1253, 2441 f° 325, 5405 f° 118; ZGSG 5 (1955) 69; LA Sbr. Nass.-Sbr. II Nr. 5406 f° 17, 2457; Lex, Zustand 61.
2) Förstemann, Altdeutsches Namenbuch I 266; Morlet, Noms de personne I 54 b; Schlaug, PNN 59; Tiefenbach, Xanten-Essen-Köln 348; Geuenich, Fulda 30.
3) → 5.1.1.29. Zur Deutung des SN vgl. auch Kaufmann, Rufnamen 4: "Berschweiler ... enthält nicht, wie Christmann, ZGSG 12 (1962), behauptet, einen (nicht überlieferten) Rufnamen *Bër-in, mit dem ... Kosesuffix -in ...". Fernzuhalten ist auch der von Müller, ONN II 69, vorgeschlagene, aber schwach flektierte PN Bero.
4) → 4.3.

66. **Berschweiler**, Gde. Marpingen, D, Saarland, St. Wendel:

Berswilre (1281 Or.); Berzwyler (1514); Bersswiler (1515); Berßweiler (1542 Or.) [1].

< *Beres-wîlâri zum PN Ber(i) [2], zum Stamm *ber-a- [3].

1) Quellennachweis: LA Sbr. Nass.-Sbr. II Nr. 11 (vgl. PRZ Nr. 268; JRS Nr. 601; MRR IV Nr. 872); Jungandreas, Lexikon 63; Fürst, Einwohnerverzeichnisse 19.
2) Vgl. Förstemann, Altdeutsches Namenbuch I 260. Auch hier scheidet der von Müller, ONN II 69, und Pöhlmann, Bliesgau 111, vorgeschlagene PN Bero aus.
3) → 5.1.1.29.

67. **Berschweiler**, Gde. Wiesweiler, D, Rheinland-Pfalz, Kusel:

Berszwillre uf dem Glane by Winswilre (1363 K.); Bernswilre (1364 Or.);

Berswylre vf dem Glane bi Winsewylre (1366 Or.); Berszwilr (1393 K.); Berßwilre .. vff dem Glane (1411 Or.); Berßwilr (1441 Or.); Berßwiler (1480 Or.); Berßwiller .. off dem Glane (1504 Or.)[1].

< *Bernes-wîlâri* [2].

1) Quellennachweis: Fabricius, Veldenz II 17; HStA München, Rheinpfälz. Urk. Nrr. 3654 f.; Fabricius Veldenz II 17; LHA Kobl. 24/539 f° 85; HStA München, Rheinpfälz. Urk. Nrr. 3657. 3658. 3664 (vgl. auch Fabricius, Heide 164; Karsch, Geschichte 75); Dolch/Greule 58.
2) Vgl. Nr. 65.

68. **+Berschweiler**, Gde. Kerbach, F, Moselle, Forbach [1]:

Berßwiller (1480/81 Or.); Berschweiller (1612 Or.)[2].

< *Bernes-wîlâri* [3] zum PN *Bern* oder *Beres-wîlâri* zum PN *Ber(i)*.

1) RL III 66, und Langenbeck, Wüstungen 108, notieren, wohl auf Grund von Fehllesungen, *Bed(d)weiler*, *Bedelweiler*.
2) Quellennachweis: AD MM B 1937 f° 28 r°; AD Mos 10 F 362.
3) Vgl. Nr. 65 f.

69. **+Bertranvillers**, Gde. Domèvre-sur-Durbion, F, Vosges, Châtel-sur-Moselle:

FlN: Bertranvillers [1].

< *Bertramno-víllâre* zum ahd. PN *Bertramn* [2], komponiert aus den Elementen *berχt-a-* [3] und *hraban-a-* [4].

1) Quellennachweis: Marichal, Dictionnaire 42.
2) Förstemann, Altdeutsches Namenbuch I 290; Morlet, Noms de personne I 56; Der im westfränkischen Bereich ausgesprochen häufige PN lebt in afrz. *Bertrans* weiter, vgl. Stoering, PNN 170. Von den überaus zahlreichen mit diesem PN komponierten *Avricourt*-SNN seien nur genannt: +Bertranvilliers (Gde. Villemaréchal, F, Seine-et-Marne: ±1350 *Bertanvillare*, vgl. Stein/Hubert, Dictionnaire 31); Bertrancourt (F, Somme: 1164 K.12 *Bertramecurt*, vgl. Gysseling 132).
3) → 5.1.1.30.
4) → 5.1.1.95. Der Wiedergabe von *hraban-a-* durch <(h)ramn->, <(h)ran(n)-> liegt gemeingerm. Angleichung von [bn] > [mn] zugrunde. Die Entwicklung läßt sich nach

Müller, PNN 53, für den westfränkischen, fränkischen und oberdeutschen Raum nachweisen, für <-(h)ram(n)> im Zweitglied nach Bruckner, Sprache 293, auch für das Langobardische. Nach Schröder, Namenkunde 53, wäre lgb. <-ram(m)us> von den Franken früh übernommen worden und in fränkischem Mund zum Namensuffix erstarrt. Kaufmann, Ergänzungsband 286 (vgl. auch ders., Rufnamen 228 f. 307), wertet die Assimilation [mn] > [nn] in westfränkischen und langobardischen PNN als romanisch beeinflußt, ähnlich auch Menke, Namengut 363.

Beruni uillare (718 K. 9): → Nr. 50.

70. **+Berviller**, Gde. Bourgaltroff, F, Moselle, Dieuze:

FIN: Berviller [1].

< *Beren-wîlâri* [2].

1) Quellennachweis: Nap. Kat.
2) Vgl. Nr. 50.

71. **+Berviller**, Gde. Mittelbronn, F, Moselle, Phalsbourg:

FIN: Berviller [1].

< *Beren-wîlâri* [2].

1) Quellennachweis: Nap. Kat.
2) Vgl. Nr. 50.

72. **+Berviller**, nö. Schweyen, F, Moselle, Volmunster [1]:

Berrweiler (1558 K. 16); Berwiler ist oben an der grenitzen nit fehr von Schweigen gelegen (1563/64 K. 18).
FINN: Berweiller (1758 Or.); Berviller (±1840) [2].

< *Beren-wîlâri* [3].

1) Erste Hinweise auf die Wüstung geben Christmann, SNN I 47. II 146; Häberle, Wüstungen 96; Hiegel, Dictionnaire 58; Dolch/Greule 59.

2) Quellennachweis: Kampfmann, Oberamtsbannbuch 93; LA Speyer B 2 255.1 S. 469; AD Mos Cartes et plans Nr. 986; Nap. Kat.
3) Vgl. Nr. 50.

73. **Berviller-en-Moselle**, F, Moselle, Bouzonville:

Berwilre (1291 Or., 1293 Or., 1361 Or., 1382 Or., 1399 Or.); Berwyler (1464 Or.); Berwiller (1466 K.16, 1480/81 Or.); Beirwiller (1480/81 Or.); Berweiller (1594 K.17); Berviler (1606 Or.); Berviller (1633 K.18); Berveller (1711 Or.).- Mda. be'vile' [1].

< *Beren-wilâri* [2].

1) Quellennachweis: AD MM B 566 Nr. 29 (nach kopialer Überlieferung zitiert bei Pange, Actes Ferri Nr. 1012); AD Mos H 379-2 (nach Kopie des 18. Jhs. bei BRW Nr. 271); Kirsch, Kollektorien 310; Schmitz, Salm Nr. 112; BRW Nr. 653; AD Mos H 376-11; AD Mos H 383 f° 74; AD MM B 1937 ff° 76v°. 47r°. 79v°; Alix 93; AD Mos 4 E 38; AD Mos H 359 f° 18; AD Mos 4 E 38; ALLG.
Die von Bouteiller, Dictionnaire 22, zitierten historischen Formen mit Fugen-<s> als Indikator eines starken Genitivs sind möglicherweise zu Nr. 68 zu stellen. Mir sind solche Belege nicht bekannt geworden.
2) Vgl. Nr. 50. Mit Hilfe des PN *Bero* wird der SN auch von Dauzat Rostaing 77, Hiegel, Dictionnaire 58, und Morlet, Noms de personne III 253, gedeutet.

74. **+Berweiler**, unbekannt im Raum Thallichtenberg, VG Kusel, D, Rheinland-Pfalz, Kusel:

Berwilre (1371 K.); Berwilere (1470 K.); Berwiller (1477 Or.); Berweiler eine alte Dorfstadt, hat gelegen in dem Berweiler wiesengrunde (1588 Or.). FlN: in Behrweiler (1709) [1].

< *Beren-wilâri* [2].

1) Quellennachweis: LHA Kobl. 54 L 400; LA Speyer F 1/49a f° 44v°; Fabricius, Veldenz I 85; ders., Wüstungen 129; Christmann, SNN II 141; Häberle, Wüstungen 96; Dolch/Greule 59.
2) Vgl. Nr. 50.

Berweiler/Barville: → Nr. 50.

106

75. **Berzweiler**, VG Wolfstein, OT Hefersweiler, D, Rheinland-Pfalz, Kusel:

Berhardeswilre (1223 K.14); Bertzweiler (1469 K.16); Bertzwiller (1580 Or.); Berßweiller (1599 Or.); Beersweyler (1745 Or.).- Mda. *berdswiler* [1].

< **Berhardes-wilâri* zum PN *Berhard* [2], aus den Stämmen **ber-a-* [3] und **harð-u-* [4].
Die heutige Namenform entsteht durch Abschwächung und Schwund des unbetonten Mittelsilbenvokals und Totaldissimilation des zweiten [r] [5].

1) Quellennachweis: Remling/Frey, Otterberg 33; Mayerhofer/Glasschröder, Weistümer 107; LA Speyer D 4/110; Braun/Rink Nr. 64; LA Speyer A 1/301; Christmann, SNN I 48; Dolch/Greule 59.
2) Förstemann, Altdeutsches Namenbuch I 262; Morlet, Noms de personne I 52a, vgl. auch Christmann, SNN I 49.
3) → 5.1.1.29. Auszugehen ist mit Müller, PNN 10, von der n-stämmigen Variante des Bärennamens; nach Schatz, Altbair. Grammatik § 105, können "kurzsilbige n–Stämme als erstes Glied in Zusammensetzungen ... den Ausgang -a haben".
4) → 5.1.1.86.
5) **Berertswiller* > **Beretswiller*, Berzweiler, vgl. Paul/Wiehl/Grosse § 106 (*alrêrst* > *alrêst*).

76. **Besville**, Gde. Bénestroff, F, Moselle, Albestroff:

Beiswiller (1524 K.); Boezweiler (1546 K.); Bößweiler (1577 K.); Beyßweiler bey Wirmingen (1625 Or.); Boysveiller (1626 Or.); le ban de Boeßweiller (17. Jh. E. Or.).
FlN: Besseviller [1].

< **Bôsines-wilâri* zum PN *Bôsin* [2], mit Umlaut [3] und anschließender Entrundung von [ö:] > [ê] [4] sowie Assimilation von [n] an folgendes [s] [5].

1) Quellennachweis: AD MM B 36 f° 117v°; Lepage, Communes I 135; AD Mos 3 J 73; AD MM B 660 Nr. 52; AD MM B 660 Nr. 34; Toussaint, Frontière 174. Auf das gleiche Objekt bezieht sich der bei Toussaint genannte FlN *Resseviller* in der Nachbargemeinde Vahl-lès-Bénestroff.
2) Förstemann, Altdeutsches Namenbuch I 330; ein ursprüngliches **Baud-s-in* (→ 5.1.1.28) mit wfrk. s-Suffix (→ 5.2.) + *-în* oder zum Stamm **bôs-* (→ 5.1.1.36). Zum Ausbleiben der Diphthongierung von altem [ô] > [uo], die in Teilen des West- und Mittelfränkischen wohl möglich war, s. 6.2.1.9.1)?
3) → 6.2.1.1.
4) → 6.2.1.7. <ei> und <ey> sind Graphien für [e].

5) → 4.3., dort auch Hinweise auf die Entwicklung des Fugen-s-, das sich nach altem -*in*-Suffix in der Regel nicht zum Zischlaut weiterentwickelt.

77. **+Bettainviller**, Gde. Ferrières, F, Meurthe-et-Moselle, St. Nicolas-de-Port [1]:

allodium de Battanviller (1157 K.); Betainvilleir (1317 Or.); Betenviller (1320 Or.); Bete[n]villeir (1345 Or.) [2].

< **Bettâne-vîllâre* zum weiblichen Kurznamen *Betta* [3], als Assimilationsform zu *Berta* [4] zum Stamm **berχt-a-* [5]. Die regelmäßigen Graphien <an>, <ain>, <en> in der Ableitungssilbe sprechen gegen die Annahme eines - im übrigen sehr seltenen - Kosenamens *Bettin* [6]. Da sich der alte Nasalvokal [ī] sehr lange erhält [7], wird bei PNN mit -*in*-Suffix im allgemeinen in Lothringen auch <in> fortgeschrieben [8]. <ain> und <en> stehen außer in den Ableitungssilben von Frauennamen bei den häufigen Männernamen auf **win-i-*; ein wfrk. **Bettoinus, *Bettenus (< *Berht-wini, *Baid-wini*) ist jedoch nicht bezeugt.
Falls nicht einfach aus <e> verschrieben, erklärt sich vortoniges <a> des Erstbelegs durch lothringische Dialektentwicklungen [9].

1) Hinweise auf die Wüstung bei Lepage, Dictionnaire 16; Lepage, Communes I 135. Vgl. auch den Flurnamen *Bas de Villers* in der Gde. Ferrières, der wohl auf die untergegangene Siedlung verweist und der möglicherweise als volksetymologische Umdeutung aus **Betainvillers* zu interpretieren ist.
2) Quellennachweis: Gallia Christiana XIII, Instr. 511; AD MM B 881 Nr. 16. 18. 19 (vgl. auch Levallois, Raoul Nr. 493).
3) Förstemann, Altdeutsches Namenbuch I 301; Morlet, Noms de personne I 57 a. Zu weiblichen PNN als Bestimmungswörtern von SNN s. 4.2.3.3.
4) So Stark, Kosenamen 26.
5) → 5.1.1.30. Für den westfränkischen Bereich ist allerdings auch mit in der Galloromania zu <*bed*->, <*bet(t)*-> romanisiertem <*baid*-> zu rechnen (→ 5.1.1.25), dann mit romanischem Lautersatz von germ. [ai] durch [e] (→ 5.3.2.).
6) Morlet, Noms de personne I 57.
7) → 6.1.1.11.
8) → 4.2.4.
9) → 6.1.3.

78. **Bettainvillers**, F, Meurthe-et-Moselle, Audun-le-Roman:

Bitanivillers < **Bitainvillers* ? (vor 1132 K.13); Bitainvillers (1155/57 K.13, 1285 Or., 14 Jh. A. Or.); Bitainvileirs (1248 K.16, 1271 K.16, 1272 K.16);

Betenvileir (1259 Or.); Bitai[n]uiller (1275 K.14, 1302 K.14, 1573 Or.); Betainuillers (1277 K.13, 1311 K.18); Bitainvilers (1277 Or.); Bitainuillers (1518 Or.) [1].

< *Bettâne-vîllâre zum PN Betta [2]. Zu den Graphien <ain> und <en> in der Ableitungssilbe vgl. Nr. 77. Typisch für die lothringische Skripta ist auch die Wiedergabe von vortonigem [e] durch <i> [3].

1) Quellennachweis: BN Paris ms. lat. 1608 ff. 19v°. 13v°; AD Mos H 1238 (vgl. BN Paris ms. lat. 12866 Nr. 167; Mangin, St. Pierremont 78); BN Paris ms. lat. 12866 Nr. 230. 231; AD Mos H 1220 Nrr. 31. 56. 49; WLT III Nr. 312 (vgl. auch Verkooren, Cartulaire I Nr. 134); BN ms. lat. 12866 Nrr. 205. 196; AD Mos J 5545; BN Paris ms. lat. 10024 f° 57r°; Levallois, Recherches 23; Wailly Notice Nr. 177; AD Mos H 1289.
2) Vgl. Nr. 77 Anm. 3. So auch Dauzat/Rostaing 79, und Morlet, Noms de personne III 258.
3) → 6.1.1.4.

79. **+Bettenviller**, Gde. Vic-sur-Seille, F, Moselle, Vic-sur- Seille:

FIN: Bois particulier dit de Bettenviller [1].

< *Bettâne-vîllâre zum Frauennamen Betta [2].

1) Quellennachweis: Nap. Kat.
2) Vgl. Nr. 77.

Bettviller, F, Moselle, Rohrbach-lès-Bitche: → 2.4.

Betwiler, im ausgehenden 15. Jahrhundert unter den Besitzungen der Abtei Mettlach genannt (LHA Kobl. 143/709 f° 4, vgl. auch Staerk, Wüstungen 90), wahrscheinlich identisch mit Nr. 53.

80. **Bettwiller**, F, Bas-Rhin, Drulingen:

in marca Bettune sub ambas ripas Aquilas (713 K.9); Betvilre (1327/34 Or.); Betwilre (1410); Betwiler (1440 Or., 1448 Or., 1453 Or.); Bettwilr (1448 Or.); Bedtweiler (1570 Or.); Bettweiller (1573 Or.) [1].

< *Betten-wîlâri* zum weit verbreiteten germ. Kurznamen *Betto* ².

1) Quellennachweis: DTW Nr. 202; Kirsch, Kollektorien 124; RL III 87; HRS Nrr. 1000. 1043; Stadtarchiv Sbr., Kl. Erwerbungen Nr. 19; AD MM B 961 Nr. 236; AD BR E 5133 Nr. 9.
Der Frühbesitz der elsässischen Abtei Weißenburg *in pago Aculinse super pluuiolas Aquilas ... in marca Bettune sub ambas ripas Aquilas* wird schon von RL III 87; Barth, Handbuch 145, und Cuny, Reformation I 134, in Bettwiller lokalisiert, eine Identifizierung, die neuerdings auch von Haubrichs, Überlieferungs- und Identifizierungsprobleme 67, bestätigt wird: "Philologisch steht ... dieser Identifizierung nichts entgegen. Doch hat der Herausgeber der Weißenburger Urkunden topographische Einwände vorgebracht: 'Die *marca* und *villa Bettune* hält man für Bettweiler, obwohl es durch die sicher alte Gemarkung Durstel, durch Mackweiler und Adamsweiler von der Eichel getrennt wird; selbst wenn man die Nebenflüsse der Eichel zu Hilfe riefe, so verschwindet der Bettweiler Graben so völlig im Gelände, daß man unmöglich einen größeren Besitz *sub ambas ripas* lokalisieren kann'. Diese Argumentation ist nicht stichhaltig. Zunächst ist der Zufluß der Eichel, an dem Bettweiler liegt, durchaus deutlich sichtbar und zur Kennzeichnung in Lageangaben geeignet, wobei man zusätzlich bedenken muß, daß Gewässer in einer gerade erst agrarisch erschlossenen Landschaft wasserreicher und zugleich von hoher wirtschaftlicher Bedeutung waren. Ferner spricht die Lokalangabe von *pluuiolas Aquilas*, wobei man die *pluuiolae* als Ableitung von lat. *pluvia* 'Regen' im Sinne von 'Zuflüssen' oder 'Quellflüssen, Regenbächen' verstehen könnte. Es ist ferner eine vielfach zu belegende Erfahrung, daß die durchaus topographisch zu unterscheidenden Quellbäche eines Flusses gleiche Namen tragen ... Für den bei Bettweiler fließenden Quellbach scheint der Flurname *Eichelgärten* östlich Bettwiller und nordöstlich von Drulingen in der Gemarkung Asswiller ... den gleichlautenden Namen zu belegen". Auch die merowingerzeitlichen Funde des 7. Jahrhunderts am Ort zeigen, daß die Siedlung *in marca Bettune*/Bettwiller zu den ältesten ihres Typs im Untersuchungsgebiet gehören muß. Die fränkischen Gräber, die in bzw. bei der alten Kirche angelegt worden waren, sind beschrieben bei Forrer, Varia 221 ff. Mauerzüge und diverse römische Funde, welche unter der Kirche gemacht wurden, indizieren für die Kirche selbst Ruinenkontinuität (freundliche Mitteilung von Frau Prof. Dr. F. Stein, Saarbrücken).

2) Beispiele bei Förstemann, Altdeutsches Namenbuch I 226; Morlet, Noms de personne I 57a; Gasnault, Documents 88; Longnon, Polyptyque I 293; Bergh, Etude 29, mit weiterer Literatur; Stark, Kosenamen 26; Bruckner, Sprache 194. 236. Zu den mit einem Namenelement <*bett*-> komponierten Namen vgl. Nr. 77. Die gleiche Grundform haben Bethonvilliers/Bettwiller (F, Terr. de Belfort: 1427 *Bettewilr*, vgl. Stoffel, Dictionnaire 15), Bettenweiler bei Tettnang, das schon 735 als *Pettinvilare* genannt wird (Eisenstuck, Weil 245), sowie diverse gleichlautende badische (Krieger I 170), schweizerische (Sonderegger, Appenzell 564) und oberschwäbische Orte (Löffler, Weilerorte 84).

81. **Beuvillers**, F, Meurthe-et-Moselle, Audun-le-Roman:

in villa qui dicitur Boevillare (926 K.17 nach Verfälschung 10 Jh. M. ?); Bueviller (1277 Or.); Bovilers (1307/54 K.18); Buevilleirs (1361 Or., 1375 Or.); Buevilleir (1375 Or.); Bueviller (1405 Or.); Beufwiller (1489/90 Or.); Beuviller (1591 K.).- Mda. *beuvlé* [1].

< **Bôve-villâre* zu einem romanisierten PN **Bôve(s)*, welcher aus germ. *Bôbo*, *Bôvo* [2] durch Einwirkung der romanischen Auslautgesetze entsteht. Wegen seiner geringen Zusammensetzungsfähigkeit ist der Stamm <bôb-> wohl als Lallstamm anzusprechen [3]. Zugrunde liegen, wie das Beispiel des bei Gregor von Tours erwähnten, auch *Bodegisil* genannten *Bobo* [4] nahelegt, am ehesten bestimmte Vollformen des Stammes **bauð-a-* [5]. Die weitere Entwicklung dieses romanisierten **Bôve* während der altfranzösischen Periode skizziert Kalbow als **Bueves* > *Bues* [6]. Tritt der PN als Bestimmungswort in die SN-Verbindung, wird also nebentonig, so ist eine Entwicklung des Stammvokals zu [o, u] zu erwarten [7]. Wenn die heutige Lautung dennoch [ö] zeigt, so erklärt sich dies sicherlich durch eine auch sonst häufige analogische Übertragung aus den stammbetonten Formen [8].

1) Quellennachweis: WLT I Nr. 150 (zur Überlieferung vgl. Nr. 23 Anm. 1.); AN Lux. A 52 Nr. 20; Longnon/Carrière, Pouillés 24; AM Metz II 57; AM Metz II 29; AM Metz II 314; Arch. Gén. du Royaume de Belgique, Fonds de la Chambre des comptes Nr. 6556 f° 19r°; WIA Nr. 215; Bouteiller, Dictionnaire 24.
2) Förstemann, Altdeutsches Namenbuch I 317; Morlet, Noms de personne I 59; Selle-Hosbach, Prosopographie 60 f.; Ebling, Prosopographie 86 f.; LMR 233. *Bôvo* ist vorauszusetzen für Gebiete, die intervok. [b] > [v] wandeln (Altsächsisch, Mittelfränkisch, vgl. Braune/Eggers § 134; Kaufmann, Ergänzungsband 64; Kaufmann, Rufnamen 132), in der Galloromania unter romanischem Einfluß (Rheinfelder § 698; Schwan/Behrens § 106).
De gleiche Grundform ist anzunehmen für Beuvillers (F, Calvados: 1180 *Boviler*, 1224 *Buovilers*, 1269 *Beviler*, 1287 *Boviler*: Belege nach Hippeau, Dictionnaire 26). Morlet, Noms de personne III 265, stellt diesen SN - allerdings ohne namenkundliche Analyse - zum PN *Bôbo*, *Bôvo*; für das lothringische Beuvillers orientiert sie sich dagegen ebenso wie Dauzat/Rostaing 80, an einem bei Bouteiller, Dictionnaire 24, zitierten, hier aber nicht zuweisbaren Beleg *Bovelicourt* (MRhUB I Nr. 133; Gysseling, Woordenboek 177).
3) Vgl. Kaufmann, Ergänzungsband 65; Kaufmann, Rufnamen 132. Zu solchen Lallstämmen auch Bach, Namenkunde I, 1 §§ 74. 94; Witkowski, Grundbegriffe 43; Kaufmann, Rufnamen 128; Geuenich, Fulda 54 ff.
4) *Historia Francorum* X, 2. Die Identität der beiden als Söhne des *Mummolinus* genannten Personen ist allerdings nicht ganz gesichert. Selle-Hosbach, Prosopographie 61, bezeichnet die beiden als Brüder.
5) Vgl. Geuenich, Prüm 72, der andere von der Forschung erwogene Lösungen referiert:

nach Müllenhoff, Mythologisches 578; Bach, Namenkunde I, 1 § 94; Schlaug, Studien 18.219, soll wegen hist. Namengleichungen der PN *Folcmar* die Grundlage des Lallnamens sein, ablehnend dazu bereits Stark, Kosenamen 34. Lindemanns. De Naam Poppo, geht vom PN *Hroth-berht* aus. Allerdings ist *Bobbo, Poppo* mit [bb] vielleicht zu trennen von *Bôbo, Buobo*, etc.

6) Vgl. Kalbow, PNN 133. Wegen [o[ ] > [ou] > [eu] vgl. Rheinfelder §§ 53 ff., zur graphischen Repräsentation durch <ue> vgl. Remacle, Problème 60 f.

7) Zur Entwicklung von nebentonigem [o], das in offener wie geschlossener Silbe vor oralem Konsonant ab dem 12. Jh. zu [u] verdumpft, vgl. Rheinfelder §§ 113 ff. 118; Wolf Hupka §§ 121 ff.; Pope § 184; Regula 61 f.; Schwan Behrens §§ 91. 95.

8) Vgl. Rheinfelder § 117; Wolf Hupka §§ 126. 128. Zum Altlothringischen vgl. Stark, Untersuchungen 103. 105 ff.; Gossen, Skriptastudien 99 ff.

Biberakauuilare (720 K. 9): → Nr. 82.

82. **Biberkirch**, Gde. Trois-Fontaines, F, Moselle, Sarrebourg:

in uilla Gunduino super fluuio Bibaracha (699 K. 9); in uillare Gunduino super fluuio Biberacha (699 K.9); in uillare super fluuio Biberacha qui uocatur Ermenberto uillare (715 K.9); in pago Saroinse ... Ermenbertouillare (715 K. 9); in uilare Bibaraha (715 K.9); in pago Saruinse in loco noncupante Bi[b]erakauuilare... in uil[are] Biberaca (720 K.9); Bibera uilla (847 K.9); Bibera (1225 Or., 1252 Or., 1302 Or., 1325 Or. u.ö.) [1].

Die frühen Urkunden des elsässischen Klosters Weißenburg belegen für die Zeit um 700, in der die *villare*-Namen noch kaum gefestigt waren, einen zweifachen Namenwechsel für das gleiche Siedlungsobjekt: altes **Gundoino-villâre*, zum wfrk. PN *Gundoin* [2] zu stellen und offensichtlich nach dem bekannten austrasischen *dux* gleichen Namens benannt [3], der nachweislich einen Sohn *Erm(en)bert* [4] hatte, erscheint nach dem Ableben des Vaters als **Ermenberto-villâre* im Besitz des Sohnes. Doch auch diese Namengebung kann sich nicht durchsetzen, denn der Ort trägt heute einen sekundären, vom Namen des nahegelegenen Biberbachs abgeleiteten Namen. Der Gewässername, zu deuten wohl als **Bibar-aha* [5], zeigt in den ältesten Belegen mehrfach [k], verschriftet <c> bzw. <ch>, als romanischen Ersatzlaut für intervokal. germ. [h] [6].

1) Quellennachweis: DTW Nrr. 223. 240. 239. 226. 218. 267. 200; AD Mos H 4696-1; AD MM B 742 Nr. 1; AD Mos 4760-1; AD Mos 19 J Dép. 466.
Während die Weißenburger Belege für altes *Biberakauuilare* schon von Lepage, Dictionnaire 16, zu Biberkirch gestellt wurden, sind zahlreiche Fehlidentifizierungen

der älteren Literatur für *uillare Gunduino* (etwa bei RL III 375; Gley, Ueberlieferungen 86, auch noch bei Kaufmann, Ergänzungsband 159, zu Guntzviller (Nr. 269)) und *Ermenberto uillare* (etwa bei Gley, Ueberlieferungen 87, zu Abreschviller (Nr.001); bei Müller, ONN II 70; Jungandreas, Lexikon 339, zu Emmersweiler (Nr. 175)) erst von Langenbeck, Methode 126 ff. (vgl. auch Kaufmann, Pfälz. ONN 60; Haubrichs, SNN 268) korrigiert worden.

2) Vgl. zu diesem PN, komponiert mit Hilfe der Namenelemente *gunþ-a-, *gunþ-i- (vgl. 5.1.1.76.) und *win-i- (vgl. 5.1.1.171.) Förstemann, Altdeutsches Namenbuch I 711; Morlet, Noms de personne I 118a.

3) Zu ihm Ebling, Prosopographie 167; ausführliche Darstellung der mit diesem Leitnamen bezeichneten austrasischen Hochadelsfamilie bei Haubrichs, SNN 252 ff.; Langenbeck, Probleme 27 ff.; Heidrich, Titulatur 213 ff.; Staab, Untersuchungen 300 ff.

4) Vgl. zu diesem PN, der zu den Stämmen *erman-a-, *irmina-a- (vgl. 5.1.1.52.) und *berχt-a- (vgl. 5.1.1.30.) gehört, Förstemann, Altdeutsches Namenbuch I 471; Morlet, Noms de personne I 83. Zu dem in diesem Fall prosopographisch gut faßbaren Eponymen der Siedlung auch Haubrichs, SNN 268, sowie die in Anm. 3 genannte Literatur.

5) Ahd. *bibar* 'Biber' (Kluge/Mitzka 73) + ahd. *aha* 'Bach' (Schützeichel, Wörterbuch 3); 'Bach, in dem sich Biber aufhalten'.

6) Vgl. zu diesen Graphien bes. Wells, Approache 128 ff.; Kaufmann, Rufnamen 205 ff; Pei, Language 77. 110; Bonnet, Latin 163; Beszard, Langue 14; Rice, Latin 73; Funcke, Untersuchungen 15; Grandgent/Moll § 252; Rönsch, Vulgata 455; Löfstedt, Kommentar 97; Brill, Liber 52.

Bickwilre: → Nr. 94.

83. +**Bieweiler**, Gde. Bous, D, Saarland, Saarlouis:

Burwilre (1424 K.17); Buwiller, Buwiler, Buwilir (±1430 Or.); Buwiller (1449 Or., 1457 K.18, 1460 K. 15, 1464 K.); ein hübell da Buweiller gestanden (±1600 Or.).
FlNN: im Bibler (1630 Or.); zu Biebeler (1634 Or.); auf Bubweiller Gewann (1714 Or.); in Bieweiler [1].

< *Buobin-wîlâri* [2] zum PN *Buobin als weiblicher Entsprechung eines männlichen PN *Buobo* [3].
Der SN zeigt Umlaut von [uo] > [üe] vor folgendem [i] [4], dieses wird im Mitteldeutschen früh zu [ü:] monophthongiert [5]. In der Mundart der Gegend wird mhd. [ü] vor [r] + Kons. zu [i] entrundet [6]. Auch die Kontraktion des Grundwortes -*willer* > -*ler* ist dialekttypisch [7].

113

1) Quellennachweis: LHA Kobl. 54 M 892; JRS Nr. 1230; LA Sbr. Nass.-Sbr. II Nr. 3101 f° 16; AD Mos B 2345 Nr. 3345; AD Mos G 8 f° 25v°; JRS Nr. 1230; Rug, Wolfringen 48; Rupp, Bous 57. 60. 87; Staerk, Wüstungen 100, ebd. weitere Hinweise zur Lokalisierung der Siedlung.
2) Zur Flexion vgl. 4.3.3.
3) Vgl. Nr. 81.
4) → 6.2.1.1. Der Umlaut ist graphisch in der Regel nicht markiert.
5) → 6.2.1.9.1.
6) → 6.2.1.7., vgl. auch Lehnert, Studien §§ 34. 134.
7) → 3.7.2.4.

84. **+Birkweiler**, Stadt Merzig, OT Hilbringen, D, Saarland, Merzig-Wadern:

FLNN: Birckweiller oben an Keuffers graben (1571 Or.); eine Kurtzt in Birck weiller (1607 K. 1688); in Birckweyler (1607 K. 1688) [1].

Zu ahd. *birka* 'Birke' [2] ? Diverse gleichlautende SNN stellen Dolch/Greule zu einem "PN Burko, Genitiv Burkin > Bürken > Birk-" [3], Löffler zu mhd. *burc, bürge* [4].

1) Quellennachweis: LHA Kobl. 143/750 f° 217; StB Trier 1672/347 f° 250v°-251r°.
2) Kluge/Mitzka 78.
3) Dolch/Greule 64. Vgl. zum Ansatz von PNN im oberdeutschen Genitiv auf *-in* aber die unter 4.3.3. vorgebrachten Einwände.
4) Lexer, Handwörterbuch I 390; Löffler, Weilerorte 85 f.

85. **+Birschweiler**, wohl bei Lengelsheim, F, Moselle, Volmunster:

Birschweiller (16./17. Jh. Or.) [1].

< *Birichen-wîlâri* zum PN *Biricho* [2]. Der Name gehört zum Stamm **beran-*, **ber-(i)nu-* [3]; vor dem Suffix *-icho* [4] kann "ein e des Stammes ... zu i" werden [5].

1) AD MM B 571 Nr. 2, erwähnt in einer undatierten Waldbeschreibung der Grafschaft Bitsch. Mitgenannte Waldstücke lassen sich im Raum um Lengelsheim lokalisieren.
2) Förstemann, Altdeutsches Namenbuch I 260; Morlet, Noms de personne I 53a.
3) → 5.1.1.30.
4) → 5.2.
5) Geuenich, Fulda 141.

86. +**Birsingen**, Gde. Bourscheid, F, Moselle, Phalsbourg [1]:

in Parssoneuilla (712 K.9); in Prassone uillare (712 K.9); Pressingin (9. Jh.); Bir[s]inga (±1142 < 10. Jh.E. K. 17/18); Byrsingen (1248 Or.); Birsingen (±1350 Or., 1460 K.15, 1480 K.15); Bertzingen (1355 Or., 1372 Or., 15 Jh. Or.); Bersing (1410 K.) [2].

< *Brassône-vîlla/-vîllâre/*Brassingas zum wfrk. PN *Bradso > *Brasso [3] mit nichtgermanischem s-Suffix und romanischer Assimilation von [ds] > [ss] [4]. Der PN kann als romanisierte Variante mit romanischer r-Metathese zum Stamm *barð-a [5] gestellt werden. Anlautendes <pr> für [br] ist aus der mittellateinischen Orthographie geläufig [6].
Die Lautentwicklung der deutschen Namenform *Brassingas zeigt althochdeutschen Primärumlaut von [a] > [e] vor folgendem [i] [7]; zu *Bressinga ist Birsinga metathetische Variante mit weiterer Assimilation von [e–i]> [i–i] [8].

1) Zur Lokalisierung der Wüstung vgl. Haubrichs, SNN 247. Die u.a. von Harster, Güterbesitz I 71; Pfleger, in: Archiv für elsässische Kirchengeschichte 4 (1919) 32; Langenbeck, Probleme 35, im wesentlichen aufgrund der dortigen Remigiuskirche, die man mit der für *Parssonevilla* bezeugten *basilica in honore sancti Remedii* gleichsetzte (vgl. zu dieser Kirche, für die als "späteste Entstehungszeit 2. Hälfte 7. Jahrhundert" anzunehmen ist, Haubrichs, SNN 229 Anm. 21) vorgeschlagene Identifizierung der alten Weißenburger Belege mit Baerendorf (Ct. Sarre- Union), das "in den ältesten erhaltenen Formen ... Berendorf und Berndorf lautet" (Cuny, Reformation I 77 Anm. 1), ist aus lautlichen Gründen abzulehnen.
2) Quellennachweis: DTW Nrr. 234. 237; Haubrichs, SNN 247; Perrin, Essai 142; AD BR G 5254 Nr. 7; AD MM H 632; HRS 651 ff.; AD Mos G 9 f° 4; AD Mos G 8 f° 169 v°; AD Mos H 4755-55; AD Mos G 1903 bis f° 29 r°; Kremer, Ardennen II 226.
3) Vgl. Kaufmann, Ergänzungsband 55, über anlautverschärftes *Prazo*. Besser fernzuhalten ist wohl lat. *Parcilius* (vgl. Haubrichs, SNN 274), das von Schulze, Eigennamen 74, mit *Bargonius, Parconius* verglichen wird und zu dem sich bei Kajanto, Cognomina 260, bezeugtes *Parcus* (<c> = [k] !) stellt, das dieser an lat. *parcus* 'sparsam' (Georges, Handwörterbuch II 1474) annähert. Man beachte dagegen die bei Holder II 1041, bezeugten PNN *Prasius, Prasso*.
4) Vgl. zu solchen Bildungen ausführlich unter 5.2.
5) Zur noch immer nicht eindeutig geklärten Etymologie dieses Namenelementes, das sich auch im Volksnamen der Langobarden findet, vgl. Kaufmann, Ergänzungsband 54; Schramm, Namenschatz 76; Kremer, PNN 80; Bach, Namenkunde I,1 § 197.
6) Beispiele geben u.a. Hetzer, Glossen 93 f.; Bonnet, Latin 160; Bayard, St. Cyprien 15.
7) → 6.2.1.1.
8) → 6.2.1.6.

87. +**Birwilre**, unbekannter Frühbesitz der luxemburgischen Abtei Unserer Lieben Frau, wohl sö. von Luxemburg-Stadt, L, Luxembourg-Campagne:

in ecclesia ad Birwilre (1145 K.13) [1].

< *Beren-wîlâri* zum PN *Bero* [2] mit Graphie <i> statt [e] vor folgendem [r] [3].

1) Quellennachweis: WLT I Nr. 426 (auch in: Ramackers, Papsturkunden Nr. 52). Mitgenannt sind die Orte *Ludelinga, Villestorf, Hespringes, Villare*, alle südlich von Luxemburg-Stadt.
2) Vgl. Nr. 50.
3) Vgl. zu ähnlichen Graphien z.B. Demeter, Studien 53 f.; Nebert, Geschichte 51 f.

Bitainvillers (1155/57 u.ö.): → Nr. 78.

88. +**Bittersweiler**, Stadt St. Wendel, OT Osterbrücken, D, Saarland, St. Wendel [1]:

Butelswilr (1428 K.15); Butelswirle (1429 K.15); Butelßwilr (1454 Or.); Buttersweiler (1463 K.16); Butterßwiler (1480 Or.); Butterßwiller (1515 Or.); Bintersweiler (< *Buttersweiler) die alt Hofstatt hat gelegen an der Oster zwischen Osterbrück und Seitzweiler (1585/88 Or.). FlNN: Büttersweiler Dell, Bittersweiler Dell [2].

< *Bûtiles-wîlâri* zum PN *Bûtil(us)* [3], einem stark flektierten germ. Kosenamen mit l-Suffix, in dem sich das "sekundäre Namenwort ahd. *bût-*, eine Spielvariante mit expressiver Vokaldehnung des schwundstufigen Namenelementes germ. **bud-*" [4] abbildet. Der Stammvokal des PN erfährt Sekundärumlaut von [û] > [ü:] [5] vor folgendem [i]; dieses [ü:] erscheint in den Quellen zuerst sekundär gekürzt [6], dann zu [i] entrundet [7].

1) Zur Lokalisierung der Wüstung vgl. Staerk, Wüstungen 103.
2) Quellennachweis: PRV Nr. 265 f; HStA München, Rheinpfalz. Urk. Nr. 5176; LHA Kobl. 1 C Nr. 12929 f° 492; LHA Kobl. 24/539 f° 15; HStA München, Rheinpfalz. Urk. Nr. 3518; LHA Kobl. 24/533 S. 347; Staerk, Wüstungen 103. Die Zuordnung der Belege wird durch den Umstand erschwert, daß die Grafen von Veldenz, aus deren Händen Hans Winterbecher der Alte den Hof *Butelswilre* zu Lehen empfing (vgl. PRV Nr. 266), nicht nur in Osterbrücken, sondern auch in Werschweiler begütert waren (vgl. z.B. Herrmann/Hoppstädter/Klein, Landeskunde II 334), so daß für die Identifizierung auch eine in diesem Ort sicher nachweisbare Wüstung Bittersweiler (Nr. 89) in Frage kommt. Für dieses *dorff Butterßwyller* ge-

legen by Furt ist allerdings aus dem Jahr 1454 eine Pfandverschreibung Balduins von Zweibrücken überliefert (LA Sbr. Nass.-Sbr. II Nr. 2443 f° 491), während sich der *hoiff Butelßwilr* im gleichen Jahr noch immer im Besitz des Wilhelm Winterbecher befindet, der dieses Lehen im Jahr 1437 von seinem Vater übernommen hatte (PRV Nr. 267; HStA München, Rheinpfälz. Urk. Nr. 5176). Der Veldenzer Besitz wird deshalb wohl eher in Osterbrücken zu suchen sein.

3) Von Förstemann, Altdeutsches Namenbuch I 322, aus *Butileshusa* rekonstruiert.
4) Menke, Namengut 93. Vgl. auch Kaufmann, Ergänzungsband 66. 69; Müller, Notizen 124.
5) Vgl. Paul/Wiehl/Grosse § 76.
6) Vgl. Paul/Wiehl/Grosse § 47; Mettke § 30; Michels/Stopp §§ 87 ff.; Moser § 50. Rheinfränkische Beispiele u.a. bei Wiesinger, Untersuchungen I 116; Kuntze, Studien 50. 54; Tarral, Laut- und Formenlehre 25. 27. 29.
7) Vgl. Paul/Wiehl/Grosse § 49.

89. **+Bittersweiler**, Stadt St. Wendel, OT Werschweiler, D, Saarland, St. Wendel [1]:

Budirswilre (1264 K.15); Buderswilre (1265 K.15); Budersweiler (1297 K.16); Butersweiler (1339 K.); des dorffs Butterßwyller gelegen by furt (1454 K.16, 1481 K.16); in dem dorff Buterßwiler (1473 K.15); Butterßwiller (1484 K.16); Butterswiler (1487 K.); Buterßwilre (1491 K.15 E.); Butterßweiller (1499 K.16); Beutersweiler (1541 K., 1585/88 Or.); Buttersweiler (1617); Büttersweiler Zinsen (1632/34).
FlN: von Beutherswiller wise uff dem Hoff zum Saale (16. Jh. E. Or.); Bittersweiler [2].

< *Bûdheres-wilâri* zum PN *Bûdhari* [3], zu den Stämmen <bûđ-> [4] und *harja-* [5]. Im SN wird der Stammvokal des ersten Namengliedes sekundär gekürzt [6], in jüngerer Zeit außerdem (ähnlich wie beim Suffix mhd. *-aere*, nhd. *-er*), zu [ü] umgelautet [7]. In den jüngsten Belegen erscheint dieses [ü] zu [i] entrundet [8].

1) Zur Lokalisierung vgl. Staerk, Wüstungen 132 ff.
2) Quellennachweis: NRW Nr. 236; PRZ Nr. 180 (vgl. NRW Nr. 248); NRW Nr. 407; JRS Nr.1327; LA Sbr. Nass.-Sbr. II Nrr. 2443 ff° 491. 494. 5404 f° 136v°. 5405 f° 365v°; Fabricius, Veldenz I 45; LA Sbr. Nass.- Sbr. II Nrr. 5404 f° 181v°. 5405 f° 367v°; Fabricius, Veldenz I 32; LHA Kobl. Best. 24 Nr. 533 f° 20; HStA Wiesbaden 130 II/ 70, 4; LA Sbr. Nass.-Sbr. II Nr. 2261; LA Speyer F 2/100b; Staerk, Wüstungen 132.
3) Vgl. Förstemann, Altdeutsches Namenbuch I 323 (*Putharius*).
4) → 5.1.1.39. Die ursprüngliche Länge des Stammvokals wird durch die <eu>-Schreibungen gesichert.

5) → 5.1.1.87.
6) → 6.2.1.4.
7) Vgl. Paul Wiehl Grosse § 41 Anm. 1.
8) → 6.2.1.7.

Bitwilre (1148 K.): → Nr. 60.

90. **+Bleidtweiler**, unbekannt im luxemburgischen Gutland [1]:

< *Bliden-wîlâri* zum PN *Blido* [2], zum Stamm *blip-ja-* [3], mit nhd. Diphthongierung des Stammvokals [î] > [ei] [4].

1) Hinweise auf diese Wüstung (ohne Nennung alter Formen) bei Schroetter, in: Publ. Lux. 30, 252.
2) Vgl. den weiblichen PN *Blida* bei Förstemann, Altdeutsches Namenbuch I 313; Morlet, Noms de personne I 59 a.
3) → 5.1.1.34.
4) → 6.2.1.12.

91. **Blickweiler**, Stadt Blieskastel, D, Saarland, Saar-Pfalz- Kreis:

Blichwilre (±1191 Or.); Blickwiler (1273 K.15); Blickweiler (1309 K.16, 1422 K., 1553 Or.); Blicwilre (1361 Or.); Blicwilr (1421 Or.); Blycwill[e]r (1426 Or.); Blycwilr (1429 Or.); Blitwilr < *Blicwilr (1452 Or.); Blicwieler (1452 K.); Blickwyller (1470 Or.); Plieckwiller (1472 K.); Bliecwiler (1487 Or.); Blicwiller (1519 Or.); Blickhweiler (1566); Blickweiller (1584 K., 1594 K.17) [1].

< *Blikken-wîlâri* zum PN *Blikko*, der als zweistämmige Kürzung aus bestimmten Vollformen des Stammes *blip-ja-* [2] erklärt werden kann [3]. Man beachte allerdings auch die gerade im westfränkischen Bereich ausgesprochen häufigen Namenbildungen auf <blic->, <blec->, die Kaufmann mit romanischer l-Metathese [4] und k-Erweiterung zum Stamm *bil-ja-* [5] stellt. Da der SN noch im Bereich des ursprünglich bis zur Blies hinaufreichenden sogenannten "ostlothringischen Monophthonggebiets" angesiedelt ist, in dem die alten Längen unverändert bewahrt wurden, ist die ursprüngliche Qualität des Stammvokals nur schwer zu ermitteln [6].

1) Quellennachweis: Müller, Güterrolle 145 (vgl. MRhUB II Nachtrag Nr. 10; die Lesungen *Blickwilre* bei Christmann, SNN I 59, und *Blithwilre* bei Gysseling, Woor-

denboek 152, sind zu korrigieren. Beispiele für [k] bzw. [kk] als <ch> auch bei Hoffmann, Geschäftssprache 190; Boesch Urkundensprache 161); NRW Nrr. 298. 511. 852; Remling, Abteien I Nr. 16; Krämer, Sulger 23; Dorvaux, Pouillés 20 (vgl. Longnon/Carrière, Pouillés 213; Kirsch, Kollektorien 317, und Sauerland, Lothringen II Nr. 1391 lesen *Blitwilre*); Pöhlmann, Gräfinthal Nrr. 26. 35. 39; Westpfälz. Geschichtsblätter I (1897) 26; LA Speyer F 1/39 f° 11v°; Glasschröder, Neue Urkunden Nr. 392; LA Speyer Y 2/152 Nr. 154; Pöhlmann, Gräfinthal Nr. 69; LA Speyer C 32 Nr. 9; Krämer, Sulger 114; Pöhlmann, Gräfinthal Nr. 102; Alix 125.
2) → 5.1.1.34.
3) So Christmann, SNN I 59. Die in den historischen Belegen für den Stammvokal des PN aufscheinenden Graphien sprechen allerdings nicht unbedingt für altes [î]: nur einmal erscheint nachgesetztes <e>, das in den Urkunden vielfach als Längenzeichen verwandt wird (dazu z.B. Franck/Schützeichel § 6 Anm. 2; Paul/Wiehl/Grosse § 165.6; Mettke § 28; Schwitzgebel, Kanzleisprache 27; Hoffmann, Geschäftssprache 158; Langenbucher, Studien 158 ff.; Schellenberger, Studien 83), zum Teil aber auch "nur mechanisch übernommen [wird], ohne daß ein Bezug zu den wirklichen Lautverhältnissen vorliegt" (Schützeichel, Mundart 62). <y> im Wechsel mit <i> (vgl. Paul/Wiehl/Grosse § 156; Gleißner/Frings, Urkundensprache 91; Hoffmann, Geschäftssprache 153. 158) sagt nichts über die Vokallänge bzw. -kürze.
4) Vgl. Meyer-Lübke, Romanische Grammatik I § 576, zur l-Metathese in Namen auch ausführlich Kaufmann, Rufnamen 182 ff.
5) Vgl. Kaufmann, Ergänzungsband 63; ders., Pfälz. ONN 30; Morlet, Noms de personne III 262, die den SN zum PN *Biliko* (> *Blikko*) stellt. Zum Namenelement **bil-ja*-vgl. 5.1.1.33. Einen mit diesem westfränkischen Sekundärstamm gebildeten Namen trägt *Plektrudis*, die Gattin Pippins des Mittleren.
6) Vgl. zur Ausdehnung dieses Gebietes, in dem die nhd. Diphthongierung von [î] > [ei] nicht durchgeführt ist, besonders Wiesinger, Untersuchungen I 115 f.; Will, Sprachgeschichte 75; Frisch, Studien 27; Schön, Wörterbuch 201. Zur zeitlichen Staffelung und räumlichen Lagerung der Diphthongierung vgl. allg. Paul/Wiehl/Grosse § 42 mit zahlreicher weiterführender Literatur.

92. **Blies-Guersviller**, F, Moselle, Sarreguemines:

Gerswilre (1261 Or., 1280 K.15, 1296 Or., 1302 K., 1305 K.18, 1310/20 Or., 1426 Or. u.ö.); Guerswilre (1265 Or.); Girßwilre (1299 K.15); Gerßwilre supra Blisam flumen (1304 K.15); Gerßwiller (1459 K.18, 1511 Or.); Gerßwill[er] (1474/75 Or.); Gerswiller (±1525 Or.); Gerßwiller (1537 K.); Bliesguerschwiller (1833) [1].

< **Gêres-wîlâri* zum PN *Gêr*, **Gêri* [2], zum Stamm **gaiz-a-* 'Speer' [3]. Der unterscheidende Zusatz hebt die Siedlung ab von Nr. 235.

1) Quellennachweis: BRW Nrr. 164. 204. (vgl. MRR IV Nr. 729). 290. 313 (vgl. JRS Nr. 823). 324 (vgl. JRS Nr. 849). 396. 735. 172 (vgl. MRR III Nr. 2062). 295 (JRS

Nr. 793 liest *Girzwilre*). 322 (PRZ Nr. 460 und JRS Nr. 846 haben *Gerswilre*). 809. 994; AD MM B 9156 f° 23; Lepage, Rustauds 118; BRW Nr. 1125; AD Mos 2 T 196. Zur Identifizierung des Frühbesitzes der Abtei St. Denis, den RL III 111, und Bouteiller, Dictionnaire 30, hierher stellen, vgl. Nr. 274. Auch die Zuweisung der um 1124 genannten Besitzungen der Abtei in *Viler* (vgl. JRS Nr. 50) ist nicht zwingend; ebenso wenig müssen die Besitzungen der Abtei Hornbach in *Wylaru* hier gesucht werden, wie dies in der älteren Literatur häufig geschieht.

2) Vgl. Förstemann, Altdeutsches Namenbuch I 572; Kaufmann, Rufnamen 4; ders., Pfälz. ONN 84. Gut möglich, wenn auch, wie Kaufmann herausstellt, nicht zwingend, ist auch eine Grundform **Gêrînes-wîlâri* zum PN *Gêrîn* (Förstemann, Altdeutsches Namenbuch I 574; Morlet, Noms de personne I 101, Koseform zum Stamm **gaiz-a-* mit n-Suffix), die Christmann, SNN I 188 (vgl. auch ders., Neue Beiträge 16) für analoge Bildungen im saarländischen und pfälzischen Raum, danach Hiegel, Noms de lieux des eaux 167, für Blies-Guersviller in Anspruch nehmen. Fernzuhalten ist dagegen in jedem Fall der von Dauzat/Rostaing 89, und Hiegel, Noms de lieux 254, angesetzte, aber schwach flektierte PN *Gero*.

3) → 5.1.1.63.

Blitwilre: → Nr. 91.

93. **+Bobuniuillare**, bei Serres, F, Meurthe-et-Moselle, Lunéville- Nord:

Bobuniuillare ad Serra (699 K.9); Bobuniuilare (699 K.9); Babuneuillare ad Serrae (699 K.9) [1].

< **Bôbône-vîlâre* zum germ. PN *Bôbo* [2]. Die in den Quellen aufscheinende Alternation des Lallstammes <bôb-> mit <bab-> mag ein einfacher Schreibfehler sein. Allerdings rechnet Kaufmann [3] auch mit Ablautformen.

1) Quellennachweis: DTW Nrr. 223. 252. 249.
2) Namenbeispiele und Erklärungshypothesen unter Nr. 81.
3) Vgl. Kaufmann, Rufnamen 132.

+Bodweiler, bei Krottelbach: → Nr. 97.

94. **Böckweiler**, Stadt Blieskastel, Saarland, Saar-Pfalz-Kreis:

Bikwilre (1149); Begwiler (1247 K.); Bigwilre (1297 K.15, 1298 K.15); Bickwilre (1318 K.15, 1333 Or.); Bicwilre (1318 K.15); Bikwilre (1332 Or.); Beckwilre (1357 K.); Bickwilr (1366/94 K.15, 1434 K. u. ö.); Bickwiler (1376 Or., 1469 Or.); Bickewilr (1391 Or.); Beckwilr (1447 K.); Beckwiler (1463 Or.); Beckwiller (1493 Or.); Beckuiller (1617 Or.); Böckweiler (1617 K.18) [1].

< *Bikken-wilâri* zum germ. PN *Bikko* [2]. Das im westfränkischen Bereich häufige Namenelement <bicc->, mit romanischer Vokalsenkung [i] > [e] [3] <becc->, ist wohl nicht, wie Morlet [4] meint, als hypokoristische Bildung zu lat. *beccus* 'Schnabel' zu stellen, da ein mit der romanischen Wortsippe möglicherweise verwandter germanischer Namenstamm existiert [5]. Die in Originalüberlieferung erstmals für das Jahr 1463 nachweisbare Graphie <e> im Stammvokal des PN erklärt Christmann mit Hilfe der mitteldeutschen Senkung von [i] > [e] [6]. Dieses heute mundartlich erhaltene [e] (das in der amtlichen Schreibung sich durchsetzende <ö> ist hyperkorrekt) kann sich allerdings auch einfach als Ergebnis eines Dissimilationsvorganges vor [i]-haltigem Grundwort erklären.

1) Quellennachweis: Pöhlmann, Bliesgau I 111; NRW Nrr. 132. 405. 411; PRZ Nrr. 509. 561 (vgl. BRW Nr. 452). 556; HStA München, Rheinpfälz. Urk. Nr. 1222; NRH Nr. 269; PRZ Nrr. 818. 870; LA Speyer F 1/128 Nr. 56; HStA München, Rheinpfälz. Urk. Nr. 4501; PRZ Nr. 990; Pöhlmann, Lehensurkunden Nr. 293; Christmann, SNN I 64 f.; HStA München, Rheinpfälz. Urk. Nr. 4280; AD MM B 565 Nr. 32; Herrmann, Betreffe 177.
In Böckweiler ist als Vorgängerbau der noch stehenden, in frühromanische Zeit zu datierenden Stephanskirche eine sicher noch im 9. Jahrhundert errichtete dreiapsidiale Basilika ergraben worden, die zu einer noch in karolingische Zeit hinaufreichenden, der Widonengründung Hornbach unterstellten klösterlichen Niederlassung gehört, vgl. Volkelt, Bauskulptur 17-21.
2) Vgl. Förstemann, Altdeutsches Namenbuch I 300; Morlet, Noms de personne I 51 b; Menke, Namengut 91; Geuenich, Fulda 187; Socin, Sprache 121 (*Beccus*); DTW Nr. 232 f. (*Becco*); Christmann, SNN I 64 f.
3) → 5.3.1.
4) Morlet, Noms de personne I 51. Vergleichbare SNN bei Meyer, Zürcher ONN 160, und Löffler, Weilerorte 85.
5) Vgl. mhd. *bicke* 'Spitzhacke, Picke, Meißel' (Lexer, Handwörterbuch I 264), zu den Namen Kaufmann, Ergänzungsband 60.
6) → 6.2.1.5.1.

+Böschweiler, bei Bistroff bzw. in der Herrschaft Hingsingen: → Nr. 76.

95. **+Boiviller**, Gde. Neufmoulins, F, Moselle, Sarrebourg:

FlN: Boiviller [1].

Solange historische Belege fehlen, sind eindeutige Aussagen über den zugrundeliegenden PN nicht zu treffen. Wie für zahlreiche gleichlautende *Avricourt*-Bildungen der nördlichen Galloromania [2] dürfte auch hier die Annahme einer Grundform *Bôdâs(i)o-vîllâre - zum Hybridnamen *Bôdâs(i)us, komponiert mit Hilfe des germ. *bauð-a- [3] und eines im westfränkischen Bereich weit verbreiteten ungermanischen Kosesuffixes -âs(i)us [4] - einiges für sich haben [5], wenngleich auch bestimmte einstämmige Kurznamen, etwa kelt. bzw. lat. *Boius* [6] oder wfrk. *Beccus* [7], nicht auszuschließen sind.

1) Quellennachweis: Nap. Kat.
2) Vgl. etwa Boisville (Gde. St. Germer-de-Fly, F, Oise: 1454 *Boiville*, 1521 *Boyville*, 1536 *Boisville*, Belege nach Lambert, Dictionnaire 72); Boismont (Gde. Bazailles, F, MM, Longwy: 1304 *Boiemont*, vgl. Bouteiller, Dictionnaire 31; Dauzat/Rostaing 92); Boisville-la-Saint-Père (F, Eure-et-Loir; ±954 *Bodasivilla*, ±1100 *Boasi villa*, 1090 *Boesvilla*, 1252 *Boivilla*, Belege nach Morlet, Noms de personne III 269; Gröhler, Ursprung II 308; Dauzat/Rostaing 93).
2) → 5.1.1.28.
3) Vgl. dazu Kaufmann, Ergänzungsband 8; Bergh, Etudes 180.
4) Im PN *Bôdâs(i)us entwickelt sich der Suffixvokal mit Rheinfelder § 77 zu [e]; die durch Ausfall des intervokalischen Dentals sich bildende diphthongische Verbindung wird mit Rheinfelder § 254 zu [ue] > [ua] entwickelt.
5) Vgl. Holder, Sprachschatz I 472; Perin, Onomasticon I 272; Schulze, Eigennamen 30 f.; Kajanto, Cognomina 50. 195, wegen der Kürze des Stammvokals auch Kaufmann, Ergänzungsband 66. Es handelt sich wohl um einen mit dem Stammesnamen der keltischen Bojer (hierzu Schönfeld, PNN 52; Schwarz, Stammeskunde 31. 61; Rosenfeld, Völkernamen 1305) gebildeten PN. Zur Entwicklung [òi] > [uè] > [uà] vgl. Rheinfelder § 269.
6) Vgl. Förstemann, Altdeutsches Namenbuch I 301; Socin, Sprache 121. Zu wfrk. <bec-> vgl. Nr. 94 . Zur romanischen Entwicklung von intervokalischem [k] > [g] > [j] in dieser Position vgl. Rheinfelder §§ 726. 787; zur Vokalentwicklung [e] + [i] > [ej] > [oj] > [ua] vgl. Rheinfelder § 249.

96. **+Boltzviller**, Gde. Créhange, F, Moselle, Faulquemont:

Boltzwiler (1401 K.16).
FlNN: Boltzweiler (1604 Or.); Boltzveiller (1663 Or.); Boltzviller (±1840) [1].

Obgleich ein PN *Bolzo* [2] (mit unsicherer Etymologie[3]) belegt ist, ist eine Namenbildung mit Hilfe des außerordentlich häufigen Stammes **balþ-a-* [4], namentlich eine Grundform **Balzen-wîlâri* zu einem aus wfrk. **Bald-s-o* mit Erweiterung des Stammes durch ein westfränkisch-romanisches s-Suffix [5] entwickelten PN *Balzo* [6], hier sicherlich wahrscheinlicher. Es ist in diesem Fall mit einer mundartlichen Velarisierung des Stammvokals [a] zu [o] [7] zu rechnen.

1) Quellennachweis: AD Mos 10 F 3 f° 61; AD Mos 10 F 379 f.; Toussaint, Frontière 157. Die Wüstung ist wohl nicht identisch mit dem auf der gleichen Gemarkung lokalisierten Buchwilre (Nr.114).
2) Vgl. Förstemann, Altdeutsches Namenbuch I 237. 326. 345.
3) Eine im lothringischen Raum besser bezeugte Variante *Bolso* (Morlet, Noms de personne I 60 a; LMR 233) könnte eventuell mit romanischem Ausfall des zwischenkonsonantischen [g] (vgl. Rheinfelder § 642) und romanischer Vokalsenkung [u] > [o] (→ 5.3.1.) aus älterem **Bulg-s-o* entwickelt sein. Zum Stamm <bulg-> vgl. ausführlich Detschew, Ursprung; Kaufmann, Ergänzungsband 75.
4) → 5.1.1.26.
5) → 5.2.
6) Förstemann, Altdeutsches Namenbuch I 237; Morlet, Noms de personne I 51 a.
7) Vgl. dazu z.B. Follmann, Mundart II 5 f; Hoffmann, Laut- und Flexionslehre 6. Auch der elsässische SN Balschwiller (1254 *Balswire*, 1312 *Baldiswilr*) ist 1576 als *Bolswiller* belegt (Stoffel, Dictionnaire 10), ebenso dt. Baltzweiler für das lothringische Badonviller (Nr. 45) 1601 als *Boltzweyler* (AD Mos 3 E 2364 Nr. 6).

97. **+Bontweiler**, s. Krottelbach, VG Glan-Münchweiler, D, Rheinland-Pfalz, Kusel:

Bontwill[e]r (1460 Or.); Bontweiler (1462).
FlNN: Bodweiler Weg, Bodenweiler Garten [1].

< **Bonden-wîlâri* zum PN *Bondo* [2]. Kaufmann nimmt diesen Kurznamen für einen "unerklärten PN-Stamm **Bond-*" [3] in Anspruch; er läßt sich allerdings eventuell auch aus romanischer Wurzel, nämlich als Variante des verbreiteten, wesentlich christlichen PN *Abundus, Abondo* [4], mit schon romanischer Deglutination des anlautenden Vokals [5] und romanischer Senkung [u] > [o] [6] verstehen.
Die jüngsten Belege zeigen mundartlichen Nasalschwund [7].

1) Quellennachweis: LA Speyer A 2/138.2 f° 10 v°; Westricher Heimatblätter 7 (1986) 173; Christmann, SNN I 65; Dolch/Greule 74.
2) Vgl. Förstemann, Altdeutsches Namenbuch I 342 (dort auch weibliches *Bonda*);

Dolch Greule 74. Hierher wohl auch der bei Förstemann, Altdeutsches Namenbuch I 345, und Geuenich, PNN Fulda 64, belegte Kurzname *Bunzo, Punzo* < *Bund-s-o, den Geuenich zum Stamm *bún- (Kaufmann, Ergänzungsband 75) stellt.
3) Kaufmann, Ergänzungsband 68.
4) Vgl. Kajanto, Studies 80; Serra, in: Dacoromania 4 (1924 26) 586; Morlet, Noms de personne II 13 b.
5) Vgl. Morlet, Noms de personne II 13 b *Bundancia* < *Abundantia* , zum Vorgang allgemein Meyer-Lübke, Rom. Grammatik I § 373; Regula § 23; Bourciez, Elements § 161.
6) → 5.3.1.
7) Vgl. etwa Müller, Mundart Dietschweiler 128.

98. **Bonviller**, F, Meurthe-et-Moselle, Lunéville-Nord:

Boinviler (1251 Or., 1257/58 Or.); Boienuilleir (1300 Or.); Boinvilleir (1323 Or.); Bonviller de leis Einville (1339 Or.); Bonuiller (1448 Or.); Bonviller (16. Jh.A. Or.)[1].

< *Bôbône-villâre zum germ. Kurznamen *Bôbo, Bôvo*[2]. Zwischenvokalisches [v] vor [u,o] verstummt in romanischer Entwicklung[3]; der dadurch entstehende Hiatus wird durch Synärese überbrückt[4]. Das Resultat dieser Entwicklung entspricht den lothringischfranzösischen Ergebnissen von lat. *bonus*: hier erfährt [o] eine durch den vorausgehenden Labial verursachte Diphthongierung[5]; das für die ostfranzösische Skripta charakteristische sog. "parasitische" <i> (→ *Boinviler*)[6] dürfte diesen diphthongischen Charakter ausdrücken[7].

1) Quellennachweis: AD MM B 793 Nr. 54; Arnod, Publication Nr. 136; AD MM B 565 Nr. 21; AD MM B 670 Nr. 8; Levallois, Raoul Nr. 175; AD MM B 5658; Choux, Obituaire 95.
2) Vgl. Nr. 81. Die Deutung wird durch die außerordentlich präzisen Lagebeschreibungen der Weißenburger Quellen für Nr. 93 gestützt, die die Existenz einer gleichnamigen Siedlung in der näheren Umgebung nahelegen. Die von Dauzat Rostaing 96, vorgeschlagene, theoretisch mögliche Etymologie mit Hilfe des lat. Adjektivs *bonus* scheint angesichts dieser siedlungsgeschichtlichen Zusammenhänge weniger wahrscheinlich.
3) Vgl. Rheinfelder § 703; Wolf Hupka § 90. Erhalten bleibt intervokalisches [v] dagegen vor [i, e, a] (vgl. Rheinfelder § 703), damit fällt der Deutungsansatz bei Morlet, Noms de personne III 266 (PN *Bôbin, Bôvin*).
4) → 1300 *Boienuilleir* zeigt hiatustilgenden <i>-Einschub, vgl. dazu Stark, Untersuchungen 124 f.; Gossen, Skriptastudien 339.
5) Vgl. Wahlgren, Questions 323; Stark, Untersuchungen 104; Fletcher, Etude 100; Apfelstedt, Psalter § 41; Seydlitz-Kurzbach, Sprache 28; Fleck, Vokalismus 37;

6) Kesselring, Vokale 19 f.; Keuffer, Kanzleien 124; Goerlich, Dialekt 84. 99.
Zu dessen Bewertung zusammenfassend Stark, Untersuchungen 101, vgl. außerdem Gossen, Skriptastudien 142; Philipon, Parlers 517; Goebl, Urkundensprache 250, ebd. Anm. 16 zahlreiche weitere Literatur.
7) So Wahlgren, Questions 311-330.

99. **Bonvillers**, Gde. Mont-Bonvillers, F, Meurthe-et-Moselle, Audun-le-Roman:

Castellum Merenvaldi cum foresta quae dicitur Wavria et curtem quae dicitur Bonumuillare (1085 F.12); Boenvillers (1242 K.13, 1284 K.13); Bonviller (1265 Or.); Boenuille (1285 K.13); Boinvilleirs (1291 K.14, 1315 Or., 1347 Or.); Bonvylez (1294 Or.); Bonvillers (1295 K., 1307/54 K.18); Boinvilleir (1355 Or.); Boinuilliers (1453 Or.); Bonvillers-en-Voivre (1779).- Mda. *bonvlé* [1].

< *(ad) bonum villâre(m)*. Ein (allerdings verfälschtes [2]) Diplom Heinrichs IV. vom Jahr 1085 für die Verduner Kirche kennzeichnet Bonvillers zusammen mit Les Mureaux [3] als ehemaliges Herzogsgut. Die Lage der Siedlung inmitten eines größeren Fiskalkomplexes in der *Foresta Wavria* [4] läßt an eine fiskaline Gründung mit stereotyper Namengebung denken [5]. Zur Lautentwicklung des Bestimmungswortes vgl. Nr. 98.

1) Quellennachweis: MG DD Heinr. IV Nr. 373; BN Paris ms. nal. 1608 ff° 36v°. 38r°; Mangin, St. Pierremont 71; Lepage, in: JSAL (1874) 8; Mangin, St. Pierremont 76; BN Paris ms. lat. 11846 f° 45r°; AD Mos 7 F 606; AM Metz II 25; WLT V Nr. 541; AD Meuse B 240 f° 159; LPT 25; AM Metz II 20; AD MM E 290; Bouteiller, Dictionnaire 32.
Müller, Dekanate 280, stellt auch den alten Besitz der Verduner Abtei St. Vanne *in Bonvillare cum dimidia ecclesia* (MG SS VIII 375) hierher, was sich angesichts der mitgenannten Orte *Hevenges* (= Havange, F, Moselle, Fontoy) und *Vitereio* (= Vitry-sur-Orne, F, Moselle, Moyeuvre-Grande) anbietet, aber einen Ersatz des für die Kirche von *Bonvillare* gesicherten Marienpatroziniums (vgl. Bloch, St. Vanne Nr. 44; Pflugk-Harttung, Acta I Nr. 26) voraussetzt, an dessen Stelle die für Bonvillers erstmals 1570 bezeugte Verehrung der Metzer Bistumspatrone Stephanus und Theobaldus (vgl. Longnon/Carrière, Pouillés 97) getreten wäre. Oder sollte es sich um zwei verschiedene Kirchen handeln? *Maria* paßt jedenfalls gut für einen Fiskalkomplex. Falls sich diese Identifizierung halten läßt, hätten wir aus St. Vanner Überlieferung drei weitere frühe Nennungen für Bonvillers: *in Bono villare* (1053 K.18); *in Bo[n]villare* (1060 F.K. 18, 1065 F.K.14; Belege nach Bloch, St. Vanne Nr. 44 ff.; Pflugk-Harttung, Acta I Nr. 26. 31. 33).
2) Zur Überlieferung vgl. MG DD Friedr. I Nr. 149; Haubrichs, Urkunde 29.
3) Dép. Meuse, Ct. Damvillers.
4) Vgl. Haubrichs, Urkunde 30, wo die nahe bei Bonvillers gelegenen Siedlungen

5) Domprix, Bouligny, Mairy und Mancieulles als Fiskalbesitz genannt werden. Als stereotype Bildung betrachtet Haubrichs, Urkunde 27, den z. B. SN Belleville bei Verdun (11 Jh. *Bellam Villam*). Wie dieses, das sich an einen in der Galloromania recht häufigen Typus *(ad) bellam villa(m)* anschließt (vgl. z.B. drei Siedlungen dieses Namens im Dép. Seine-et-Marne bei Stein/Hubert Dictionnaire 28), ist auch der Typus *(ad) bonum villare(m)* über ganz Frankreich verbreitet, vgl. etwa Bonvillers (F, Oise: 1180 *Bonum Villare*); Bonvillers (Gde. Cauvigny, F, Oise: ±1120 *Bono Villare*); Bonvillers (Gde. Nogent-sur-Oise, F, Oise: 1309 *Bonum villare*, Belege nach Lambert, Dictionnaire 75); Bon-Villar (Gde. St.Pierre-Figette, F, Basses-Alpes: 1044 *aecclesiam sancti Petri quam vocant ad Bonum Vilare*); Bonvillard (F, Savoie: 1129 *[ecclesiam] Sancti Antonini Bonivillarii*); Bouviala (Gde. Le Clapier, F, Aveyron: 1341 *de Bonovilario*; Belege nach Vincent, France 295; Dauzat/Rostaing 96).

100. **+Bonvillers**, Gden. Badménil-au-Bois, F, Vosges, Châtel-sur- Moselle, und Padoux, F, Vosges, Bruyères:

Bonvillé (1685).
FIN: Bonvillers [1].

Vgl. Nrr. 98 f. 101.

1) Quellennachweis: Marichal, Dictionnaire 54.

101. **Bonvillet**, F, Vosges, Darney:

Bonuillers (1241 K.14); Bonville (1256 K.14, 1494 Or.); Boinviller (1285 K.14); Bonvileir deuant Darny (1290 Or.); Bonviller (1333/34 Or.); Bonvillet (vor 1312 K.); de Bono Villario (1325); Bonvilleir (1336); Bonvillers (1504); Bonvelet (1549); Bonvillet (1633); Bonvilley (1731); Bonviller-sur-Saone (1779) [1].

Da *Bono Villario* archaisierende Schreiberform sein kann, kommt neben einer Grundform *(ad) bonum villâre(m)* [2] auch eine Deutung mit Hilfe der PNN *Bôbo, Bôvo* [3] bzw. *Baudo, Bôdo* [4] in Frage.

1) Quellennachweis: AD Meuse B 256 ff° 40v°. 31v°; AD MM B 5062 f° 2v°; AD Meuse B 256 f° 61r°; AD MM B 574 Nr. 18; Levallois, Raoul Nr. 3; Marichal, Dictionnaire 54; Durival III 54.
2) Vgl. Nr. 99.
3) Vgl. Nr. 81. Auszuschließen ist wegen des Erhalts von [v] vor folgendem [i] im Romanischen (vgl. dazu Nr. 98 Anm. 3) der von Morlet, Noms de personne III 266,

4)   vorgeschlagene PN *Bóbin, Bóvin.*
      Vgl. Nr. 100 Anm. 2. Zum romanischen Schwund von intervokalischem [d] → 5.3.10.

102. **Boudler**, Gde. Biwer, Luxemburg, Grevenmacher:

      Budewilre (1330 Or.); Bodwiller (1473 K.16, 1541); Budweyler (1552); Boidwyler (1560); Boedwyler (1561); Boudweiler (1644); Budwiller (1681); Budtweiller (1697); Boudweiller (1713); Budweiler (1786)[1].

      < **Buoden-wīlāri* zum PN *Buodo*[2], entwickelt aus *Bôdo*[3] mit aus [au] kontrahiertem [ǭ], das, auf dieser Stufe expressiv gehoben, mit altem [ô] zusammenfällt[4] und dessen Entwicklung zu [uo] > [û][5] mitmacht. Regelhafte Graphie für diesen Laut ist <u>[6], daneben findet sich gerade im moselfränkischen Raum nicht selten <o>[7] bzw. <oe>, <oi>[8]. Jüngeres <ou> mag den in der heutigen Mundart geltenden Diphthongen [ou] repräsentieren[9].

1)   Quellennachweis: AD MM B 585 Nr. 156; Majérus, Gemeinden VI 437; Meijers, Siedlungsgeschichte 126; Schon, Pfarreien I 46; Publ. Lux. 49, 365; Majérus, Gemeinden I 482. 187; Schon, Pfarreien III 267; Majérus, Gemeinden V 159.
2)   Vgl. Morlet, Noms de personne I 60a; Förstemann, Altdeutsches Namenbuch I 321 (*Buoto*).
3)   → 5.1.1.28.
4)   Vgl. dazu Kaufmann, Ergänzungsband 65; Kaufmann, Rufnamen 122.
5)   Vgl. Braune/Eggers § 38; Franck/Schützeichel §§ 44 ff.; Paul/Wiehl/Grosse § 82. Im Zuge der nhd. Monophthongierung von mhd. [uo] entsteht [û], vgl. Paul/Wiehl/Grosse § 43.
6)   Vgl. z.B. Weinhold § 137; Hoffmann, Geschäftssprache § 166; Boesch, Urkundensprache § 118.
7)   Vgl. bes. Jeske, Codex Trier 89; Jungandreas, Überlieferung 71; Bach, Werke § 84; Hoffmann, Geschäftssprache 167; Michels/Stopp § 96; Franck/Schützeichel § 44; Bergmann, Glossen 120 ff.; Schützeichel, Mundart 75 ff.
8)   Vgl. z.B. Franck/Schützeichel § 6 Anm. 2; Jeske, Codex Trier 89; Bergmann, Glossen 120; Schützeichel, Mundart 75 ff.
9)   Vgl. Wiesinger, Untersuchungen II 49; Hoffmann, Mundart 17; Palgen, Studien 23.

103. ? **+Bouler**, Gde. Hesperange, OT Hesperange, L, Remich:

      FlN: Bouler[1].

      < **Buoben-wīlāri* ?[2].

1) Quellennachweis: Carte Archéologique du Grand-Duché de Luxembourg, Feuille 26 A.
2) Vgl. Nr. 117 f.

104. **Bousseviller**, F, Moselle, Volmunster:

Bußwiller (1426 K.16); Bußwilr (1473 Or.); Bußwyler (1493 Or., 1536 K.); Buseweiler (1547 Or.); Bussweiler (1579 Or.); Bussweiller (1594 K.17).- Mda. *buswiller* ¹.

< **Bôsen-wîlâri* zum germ. PN *Bôso* ². Die für den insgesamt recht häufigen Namenstamm <*bôs-*> vorgeschlagene Etymologie **baus-ja-* ³, dazu ahd. *bôsi* 'böse' ⁴, kann wegen der in diesem Fall anzunehmenden sehr frühen Monophthongierung von germ. [au] > [ô] ⁵ nicht als sicher gelten ⁶. Im Stammvokal des PN ist die Entwicklung von [ô] > [uo] > [û] lautgerecht ⁷. Die mundartliche Lautung zeigt Vokalkürzung vor Mehrfachkonsonanz ⁸.

1) Quellennachweis: AD Mos 1 E 27; AD MM B 571 Nr. 13; Pöhlmann, Bitsch Nrr. 156. 207; AD MM B 571 Nr. 15; Lepage, in: BSAL 7, 120; Alix 110. 141; Rohr, Blasons 494. Wegen des von Bouteiller, Dictionnaire 35, und RL III 156, hierher gestellten *Butewire* vgl. Nr. 115. Auszuscheiden, weil mit der heutigen Namenform unvereinbar, ist auch der bei diesen Autoren genannte Beleg *Buderswilre*. An diesen Fehlzuweisungen orientieren sich die Deutungen des SN bei Dauzat/Rostaing 107 (*Buto*); Hiegel, Arbres 170 (*Bodo*); Förstemann, ONN 1506 (*Bothar*); Morlet, Noms de personne III 266 (*Bodhari*).

2) Beispiele für diesen sehr häufigen PN u.a. bei Förstemann, Altdeutsches Namenbuch I 331; Morlet, Noms de personne I 60; Gasnault, Documents 88; Selle-Hosbach, Prosopographie 62; Ebling, Prosopographie 91; Schönfeld, PNN 52. Vgl. zum gleichen PN z.B. die Wüstung Busenwiller (Gde. Guebwiller, F, Bas-Rhin, Guebwiller: 1394 *Busenwiler*, belegt bei Stoffel, Dictionnaire 27).

3) So Förstemann, Altdeutsches Namenbuch I 329; Schönfeld, PNN 52; Longnon, Polyptyque I 295; Gamillscheg, Romania Germanica III 106; Kaufmann, Rufnamen 125, u.v.a.

4) Ahd. Wörterbuch I 1270 f.
5) → 6.2.1.9.1. Der PN ist mit <o> schon im 6. Jahrhundert sicher belegt.
6) Vgl. Menke, Namengut 92; Kaufmann, Ergänzungsband 69; ebd. Hinweise auf andere Deutungsansätze.
7) → 6.2.1.9.1.
8) → 6.2.1.4.

105. **+Bouswiller**, Gde. Bouzonville, OT Brettnach, F, Moselle, Bouzonville:

FlN: in Bouswiller (1466 K.16) [1].

< *Bôsen-wîlâri zum PN Bôso [2].

1) Quellennachweis: AD Mos H 383 f° 75v°.
2) Vgl. Nr. 104.

106. **+Bouswiller**, Gde. Rimling, F, Moselle, Volmunster:

Boweiller (1594 K.17).
FlN: Bouswiller Steck (±1840).- Mda. buswillere schduck [1].

An der Existenz dieser Wüstung unweit von Rimling, die Thierri Alix in seinem Dénombrement du duché de Lorraine aufführt [2], kann nicht gezweifelt werden, doch fällt die Bestimmung der Ausgangsform angesichts der spärlichen Überlieferung schwer. Da ein stammauslautendes [-s] im Bestimmungswort offensichtlich fest ist, eventuell wie Nr. 104 zum PN Bôso.

1) Quellennachweis: Alix 111; Nap. Kat.
2) Mit Bettviller oder Bousseviller kann nicht identifiziert werden, da beide in der Quelle gesondert genannt werden.

Bovilers (1307/54 K.): → Nr. 81.

107. **Bréhavillers**, Gde. Le Syndicat, F, Vosges, Remiremont:

Brehaviller (1427 Or.); Brehaiviller (1429 Or.); Brehavillers (1569 K.18); Brehanviller (1594 K.17); Brehayviller (1612 Or.).- Mda. berhavlê [1].

< *Ber(e)hardo-vîllâre zum wfrk. PN Ber(e)hardus [2], komponiert aus den Stämmen *ber-a- [3] und *harð-u- [4]. Die in den Quellen aufscheinende r–Metathese im Erstglied des PN ist wohl kaum schon im PN selbst angelegt, wenngleich dies im Romanischen schon sehr früh möglich ist [5], sondern eher das Resultat einer erst hochmittelalterlichen Entwicklung [6]. Das im SN nebentonige Zweitglied des PN wird durch Assimilation des nach Synkope des Fugenvokals zwischenkonsonantischen Dentals an folgendes [v] [7] und anschließenden Ausfall von vorkons. [r] [8] zu <-ha-> reduziert. Die offensicht-

lich nicht nur graphische Erhaltung von silbenanlautendem germ. [h] steht in auffälligem Gegensatz zur allgemeinfranzösischen und lothringischen Behandlung dieses [h] nach konsonantisch auslautendem Erstglied [9]. Wohl im Anschluß an die Vorverlegung des [r] ist [h] hier im Silbeneinschnitt restituiert. Ein solcher h-Einschub läßt sich lautphysiologisch gut begründen [10]; er ist allerdings zu trennen von dem von Gossen für die burgundische Skripta nachgewiesenen Hiatustilger <h>, der "wohl rein graphischer Natur war und demnach in den modernen Mundarten keine direkten Nachkommen besitzt" [11].

1) Quellennachweis: BN Paris ms. naf. 1286 ff° 143 v°. 165r°; DHV IV 189; Puton, Léproserie 441; Bloch, Parlers XI.
2) Förstemann, Altdeutsches Namenbuch I 262; Morlet, Noms de personne I 52; LMR 231; vgl. Gamillscheg, Siedlung 149. Auf die gleiche Grundform führt wohl Bréhainville (Gden. Illiers und Magny, F, Eure-et-Loir: ±1160 *Braharvilla*); Bréharville (Gde. Dampierre-sur-Avre, F, Eure-et-Loir: ±1102 *Braharvilla*, 1224 *Breharvilla*, Belege nach Merlet, Dictionnaire 29).
3) → 5.1.1.29.
4) → 5.1.1.86.
5) → 5.3.12. Für *ber-a- sind Fälle früher r-Metathese allerdings bisher nicht sehr zahlreich und zudem auf den südfranzösischen Raum beschränkt (vgl. Morlet, Noms de personne I 52 *Bremundus* sowie die katalonischen Beispiele bei Kremer, PNN 81).
6) → 6.1.2.1.3.
7) Vgl. Rheinfelder § 638.
8) → 6.1.2.1.4.
9) Üblich ist der Schwund von [h] in dieser Position, vgl. etwa Rheinfelder § 548.
10) → 6.1.2.3. mit Anm. 302.
11) Gossen, Skriptastudien 340. Für die lothringische Skripta vgl. auch Stark, Untersuchungen 79 f. 114; Apfelstedt, Psalter § 78; Rumbke, Sprache 44.

108. **+Brensweiler**, sw. Schmittshausen, VG Wallhalben, D, Rheinland-Pfalz, Pirmasens:

Brenswiller liegt ... zwischen Schmidshausen und Reiffenberg, ist vergangen (1563/64 K. 18); Brentzwiler (1564 Or.) [1].

< *Brandines-wilâri* zum germ. PN *Brandin* [2], zum Stamm *brand-a- [3]. Die Lautentwicklung des SN zeigt Umlaut des Stammvokals [a] zu [e] vor folgendem [i] [4], Abschwächung und Schwund des unbetonten Mittelsilbenvokals sowie Assimilation von [ns] > [s].

1) Quellennachweis: LA Speyer B 2/255.1 S. 472; Stella, Karte 7; Christmann, SNN II 166; Dolch/Greule 79.
2) Förstemann, Altdeutsches Namenbuch I 334; Morlet, Noms de personne I 61a.
3) → 5.1.1.37.
4) → 6.2.1.1.

109. **+Breuviller**, Gde. Hamonville, F, Meurthe-et-Moselle, Domèvre-en-Haye:

FlN: Breuviller [1].

< *Buro-vîllâre* zum stark flektierten Kurznamen *Buri* > wfrk. *Burus* als stark flektierter Variante eines gut belegten *Buro, Boro* [2], komponiert mit Hilfe eines in seiner Etymologie zwar unsicheren [3], aber gerade aus Lothringen gut bezeugten, vornehmlich westfränkischen Stammes <bur->, <bor-> [4]. Der SN zeigt lothringische r- Metathese [5] und dialekttypische Entwicklung von vortonigem [u] zu [ö] [6].

1) Quellennachweis: Nap. Kat.
2) Förstemann, Altdeutsches Namenbuch I 351; Morlet, Noms de personne I 62. Ein stark flektierter Kurzname *Buri* ist nicht bezeugt, aber als Variante zu *Buro* gut möglich; hingewiesen sei auch auf lat. *Burrius* (Schulze, Eigennamen 110). Zu einer Grundform *Buro-villa* stellt sich wohl Bruville (F, MM, Conflans-en-Jarnisy: 1157 Or. *Burvilla*, 1186 Or. *Burville*, mda. *breuvelle*; Belege nach Bouteiller, Dictionnaire 41).
3) → 5.1.1.40.
4) Morlet, Noms de personne I 62; Kampers, Studien 100. 157; Piel/Kremer § 52; Jarnut, Studien 88, nennen eine stattliche Zahl von Beispielen für diesen Stamm. Ein aus dem austrasischen Hochadel stammender *vir illuster Boro*, dessen Besitz sich im nördlichen Elsaß konzentrierte, wird von Vollmer, Etichonen 152, als Enkel des Stammvaters der Etichonen, *Adalricus-Eticho*, identifiziert; vgl. zu diesem Großen auch Ebling, Prosopographie 90 f. Die von beiden Autoren vorgenommene Normalisierung des PN als *Boronus* ist allerdings unkorrekt, da sie auf einer falschen Auflösung des romanischen Obliquus *Borone* beruht.
5) → 6.1.2.1.3.
5) Vgl. Zéliqzon, Mundarten 23 f.

Brintzweiler (1574 Or. u. ö.): → Nr. 528.

110. **+Brinzweiler**, Gde. Freisen, D, Saarland, St. Wendel [1]:

Brunßwilre (1343 K., ± 1355 K., 1436 Or.); Brunßwilr (1419 K.); Bruntzwîlre (1431 Or.); Brimtzwilr (1440 K.); Brüntzwiler (1480 Or.); Brinßweiler (1554 Or.); Brintzweiler (1572 Or., 1582 Or., 1595 Or., 1612 Or., u.ö.); Brintzwiller (1575 Or.); Brimßwiller (1609 Or.); Brinzweiler (1612) [2].

< * *Brûnizen-wîlâri* zum PN **Brûnizo* als Koseform zum Stamm **brûn-a-* [3] mit Hilfe des sekundären Suffixes *-izo* [4]. Der SN zeigt Sekundärumlaut [5] sowie Vokalkürzung [6] und -entrundung vor Mehrfachkonsonanz [7].

1) Zur Lokalisierung der Siedlung vgl. Staerk, Wüstungen 124 f.
2) Quellennachweis: HStA München, Rheinpfälz. Urk. Nr. 4542; PRV Nr. 361; HStA München, Rheinpfälz. Urk. Nr. 4550; PRV Nr. 366; HStA München, Rheinpfälz. Urk. Nr. 5006; PRV Nr. 196; Jung, Gerichtsbuch Nrr. 51. 347. 126. 128. 227. 377; Kath. Pfarrarchiv St. Wendel; Jung/Becker, Freisen 139.
3) → 5.1.1.38.
4) → 5.2.
5) → 6.2.1.1. Im Moselfränkischen, zum Teil auch im Rheinfränkischen, wird für diesen sonst als <iu> markierten Laut auch <u> geschrieben, dazu z. B. Paul/Wiehl/Grosse § 77; Bergmann, Glossen 120. 144. 306.
6) → 6.2.1.4.
7) → 6.2.1.7.

111. **Brouviller**, F, Moselle, Phalsbourg:

Pruwiller (1308 K.); Browilre (1361 K.); Pruwilr[e] (15. Jh. Or.); Prowiller (1405); Pruwiler (1440 Or.); Prüwiller (1484 K.15); Pruwyller (1537 Or.) [1].

< **Brûnen-wîlâri* [2]. Der häufige germ. Kurzname *Brûno* [3] ist zum Stamm **brûn-a-* [4] zu stellen.
Da "im Ostlothringischen ... im Anschluß an das Niederalemannisch-Elsässische ... die Monophthonge ... bewahrt" sind [5], unterbleibt die Diphthongierung von [û] > [au] [6]. Das stammauslautende [n] kann im Mitteldeutschen vor Reibelaut schon im 13. Jh. schwinden [7]. <pr> für anlautendes [br] dürfte sich aus mittellateinischen Schreibgewohnheiten erklären [8], wird aber auch aus rheinfränkischen Schreibdialekten notiert [9].

1) Quellennachweis: Cuny, Reformation II 234; Longnon/Carrière, Pouillé 210; AD Mos G 1903 bis f° 31r°. 68v°; MSAL 13 (1871) 171; HRS Nr. 1000; AD Mos G 8 f° 186v°; AD Mos 8 F 5-1 f° 11r°. Zur Identifizierung des u.a. von Pfleger, Pfarrei 36, hierher gestellten *Berunivillare* vgl. Nr. 50.
2) Die Deutungen des SN mit Hilfe des PN *Bero* bei Dauzat/Rostaing 118, und *Berwald* > *Berald* > *Berold* bei Morlet, Noms de personne III 251a, gehen offensichtlich von französischen Sprachverhältnissen aus. Der SN liegt jedoch östlich der Sprachgrenze

und ist als genuin althochdeutsche Bildung mit Hilfe des Lehnwortes *wilari* anzusprechen.
3) Zahlreiche Belege u.a. bei Förstemann, Altdeutsches Namenbuch I 338; Morlet, Noms de personne I 61; LMR 234; Bruckner, Sprache 239; Socin, Namenbuch 195.
4) → 5.1.1.38.
5) Wiesinger, Untersuchungen I 114 f.
6) Vgl. Paul/Wiehl/Grosse § 42 mit zahlreichen Literaturhinweisen. Mit Diphthongierung zum gleichen PN stellen sich z.B. Brauweiler bei Köln (1028 *Brunwillare*, vgl. Kaspers, Weiler-Orte 120), Braunweiler bei Bad Kreuznach (Kaufmann, Bad Kreuznach 50), Brauweiler bei Kirn/Nahe (1489 *Pruwiler*, vgl. Kaufmann, Bad Kreuznach 103) und das oberschwäbische Braunenweiler (1313 *Brunenwiler*, vgl. Löffler, Weilerorte 87), als "Import" aus dem Rheinland auch Braller in Siebenbürgen, das 1332 als *Brunwiler* belegt ist (Behaghel, Weilerorte 48).
7) Vgl. Paul/Wiehl/Grosse § 126.
8) → Nr. 86 Anm. 6.
9) Vgl. Franck/Schützeichel § 77.

112. **Bruchweiler**, VG Dahn, OT Bruchweiler-Bärenbach, D, Rheinland-Pfalz, Pirmasens:

Bruchwiler (±1450 K., 1468/70 Or.); Bruchwiller (1512 Or.); Bruchwilr (16. Jh. 1. H. Or.); Bruchweiler (1613 K.).- Mda. *bruuchweiler* [1].

Bestimmungswort ist ahd. *bruch* 'Moorboden, Sumpf', mhd. *bruoch* 'feuchte Wiese' [2].

1) Quellennachweis: LA Speyer F 1/2 f° 134; Glasschröder, Bistums-Matrikel 90 (die schon bei Christmann, SNN I 77, vorgegebene Zuordnung dieses Beleges zu dem oben genannten Ort scheint mir nicht ganz gesichert. Ebenso gut ist wohl eine Identifizierung mit dem gleichnamigen Ort bei Bernkastel (1319 Or. *Bruchwilre*, vgl. Schmitz-Kallenberg, Coesfeld Nr. 128, möglich); LA Speyer C 19/304; LA Speyer B 2/144; LA Speyer C 53/22 f° 12; Christmann, SNN I 77; Dolch/Greule 80 f.
2) Kluge/Seebold 138.

113. **+Bruchweiler**, Gde. Wadern, OT Münchweiler, D, Saarland, Merzig-Wadern:

FlN: Bruchweiler Schloß [1].

Vielleicht zu mhd. *bruch* [2] 'Abbruch', also "abgebrochener" Weiler, und damit auf die Wüstung Alt-Münchweiler (→ Nr. 442) zu beziehen ?

1) Nur mundartlich belegt.
2) Kluge/Seebold 138.

Brunßwilre (1343 K. u. ö.): → Nr. 110.

114. **+Buchwilre**, bei Créhange, F, Moselle, Faulquemont:

conductum ecclesie de Crichinga et dimidiam partem decimae de Gunderinga et de Ilbinga et de Buchwilre (1121 F.K.14); Buch (1180 K.14, 1267 K.14); Buchwilre (1210 K.14) [1].

< "Weiler im Buchenwald" [2], zu ahd. *buohha*, mhd. *buoche* 'Buche' [3], mit im Mitteldeutschen seit dem 11./12. Jh. nachweisbarer Monophthongierung von mhd. [uo] > [û] [4].

1) Quellennachweis: BN ms. lat. 10030 ff° 4r°. 69. 1r°. 4v°. Nach den in der sicher verfälschten Urkunde des Jahres 1121 (zu dieser Quelle ausführlich Nr. 13 Anm. 1) erwähnten *decimae*-Rechten zu urteilen, lag *Buchwilre* wohl im Bann der Wüstung *Mintzingen*, ca. 2 km sw. des Ortskernes von Créhange/Kriechingen auf einer Terrasse über dem linken Ufer des bei Kriechingen in die Nied mündenden Wiedenpuhlbachs. Als mögliche Lokalisierungshinweise mögen die bei Toussaint, Frontière 158, genannten Flurnamen *Viller, Villerberg, Viller sur la rivière* dienen, die schon Haubrichs, Urkunden 24. 38, erwähnt. Eine Notwendigkeit, auch den Flurnamen Boltzviller (vgl. Nr. 96), der einen ganz anderen Bereich der Gemarkung bezeichnet, auf den Lubelner Besitz zu beziehen, sehe ich nicht. Erwähnt wird die Wüstung *Buchwilre* schon bei Bouteiller, Dictionnaire 41; RL III 144; Dorvaux, Pouillés 431.
2) Vgl. Haubrichs, Urkunden 24. Hinweise auf analoge Bildungen bei Gysseling, Woordenboek 200; vgl. auch den SN Buch bei Waldshut (874 *villa Puach*, 890 *in loco qui dicitur Puoch*, 1283 *Bůch*) sowie vier weitere gleichnamige Siedlungen in Baden bei Krieger I 317.
3) Ahd. Wörterbuch I 1494 f.; Dittmaier, FlNN 43. Nach Kluge, Stammbildungslehre § 83, bezeichnet germ. **bôk-(j)ôn-* als ursprüngliche Kollektivbildung sowohl den Einzelbaum als auch den Buchenwald.
4) Vgl. Paul/Wiehl/Grosse §§ 43. 82.

Buderswilre (1265 K.): → Nr. 89.

Budewilre (1330 Or.): → Nr. 102.

115. +**Budtweiler**, im Felsalbtal bei Dusenbrücken, Gde. Nünschweiler, D, Rheinland-Pfalz, Pirmasens [1]:

Butewire (1139/76 K.12); Bittenwyler (1326 K.); Budewilre (1417 K.); Budewilr (1454 Or.); Budewiler (1486 Or., 1504 Or.); Budwiler (1491 K.); Budewiller (1493 Or.); Budweller (1544 Or.); Bittwer wog (1547 K.16); Budweiller (1572 Or., 1573 Or.); Bedweiller (1594 K.17); Budtweiler (1600 K.18) [2].

< *Bûdin-wîlâri zum weiblichen PN Bûdin(a) [3], zum Stamm *bûð- [4], mit Sekundärumlaut [5] sowie sekundärer Vokalkürzung [6] und Entrundung [7]. Der Beleg Bedweiller zeigt mitteldeutsche Senkung von kurzem [i] [8].

1) Meyerhoff, Butewire 31-35, lokalisiert die Siedlung links der Felsalb unterhalb der Eichelsbacher Mühle im Bereich des Waldes *Pittsitters*.
2) Quellennachweis: AD MM B 568 Nr. 1; LA Speyer, Cod. Stürtzelbronn Nr. 63; PRZ Nr. 803; LA Speyer F 1/203 Nr. 179; HStA München, Rheinpfälz. Urk. Nrr. 3345. 3349. 4132; LA Speyer F 1/204 Nr. 316; HStA München, Rheinpfälz. Urk. Nrr. 4162. 4862; Kampfmann, Oberamtsbannbuch 85 f.; HStA München, Rheinpfälz. Urk. Nr. 4138; Alix 156; HStA München III, Kasten blau 384/9 f° 68.
3) Zur Flexion → 4.3.3.
4) → 5.1.1.39.
5) → 6.2.1.1.
6) → 6.2.1.4.
7) → 6.2.1.7.
8) → 6.2.1.5.1.

Bueviller (1277 Or.): → Nr. 81.

Burwilre (1424 K.17): → Nr. 83.

+Buschweiler, ssö. Dirmingen: ohne Hinweise auf Quellenbelege erwähnt bei Gemeinde- und Ortslexikon III 49; Hoppstädter, SNN 16; Staerk, Wüstungen 135. 305. Da der für diese Wüstung in Anspruch genommene Flurname *In der oberen Weilerwies* auf den Nachbarort Wustweiler zu beziehen ist, ist die Wüstung vermutlich zu streichen.

+Buschweiler, in der Herrschaft Hingsingen: → Nr. 76.

Butelswilre (1429 u. ö.): → Nr. 88.

116. **+Butzweiler**, Gde. Weislingen, F, Bas-Rhin, Drulingen [1]:

Buzelinesuilare (±1142 K.17/18 < 10. Jh. E.); ad Bucilonis villam (1120 Or. < 11 Jh. A.); Botzwiler (1513) [2].

< *Butzilône-villa* / *Butzilines-wîlâri* zum PN *Butzilo* bzw. *Butzilin* [3]. N. Wagner, der diesem PN eine ausführliche Einzelanalyse gewidmet hat [4], interpretiert ihn als Erweiterung des germanischen Kurznamens *Buto*, bzw. seiner verschobenen Variante *Butzo* durch ein *-linus/-lenus*-Suffix [5]. Für eine Verschiebung spricht im Falle des von Wagner zitierten Namenträgers insbesondere dessen alemannische Herkunft [6] im Verbund mit der Feststellung einer außerordentlich großen Verbreitung eines PN *Buto > Butzo* im alemannischen Gebiet, hier zu interpretieren als zweistämmige Kürzung aus Vollformen, deren erstes Glied den Stamm *burg-ɸ-* enthält [7]. Im Grenzbereich zur Galloromania, wo auch das *-lenus*-Suffix besonders zahlreich auftritt, kann ein PN *Butzo* jedoch auch aus *Bûd-s-o* (mit westfränkisch-romanischer Stammerweiterung durch ein s-haltiges Suffix) [8] entwickelt sein.

1) Zur Lokalisierung der Wüstung vgl. z.B. Cuny, Reformation I 140; Humm/Wollbrett, Villages 53: "Le village de Weislingen (fondé peu avant 1600, sous le nom de Bussweiler)".
2) Quellennachweis: Perrin, Essai 146. 158; Haubrichs, SNN 267.
3) Vgl. dazu z.B. Förstemann, Altdeutsches Namenbuch I 344. Hinweise auf einen dem austrasischen Hochadel zuzurechnenden, wohl im Umkreis der Gundoin-Sippe anzusiedelnden Träger dieses recht seltenen PN bei Ebling, Prosopographie 93; Haubrichs, SNN 267.
4) Wagner, Butilin; vgl. auch Haubrichs, Lautverschiebung 1354 f.
5) → 5.2.
6) Dazu ausführlich Selle-Hosbach, Prosopographie 64 f.
7) Dazu ausführlich Wagner, Butilin 342 m. Anm. 31. Zum Stamm *burg-ɸ-* vgl. Förstemann, Altdeutsches Namenbuch I 346 ff.; Kaufmann, Ergänzungsband 75 f.; Bach, Namenkunde I,1 § 203; Schramm, Namenschatz 159; Tiefenbach, Xanten-Essen-Köln 351.
8) → 5.1.1.39, zum Suffix auch 5.2.

117. **Buweiler**, Gde. Wadern, OT Löstertal, D, Saarland, Merzig-Wadern:

? Bowilre (1266 Or., 1267 Or., 1273 Or., 1277 Or. u.ö.) [1]; Bowilre (1321 K.); Buwilre (1333 Or.); Bowiler (1377 K. 15); Bubwilre (1403 K.); Bubwiler (1474 Or.); Bubwiller (1519 Or., 1532 Or., 1536/37 Or. u.ö.); Bubweiller (1594 K.17); Bouweyler (1667); Boubweiller (1779) [2].

< *Buoben-wîlâri zum PN Bôbo > Buobo ³, dessen Stammvokal sich lautgerecht zu [û] entwickelt ⁴. Das wohl als Spirans zu sprechende [b] im PN ⁵ assimiliert sich früh an folgendes [w].

1) Pauly, Wadrill 18, lokalisiert den Herkunftsort des in Trierer Quellen der Zeit überaus häufig genannten Trierer Kanonikers *Arnoldus de Bowilre* im saarländischen Buweiler, doch ist diese Identifizierung meines Erachtens nicht gesichert, da ebensogut an einen gleichnamigen Ort unweit von Trier (vgl. Jungandreas, Lexikon 141) gedacht werden kann.
2) Quellennachweis: MRR III Nrr. 2161. 2267. 2850; DWL III Nr. 57; LA Sbr. Nass.-Sbr. II Nr. 2767 f° 13; LHA Kobl. 54 B 662; LHA Kobl. 54 T 15; Oberndorff, Pfalzgrafen Nr. 2884; Pöhlmann, Bitsch Nr. 96; AD MM B 927 Nrr. 12. 58; AD MM B 9295 f° 8v°; Alix 88; ZGSG 10/11 (1960/61) 94; Durival III 55.
3) Vgl. Nr. 81. Sehr frühe Belege für einen mit dem gleichen PN komponierten *wilari*-SN gibt Meyer, Zürcher ONN 160 (Buweiler, Gde. Elgg, 845 als *Puobinwilare*, 1270 als *Buowile*), ebenso das pfälzische Burrweiler (1275 u.ö. *Bubenwilre*, vgl. HStA München, Rheinpfälz. Urk. Nrr. 466 f. 471. 475. 477. etc.; vgl. Heeger, Besiedlung 37).
4) → 6.2.1.9.1. Jüngere <ou>-Schreibungen entstammen dem in französischer Sprache gehaltenen Schriftverkehr über das lothringische Amt Schaumberg, zu dem der Ort gehört (dazu z.B. Hiegel, Bailliage I 14 f. 57 f.; Herrmann/Hoppstädter/Klein, Landeskunde II 206).
5) Vgl. zur Entwicklung von germ. [b] in den Mundarten der Gegend neben Paul/Wiehl/Grosse § 90 auch Lehnert, Studien 45; Scholl, Mundarten 46 f.

118. **+Buwiller**, Gde. Guenviller, F, Moselle, St. Avold:

FlN: Buwillersgarten (±1840) ¹

< *Buoben-wîlâri zum PN Bôbo, Buobo ².

1) Quellennachweis: Nap. Kat.
2) Vgl. Nr. 117.

Buwiller (1449 Or. u. ö.): → Nr. 83.

+Cäsweiler, Gde. Weiskirchen: Die Ableitung einer Wüstung aus den FlNN *Käsweiher Grund, Käsweiher Wiesen, Kasweiher Dell*, bei Staerk, Wüstungen 135 f., scheint mir nicht ausreichend begründet. Der genannte historische Beleg gehört zu +Zeisweiler (Nr. 782).

119. **Calmesweiler**, Gde. Eppelborn, OT Bubach-Calmesweiler, D, Saarland, Neunkirchen:

Weiler (1450 K.); Bobagh Wyler vnd Macherbagh (1487 Or.); Hof zu Weiller bey Eppelborenn (1503 K.); Kellenbachßwiller (1519 Or.); Kellenbachsweiller (1523 K., 1572 Or.); zu Weiler bei Ippelborn gelegenn (1573 Or.); Kalmesweiller (±1705 zum Jahr 1586); Calmesweiler (1629/30, 1708, u.ö.) [1].

< *Wîlâri. Da der im Jahr 1314 genannte Pfarrort *Kellinbach* [2] keinesfalls im Raum Eppelborn zu suchen ist [3] und in diesem Bereich weder ein gleichnamiger Bach noch ein davon abgeleiteter SN belegt ist [4], dürfte sich das seit dem beginnenden 16. Jh. nachzuweisende Bestimmungswort des SN auf ein Adelsgeschlecht beziehen, das sich nach der befestigten Siedlung Kellenbach im Hunsrück nannte und das mindestens seit 1495 ein kurtrierisches Lehen in Calmesweiler innehatte [5]. In ursprünglichem *Kellenbachs-willer* dürfte sich zunächst dentales [n] vor Labial zu labialem [m] entwickelt haben (*Kellembachs-willer); der entstehende Nexus [mb] wurde dann durch einen auch sonst häufigen Assimilationsvorgang zu [mm], [m] vereinfacht [6]. Durch gleichzeitige Abschwächung des Mittelsilbenvokals und Assimilation von [xs] > [s] entstand *Kelmes-willer. Heutiges [a] im Stammvokal ist kaum zu erklären; möglicherweise wurde der SN durch Volksetymologie an den in Flurnamen der Gegend belegten Pflanzennamen Kalmus [7] angeschlossen.

1) Quellennachweis: LHA Kobl. 54 E 166; LA Sbr. Fraulautern Nr. 218; LHA Kobl. 54 E 166; LA Sbr. Münchweiler Urk. Nr. 65; LHA Kobl. 54 F 85. 172 f.; Kreutzer/Schmitt, Heimatbuch 44; Herrmann, Betreffe 196. 210. 224.
2) Vgl. von Briesen, Geschichte 261: "1314 versprechen die Gebrüder Johann von Schwarzenberg, Pastor zu Kellenbach, und Wilhelm Flach von Schwarzenberg dem Erzbischof Balduin von Trier, das von ihnen zu erbauende feste Haus zu Lockweiler zwischen den von einem älteren Bau noch vorhandenen Gräben ... auszuführen". Die Urkunde ist abgedruckt bei Lamprecht, Wirtschaftsleben III Nr. 92, das Original liegt im Landeshauptarchiv Koblenz, Bestand 1 A Nr. 4469.
3) So z.B. Gde.- u. Ortslexikon II 26. Zu identifizieren ist mit Kellenbach unweit von Kirn an der Nahe, benannt nach dem auf dem Hunsrück bei Simmern entspringenden und bei Kirn in die Nahe mündenden Simmerbach, der in seinem Unterlauf den Namen Kellenbach trägt. Kaufmann, ONN Bad Kreuznach 104, deutet diesen als "Bach, der durch eine Schlucht oder Kehle fließt", zu ahd. *chela* 'Kehle, Rachen' vgl. Schützeichel, Wörterbuch 95; mit diesem Appellativ komponierte Flurnamen bei Dittmaier, FINN 136. Sicher nicht zu ahd. mhd. *kalt* (so Gde.- u. Ortslexikon II 26).
4) Vgl. Müller, ONN II 70: "Wie v. Schlechtenthal in seiner statistischen Darstellung des Kreises Ottweiler berichtet, hieß der Ort früher Kallenbachsweiler und Kellenbachsweiler ... Der Weiler war also nach der benachbarten Wüstung Kellenbach benannt";

Gde.- u. Ortslexikon II 26: "Der Ort Kellenbach ist im Dorf Calmesweiler, welches ehedem Kaltenbachsweiler hieß, aufgegangen". Im Verzeichnis der saarländischen Gewässernamen (Spang, Gewässernamen) bzw. der saarländischen Wüstungen (Staerk, Wüstungen) fehlt jeder Hinweis auf einen solchen Namen.
5) Vgl. Kreutzer/Schmitt, Heimatbuch 36. Im Jahr 1519 wird der Träger dieses Lehens einmal als *Cleßgen von Fortbach wonhafftig zu Kellenbachßwiller*, einmal als *Kellenbachß Cleßgen* bezeichnet (LA Sbr. Münchweiler Urk. Nr. 65).
6) Parallelen bei Paul/Wiehl/Grosse § 125; Wolff, Studien 20.
7) Zeugnisse für entsprechende Flurnamen (*Calmeswies*, *Calmesgraben*, etc.) u.a. bei Engel, Hüttigweiler 21. 30; Dittmaier, FlNN 126; Fabricius, Veldenz I 28.

Capvilre (1179 K.), Frühbesitz der Abtei Busendorf: → Nr. 121.

120. **Castviller/Kaschweiler**, Gde. Hilsprich, F, Moselle, Sarralbe:

daz dorff Castweyler (1620 Or.); Kasteuiller (1690 K.18); Kaschwiller (1725); Castviller (1833).
FlN: Kaschweiler [1].

Im *dénombrement du duché de Lorraine* des Thierry Alix aus dem Jahr 1594 noch nicht erwähnt, wird *daz dorff Castweyler* erstmals 1620 unter den Dörfern der lothringischen Herrschaft Puttelange genannt [2]; es dürfte deshalb wie das nahegelegene Ernstweiler um das Jahr 1600 neu entstanden sein. Das Bestimmungswort stellt sich wohl zu mhd. *kaste* 'Kornspeicher' [3].

1) Quellennachweis: AD MM B 857 Nr. 70; AD Mos 4 E 257; Bouteiller, Dictionnaire 45; AD Mos 2 T 196; Nap. Kat.
2) Hinweise auf das Fehlen des Ortes in älteren Quellen schon bei AT II 505 f.; vgl. auch RL III 503; Habicht, Dorf 165.
3) Zur Bedeutung in den lothringischen Mundarten vgl. Follmann, Wörterbuch 278: 'Behälter aus Holz, Truhe, Beichtstuhl, Kornhaufen auf dem Felde, aus aufgerichteten Garben gebildet'.

121. **+Caveiller**, Gde. Freistroff, F, Moselle, Bouzonville:

Capvilre allodium quod nobilis quidam eidem eclesiae dedit (1179 K.18); Bus[en]torf Capwilre vnd Szverbach (1357 Or.); Cawiler (1466 K. 16).
FlNN: Saison de Kaueiller (1730 Or.); Caveiller (±1840) [1].

< *Kaben-wilâri* zu einem aus SNN erschlossenen PN *Kabo [2], den Kauf-

mann für eine anlautverschärfte Variante eines bisher, soweit ich sehe, nur einmal belegten PN *Gabo* [3] hält, welchen er zu einem Namenwort **gab-a-* [4] als ablautender Variante des sehr viel häufigeren Stammes **geb-ô-* 'Gabe' [5] stellt. Es sei immerhin angemerkt, daß ein PN **Kabo* unter romanischem Spracheinfluß, nämlich bei Annahme einer Substitution des anlautenden germ. [h] durch [k] [6], auch aus dem gut bezeugten Kurznamen *Habo* [7] entwickelt sein kann, den Kaufmann für eine verkürzte Variante des Namenelementes **habuk-a-* hält [8].

Im SN zeigt sich Assimilation des stammauslautenden [b], das in den Belegen zum Teil zu <p> verhärtet erscheint [9], an folgendes [v] [10].

1) Quellennachweis: AD Mos H 360; AD MM B 692 Nr. 9; AD Mos H 383 f° 108v°; AD Mos 4 E 182; Nap. Kat. Zum gleichen PN gehört das luxemburgische Kapweiler (1317 *Capwilre*, Beleg nach Meyers, Studien 104).
2) Vgl. Förstemann, Altdeutsches Namenbuch I 561 *Cabinga*; Kaufmann, Ergänzungsband 75.
3) Förstemann, Altdeutsches Namenbuch I 561 (Lorsch, 8. Jh.).
4) Vgl. Kaufmann, Ergänzungsband 75. 129.
5) → 5.1.1.67.
6) Vgl. dazu ausführlich z.B. Kaufmann, Rufnamen 205 ff. Es mögen hier auch die zahlreichen romanischen PNN auf <cab-> bzw. <cap-> (vgl. Schulze, Eigennamen 603; Holder I 757) eine Rolle spielen.
7) Vgl. Förstemann, Altdeutsches Namenbuch I 713; Morlet, Noms de personne I 119a; LMR 217; Geuenich, Fulda 52.
8) Vgl. Kaufmann, Ergänzungsband 160; bei Müller, PNN 43, dagegen keine Hinweise auf mögliche Verkürzungen dieses Stammes. Förstemann hatte an ahd. *haba* 'Besitz' (Schützeichel, Wörterbuch 74) gedacht.
9) Vgl. Paul/Wiehl/Grosse §§ 100. 129.
10) Zur Mundart vgl. Lehnert, Studien § 81; Follmann, Mundart I 7; Hoffmann, Mundart 24.

Cendronviller (1274 K.): → Nr. 588.

122. **+Chanviller**, Gde. Thil, F, Meurthe-et-Moselle, Villerupt:

FlN: Chanviller [1].

Ohne ältere Belege ist eine sichere Deutung des Namens kaum möglich. Da der Ort Thil, in dessen Bann die Wüstung lokalisiert werden muß, in unmittelbarer Nähe der von Witte rekonstruierten spätmittelalterlichen Sprachgrenze liegt [2], läßt sich nicht einmal mit Gewißheit bestimmen, ob für die Etymologie ein deutscher oder ein romanischer Ansatz gewählt werden muß. Bei Annahme eines romanischen *villare*-SN evtl. zu einer Grundform **Johanne-víllâre* zum biblischen PN *Johannes* [3].

1) Quellennachweis: Nap. Kat.
2) Aus Thil sind noch für das 17. und beginnende 18. Jh. deutsche Flurnamen belegt; heute ist der Ort ganz französischsprachig, vgl. Witte, Geschichte 37; Toussaint, Frontière 37. 40.
3) Vgl. dazu den SN Chanville (F, Moselle, Pange: 1316 *Xanville*, 1472 *Xainville*, 1680 *Champville*, mda. *C'hanvelle*; Belege nach Bouteiller, Dictionnaire 49). Für den PN Jean ist in bestimmten Teilen Lothringens eine Aussprache mit anlautendem [ʃ] bezeugt, vgl. etwa Zéliqzon, Mundarten 104: lothr. [šã] 'dummer Mensch'. Dazu stimmt das bei Hallauer, Dialekt § 38, bezeugte *Channenat* als Diminutivform des PN. Nach Möckel, Rufnamen 48, hat sich die Aussprache des PN Jean in Lothringen heute weitgehend der allgemeinfranzösischen Entwicklung angeschlossen.

123. **+Chiricun uillare**, Gde. Berg, F, Bas-Rhin, Drulingen [1]:

dono in uilla nuncupanti [Monte] portionellam quem antecessores mei uel ego ipse ad ecclesiam sancti Martini firmauimus ... uel quicumque ad ipsam ecclesiam in chiricun uillare uisa sunt deseruire (718 K.9) [2].

< **Ciricone-víllâre* zum romanischen PN *Cirico* [3]. Der PN ist als romanische Variante eines griechisch-lateinischen *Cyriacus* [4] zu interpretieren und entspricht in der spezifisch christlichen Namengebung dem lateinischen *Dominicus* [5]. Für einen ursprünglich griechischen PN spricht auch die Graphie <ch> des SN-Beleges [6].

1) Zur Lokalisierung der Siedlung vgl. Haubrichs, SNN 267.
2) Quellennachweis: DTW Nr. 227.
3) Namenbeispiele bei Morlet, Noms de personne II 34; Meyer-Lübke, Namenstudien II 37; Förstemann, Altdeutsches Namenbuch I 377, vgl. auch Schätzer, Heiligennamen 60. 92; Hagmann, PNN 12.
Im Bestimmungswort des SN hat man bisher im allgemeinen das ahd. *kirihha, chirihha* 'Kirche' (Schützeichel, Wörterbuch 97) sehen wollen; vgl. u.a. Langenbeck, Beiträge 24; Doll, Vorbemerkungen zu DTW Nr. 227. Dieser Ansatz findet eine gewisse Stütze im Kontext der Urkunde, die tatsächlich die Martinskirche in Berg als Empfängerin von Gütern in *Chiricunvillare* nennt. An einen PN denkt, soweit ich sehe, erstmals Haubrichs, SNN 267. Angesichts der Überlieferung des SN in romanischer Morphologie ist diese Lösung sicherlich die wahrscheinlichere. Vgl. auch das im Weißenburger Material von dem hier vorgestellten SN durch die Gauangabe *in pago Alsacinse* unterschiedene *Chirihcouuilare* (DTW Nr. 1), das zum PN *Ciricus* zu stellen ist.

4) Vgl. Périn, Onomasticon I 449.
5) → 5.1.2.3.
6) Vgl. Vielliard, Latin 61: "... pour rendre le χ grec ..., on n'a pas eu recours à la graphie <ci> qui n'aurait pas bien exprimé le phonème, mais on a fait usage du groupe <chi> (ch ayant conservé même devant i sa valeur d'explosive palatale)". Vgl. auch Mackel, Elemente 130 f.; Wells, Approach 128; Allen, Vox Latina 26 f.

124. **+Covelet**, Gde. Landaville, F, Vosges, Neufchâteau:

in villis de Travilez, de Rore et de Sircourt (1256 K.17/18); Covillers (1326 K. 15); Aycoviller (1332 K.14); Couvillers (1347).
FIN: Covelet [1].

Da der Erhalt des Verschlußlautes im Bestimmungswort ursprünglich geminiertes [kk] voraussetzt [2], ist von einer Grundform *Accoaldo-villāre auszugehen. Wie die vergleichbaren westfränkischen PNN *Accardus* und *Acculfus* [3] ist wfrk. *Accoaldus* zu einem Sekundärstamm <acc-> zu stellen, der wohl ohne Umlaut aus germ. *ag-jō-* [4] ins Romanische entlehnt ist [5]. Zweitglied ist *wald-a-* [6].
Im SN zeigt sich die auch sonst häufige Deglutination des vokalischen Anlauts in der *Avricourt-*Verbindung [7]. Im Beleg *Aycoviller* dürfte <ay> den Lautwert [e] und damit die für die lothringische Skripta wohlbekannte Tendenz zur Palatalisierung von vortonigem [a] indizieren [8].

1) Quellennachweis: DHV IV 62; BN ms. fr. 11853 f° 222; ; DHV IV 81; Marichal, Dictionnaire 115. Die Identifizierung des Erstbelegs ergibt sich aus der geographischen Nähe der mitgenannten Orte *Rore* (Rouvres-la-Chétive) und *Sircourt* (Circourt-sur-Mouzon) zu Landaville.
2) Vgl. zur Entwicklung von [k] vor [o, u] z.B. Rheinfelder, § 714.
3) Vgl. Förstemann, Altdeutsches Namenbuch I 26; Morlet, Noms de personne I 22a.
4) → 5.1.1.4. Vgl. auch den Namen des bei Caesar genannten keltischen *princeps Acco* (Schulze, Eigennamen 302 Anm. 1; Holder I 16); weitere keltische PNN auf *acc- bei Holder I 16 ff.; Schulze, Eigennamen 67 Anm. 3.
5) → 5.3.5.
6) → 5.1.1.165.
7) Ähnliche Fälle sind gesammelt bei Lindström, Anmärkningar 66 f.
8) → 6.1.1.1. Beispiele für <y> anstelle des sog. "parasitischen" i (→ 6.1.1.8.) aus der burgundischen Skripta bei Wahlgren, Questions 300.

125. **Coyviller**, F, Meurthe-et-Moselle, St. Nicolas-de-Port:

Escouiller desus rozieres (1296 K.14); Eskoiviller (14. Jh. Or.); Coivilleir (1341 Or.); Quoyviller (1537); Coyeviller (1550); Coyviller (1594 K.17) [1].

< *Scodio-villâre zum PN *Scudius, *Scodius. Der bisher nur durch die Kosenamen Scudilo (Alamanne, 4. Jh.) und Scudilio (Burgunder, Grabinschrift a. 487) [2] bezeugte Namenstamm, den Kaufmann zu ahd. scuttan '(sich) schütteln, erschüttern, erbeben' [3] stellt, ist zu trennen von den vergleichsweise häufigen vorgermanischen PNN Scutius, Scotius [4], für die in der Galloromania mit Assibilierung von [tj] [5] gerechnet werden müßte. Lat. und frk. [sk-] wird in innerfranzösischer Entwicklung in der Regel durch ein prothetisches [e-] gestützt; dieser sogenannte "e-Vorschlag" [6] (→ Eskouiller) ist in den ostfranzösischen Mundarten unterblieben [7]. Einer französischen Entwicklung von [sk-] vor [o, u] zu e-Vorsatz + [k] [8] entspricht deshalb in Lothringen einfaches [k]. [o] + epenthetisches [i] ist in allgemeinfranzösischer Entwicklung zu als <oi> verschriftetem [ua] geworden (→ Coivilleir) [9]; aus der ostfranzösischen Skripta ist die Reduktion dieses Lautes zu einfachem <o> (→ Escouiller) [10] bekannt.

1) Quellennachweis: AD Meuse B 256 f° 117 r° (vgl. Pange, Actes Ferri Nr. 1338); AD Meuse B 256 f° 116v° (Überschrift des Kopisten); Pfister, Nancy I 220 Anm. 2: Lepage, Dictionnaire 33 f.; Alix.
2) Vgl. Förstemann, Altdeutsches Namenbuch I 1310; Schönfeld, PNN 201.
3) Schützeichel,Wörterbuch 173, vgl. Kaufmann, Ergänzungsband 308.
4) Dazu Holder II 1413; Morlet, Noms de personne I 196a; Kajanto, Cognomina 165; Schulze, Eigennamen 232.
5) Vgl. zu diesem romanischen Lautwandel, der die zentrale Galloromania etwa im 5. Jh. erreichte, Wolf/Hupka § 98; Rheinfelder § 519; Vielliard, Latin 62; Bonnet, Latin 170; Haag, Latinität 31; Pirson, Formules 917 f.; Hetzer, Glossen 101 f.; Taylor, Latinity 40; Beszard, Langue 18; Slijper, Disputatio 69 ff. In den Randgebieten der Galloromania, so auch in Ostlothringen, ist die Assibilierung von [tj] erst seit dem 7. Jh. belegt; dazu ausführlich Pfister, Chronologie; ders., Relikte 133, mit Anm. 20; Haubrichs, Lautverschiebung 1377, mit Anm. 81 f.; Müller, Nordosten 729; Gysseling, Génèse 26-30.
6) Vgl. z. B. Rheinfelder § 445; Schwan/Behrens § 28.
7) Vgl. Stark, Untersuchungen 90; Bruneau, Etude 388 f.; Apfelstedt, Psalter § 100; Betzendörfer, Sprache § 82; Goerlich, Dialekt 114; Remacle, Problème 40 f.; ALLR Karte 401.
8) Vgl. Rheinfelder § 448: ahd. scum 'Schaum' > afrz. escume, frz. écume.
9) Vgl. Rheinfelder § 254. Dauzat/Rostaing 224 setzen einen PN Scot an, doch wäre bei Annahme einer Grundform *Scoto-villâre heutiges diphthongisches [ua] nicht verständlich.
10) Vgl. Goerlich, Dialekt 94; Rumbke, Sprache 43; Friemel, Laut-und Formenlehre 21.

126. **Crainvilliers**, F, Vosges, Bulgnéville:

Crainvillers (1200 K.); Crenviler (1238 Or.); Crainviler (1256 Or.); Crainviller (1256 Or.); Crienuilleir (1273 K.13); Crynuilleir (1286 K.13); Crainuilleir (1337 Or.); Crainvilleir (1340 Or.); Crainvilliers (1683 K.18)¹.

< *Cradoino-víllâre zum wfrk. PN *Cradoin. Das erste Element des PN ist mit romanischem Lautersatz von anlautendem [hr] durch <cr> ² zum Stamm *hraþ-a- ³ zu stellen; das Zweitglied zeigt den Stamm *win-i-⁴, wfrk. -oin. Vortoniges [a], durch den im Romanischen regelhaften Schwund von zwischenvokalischem [d] ⁵ im Hiat zu folgendem [i], entwickelt sich vor Nasal regelhaft zu [ẽ] ⁶.

1) Quellennachweis: Marichal, Dictionnaire 115; Durival III 100; Wailly, Notice Nrr. 57. 59; DHV VIII 172; BN Paris ms. lat. 10024 f° 5; BN Paris Coll. Lorr. Bd. 3 Nr. 44; AD Vos 18 H 26; DHV IX 190.
2) Vgl. dazu Kaufmann, Rufnamen 221 ff.; Gamillscheg, Romania Germanica I 387 f.; Menke, Namengut 363; Schwan/Behrens § 30 b Absatz 5; Richter, Beiträge § 145; Rheinfelder, § 432.
3) → 5.1.1.97.
4) → 5.1.1.171.
5) → 5.3.10.
6) Vgl. Rheinfelder § 214; Pope § 441; Bourciez § 91.3; Hallauer, Dialekt 31, dafür in den Urkunden regelhaft <ain>, <en>, aber auch <yn>, <ien>.

127. **Crémanvillers**, Gde. Vagney, F, Vosges, Saulxures-sur-Moselotte:

de Cramani uillare (12. Jh. A. Or.); Cramanviller (1347); Cremanvelay (1493 Or.); Crymaviller (1547); Cremanvillers (1569 K. 18); Cremonviller (1594 K.17).- Mda. kermãvle ¹.

< *Cramano-víllâre zum PN Graman, Craman ². Während das Zweitglied dieses germanischen Vollnamens sich ohne Schwierigkeiten zum Stamm *mann-ɸ- ³ stellt, bieten sich für die Deutung des Erstgliedes mehrere Möglichkeiten an. Förstemann und Morlet stellen es zu einem Stamm *graw-a- ⁴, für den ahd. grao 'grau' zu vergleichen wäre. Wie schon Longnon herausstellte, ist dieses Element allerdings gerade in westfränkischen Namen ausgesprochen selten ⁵. Kaufmann denkt an zu <cram(m)->/<cran(n)-> bzw. <gram(m)->/<gran(n)-> romanisiertes ⁶ *hraban-a- ⁷, doch läßt das völlige Fehlen althochdeutscher Entsprechungen (sie müßten *(H)ram(m)an lauten) die Existenz einer solchen theriophoren Kriegerbezeichnung zumindest frag-

lich erscheinen. Lediglich von D. Kremer [8] kurz angerissen wurde eine andere, freilich nur in romanischer Umgebung vorstellbare Erklärungshypothese, die mit einer romanischen r-Metathese [9] <gar-> > <gra-> operiert. Im Bereich der Galloromania führen diese Graphien auf den Stamm *garw-a- 'gerüstet, kriegsbereit' [10] bzw. *gaiz-a- [11] mit romanischem Lautersatz von germ. [ai] durch rom. [â] [12]. Die große Beliebtheit und Häufigkeit beider Stämme in der fränkischen Namengebung (man denke an die zahlreichen *Garaman, Caraman, Careman, Carman* [13]) macht es wohl tatsächlich plausibel, daß dem selteneren *Craman, Graman* im westfränkischen Bereich auch ein romanisiertes *Garman, Carman* zugrunde liegen kann.

Im SN erscheint vortoniges [a] in den jüngeren Belegen zu [e] palatalisiert [14].
Der Beleg *Crymaviller* zeigt lothringische Denasalierung von [ã] vor Konsonant [15].

1) Quellennachweis: LMR; BN Paris ms. nal. 2543 Nr. 91; AD MM B 2438 f° 14; AD MM B 500 Nr. 29; DHV IV 189; Alix 61; Bloch, Parlers XI.
2) Förstemann, Altdeutsches Namenbuch I 668; Morlet, Noms de personne I 114; vgl. Morlet, Noms de personne III 335; Hagmann, PNN 13. Auf die gleiche Grundform führen die SNN Crémanville (Gde. Ablon, F, Calvados: ±1350 *Cremanvilla*); Crémonville (Gde. Etienne du Vauvray, F, Eure: 1840 *Crémanville* - Belege nach Hippeau, Dictionnaire 90; Blosseville, Dictionnaire 12. 67). Fernzuhalten ist der von Gamillscheg, Siedlung 149, in Unkenntnis der alten Belege vorgeschlagene, nicht belegte PN *Kirihman*.
3) → 5.1.1.122.
4) → 5.1.1.70.
5) Longnon, Polyptyque I 324. Die von Morlet, Noms de personne I 114, zitierten PNN *Gramannus, Cramannus* stammen, wie übrigens auch die Mehrzahl der anderen von ihr unter diesem Namenwort zitierten Beispiele, nicht aus der Galloromania, sondern in diesem Fall aus der Überlieferung des Bodenseeklosters St. Gallen. Tatsächlich westfränkischer Provenienz scheinen bei ihr lediglich *Graalanz* (Pol. Irm. Add. 11./12. Jh.), *Gramandus* (Molesmes) und *Graulfus* (Gorze, Chartres u.ö.) zu sein. Es muß aber betont werden, daß durch den bei Förstemann, Altdeutsches Namenbuch I 668, zitierten PN *Grahaman* (mit <h>-Einschub nach Ausfall von [w], vgl. Braune/Eggers § 110 Anm. 3) die grundsätzliche Möglichkeit einer ahd. PN-Bildung *Grawman* bezeugt wird, vgl. auch aus Remiremont *Croman* (LMR 235), aus dem belgischen Huy *Craumannus* (866 Or., zitiert nach Gysseling, Romanisierung 49).
6) Mit romanischem Lautersatz von germ. [hr] durch <cr> bzw. <gr>, vgl. dazu Kaufmann, Ergänzungsband 154, sowie die in Kapitel 5.3.6. zitierte Literatur.
7) → 5.1.1.95.
8) Vgl. Kremer, PNN 138.
9) → 5.3.12
10) Vgl. Förstemann, Altdeutsches Namenbuch I 600 ff., Kaufmann, Ergänzungsband 139 f. Der in zahlreichen ahd. PNN erhaltene Fugenvokal wird in romanischem Mund

	früh synkopiert, so daß die romanische r-Metathese (Kons. + [a] + [r] + Kons. > Kons. + [r] + [a] + Kons.) eintreten kann.
11)	→ 5.1.1.63.
12)	Vgl. Kaufmann, Rufnamen 176 ff.; Gamillscheg, Romania Germanica I 358 ff.; Felder, PNN 38 ff.; Menke, Namengut 360.
13)	Förstemann, Altdeutsches Namenbuch I 609; Morlet, Noms de personne I 103; Menke, Namengut 114.
14)	→ 6.1.1.1. Zur Graphie <i> bzw. <y> für vortoniges [a] vgl. Goerlich, Dialekt 40. 145.
15)	Vgl. dazu Stark, Untersuchungen 119; Hallauer, Dialekt 64; vgl. auch Apfelstedt, Psalter § 94; Betzendörfer, Sprache § 119. Die Wiedergabe des Nasalvokals als <on> - eine im Prinzip für [o] + [n] + Konsonant reservierte Graphie - dürfte hyperkorrekt sein, vgl. Stark, Untersuchungen 119: "o hat viel Ähnlichkeit mit a, daher wechseln häufig die Graphien on, an, en".

Crienvilleir (1340 Or. u. ö.): → Nr. 126.

128. **Criviller**, Gde. Merviller, F, Meurthe-et-Moselle, Baccarat:

Cruviller (1311 Or.); Cruvilleir (1314 Or., 1316 Or., 1327 Or., 1378 Or., 1380 Or. u.ö.); Criviller (1602) [1].

< *Grîvo-villâre zum wfrk. Kurznamen Grívus [2]. Der PN stellt sich wohl am besten zu einem an ahd. bigrîfan '(be)greifen, sich einer Sache bemächtigen' [3] anzuschliessenden Namenelement.
Denkbar ist auch eine Grundform *Grîso-villâre zum PN Grîsus [4], nach Kaufmann eine Bildung mit Hilfe eines germ. Namenstammes *gris-ja- [5].
Eine Anlautverhärtung [6] [gr] > [cr] kann sehr alt und eventuell schon im PN selbst angelegt sein; sie kann aber auch ein Reflex einer jüngeren Entwicklung sein, die sich in den Urkunden häufiger findet [7].
Daß altes [i] in den ältesten Belegen zu [ü] gerundet erscheint, entspricht einer auch sonst häufigen Wiedergabe von (nicht haupttonigem) [i] durch <u> in lothringischen Quellen [8].

1)	Quellennachweis: AD MM B 574 Nrr. 53. 96 (weiteres Or.: AN Paris J 986 Nr. 8, nach Kopie des 15. Jhs. gedruckt bei MCM I Nr. 176); AD MM B 644 Nr. 22; AD MM B 575 Nrr. 155. 163; AN Lux. A 52 Nr. 143; MSAL (1897) 157.
2)	Vgl. Morlet, Noms de personne I 115.
3)	Vgl. Menke, Namengut 119: "... zu ahd. bigrîfan ... als nomen agentis mit Basis-Vokal des nullstufigen Verbalstammes". Trotz der von Kaufmann, Ergänzungsband 155, vorgetragenen Bedenken erscheint mir die Zuordnung auch der überwiegend westfränkischen und langobardischen Kurznamen Grîpo, Grippo und ihrer sonorisier-

ten Varianten zu diesem Stamm durchaus plausibel, was natürlich nicht heißt, daß die von Kaufmann angerissene Möglichkeit einer Interpretation dieser Namen als zweistämmige Kürzungen aus Vollformen des häufigen Stammes *gaiz-a- grundsätzlich bestritten werden soll. Die von Stoering, Untersuchungen 373 Anm. 81, gegen Kaufmann vorgebrachten Einwände ("Kaufmann ... gibt für r-Metathese in PN auch Ger-bald > afrz. Gri-baut. Zum ersten wäre das Vorrücken des r nur im Pikardischen möglich, da es einen Verschlußlaut /g/ voraussetzt. Zum zweiten erscheint in diesem Fall stets nur e ...") orientieren sich an den altfranzösischen Lautverhältnissen und sind wohl nicht ohne weiteres auf frühmittelalterliche Sprachzustände projizierbar.

4) Förstemann, Altdeutsches Namenbuch I 674; LMR 247; vgl. auch Jarnut, Studien 136 (*Griso*); LMR 247 (*Grisso*); Morlet, Noms de personne I 116a (*Crisso*). Zur gleichen Grundform stellt sich wegen des in den ältesten Belegen graphisch erhaltenen <s> wohl Grivillers (F, Somme: *Grivilez* (1150, 1301); *Grisviler* (1390)); Grévillers (F, Pas-de-Calais: *Gresviler* (1145); *Grizuileir* (1152); *Griuiler* (1195)); Grivelet (Gde. Créancy, F, Haute-Marne) - Belege nach Morlet, Noms de personne III 337; De Loisne, Dictionnaire 175; Gysseling 424; Roserot, Dictionnaire 83.
5) Vgl. Kaufmann, Ergänzungsband 155.
6) Vgl. dazu Kaufmann, Rufnamen 67 ff.
7) Man vgl. dazu Goebl, Urkundensprache 276 Anm. 88: " Ob stets das mundartliche Vorbild die Schreibung bestimmt hat, ist meines Erachtens unsicher. Auf jeden Fall ist mit einer sehr langen Koexistenz von Schreibungen auf c, ch und g zu rechnen. Zum phonetischen Aspekt cf. Fouché III 938; Nyrop I § 303". Spezielle Probleme des normandischen Dialekts behandelt P. Gorog, in: Studies in Philology 59 (1962) 605-614. Für Lothringen vgl. auch Babin, Parlers 698: "La sourde k se sonorise fréquement devant les liquides".
8) Vgl. Stark, Untersuchungen 101.

Curtoviller, FlN Gde. Neuviller-lès-Badonviller: → Nr. 612.

Cyffwilre (1361 Or.): → Nr. 590.

129. **+Daasweiler**, Gde. Nonnweiler, OTT Braunshausen und Schwarzenbach, D, Saarland, St. Wendel:

FlNN: Daasweiler, Daxweiler [1].

Am ehesten zu interpretieren als *Dages-wīlāri* zum PN *Dag* [2]. Zu diesem PN stellt Kaufmann das pfälzische Daxweiler [3], das 1194 als *Dahswilre* ,1200 als *Daiswilre*, 1281 als *Daswilre* belegt ist, wobei die Graphie <h> der ältesten Form den aus [g] vor Erreichen der Schwundstufe entstandenen Reibelaut repräsentieren dürfte [4]. Die seit dem 10./11. Jh. in Lothringen und

147

in den Rheinlanden durchdringende Assimilation von [hs] > [ss] [5] wird später dialektal durch das von Süden her vorrückende [ks] verdrängt.
Nicht ganz auszuschließen ist allerdings auch ein Ansatz *Dasen-wilâri zum PN Dadso, *Daso [6], mit romanischer Assimilation von [ds] > [ss], [s] [7], komponiert mit Hilfe eines um ein s-Suffix erweiterten Lallstammes *dað- [8], der gerade im westfränkischen Bereich besonders gut belegt ist [9]. Die Katasterschreibung Daxweiler wäre dann hyperkorrekt [10].

1) Quellennachweis: Staerk, Wüstungen 137.
2) Förstemann, Altdeutsches Namenbuch I 391. Zum Stamm *dag-a- vgl. Kaufmann, Ergänzungsband 89; Tiefenbach, Xanten-Essen-Köln 351; Kremer, PNN 92 f.
3) Daxweiler, Gde. Stromberg, D, Rheinland-Pfalz, Bad Kreuznach; vgl. Kaufmann, ONN Bad Kreuznach 73.
4) Dazu Buchmüller Haubrichs Spang, Namenkontinuität Nr. 75, über den auf romanisch spirantisierter Stufe ins Althochdeutsche entlehnten SN Faha bei Mettlach: lat. fagus > 770 Faho, 878 Fao.
5) → 6.2.2.5.
6) Vgl. Morlet, Noms de personne I 63 a. Beispiele für die Weiterentwicklung des PN zu Dazzo im Fränkisch-Althochdeutschen nennt u.a. Förstemann, Altdeutsches Namenbuch I 388, in größerer Zahl.
7) → 5.2.
8) → 5.1.1.41.
9) Vgl. etwa Morlet, Noms de personne I 63; Longnon, Polyptique 297; LMR 235.
10) Sie orientiert sich an der mundartlichen Aussprache des im Flurnamenschatz der Gegend (Dachslöcher, Dachswinkel, usw.; vgl. Dittmaier, FlNN 48) nicht seltenen Tiernamens ahd. mhd. dahs, in der sich der für die Mundart charakteristische Wandel von [hs] > [ss] abbildet. Vgl. aus der zahlreichen Literatur zu diesem Thema vor allem Wagner, in: Teuthonista 2 (1925) 30 ff., 9 (1933) 33 ff.; ders. Sprachlandschaften, Deckblatt 6; Bergmann, Mfrk. Glossen 117; Schützeichel, Mundart 133 ff.; zum St. Wendeler Raum bes. Thies, Versuch 54.

130. **+Dachsweiler**, Gde. Wallerfangen, OT Ittersdorf, D, Saarland, Saarlouis:

una pars apud Dasvuilre (1241 Or.).
FlN: Dachsweiler [1].

< *Dages-wilâri bzw. *Dasen-wilâri [2].

1) Quellennachweis: LA Sbr. Fraulautern Urk. Nr. 19 (vgl. Ausfeld, Fraulautern Nr. 23; auch in: MRhUB III Nr. 728; JRS Nr. 340); Staerk, Wüstungen 137. Sicher auszuscheiden ist der Beleg Dagora villa (786/87 K.13), den Jungandreas, Lexikon 280, hier zuordnen will, der aber von Gysseling, Woordenboek 254, sicher zu Recht zu einer im Bit- oder Ardennengau zu lokalisierenden Siedlung gestellt wird.

2)	Vgl. Nr. 129. Auch hier ist die amtliche Katasterschreibung des FlN hyperkorrekt. Vgl. zur Entwicklung von [hs] im Saarlouiser Raum vor allem Bauer, FlNN 257 f.; Lehnert, Studien 64 f.; Ramge, Dialektwandel 39. 77; Klein, Dörfer 275.

131.	+**Dainviller**, Gde. Lerrain, F, Vosges, Darney:

FlN: Dainviller ¹.

Neben einem Ansatz *Dagino-villâre zum germ. PN Dagîn ² mit romanischer Entwicklung von [g] vor [e, i] > [j] ³, die über eine Zwischenstufe *Dajen- zur heutigen Lautung führt, ist auch eine Grundform *Dadino-villâre zum PN Dadîn ⁴ mit romanischem Ausfall von intervokalischem [d] ⁵ möglich. Nicht auszuschließen ist auch die Möglichkeit eines weiblichen PN im Bestimmungswort, wobei neben Dada ⁶ auch Dôda ⁷ und Daga ⁸ in Frage kommen.

1)	Vgl. Marichal, Dictionnaire 119.
2)	Vgl. Förstemann, Altdeutsches Namenbuch I 392; Morlet, Noms de personne I 64; Kremer, PNN 92. Zum Namenwort *dag-a- s. 5.1.1.42.
3)	Vgl. Rheinfelder §§ 733. 740; Pope §§ 297. 339; Wolf/Hupka § 92; Vielliard, Latin 49 ff; Pei, Language 85. Der [g]-Ausfall in wfrk. PNN wird behandelt bei Franck/Schützeichel § 105; Schatz, Grammatik § 149 Anm. 5a; Kaufmann, Rufnamen 293 ff.; Geuenich, Prüm 109; Menke, Namengut 361; Neusz, PNN 163; Gysseling, Romanisierung 50. Zu vergleichen ist der SN Dainville (F, Pas-de-Calais: Daginvilla (752/57 K.), Daginivilla (866), Daienvile (1212), Dainville (1309)); Belege nach De Loisne, Dictionnaire 120; Ricouart 36; Dauzat/Rostaing 237.
4)	Förstemann, Altdeutsches Namenbuch I 388; Morlet, Noms de personne I 63; Stark, Kosenamen 59; LMR 235.
	Zur Problematik der Beurteilung des Namenstammes <dað-> vgl. die unter 5.1.1.41. genannte Literatur.
5)	→ 5.3.10.
6)	Vgl. Förstemann, Altdeutsches Namenbuch I 387; Morlet, Noms de personne I 63; Schönfeld, PNN 68; Jud, Génèse 68; LMR 235.
7)	Vgl. Förstemann, Altdeutsches Namenbuch I 412; Morlet, Noms de personne I 72; Drevin, Sprachelemente 29; Bergh, Etudes 30; Jud, Génèse 68; Socin, Namenbuch 195; LMR 236. Zum Namenelement <dôd->, das wohl über eine Entwicklungsreihe [eu] > [eo] > > [ô] aus *þeuð-ô- 'Volk' entstanden ist, vgl. besonders Kaufmann, Ergänzungsband 96. 353; Kaufmann, Rufnamen 57. 64. 66. 134 f. Gegen die Annahme eines Primärstammes spricht vor allem die geringe Zusammensetzungsfähigkeit. Zur phonetischen Entwicklung von germ. [eu] vgl. allg. Braune/Eggers § 47. Eine Entwicklung zu [ô] vor [a, e, o] kann romanisch beeinflußt sein, mit Bruckner, Sprache 110, ist sie für das Langobardische seit dem 10. Jh. belegt. Parallelen finden sich nach Meyer-Lübke, Namenstudien I 49. II 36; Sachs, ONN 16 ff.;

Corominas, Estudis 48, auch in den Reflexen westgotischen Namengutes in Spanien und Portugal. Vgl. zu dieser vor allem im südfranzösisch-aquitanischen Raum, aber auch im Norden der Galloromania gut bezeugten Entwicklung auch Schätzer, Heiligennamen 33. 43. 62; Bergh, Etudes 45. 61. 134 f.; Grafström, Etude 67, sowie bes. Lunderstedt 277. 298 ff. Ohne Rekurs auf diese romanische Lautentwicklung hatten bereits Förstemann, Altdeutsches Namenbuch I 412; Stark, Kosenamen 35; Mansion, Naamkunde 199, u.a. den PN *Dôdo* mit Vorbehalt zu **þeud-ô-* gestellt. An einen Lallstamm nicht endgültig geklärten Ursprungs denken Feilitzen, Names 225; Bergh, Etudes 30; Kremer, PNN 98. Zu diversen anderen Erklärungsansätzen vgl. Schönfeld, PNN 72; Longnon, Polyptique I 299; Bruckner, Sprache 94. 171. 242; Wrede, Ostgoten 120 f.; Socin, Namenbuch 195.

Vgl. in diesem Zusammenhang den SN Dainville (Gde. Courtevroult, F, Seine-et-Marne: *Dodanavilla* (1105), *Doainvile* (1250), *Daynvilla* (1257); Belege aus Morlet, Noms de personne III 288 korrigiert anhand von Stein/Hubert, Dictionnaire 178.

8) Förstemann, Altdeutsches Namenbuch I 391; Morlet, Noms de personne I 64.

132. **Dalewilre**, unbekannter Frühbesitz der Abtei Vergaville im Saar- oder Seillegau:

in Richigen in Lullingen in Giselingen in Ruldingen in Hinungre in Navelwilre in Dalewilre (1147 F. K.17) [1].

Da der Text der Urkunde nur durch einen Druck des 18. Jhs. [2] bekannt ist, der zahlreiche offensichtliche Fehllesungen enthält [3], und dem Archiv der Abtei Vergaville [4] keine weiteren Hinweise zur Identifizierung der Siedlung *Dalewilre* zu entnehmen sind, nur mit Vorbehalt zu deuten als **Dâlen-wîlâri* zum wfrk. PN *Dâlo* [5], mit romanischem Schwund des intervokalischen Konsonanten entwickelt aus *Dadalo* bzw. *Dagalo*, zu den Stämmen **dað-* [6] oder **dag-a-* [7].

1) Quellennachweis: Parisse, Etienne Nr. 67.
2) Mabillon, Annales VI 646 f.
3) Vgl. etwa **Albericheshoven* > *Alberichelhoven*; **Cutingen* > *Lutingen*.
4) AD MM H 2427 - 2496; AD MM 1 Mi 750; AD Landes Br. 4° 725.
5) Morlet, Noms de personne I 64.
6) → 5.1.1.41.
7) → 5.1.1.42.

Daswilre (1241 Or.): → Nr. 130.

+Datzweiler, bei Leitersweiler: → Nr. 136.

133. **Dautweiler**, Gde. Tholey, OT Hasborn-Dautweiler, D, Saarland, St. Wendel:

Dudenwilre (1253 Or.); Dudewilre (1258 Or., 1338 K., 1430 Or., 1443 Or., 1454 Or., 1465 K.15, 1466 Or., 1472 Or., 1478 Or.); Dutwilre (15 Jh.A.); Dudwiller (1486 K. 1506); Duttweiler (1489); Dauthweyler (1592) [1].

< *Dûden-wîlâri* zum PN *Dûdo* [2]. Kaufmann interpretiert ein Namenelement *düð- sicherlich zu Recht als Spielform des überaus häufigen Stammes *þeuð-ô-* [3].
Im SN zeigt sich die nhd. Diphthongierung von altem [û] > [au] [4].

1) Quellennachweis: HStA München, Rheinpfälz. Urk. Nr. 2868; AD Mos G 22 Nr. 1 (nach Kopie des 15. Jhs. auch bei MCM I Nr. 246; PRZ Nr. 133); Stengel, Nova Alamanniae Nr. 511; LHA Kobl. 54 W 343; LA Sbr. Nass.-Sbr. II Nrr. 1176. 1178. 76. 268. 5404 f° 69. 1182 ff.; Jungandreas, Lexikon 283; ZGSG 15 (1965) 46; LHA Kobl. 1 C 7439 f° 24; Engel, Dautweiler 35. 73.
2) Vgl. z.B. Förstemann, Altdeutsches Namenbuch I 413. 1412; Morlet, Noms de personne I 72 b. Der von Müller, ONN II 69, vorgeschlagene Ansatz *Dieden-wîlâri* hätte zu einem anderen lautlichen Ergebnis geführt. Eine gleichnamige Siedlung liegt wüst bei Bascharage (Lux.), vgl. Vannérus, Crencchovillare 32.
3) Vgl. Kaufmann, Ergänzungsband 99. 354 f.; Kaufmann, Rufnamen 64 ff. 114. 128. 134 f. Zu *þeuð-ô-* vgl. allg. 5.1.1.46.; 5.1.1.158.
4) Vgl. Paul/Wiehl/Grosse §§ 42. 76.

134. **+Daviller**, Gde. Anthelupt, F, Meurthe-et-Moselle, Lunéville-Nord:

FIN: Daviller [1].

< *Dâlo-vîllâre* zum wfrk. PN *Dâlus* (< *Dadalus* / *Dagalus*) [2], mit romanischem Schwund von intervokalischem [d] [3] bzw. [g] [4] und Vokalisierung von vorkons. [l] (allgemeinfrz. *Do-*, lothr. *Da-*) [5].

1) Quellennachweis: Nap. Kat.
2) Vgl. Nr. 132.
3) → 5.3.10.
4) → 5.3.11.
5) → 6.1.2.1.1.

Daxweiler, FIN Gde. Nonnweiler, OTT Braunshausen, Schwarzenbach. → Nr. 129.

135. **Deinvillers**, F, Vosges, Rambervillers:

Dino uilla (±965 Or.); Dino uilare (970/80 Or.); Dinvilla (1092 K.18); Denviler (1150/52 Or.); Dinviller (1190 Or., 1262 Or.); Dinviler (12. Jh. K. glz., 1190 Or., 1218 Or., 1432 K.); Dinvilleir (1336); Denviller (1433 K.) [1].

< *Dîno-vîllâre zum wfrk. Kurznamen *Dînus [2], komponiert mit Hilfe eines westfränkisch-romanischen Sekundärstammes <dîn->, der sich wohl am besten als romanische Kontraktion aus <dîdin-> [3] verstehen läßt, wobei man letzteres als n-Erweiterung [4] zu <dîd->, einer Spielform des Stammes *þeuð–ô- [5], betrachten müßte.

Für [i] vor gedecktem Nasal kann in der lothringischen Skripta regelmäßig auch <en>, bisweilen sogar <an> geschrieben werden [6].

1) Quellennachweis: LMR; Choux, Pibon 220 Nr. 58; Parisse, Etienne Nr. 83; Parisse, Bertram Nr. 15; AD MM H 329; Perrin, Seigneurie 738; AD MM H 332; AD MM H 329; DHV III 90; Marichal, Dictionnaire 122; DHV III 94. Die Identifizierung von *Dino uilare* mit Dignonville bei Epinal bei Hlawitschka, Studien 52, ist zu korrigieren. Durch die Neuidentifizierung der frühen Belege aus Remiremont wird die von Dauzat/Rostaing 237, und Morlet, Noms de personne III 280 a, vorgeschlagene Deutung des SN Deinvillers mit Hilfe des PN *Dagin* hinfällig.
2) Vgl. Morlet, Noms de personne II 41 *Dina*, das diese auf hebr. *Dinah* (vgl. auch Périn, Onomasticon I 153; Schulze, Eigennamen 31) zurückführen will; ein entsprechender männlicher PN ist nicht überliefert.
3) Vgl. Kaufmann, Ergänzungsband 95; Kaufmann, Rufnamen 210. Die Kontraktion erklärt sich über eine im Galloromanischen wirksame Tendenz zur Synkope der Pänultima-Vokale der Proparoxytona, vgl. dazu Rheinfelder § 18.
4) Vgl. zu dieser wesentlich westfränkischen Tendenz zur Stammerweiterung durch ein r-, l- oder n-haltiges Element bes. Kaufmann, Rufnamen 87.
5) Vgl. dazu Förstemann, Altdeutsches Namenbuch I 1409 ff.; Kaufmann, Ergänzungsband 348 f. Daß <dîd-> kein Primärstamm ist, wird von Kaufmann, Rufnamen 63 f. 160 ff.; Kaufmann, Ergänzungsband 352 f., eingehend begründet. Daß kontrahiertes <dîn-> tatsächlich die Grundlage eines westfränkisch-romanischen Sekundärstammes bildete, belegen PNN wie *Dînbertus* (Morlet, Noms de personne I 66).
6) Vgl. Stark, Untersuchungen 103.

136. **+Deizweiler**, Stadt St. Wendel, Stadttl. Leitersweiler, D, Saarland, St. Wendel:

alte Hoffstatt Datzweiler (1588 Or.); Deytzweiler (1599); Deitzweiler (1766/68); Deizweiler Hof ... auf Läutersweiler lieget (1784) [1].

Da der Stammvokal <a> des Erstbelegs wohl einen langen a-Laut repräsentiert, welcher in der Mundart der Gegend aus altem, in diesem Fall aus ahd. /egi/, mhd. /ege/ kontrahiertem [ei] entsteht [2], am ehesten < *Dagizen-wilâri* zum PN *Dagizo* [3], mit Umlaut des Stammvokals [a] > [e] vor folgendem [i] [4] *Degizo*. Der PN verbindet den Namenstamm **dag-a-* [5] mit einem ahd. z-Suffix [6].

1) Quellennachweis: LA Sbr. Nass.-Sbr. II Nr. 533 f° 108 (vgl. auch Staerk, Wüstungen 138 f.; Hoppstädter, in: Heimatbuch des Landkreises St. Wendel 7 (1957/58) 20); Stoll, Flurnamen Nr. 39; Stoll, in: Heimatbuch des Landkreises St. Wendel 13 (1969/70) 81. Zur Lokalisierung der Wüstung (nördlich von Leitersweiler im Bleichbachtal) vgl. Staerk, Wüstungen 138.
2) → 6.2.1.10.
3) So belegt bei Morlet, Noms de personne I 64 a.
4) → 6.2.1.1.
5) → 5.1.1.42.
6) Dazu z.B. Bach, Namenkunde I, 1 § 101; Geuenich, PNN Fulda 63 ff.

137. **Dennweiler**, VG Kusel, OT Dennweiler-Frohnbach, D, Rheinland-Pfalz, Kusel:

Dennewilre (1270 K., 1423 Or.); Dennewijlre (1364 Or.); Denwilre (1387/1405 K.15, 1438 Or.); Dennewilr (1389 K.15); Denwilr (1426 Or.); Dennweiler (1444 K.); Denwiller (1488 Or.). Mda. *denwiler* [1].

< *Dennen-wilâri*, zum PN *Denno* [2], der im allgemeinen einem zum Volksnamen der Dänen (ahd. *dene*) [3] gehörigen Stamm zugerechnet wird.

1) Quellennachweis: Mötsch, Regesten I Nr. 71; HStA München, Rheinpfalz. Urk. Nrr. 4837. 6010; PRV Nrr. 400. 273. 232. 162. 403; LHA Kobl. 54 L 403; Dolch/Greule 99.
2) Vgl. Förstemann, Altdeutsches Namenbuch I 401; Morlet, Noms de personne I 65 a; Geuenich, Fulda 94. Kaufmann, Pfälz. ONN 47 und Dolch/Greule 99 gehen vom PN *Danno* aus; dies erfordert die Annahme eines oberdeutschen *in*-Genetivs, vgl. dazu aber Kapitel 4.3.
3) So z.B. Geuenich, Fulda 94; zum Stamm **dan-i-* vgl. z.B. Tiefenbach, Xanten-Essen-Köln 351; Kaufmann, Ergänzungsband 91; Schönfeld, PNN 70 f.; Kremer, PNN 94.

Denviller (1433 K. u. ö.): → Nr. 135.

138. **+Derviller**, Gde. Petit-Réderching, F, Moselle, Rohrbach-lès-Bitche:

FlNN: Dirrwiller, var. Dierwiller, Dirrwiller, Dürrweiler (1724 Or.); Dierweiller (1758 Or.); Derviller (±1840) [1].

Eventuell zu einer Grundform *Dioren-wilâri zum PN Dioro [2], den man mit einem in Lothringen offensichtlich recht häufigen [3] Stamm *deuz-a-, zu ahd. tier 'wildes Tier' [4] in Verbindung gebracht hat. Der Stammvokal des PN germ. [eu] > [eo] > [io] > [ie] monophthongiert etwa seit dem 12 Jh. zu [i] [5].

1) Quellennachweis: AD Mos E dép. 540, 1 G 1; AD Mos Cartes et Plans Nr. 986; Nap. Kat.
2) Förstemann, Altdeutsches Namenbuch I 408.
3) Vgl. z.B. LMR 235 f.
4) Schützeichel, Wörterbuch 194; zu den Namen ausführlich Müller, PNN 102 ff. Sicherlich zu Recht verweist Kaufmann, Ergänzungsband 94, für den Bereich des Westfränkischen auf die Möglichkeit früher Kontraktionen des um ein r-Element erweiterten Stammes *þeuð-ô- und seiner Varianten <theuder->, <dider->, <deder->, etc., zu <theur->, <dir->, <der->. Man wird diesen häufigen Stamm deshalb wohl auch hier nicht ganz ausschließen können.
5) Vgl. Paul Wiehl Grosse § 81.

139. **Deyvillers**, F, Vosges, Epinal:

Divillare (1049 F.K.18, 1115 F.K.18, 1123 K.18, 1311 Or., 1356 K.18); Deivillare (1139 K.18, 1179); Diviler (1187); Devillare (1192, 1200 K.18); Deivillez (1310 K.15); de Dei Villari (1333/34 Or., 1402 K.); Deyvillei (1355 K.); Deyvillers (1396 K.15, 1476 Or.); Deivillers (1456 Or.) [1].

< *Dide-villâre zum germ. PN Dido > rom. *Dide(s) [2], einer Spielform des verbreiteten Kurznamens Theudo.
Im Bestimmungswort dürfte sich das durch romanischen d-Schwund [3] im Hiat stehende vortonige [i] früh zu [e] abgeschwächt haben [4], so daß der Hiat durch Synärese überbrückt werden konnte. Belege wie Deivillez zeigen sogenanntes "parasitisches i", das die offene Qualität des Vokals kenntlich macht [5].

1) Quellennachweis: BM Metz ms. 1088 ff° 48. 55; Meinert, Papsturkunden I Nr. 13; AD Mos H 5 Nr. 9; BM Metz ms. 1088 f° 170; Pflugk-Harttung, Acta II Nr. 340; Wolfram, Papsturkunden 299; Gallia Christiana XIII Instr. 523; HMB II Pr. 154; BM Metz ms. 1088 f° 85; DHV XI 333; Kirsch, Kollektorien 132; Lepage, Pouillé 26; DHV VIII 39; Depoux, Seigneurie 633; DHV IX 100; DHV II 237. Der aus dem

Nachbarort Jeuxey belegte FIN *Deyvillers* (Marichal, Dictionnaire 127) dürfte sich auf den existierenden Ort beziehen.

2) Förstemann, Altdeutsches Namenbuch I 1411 "sehr häufig"; Morlet, Noms de personne I 71. Vgl. 4.2.5. sowie den schweizerischen SN Develier/Ditwiler, *Diuuilier* (1139), *Titewilre* (1184), *Titwilr* (1441); Belege nach Perrenot, Toponymie 234; Zimmerli, Sprachgrenze III 108. Der glückliche Fund dieser SN-Parallele, deren deutsche Doppelform ohne jeden Zweifel den PN *Dîdo* enthält, zeigt auch, daß der SN wohl nicht mit Dauzat/Rostaing 244, als "domaine de Dieu", also Bezeichnung für Kirchengut, interpretiert werden kann.

3) → 5.3.10.

4) Vgl. zu dieser Möglichkeit Betzendörfer, Sprache 36; Güttler, Lautstand 36.

5) Vgl. Wahlgren, Questions 335. Zum "parasitischen i" ausführlich 6.1.1.8.

+Dickeswilre, bei Cocheren: → Nr. 146.

140. **Dietenwilare**, unbekannter Frühbesitz der Abtei Maursmünster im Oberen Saargau:

Dirtenwilare < *Dietenwilare (±1142 < 10. Jh. E. K. 17/18) [1].

< *Theoden-wilâri zum PN *Theudo* > *Diodo, Diedo* [2].

1) Perrin, Essai 144. Die dort vorgeschlagene Identifizierung mit Ditschweiler bei Holving (Nr. 147) läßt sich nicht halten, da für *Dirtenwilare* ein schwach flektierender PN anzunehmen ist.

2) Förstemann, Altdeutsches Namenbuch I 1410 f.; Morlet, Noms de personne I 71 a.

141. **Dietschweiler**, Gde. Nanzdietschweiler, VG Glan-Münchweiler, D, Rheinland-Pfalz, Kusel:

Dyetzwiller (1436 Or.); Dyetzwiler (1480 Or.); Dietzhwyler (1487 Or.); Dietschweiler (1600 K.).- Mda. *diidšwile* [r1].

Wegen des in der Wortfuge erhaltenen Zischlauts am ehesten zu einer Grundform *Diodes-wilâri zum stark flektierten PN *Theudi, *Theodi > Diodi > Diedi* [2], zum Stamm *þeud-ô-* [3]. Bei Ansatz des von Christmann vorgeschlagenen, schwach flektierten PN *Theudso* > *Diozo* [5] (mit westfränkischromanischem s-Suffix [6]) wäre wohl der mundartliche Wandel von [s] > [ʃ] vor folgendem [w] [7] unterblieben.

155

1) Quellennachweis: LA Speyer B 3/1011 f° 4; Fabricius, Veldenz I 85; LA Speyer B 3/924 f° 6; Pöhlmann, Bruderschaftsbuch 325; Häberle, Reichsland 50; Christmann, SNN I 104; Dolch/Greule 104.
2) Förstemann, Altdeutsches Namenbuch I 1409 f.
3) → 5.1.1.158.
4) Christmann, SNN I 104.
5) PN-Beispiele bei Förstemann, Altdeutsches Namenbuch I 1416; Morlet, Noms de personne I 71 b; LMR 272.
6) → 5.2.
7) Vgl. zu dieser Lautentwicklung, die sich wohl bereits in der Graphie <zh> des ausgehenden 15. Jhs. spiegelt, ausführlich Kapitel 4.3.

Dietschweiler (1554): → Nr. 147.

142. **+Dietwilre**, bei Béning-lès-Harprich, Gde. Harprich, F, Moselle, Grostenquin:

Ditwilre (1341 Or.); Düdewilre (1368 Or.); zü Dietwilre, zü Herm[er]storff, zü Walen, zü Adelingen (1383 Or.) [1].

< *Theoden-wîlâri zum PN Theodo > Diodo > Diedo [2], zum überaus häufigen Stamm *þeuð-ô- 'Volk' [3]. Etwa seit dem 12./13. Jh. wird der aus germ. [eu], ahd. [eo, io], sich entwickelnde Diphthong [ie] in weiten Bereichen des Westmitteldeutschen zu [î] monophthongiert [4], was die Graphien <i> - bzw. mit sekundärer Rundung <ü> [5] - im Stammvokal des PN erklärt.

1) Quellennachweis: HRS Nr. 1905; LA Sbr. Helmstatt Urk. Nr. 57; AD Mos 10 F 88. Bouteiller, Dictionnaire 67, und AT II 494, führen die Wüstung fälschlich als 'Dietzwiller' auf.
2) Vgl. Förstemann, Altdeutsches Namenbuch I 1410 f.; Morlet, Noms de personne I 71 a; Menke, Namengut 97; LMR 272; Stark, Kosenamen 15; Jud, Génèse 73. 79. 92. 95, u.v.m. Zum Übergang von germ. [þ] > [ð] > [d] im Anlaut, das im Rheinfränkischen wohl erst nach 900 vollständig durchdringt, vgl. Braune/Eggers § 167; Franck/Schützeichel §§ 92 f. Hinweise auf analoge Bildungen bei RL III 220; Löffler, Weilerorte 93; Stoffel, Dictionnaire 38.
3) → 5.1.1.158.
4) Vgl. dazu ausführlich Paul/Wiehl/Grosse §§ 43. 81; Schützeichel, Mundart 69, mit zahlreicher weiterführender Literatur.
5) Vgl. Paul/Wiehl/Grosse § 48. Beispiele für die Graphie <u> statt [i] auch bei Garbe, Untersuchungen 136; Dornfeld, Untersuchungen § 39; Bach, Werke 49.

+Dietzwiller, Gde. Harprich (Bouteiller, Dictionnaire 67; AT II 494): → Nr. 142.

Dietzwilre (1387 Or.): → Nr. 147.

143. **Diezweiler**, VG Glan-Münchweiler, OT Nanzdietschweiler, D, Rheinland-Pfalz, Kusel:

Dietswyler (1437 K.); Dietzwiller (1489 Or.); Dietzweiler (1600 Or.); Diezweiler (1788); Dietzweiler mit Nanzweiler eine Gemeinde (1824).- Mda. *diidswile*ʳ [1].

Wegen des mundartlichen Erhalts der Affrikata [ts] [2] wohl nicht zum stark flektierten PN *Theudi, Diodi*, sondern eher zu einer Ausgangsform *Diozen-wîlâri* zum wfrk. PN *Theudso, Diozo* [3].
"Der Doppelname Nanzweiler-Diezweiler (links und rechts des Glans) wurde im 19. Jh. zu Nanzdiezweiler verkürzt" [4].

1) Quellennachweis: Widder, Versuch IV 276; StA Trier WW 38 f° 15r°; Häberle, Reichsland 49; Kolb, Verzeichnis 16; Christmann, SNN I 407; Dolch/Greule 327.
2) → 4.3.
3) Vgl. Nr. 141 Anm. 5.
4) Dolch/Greule 327; vgl. auch Kaufmann, Pfälz. ONN 192.

+Digeswilre, bei Cocheren: → Nr. 146.

144. **+Dimschweiler**, am Bledesbach w. Kusel, D, Rheinland-Pfalz, Kusel:

Dynnsweiler (1446); Dymßwilre, var. Dympßwilre (1446 Or.); Dymswill[e]r (1456 Or.); Timsweiler die alte dorfstatt hat gelegen unter dem dorf Pleddesbach (1585/88 Or.).
FlNN: Dimbsweiler Höh (1630 Or.); Dimschweiler (1843) [1].

Da eine stark flektierte Variante des recht häufigen Kurznamens *Thiommo* > *Thiemmo*, den schon Förstemann überzeugend als zweistämmige Kürzung aus *Theud-mar, -mund*, etc., interpretiert [2], nicht belegt ist, am ehesten zu einer Grundform *Thiommannes-wîlâri* zum PN *Thiomman, Diomman* [3], der mit Assimilation des stammauslautenden Dentals an folgendes [m] [4] zu den Stämmen *þeud-ô-* [5] und *mann-ϕ-* [6] zu stellen ist [7]. Abschwächung und

Synkope des Mittelsilbenvokals und Assimilation von [ns] > [ss], [s] führen zu den durch Quellen belegten Formen. In frühneuhochdeutscher Zeit schiebt sich, wie auch sonst häufig, zwischen Nasal und Dental ein Sproßkonsonant <b> ein.

1) Quellennachweis: Remling, Remigiusberg 9; LA Speyer T 3/16; LA Speyer A 2 Nr. 138; LA Sbr. Nass.-Sbr. II Nr. 533 (vgl. Pfälz. Heimat (1910) 130; Christmann, SNN I 105); Fabricius, Wüstungen 130; Baum, Chronik 93; Dolch/Greule 104. Zur Lokalisierung vgl. Häberle, Wüstungen 116; Christmann, SNN I 105.
2) Förstemann, Altdeutsches Namenbuch I 1455, vgl. auch Kaufmann, Ergänzungsband 355.
3) Namenbeispiele bei Geuenich, Fulda 175. Der von Dolch/Greule 105, vorgeschlagene PN *Diemin ist nicht belegt.
4) Der Vorgang ist durch Namengleichungen in Fuldaer Quellen schon für das ausgehende 9. Jh. belegt, vgl. Geuenich, Fulda 175.
5) → 5.1.1.158.
6) → 5.1.1.122.
7) Zahlreiche Beispiele für den PN *Theud-man, Theotman bei Förstemann, Altdeutsches Namenbuch I 1440; Morlet, Noms de personne I 69 a. Schon Christmann, SNN 105, schlägt zur Deutung des SN die PNN Diotman und Diotmar vor; die von ihm ebenfalls in Erwägung gezogene Ausgangsform *Diotmundes-wîlâri dürfte wegen der in diesem Fall in den jüngeren Belegen zu erwartenden Affrikata weniger wahrscheinlich sein.

145. **+Dinhinviller**, Gde. Ancerviller, F, Meurthe-et-Moselle, Blâmont:

FlN: Dinhinviller [1].

Solange ältere Belege fehlen, scheint jeder Deutungsversuch für diesen offensichtlich in verderbter Form ins Kataster gelangten Namen zu spekulativ.

1) Quellennachweis: Nap. Kat.

Dino vilare (970/80 Or.), aus Remiremont: → Nr. 135.

Dinviller (1190 Or. u. ö.): → Nr. 135.

Dirtenwilare, Altbesitz der elsässischen Abtei Maursmünster im oberen Saargau: → Nr. 140.

Diviler (1187 u. ö.): → Nr. 139.

146. **Ditschweiler**, Gde. Cocheren, F, Moselle, Forbach:

Digeswilre (11. Jh.A. Or.); Dickesmulre < *Dickeswilre (1267 K.16); Dickeswilre (1298 Or.); Dickeswiler (1341 K.16); Dickeswilr (1365 K.15); Dikeßwiler (1365 K.14); Dykeswilren (1381 Or.); Ditschweiller (1612 Or.); Dieschwiller (1696); Dietschweiller (1696); Dietschweiller Hoff (1756).
FlN: Ditschweiler Hofwiesen [1].

< *Dikkes-wîlâri zum PN *Dikk(i), wobei angesichts ahd. dikki durchaus ein Kosename 'der Dicke' erwogen werden kann, bzw. *Dîkes-wîlâri zum wfrk. PN *Dîcus. Wie aus einem wfrk. Dîdinus, interpretiert als Kosename mit n-Suffix zu einer Spielform <dîd-> des häufigen germ. Stammes *þeuð-ô-, durch romanische Kontraktion eine Variante *Dînus möglich war [2], so konnte aus wfrk. *Dîdicus mit k-Suffix eine Form *Dîcus gebildet werden [3].
Wohl infolge einer Konsonanzerleichterung dürfte sich eine Lautform Dieschwiller [4] herausgebildet haben, aus der durch Einführung eines Gleitlauts [t] [5] heutiges Ditschweiler entstand. Sekundäre Kürzung (vor Konsonantenhäufung) verhinderte wohl eine nhd. Diphthongierung des Stammvokals zu [ei].

1) Quellennachweis: BN Paris ms. lat. 259 f° 143v°; NRW Nr. 262; WLT VI Nr. 700; AD Mos 10 F 3 f° 72v°; LA Sbr. Nass.-Sbr. II Nrr. 2441 f° 156. 3042 f° 27; AD Mos 10 F 362; AN Lux A 52 Nr. 708; AD Mos E dép. 599 1 G 1; AD Mos 4 E 106; Lex, Zustand 127; Katasteramt Forbach, Flurbuch Cocheren v.J. 1893.
2) → 5.3.13.
3) Daß ein aus <dîdic-> kontrahiertes <dîc-> als Sekundärstamm auch zur Bildung von Vollformen verwendet werden konnte, zeigen Fälle wie der aus Lorsch überlieferte Ticwin (Förstemann, Altdeutsches Namenbuch I 1456, vgl. Kaufmann, Ergänzungsband 347).
4) Zur Entwicklung von [s] > [ʃ] vor folgendem [w] auch Paul/Wiehl/Grosse § 155 Anm. 5.
5) Vgl. etwa Gleißner/Frings, Urkundensprache 67, über *tiutschen* neben *tiuschen*.

147. **+Ditschwiller**, Stadt Sarralbe, F, Moselle, Sarralbe:

Deyeschewiller (1370 K.17); Dietzwilre (1387 Or.); Dietschweiler Bann (1554); Ditschweiler (1720); Ditschveiller (1739 K.).
FlN: Ditschviller [1].

< *Diodes-wilāri zum PN *Theudi > Diodi, Diedi ².

1) Quellennachweis: AD Mos G 417 f° 9; AN Lux A 52 Nr. 814; Touba, Saaralben 217; AD MM B 491 Nr. 94; AD Mos 24 J 103; Nap. Kat. Die Siedlung lag westlich des Ortskerns von Saaralben nahe an der Gemeindegrenze zu Holving.
2) Vgl. Nr. 141.

148. **Dittweiler**, D, Rheinland-Pfalz, Kusel:

Dydewilre (1316 K.15); Diedwilr (1437/38 Or.); Diedweiller (1547 K.16); Ditwiler (1564 Or.); Didweiler (1571 Or.); Dietweiler (1600).- Mda. *diiwile'* ¹.

< *Theoden-wilāri zum PN Theudo, Theodo > Diodo > Diedo ². Die Lautentwicklung des SN zeigt die im pfälzischen Raum etwa seit dem 13. Jh. faßbare Monophthongierung von mhd. [ie] zu einem in den Quellen als <y> - bzw. mit sekundärer Rundung zu [ü] als <u> ³ - wiedergegebenen langen [i]-Laut ⁴.
Der heutigen mundartlichen Lautung dürfte eine durch Abschwächung der unbetonten Mittelsilbe ausgelöste Kontraktion *Didwil(l)er > *Didler > *Diler (mit Assimilation von [dl] > [ll], [l]) ⁵ zugrundeliegen, woraus das alte Grundwort nachträglich restituiert wurde.

1) Quellennachweis: Fabricius, Mannbuch 458; LHA Kobl. 33 4912 III a; Kampfmann, Oberamtsbannbuch 44; Stella, Karte 2; GLA Karlruhe 63 4; LA Speyer A 2 112.2 f° 4 v°; Nikolaus/Zenglein, Kohlbachtal 30; Dolch/Greule 105.
2) Vgl. Nr. 140, sowie Christmann, SNN I 106.
3) <u> als Normalschreibung für mhd. [ü] (Paul/Wiehl Grosse § 69) kann auch für einen durch Labialisierung aus [i] hervorgegangenen Laut stehen (→ 6.2.1.8.). Es scheint daher nicht notwendig, mit Kaufmann, Rufnamen 162 (ebenso ders., Pfälz. ONN 50), zwei parallele, auf zwei unterschiedliche Ausgangsformen *Dûden-wilāri und *Dioden-wilāri zurückgehende Überlieferungsstränge zugrundezulegen.
4) → 6.2.1.9.2.
5) Vgl. auch den FlN *Dieler Berg* in der gleichen Gemeinde.

149. **+Domangeviller**, Gde. Lexy, F, Meurthe-et-Moselle, Longwy:

Domenge Vilers (±1200 Or.); Doumengevilleirs (1231 K.14); Demenge Viller (1242 K.18); Domangeville (1321 Or.) ¹.

< *Dominico-villa/-villāre zum lat.-rom. PN *Dominicus* ². Der PN gehört zum Adjektiv *dominicus* 'belonging to the Lord' ³, ist erst verhältnismäßig

spät belegt und darf als rein christlich angesehen werden [4]. Für das Bestimmungswort des SN ist in Analogie zum Adjektiv mit einer Entwicklung [-icu] > [-igu] > [-jo] > [dʒ] [5] zu rechnen. Die Behandlung von vortonigem [o], das teils zu <ou> geschlossen, teils zu [e] geschwächt wird, ist typisch für die lothringische Skripta [6].

1) Quellennachweis: BN Paris Coll. Lorr. Bd. 976 Nr. 10; BN Paris ms. lat. 12866 f° 20r° (vgl. Arveiller-Ferry, Catalogue Nr. 34; Mangin, St. Pierremont 61; Kopie des 16. Jhs. auch in AD Mos H 1219 f° 153v°); AD Mos H 994 f° 6r° (vgl. Jacquemin, Justemont 224); BN Paris Coll. Lorr. Bd. 971 Nr. 114.
2) → 5.1.2.3.
3) Vgl. Georges, Handwörterbuch I 2280; Koffmane, Geschichte 50; Deissmann, Urgeschichte 42; Kajanto, Studies 105.
4) Schrijnen, Namengebung 275, denkt an einen "date name" ('der am Sonntag Geborene'), ablehnend dazu Kajanto, Studies 107.
5) Vgl. Rheinfelder § 719; Schwan/Behrens § 143; Bourciez § 149. Die Lautentwicklung im PN wird (allerdings mit allzu pauschalisierenden Angaben zur Zeitstellung einzelner Lautstufen) dokumentiert bei Collin, Fiches 147.
6) → 6.1.1.9., sowie den diese Entwicklung besser dokumentierenden SN Domangeville (Gde. Pange, F, Moselle, Pange: Mda. *demingevelle*, vgl. Bouteiller, Dictionnaire 68 f.). Dieser und zahlreiche andere, heute Domangeville, Dimancheville, u.ä. lautende SNN werden von Buckeley, Ortsnamenforschung 125; Longnon, Noms de lieux 231; FEW III 129; Dauzat/Rostaing 242, und vielen anderen als *dominica villa* 'Herrengut' gedeutet. Da Belege wie *Dominica villa* (869) für Villedommange (F, Marne) kaum einen Zweifel daran lassen, daß es einen solchen Typus tatsächlich gegeben hat (allerdings nach FEW III 129, offenbar nicht im wallonischen und lothringischen Dialektgebiet), wird man diesen Ansatz auch für den hier zu behandelnden SN wohl nicht ganz ausschließen können.

Dorsweiler: → Torcheville.

150. **Dorviller**, Gde. Flétrange, F, Moselle, Faulquemont:

Villerium (1147 K. 17/18); zu Wilre bei Wylen (1276 Or.); Wilre (1291 Or., 1361 Or.); de Villeirs deleis Halfedanges (1289 K.14); Villers sur le hault (1420 Or.); zu Argentzen vnd zu Wilre (1457 Or.); zu Wylre ... zu Nyedervyllen (1459 Or.); Doirwyler (1532 Or.); Dorweiler (1547 K.16); Dorweyler (1549 Or.); Dorwiller (1580 K.).- Mda. *doervile¹*.
FlNN (in den Nachbargemeinden Bambiderstroff, Basse-Vigneuilles und Guinglange): in Welresbarden (1315 K.14); am Wieler paide (15. Jh. E. K.16); am weiler weg (1662 Or.); sur Villerberig (1692 Or.); auf Villerberg [1].

< *Vîllâre / *Wîlâri. Das erst im ausgehenden Mittelalter hinzutretende Bestimmungswort leitet sich vom Namen des bei Flétrange in die Nied mündenden Dorbachs [2] ab, an dessen Oberlauf die Siedlung liegt. Der Bachname ist vorgermanisch [3]. Kaspers [4] hatte für den SN an kelt. *Durnos, Tornos* gedacht, doch ist für diesen PN starke Flexion anzunehmen.

1) Quellennachweis: Meinert, Papsturkunden I Nr. 50; BRW Nr. 190 (vgl. auch MRR IV Nr. 61; JRS Nr. 550); BRW Nr. 252 f. (vgl. auch HRS Nr. 176; JRS Nr. 700 f.; MRR IV Nr. 1872); Longnon/Carrière, Pouillé 206; AD Mos H 681 bis f° 61; AD Mos 10 F 94; AD Mos 10 F 75; BRW Nrr. 1184. 1203; Gritzner, in: ASHAL 20 (1908) 437; Zéliqzon, Dictionnaire 211; BN Paris ms. lat. 10030 f° 72 v°, AD Mos H 1026 f° 125; AD Mos H 1067; AD Mos E Suppl. 308, 5 CC 4; Toussaint, Frontière 154. Zur Zuordnung des seit 1121 bezeugten Lubelner Besitzes in *Dorwilre* vgl. Nr. 13 Anm. 1.
2) Der Gewässername ist 1488 (K.16, AD Mos H 1026) als *Turbache*, 1580 (K., ASHAL 20 (1908) 437) als *Djrbach* bezeugt.
3) Im Anschluß an Greule, Flußnamen 91 ff. 159 f. 191 ff., und Hubschmid, Praeromanica 109-115, deutet Haubrichs, Ortsnamenprobleme 36, den Gewässernamen als vorgerm. *dura.
4) Kaspers, Weiler-Orte 119.

151. **+Dottonevillare**, Gde. Réding, F, Moselle, Sarrebourg:

Dottonevillare (± 1142 < 10. Jh. E.K. 17/18); Dotenvilare (11. Jh. Or.). FlNN: en Dottwillersmatt (1671); Todtwillerfeldt (1764/69) [1].

< *Dôttône-vîlâre / *Dôtten-wîlâri zum PN Dôtto [2], einem hybriden Kosenamen zum wohl aus *þeuð-ô- [3] entwickelten Sekundärstamm <dôd-> [4] mit verhärtetem und geminiertem Dental.

1) Quellennachweis: Perrin, Essai 114; AD Mos 8 F 10.
2) Förstemann, Altdeutsches Namenbuch I 412; Morlet, Noms de personne I 72; vgl. Haubrichs, SNN 267.
3) → 5.1.1.158.
4) Dazu ausführlich Kaufmann, Ergänzungsband 96. 353; Kaufmann, Rufnamen 57. 64 ff. 134 f.; Mansion, Naamkunde 199; Menke, Namengut 100; Tiefenbach, Xanten-Essen-Köln 351.

152. **+Dourvillers**, Gde. Virming, F, Moselle, Albestroff:

FIN: Dourvillers [1].

Möglicherweise zu einer Grundform *Duren-wîlâri zum PN Duro ². Ein entsprechender Namenstamm stellt sich vermutlich zu anord. þora 'wagen' ³.

1) Quellennachweis: Nap. Kat. Die Siedlung lag etwa 1,5 km westlich des Ortskerns an der Straße nach Morhange.
2) Belegt bei Förstemann, Altdeutsches Namenbuch I 435. Man vgl. in Württemberg den SN Durrweiler, der 1130 als Turewilare belegt ist (Gradmann, Siedlungswesen 113).
3) Vgl. Möbius, Glossar 455; zu den Namen auch Schönfeld, PNN 239; Kaufmann, Ergänzungsband 360; Menke, Namengut 173.

Dragwiler (1480 Or.): ↪ Nr. 621.

Dudewilre (1258 Or. u. ö.): ↪ Nr. 133.

Dudewilre (1368 Or.): ↪ Nr. 142.

153. **Dudweiler**, Stadt Saarbrücken, D, Saarland, Saarbrücken:

Duodonis villare (977 Or., 993 Or.); Dudweiler (1264 K.16); Dudewilre (1316 K., 1348 Or., 1361 Or., 1369 K., 1424 Or. u.ö.); Dudewilr (1346 K., 1402 Or., 1424 Or., 1441 Or., 1452 Or., 1455 Or. u.ö.); Dudenwilre (1417 Or.); Dudwiller (1426 K.16); Dudewiler (1442 Or., 1459 K.18, ±1494 Or.); Dudewiller (1459 Or.); Dudwilr (1461 K.16, 1491 Or.); Dudwiler (1508 Or., 1514); Dudweyller (±1540 Or.); Duttweiler (1756) ¹.

< *Dôden-wîlâri zum PN Dôdo ², mit lautgerechter Entwicklung des Stammvokals [ô] > [uo] > [û] ³.

1) Quellennachweis: MG DD Otto II Nr. 159; MG DD Otto III Nr. 117; PRZ Nr. 172 (= NRW Nr. 245), JRS Nr. 989; LHA Kobl. 54 S 7; Kirsch, Kollektorien 317; JRS Nr. 1774; LA Sbr. Nass.-Sbr. II 944 f.; BRW Nr. 514; LA Sbr. Nass.-Sbr. II Nrr. 76. 946. 2959 f° 2. 261. 1179. 940. 2441 f° 110. 230; BRW Nr. 809; LHA Kobl. 54.33 Nr. 728 f° 46v°; Stadtarchiv Sbr., Fremdbestand Nass.-Sbr. I, Karton 267; LA Sbr. Nass.-Sbr. II Nrr. 5405 f° 266r°. 958. 960. 2457 D; Nolte, in: ZGSG 19 (1969) 190; Lex, Zustand 29.
2) Förstemann, Altdeutsches Namenbuch I 412; Morlet, Noms de personne I 72. Zum aus *þeud-ô- entwickelten Sekundärstamm <dôd-> vgl. 5.1.1.46. Zum PN Dôdo gehört auch das pfälzische Duttweiler, vgl. dazu Dolch/Greule 112.
3) ↪ 6.2.1.9.1.

154. **Düppenweiler**, Gde. Beckingen, D, Saarland, Merzig-Wadern:

Wilre (? 1052 Or., 1138/51 K.13, 1152 K.15, 1179 K.15, 1197 K.15, 1277 K.15, 1355 Or. u.ö.); ecclesiam de Villari (1182 K. 15, 1197 K.15); ? ...wilre (1222 Or.); superius Wilre et inferius Wilre nuncupatas vulgariter Duppinwilre (1335 K.); Duppinwiler (1346 Or.); Dippenwilre (1375 K.15); Düppenwylre (1399 Or.); Duppenwiler (1439 K.); Duppenwilre (1444 K., 1459 Or., 1477 Or.); Dupwylere (1460 K.15); Düppenwiler (1461 Or.); Duppewiler (1461 Or., 1489 K.15); Duppenwilr (1482 Or., 1489 K.15, 1498 K.15, 1535 Or.); Duppenwyler (1502 Or.); Wyler (1558 Or.); zu Ober vnnd nider döppenweiler (1599 Or.) [1].

< *Wilâri*. Nachdem in Düppenweiler vor wenigen Jahren eine mittelalterliche Töpferei ergraben wurde, kann an der Zuordnung des - sekundären - Bestimmungswortes zu wmd. *düppen* < ahd. *duppîn* 'Gefäß' [2] nicht mehr gezweifelt werden. In der Lautentwicklung des Bestimmungswortes zeigt sich Umlaut von [u] > [ü] vor folgendem [i] mit anschließender Entrundung von [ü] > [i] [3].

1) Quellennachweis: WLT I Nr. 274 (die Zuordnung dieses *Wilre*, das zusammen mit den *villas nostras ... Buzza, Merceche, Fuhde* vom Trierer Erzbischof als Präkarie an die Grafen von Arlon vergeben wird, ist nicht völlig gesichert); MRhUB I Nr. 575; BRW Nrr. 11. 21. 47. 194; LHA Kobl. 143/8 (die Identifizierung der Pfarrei *...wilre*, die zur jährlichen Wallfahrt nach Mettlach verpflichtet ist, ist nicht ganz sicher. Nur Gysseling, Woordenboek 292, identifiziert mit Düppenweiler); JRS Nrr. 1718. 1677; BRW Nr. 27 (vgl. MRhUB II Nr. 54); BRW Nr. 47; Stengel, Nova Alamanniae Nr. 374; Mötsch, Balduineen Nr. 1889; BRW Nr. 605 f.; LHA Kobl. 1 B Nr. 1072; LHA Kobl. 54 R 10; LHA Kobl. 54 H 1180; LA Sbr. Münchweiler Urk. Nrr. 22. 36; LHA Kobl. 218/690; AD MM B 584 Nr. 87; LA Sbr. Münchweiler Urk. Nr. 25; LHA Kobl. 143/709 f° 176; Stadtarchiv Sbr., Städt. Urk. Nr. 9; LHA Kobl. 143/709 ff° 118. 251; LA Sbr. Münchweiler Urk. Nrr. 58. 76; LA Sbr. Best. Herzogtum Lothringen Nr. 195 f° 2v°; StA Trier V 32. Zur Zuordnung der ältesten Belege vgl. Pauly, Merzig 103; Herrmann/Hoppstädter/Klein, Landeskunde II 126; Gysseling, Woordenboek 292; Jungandreas, Lexikon 314.
2) So schon Müller, ONN II 69; Jungandreas, Lexikon 314. Zum Appellativ ausführlich Hildebrandt, Ton und Topf 321 ff.
3) → 6.2.1.7.

Dürrweiler, FlN, Gde. Petit-Rederching: → Nr. 138.

155. **Dunzweiler**, D, Rheinland-Pfalz, Kusel:

Duntzweiler (? 1108 K., 1262 K., 1264 K.); Duntzwilre (1247 K.15, 1406 K., 1438 K.); Dunzwilr (1264 K.15); Duntzwiller (1429, 1497 Or.); Duntzwiler (1460 Or., 1495 Or); Dontzwilr (1460 Or., 1471 Or.); Dontzwiler (1485 Or.); Dunßweiler (1542 Or.).- Mda. *dunswile'* [1].

< *Dunzen-wîlâri* zum PN *Dundso (mit s-Suffix [2]) > *Dunzo. Kaufmann interpretiert ein Namenelement <dund->, in dem schon Förstemann wegen der offensichtlich geringen Zusammensetzungsfähigkeit keinen Primärstamm gesehen hatte [3], als Lallstamm, entwickelt auf der Basis eines häufigen <dud(d)-> [4] durch dissimilatorische Auflösung der Geminata [dd] mit Hilfe eines expressiven n-Einschubs [5]. Belege mit <o> im Stammvokal des PN dürften die mitteldeutsche Senkung von [u] > [o] reflektieren, die sich allerdings vor Nasalverbindungen nicht halten konnte [6].

1) Quellennachweis: NRW Nr. 168 Anm. 1; NRW Nr. 224; PRZ Nrr. 172. 108; NRW Nr. 131; Oberndorff, Regesten Nr. 4671; Pöhlmann, Lehensbuch Nr. 272; NRW Nr. 237; RhVjbll. 18, 199; Pöhlmann, Bitsch Nr. 161; LA Sbr. Nass.-Sbr. II Nr. 2266 f° 19; Pöhlmann, Bitsch Nr. 159; LA Sbr. Nass.-Sbr. II Nr. 2266 ff° 19. 25; Pöhlmann, Bitsch Nr. 131; BRW Nr. 1242; Christmann, SNN I 113; Dolch/Greule 111. Belege, die Jungandreas, Lexikon 314, zu "Dunzweiler, unbekannt bei St. Wendel/Ottweiler" stellt, beziehen sich auf diesen Ort.
2) → 5.2.
3) Vgl. Förstemann, Altdeutsches Namenbuch I 433 f. Belege für den PN *Dundo, Dondo* und davon abgeleitete Kurz- und Kosenamen geben außerdem Jarnut, Studien 103; Bruckner, Sprache 314; Mansion, Naamkunde 189; Stark, Kosenamen 88. Sehr viel stärker als die insgesamt doch recht spärlichen Nennungen von Personen, die einen mit diesem Lallstamm komponierten Namen tragen, in den Quellen vermuten lassen, scheinen PNN auf <dund-> in den Bestimmungswörtern von SNN gerade im Saar-Mosel-Raum, aber auch in Belgien, Luxemburg und in den Rheinlanden vertreten zu sein, vgl. dazu die langen Beispiellisten bei Kaufmann, Rufnamen 147 ff. Zur Deutung des SN Dunzweiler vgl. auch Christmann, SNN I 113, wobei mit Kaufmann, Pfälz. ONN 52, die Hinweise auf die PNN *Dono, Donobert*, etc., zu streichen sind.
4) → 5.1.1.47.
5) Vgl. Kaufmann, Ergänzungsband 91, allgemeiner Kaufmann, Rufnamen 143 ff., unter Berufung auf Schwyzer, Geminatenauflösung 244; Wißmann, Ausdrucksworte 7.
6) Vgl. Paul/Wiehl/Grosse §§ 50. 65; Schwitzgebel, Kanzleisprache 135 ff.; Froeßl, Sprachbewegungen 102 ff.

156. **+Dupwiller**, bei Eincheville, F, Moselle, Grostenquin:

en la ville de Duppewilre de Engeswilre de Riche de Schoneberg de Hermerstorfe de lai haute Crehanges de Ginderingen et de Herlingen (1385 Or.); in Dupwiler ban (1428 K.16); zu Dupwiler by bruch castul (1452 K.16); Dupenwiller (1487/88 Or.); Dupweiller (1574 Or.); Dupwiller (1586 Or.) [1].

< *Duppen-wilâri zum PN *Dup(p)o ? Ein "vermutlich wfrk. *Dubo, *Duvo ... unsicherer Entstehung", das hier in einer inlautverschärften und eventuell geminierten Variante vorläge, weist Kaufmann an toponomastischen Quellen nach [2].

1) Quellennachweis: AD MM B 689 Nr. 64 f.; AD Mos 10 F 3 f° 106 f.; AD MM B 5251 f° 33v°; AD Mos 10 F 361.
2) Vgl. Kaufmann, Ergänzungsband 98. Sollte *Dubo ein romanisiertes *Theubo (dies als zweistämmige Kürzung aus Vollformen des Stammes *þeuð-ô-, deren Zweitglied ein auf [b-] anlautendes Namenelement enthielt, mit romanischer Assimilation des vorkonsonantischen Dentals an den folgenden Labial, vgl. Rheinfelder § 552) repräsentieren ? Nach Lunderstedt 278, ist es zwar recht selten, aber doch immerhin möglich, daß "u aus eu mit Schwund des ersten Komponenten des eu entstanden [ist]"; er nennt als Beispiel nordfrz. lupard < leopardum.

157. **Ebersviller**, F, Moselle, Bouzonville:

Euiresville, var. Eureswilre (1217 K.17/18); Eberschwyler (1239 K.16); Auronuille (13. Jh. Or., 1291 Or., 1308 Or., 1309 Or., 1311 Or., 1326/27 Or. u.ö.); Everouville (1283 Or.); Aiuronisuilla (1313 Or.); Eversvilre (1343 K.14); Aivronville (1343 Or.); Aueronville (1353 Or.); Ewiswilre (1361 Or.); Aurenville (1372 Or.); Avrouville (1378 Or.); Eberßwilre (±1405 Or., 1442 Or.); Ebeswilr (1407 Or.); Efferswilre (1422 Or.); Ewerßwilre (1434 Or.); Eueswilre (1435 Or.); Eberßwiller (1457 Or., 1475 Or., 1478 Or. u.ö.) [1].

< *Everône-villa / *Ebures-wilâri zum PN Ebur bzw. einer auf frk. Ebero beruhenden romanisierten Variante *Evero [2]. Der Stamm *ebur-a- [3] findet zur Namenbildung in der gesamten Germania Verwendung, und zwar sowohl als Simplex als auch (sehr viel häufiger) als Erstglied von Vollnamen. Besonders beliebt war er ausweislich der Belegdichte [4] im Westfränkischen. In der romanischen Namenform kann vortoniges [e], wie in der lothringi-

schen Skripta häufiger, auch durch <a> bzw. <ai>, <ei> wiedergegeben werden ⁵. Den deutschen Namen charakterisiert die im Mittelfränkischen regelhafte Bewahrung des germ. stimmhaften [b] ⁶. Die Quellen geben die Spirans meist durch <v> bzw. <w> wieder ⁷; <ff> in einer Urkunde Thilmans von Hagen ⁸ vom Jahr 1422 ist eine Besonderheit der betreffenden Quelle, die auch *Erffen* ('Erben') hat ⁹. Die nur ganz vereinzelt aufscheinende Graphie <b> repräsentiert die rheinfränkische Entwicklung von germ. [b] zum Verschlußlaut [b] ¹⁰.

1) Quellennachweis: AD Mos H 1714 f° 429v°; AD Mos H 1918; BN Paris Coll. Lorr. Bd. 971 Nr. 10 F; AD MM B 566 Nr. 29; AD Mos H 3568 Nrr. 11. 12. 16; AM Metz II 305; Herrmann, Betreffe 227; AD Mos H 3568 Nr. 5 bis; LHA Kobl. 1 A Nr. 5143; AM Metz II 307 f.; AN Lux A 52 Nr. 509; AD Mos 7 F 649; AM Metz II 30; LA Sbr. Nass.-Sbr. II Nr. 1436 f° 11; LHA Kobl. 54 H 1045; AD Mos G 1161; LA Sbr. Münchweiler Urk. Nrr. 11. 12. 13; AD MM B 567 Nrr. 119. 121; AD MM B 9356. Das Petrspatrozinium der Kirche von Ebersviller veranlaßt Kuhn (in: Saarbrücker Hefte (1960/61) 37), den Frühbesitz der Metzer Abtei St. Pierre-aux-Nonnains *in comitatu vosagien. fragesa villare et eueronis villam* (960 Or., MG DD Otto I Nr. 210; Lesung nach BN Paris ms. lat. 10027 f° 14v°, da die betreffenden Stellen im Original (AD Mos H 3904 Nr. 1) zerstört sind) unter Vorbehalt - sehr viel bestimmter ist dagegen Rudolf, Censier 64; sie setzt sich ab von Bernhaupt, Cartulaire o.S., der eine Identifizierung mit Errouville (F, MM, Audun-le-Roman) vorgeschlagen hatte - hier anzusiedeln, obwohl die Comitatsangaben der Urkunde nahelegen, daß beide Orte in den Vogesen gesucht werden müssen. Der von Kuhn ebenfalls in Erwägung gezogenen Identifizierung von *Everonis villa* mit Haréville (F, Vosges, Vittel), wo das Kloster noch im 17. Jh. einen größeren Waldbezirk besaß (AD Mos H 3960), stehen sprachliche Bedenken entgegen. Den Weg zur Lösung des Identifizierungsproblems eröffnet ein Randvermerk im Chartular, wo die Orte als *Frangeville* und *Aurinville* glossiert werden. Danach ist *Eueronis uilla* gleichzusetzen mit Avrainville (F, Vosges, Charmes), dessen ältester Beleg *Ebrinevilla* bzw. *Eborinovilla* (10. Jh. M., Kop. nur wenig jünger, vgl. Perrin, Seigneurie 698 f.; Marichal, Dictionnaire 16) lautet. Hier ist offensichtlich früher Fernbesitz des Metzer Petersklosters verknüpft mit Besitzungen der Vogesenabtei Remiremont; zu den engen Verbindungen zwischen beiden Klöstern, die zeitweilig der gleichen Äbtissin unterstehen, vgl. ausführlich Parisse, Remarques.

2) Vgl. Förstemann, Altdeutsches Namenbuch I 438 f.; Kaufmann, Ergänzungsband 103. Die Deutungen des SN mit Hilfe des PN *Eburo, Ebero* bei Morlet, Noms de personne III 296; Dauzat/Rostaing 257, und Vincent, France 154, werden, obgleich alle Autoren nur deutschsprachige Belege zitieren, lediglich der romanischen Variante des SN gerecht. Für die deutschen Formen, die einen stark flektierenden PN voraussetzen, verbietet sich der Ansatz eines Kurznamens auf -*o*.

3) → 5.1.1.48.

4) Vgl. z.B. Morlet, Noms de personne I 77 f.; Kremer, PNN 98; Müller, PNN 19; LMR 236 f.; Gasnault, Documents 89; Roth, Polyptychon 71; Longnon, Polyptique I 301.

5) → 6.1.3.

6) Vgl. Braune/Eggers §§ 88 b. 134; Franck/Schützeichel § 78; Martin, Untersuchungen 47. 84.
7) Regelhaft ist im gesamten mittelfränkischen Raum die Schreibung <v> bzw. <u>, vgl. dazu u.a. Bergmann, Glossen 114 ff.; Weinhold, Grammatik § 175 f.; Langenbucher, Studien 112 f.; Schützeichel, Mundart 285 mit Anm. 869.
8) Hahn bei Lebach.
9) → 6.2.2.3. Anm. 578.
10) Vgl. Braune/Eggers § 135. Nach Schützeichel, Mundart 287, tritt im Raum um Koblenz schon seit dem Ende des 13. Jhs., "offenbar von Süden her eindringend", die Schreibung <b> auf. "Insbesondere muß darauf hingewiesen werden, daß die b-Schreibung im 14. und 15. Jh. mehr und mehr an Boden gewinnt und die ältere Schreibung (v, u) allmählich zurückdrängt".

Ebersviller: → Farebersviller, Petit-Ebersviller.

158. +**Ebersweiler**, Gde. Bust, F, Bas-Rhin, Drulingen [1]:

? in ... pago quo uocatur Sarahgeuui quartam partem unius montis qui uocatur mons Eburharti (851 K.9) [2]; ? Ewersweiler (1471).
FlNN: Ebersweiler Waldt (1741); Ebersweiller Vald (±1840) [3].

< *Eburhardes-wîlâri* zum PN *Eburhard* [4], komponiert aus den Stämmen **ebur-a-* [5] und **harð-u-* [6].

1) Erste Hinweise auf diese Wüstung bei Clauß, Wörterbuch 288; RL III 212; Humm/Wollbrett 45.
2) Zur Begründung der Verknüpfung des alten Bergnamens mit der Wüstung vgl. ausführlich Haubrichs, SNN 267. Es sind vor allem genealogische und besitzgeschichtliche Überlegungen, die diesen Schluß nahelegen: +Ebersweiler lag nur etwa 4 km südöstlich von Durstel, das nach dem Zeugnis der Weißenburger Überlieferung ein wichtiges Besitzzentrum der austrasischen Hochadelsfamilie der Chrodoine gewesen ist; die Zugehörigkeit eines *Eburhard*, der in den Quellen um das Jahr 740 aufscheint, zu dieser Familie ist gesichert. Der *mons Eburharti* wiederum war 851 im Besitz *Gebolts*, des chrodoinischen Vogtes der Abtei Weißenburg im Saargau.
3) Quellennachweis: DTW Nr. 204; Haubrichs, SNN 267 (die Zuordnung dieses Beleges zu +Ebersweiler scheint mir nicht gesichert: sollte es sich bei der Quelle um die Beschreibung des St. Quiriner Hofbannes aus den Jahr 1471 handeln, in der ein *Ewersweiler* genannt wird (vgl. - nach jüngerer Kopie mit durchweg wenig verläßlichen Lesarten - Hertzog, Wirtschaftsverfassung 100: *nach E. zu der mühlen*), so wäre der Beleg zu streichen, da hier eindeutig *Elbersweiler* (<lb> → <w>) zu emendieren und mit Abreschviller (Nr. 001) zu identifizieren ist); AD BR 8 E 69 Nr. 1; Nap. Kat.
4) Vgl. zu diesem überaus häufigen PN Förstemann, Altdeutsches Namenbuch I 441 ff.;

Morlet, Noms de personne I 77 a; LMR 236. Zum gleichen PN etwa auch der Frühbesitz der elsässischen Abtei Murbach in *Waranangus qui dicitur villare Eberhardo* (Schoepflin, Alsatia Diplomatica I Nr. 9; Förstemann, Altdeutsches Namenbuch II, 1 794) sowie die bei Löffler, Weilerorte 94 f., genannten Beispiele.

5) → 5.1.1.48.
6) → 5.1.1.86.

Eckelnswilr (um 1240 in einem Finstinger Vasallenverzeichnis): → Nr. 159.

Eckeswilre: → Thalexweiler, Urexweiler.

159. **+Eckersweiler**, unbekannt in der Grafschaft Rixingen/Réchicourt, F, Moselle:

? her Reiner von Sarbruck helt den hoff zu Eckelnswilr den her Gotfrid hette von Yn (vor 1241 K.14); Eckersweiler (1618 Or.) [1].

< *Ekkilines-wîlâri* zum PN *Ekkilin*, einer Kosenamenbildung mit Hilfe des Suffixes -*linus/-lenus* [2] zum Stamm *ag-jô-* [3], mit Assimilation [ns] > [s] und Entwicklung von [ls] > [rs].

1) Quellennachweis: AD MM B 693 Nr. 1 f° 2v°; AD Mos 1 E 168.
2) → 5.2.
3) → 5.1.1.4.

+Eckweiler, unbekannt im Raum Ottweiler: In der Genealogia Saraepontana des Johann Andreae (1637, HStA Wiesbaden 130 II/70,4 S. 526) unter den "alten abgegangenen Dörfern" aufgeführt. Vgl. (mit weiteren Literaturhinweisen) Staerk, Wüstungen 151. Weitere Nachrichten fehlen.

160. **+Ederswiller**, Gde. Puttelange-aux-Lacs, F, Moselle, Sarralbe [1]:

Oderswilre (1322 Or., 1345 Or.); Enderswilre (1356 Or.); Ederßwiller (1505 Or.); Oderßwiler (1541 Or.); Oderswiler (1543 Or.); Edersweiller (1582); Hoff Edessweiler (1603); Edesweiller (1617/18 Or.); Ederßweyler (1620 Or.); cense seigneuriale d'Edesviller ou de Welschhoffe (18 Jh.); Ederswiller (1779) [2].

< *Ôdheres-wîlâri zum germ. PN *Aud-hari > Ôdher ³, komponiert aus den Stämmen *auð-a- ⁴ und *har-ja-⁵ . Im Beleg Enderswilre, der so nicht stimmen kann, ist am ehesten *Eiderswilre zu emendieren ⁶. Mindestens seit dem 14. Jh. hat also das Zweitglied des PN in Analogie zu mhd. -aere, -er Sekundärumlaut [ô] > [ö:] ausgelöst ⁷, das dann zu [e] entrundet auftritt ⁸. Nicht ganz ausgeschlossen ist auch ein Ansatz *Audînes-wîlâri (> *Odînes → *Öders-) zum PN Audîn.

1) Hinweise auf die Wüstung geben Bouteiller, Dictionnaire 72; RL III 245; Besler, ONN I 42; Langenbeck, Wüstungen 107; Pöhlmann, Bliesgau I 111.
2) Quellennachweis: Krämer, Beiträge 148; Mötsch, Regesten I Nrr. 844. 1075; AD MM B 857 Nrr. 27. 29. 30; Wolfram, Gutachten 10. 21; Touba, Region Saargemünd I 17; AD Mos E 164; AD MM B 857 Nr. 70; AD Mos 24 J 100 f° 76; Durival III 124.
3) Vgl. Förstemann, Altdeutsches Namenbuch I 195; Morlet, Noms de personne I 44 a.
4) → 5.1.1.19.
5) → 5.1.1.87.
6) Mit Dehnungs-i, → 6.2.1.3.
7) → 6.2.1.1.
8) → 6.2.1.7.

161. +**Effviller**, Gde. Enchenberg, F, Moselle, Rohrbach-lès-Bitche:

das gutt zu Effewilren (1413 K.); Effweiller (16. Jh. Or., 1758 Or.). FlN: Effviller ¹.

< *Effen-wîlâri zum PN Effo ² als Assimilationsform zu aus Erpð verschobenem Erfo ⁴. Der PN ist zum Stamm *erp-a- 'dunkelfarbig' ⁵ zu stellen.

1) Quellennachweis: AD Mos 1 E 27; AD MM B 571 Nr. 2; AD Mos Cartes et plans Nr. 987; Nap. Kat.
2) Förstemann, Altdeutsches Namenbuch I 14; Morlet, Noms de personne I 20; LMR 237.
3) Vgl. z.B. Förstemann, Altdeutsches Namenbuch I 486; Morlet, Noms de personne I 41; LMR 240; Geuenich, Prüm 61.
4) Förstemann, Altdeutsches Namenbuch I 486 "sehr häufig".
5) → 5.1.1.54. Für den PN Erpo zieht Schützeichel, Namenliste 121, auch die Möglichkeit einer zweistämmigen Kürzung (etwa aus Eren-, Erl-bolt, Erb-her) in Erwägung.

Eggeswilre (1430 K: u. ö. in Wörschweiler Quellen): → Nr. 190.

162. **+Ehviller**, Gde. Bettange, F, Moselle, Boulay:

FlNN: in Ehewieller (1697 Or.); in Eheweiller (1762 Or.).- Mda. *eewile'* [1].

< **Ehen-wilâri* zum PN *Eho* [2]. Ein auf idg.**ekuos* 'Pferd' beruhendes germ. **ehwaz* wurde "mit Sicherheit im Nord- und Westgermanischen, mit hoher Wahrscheinlichkeit im Ostgermanischen" [3] zur Namenbildung gebraucht. Im Innern des Wortes im Silbenanlaut wurde [h] schon im Althochdeutschen als Hauchlaut gesprochen [4]; in jüngerer Zeit ist es verstummt und nur graphisch als Dehnungszeichen erhalten [5]. Die in den Belegen aufscheinende Zerdehnung von [ê] zu nhd. /-ehe-/ läßt sich, unter anderem am Beispiel von mhd. ê > nhd. *Ehe* 'Ehe', auch sonst gut belegen [6].

1) Quellennachweis: AD Mos 4 E 40; AD Mos E dép. 73, 1 G 1. Im Kataster ist der FlN fälschlich als *Erviller* verzeichnet.
2) Vgl. Förstemann, Altdeutsches Namenbuch I 451; hierzu wohl auch diverse Belege für einen PN *Echo* bei Förstemann, Altdeutsches Namenbuch I 16; Morlet, Noms de personne I 22 b; Socin, Namenbuch 202; Bach, Namenkunde I,2 § 326; allerdings ist die Graphie <ch> für intervokal. [h] selten.
3) Vgl. Müller, PNN 26; Förstemann, Altdeutsches Namenbuch I 451; Kaufmann, Ergänzungsband 105, u.a. mit westfränkischen, bayerischen und alamannischen Beispielen.
4) Braune/Eggers § 154; Franck/Schützeichel § 110.
5) Paul/Wiehl/Grosse § 142.
6) Ebd. Anm. 4.

163. **Ehweiler**, VG Kusel, D, Rheinland-Pfalz, Kusel:

Eygewilre (1316 Or.); Ewilre (1446 K.); Ewiller (1456 Or.); Ewiler (1480 Or.); Eheweiler (1609 Or.).- Mda. *eewile'* [1].

< **Ehen-wilâri* zum PN *Eho* [2]. Im Beleg *Eygewilre* repräsentiert die Graphie <ey> wohl den langen [e]-Laut; <g> ist hyperkorrekt für bereits geschwundenes [h] restituiert [3].

1) Quellennachweis: Glasschröder, Neue Urkunden Nr. 313; LA Speyer F 2/100 a; LA Speyer A 2/138.1; LHA Kobl. 24/539 f° 1; Christmann, SNN I 118; Dolch/Greule 116.
2) Vgl. Nr. 162. Der Ansatz Christmanns, der von einem PN *Agio* (> *Egio, Eio*) ausgeht, hätte wohl zu heutigem **Eiweiler* geführt; Kaufmann, Pfälz. ONN 54, und

Dolch Greule 116, stellen den SN zu einer Grundform *Agin-wilári, zum PN Ago mit oberdeutschem Genetiv, mit dem jedoch in der Westpfalz kaum zu rechnen ist, s. dazu 4.3.

3) Grund für diese Umkehrschreibung ist die für das Mitteldeutsche typische Kontraktion von intervokal. [g], dazu 6.2.1.10.

Eichviller, FlN Gde. Gosselming: → Nr. 185.

+Eimersweiler, Gde. Oberkirchen: → Nr. 418.

164. **Eincheville / Enschweiler**, F, Moselle, Grostenquin:

? villam apud Jugesville < *Ingesville[r] (791 F.); Eingeviler (1085 K.12); Ingeviler (1085 K.12); Engeswilre (1257 Or., 1265 Or., 1269 Or., 1340/49 Or., 1372 Or.); Enschwilre (1265 Or.); Inglesewilre (1279 frz. K.14); Aingleuileirs (1325 Or.); Engleuiller (1347 Or.); Ingueuilleirs (1361 Or.); Eingeswilr (1385 Or.); Engeßwiller (1448 K.15, 1498 Or.); Engstwiller (1486 Or.); Enßwiler (1547 Or.).- Mda. ẽšvi̯la [1].

Die Zuordnung der frühen Belege *Eingeviler* und *Ingeviler* setzt die Existenz eines romanischen Überlieferungsstranges voraus, der auch in *Engleuiller* und *Ingueuilleirs* faßbar ist und auf eine Ausgangsform *Ingilo-villáre führt. In romanisch-altfranzösischer Lautentwicklung zeigt sich Vokalsenkung [i] > [e] im Stamm- wie im Suffixvokal des PN [2] sowie Liquidenmetathese [3] mit anschließender Assimilation des nachkonsonantischen [l] an den im Grundwort folgenden Liquiden. In deutscher Überlieferung ist von einer Grundform *Ingiles-wilâri bzw. *Engiles-wilâri auszugehen, aus der über die Zwischenstufen *Engelswilre (mit Abschwächung des unbetonten Mittelsilbenvokals) und *Engeswilre* (mit Assimilation [ls] > [ss] > [s]) durch wohl auf dieser Stufe erfolgende Erleichterung der Dreikonsonanz [ng's] [4] > [ns] bzw. (vor folgendem [w]) [nʃ] [5] heutiges *Enschweiler* entsteht.
Ob die heutige französische Namenform *Eincheville* genuin entwickelt (dann mit dem im Lothringischen möglichen Wandel [ẽʒ] > [ẽʃ]) oder aber (wohl eher) aus dem deutschen Namen adaptiert ist, ist kaum sicher entscheidbar.
Der im Bestimmungswort des SN vorliegende PN *Ingil*, *Engil* [6] gehört mit l-Suffix zum Stamm *ing-wa-, *ing-u-, dem Schramm mit guten Gründen eine Bedeutung 'göttliche Macht' zuschreibt [7].

1) Quellennachweis: Tribout, in: Revue Bénédictine 44 (1932) 250; Lesort, St. Mihiel Nr. 43 f.; LHA Kobl. 55 A 4 Nr. 262 (vgl. Hennes, Urkundenbuch II Nr. 126); LHA

Kobl. 55 A 4 Nr. 267 (vgl. Hennes, Urkundenbuch Nr.179); PRZ Nr. 201; BN Paris Coll. Lorr. Bd. 83 Nr. 31; AN Lux A 52 Nr. 183; LA Sbr. Helmstatt Urk. Nr. 62; LHA Kobl. 55 A 4 Nr. 267; BN Paris ms. fr. 11846 f° 71v°; LA Sbr. Helmstatt Urk. Nr. 36; AD MM B 689 Nrr. 48. 64; AD Mos 10 F 2; LA Sbr. Helmstatt Urk. Nrr. 204. 183; AD Mos 10 F 206; ALLG.
Ob der Frühbesitz der Abtei St. Nabor *apud Jugesville* tatsächlich hier zu suchen ist, dürfte sich angesichts der desolaten Quellensituation für dieses Kloster kaum sicher bestimmen lassen. Nach einem Inventar des 17. Jhs. (AD Mos BH 4314) hat die Abtei Besitz unter anderem in den nahe bei Eincheville gelegenen Orten Boustroff, Béning, Guessling, Viller und Vahl, so daß sich die Identifizierung immerhin begründen läßt. Dagegen ist die Zuordnung des im Jahr 1085 im Zusammenhang mit einer zwischen der Gräfin Sophie von Bar und der Metzer Abtei Ste. Glossinde getroffenen Übereinkunft genannten *Eingeviler* sehr wahrscheinlich: Sophie schenkt der Abtei St. Mihiel die von ihr neu eingerichteten bzw. vergrößerten Kapellen in Laître-sous-Amance sowie im Schloß von Amance, beide im Bereich der Pfarrei Dommartin gelegen, deren Einkünfte im Prinzip der Metzer Abtei zustehen, und überläßt Ste. Glossinde dafür Zinsen in Leyr sowie zwei Hörige und Wälder im oben genannten Ort. Die Gräfin besaß aus ihrem Erbe sowohl das Priorat Salonne (dazu z.B. Parisot, Origines 193 ff.) als auch den Besitz der Abtei St. Denis im Seillegau (vgl. Parisot, Origines 174 ff.; Grosdidier de Matons, Comté 66), dazu wohl Eigengut, woraus das in der Nähe begüterte Priorat Insming zum Teil fundiert wurde (vgl. RL III 385). Ihr Besitz gelangte an St. Mihiel, und es ist offensichtlich, daß auch die Urkunde von 1085 in den Rahmen einer ganzen Reihe von Transaktionen des südlich von Eincheville um Morhange stark begüterten Hauses Bar zu stellen ist, deren Zweck eine feste Anbindung der eigentlichen Reichsabtei an das Herzogshaus ist (vgl. Grosdidier de Matons, Comté 90: "... d'abbaye royale en droit, Saint-Mihiel est devenue en fait abbaye comtale").

2) → 5.3.1.
3) Die Liquidenmetathese ist insgesamt bei [r] häufiger als bei [l] (Literatur zu [r] unter 6.1.2.1.3.), aber auch dort gut belegt, vgl. Meyer-Lübke, Romanische Grammatik I § 577. Daß die [l]-Metathese jederzeit spontan eintreten konnte, zeigt die Wiedergabe eines offensichtlich deutschen *Ingelswire* als *Inglesewilre* in einer in französischer Sprache niedergeschriebenen lothringischen Herzogsurkunde.
4) ng ist im Mittelhochdeutschen noch [ŋg] zu sprechen, vgl. Paul/Wiehl/Grosse § 137 Anm. 2; Mettke § 51.
5) Die Entwicklung von [s] > [ʃ] ist vor [w] lautgerecht, vgl. Paul/Wiehl/Grosse § 155; Mettke § 50. Sie schlägt sich auch in den seit dem 13. Jh. aufscheinenden <sch>-Graphien (→ *Enschwilre*) nieder.
6) Vgl. Förstemann, Altdeutsches Namenbuch I 108 (*Engilo*); Morlet, Noms de personne I 146 (*Ingilo*); LMR 258 (*Ingela*); Sachs, ONN 71 (*Engil*), Kremer, PNN 159 (*Ingilia*); Schlaug, PNN 79 (*Engila*). Mit den ältesten Quellenbelegen unvereinbar sind die Deutungen des SN bei Morlet, Noms de personne III 218 (*Agino, Egino*); Pfister, Relikte 135 (*Angin*); Dauzat/Rostaing 261 (*Anso*), Förstemann, ONN 1526 (*Ans-*); Besler, ONN I 27 (*Ansuin*).
7) Vgl. Schramm, Namenschatz 103. 154, mit Diskussion der zahlreichen älteren Literatur.

165. **+Einsweiler**, Gde. Oudrenne, OT Breistroff-la-Petite, F, Moselle, Metzervisse:

Ensiwilre < *Ensewilre (1319 Or.).
FlN: canton d' Einsweiller (1778 Or.) [1].

< *Aginizen-wîlâri zum PN Aginizo, wfrk. Ainizo, komponiert mit Hilfe des Stammes *agin- [2], zu dem in romanischer Umgebung eine sekundäre Variante <ain-> mit romanischem Schwund von intervokal. [g] [3] gebildet werden konnte, sowie eines z-haltigen Suffixes [4]. Einfaches <e> für mhd. [ei] läßt sich auch sonst gut fassen [5].

1) Quellennachweis: Florange, Sierck 195; AD Mos 4 E 68. Vgl. auch die sehr viel umfangreichere Belegreihe für den auf die gleiche Grundform zurückgehenden SN Insviller (Nr. 342).
2) → 5.1.1.3.
3) Dazu ausführlich Neuß, Wfrk. PNN 163 f.; Kaufmann, Ergänzungsband 23; ders., Rufnamen 293 ff.
4) Vgl. Klatt, Suffix 32; Bach, Namenkunde I,1 §§ 100 f.; Kaufmann, Ergänzungsband 15 ff.
5) → 6.2.1.10.

+Einsweiler, unbekannt im Raum St. Wendel (Hoppstädter, SNN 20): → Nr. 177.

+Einsweiler, bei Rappweiler: → Nr. 177.

Einswilre, Eynswilre: → Nr. 167.

166. **+Eischviller**, Gde. Bettviller, F, Moselle, Rohrbach-lès-Bitche:

Aißweiler (1418 K.); Eißweiler (1572 K.); Eischweiler (1594 K.17).
FlN: Eischviller Garten (±1840) [1].

< *Eges-wîlâri zum PN Agi, Egi [2], mit im Mitteldeutschen regelhafter früher Kontraktion von /egi/ > /ei/ [3] und Übergang von [s] zu als <sch> verschriftetem [ʃ] vor folgendem [w] [4].

1) Quellennachweis: HStA Darmstadt D 21/B, 4.14 f° 38r°; HStA Darmstadt D 21/B, 4.18 f° 74v°; Alix 157; Nap. Kat.
2) Vgl. Förstemann, Altdeutsches Namenbuch I 15; zum Stamm *ag-i- vgl. 5.1.1.2.

3)   → 6.2.1.10.
4)   → 4.3.

Eischwilre (1349 Or.), im Krummen Elsaß: → Nr. 193.

167. **Eisweiler**, Gde. Namborn, D, Saarland, St. Wendel:
? Eyswiller (1315); Eynswilre (1335 Or.); Eymswilre (1344 Or., 1347 Or.); Eysweiler, dieser orth muss gemachtem letzteren sahlbuch [nach] als der orth Spixhellen verfallen, in dem Schloss Lemberger Bezirk erbauet worden seyn, zumahl davon im sahlbuch keine meldung geschieht (1757).
- Mda. *aaswile'* [1].

< *Agines-wilâri* zum PN *Agin*, mit Umlaut von [a] > [e] vor folgendem [i] [2] *Egin* [3]. Ein Namenelement *agin-* ist nasal-erweiterte Variante zu *ag-i-*, wozu ahd. *egi* 'Furcht, Schrecken' [4] zu vergleichen ist.
Im SN zeigt sich die mhd. Kontraktion von ahd. /egi/ > /ei/ [5] sowie dialektaler Schwund des Nasals vor dentaler Spirans [6]. Charakteristisch für die Ortsmundart ist auch die Monophthongierung von mhd. [ei] zu heutigem [â] [7].

1) Quellennachweis: Pauly, Wadrill 28; LHA Kobl. 1 A 4844 (vgl. auch Hoppstädter, Weiskirchen 195; PRZ Nr. 568); LHA Kobl. 1 A 5250; LHA Kobl. 1 A 5454; Hoppstädter, SNN 20 Nr. 163; LHA Kobl. 1 C Nr. 743 c f° 23. Zur Identifizierung der Belege vgl. Staerk, Wüstungen 155. Zu der bei Pinsweiler zu lokalisierenden Wüstung Spicksel, die mit Eisweiler sicher nicht identisch ist, vgl. Staerk, Wüstungen 373 f.
2) → 6.2.1.1.
3) Vgl. Förstemann, Altdeutsches Namenbuch I 36; Morlet, Noms de personne I 25 b; LMR 222.
4) Vgl. Schützeichel, Wörterbuch 38, zu *agin-* ausführlich Schramm, Namenschatz 148; Kaufmann, Ergänzungsband 20. 23; Menke, Namengut 102; Tiefenbach, Xanten- Essen-Köln 340. Zu *ag-i-* vgl. 5.1.1.2.
5) Vgl. Paul/Wiehl/Grosse § 107.
6) → 6.2.2.1.2.
7) Vgl. dazu z.B. Wiesinger, Untersuchungen II 157; Christmann, Sprachbewegungen 64 ff.; Ramge, Dialektwandel 40; Frisch, Studien 22; Scholl, Mundarten 41.

+Eiswilre / Eisberg nö. Gersbach, Stadt Pirmasens (vgl. Christmann, SNN I 126; Kaufmann, Pfälz. ONN 59): Nach Dolch/Greule 121, sind die auf →*weiler* auslautenden Belege falsch zugeordnet; "für die Annahme, das

Grundwort *-berg* habe sich aus älterem *-wiler* gebildet, gibt es keine Grundlage".

Eiswilre, im Besitz der Abtei Wadgassen: → Nr. 188.

Eiswilre, Eischweiler, etc., in Urkunden der Abtei Wörschweiler: → Nr. 190.

168. **Eitzweiler**, Gde. Freisen, D, Saarland, St. Wendel:

Eitzwilre (1372 K.); Eytzwilr (1411 Or., 1443 Or., 1453 Or.); Eiczwilre (1411 Or.); Eytzweiler (1432 K.); Eytzwiller (1449 Or., 1483 K., 1502 Or.); Eytzwiler (1480 Or., ±1500 Or.); Eytzwiller (1537 Or.); Eydsweiler (1549 Or.); Aitzwiller (1550 K.); Eytzweiler (1558 Or., 1562 Or., 1583 Or. u.ö.); Eitzweiler (1582 Or.) [1].

< **Agizen-wîlâri* zum PN *Agizo* bzw. mit Umlaut [2] *Egizo* [3]. Der PN kombiniert den häufigen Stamm **ag-i-* 'Furcht, Schrecken' [4] mit einem z-Suffix [5]. Die heutige Lautung des SN entsteht durch mhd. Kontraktion von ahd. /egi/ > /ei/ [6].

1) Quellennachweis: Lamprecht, Wirtschaftsleben III Nr. 203 (vgl. auch Goerz, Regesten 106); Mötsch, Regesten III Nr. 3438; Witte, Regesten Nrr. 6275. 7502; Mötsch, Regesten III Nr. 3455; Pfarrarchiv St. Wendel, Urk. Nr. 58; LHA Kobl. 24/539 f° 35; StB Trier ms. 1756/950 f° 41r°; LHA Kobl. 54 S 1358; LHA Kobl. 1 E 1350; Fabricius, Veldenz I 90; StA Trier, Nachlaß Max Müller, Schöffenbuch St. Wendel S. 20; Hoppstädter, in: Heimatbuch des Landkreises St. Wendel 15 (1973/74) 127; Jung, Gerichtsbuch Nr. 34; Pöhlmann, Bitsch Nr. 249; Jung, Gerichtsbuch Nrr. 67. 69. 91. 113.
2) → 6.2.1.1.
3) Namenbeispiele u.a. bei Förstemann, Altdeutsches Namenbuch I 17, und Tiefenbach, Xanten-Essen-Köln 340.
4) → 5.1.1.2.
5) → 5.2.
6) → 6.2.1.10.

169. **Eiweiler**, Gde. Nohfelden, D, Saarland, St Wendel:

Eywiller (1206 K.16); Eynwilre (1315 Or., 1327 Or., 1345 Or.); Eingveiler (1337 K.18); Eywilr (1369 Or.); Einwilre (1379 K.16); Eywiller (1457 Or.); Eynwilr (1472 Or.); Onewiler (1478 K.); Eynwiller (1481 Or.); Eywyler

(1495 Or.); Eyweiler (1575 Or., 1583 Or.); Eyweiller (1594 K.17) [1].

< *Aginen-wîlâri zum PN Agino bzw. dessen umgelauteter Variante [2] Egino [3]. Der PN gehört zum Stamm *agin- als n-erweiterter Spielvariante zu *ag-i- [4].
Der SN zeigt die mhd. Kontraktion von ahd. /egi/ > /ei/ [5] sowie Schwund zunächst des Flexions-n infolge Dissimilation [6], dann auch des verbleibenden zweiten [n] durch Assimilation an folgendes labiales [w] [7]. Der Beleg Onewiler zeigt eine wohl nur schreibsprachliche Labialisierung [e] > [ö] [8].

1) Quellennachweis: LHA Kobl. 54 S 721 Nr. 1 (hierher ? H. v. Schwarzenberg bewittumt Ida v. Varsberg u.a. mit Lockweiler und Eywiller); Mötsch, Balduineen Nr. 798; LHA Kobl. 54 S 749; Pauly, Wadrill 20; Haubrichs, Abtslisten 193; Mötsch, Regesten I Nr. 1455; LHA Kobl. 54 S Nr. 8; AD MM B 927 Nr. 22; Pöhlmann, Bitsch Nr. 116; LHA Kobl. 54 S 1348; Pöhlmann, Bitsch Nr. 102; LHA Kobl. 54 S 1312; LHA Kobl. 54 S 1329; Bistumsarchiv Trier 10.1/1; AD MM B 45 f° 52; Jung, Gerichtsbuch Nr. 94; Alix 125.
2) → 6.2.1.1.
3) Vgl. Förstemann, Altdeutsches Namenbuch I 36; Morlet, Noms de personne I 25 b; LMR 222. Tiefenbach, Xanten-Essen-Köln 340.
4) → 5.1.1.2.
5) → 6.2.1.10.
6) Vgl. Paul/Wiehl/Grosse § 126 Anm. 1.
7) → 6.2.2.1.2.
8) → 6.2.1.8.

170. **Eiweiler**, Gde. Heusweiler, D, Saarland, Saarbrücken:

Iwilre (1218 K.15, 1365 K., 1378 Or., 1405 K., 1419 Or., 1442 Or. u.ö.); Hywilre (1265 K.15); Eywilre (1279 Or., 1308 Or., 1311 Or.); Ywilre (1316 Or., 1354 K., 1361 Or., 1374 Or., 1378 Or., 1385/97 Or., 1388 Or. u.ö.); Iwilr (1361 Or., 1365 K.15, 1473 K.15 u.ö.); Yewilre (1355 Or.); Yewilr, var. Eywilr (1365 Or.); Iwyler (1405 K.); Ywiller (1419 K.16, 1442 K.16 u.ö.); Ywyler (1487 Or.); Eiweyler (1565 K.16) [1].

< *Îven-wîlâri zum PN Îbo, Îvo [2], für den Kaufmann[3] an zweistämmige Kürzung, etwa aus Îd-bald, Îd-bert [4], denkt.
Belege wie 1279 Or. Eywilre müssen dabei vielleicht nicht notwendig als außergewöhnlich frühe Diphthongierungsfälle [5] interpretiert werden; vielmehr sollte überlegt werden, ob die zum Teil in der gleichen Quelle variierenden Schreibungen <ye> und <ey> (→ 1365 Or. Yewilr, var. Eywilr) nicht auch "Auflösungen" der im 14. Jh. aus dem Trierer Raum überaus häufig

belegten Graphie <ÿ> mit übergesetztem Index darstellen können, die in dieser Gegend nicht nur zur Bezeichnung des Diphthongs [6], sondern vor allem zur Wiedergabe (insbesondere des aus altem [ie] monophthongierten) Langvokals [î] Verwendung findet [7].

1) Quellennachweis: PRZ Nr. 60 (vgl. MRR II Nr. 379; MRhUB III Nr. 85); JRS Nr. 1722; LA Sbr. Fraulautern Nr. 158; Schwingel in: ZGSG 14 (1964) 74; LA Sbr. Nass.- Sbr. II Nr. 1246; LA Sbr. Nass.-Sbr. II Nr. 1165; NRW Nr. 247; TUH I Nr. 69 (vgl. MRR IV Nr. 623; JRS Nr. 582); TUH I Nr. 141 (vgl. JRS Nr. 890); TUH I Nr. 147; Schmitz- Kallenberg, Urkunden Nr. 117; Goerz, Regesten 91; LA Sbr. Fraulautern Nr. 139 (vgl. JRS Nr. 1669); HRS Nr. 1911 (vgl. PRZ Nr. 866); JRS Nr. 1874; AD Mos B 2344 (Gültbuch des Friedr. v. Sierck, f° 4v°); LA Sbr. Fraulautern Nrr. 140. 160; LA Sbr. Nass.-Sbr. II Nr. 2441 f° 159; LA Sbr. Nass.- Sbr. II Nr. 5404 f° 127v°; JRS Nr. 1718; LA Sbr. Fraulautern Nr. 147; LHA Kobl. 54 L 520; LA Sbr. Nass.-Sbr. II Nr. 2443 ff° 862. 1003; LA Sbr. Fraulautern Nr. 218; Schmitt, Eppelborn 240.
2) Förstemann, Altdeutsches Namenbuch I 978; Morlet, Noms de personne I 148 b; LMR 257; Longnon, Polyptyque I 340.
Mit dem gleichen PN ist z.B. der romanische *villare*-SN Ivillers (F, Oise: 940, 1129 *Ivonis villare*, 1280 *Iviller*) komponiert. Die heutige Namenform dieses SN setzt eine Grundform mit abgeschwächtem Auslautvokal des PN voraus. (→ 4.2.5.), vgl. Lambert, Toponymie 43; ders., Dictionnaire 287; Morlet, Noms de personne III 382.
3) Vgl. Kaufmann, Ergänzungsband 212; Menke, Namengut 134, mit weiterer Literatur.
4) Zum Stamm *id- vgl. Förstemann, Altdeutsches Namenbuch I 943; Schlaug, PNN 118; Kaufmann, Ergänzungsband 213; Tiefenbach, Xanten-Essen-Köln 369.
5) Zur Diphthongierung vgl. allg. 6.1.1.12. Frühe Diphthongierungsbeispiele werden u.a. genannt bei Schützeichel, Passionsspiel 178 (mit zahlreicher weiterführender Literatur); Garbe, Untersuchungen 148; Schwitzgebel, Kanzleisprache 53.
6) So z.B. Besch, Schriftzeichen und Laut 289.
7) Vgl. etwa Jungandreas, Zisterzienserinnengebetbuch 206 (*sÿven*, *visiÿren*, *nÿt*, *dÿnste*).

Elberswilre (1285 Or. u.ö.): → Nr. 1.

171. **Ellviller**, Gde. Loupershouse, F, Moselle, Sarreguemines:

? Elwilr (1283 K.16); Elviller (1512); ? Elwiller (1515 Or.); Ellweiller (1516 Or.); Ellwueller (±1525 Or.); Elweiller (1577 Or., 1594 K.17); Ellweiler (1578 K.).- Mda. *ellviller* [1].

< *Ellen-wîlâri* zum PN *Ello* [2], zum Stamm *aljan-a-*, für den ahd. *ellian* 'Eifer, Tapferkeit, Mut, Kraft, Stärke' zu vergleichen wäre [3].

1) Quellennachweis: LA Sbr. Nass.-Sbr. II Nr. 2768 f° 6v°; Bouteiller, Dictionnaire 74; LA Sbr. Neumünster Nr. 28; AD Mos 3 J 7; Lepage, Rustauds 92; AD MM B 567 Nr. 169; Alix 93; TUH III Nr. 182; Rohr, Blasons 501. Völlig sicher scheint mir der unter anderem von RL III 252; AT II 373; Hau/Schütz, Neumünster 85, behauptete Besitz der Abtei Neumünster in Ellviller nicht zu sein. Die in diese Richtung deutenden Quellen können sich ebenso gut auf Ellweiler bei Birkenfeld beziehen. Auch für alten Wadgasser Besitz am Ort finden sich keine eindeutigen Belege.
2) Belegt bei Förstemann, Altdeutsches Namenbuch I 79 ("sehr häufig"); Morlet, Noms de personne I 32 b. Ein gleichnamiger Ort, ±1250 als *Ellenwilre*, 1348, 1369 u.ö. als *Elwilre*, 1411 als *Ellewilr* belegt (vgl. Jungandreas, Lexikon 336; TUH I 209; Mötsch, Regesten I Nr. 1454; Mötsch, Regesten III Nr. 3438), liegt bei Birkenfeld, ein anderer nach Löffler, Weilerorte 97, in Oberschwaben.
3) Vgl. Schützeichel, Wörterbuch 41; ausführlich dazu auch Urmoneit, Wortschatz 68-73. Zur Zuordnung des PN *Ello* zu einem mit diesem Appellativ gebildeten Namenstamm vgl. Tiefenbach, Xanten-Essen-Köln 342. Förstemann, Altdeutsches Namenbuch I 79; Kaufmann, Ergänzungsband 153; Schlaug, PNN 78; Schramm, Namenschatz 153; Menke, Namengut 104, und viele andere dachten für *Ello* an ein mit lat. *alius* 'der andere' verwandtes germ. **alja-*, zu dem etwa ahd. *elilenti* 'Verbannung, Fremde', ahd. *eli-diutîc* 'fremd' (vgl. Schützeichel, Wörterbuch 41) gehören.

172. **Elzweiler**, VG Altenglan, D, Rheinland-Pfalz, Kusel:

Eltzwijlre (1364 Or.); Eltzwilre (14. Jh. 2. H. Or.); Eltzwiler (1480 Or., 1515 Or., 1541); Eltzwiller (1512 Or.); Elzweiller (1593 Or.).- Mda. *elswile'* [1].

< *Elizen-wilâri zum PN *Elizo* [2], wohl am ehesten zu interpretieren als Erweiterung zum Stamm **al-ja-* [3] durch ein z-haltiges Suffix [4].

1) Quellennachweis: Mötsch, Regesten I Nr. 1312 (= Dolch, Ämter 70); LA Speyer F 2/148 f° 116v°; Fabricius, Veldenz I 87. 28. 76; ders., Güter-Verzeichnisse 49; Weizsäcker/Kiefer, Weistümer 468; LA Speyer B 2/303.4 f° 12; Christmann; SNN I 129 f; Dolch/Greule 125.
2) Belegt bei Förstemann, Altdeutsches Namenbuch I 80. Dolch/Greule denken an den PN *Agi-walt*.
3) → 5.1.1.9.
4) → 5.2.

173. +**Emberviller**, Gde. Parroy, OT Coincourt, F, Meurthe-et-Moselle, Arracourt:

FlN: Emberviller [1].

< *Imberto-víllâre* zum wfrk. PN *Imbert* [2]. Das im Erstglied des PN enthaltene Namenelement <im->, <em-> haben unter anderem Bruckner und Naumann [3] zu der skaldischen Wolfsbezeichnung *imr* 'Wolf' bzw. *ima* 'Wölfin' gestellt. Beide rechnen also mit einem primären Namenstamm <im->, eine Annahme, die schon Schönfeld [4] bedenklich erschien. Angesichts der Seltenheit des anzusetzenden Etymons dürfte für diese Namen, die vorwiegend westfränkischer, langobardischer und gotischer Provenienz sind, tatsächlich sehr viel eher ein möglicherweise unter Einfluß des Romanischen entstandener Sekundärstamm anzunehmen sein. Interpretiert man das Element <im->, <em-> als sekundär entwickelt, so wird man es - falls es sich nicht mit Schramm um eine einfache Ablautvariante zum Stamm *am-ja- handelt [5] - am ehesten mit Hilfe eines in romanischem Mund auf der Basis des häufigen germ. *irmin-a-, *erman-a- [6] gebildeten Elementes erklären, wobei die durch Synkope des (unbetonten) Suffixvokals im Romanischen sich herausbildende Dreikonsonanz [rm-n] durch Assimilation von [rm] > [mm] und [m-n] > [mm] erleichtert worden wäre. Daß dem in westfränkischen PNN aufscheinenden r-Schwund kein kindersprachlicher Lallstamm [7], sondern eine romanische Lautentwicklung zugrunde liegt, hat schon Kaufmann gesehen, doch ist der von ihm vorgetragene Erklärungsansatz, der offensichtlich von der aus *irmin-a-, *erman-a- namenrhythmisch verkürzten Variante *irmi-, *erma- ausgeht [8], aus romanistischer Sicht wenig wahrscheinlich, da im Nexus [rm-b] der zwischenkonsonantische, nicht der erste Konsonant verstummt [9].

1) Quellennachweis: Nap. Kat.
2) Förstemann, Altdeutsches Namenbuch I 952; Morlet, Noms de personne I 85; Gamillscheg, Romania Germanica III 132; Kremer, PNN 101; LMR 258. Es scheint nicht nötig, im Bestimmungswort des SN einen nicht belegten, allerdings onomastisch ohne weiteres möglichen PN *Embertus (vgl. Morlet, Noms de personne I 85, *Emricus, Emoinus*, etc.) anzunehmen, da heutiges [e] durch romanische Vokalsenkung entstanden sein kann, vgl. die SNN Embermémil (F, MM, Blâmont: *Embermeney* (1361); *Ymbermesnil* (1497), Belege nach Lepage, Dictionnaire 46; Morlet, Noms de personne III 297; Dauzat/Rostaing 262); Ambacourt (F, Vosges, Mirecourt: *Ymberti curtie* (1119); *Ymbercurte* (1122); *Ymbecurt* (1127), Belege nach Marichal, Dictionnaire 4; Morlet, Noms de personne III 297).
3) Vgl. Bruckner, Sprache 74. 270; Naumann, Namenstudien 96.
4) Vgl. Schönfeld, PNN 146. Der theriophore Charakter eines solchen Stammes (falls es ihn denn gegeben hat) wird von Müller, PNN 9 f., bestritten: da anord. *imr* zunächst

5) 'dunkel, fahl aussehend' bedeutete, sei eher an einen von einem Farbadjektiv abgeleiteten Stamm zu denken.
5) → 5.1.1.11.
6) → 5.1.1.52.
7) So z.B. noch Kremer, PNN 101 f.
8) Das wenigstens scheint aus dem expliziten Bezug auf die kindersprachliche Entwicklung von *irm- > *im- bzw. *erm- > *em- bei Kaufmann, Ergänzungsband 214 f., hervorzugehen. Kaufmann nennt allerdings auch PNN wie *Emnegisel*, *Emnilda*, die nur (mit romanischer Metathese des [n]) zum Langstamm gehören können. Ausdrücklich zu verkürztem *irm-, *erm- sind die Namen bei Morlet, Noms de personne I 85, gestellt.
9) Vgl. Rheinfelder §§ 626 ff. Nur wenn man den Langstamm zugrunde legt, steht der Zwischenkonsonant im Silbenanlaut und kann sich deshalb erhalten; die Erleichterung der für romanische Zungen schwer sprechbaren Dreikonsonanz erfolgt dann durch Assimilation des ersten Konsonanten.

174. **+Emeswilre**, nö. Windsberg, Stadt Pirmasens, D, Rheinland-Pfalz, Pirmasens:

Emeswilre (1295 Or.) [1].

< *Emmenes-wilâri* zum PN *Immin* > wfrk. *Emmenus* [2], der als Assimilationsform zum Stamm *irmin-a-*, *erman-a-* [3] gehört. Im SN zeigt sich Assimilation von [ns] > [ss], [s].

1) Quellennachweis: PRZ Nr. 369. Zur Lokalisierung vgl. Christmann, SNN I 130; Kaufmann, Pfälz. ONN 60; Dolch/Greule 125.
2) Vgl. Förstemann, Altdeutsches Namenbuch I 951; Morlet, Noms de personne I 85. Der von Dolch/Greule angesetzte PN *Amin* ist nicht belegt.
3) Vgl. ausführlich 5.1.1.52.

Emmenone willare (715 K. 9): → Nr. 20.

175. **Emmersweiler**, Gde. Großrosseln, D, Saarland, Saarbrücken:

Emmersvilre (1292 K.); Emmeswilr (1345 K.); Emmexwilre (1361 K.); Emmerswilr (1365 K. 15); Emerswiler (1465 Or.); Emerswiller (±1525 Or.); Emerssweiller (1594 K.17); Emmerschwiller (1599 Or.); Emmerschweiller (1621 Or.); Emmersweiller (1756 Or.); Emerswiller (1779) [1].

< *Ermheres-wîlâri zum PN Ermhari ², komponiert aus den Elementen *erm-a-, *irm-i- als verkürzter Variante zu dreisilbigem *erman-a-, *irmin-a- 'groß, allumfassend, erhaben' ³, und *har-ja- 'Heer' ⁴, mit Assimilation von [rm] > [mm] ⁵, in den historischen Formen zum Teil auch von [rs] > [ss] bzw. [s]. Lautgesetzlich ist nach [r] auch die Entwicklung des Flexions-s zu [ʃ] ⁶.

1) Quellennachweis: JRS Nr. 714; BRW Nr. 506; Kirsch, Kollektorien 317 (auch in: Longnon/Carrière, Pouillés 213; SVL II Nr. 1391; Dorvaux, Pouillés 20); LA Sbr. Nass.-Sbr. II Nr. 6908 f° 18 (vgl. Kremer, Ardennen II 509; JRS Nr. 1722 mit Lesung *Emmerswiller*); LA Sbr. Nass.-Sbr. II Nr. 6512; Lepage, Rustauds 80; Alix 114; AD MM B 744 Nr. 1; LA Sbr. Fraulautern Nr. 274; Lex, Zustand 136; Durival III 125. Zur Korrektur der Fehlidentifizierung der Saargau-Siedlung *Eremberto villare* mit Emmersweiler (so z.B. Müller, ONN II 70; Förstemann, ONN I 1590; Jungandreas, Lexikon 339; Christmann, SNN I 130) vgl. Nr. 82.
2) Vgl. Förstemann, Altdeutsches Namenbuch I 472; Morlet, Noms de personne I 84a.
3) Dazu ausführlich 5.1.1.52., zum Kurzstamm außerdem Schramm, Namenschatz 151; Kaufmann, Ergänzungsband 108.
4) → 5.1.1.87.
5) Vgl. dazu Kaufmann, Ergänzungsband 214 ff.
6) → 4.3.

Encerviller (1292 Or. u. ö.): → Nr. 21.

Enderswilre (1356 Or.): → Nr. 160.

Engeswilre (1257 Or. u. ö.): → Nr. 164.

Engeswilre (1379 Or.): → Nr. 177.

176. **+Engreswiller**, Gde. Harreberg, F, Moselle, Sarrebourg:

FlN: Engreswiller ¹.

Der in französisch überformter Schreibung mit romanischer [r]-Metathese ² ins Kataster gelangte Name führt auf älteres *Engerswilre*. Dieses kann aus einer Grundform *Ang(i)heres-wîlâri zum PN *Angi-hari ³ entwickelt sein; möglich ist aber auch der PN *Anagair* ⁴ bzw. - bei Annahme einer im Mittelhochdeutschen häufigen Erleichterung der Dreikonsonanz [nd'g] durch Auswurf des Mittelkonsonanten ⁵ - *Andgêres-wîlâri zum recht häufigen PN *Andgêr* ⁶. Der Umlaut [a] > [e] im Erstglied des PN wird jeweils durch folgendes -*er* [7] ausgelöst.

1) Quellennachweis: Nap. Kat.
2) Vgl. Nr. 001 Anm. 17.
3) → 5.1.1.14.; 5.1.1.87.
4) Belegt bei Förstemann, Altdeutsches Namenbuch I 100. Zu den Bildungselementen vgl. 5.1.1.12.; 5.1.1.63.
5) Dazu ausführlich Wolff, Studien 37 (*langrave, lankomter*).
6) Belegt bei Förstemann, Altdeutsches Namenbuch I 103; Morlet, Noms de personne 35 b; Schlaug, PNN 45. Zum Erstglied (zu ahd. *anto* 'Zorn, Eifer' bzw. Präfix ahd. *ant-* ?) vgl. Förstemann, Altdeutsches Namenbuch I 102; Kaufmann, Ergänzungsband 34; Tiefenbach, Xanten-Essen-Köln 343.
7) → 6.2.1.1.

+Ennweiler, nach Häberle, Wüstungen 122, u. a. bei Homburg-Kirrberg: entsprechende Belege werden von Staerk, Wüstungen 159, zu Recht auf Nr. 340 bezogen.

Ensewilre (1294 Or.): → Nr. 342.

Ensiwilre (1319 Or.): → Nr. 165.

Enschweiler: → Eincheville.

177. **+Enzweiler**, Gde. Weiskirchen, OT Zwalbach, D, Saarland, Merzig-Wadern [1]:

Engswilre (1332 Or., 1380 Or.); Entzwilre (1339 Or., 1391 Or.); Engeswilre (1379 Or.); Entzwiller (1497 Or.); Entzweiler (1573); Ensweiller (1576) [2].

*Engiles-wîlâri zum PN *Ingil, Engil* [3].

1) Die Siedlung lag wohl im Bereich des in den 1950er Jahren noch existierenden, inzwischen niedergerissenen Enzweiler Hofs; auf die Wüstung verweisen neben dem amtlichen Sraßennamen *Ensweiler Weg* in Zwalbach auch der (hyperkorrekte) FlN *Auf Einsweiler* in Rappweiler (Staerk, Wüstungen 154) sowie in Weiskirchen der GewN *Enzweiler Bach* (vgl. Spang, Gewässernamen 187).
2) Quellennachweis: Herrmann, Urbar 82. 84. 86 f.; LHA Kobl. 54 R 5; AN Lux A 52 Nr. 872; LHA Kobl. 54 R 9; LHA Kobl. 54 K 428; LHA Kobl. 1 C 4008 S. 17. 27. 54. Aus kopialer Überlieferung und mit hyperkorrekter Schreibung *Einsweiler* nennt Staerk, Wüstungen 155, außerdem Belege der Jahre 1402 und 1522 (LHA Kobl. 1 C

3) 3963 S. 6. 16 f.).
Vgl. Nr. 164.

Erberswilre (1221 K. u. ö. in Wadgasser Überlieferung): → Nr. 520.

178. **Erbéviller-sur-Amezule**, F, Meurthe-et-Moselle, Tomblaine:

Arembeviller (1253 Or.); a re[n]beauiller (1284 K.14); Erberuiller (1333 K.15); Erbeyuilleir (1346 Or.); Erbeluiller (1375 Or.); Erbiauilleir (1375 Or.); Erbeuiller (1410 K.15, 1425 Or., 1437 K.15, 1494 Or., 1587 Or. u.ö.) [1].

< *Aremberto-villáre zum germ. PN *Aran-ber(h)t bzw. *Arinber(h)t > wfrk. Arembertus [2]. Das Erstglied des PN ist zur germanischen Bezeichnung des Adlers zu stellen, die in zwei Varianten, nämlich dem ursprünglich n-stämmigen *ar-an- und der ursprünglich u-stämmigen Erweiterung *arn-u- [3], überliefert ist, welche "durch Antreten des zunächst zum klassenbildenden Suffix gehörigen Nasals zum Stamm" [4] entstanden war. Letztere Variante des theriophoren Namenelementes liegt auch in den Erweiterungen *aran- bzw. *arin- vor, die sich nach Müller wohl nicht mit Hilfe sekundärer Sproßvokale [5], sondern aus "den alten Ablautstufen des Nasalsuffixes" erklären [6]. In romanischem Mund schwächen sich die Vokale beider Wurzelerweiterungen zu <e> ab [7]. In der SN-Verbindung kommt es zur Deglutination des unbetonten Anlautvokals [8]; die sodann in der Vortonsilbe wirksam werdende lothringische Tendenz zur Denasalierung des Nasalvokals [9] ermöglicht die für die lothringische Skripta typische r-Metathese [10] und reduziert so das Erstglied des PN zu heutigem <-er->. Als Zweitglied ist sicher germ. *berχt-a- [11] anzunehmen, nachdem Gossen auch für die lothringische Skripta wahrscheinlich machen konnte, "daß dem traditionellen Graphem ea der Lautwert e beigemessen wurde" [12]. Die in den historischen Belegen aufscheinenden Graphien <be->, <bey>, <bia> entsprechen also einem gesprochenen [bè:], wie es nach dem regelhaften Ausfall von silbenauslautendem [r] vor Konsonant [13] im Altlothringischen für den Stamm *berχt-a- zu erwarten ist [14].

1) Quellennachweis: AD Mos G 216-1 (vgl. MCM I Nrr. 170. 172); AD Meuse B 256 f° 269v° (vgl. Pange, Actes Ferri Nr. 741); AD Mos G 5 f° 183v°; AD MM B 580 Nr. 53; LA Sbr. Helmstatt Urk. Nrr. 64-1, 64-3; AD Mos G 5 f° 165; AN J 933 Nrr. 4. 4bis; AD Mos 3 J 65 f° 6; AD MM B 2083; AD MM B 494 Nr. 45.
2) Vgl. Förstemann, Altdeutsches Namenbuch I 138 f.; Morlet, Noms de personne I 40;

	Drevin, Sprachelemente 25; LMR 227. Zum gleichen PN stellt sich z.B. der SN Arrembécourt (F, Aube: *Aremberti precaria* (854), *Aremberti curtis* (1076/84), Belege nach Socard, Dictionnaire 4).
3)	→ 5.1.1.16.
4)	Müller, PNN 35.
5)	So Kaufmann, Ergänzungsband 37.
6)	Müller, PNN 43.
7)	Vgl. Rheinfelder § 141. Als romanische Entwicklung erklärt sich auch der Wandel des auslautenden Nasals vor folgendem [b] zu [-m], vgl. dazu Sommer/Pfister, Handbuch § 133: "Nasale, die vor dem Verschlußlaute einer anderen Artikulationsstelle zu stehen kommen, nehmen diese an".
8)	→ 4.2.1.
9)	Vgl. Stark, Untersuchungen 119; Hallauer, Dialekt 64; Betzendörfer, Sprache § 119; Apfelstedt, Psalter § 94.
10)	→ 6.1.2.1.3.
11)	→ 5.1.1.30.
12)	Gossen, Skriptastudien 337. Das ganz in der Nähe gelegene Gerbécourt (Moselle, Ct. Château-Salins) ist 1366 in der gleichen, im Original vorliegenden Urkunde (AD MM H 1243) einmal als *Gerbia Court*, einmal als *Gerbeircourt* belegt. Die Graphien wurden erstmals von Remacle, Problème 51, für das Wallonische untersucht; danach hat sowohl <ea> als auch das alternativ dafür eintretende <ia> bereits im 13. Jh. den Lautwert [ẹ:].
13)	→ 6.1.2.1.4. Der r-Ausfall ist hier bereits um die Mitte des 13. Jhs. (1253 Or.) bezeugt.
14)	Die von Morlet, Noms de personne III 230, vorgeschlagene Deutung mit Hilfe des PN *Arinbald* widerspricht der lautgerechten altfranzösischen Entwicklung im Stamm **balþ-a-* ; wegen der altfranzösischen Vokalisierung von vorkons. [l] wäre <-*baud*> zu erwarten. Noch weniger läßt sich der Vorschlag von Vincent, France 185, und Dauzat/Rostaing 267, begründen, die den PN *Eranbald* ansetzen. Das Erstglied dieses PN gehört zu einem von Kaufmann, Ergänzungsband 106 f., beschriebenen Sekundärstamm <*ern*->, <*eran*->, <*erin*->, der wegen der ältesten Belege für unseren SN, die <a> zeigen, ausgeschieden werden muß.

179. **Erckartswiller**, F, Bas-Rhin, La-Petite-Pierre:

grangiam Erkengeriswilre (1177 K.); Ergereswilre (1219 Or.); Erkingerswilr (1331 Or.); Erckerßwilr (1438 Or.); Erckerßwiler (1483 Or., 1500 Or.); Erckerswyler (1536 Or.)[1].

< **Erkangeres-wilâri* zum PN *Erkanger* [2], komponiert aus den Stämmen **erkan-a-* [3] und **gaiz-a-*, <*gair-*>[4]
Im SN wird die Dreikonsonanz [k'ng] durch Synkope des Mittelkonsonanten beseitigt; die amtliche Schreibung restituiert aus so entstandenem *Erkerschwiller hyperkorrekt ein Zweitglied **harð-u-*.

185

1) Quellennachweis: Schoepflin, Alsatia Diplomatica I Nr. 318; Huillard/Bréholles, Historia Diplomatica I,2 Nr. 665; Eyer, Regesten Nr. 184; AD BR 16 J 84 Nr. 2-4; AD BR E 4291 Nr. 12.
2) Förstemann, Altdeutsches Namenbuch I 461; Morlet, Noms de personne I 80.
3) → 5.1.1.50.
4) → 5.1.1.63.
Erenbrhetzwilre (1221 Or.): → Nr. 520.

180. **Erfweiler**, Gde. Mandelbachtal, D, Saarland, Saar-Pfalz- Kreis:

Erffwilre (1223 K.15, 1264 K.15, 1265 K.15, 1274 K.15), Erfwilre (1302 Or., 1308 Or., 1330 Or., 1347 Or., 1360 Or., 1382 Or., 1425 Or., 1450 Or.); Erffwiler (1437 Or., 1465 Or., 1474/75 Or., 1494 Or.); Erffwyler (1450 Or., 1495 Or.); Erffwiller (1486 Or., 1489 Or.); Erffweiller (1553 Or.); Erffweyler (1593 Or.) [1].

< *Erfen-wîlâri* zum PN *Erfo* [2].

1) Quellennachweis: NRW Nrr. 5. 236. 248 (vgl. auch PRZ Nr. 180). 304 (auch in PRZ Nr. 221; HRS Nr. 153); HStA München, Rheinpfälz. Urk. Nr. 2105; PRZ Nr. 493 (gedruckt bei Mone, in: ZGORh. 14 (1862) 64); AD Mos G 1131-4; NRH Nr. 239; LHA Kobl. 55 A 4 Nr. 331; HStA München, Rheinpfälz. Urk. Nr. 1251; TUH II Nrr. 201. 354; NRW Nr. 881; TUH II Nr. 422; AD MM B 9156 f° 25; Goerz, Regesta 291; LHA Kobl. 54 H 1005; NRW Nr. 1035; Pöhlmann, Bitsch Nr. 136; StA Trier WW 38 f° 4v°; Krämer, Sulger 49; Pöhlmann, Gräfinthal Nr. 113.
2) Dazu ausführlich Nr. 181 Anm. 3 ff. Vgl. auch Christmann, SNN I 135; Jungandreas, Lexikon 348.

181. **Erfweiler**, VG Dahn/Pfalz, D, Rheinland-Pfalz, Pirmasens:

Erfweiler (1353); Erffwiller (1512 Or.); Erbwiler (1519 K.); Erpfwiller (1576 Or.); Erfweiler (1635, 1828).- Mda. *erfweiler* [1].

< *Erpen-wîlâri* zum PN *Erbo, Erpo* [2], offensichtlich ein Beiname ("der Erbe") [3], der hier in einer inlautverschärften Variante [4] vorliegt. Nach [l] und [r] kennt das Rheinfränkische die Verschiebung von [p] zunächst zur Affrikata [pf] (→ *Erpfwiller*), die in der Folge zu [f] (→ *Erfweiler*) vereinfacht wird [5]. Die Urkunden tradieren daneben wie bei anlautendem [p] [6] auch für [p] nach Liquid zum Teil unverschobene Formen (→ *Erbwiler*) weiter [7].

1) Quellennachweis: Lehmann, Burgen I 149; LA Speyer C 19/304; Glasschröder, Ur-

kunden Nr. 392; Kaufmann, Pfälz. ONN 62; Christmann, SNN I 135; Dolch/Greule 128. Der Ort gehört verwaltungsmäßig heute zum Kreis Pirmasens, lag aber in fränkischer Zeit bereits in dem vom Bliesgau durch den Pfälzer Wald getrennten Speyergau, der in dieser Untersuchung eigentlich nicht berücksichtigt wird.

2) Vgl. Förstemann, Altdeutsches Namenbuch I 142; Morlet, Noms de personne I 41 b. Eine gleichnamige Siedlung *in Kielenheimeromarcu siue in ipsa marca que dicitur Erbenuuilare* (wüst bei Kühlendorf, F, Bas-Rhin, Ct. Soultz-sous-Forêts) wird im Jahr 808 vom Besitzer und mutmaßlichen Gründer *Erbio* unter Vorbehalt der weiteren Nutznießung an Weißenburg geschenkt. *Erbio*, Sohn eines *Ruotbert* und Vater eines Sohnes *Wodo/Wado* und einer Tochter *Eugenia*, ist zwischen 769 un 808 im nördlichen Elsaß faßbar (vgl. DTW Nrr. 19. 91. 53. 56. 128; Langenbeck, Untersuchungen 48) und gehört zum Kreis um den im Großraum zwischen Straßburg und Mainz reich begüterten Großen *Sigibald* (zu ihm ausführlich Alter, Studien 50. 68 f.), dessen umfangreiche Schenkungen an Weißenburg er mit bezeugt. Da *Sigibald* bzw. seine Verwandten gerade auch im Speyergau tätig waren, mag man unter Umständen auch für Erfweiler bei Dahn an *Erbio* als Eponymen denken.

3) Belege für ahd. *eribo, erbo* 'der Erbe' bei Schützeichel, Wörterbuch 43; Starck/Wells, Glossenwörterbuch 126. Zu den Namen vgl. auch Bach, Namenkunde I,2 § 336,4; Geuenich, PNN Fulda 57. 97; Kaufmann, Ergänzungsband 38; Socin, Namenbuch 216.

4) Der PN *Erpo* kann auch zum Stamm **erp-a-* 'dunkelfarbig' (→ 5.1.1.54.) gestellt werden; der hier vertretene etymologische Ansatz fußt auf den unter Anm. 2 vorgetragenen besitzgeschichtlichen Argumenten.

5) Vgl. Braune/Eggers § 131; Franck/Schützeichel § 85; ausführlich auch Froeßl, Sprachbewegungen 29.

6) Vgl. Froeßl, Sprachbewegungen 29: "In ein und derselben Urkunde, sogar beim gleichen Wort, stehen oft Tenuis und Affrikata nebeneinander".

7) Froeßl (wie Anm. 6) nennt aus Mainz *zum helpante* (1329), *Scharppenstein* (1332).

Erialdo uilleri (721 K. 9): → Nr. 511.

182.   **+Erlfingen**, bei Postroff, F, Moselle, Fénétrange [1]:

in Erlewini vilare (12.Jh.M. < 10.Jh.E.K.17/18, 11.Jh. Or.); Erluingen (±1350 Or.) [2].

< **Erlewino-vîllâre / *Erleviningas* zum PN *Erlewin, Erloin* [3], komponiert aus den Elementen **erl-a-* [4] und **win-i-* [5].

1) Zur Lokalisierung der Wüstung vgl. Haubrichs, SNN 267, nach HRS 658.
2) Quellennachweis: Perrin, Essai 145. 157; HRS 658.
3) Förstemann, Altdeutsches Namenbuch I 469; Morlet, Noms de personne I 81; LMR

239; Menke, Namengut 106.
Vgl. Haubrichs, Raumorganisation 267, mit Hinweisen auf einen im Umfeld der Weißenburger Gründersippen faßbaren Großen gleichen Namens. Über einen weiteren Träger dieses PN, der dem bekannten austrasischen Hochadelsgeschlecht der Widonen angehört haben dürfte, vgl. Metz, Adelsherrschaft 262 f.; ders., Miszellen 3; Doll, Hornbach 121.
4) Kaufmann, Ergänzungsband 108.
5) → 5.1.1.171.

+Ermenberto villare, am Biberbach: → Nr. 82.

Ermentzwilre (1344 Or.): → Nr. 520.

Villare...Ermesindis (777 Or.): → Nr. 646.

183. **Ernestviller**, F, Moselle, Sarralbe:

dass wir ... den Erbaren vnseren Lieben getreuen Hanss Matthiasen vnd Dionisus Rogé ... einen Ort Landes in ... vnser Graffschafft bey dem Städlein Püttlingen gelegen, benantlich der Rinholtzborner Bann, verschrieben ... zu eim Dorff zu bebawen ... so Ernstweiler soll genennet werden (1603); Ernestweiller (1779).- Mda. *ernštvila* [1].

Ernestviller ist eine nach dem Landesherrn benannte Gründung des Grafen Peter-Ernst von Mansfeld (1517-1604) [2]; durch einen vom 8.11.1603 datierenden Stiftungsbrief veranlaßt der Graf zusammen mit seiner Gemahlin Juliana von Daun, Rhein- und Wildgräfin von Salm - aus ihrem Erbe rühren die Anteile des Paares an der Herrschaft Hesenpüttlingen [3] - die Anlage eines neuen Dorfes auf dem Bann des seit Jahrhunderten unbewohnten Ortes Reinholdsborn [4].

1) Quellennachweis: Touba, Region Saargemünd I 17-20 (vgl. AD MM B 857 Nr. 48); Durival III 129; ALLG. Hinweise auf die Gründungszusammenhänge auch bei Hiegel, Bailliage 178; Habicht, Dorf 166; RL III 271; Bouteiller, Dictionnaire 71.
2) Die Deutung des SN mit Hilfe des PN *Ernusto* (sic!), zu der Morlet, Noms de personne III 301, durch Fehlzuweisungen alter Belege, die eigentlich zu Nr. 184 gehören, veranlaßt wird, ist damit zu streichen.
3) Puttelange-aux-Lacs, F, Moselle, Sarralbe.
4) Sollte es sich um die hochmittelalterliche Rodungssiedlung *Rindibura* handeln, deren Besitz der Abtei Wadgassen schon 1141 bestätigt wird (BRW Nr. 6; MRhUB I Nr. 524; Parisse, Etienne Nr. 55) und die dann im Jahr 1232 den Grafen von Blieskastel

überlassen wird (BRW Nr. 107; MRhUB III Nr. 468)?

Erneswilre: → auch Nr. 520.

184. **Ernstweiler**, kreisfreie Stadt Zweibrücken, D, Rheinland-Pfalz:

curtem suam Ernustesvuilere vocitatam in pago Bliesichgove (982 K. 12); rex Bliesensem provinciam ingressus in vico Ernestwillare cum omni sedit exercitu (±1012 Or.) [1]; Erneswilre (1180 Or., 1314 K.15, 1333 K.15, 1334 K.15, 1361 Or., 1362 Or. u.ö.); Ernschwiller, var. Ernßwilr (1290 K.15); Erneswylre (1304 Or.); Ernswilre (1345 K.14, 1351 Or., 1375 Or.); Ernestwilre (1347 Or.); Ernswilr (1382 Or., 1385 Or.); Ernßwilr (1454 Or.); Ernßwiller (1465 Or., 1490 Or., 1515 Or.); Ernstwiler (1474/75 Or.); Ernßwiler (1490 Or.); Ernstweyler (1502).- Mda. *ernʃwiler* [2].

< *Ernustes-wilâri zum PN *Ernust* [3], zum Stamm **ernust-a-* 'Eifer, Kampf' [4]. Die jüngeren Formen zeigen Erleichterung der Dreikonsonanz [st's] > [st] (→ *Ernestwilre*) bzw. [ss], [s] (→ *Erneswilre*) [5].

1) Zum Bericht der um 1012 im Kloster Hornbach verfaßten *Miracula S. Pirminii* über den Einfall Heinrichs II. nach Lothringen (im Verlauf der sogenannten Moselfehde) im Jahr 1009 sowie dessen Aufenthalt in Ernstweiler ausführlich Haubrichs, Miszellen 45 f.; ders., Ausbildung 56 Anm. 114; Flesch, Schriftkultur 104 f.
2) Quellennachweis: MG DD Otto II Nr. 280 (vgl. Herbomez, Gorze Nr. 199); MG SS XV,1 34; NRW Nrr. 6. 532. 609. 611; Kirsch, Kollektorien 315 (auch in: SVL Nr. 1391; Longnon/Carrière, Pouillés 211; Dorvaux, Pouillés 29); NRH Nr. 282; NRW Nr. 369 (vgl. Glasschröder, Urkunden Nr. 699; PRZ Nr. 325); PRZ Nr. 457 (gedruckt bei Mone, in: ZGORh. 14 (1862) 61); SVL II Nr. 930; HStA München, Rheinpfälz. Urk. Nr. 2140; NRH Nrr. 305. 239; PRZ Nrr. 900. 940; HStA München, Rheinpfälz. Urk. Nr. 4730; Pöhlmann, Bitsch Nr. 89; HStA München, Rheinpfälz. Urk. Nr. 3776; Molitor, Urkundenbuch Nr. 63; HStA München, Rheinpfälz. Urk. Nr. 3778; AD MM B 9156 f° 54; Glasschröder, Neue Urkunden Nr. 395; Molitor, Urkundenbuch Nr. 64 b; Christmann, SNN I 138; Dolch/Greule 130.
3) Vgl. Förstemann, Altdeutsches Namenbuch I 484; Morlet, Noms de personne I 85 b; Kremer, PNN 108; LMR 240; Christmann, SNN I 144. Nach einer ausführlichen Einzelanalyse bei Haubrichs, Miszellen 35-56, war der Ort Ernstweiler, den Kaiser Otto II. in Ausführung einer testamentarischen Verfügung des kurz zuvor in der Sarazenenschlacht im süditalienischen Cotrone gefallenen *Cunradus filius Ruodolfi quondam comitis* dem Metzer Eigenkloster Gorze übertrug, im 10. Jh. im Besitz eines lothringischen Adelsgeschlechtes, dem auch die Stifterin von Amel (F, Meuse, Ct. Spincourt), Hildegund, entstammt und dessen Leitnamen Konrad und Rudolf an die großen karolingischen Reichadelsgeschlechter der Welfen und der mit ihnen verwand-

ten Konradiner denken lassen. Auch der PN *Ernust*, der sich um 970 in der Stifterfamilie von Amel fassen läßt, ist schon um die Mitte des 9. Jh. aus konradinischen Zusammenhängen bezeugt. In dem *vir magnificus Ernust*, den Ludwig der Deutsche 861 wegen Hochverrats seiner Ämter enthebt (bzw. einem konradinischen Verwandten) mag man denn auch einen möglichen Eponymen der Siedlung Ernstweiler erblicken.
Zur Stifterfamilie von Amel vgl. Parisot, Domo 65; Vanderkindere, Formation 340-343; Haubrichs, Miszellen 42 ff. 53 ff.; zu den Konradinern vgl. bes. Tellenbach, Studien; Dietrich, Konradiner.

4) Vgl. Kaufmann, Ergänzungsband 109; Tiefenbach, Xanten-Essen-Köln 353.
5) Zu diesem Vorgang ausführlich Wolff, Studien 164 f.; Paul Wiehl Grosse § 112 ("Von drei Konsonanten wird der mittlere gern aufgegeben, namentlich t"); Kaufmann, Pfälz. ONN 63.

+Ernstweiler, bei Niederlinxweiler: verzeichnet bei Müller, St. Wendel 20, und Staerk, Wüstungen 159, aufgrund angeblicher Flurnamenbelege. Amtlich erhalten ist nur der Gewässername *Ernstbach* (Spang, Gewässernamen 187), eventuell als Klammerform aus **Ernstweilerbach*? Vgl. auch Nr. 233.

185. **+Erschwiller**, Gde. Gosselming, F, Moselle, Fénétrange:

FlNN: de prato sito in banno de Gosselmingen quod dicitur Erneswilre (15. Jh. Or.); zu Erßwilr (1482 Or.); ein pletz matten zu Erßwiller in Goselminger Bann (1585 Or.); en Ershwiller felt (1710 Or.); Erschwiller Waldt (1728 Or.). Eichviller (±1840) [1].

< **Ernustes-wîlâri* zum PN *Ernust* [2] bzw. **Erines-wîlâri* zum PN *Erin* [3]. Durch Assimilation von [rn] > [r] und Entwicklung von [rs] > [rʃ] entsteht heutiges *Erschviller*, das im Kataster in verderbter Schreibung festgehalten ist.

1) Quellennachweis: AD Mos G 1903 bis f° 58v° (vgl. RL III 270); AD MM G 962; AD Mos 8 F 6 f° 16v°; AD MM B 11877; AD Mos cartes et plans Nr. 993; Nap. Kat. (vgl. Toussaint, Frontière 227).
2) Vgl. Nr. 184.
3) Vgl. Nr. 30.

Erschwiller: → Arzviller.

Erviller, FlN bei Bettange: → Nr. 162.

186. **Eschviller**, F, Moselle, Volmunster:

Eswilre (1254 K.17, 1318 K.15, 1340 Or.); Eschwilre (1333 Or., 1346 Or., 1348 Or., 1361 Or., 1472 Or.); Eschwilr (1349 Or.); Eschweiler (1413 K., 1496 K.17, 1553 K., 1599 Or. u.ö.); Eschwir (1428 Or.); Eschwiller (1466 K.16, 1484 K., 1503 K. u.ö.); Eschweiller (1594 K.17, 1779)[1].

Da für den seit der Mitte des 11. Jh. zu [ʃ] vereinfachten Nexus [sk], für den im lateinischen Alphabet ein eigenes Zeichen fehlte, neben <sc> und <sch> auch (allerdings selten) <s> geschrieben werden konnte [2], wird man von einer Grundform *Ask-wilâri "Weiler im Eschenwald" ausgehen können. Bestimmungswort ist ahd. *ask, mhd. esche 'Esche' (sowohl für den Einzelbaum als auch für einen größeren Baumbestand)[3]. Das nachfolgende [î] des Grundwortes wirkt im Bestimmungswort als Auslöser des Umlauts [4].

1) Quellennachweis: PRZ Nrr. 125. 509. 598 (vgl. HRS Nr. 326). 556; LHA Kobl. 1 A 5334; NRH Nr. 244; LHA Kobl. 53 C 45 Nr. 3; AD MM B 571 Nr. 28; PRZ Nr. 672; Pöhlmann, Bitsch Nr. 33; AD MM B 568 Nr. 25; Pöhlmann, Bitsch Nr. 302; AD Mos H 383 f° 164; LHA Kobl. 53 C 45 Nr. 9; NRH Nrr. 453. 632; Alix 113; Durival III 129. Die bei Bouteiller, Dictionnaire 77; RL III 257, und AT II 267 Anm. 24, als älteste Belege für Eschviller genannten Formen *Eckelnswilre, Eckexwilre*, etc., sind zu Nrr. 159, 614 und 627 zu stellen; damit fällt der Deutungsvorschlag von Hiegel, Arbres 142 (PN *Agilin*). Unzulässig ist auch die in der größeren Arbeit des gleichen Autors (Hiegel, Dictionnaire 114) anklingende Verschmelzung der PNN "*Eso, Aso* changé en *Agi, Egi* ". Der PN *Eso* hätte wohl zu einem anderen lautlichen Ergebnis geführt (vgl. Nr. 195), für *Egi* würde man zumindest gelegentlich die <ei>- Schreibung für aus /egi/ kontrahiertes [ei] erwarten (vgl. Nr. 166).
Auf Eschviller bei Volmunster müssen dagegen wohl die bei Häberle, Wüstungen 121; Christmann, SNN I 141; Hoppstädter/Herrmann/Klein, Landeskunde I 86; Staerk, Wüstungen 169, u.a. als wüstungsanzeigend angeführten Flurnamen *Eschweiler, Eschweilerberg, Eschweilerwiesen*, etc., im saarländischen Peppenkum "auf der rechten Seite der Bickenalbe ... nahe der Gemarkungsgrenze zu Brenschelbach und Utweiler" (Staerk, Wüstungen 169) bezogen werden. Der Flurnamen-Komplex setzt sich jenseits der Staatsgrenze im lothringischen Loutzviller fort. Besonders deutlich zeigen das die Karten des im Jahr 1758 angelegten *Atlas topographique du Comté de Bitche* (AD Mos Cartes et plans Nr. 986) mit den Flurnamen *Escheweiller berg*, etc. Solange gesicherte historische Belege fehlen (die von Staerk genannten Formen können ebensogut zum existierenden Ort gehören), scheint mir die Annahme einer Wüstung wenig sinnvoll.
2) Vgl. Paul/Wiehl/Grosse § 155; zu den Graphien ausführlich Gleißner/Frings, Urkundensprache 59 ff.; Stopp, in: Schützeichel, Passionsspiel 191: "Die Schreibung s findet sich zusammen mit sch westmitteldeutsch nur in Worms".
3) Schützeichel, Wörterbuch 11, nennt ahd. *asc* lediglich in der Sekundärbedeutung 'aus Eschenholz gefertigter Speer' (vgl. auch aengl. *aesc* 'an ash-tree, an ash-spear, a spear,

lance' bei Bosworth/Toller, Dictionary 19; anord. *askr* 'Esche, Spieß, Schiff' bei de Vries, Altnord. etym. Wörterbuch 15). Zur Verbreitung des Baumnamens in rheinischen Flurnamen vgl. Dittmaier, FlNN 65; als Bestimmungswort von Weiler-SNN ist er ausgesprochen früh für Eschweiler bei Düren (826 *fundus regius Ascvillaris*, vgl. Cramer, ONN 149) belegt, vgl. auch unweit davon Eschweiler über Feld (1003 *Escwilre*, vgl. Cramer, ONN 154).

4) Zum ahd. Primärumlaut von [a] > [e] vor folgendem [i] vgl. 6.2.1.1.

187. **Eschweiler**, Gde. Junglinster, L, Grevenmacher:

Eschwilre (1148 K., 1317 Or.); Escuuilre (1161 Or.); Eschwiler (1310 K.15); Eschwylre (1417 Or.); Eschwyler (1484 Or.); Eschweiller (1547 K.); Eschweiler (1571 K.).- Mda. *ēʃeler* [1].

< **Ask-wîlâri* "Weiler im Eschenwald" [2]. Die mundartliche Reduktion des Grundwortes *-weiler* zu *<-ler>* ist im Raum um Luxemburg regelhaft [3].

1) Quellennachweis: Wampach, Echternach Nr. 205; Werveke, Marienthal Nr. 330; MRhUB I Nr. 622; Publ. Lux. 40, 388; Wurth-Paquet, Reinach I Nr. 1262. II Nr. 2111; Majérus, Gemeinden III 583. 585. Carte Archéologique du Grand Duché de Luxembourg Nr. 18 B.
2) Vgl. Nr. 186. Ebenso schon Meyers, Studien 82 f., über einen gleichlautenden SN im nördlichen Luxemburg (Ct. Wiltz: 1268 Or., 1271 Or. u.ö. *Exewilre*, 1310 K.15 *Eschwiler*, 1393 Or. *Eschwyler* - Belege nach WLT IV Nrr. 87. 248; Publ. Lux. 40, 388; Publ. Lux. 25, 65).
3) → 3.7.2.

188. **+Eschweiler**, Gden. Hundling und Ippling, F, Moselle, Sarreguemines:

Eyswilre (1285 Or., 1295 Or., 1315 Or., 1335 Or.); Eyxwilre (1296 Or.); Euschwilre (1300 K.); Eschwilre (1301 K.15).
FlNN: geriedt nennet sich Eschweiler, liegt zwischen dem Harrweg und der hohen strassen (1694); in Eschweiller (1719) [1].

< **Eges-wîlâri* zum PN *Agi, Egi* [2]. Auch die Graphie <x> [3] repräsentiert den sonst durch <sch> markierten Zischlaut [ʃ], der vor folgendem [w] lautgerecht entwickelt ist [4]. In jüngerer Zeit wird der durch den g-Schwund entstandene Diphthong zu [ę] monophthongiert [5].

1) Quellennachweis: BRW Nrr. 229 f. 281. 373 f. 457; AD Mos H 3895; MRR IV Nr. 3021; BRW Nr. 308; RL III 275; AD Mos 4 E 278. Zur genauen Lokalisierung der

2) Wüstung vgl. Haubrichs, Wüstungen 255 Karte 3 c.
2) Vgl. Nr. 166, zur Deutung auch Hiegel, Dictionnaire 114.
3) Zu den in den westmitteldeutschen Schreibdialekten üblichen Schreibungen für [ʃ] in dieser Position vgl. Paul/Wiehl/Grosse § 155; Gleißner/Frings, Urkundensprache 63 f.; Stopp, in: Schützeichel, Passionsspiel 191, mit weiterer Literatur. <x> steht möglicherweise unter romanischem Einfluß, → 6.1.2.2.
4) → 4.3.
5) Vgl. Wiesinger, Untersuchungen II 161 f., mit weiterer Literatur.

+Eschweiler, bei Peppenkum (Staerk, Wüstungen 189): → Nr. 186.

189. **+Eschweiler**, n. Uchtelfangen, Gde. Illingen, D, Saarland, Neunkirchen:

? in loco qui dicitur Ascae atque in Uuibilischiricha (767 K.).
FlN: Vor Eschweiler [1].

Die Identifizierung des rätselhaften Ortes *Ascae* im Waldland an der Blies, der im Jahr 767 an das Kloster Fulda geschenkt wird, mit +Eschweiler ist wegen der räumlichen Nähe des in der Urkunde ebenfalls genannten Wiebelskirchen gut möglich [2]. Sie impliziert ein Nebeneinander von Simplex und Kompositum bei der Ortsbezeichnung, wie es im Untersuchungsraum etwa auch für +Buchviller (Nr. 114) belegt ist. Der SN wäre also zu deuten als **Ask-wîlâri* 'Weiler im Eschenwald' [3].

1) Quellennachweis: Dronke, Codex Nr. 29; Staerk, Wüstungen 169 f.
2) Vgl. dazu neben Staerk (wie Anm. 1) auch Haubrichs, Basenvillare 86 Anm. 279.
3) Vgl. Nr. 186. Keinesfalls mit Staerk (wie Anm. 1) zu nhd. *Asche*, mundartlich ǝsche 'Brandasche von Ruinen'.

190. **+Eschweiler**, j. Eschweilerhof, Gde. Kirkel, OT Kirkel-Neuhäusel, D, Saarland, Saar-Pfalz-Kreis:

Eischweiler (vor 1212 K.16, 1230 K.16, vor 1237 K.16, 1294 K.16, 1313 K.16, 1315 K.16, 1331 K.16, 1373 K.16 u.ö.); Eiswilre (1212 K.15); Eygeswilre (1430 K. glz.); Eggeswilre (1430 K.); uf Aischweiller Bann (1547 K.16) [1].

< **Eges-wîlâri* zum PN *Agi*, *Egi* [2]. Der vor [w] regelhaft aus [s] entwickelte Zischlaut [ʃ] [3] wird im Beleg *Eygeswilre* hyperkorrekt zu <-ges-> aufgelöst.

1) Quellennachweis: NRW Nrr. 24 f. 77. 95. 392. 529. 537. 605. 746. 868; HRS Nr. 958; Kampfmann, Beiträge 58.
2) Vgl. (auch zur Lautentwicklung des SN) Nr. 166.
3) → 4.3.

191. **+Eschweiler-St.Oranna**, Gde. Überherrn, OT Berus, D, Saarland, Saarlouis:

Udesvillare < *ad Esvillare (1046 F.); Aswilre (1121 F.K.14, 1210 K.14); ad Esuillare (1127 K.14); de Asvillari (1152/56 K.12); Ascwirre (1180 K.14); Essewilre (1210 K.15); Eshwilre (1220 K.15); Eswilre (1220 Or., 1222 Or., 1223 Or., 1237 Or., 1310 Or., 1310/20 Or. u.ö.); Eschwilr (1221 K., 1349 Or., 1358 K., 1426 K., 1450 Or. u.ö.); Esswilre (1250 Or., 1258 Or.); Exwilre (1258 K.14; 1348 K.18, 1354 Or., 1358 Or., 1361 K., 1407 Or. u.ö.); Asseuire (1267 K.14); Eschwilre (1301 K.15, 1333 Or., 1335 K.14, 1348 Or.); zu Eschewilre zu St. Orant (1391 Or.).
FlN: Eschweiler Grund [1].

< *Ask-wîlâri [2]. Aus romanischer Überlieferung [3] sind zum Teil Belege erhalten, in denen der ahd. Primärumlaut [a] > [e] vor folgendem [i] [4] graphisch nicht markiert ist. In Belegen wie *Essewilre, Eschewilre* zeigt sich vor [w] Einschub eines Sproßvokals [5].

1) Quellennachweis: Migne, PL 143, 629; Parisse, Etienne Nr. 3; BN Paris ms. lat. 10030 f° 4v°; Meinert, Papsturkunden I Nr. 22; Herbomez, Gorze Nr. 183; Wolfram, Papsturkunden 308; BRW Nrr. 68 f. 76. 78. 80. 118; HStA München, Rheinpfälz. Urkunden Nr. 1156; BRW Nrr. 73. 349. 396; PRZ Nr. 672; BRW Nrr. 565. 738; LA Sbr. Nass.-Sbr. II Nr. 248; BRW Nrr. 131. 135; Ausfeld, Fraulautern Nr. 38 (vgl. MRhUB III Nr. 1460; MRR III Nr. 1512; JRS Nr. 409); BN Paris ms. lat. 10030 f° 15v°; BRW Nr. 518; BN Paris Coll. Lorr. Bd. 83 Nr. 47; BRW Nr. 567; Kirsch, Kollektorien 311; BRW Nr. 671; BN Paris ms. lat. 10030 f° 1v°; PRZ Nrr. 423. 556. 566; NRH Nr. 244; LA Sbr. Fraulautern Nr. 162; Staerk, Wüstungen 164 ff.
Der Besitz des Hochstiftes Verdun in *Esvillare,* der schon 1046 in einer auf den Namen Leos IX. gefälschten Papsturkunde genannt und im Jahre 1127 durch Honorius II. nochmals bestätigt wird, geht nach einer Notiz im Totenbuch des Kathedralkapitels auf eine *Judith soror nostra que dedit nobis cum viro suo Hecelone alodium suum apud Asvillare* zurück (vgl. Aimond, Nécrologue 222). Da der PN *Hecelo* (dann nach romanischer Schreibtradition mit unetymologischem <h>) durchaus als Kurz- bzw. Koseform des häufigen Vollnamens *Adalbert* belegt ist (vgl. etwa. Stark, Kosenamen 92 f.; Pfister, Relikte 135), könnte es sich bei der Schenkerin um die Gattin des Grafen Adalbert, des Ahnherrn des lothringischen Herzogsgeschlechtes (dazu Hlawitschka, Anfänge 79-153; Parisse, Noblesse I 45-49) handeln. Das Paar, das die Heilig-Kreuz-Abtei in Busendorf gründete (dazu Perrin, Recherches 450-491;

Quellen- und Literaturhinweise bei Herrmann, Stand der Erforschung 173 Anm. 263), verfügte über umfangreichen Besitz im Niedtal (dazu Hoppstädter/Herrmann/Klein, Landeskunde II 172; Haubrichs, Miszellen 29 f.). In Eschweiler selbst wird 1223 ein lothringisches Allod an Wadgassen geschenkt (BRW Nr. 80). Allerdings muß angemerkt werden, daß nach Aimond, Nécrologue 222, die Verduner Judith unter dem 25. Mai eingetragen ist, während Hlawitschka, Anfänge 90 Anm. 46, als Todestag der lothringischen Herzogin Judith den 27. Juli angibt.
2) Vgl. Nr. 186.
3) Angesprochen sind Papsturkunden und Urkunden der Metzer Bischöfe für die Abtei Lubeln bei St. Avold; ein *Girardus decanus de Asvillari* wird außerdem 1152/56 in einer Urkunde des Bischofs von Verdun für die Abtei Gorze genannt.
4) → 6.2.1.1.
5) Vgl. Paul/Wiehl/Grosse § 57; Gleißner/Frings, Urkundensprache 63 (*fishewazzer*).

192. **+Eschweyer**, Gde. Bérig, F, Moselle, Grostenquin:

Exwilre (1320 K.14); Eschewiler (1442 K.15); Eschwiller (1467 K.15, 1479 Or., 1480 K.15, 1493 Or.); Eschwiler (1467 Or., 1471 K.15, 1472 Or., 1473 K.16, 1480 Or., 1494 Or.); Eßwiller (1485 Or., 1491 Or.); Eschweiler, Eschweyler (1597 K.).
FlN: Echeveyer (1787); Eschweyer (±1840) [1].

< **Ask-wilâri* "Weiler im Eschenwald" [2]. Der Beleg *Eschewiler* zeigt Sproßvokal vor [w] [3]; die Graphie <x> hat wie <sch> und <ß> den Lautwert [ʃ] [4].

1) Quellennachweis: BN ms. lat. 10030 f° 72r°; AD Mos G 6 ff° 66r°. 68v°; AD Mos G 8 f° 62; LA Sbr. Helmstatt Urk. Nr. 164; AD Mos G 8 f° 165; AD Mos 24 J 13; LA Sbr. Helmstatt Urk. Nr. 147; AD Mos G 8 f° 93; AD Mos 10 F 40; AD Mos 24 J 48; LA Sbr. Helmstatt Urk. Nrr. 170. 181. 199; AD Mos 24 J 13; Barth, in: ZGSG 12 (1962) 157. 177; Bouteiller, Dictionnaire 77; Nap. Kat. Hinweise auf die Wüstung geben u.a. Bouteiller, Dictionnaire 77; RL III 275; AT II 182 f; zum Teil mit falsch zugeordneten Belegen Hiegel, Dictionnaire 114.
2) Vgl. Nr. 186.
3) Vgl. Nr. 191 Anm. 5.
4) → 4.3.

193. **Eschwiller**, F, Bas-Rhin, Drulingen:

Eswilre (13. Jh. E. Or., 15. Jh. Or.); Elschwilre (1349 Or.); Eschwilre (1387 Or.); Exwilre (15 Jh.).- Mda. *eschwiller, eschwelr* [1].

Wegen der zwar nur einmal belegten, aber doch gesicherten <ei>-

Schreibung ² wohl *Eges-wîlâri zum PN *Agi*, *Egi* ³. Aus der alemannischen Urkundensprache, respektive aus dem Straßburger Raum, ist die Wiedergabe von mhd. [ei] vor folgendem [s] durch einfaches <e> gut bekannt ⁴.

1) Quellennachweis: AD MM B 742 Nr. 68; AD Mos G 1903 bis f° 28v°; HRS Nrr. 396. 554 (vgl. Albrecht, Urkundenbuch II Nr. 281); Dorvaux, Pouillés 31; RL III 275. Der im Polium des 15. Jhs. noch genannte Ort war kaum schon 1360 (so Matthis, Bilder 186), wohl aber vor 1501 wüst (vgl. Herrmann, Saarwerden II 210). Er wurde erst gegen Ende des 17. Jhs. neu aufgebaut (RL III 275; AT I 199; Cuny, Reformation I 33 Anm. 2). Er ist sicher nicht identisch mit dem alten Weißenburger Besitz in *Ascovillare*, den u.a. Cuny, Reformation I 134 Anm. 1, hierher stellt (daher wohl auch die Deutung des SN mit Hilfe eines PN *Asig* bei Dauzat Rostaing 269); zu dessen Identifizierung ausführlich Nr. 32.
2) Die Identifizierung des Belegs ist unzweifelhaft; *Eischwilre* wird im Verbund mit den Dörfern, Bännen und Meiereien *Harskirchen*, *Swekesingen*, *Langate*, *Wolskirchen*, *Diedendorf*, *Bistorf*, *Dunevaßeln*, *Sinevilre* und *Aswilre* genannt (HRS Nr. 396).
3) Vgl. Nr. 166.
4) → 6.2.1.10.

194. **+Eschwiller**, Gden. Volmérange-aux-Mines, F, Moselle, Cattenom, und Dudelange, L, Esch-sur-Alzette:

FIN: Eschwiller, Eecherdall ¹.

< *Ask-wîlâri* bzw. *Eges-wîlâri* ².

1) Carte Archéologique du Grand-Duché de Luxembourg Nr. 28 C. In Frankreich nur mundartlich überliefert zur Bezeichnung einer Erzgrube an der luxemburgischen Grenze.
2) Vgl. Nrr. 166. 186 ff.

Escoviller (1296 K.): → Nr. 125.

195. **Eßweiler**, VG Wolfstein, D, Rheinland-Pfalz, Kusel:

Esewilr (1296 K.14, 15. Jh. K.); Esewilre (14. Jh. 2. H. Or.); Esewiler (1451 K., 1480 Or.); Eßwill[e]r (1489 Or.); Esewylr Tal (1493 Or.); Eszwiller (1515); Eßweiler (1595).- Mda. *eeswile* ʳ¹.

< *Esen-wîlâri* zum in seiner Etymologie unsicheren PN *Eso* ².

1) Quellennachweis: PRZ Nr. 370 (vgl. Pöhlmann, Mauchenheimer Nr. 11); PRV Nr. 696; LA Speyer F 2/148 f° 116; Glasschröder, Urkunden Nr. 638; Fabricius, Veldenz I 88; StA Trier WW 38 f° 15v°; Pöhlmann, Bitsch Nr. 156; Christmann, SNN I 12.
2) Belegt bei Förstemann, Altdeutsches Namenbuch I 220. Zu den gerade aus der Galloromania recht gut belegten PNN auf <es-> vgl. Kaufmann, Ergänzungsband 40. 49. 110. Christmann, SNN I 145, denkt an einen *Atzo, Etzo*. Kaufmann, Pfälz. ONN 66, weist zu Recht darauf hin, daß ein PN *Etzo* keinesfalls aus *Atzo* entwickelt sein kann; da *Etzo* allerdings entgegen Kaufmann gut belegt ist (vgl. Förstemann, Altdeutsches Namenbuch I 220; LMR 237), besteht wohl keine Notwendigkeit, mit Kaufmann und Dolch/Greule 133, auf einen Ansatz *Atzin-wîlâri* mit "frühoberdt. Gen. Sg. auf -in" zurückzugreifen. Anzusetzen wäre also gegebenenfalls *Etzen-wîlâri*; allerdings scheinen mir die historischen Belege, die durchweg einfaches <s> zeigen, nicht für eine alte Affrikata und die von Kaufmann in Rechnung gestellte "Erleichterung der Dreikonsonanz ... -tsn- nach Schwund des tonlosen Mittelvokals" zu sprechen.

Eswilre (1220 Or. u. ö. in Quellen der Abtei Wadgassen): → Nr. 191.

Eswilre (1254 K. u. ö., in Zweibrücker Überlieferung): → Nr. 186.

196. **+Euvillers**, Gde. Cutry, F, Meurthe-et-Moselle, Mont-Saint-Martin:

FIN: Euvillers [1].

< *Ulfo-villâre* zum PN *Ulfus* [2], einer romanisierten Variante [3] des ahd. PN *Wulf* [4]. Die heutige Namenform entsteht durch Assimilation des nach dem Fall des Fugenvokals früh vorkonsonantischen [f] im Auslaut des PN an folgendes [v] des Grundwortes [5] sowie Vokalisierung von vorkonsonantischem [l].

1) Quellennachweis: Nap. Kat.
2) Vgl. Förstemann, Altdeutsches Namenbuch I 1476; Morlet, Noms de personne I 231b (*Ulfa*); Kaufmann, Rufnamen 192 (*Ulfa*). Die gleiche Etymologie ist wohl für Euvillers (Gde. Troisvilles, F, Nord: 1190 *Wluiler*, 1190, 1216 u.ö. *Euuiler*, Belege nach Gysseling, Woordenboek 343) anzunehmen.
3) Vgl. dazu ausführlich Kaufmann, Rufnamen 192 ff. Der für die Romanen schwer sprechbare bilabiale Reibelaut [w] wird sonst im allgemeinen durch [gu] ersetzt, → 5.3.7.
4) Vgl. Förstemann, Altdeutsches Namenbuch I 1613, zu dem mit der Wolfsbezeichnung verbundenen Namenstamm allg. Müller, PNN 4-9. Danach (S.8 Anm. 29) ist das Simplex *Wulf(us)* im gesamten fränkischen Reich im Vergleich mit den überaus zahlreichen Komposita recht selten, ungleich häufiger dagegen das (wohl in vielen

5) Fällen als übersetzte Variante des germanischen Namens aufzufassende) lat. *Lupus.*
Vgl. Rheinfelder §§ 564. 567.

Ewersweiler (1471 K.): → Nr. 1. Zur Begründung der Identifizierung vgl. Nr. 158.

197. **+Exwiler**, unbekannt nö. Kusel, D, Rheinland-Pfalz, Kusel:

der zehende zu Exwiler zu Hupwiler (±1470 K.) [1].

Da die Graphie <x> den Lautwert [ks] oder [ʃ] haben kann, was jeweils zu unterschiedlichen Etymologien führt, ist eine Deutung des Namens ohne weitere Belege nicht möglich.

1) Quellennachweis: LA Speyer F I / 49 a f° 43v°. Der Beleg ist sicher nicht verschrieben für Ehweiler (Nr. 163), da dieses in der gleichen Quelle als *Ewilere* ebenfalls genannt wird.

Exwilre: → Thalexweiler, Urexweiler.

198. **+Eyberßwiller**, unweit von Bitsch, F, Moselle, Bitche:

Eybrehtzwiler (1376 Or.); Eybrehtzwilre (1376 Or.); Elbeßweiller < *Eibeßwiller (15. Jh. K.); Eyberßwiller (1534 Or., 1556 Or.); Eyberßwiler (1550 Or.); Eberßweiler (1571 K.) [1].

< *Agibertes-wîlâri* zum PN *Agibert* [2], komponiert mit Hilfe der Namenstämme *ag-i-* [3] und *berχt-a-* [4], mit Umlaut und mitteldeutscher Kontraktion von ahd. /agi/, /egi/ > /ei/ [5].

1) Quellennachweis: AD MM B 570 Nr. 58 f. (Gerhard Kestel, Sohn der Katharina von Bitsch, verkauft sein Lehen in E. an Johann von Blumenau; Gräfin Agnes von Zweibrücken bestätigt den Verkauf); AD MM B 570 Nr. 61 (Graf Simon Wecker von Zweibrücken setzt Heinrich von Rotenburg in E. ein); AD MM B 571 Nr. 4 (Jakob, Graf von Zweibrücken-Bitsch, trägt Nikolaus von Rotenburg, gen. Blicker, ein Lehen in Bitsch und im Dorf E. auf); HStA Darmstadt D 21/B 4.18 f° 22r°; HStA Darmstadt D 21/B 4. 14 S. 13.
.2) Namenbeispiele bei Förstemann, Altdeutsches Namenbuch I 18; Morlet, Noms de personne I 21 a; Tiefenbach, Xanten-Essen-Köln 240; LMR 221.

3) → 5.1.1.2.
4) → 5.1.1.30.
5) → 6.2.1.10.

Eygewilre (1316 Or.): → Nr. 163.

199. **Eywiller**, F, Bas-Rhin, Drulingen:

Iewilre (1349 K.18); Ywiler (1387 Or.); Iewiler (1431 K.); Iwiler (1453 Or.); Yewiller (15 Jh.); Iwiller (1543, 1570 u.ö.); Eiwiller, var. Ihwiller (1573 Or.); Eyweyler (1728).- Mda. *eywiller* [1].

< *Íven-wilâri* zum PN *Ívo* [2]. Als Ergebnis der Hiatusdiphthongierung von mhd. [î] zeigt sich im Stammvokal des PN heutiges [ei] [3].

1) Quellennachweis: AD BR C 282; HRS Nrr. 554. 964; Stadtarchiv Sbr., Kleine Erwerbungen Nr. 19 f° 8v°; HRS Nr. 1542; Matthis, Bilder 186 (auch in: Barth, Handbuch 371; Cuny, Reformation I 33); AD BR E 5133 Nrr. 6. 9; RL III 278. Seit dem ausgehenden 13. Jh. läßt sich außerdem in der lothringischen Stadt Saarburg ein Bürgergeschlecht *de Ywilre* fassen (vgl. 13. Jh. E. *Goffelo de Ywilre*, 1316 *Goffelmannus dictus Ywilre de sarberch*, 1381 *in Sarburg in vico dicto Ywilres gaße*, Belege nach AD MM B 742 Nr. 68; AD Mos H 4747; AD Mos H 4756 Nr. 4), dessen Provenienz aus Eywiller bei Drulingen mir naheliegend erscheint.
2) Vgl. Nr. 170. So schon Matthis, Leiden 9. Morlet, Noms de personne III 355, stellt alten Weißenburger Besitz in *Erialdovilleri* irrtümlich hierher und deutet den SN daher mit Hilfe des PN *Hariwald*, Harald. Dauzat/Rostaing 279, denken an einen PN *Aigo*.
3) Vgl. Bach, Lautlehre 54. 60; Wiesinger, Untersuchungen I 191; danach hat der Nachbarort Wolfskirchen mhd. *wihen* > *wei*.

Farduviler (1124 K.), im Besitz der Abtei St. Denis bei Paris: → Nr. 201.

200. **Farebersviller**, F, Moselle, Freyming-Merlebach:

Eberswiler (1365 K.14, 1460 K.15); Eberswilre (1368 Or., 1395 Or., 1473 Or.); Eueswilren (1381 Or.); Eberßwiler (1453 Or., 1471 K.15, 1475 K.15); Eberßwilr (1465 K.15); Eberßwiller (1471 Or., 1475 Or., 1485 Or., 1488 Or., 1490 Or. u.ö.); Fer Ewerschwiller (±1525 Or.); Vor Ebersweiler (1594

K.17); Fereberschwiller (1599 Or.)¹.

< *Ebures-wîlâri* ². <*Far-*> ist unterscheidender Zusatz. Zu lesen ist '*Vor-Ebersweiler*'³; die Präzisierung hebt den SN ab von dem ganz in der Nähe liegenden Petit-Ebersviller (Nr.520), das wie Farebersviller zur Kastellanei Hombourg-St.Avold gehörte. Sie wird notwendig, als sich die mundartlichen Lautungen der etymologisch verschiedenen SNN aneinander annähern und die Gefahr einer Verwechslung wächst.

1) Quellennachweis: LA Sbr. Nass.-Sbr. II Nr. 3042 f° 27 (vgl. Kremer, Ardennen 509; JRS Nr. 1722); AD Mos G 8 f° 28v°; AD MM B 743 Nr. 6; AD Mos B 2344; LA Sbr. Nass.-Sbr. II Nr. 6907 f° 1; AN Lux A 52 Nr. 708; AD MM B 743 Nr. 20; AD Mos G 8 ff° 84v°. 111r°. 118r°. 54v°; AD Mos 10 F 206; AD MM B 743 Nrr. 23. 28; AD Mos 3 J 25; AD MM B 692 Nrr. 50. 53; Lepage, Rustauds 81; Alix 114; AD MM B 744 Nr. 1.
Der von Dufresne, Notice 539 ff. (vgl. auch Toussaint, Essai 13 f.) beschriebene fränkische Bestattungsplatz sichert die Existenz der Siedlung für die zweite Hälfte des 7. Jhs. Für freundliche Hinweise auf die Zeitstellung der Grabinventare und die Bestätigung der Zuordnung der Gräber zum Ort danke ich Frau Prof. Dr. F. Stein (Saarbrücken).

2) Zum PN vgl. Nr. 157 Anm. 2. Auszuschließen ist der von Hiegel, Dictionnaire 117, erwogene, allerdings schwach flektierte PN *Eburo*. In Frage kommen hingegen bestimmte Vollformen des Stammes *ebur-a-*, wie *Ebur-hari*, *Ebur-hard*, *Ebur-wald*, etc. Die Festlegung von Besler, ONN I 27, auf den PN *Eberhard* scheint mir allerdings nicht zwingend. Wenn Dauzat/Rostaing 282, und Morlet, Noms de personne III 303, den SN zum PN *Faraber(h)t* stellen, so orientieren sie sich dabei offensichtlich allein an der amtlichen Namenform. Den historischen Belegen wird diese Deutung nicht gerecht.

3) Zum Gebrauch des attributiven Adverbs 'vor' in dieser Funktion vgl. Kaufmann, Westdt. ONN 18. <a> bzw. <e> ist graphische Wiedergabe des nebentonig abgeschwächten Vokals vor folgendem [r]; vgl. dazu etwa Paul/Wiehl/ Grosse § 59; Kienle, Laut- und Formenlehre § 63.

201. **Farschviller**, F, Moselle, Forbach:

Farduviler (±1124 K.13); Varswilre (1281 K.); Warsvilre (1330/31 Or.); Warswilre (1361 K.); Warßwilr (1394 K.); Varswiler (1397 Or.); Farswilre (1413 Or., 1417 Or., 1474 Or.); Farßwilre (1445 Or., 1464 Or.); Farßwiller (1452 K.15, 1457 Or., 1477 Or., 1487/88 Or.); Varswilr (1466 Or.); Farßwilr (1471 Or., 1477 Or., 1491 Or.).- Mda. *faašvila* ¹.

< *Fardulfes-wîlâri* ² zum PN *Fardulf* ³. Die heutige Namenform entsteht durch Erleichterung der Dreikonsonanz [lfs] + Konsonant > [ls] +

Konsonant [4]. Die nach Abschwächung der Mittelsilbenvokale und Assimilation [rd] > [rr], [r] sich herausbildende Dreikonsonanz [r'ls] wird sodann durch Synkope des mittleren Konsonanten erleichtert [5]; die Phonemverbindung [rs] entwickelt sich zu [rʃ] [6]. Für die Wiedergabe des anlautenden [f] durch <v> bzw. <w> gibt es zahlreiche Parallelen [7].

1) Quellennachweis: AN Paris LL 1157 f° 53 (vgl. JRS Nr. 50; Pöhlmann, Bliesgau I 111; Haubrichs, Bliesgauische ONN I 39); JRS Nr. 594; Kirsch, Kollektorien 127. 317; AD Mos 3 J 43; AN Lux. A 52 I Nr. 971; LA Sbr. Helmstatt Urk. Nr. 89; Herrmann, Betreffe 203; AD MM B 857 Nr. 8; LA Sbr. Nass.-Sbr. II Nrr. 1126. 2598 f° 5; AD Mos H 681; AD Mos 3 J 65; AD MM B 964 Nr. 22; AD MM B 5243 f° 7r°; AD MM B 5251 f° 17r°; AD Mos J 5740; AD Mos 3 J 26; LA Sbr. Nass.-Sbr. II Nr. 1129; ALLG.

2) Der einem Chartular der Pariser Abtei St. Denis entnommene Erstbeleg des SN führt (mit früher Assimilation des nach Ausfall des Fugen-*o* zwischenkonsonantischen [f] an folgendes [v] (Rheinfelder § 633) und anschließender Vokalisierung von vorkons. [l]) auf eine romanische Kanzleiform *Fardulfo-villāre*.

3) Vgl. Förstemann, Altdeutsches Namenbuch I 500; Morlet, Noms de personne I 88 a; Bruckner, Sprache 247. Der PN, komponiert mit Hilfe eines mit dem ahd. *fart* 'Gang, Fahrt' (Schützeichel, Wörterbuch 48) zu verbindenden Namenelementes sowie des häufigen Stammes *wulf-a-* (→ 5.1.1.175.), ist fast ausschließlich langobardisch und nördlich der Alpen außerordentlich selten. In einer überzeugenden Einzelanalyse hat Haubrichs, Bliesgauische ONN I 61 f., den Ort Farschviller, dessen Kirche - ihre ältesten Teile gehören nach Gerlinger, Tours rondes 114 f., spätestens dem 10. Jh. an - bezeichnenderweise das Dionysiuspatrozinium trägt, als Altbesitz der Pariser Abtei St. Denis erweisen können, der bekanntlich durch ihren bedeutenden, aus austrasischem Adel stammenden Abt Fulrad (dazu ausführlich Tangl, Testament; Fleckenstein, Fulrad; Heidrich, Titulatur 213-218) im ausgehenden 8. Jh. umfangreiche Besitzungen im lothringischen und rechtsrheinischen Raum zugefallen waren. Fulrads Nachfolger in der Abtswürde war der seit 774 am fränkischen Hof nachweisbare Langobarde Fardulf (792-806, zu ihm Fleckenstein, Hofkapelle I 106; Menke, Namengut 108). Er war es, der "das Pariser Kloster an der mittleren Saar besitzmäßig verankerte. ... Wahrscheinlich handelt es sich bei dem *villare* um eine Ausbausiedlung ... auf von Fulrad geschenktem Land" (Haubrichs, Bliesgauische ONN I 61; vgl. auch ders., Datierung 80, sowie in Anlehnung daran Hiegel, Dictionnaire 117). Die schwach flektierten PNN *Fardo* (so Dauzat/Rostaing 282) und *Faro* (so Morlet, Noms de personne III 303 b) scheiden aus.

4) Vgl. Wolff, Studien 88 ff.
5) Zahlreiche Parallelfälle bei Wolff, Studien 111 ff.
6) → 4.3.
7) Vgl. Nr. 13 Anm. 6 f.

202. **Fenneviller**, F, Meurthe-et-Moselle, Badonviller:

Fuegneviller (1256 K.18); Funiviler (1257 Or.); Finvilleir (1314 Or.); Fugneviller (1402 K.); Feneviller (1590, 1674)[1].

< *Finio-villâre, das man wegen der mutmaßlichen Länge des Stammvokals, die durch die Graphien <i> und <u>, <ue> angezeigt wird [2], vielleicht am besten zu einem nicht belegten, als romanische Kontraktion aus gut bezeugtem lat.-rom. Fidinius [3] aber durchaus vorstellbaren PN *Fīnius stellen sollte. Als Alternative dazu bietet sich (allerdings mit kurzem Stammvokal) ein von Förstemann aus SNN erschlossener germ. PN *Fini > wfrk. *Finius [4] an, der zu einem ursprünglich vom Stammesnamen der Finnen [5] abgeleiteten, sekundär zum Beinamen gewordenen [6] Namenelement gehört.
Im SN bleibt der Fugenvokal der Avricourt-Verbindung zunächst als <i> erhalten (→ Funiviler), das später zu <e> abgeschwächt wird. Die Graphie <gn> (→ Fuegneviller) steht für die in der lothringischen Skripta typische Mouillierung von [n] im Nexus [nj] [7].

1) Quellennachweis: AD MM H 1374 Nr. 58; Arnod, Publication Nr. 130; AD MM B 574 Nr. 96; Lepage, Pouillé 22; Lepage, Dictionnaire 49; DHV III 272. Das von Lepage, Dictionnaire 49, hier zugeordnete monasterium Offonis ville, eine Gründung des bekannten Touler Bischofs des 7. Jhs. Leudoinus Bodo, ist in Enfonville (F, Haute-Marne) zu lokalisieren. Zur Identifizierung vgl. ausführlich Gauthier, Evangelisation 309 f. An dieser falschen Zuordnung des alten Offonis villa zu Fenneviller, die sich aus namenkundlicher Perspektive nicht begründen läßt, orientieren sich die Deutungen des SN bei Vincent, France 185; Dauzat Rostaing 286; Gröhler, Ursprung II 338; Morlet, Noms de personne III 442.
2) Während vortoniges [i] in lothringischen Urkunden im allgemeinen erhalten ist bzw. zu [ü] (hierfür Graphie <u>) gerundet wird (vgl. Stark, Untersuchungen 101), fällt lat. [i] früh mit den Resultaten von lat. [ê,e] zu einem kurzen e-Laut zusammen, für den die Quellen <i> und <e> schreiben. Beispiele geben z.B. Betzendörfer, Sprache § 53; Güttler, Lautstand §§ 68 f.; Hallauer, Dialekt § 35. Zur Möglichkeit einer Senkung auch des ursprünglich langen [ī], wie sie durch die heutige Lautung des SN indiziert wird, vgl. 6.1.1.7.
3) Vgl. Schulze, Eigennamen 527. 560; Kajanto, Cognomina 254. Zu ähnlichen Kontraktionen in romanisierten germanischen PNN vgl. 5.1.2.3. Auf eine Grundform *Fin(i)o-villâre führt wohl auch der SN Fienvillers (F, Somme: Finuile[rs] (1108), Finviler (1204), Belege nach Gysseling, Woordenboek 356). Dauzat Rostaing 289, und Morlet, Noms de personne III 88, stellen die -(i)aca-villa-Bildung Fignéville (F, Vosges, Monthureux-sur-Saône) ebenfalls zum PN Fidinius > *Fīn(i)us.
4) Vgl. Förstemann, Altdeutsches Namenbuch I 506.
5) Zum Namen der Finnen, die bei Tacitus als Fenni erscheinen und die "älteste urgermanische nomadisierende Bevölkerung Skandinaviens" (Schwarz, Stammeskunde 203) gewesen sein sollen, vgl. auch Schönfeld, PNN 275 f.; Kaufmann, Ergän-

zungsband 116.

6) Vgl. zu solchen Personengruppennamen, die als das eigentliche Mittel zu gelten haben, mit dessen Hilfe "die Frühzeit ... die Abstammung oder Volkszugehörigkeit des Namenträgers auszudrücken" vermochte, ausführlich Geuenich, Fulda 92 f., mit weiterer Literatur.

7) Vgl. dazu Fouché 735; Goebl, Urkundensprache 265 f.; Pope § 695; Stark, Untersuchungen 120; Apfelstedt, Psalter §§ 90. 95; Rumbke, Sprache 48; Hallauer, Dialekt 65; Betzendörfer, Sprache § 114; Güttler, Lautstand § 77; Goerlich, Dialekt 107.

203. **Flaxweiler**, Luxemburg, Grevenmacher:

Flaiswiler (1307/54 K.18); Vlaswylre (1360 K.); Vlaswilre (1362 K., 1363 K.); Wlaswieke < *Wlaswielre (1362 K.); Vlaswielre (1363 K.); Vlaisswilre (1388 K. glz.); Flaswilre (1426 Or.); Flaiswyler (1435 Or.); Flaswylre (±1441/48 K.); Flaisswyler (1461 Or.); Flaiswyler (1462 Or.); Flasswyler (1532 K.); Flasweiller (1586 Or.)[1].

< *Flahs-wîlâri. Bestimmungswort ist die Pflanzenbezeichnung ahd. *flahs* 'Flachs'[2], wobei die SN-Belege durchweg den im Mittelfränkischen regelhaften Ausfall von [h] vor folgendem [s][3] mit gleichzeitiger Dehnung des vorausgehenden Vokals[4] zeigen. Die zahlreichen <v>- bzw. <w>-Graphien für anlautendes mhd. [f], die fast ausschließlich aus vatikanischen Quellen stammen, dürften sich in diesem Fall aus mittellateinischer Schreibpraxis erklären[5], sind aber auch in deutschsprachigen Urkunden der Gegend nicht ungewöhnlich[6].

1) Quellennachweis: Fabricius, Taxa Generalis 16; SVR III Nrr. 716. 819; SVR V Nrr. 19. 188. 191. 202; Kohn, La Grange I 292; TUH II Nr. 205; WLT X Nr. 57; AN Lux. A 52 Nr. 1456; Publ. Lux. 31 (1877) 84 Nr. 143; Publ. Lux. 31 (1877) 95 Nr. 162; Schon. Pfarreien I 28; Publ. Lux. 49 (1899) 234.

2) Vgl. Schützeichel, Wörterbuch 53; Meyers, Siedlungsgeschichte 129.

3) Vgl. dazu aus der unter 6.2.2.5. genannten Literatur bes. Bergmann, Glossen 117 f., mit Kartierung der mundartlichen Situation im südlichen Luxemburg, wo nach Palgen, Lautlehre § 177, heute -*flos*- gesprochen wird. Die amtliche Namenform ist damit hyperkorrekt; in ihr bildet sich der allmähliche Ersatz der h-losen Formen durch von Süden her vorrückendes [ks] ab, durch den der in althochdeutscher Zeit bis ins Alemannische verbreitete h-Ausfall auf den mittelfränkischen und niederdeutschen Sprachraum zurückgedrängt wird.

4) Die Urkunden markieren die Vokallänge zum Teil durch nachgesetztes Dehnungs-<i>, vgl. dazu 6.2.1.3.

5) Vgl. dazu z.B. Haag, Latinität 32; Vielliard, Latin 67 f.

6) Vgl. Nr. 13 Anm. 6.

Flinßwilr (1419 K. u. ö.): → Nr. 213.

204. **+Florinvillers**, Gde. Mairy-Mainville, F, Meurthe-et-Moselle, Audun-le-Roman:

FlN: Florinvillers [1].

< *Florîno-vîllâre* zu einem neben anderen Ableitungen von überaus häufigem lat. *Florus* weit verbreiteten, nicht spezifisch christlichen lat.-rom. PN *Florînus* [2]. Die große Beliebtheit des lat. PN *Florus* und des breiten Spektrums seiner Ableitungen hat im westfränkischen und langobardischen Bereich zur Bildung von Hybridnamen geführt, die ein Element <*Flor-*> mit bestimmten germanischen Namenwörtern kombinieren und die vermutlich auch von Germanen getragen werden konnten [3]. Ob der PN *Florin* allerdings, wie Förstemann will, auch (mit n-Suffix) als "deutsche ableitung von diesem stamme" [4] interpretiert werden kann, bleibt fraglich.

1) Quellennachweis: Nap. Kat.
2) Vgl. Kajanto, Cognomina 234; Kajanto, Studies 74; Jarnut, Studien 115. Der lateinische PN *Florus* ist nach Kajanto, Cognomina 239, nicht zum Namen der römischen Göttin *Flora* zu stellen (so etwa Schulze, Eigennamen 480; Baumgart, Sklavennamen 50), sondern von einem bereits im Altlatein begegnenden Farbadjektiv *florus* abzuleiten, das ähnlich wie das häufigere *flavus* 'blond, goldfarben' bedeutete.
3) Vgl. etwa Jarnut, Studien 115 *Florinus filius Floriperti*. Ob dieser westfränkische und langobardische Sekundärstamm allerdings, wie Kaufmann, Ergänzungsband 118 (vgl. ders., Rufnamen 202), vermutet, zum Teil auch auf einer (dann von Romanen vorgenommenen) Kontraktion von germ. *hluþ-a- > wfrk. lgb. <*flod-> (mit Lautersatz von germ. [hl] > [fl], → 5.3.6.) + wfrk. Erweiterung des Stammes durch ein r-haltiges Element zu <*floder-*> (vgl. Förstemann, Altdeutsches Namenbuch I 861 *Floderlindis*) > <*flor-*> beruhen kann, sei dahingestellt.
4) Förstemann, Altdeutsches Namenbuch I 511.

Flotzwilr (1480 Or.): → Nr. 219.

205. **+Fockweiler**, n. Patersbach, VG Altenglan, D, Rheinland-Pfalz, Kusel:

FlNN: Vockweiller wiess, Fockweiler born (1588 Or.); Fockweiler Dell (1791).- Mda. *vockeler dell* [1].

< *Fukken-wîlâri* zum PN *Fukko, Fokko* [2], den schon Förstemann als wohl

kindersprachliche ³ Variante zu *Fulko*⁴ interpretiert. Die Entwicklung des Stammvokals [u] > [o] ist vor folgendem [o] schon althochdeutsch lautgerecht ⁵.

1) Quellennachweis: LA Speyer B 7/90 S. 221. 308; Gemeindearchiv Bedesbach, Renovaturprotokoll; Christmann, SNN II 209; Dolch/Greule 144.
2) Beispiele bei Förstemann, Altdeutsches Namenbuch I 546; Morlet, Noms de personne I 96 a.
3) Vgl. Kaufmann, Ergänzungsband 127; ebd. auch Hinweise auf andere mit dem PN *Fukko* komponierte SNN.
4) → 5.1.1.59.
5) → 6.2.1.5.2.

206. **Folpersviller**, Stadt Sarreguemines, F, Moselle, Sarreguemines:

Volpretawilre < *Volpretswilre (1179 K.15); Wopetraswilre (1197 K.15); Wolperswilre (1324 Or.); Wolpeswilre (1328 K.); Volperswilre (1335 Or., 1433 Or.); Volperswilr (1430 K., 1441 K.); Volperßwilr (1444 Or.); Volperswiller (1450 K.); Folperßwiler (1457 Or., 1474/75 Or.); Folperschviller (1833) ¹.

< *Folbertes-wîlâri zum PN *Folbert* ², dessen Erstglied zum Stamm **full-a-* ³ bzw. mit sprecherleichterndem Ausfall von zwischenkons. [k] ⁴ zum Stamm **fulk-a-* ⁵ zu stellen ist. Die Senkung von altem [u] > [o] im Stammvokal des Erstgliedes ist vor folgendem [e] lautgerecht ⁶. Im SN zeigt sich außerdem eine Entwicklung der Phonemverbindung [rs] > [rʃ] ⁷.

1) Quellennachweis: BRW Nrr. 21. 47; BN Paris Coll. Lorr. Bd. 3 Nr. 30; JRS Nr. 1179; AD MM B 734 Nr. 6; LA Sbr. Nass.-Sbr. II Nr. 3105 f° 2; Pöhlmann, Gräfinthal Nr. 41. 47; LA Sbr. Nass.-Sbr. II Nr. 1076; Pöhlmann, Gräfinthal Nr. 52; AD Mos 2 T 196. Kaum hierher gehörig dürfte der von Vincent, France 154 (nach Gallia Christiana V), danach auch von Dauzat/Rostaing 294, und Morlet, Noms de personne III 312 a, genannte Beleg 1126 *Volbarlzwiler* sein. Ein SN *Volkerswilre*, den man bei Frauenberg/Saargemünd lokalisiert hat, ist bisher nur einmal bezeugt (1370 Or., PRZ Nr. 848), so daß man wohl mit Verschreibung für *Volperswilre (= Folpersviller) rechnen muß.
2) Beispiele dazu u.a. bei Förstemann, Altdeutsches Namenbuch I 549. 560; Morlet, Noms de personne I 94 a; Menke, Namengut 111; Drevin, Sprachelemente 31.
3) → 5.1.1.60.
4) Vgl. Schatz, Lautform 142; Braune/Eggers § 144 Anm. 9.
5) Vgl. dazu Kaufmann, Ergänzungsband 127; Tiefenbach, Xanten-Essen-Köln 355; Schramm, Namenschatz 97, mit weiterer Literatur. Zum Zweitglied **berχt-a-* (dafür in den ältesten Belegen die oberdeutsche Schreibung <-*pre(h)t*>, sonst südrheinfrk.

<-*pert*>) vgl. 5.1.1.30. Mit Hilfe des PN *Folcpreht* wird der SN auch bei Morlet, Noms de personne III 312 a, gedeutet; etwas unglücklich ist dagegen der von Vincent, France 154, und Dauzat/Rostaing 294, gewählte Ansatz eines PN *Folberad*, sicher ebenfalls für altes **Fulk-ber(h)t*. Unverständlich ist Hiegel, Dictionnaire 123 "*Folcobert, Volbert, Fulcbert* ... confondu avec *Wolpreht* ... et *Fulco*".

6) → 6.2.1.5.1.
7) → 4.3.

207. **Folschviller**, F, Moselle, St. Avold:

Folschviller (1255 K., 1347 K., 1354 K.); Volswilre (1275 Or.); Volxewilren (1381 Or.); Volßwilre (±1405 Or.); Folßwilre (1441 Or.); Foltzwiler (1469 Or.); Volßwiler (1480 K.15); Volßwiller (1485 Or.); Volschwiler (1494 Or.); Folschwiller (±1525 Or., 1597 Or., 1599 Or. u.ö.); Folschweiller (1594 K.17) [1].

< *Fulles-wîlâri zum PN *Fulli als stark flektierter Variante eines häufigeren *Fullo*, zum Stamm **full-a-* [2]. In der SN-Verbindung zeigt sich die schon im Althochdeutschen regelhafte "Brechung" von altem [u] > [o] vor folgendem [e] [3]. Schon gegen Ende des 15. Jhs. zeigt sich der heute durchgesetzte Wandel von [ls] > [lʃ] vor folgendem [w].

1) Quellennachweis: Tribout, in: Revue Bénédictine 44 (1932) 19. 23 f.; Kremer, Ardennen II 358; LA Sbr. Nass.-Sbr. II Nr. 1436 f° 11; AN Lux. A 52 Nr. 708; AD Mos 3 J 13; AD Mos 10 F 637; AD Mos G 8 f° 165; LA Sbr. Helmstatt Urk. Nr. 181; AD Mos 10 F 83; LA Sbr. Helmstatt Urk. Nr. 199; Lepage, Rustauds 82; AD Mos E Suppl. 82; AD MM B 744 Nr. 1; Alix 115.
2) → 5.1.1.60. Dauzat/Rostaing 294, und Morlet, Noms de personne III 313 b, denken an einen PN *Fulko, Folko*; dieser setzt jedoch schwache Flexion und damit eine Grundform *Fulken-wîlâri voraus. Da postkonsonantisches [k] im gesamtem mitteldeutschen Raum unverschoben bleibt (vgl. Braune/Eggers § 143), ist der oberdeutsche PN *Fulcho, Folcho* (so Besler, ONN I 27; Hiegel, Dictionnaire 123, wo auch die Hinweise auf PNN mit [w]-haltigem Anlaut zu streichen sind, unzulässig hier auch die Verschmelzung der Stämme **full-a-* und **fulk-a-* !) unbedingt fernzuhalten; der Zischlaut [ʃ] im Bestimmungswort des SN darf keinesfalls als Ergebnis eines Verschiebungsvorgangs gewertet werden. Wie das elsässische Falckwiller (1625 *Falckhweiller*, vgl. Stoffel, Dictionnaire 48) und ein analoger, ebenfalls mit Hilfe des PN *Falko* (Förstemann, Altdeutsches Namenbuch I 495) gebildeter SN bei Birkenfeld, der 1293 als *Falkewilre*, 1411 u.ö. als *Falckwilr* belegt ist (vgl. de Pange, Actes Ferri Nr. 1108; Mötsch, Regesten III Nr. 3455) nahelegen, hätte ein Ansatz *Fulken-wîlâri wohl auf ein heutiges *Fulkwiller geführt.
3) → 4.3.

208. **+Forconviller**, Gde. Maizières-lès-Metz, F, Moselle, Maizières-lès-Metz [1]:

Forconmolin (1290 Or., 1293 Or.); mollin de Forconvilleir (1356 K.16); Ferconmollin (1636); Fercomoulin (1756) [2].

< *Fulcône-villâre zum germanischen Kurznamen Fulko [3]. Der Namenstamm *fulk-a- [4] ist rein fränkisch und zumindest in der Frühzeit vermutlich "auf einen bestimmten Teil der Oberschicht beschränkt" [5]. Im Bestimmungswort des SN zeigt sich die romanische Vokalsenkung [u] > [o] [6], das in vortoniger Stellung im lothringischen Dialekt zu [e] geschwächt wird [7], sowie romanischer Wechsel [l] > [r] vor Konsonant [8]. Die Variante Forque(s) des altfranzösischen PN Fouque(s) (< germ. Fulko mit romanischer Vokalisierung von vorkonsonantischem [l] [9]) ist spezifisch lothringisch [10]. Jüngeres Fercomoulin zeigt lothringische Denasalierung des Nasals unter dem Nebenton [11].

1) Die Siedlung lag an der Stelle des heutigen Hofes Fercaumoulin, vgl. dazu Bouteiller, Dictionnaire 82; RL III 288.
2) Quellennachweis: WMB 1290, 556-560; WMB 1293, 685; Salveda de Grave/Meijers/Schneider, Droit coutumier I Nr. 833; Bouteiller, Dictionnaire 82.
3) Förstemann, Altdeutsches Namenbuch I 547; Morlet, Noms de personne I 96. Die bei Hiegel, Dictionnaire 119, nach WMB III 157 vorgeschlagene Deutung als "moulin de la famille Forcon, de Metz" scheint mir möglich, aber ohne eingehende besitzgeschichtliche Studien nicht zwingend.
4) → 5.1.1.59.
5) Kremer, PNN 118 f.
6) → 5.3.1.
7) → 6.1.1.9. mit Anm. 135.
8) → 6.1.2.1.2. mit Anm. 242.
9) → 6.1.2.1.1., sowie den SN Fonquevillers (F, Pas-de-Calais: Fouconviler (1207), Fouchonviler (1247), Foukeviler (13. Jh.), Belege nach de Loisne, Dictionnaire 153. Hierbei ist für → Fouconviler von einer Grundform *Fulcône-villâre auszugehen, während → Foukeviler ein altes *Fulko-villâre zum stark flektierten PN *Fulki voraussetzt, → 4.2.5. Zur Graphie <ch> neben häufigerem <c> bzw. <k>, die kaum als Indikator einer Palatalisierung zu werten sein dürfte, vgl. Gossen, Skriptastudien 233; Goebl, Urkundensprache 224, die darlegen, daß eine Erklärung derartiger Schreibungen in der mittellateinischen Orthographie zu suchen ist.
10) Vgl. Stoering, PNN 85. 177.
11) → 6.1.1.11. mit Anm. 193.

209. **+Forßwiller**, Gde. Wadern, OT Kostenbach, D, Saarland, Merzig-Wadern:

in dem hob zu Vo[r]swil[er] (1371 Or.); ahn Forßwiler hobe (16. Jh. Or.) [1].

Wie sich z.B. im nahen Elsaß ein altes *Audaldes-wilâri zu heutigem Orschwiller ² oder ein altes *Chrod(o)aldes-wilâri zu heutigem Rorschwiller ³ entwickelt hat, so muß wohl auch für diesen SN mit bestimmten l- oder r-haltigen, von stimmhaften Konsonanten gefolgten Vollformen der Stämme *full-a- ⁴ bzw. fulk-a- ⁵ gerechnet werden.

1) Quellennachweis: LA Sbr. Dagstuhl Nr. 13; AD MM B 927 Nr. 7.
2) 768 Or. Audaldouillare, 774 Or. Audoldouilare, vgl. Menke, Namengut 248.
3) 742 K.9 Chrodoldes uuilare, 1114 Radaldi willare, 1282 Rorswibre, Belege nach DTW Nr. 52; Morlet, Noms de personne III 426; AD Mos B 2342.
4) → 5.1.1.60.
5) → 5.1.1.59.

Forweiler: → Nr. 13.

210. **+Fouchévillé**, Gde. Girancourt, F, Vosges, Epinal-Ouest:

FINN: une piece de preit que siet devant Corbel qu'on dit a Forchieviller (1281 K.15); Fouchévillé ¹.

< *Folc(h)ero-villâre zum germ. PN *Fulk-hari > wfrk. Folc(h)erus ². Im Bestimmungswort entwickelt sich nach Ausfall des anlautenden [h] des Zweitgliedes ³ nachkonsonantisches germ. [k] vor [e] zu [tʃ] ⁴. Das Erstglied des PN zeigt in Forchieviller romanischen Wechsel von vorkons. [l] > [r] ⁵, doch setzt sich diese typisch lothringische Variante ⁶ offensichtlich nicht durch. Im Zweitglied entwickelt sich altes -hari regelhaft zu -ier, in der heutigen Lautung ist [i] vom vorausgehenden Palatal absorbiert ⁷.

1) Quellennachweis: DHV X 269; Marichal, Dictionnaire 172.
2) Förstemann, Altdeutsches Namenbuch I 551; Morlet, Noms de personne I 95; Ebling, Prosopographie 151; LMR 242; Drevin, Sprachelemente 31; Stoering, PNN 84. Vgl. auch Gamillscheg, Siedlung 149. Zu den namenbildenden Stämmen *fulk-a- und *har-ja- vgl. 5.1.1.59. und 5.1.1.87.
3) → 6.1.2.3. mit Anm. 299.
4) Vgl. Rheinfelder § 489; Schwan Behrens § 142; Regula 118.
5) → 6.1.2.1.2. mit Anm. 242.
6) Vgl. Stoering, PNN 87; Jacobson, Etudes 153.
7) Vgl. Wolf/Hupka § 147. Die gleiche Entwicklung findet sich z.B. auch im SN Fouchécourt (F, Haute-Saône: Fulcheri curtem (815), Fouchecourt (1286), Belege nach Perrenot, Toponymie 211; Dauzat Rostaing 299).

211. **+Frangeville**, Gden. Lignéville, F, Vosges, Vittel und St. Baslémont, F, Vosges, Darney:

in comitatu vosagien. fragesa villare et eueronis villam (960 Or.); Frangeville (14./15. Jh. Or.).
FlN: Frangeville [1].

< *Framgiso-villāre* zum wfrk. PN *Framgis* [2]. Ein Namenelement <*fram*-> ist wiederholt als Primärstamm zum ags. *fram* 'tüchtig, tapfer' [3] gestellt worden. Wegen der offenbar auf das Fränkische, respektive das Westfränkische, beschränkten Verbreitung [4] tritt allerdings schon Schnetz [5] dafür ein, zumindest aus der Galloromania überliefertes <*fram(n)*-> als romanisierte Nebenform des häufigen Stammes **hraban-a-* [6] zu interpretieren. Im Zweitglied des PN überrascht die Wiedergabe von [î] durch <e>, da sich die alte Länge in der Regel unverändert erhält [7], doch scheint die Entwicklung auch von [î] > [e] gerade ein Merkmal des Ostfranzösischen zu sein [8].

1) Quellennachweis: MG DD Otto I Nr. 210; BN ms. lat. 10027 f° 14v°; Marichal, Dictionnaire 176. Die Lesung des Erstbelegs folgt dem Chartular des 14./15. Jhs., da die entsprechenden Stellen im Original (AD Mos H 3904-1) zum Teil zerstört sind. Gut lesbar ist allerdings das Bestimmungswort des SN <*frages*...>. Der ausweislich der Comitatsangaben in den Vogesen zu suchende Frühbesitz der Metzer Abtei St. Pierre-aux-Nonnains ist von Rudolf, Censier 65, unrichtig mit dem in Ostlothringen gelegenen Ort Freistroff (F, Moselle, Bouzonville) identifiziert worden, was sich auch mit sprachwissenschaftlichen Argumenten nicht begründen läßt. Wie schon unter Nr. 157 Anm. 1 dargestellt, ermöglicht ein Randvermerk des Chartulars, in dem das alte *Fragesa villare* als *Frangeville* glossiert wird, die Identifizierung. Die mutmaßliche Wüstung liegt unmittelbar südlich des heute zum Bann von Haréville gehörenden Buisson St. Pierre, der als Forêt de Metz noch im 18. Jh. im Besitz des Klosters St. Pierre-aux-Nonnains war (vgl. AD Mos H 3960. Der Besitz der Abtei *apud Hareiuille in borgonia* ist auch im Urbar des Klosters aus dem 13. Jh. erwähnt, vgl. BN Coll. Lorr. Bd. 971 Nr. 10).
2) Alte Belege fehlen bisher, vgl. aber Stoering, PNN 154, zum afrz. PN *Frangis*.
3) Vgl. z.B. Förstemann, Altdeutsches Namenbuch I 513; Kaufmann, Ergänzungsband 119; Longnon, Polyptyque I 307; Morlet, Noms de personne I 91; Kremer, PNN 112.
4) Vgl. dazu Kremer, PNN 112.
5) Vgl. Schnetz, Lautersatz 267; Kaufmann, Rufnamen 202 f.
6) Vgl. zu diesem Stamm 5.1.1.95. Zum Ersatz von germ. [hr] durch rom. [fr] ausführlich Gamillscheg, Romania Germanica I 387 f.; Rheinfelder § 433; Richter, Beiträge § 145; Schwan/Behrens § 30 b Abs. 5. Das Fehlen des Nasals im ältesten Beleg wird sich kaum als Beispiel für die lothringisch-französische Denasalierung in vortoniger Silbe (→ 6.1.1.11.) erklären lassen, mit der so früh noch nicht zu rechnen ist; hier hat der Schreiber die Markierung des Nasalstrichs wohl einfach vergessen.
7) → 6.1.1.7.

8) Neuerdings weist Tiefenbach, Kriemhilt 24, erneut darauf hin, daß in merowingischen Quellen (allerdings nur vereinzelt, und nur ganz selten bei den PNN auf merowingischen Münzen, vgl. dazu Felder, PNN 17) durchaus auch <e> für [î] geschrieben wird; Beispiele dazu etwa bei Väänänen, Introduction 36; Pirson, Langue 2 ff.; Pei, Language 20 ff.; Vielliard, Latin 11 f.; Taylor, Latinity 25, doch halten alle Autoren diese Graphien für reine Entgleisungen bzw. geben spezielle Gründe für die Reduktion von [î] > [i] > [e] an. Demgegenüber räumt Hetzer, Glossen 67 f., ein: "Das Studium der §§ 33-43 in Meyer-L.'s Gramm. I, die die Wandlungen von lat. î unter Einfluß der Nachbarlaute behandeln, zeigt das [!] eine Erniedrigung der Artikulation des î vorzugsweise auf franz. Boden eingetreten ist, und die zahlreichen einschlägigen Karten des A. L. liefern für alle bei Meyer-L. angeführten Fälle des Wandels Belege in so reicher Fülle auf fast dem ganzen Gebiete des Ostfranz., daß man gegenüber dem kärglichen Auftreten des Wandels î > e unter ähnlichen Bedingungen in den übrigen romanischen Sprachen geneigt ist, eine wenigstens dialektische Prädisposition zur Erniedrigung der Artikulation des î > e für gewisse Teile von Frankreich anzunehmen ...".

212. **+Frauweiler**, ssw. Eschringen, Stadt Saarbrücken, D, Saarland, Saarbrücken:

Junfrowesarewilre (1404 Or.); Frauwensairwilre (1442 Or.); Sarwiller (1491 Or.); Frauweiler (1498 K.).
FlNN: Auf'm Willer, Bei Willersbrunnen (1844) [1].

< *Sare-wîlre* 'Weiler am Saarbach, im Tal des Fechinger Baches' [2].

1) Quellennachweis: TUH II Nr. 133; LHA Koblenz 54 H Nr. 1045; TUH III Nr. 27; Weizsäcker/Kiefer, Weistümer 453; Staerk, Wüstungen 176 f.
2) Haubrichs, Miszellen 62; danach gehörte die Wüstung zum Pfarrbezirk der Ensheimer Peterskirche, die sich im späten Mittelalter im Besitz der Abtei Wadgassen befand. Der Zusatz <Junfrowe-> deutet, da Besitzungen eines Nonnenklosters nicht nachweisbar sind, unter Umständen auf alte, freilich früh gestörte Zusammenhänge zwischen Ensheim und Ommersheim bzw. der dortigen Marienkirche (dazu ausführlich Haubrichs, Bliesgauische ONN II 29 f.).

213. **+Frensweiler**, VG Glan-Münchweiler, OT Trahweiler, D, Rheinland-Pfalz, Kusel:

Flinßwilr (1419 K.15, 1420 K.15); Frynswilr (1456 K.); Frinßwiller (1461); Frentzwiler (1477 Or., 1541 K.); eine alte Dorfstadt Frensweiler genant, hat in den wiesen jenseit der Heinspach oder Draweilerbach ... gelegen (1588 Or.).

FlN: Fröschweiler Dell [1].

< *Frindes-wilâri zum PN *Frindi, einer westfränkischen Variante mit romanischem Lautersatz [hr] > [fr] [2] des nicht belegten, jedoch aus ONN erschließbaren, stark flektierenden Kurznamens *Rind(i) [3]. Zugrunde liegt wohl der Tiername wgerm. *hrinðiz [4]. Die Belege zeigen zum Teil mitteldeutsche Senkung von [i] > [e] [5]; davon ausgehend entsteht heutiges Fröschweiler durch hyperkorrekte Rundung [e] > [ö] [6] sowie Assimilation von [nd] > [n] und [ns] (bzw. vor folgendem [w] [nʃ]) > [ʃ]. Die Präsenz des Zischlauts in der Wortfuge legt einen ursprünglich stark flektierten Kurznamen nahe [7]. Der Beleg Flinßwilr zeigt Liquidentausch [fr] > [fl] [7], der sich aber nicht durchsetzt.

1) Quellennachweis: Böhn, Kopialbuch Nrr. 153. 158; NRH Nr. 233 (die Identifizierung mit Frutzweiler (Nr. 219) bei Häberle, Wüstungen 129, ist zu korrigieren); Pfälzer Heimat 11 (1960) 97; Fabricius, Veldenz I 32. 82; Fabricius, Wüstungen 128; Christmann, SNN I 167. Zur Zuordnung des von Dolch/Greule 150, hierher gestellten Beleges *Vrodenswilre* vgl. Nr.219.
2) → 5.3.6.
3) Vgl. Kaufmann, Ergänzungsband 198: "Zu einem Kurznamen *Rind gehört offenbar der ON Rinschheim (Kr. Buchen/Odenwald): 1290 u. ö. Rindisheim, 14. Jh. Rinßheim ... Entsprechend ist Rintheim (Kr. Karlsruhe) < *Rindenheim, wohl das Heim eines *Rindo". Kaufmann, Pfälz. ONN 76, stellt +Frensweiler zu einem PN *Freini; für mhd. [ei] kann jedoch kaum <i> gesetzt werden.
3) Vgl. Müller, PNN 25 Anm. 32.
4) → 6.2.1.7.
5) → 6.2.1.8.
6) → 4.3.
7) Paul/Wiehl/Grosse § 121.

Frestweiller (1346 K.), genannt bei JRS Nr. 1464: Der Ort gehörte zur Mitgift der Mathilde von Saarbrücken, Witwe des Grafen Simon von Salm, die deswegen mit dem Bischof von Metz verhandelte. Ob im Untersuchungsraum gelegen ? Weitere Anhaltspunkte für eine Identifizierung fehlen.

214. **+Friedesweiler**, nö. Wolfersweiler, Gde. Nohfelden, D, Saarland, St. Wendel:

Frudeßwilre (1411 Or.); Fridesweiler (1432 K.); Frudeßwiler (1457 Or.; 1480 Or. u. ö.); Frudeßwieler (1488 K. 16); Frudesswiller (1519 Or.); Fruideßwyler (1541 Or.); Frudesweiller (1585 Or.); Friedesweiler (1612 K.) [1].

< *Frôdînes-wîlâri zum wfrk. PN *Frôdîn* ², komponiert mit Hilfe einer westfränkischen Variante des Namenstammes **hrôþ-* ³ mit romanischem Lautersatz von germ. [hr] durch [fr] ⁴ sowie eines n-haltigen Suffixes ⁵. Der SN zeigt Entwicklung von altem [ô] > [uo] > [û] ⁶; dieses wird unter Umlautbedingungen (durch folgendes [i] des Suffixvokals) zu [ü:] entwickelt ⁷ und anschließend zu [î] entrundet ⁸. [ns] assimiliert sich zu [s]; eine Entwicklung zu [ʃ] in der Wortfuge unterbleibt bei ursprünglichem Nasal + [s] ⁹.

1) Quellennachweis: Mötsch, Regesten III Nr. 3455; Jung, in: Heimatbuch des Landkreises St. Wendel 17 (1977/78) 118; AD MM B 927 Nr. 22; LHA Kobl. 24/539 f° 36; Kath. Pfarrarchiv St. Wendel Bd. I S. 49; Even, Steuerlisten 25. 60; LHA Kobl. 54 Z 24; AD Mos 1 E 161; Bistumsarchiv Trier 71,3 / 17, 1 f° 358.
2) Morlet, Noms de personne I 91 a.
3) → 5.1.1.102.
4) → 5.3.6.
5) → 5.2.
6) → 6.2.1.9.1.
7) → 6.2.1.1.
8) → 6.2.1.7.
9) → 4.3.

215. **Friedrichweiler**, Gde. Wadgassen, D, Saarland, Saarlouis:

Der Ort ist eine Gründung des Grafen Friedrich Ludwig von Nassau-Saarbrücken (1651-1728), der am 3. 11. 1725 drei bereits an der betreffenden Stelle *"auf dem Charonshoff"* ansässigen Siedlern seine offizielle Einwilligung zur Anlage eines nach dem Landesherrn benannten Dorfes erteilte ¹.

1) Ausführlicher Bericht dazu bei Burg, Friedrichweiler 12; vgl. auch Müller, ONN II 70; Habicht, Dorf 167; Herrmann/Hoppstädter/Klein, Landeskunde I 103.

216. **+Frisonviller**, Gde. Domjevin, F, Meurthe-et-Moselle, Blâmont ¹:

apud Frizonisvillam de allodio Rambadi (14. Jh. K.16 zum Jahr 1037/62); Fresonviler (1150/52 K.17, 1171 K.17); Frisunvilers (1170/96 Or.); Frisonviller (1184 K.); Frisonviler (1231 Or., 1241 K.14, 1248 Or., 1251 Or., 1289 Or.); Frysonuiler (1248 Or.); lou bruel de dongeuin quon dit Frizonviller (1311 Or.); Frizonviller (1594 K.17) ².

< *Frisône-vîllâre. Da diverse Belege mit <e> in der Stammsilbe des PN, die

allerdings ausnahmslos aus jüngerer kopialer Überlieferung entnommen sind, altes [i] wahrscheinlicher erscheinen lassen als den entsprechenden Langvokal, mag man an einen PN *Fridso > Friso denken, der als westfränkische Bildung mit Hilfe des ungermanischen s-Suffixes mit anschließender romanischer Assimilation des Dentals an folgendes [s] ³ zu Stamm *friþ-u- ⁴ gestellt werden kann. Als Alternative würde sich, allerdings mit Stammvokal [î], ein PN Frîso ⁵ anbieten, der vom Volksnamen der Friesen abgeleitet ist.

1) Zur Lokalisierung der Wüstung vgl. Lepage, Dictionnaire 54; ders., Communes I 384.
2) Quellennachweis: Jérôme, in: BSPV 24 (1898/99) 196; Parisse, Etienne Nr. 84; Parisse, Thierri Nr. 36; Erpelding, Salm Nr. 12; MSAL (1887) 129 (danach Erpelding, Salm Nr. 17); Erpelding, Salm Nr. 32; AD Meuse B 256 f° 17v°; Arnod, Publication Nrr. 062. 076; AD MM H 545; AD MM B 580 Nr. 1; AD MM B 574 Nr. 53; Alix 107.
3) Vgl. zu solchen Bildungen speziell Kaufmann, Rufnamen 308. 311.
4) → 5.1.1.58.
5) Vgl. Förstemann, Altdeutsches Namenbuch I 525; Menke, Namengut 111 Frisio. In den SN wäre der PN in diesem Fall in einer zwar im Friesischen, aber wohl nicht im althochdeutschen Sprachgebiet geltenden Lautgestalt eingegangen, vgl. Schwarz, Stammeskunde 120; Schönfeld, PNN 95; Kaufmann, Ergänzungsband 123; de Vries, Nederlands etymologisch woordenboek 176; Törnqvist, in: Niederdt. Jahrbuch 81 (1958) 27-32. Danach standen im Friesischen altes *fris- und (als ablautende Variante dazu) *frais- *frês- (vgl. Gallée/Lochner, Grammatik § 89) nebeneinander. Ins Althochdeutsche dürfte nach Kaufmann, Ergänzungsband 123, die auf nicht bezeugtem *frais- > *frês- > *fres- beruhende Variante übergegangen sein, deren [e] als /e²/ interpretiert und diphthongiert wurde (vgl. Braune/Eggers § 35; Franck/Schützeichel § 42; Penzl, Lautsystem § 13.1, sowie die bei Förstemann, Altdeutsches Namenbuch I 525, und Geuenich, Fulda 147, zitierten ahd. PNN Friaso und Frieso. Soweit ich sehe, ist für den westfränkischen Bereich bisher nur der Kurzname Fris(i)o belegt. Die bei Morlet, Noms de personne I 94, zitierten Beispiele für mit diesem Stamm komponierte Vollformen stammen aus Flandern.

+Fröschweiler, bei Trahweiler: → Nr. 213.

217. **+Frohwiller**, jetzt Frohmuhl, Gde. Siersthal, F, Moselle, Rohrbach-lès-Bitche:

zu Weiler das Lingerede gut (1286 K.); Froenmuellen (1402 K.); Fronvillermulle (1506 K.); Fronwilermülle an der Tronbach (1537 Or.); Frohnmüll chapelle et moulin (1779).
FlN: Fronmullerwald (1681); Frohn muhler wald (1758 Or.) ¹.

< *Fröwen-wîlâri. Da ein PN *Frôwo im Althochdeutschen, soweit ich sehe, nicht belegt ist und Vollformen des Stammes *fraw-(j)an- ² wegen des fehlenden (genitivischen) <s> ausscheiden, ist für das Bestimmungswort analog den zahlreichen Bildungen des Typs PN + -wîlâri an ein besitzanzeigendes Substantiv im Genitiv zu denken. Ahd. frô ³ ist dann absolut gebraucht und bedeutet den Herrn (=lat. dominus), wie der König in merowingischen und karolingischen Quellen (ebenfalls im absoluten Sinne) genannt wird ⁴. Die jüngeren Belege sind Klammerformen aus *Fron(weiler)mühle; sie zeigen Assimilation [nm] > [mm], [m].

1) Quellennachweis: LA Speyer F1 3 f° 3r°; Bouteiller, Dictionnaire 93; Pöhlmann, Bitsch Nrr. 160, 215; Marcus, Verreries 182; AD Mos Cartes et plans 986-988; Durival III 156.
2) Vgl. zu diesem Stamm Kaufmann, Ergänzungsband 120 f. Nach Menke, Namengut 111, und Tiefenbach, Xanten-Essen-Köln 354, kann dieser Namenstamm entweder vom Substantiv ahd. frô 'Herr' oder aber vom Adjektiv ahd. frô 'froh, heiter' (Schützeichel, Wörterbuch 59) abgeleitet werden.
3) Vgl. Schützeichel, Wörterbuch 59, ausführlich auch Urmoneit, Wortschatz 167.
4) Löffler, Weilerorte 106, stellt einen gleichlautenden SN zum Adjektiv ahd. fröno, mhd. frôn 'dem Herrn gehörig' (Schützeichel, Wörterbuch 59; Lexer, Handwörterbuch III 529). Vgl. auch den FlN Frowiller im elsässischen Helfrantzkirch (1421 zum Fröweler, 1566 Im Froweiler. Belege nach Stoffel, Dictionnaire 55).

218. +**Frohwiller**, Stadt Sarreguemines, Stadttl. Neunkirch-lès-Sarreguemines, F, Moselle, Sarreguemines:

Frowilr (1393 K.18); Wilr (1395 Or.); Wyler und Hainwyler (1450 Or.); Frowiler (1474/75 Or.); Wiler und Obersingen (1478 Or.); Wyler (1509 K.); Weiler (1565/66 K.); auf Weyler bann (1673 Or.).
FlNN: die Fronwiller gewendt (1691 Or.); Fraueviller vise (1738 Or.); Frohwillergewann (1902) ¹.

< *Fröwen-wîlâri ².

1) Quellennachweis: BRW Nr. 640; AD Mos 3 J 54; LHA Kobl. 54 B 541; AD MM B 9156; Krämer, in: ZGSG 15 (1965) 152; LHA Kobl. 182/43; LHA Kobl. 182/45 f° 1v°; AD Mos 1 E 37; AD Mos 4 E 403; AM Sarreguemines, terrier Neunkirch; Katasteramt Sarreguemines, Flurbuch Neunkirch.
Auf diese Wüstung beziehen sich offensichtlich auch die Flurnamen Viller Heidt in der Gemeinde Frauenberg und Willersgärten im saarländischen Habkirchen (an der Gemeindegrenze zu Bliesmengen-Bolchen, vgl. Staerk, Wüstungen 405). Dagegen verweisen die im Kataster der Gemeinde Neunkirch ebenfalls verzeichneten Flur-

namen *Willerweg* und *Willergärten* wohl auf den im Volksmund ebenfalls einfach "Willer" genannten Nachbarort Folperswiller (Nr. 206, zur mundartlichen Aussprache dieses SN vgl. Rohr, Blasons 485). Für die Zuordnung historischer Belege, insbesondere wenn es sich um Herkunftsbezeichnungen von Bürgern der Stadt Saargemünd handelt, ist außerdem zu beachten, daß das nahegelegene Woustviller (Nr. 775) ebenfalls ein einfaches *Weiler* ist.

2) Deutung analog Nr. 217, vgl. auch Haubrichs, Bliesgauische ONN II 59. Im nahegelegenen Frauenberg (als Klammerform aus **Frôwen-wiler-bërc* ?) am Bliesübergang gegenüber dem saarländischen Habkirchen befand sich möglicherweise eine frühmittelalterliche Burg des im 11. Jh. genannten *comitatus Habkirchen* (dazu Haubrichs, Bliesgauische ONN II 9 ff.), so daß die Wüstung eventuell sogar als Anzeiger alten Königsguts geltend gemacht werden könnte.

+Frudesweiler, genannt mit Hahnweiler, Gimbweiler (beide Kreis Birkenfeld) und Wolfersweiler: → Nr. 214.

219. **Frutzweiler**, VG Glan-Münchweiler, OT Steinbach am Glan, D, Rheinland-Pfalz, Kusel:

Vrodenswilre (1313 K.14); Frutzwilr (1378 Or., 1391 K.15, 1427 K.15, 1444 Or., 1477 Or., 1479 Or. u.ö.); Frutschwilr (1402 K.15); Frutzwilre (1414 Or., 1480 Or., 1481 Or.); Frutzswilre (1425 Or.); Frutschewilr (1441 Or.); Frutzwiller (1454 Or., 1456 Or., 1459 Or.); Froetzwilre (1463 Or.); Frutzwiler (1468 K.15, 1483 Or.); Frotzwiler (1476 Or.); Frutzwillere (1477 Or.); Flotzwilr (1480 Or.); Frotzwilre (1480 Or.); Frotzwyller (±1500 Or.).- Mda. *fruudswile* ' [1].

< **Frôdoines-wîlâri* zum PN *Frôdoin, Frôdenus* [2] als westfränkisch-romanische Variante [3] des häufigen PN *Chrôdoin* [4], komponiert mit Hilfe der Stämme **hrôp-* [5] und **win-i-* [6].
Im SN zeigt sich die regelhafte Entwicklung von altem [ô] > [û] [7]. Der in den historischen Belegen gelegentlich aufscheinende Wandel der durch Abschwächung der Mittelsilbe und Assimilation von [ns] > [s] entstandenen Affrikata [ts] > [tʃ] (→ *Frutschwilr*), der sich durch Einfluß des folgenden [w] erklärt [8], kann sich ebensowenig durchsetzen wie der nur ganz sporadisch faßbare Liquidentausch [r] > [l] (→ *Flotzwilr*) [9].

1) Quellennachweis: Pöhlmann, Mauchenheimer Nr. 36; Mötsch, Regesten II Nr. 1756; PRV Nr. 149; Böhn, Kopialbuch Nr. 191; HStA München, Rheinpfälzische Urkunden Nr. 3946; BRW Nrr. 879. 882; PRV Nr. 150; HStA München, Rheinpfälzische Urkunden Nr. 3943; BRW Nr. 888 ff.; HStA München, Rheinpfälzische Ur-

kunden Nrr. 3944-3947; LA Speyer A 2/138; BRW Nrr. 807. 822. 853; HStA München, Rheinpfälzische Urkunden Nr. 3948; BRW Nrr. 873. 881. 885 f.; LA Sbr. Neumünster Nr. 110 f° 121; Christmann, SNN I 171; Dolch/Greule 153.

2) Vgl. Förstemann, Altdeutsches Namenbuch I 544; Morlet, Noms de personne I 90 b; Longnon, Polyptyque I 309; Kremer, PNN 116; LMR 242. Zur Identifizierung des Erstbelegs, der diese Etymologie nahelegt, vgl. Haubrichs, Abtslisten 123. In Unkenntnis dieses Belegs stellt Kaufmann, Pfälz. ONN 78, den SN mit Vorbehalt zum Kurznamen *Fruotzo* (< wfrk. *Frôdso* ?). Christmann, SNN I 171, denkt daneben an bestimmte Vollformen des gleichen Stammes sowie an den Kosenamen *Frôdin*, der allerdings, wie Kaufmann richtig bemerkt, wohl Umlaut des Stammvokals bewirkt hätte. Dolch/Greule 153, denken an den stark flektierenden PN *Fruodi*.

3) Zu dem in westfränkischen PNN häufigen Lautersatz von germ. [hr] durch rom. [fr] vgl. 5.3.6., ausführlich auch Förstemann, Altdeutsches Namenbuch I 885; Kaufmann, Ergänzungsband 126; ders., Rufnamen 203.

4) Namenbeispiele dafür etwa bei Förstemann, Altdeutsches Namenbuch I 918, und Morlet, Noms de personne I 138 b. Über eine in der Forschung mit dem Leitnamen Chrodoine bezeichnete austrasische Hochadelsfamilie vgl. ausführlich Glöckner, Anfänge 18 ff.; Langenbeck, Probleme 32 f.; Metz, Adelsherrschaft 262 ff., ders., Untersuchungen 172 ff.; Staab, Untersuchungen 302 f.; Wenskus, Stammesadel 99 ff. Dieser Familie wird ein *dux Chraudingus* zugerechnet, der im 7. Jh. zu den ersten Äbten des Klosters Tholey gehörte; sein ihm in der Abtswürde nachfolgender Neffe trägt den Namen *Chrodoin/Frodoin*. Diese und andere Namenparallelen machen deutlich, daß für die mit einem Nameelement <frod-> komponierten germanischen Vollnamen, soweit sie aus germanisch-romanischen Konträumen überliefert sind, zweifellos mit dem oben angesprochenen Lautersatz gerechnet werden muß. Ein zum ahd. *fruot* 'klug, weise' (Schützeichel, Wörterbuch 60) zu stellender Stamm *frôd-a-*, dem diese Namen in der Literatur häufig zugeordnet werden (vgl. z.B. Bruckner, Sprache 249; Longnon, Polyptique I 309; Bergh, Etudes 35; Kremer, PNN 116), war demgegenüber offensichtlich recht selten.

5) → 5.1.1.102.
6) → 5.1.1.171.
7) → 6.2.1.9.1.
8) → 4.3.
9) Vgl. dazu Paul/Wiehl/Grosse § 121.

220. **+Frutzweiler**, Stadt St. Wendel, Stadtteil Werschweiler, D, Saarland, St. Wendel [1]:

vort an die geißwyse vort gen Frutzwilr an den hagdorn gen Wetzehusen an daz bruch an dye vrßbach gen Mentzwilr an die heyligen bach (1483 K.16); Frotzwyller (±1500 Or.); da schießen zusammen drey Feldmarken als nemlich Werschweiler Dörrenbach und Fürth auch das Rutzweiler Guth, ist ein ort Landes denen von Nassau zuständig, der hat das Hochgericht darauf, liegt zwischen dem Werschweiler und Fürther Bann (1585/88 Or.); von danen

gehdt es zwischen den angewändt Wirschweyler und Rutzweyler durch hin auf (1686); Wirschweyler Bann mit dem Rutzweyler Guth (1741); am Rutzweiler Gut (1761).
FlN: In Rutzweiler [2].

< *Fruotzen-wilâri zum wfrk. PN *Fruotzo, der aus wfrk. *Frôdso entwickelt [3] und mit romanischem Lautersatz von [hr] durch [fr] [4] zum Stamm *hrôþ- [5] zu stellen ist. Die in diesem SN zu beobachtende Aphärese des Anlautkonsonanten mag sich durch analogische Übertragung aus bestimmten syntaktischen Wendungen (→ uff Frutzwiller) erklären.

1) Die Siedlung ist identisch mit der unter anderem bei Hoppstädter/Herrmann/Klein, Landeskunde I 95; Hoppstädter, SNN Ottweiler 60; Prinz, in: Heimatbuch des Landkreises St. Wendel 11 (1965/66) 134 ff.; ders., in: 880 Jahre Werschweiler 167 ff., und Staerk, Wüstungen 350 ff., verzeichneten Wüstung +Rutzweiler.
2) Quellennachweis: LA Sbr. Nass.-Sbr. II Nr. 2768 f° 52 (Schöffenweistum Linxweiler); LA Sbr. Neumünster Nr. 110 f° 121; Prinz, in: 880 Jahre Werschweiler 167; ebd. S. 167. 170. 173; ebd. und bei Staerk, Wüstungen 350 ff., zahlreiche Hinweise auf Nennungen der Wüstung in Prozeßakten und Bannbeschreibungen des 18. Jahrhunderts aus den umliegenden Gemeinden. Wegen des bei Staerk, Wüstungen 351, zitierten Rußwilre vgl. Nr. 584.
3) Zur Erweiterung des Stammes durch ein wfrk.-rom. s-Suffix vgl. Kap. 5.2.
4) → 5.3.6.
5) → 5.1.1.102.

Fuegneviller (1256 K.): → Nr. 202.

221. **Fürweiler**, Gde. Rehlingen, D, Saarland, Saarlouis:

Virnwilre (1287 K. 17/18); de Vcelstorf et de Virnewilre (1293 Or.); Virnewilre (1319 K., 1321 Or., 1349 K., 1353 Or.); Virwilre (1344 K.15, 1408 Or., 1413 Or.); Vyrnewilre (1349 Or.); Vierwilre (1371 K. 15); Vierwilr (1402 Or.); Vurnewilre (1404 Or.); an dem Vierwilre gute zu Rollingen by Sirsperg (1465 Or.); Fyrwilre (1472 Or.); Firviller (1779) [1].

< *(bî dem) virnen wîler. Bestimmungswort ist das Adjektiv ahd. firni, mhd. virne 'alt, veraltet' [2].
Wohl noch im 14. Jh. wird altes [i] des Bestimmungswortes vor folgendem [r] + [n] gedehnt [3], was sich in zahlreichen <ie>-Graphien niederschlägt [4] und mit einem gleichzeitigen Schwund des zwischenkonsonantischen Nasals einhergegangen sein dürfte (→ Vierwilre) [5]. Die amtliche Schreibung des SN mit Rundung dieses [î] zu [ü] ist hyperkorrekt [6].

1) Quellennachweis: AD Mos H 1714 f° 420v°; AD Mos H 379-2 (vgl. JRS Nr. 735, der nach kopialer Überlieferung *Wirnewilre* liest); Bistumsarchiv Trier 5.1/1; LA Kobl. 54 V 106; LHA Kobl. 54 F 56; AD Mos H 1025 f° 10v°; Bistumsarchiv Trier 5.1/15; AD MM B 741 Nr. 2; Bistumsarchiv Trier 5.1/12; AD Mos H 1025; AD MM B 933 Nr. 8; Bistumsarchiv Trier 5.1/14; AD MM B 741 Nr. 1; AD MM B 588 Nr. 24; Durival III 141. Da sich die ältesten Belege ohne Schwierigkeiten auf Fürweiler beziehen lassen (so auch Jakob, Siersburg 173), ist die von Staerk, Wüstungen 409, angenommene Wüstung *Wirneweiler* zu streichen.
2) Vgl. Schützeichel, Wörterbuch 53. Hinweise auf vergleichbare Bildungen wie Virneburg in der Eifel und Viernheim an der Bergstraße bei Förstemann, Altdeutsches Namenbuch II 888 f. Man beachte aus dem Oberen Saargau auch den FlN *Virnewalt* (so schon ±1500 Or., AD MM H 2467) für einen größeren Waldkomplex bei Albéchaux (Moselle, Ct. Sarrebourg). Zur Graphie <v> bzw. <w> für anlautendes mhd. [f] vgl. Nr. 13 Anm. 6.
3) Vgl. dazu aus den Mundarten der Umgegend z.B. Lehnert, Studien § 21; Tarral, Laut- und Formenlehre 17; Thies, Versuch 41; Fuchs, Merziger Mundart § 117.2; Scholl, Mundarten 29; Follmann, Mundarten II 9.
4) Über <i> für [î] vgl. ausführlich Schützeichel, Mundart 62, mit zahlreicher weiterführender Literatur.
5) Vgl. zur Vereinfachung der Dreikonsonanz ausführlich Wolff, Studien § 50.
6) Im Gegensatz zum oberdeutschen Raum kennt das Westmitteldeutsche vor allem Entrundungen von gerundeten Monophthongen und Diphthongen; der umgekehrte Vorgang ist hier sehr viel seltener. → 6.2.1.7., 6.2.1.8.

222. **Furschweiler**, Gde. Namborn, D, Saarland, St. Wendel:

Vogelswilre (1335 Or., 1345 Or.); Vogilswilre (1347 Or.); Forßweiler (1467 K.16); Forßwiller (1478 Or., 1502 Or., 1506 Or., 1609 Or.); Fogelßwiler (1480 Or.); Forßwiler (1488/89 Or., 1489 Or.); Forßweyler (1492 K., 1585 Or.); Forßwyler (1551 Or.); Forschwiller (1575 Or.); Forsweiler (1582 Or.); Fourschweiler (1615 Or.); Furschweiler (1786) [1].

Ausweislich der ältesten Belege [2] ein altes **Fugales-wîlâri* zum Cognomen *Fugal* [3], zu ahd. *fogal* 'Vogel' [4].
Der SN zeigt westmitteldeutsche Kontraktion von intervokalischem [g] [5] sowie Liquidentausch [l] > [r] [6] und anschließende Entwicklung der Lautgruppe [rs] > [rʃ] [7]. Wie die Mundart des Raumes heute *fû ᵉl* 'Vogel' hat [8], so zeigt auch das Bestimmungswort unseres SN im Stammvokal [u].

1) Quellennachweis: LHA Kobl. 1 A Nrr. 4844. 5250. 5454; LHA Kobl. 1 E 1350; LHA Kobl. 1 C 7439 f° 12; Gerber, Urkundensammlung o. S.; TUH III Nr. 15; LHA Kobl. 1 A Nr. 3748; LHA Kobl. 24/539 f° 30; Jung, Gerichtsbuch Nr. 122; Engel, in: Heimatbuch des Landkreises St. Wendel 13 (1969/70) 69. 75.

2) Die Identifizierung dieser Belege mit Furschweiler, die (mit Vorbehalt) bereits von Staerk, Wüstungen 388, vorgeschlagen wurde, scheint mir angesichts des urkundlichen Kontextes außer Zweifel: Es handelt sich z. B. bei der ältesten Nennung um eine Verkaufsurkunde Philipps von Weiskirchen und seiner Frau Lucia, in der diese dem Erzbischof Balduin von Trier verschiedene Güter in Gronig, Humweiler (Nr. 336), Eisweiler (Nr. 167), Macherbach, Niederhofen, Vogelswilre, Gehweiler (Nr. 227), Rimwilre (Nr. 570), Pinsweiler (Nr. 524), Heidersbach und Affalterbach überlassen. Der Ankauf dieser Güter durch den Erzbischof ist Teil einer gezielten Territorialpolitik, deren Zweck die Einschränkung der Rechte des Adels in den in das Saarland hineinragenden Teilen des Erzstifts gewesen ist, vgl. dazu Hoppstädter, Burg Weiskirchen; Herrmann/Hoppstädter/Klein, Landeskunde II 136 f.
3) Belegt bei Förstemann, Altdeutsches Namenbuch I 547; Geuenich, PNN Fulda 90.
4) Vgl. Schützeichel, Wörterbuch 55; Neuß, Studien 73. Zu den Namen auch Bach, Namenkunde I, 2 § 336, 5; Kaufmann, Ergänzungsband 127; Müller, PNN 105; Socin, Namenbuch 219.
5) → 6.2.1.10.
6) Parallelfälle bei Paul/Wiehl/Grosse § 121.
7) → 4.3.
8) Vgl. z.B. Fuchs, Mundart 43; Müller, Untersuchungen 27; Scholl, Mundarten 32.

223. **+Galgenweiler**, Gde. Gersheim, OT Medelsheim, D, Saarland, Saar-Pfalz-Kreis:

FlNN: Galgenweiler, Hochgericht (1661); auf Galgen Weiler (1711); auff Galgeweyler (1742); auf dem Galgenwiller in der langen Ahnung (1795); auf dem Galgenwiller; lange Galgenwiller Ahnung ¹.

< *Wiler bî dem galgen* ².

1) Quellennachweis: Motsch, Flurnamen 34 f.; man vergleiche auch die von Staerk, Wüstungen 406 f., nachgewiesene Wüstung *Willer* in der gleichen Gemarkung.
2) Zum Bestimmungswort mhd. *galge* vgl. Kluge/Seebold 295.

+Gansweiler, bei Farschviller: → Nr. 345.

Wilari Geboaldo (712 K. 9): → Nr. 262.

224. **+Gebweiler**, Stadt Homburg, Stadtll. Kirrberg, D, Saarland, Saar-Pfalz-Kreis:

Gebwiler liegt oben über Kirperg anfang der Heimbach, vergangen; var.

Gebweiler, Gebweiller (1564 K.17)[1].

< *Geben-wilâri zum PN *Gebo* [2], zum Stamm *geb-ô-* 'Gabe' [3].

1) Quellennachweis: Staerk, Wüstungen 191; vgl. auch Christmann, SNN II 223; Häberle, Wüstungen 131; Heintz, Verschollene ONN 72; Kampfmann, Wüstungen 101.
2) Vgl. Förstemann, Altdeutsches Namenbuch I 631; Morlet, Noms de personne I 108 b; Bruckner, Sprache 255.
3) → 5.1.1.67.

Gebwilre, Gebwiller, etc.: → Nrr. 226 f.

+Gedweiler, bei Albestroff: → Nr. 265.

225. **+Gehrweiler**, Gde. Freisen, OT Oberkirchen, D, Saarland, St. Wendel [1]:

Gerewilre (1431 Or., 1438 Or.); Gyrwilr (1440 K.); Gerweyler (1558 Or. u.ö.); Gerweiler (1562 Or. u.ö.); Girrwiller (1575 Or.); Gerweiler die alte Dorfstatt (1585/88 Or.); zu Gehrweiler (1587 Or.).
FlN: in Gehrweiler [2].

< *Gêren-wilâri zum PN *Gêro* [3], zum Stamm *gaiz-a-* [4]. Die Wiedergabe von [ê] durch <i> vor folgendem [r] + Konsonant (→ *Gyrwilr*, *Girrwiller*) ist "im Rheinland und darüber hinaus zu beobachten" [5].

1) Zur genauen Lokalisierung der Wüstung vgl. Staerk, Wüstungen 191 f.; Altpeter, Amt Burglichtenberg 92. Die Siedlung lag wohl entgegen Dolch Greule 163, noch auf saarländischem Gebiet.
2) Quellennachweis: HStA München, Rheinpfälz. Urkunden Nr. 5006 (vgl. auch PRV Nr. 269 f.); PRV Nrr. 196. 273; Jung, Gerichtsbuch Nrr. 67. 70. 149. 380; Hoppstädter, in: Heimatbuch des Landkreises St. Wendel 7 (1957/58) 20; Staerk, Wüstungen 191.
3) Vgl. z.B. Förstemann, Altdeutsches Namenbuch I 573; Morlet, Noms de personne I 101 a; Jarnut, Studien 123; Tiefenbach, Xanten-Essen-Köln 356.
4) → 5.1.1.63.
5) Bach, Werke § 46; vgl. auch Weinhold, Grammatik § 29; Sievers, Oxforder Benedictinerregel XXI; Dornfeld, Untersuchungen 126. 158; Jeske, Kodex Trier 76; Bruch, Das Luxemburgische § 26 Anm. 2a; Nebert, Geschichte 44; Demeter, Studien 51 f.; Garbe, Untersuchungen 129.

226. **Gehweiler**, Gde. Wadern, D, Saarland, Merzig-Wadern:

in uillis et confiniis villarum Waedrella Gewilre (1335 K.15); Gewilre (1372 Or.); Geywilre (1405 Or.); Gebwiller (1447, 1546 Or.); Gewiler (1480 K.15/16, 1489 Or.; 1507 K.); Gewyler (1496 K.15/16); Gehwiller (1546 Or.); Gehweiler (1574 Or.)[1].

< *Geben-wilâri* zum PN *Gebo*[2], mit früher Assimilation des wohl spirantisch zu sprechenden [ƀ] an folgendes [w][3] und gleichzeitiger Dehnung des nun in offener Tonsilbe stehenden Vokals. Die Vokallänge wird in den Belegen zunächst durch nachgesetztes <y> markiert[4]. Erst um die Mitte des 16. Jhs. übernimmt <h> diese Funktion[5].

1) Quellennachweis: StB Trier ms. 1670/349 f° 241v° (vgl. Lager, Mettlach 320, mit Lesung *Gewiler*); Schmitz-Kallenberg, Urkunden Nr. 93; AD Mos 10 F 90; Pauly, Wadrill 19; AD Bas-Rhin E 5576 f° 15r°; StB Trier ms. 1670/349 f° 258v°; LHA Kobl. 143/709 f° 251; StB Trier ms. 1670/349 f° 277v°; LHA Kobl. 143/126; AD Bas-Rhin E 5576 f° 15r°; AD Mos 10 F 90. Etwa seit der Mitte des 13. Jhs. ist in Trier ein Bürgergeschlecht bezeugt, das sich *de Gewilre* nennt (vgl. etwa MRhUB III Nr. 956; TUH I Nr. 32; Hennes, Urkunden II Nr. 141; MRR III Nr. 2140; TUH I Nr. 45, u.v.m.). Ob damit eine Herkunft aus einem der saarländischen Gehweiler indiziert werden soll, muß allerdings dahingestellt bleiben.
2) Vgl. Nr. 224. Unrichtig ist die Deutung des SN bei Müller, ONN II 70, der an mhd. *gâch, gâ* 'schnell, pötzlich, jähe, jähzornig' denkt.
3) Zum gleichen Vorgang ausführlich unter Nr. 117.
4) → 6.2.1.3.
5) Vgl. Paul/Wiehl/Grosse §§ 19. 142 Anm. 3; Mettke § 54 Anm. 59.

227. **Gehweiler**, Gde. Namborn, D, Saarland, St. Wendel:

Gewilre (1335 Or., 1345 Or., 1347 Or., 1457 K. u.ö.); Gebwilr, var. Gebwilre, var. Gebwiller (±1500 Or.); Genwiller (1502 Or.); Gebwiller (1506 Or.); Gewiller (1510 Or., 1575 Or., 1609 Or. u.ö.); Gehweiler (1580 Or.)[1].

< *Geben-wilâri* zum PN *Gebo*[2].

1) Quellennachweis: LHA Kobl. 1 A Nrr. 4844 f. 5250. 5454; LA Speyer F 1/129 f° 149r°; LHA Kobl. 54 S 1358; LHA Kobl. 1 E 1350; LHA Kobl. 1 C 7439 f° 2r°; LHA Kobl. 1 A Nr. 3748, Gerber, Urkundensammlung o. S.; Jung, Gerichtsbuch Nr. 84.
2) Vgl. (auch zur Lautentwicklung) Nr. 224.

+Gehweiler, s. Wolfersweiler (Staerk, Wüstungen 192): Ich sehe keine Schwierigkeiten, die Katasternamen *Unterm-, Oberm Gehweiler Woog* auf Nr. 227 zu beziehen. Zur Zuordnung des historischen Beleges vgl. Nr. 285.

228.   **+Geinswiller**, Gde. Herbitzheim, F, Bas-Rhin, Sarre-Union:

Geinswiller (1485 Or.)
FlN: Geinswiller Holtz [1].

< **Gagines-wîlâri* zum PN **Gagin, *Gegin*, wfrk. *Gainus* [2]. Ein fast ausschließlich aus westfränkischer Überlieferung bekanntes Namenelement <*gain*-> [3] wird von Kaufmann als westfränkische Nebenform des häufigeren Stammes **gagin-a-* [4] interpretiert. Ermöglicht wird die Variation durch den im Romanischen lautgesetzlichen Schwund von intervokal. [g] [5]. Auch ahd. mhd. /agi/, /egi/ kontrahiert zu [ei] [6].

1) Quellennachweis: AD BR 25 J 529; Nap. Kat.
2) Namenbeispiele bei Morlet, Noms de personne I 97; Schönfeld, PNN 98. Ein ahd. PN **Gagin, *Gegin* ist, soweit ich sehe, bisher nicht belegt, man beachte aber jüngeres *Geino*, das mit Stark, Kosenamen 50, mit mhd. Kontraktion von /egi/ > /ei/ aus **Gegino* entwickelt sein dürfte.
3) Bei Förstemann, Altdeutsches Namenbuch I 570, fälschlich als Primärstamm aufgeführt, vgl. aber Kaufmann, Ergänzungsband 132; dort auch Hinweise auf ältere Ansätze zur Deutung des Stammes <*gain*->.
4) Vgl. zu diesem Stamm, der wohl mit dem ahd. *gagin* 'gegen' (Schützeichel, Wörterbuch 63) zu verbinden ist und zu einem ebenfalls recht gut belegten belegten **gagan—a—* im Nebensilbenablaut steht, ausführlich Kaufmann, Ergänzungsband 131.
5) → 5.3.11.
6) → 6.2.1.10.

229.   **+Geisweiler**, Gde. Beckingen, OT Reimsbach, D, Saarland, Merzig-Wadern:

Wido II mansos in Gisewilre dedit (±1200 Or.); Gysewilr (1319 K.15); Gysewilre (1333 K.14); Gyßwiller (1482 K.16/17); Giswiler (1489 Or.); Gißwiler (1498 Or.); Geisweiler (1587); Gaiswiller (1707); Geisviller (1779) [1].

< **Gîsen-wîlâri* zum PN *Gîso* [2], zum Stamm **gîs(il)-* 'Pfeilschaft' [3]. Die Lautentwicklung des Bestimmungswortes zeigt nhd. Diphthongierung von [î] > [ei] [4].

1) Quellennachweis: Lager, Verzeichnis 86; Schmitz-Kallenberg, Urkunden Nr. 129 (vgl. auch Fabricius, Mannbuch Nr. 77); LHA Kobl. 1 C Nr. 3 f° 383; LA Sbr. Münchweiler Urk. Nr. 41 f° 2; LHA Kobl. 143/709 f° 174. 121; LHA Kobl. 143/474; Müller, Nunkirchen/Münchweiler 24; Herrmann, Einwohnerverzeichnis 74; Durival III 44. Zur genauen Lokalisierung der Siedlung vgl. Staerk, Wüstungen 194 f.
2) Vgl. Förstemann, Altdeutsches Namenbuch I 644; Morlet, Noms de personne I 110 a; LMR 245; Schönfeld, PNN 110; Bergh, Etude 40; Jud, Génèse 55. 57. 66. 86; Forssner, Personal Names 117. So auch Morlet, Noms de personne III 329. Hinweise auf diverse mit dem gleichen PN komponierte SNN gibt Löffler, Weilerorte 110. Vgl. auch Förstemann, Altdeutsches Namenbuch II,1 1058.
3) → 5.1.1.68.
4) Vgl. Paul/Wiehl/Grosse § 73.

Geisweiler, FlN und GewN bei Azoudange: → Nr. 237.

+Geisweiler, nach Staerk, Wüstungen 193, bei Eiweiler/Saarbrücken: → Nr. 234.

+Geisweiler, bei Schwerdorff: → Nr. 263.

Gellovilleir (1280 Or.): → Nr. 243.

230. **Gennweiler**, Gde. Illingen, D, Saarland, Neunkirchen:

Sinnewilre < *Ginnewilre (1266 K.); Guenewilre (1291 K.); Ginnewilre (1348 Or.); Gennwilre (1349 Or.); Genwilre (1379 Or.); Genewilre (1422 Or.) Gynnewilre (1433 Or.); Gynnewilr (1443 Or.); Ginnwiller (1472 K.); Ginnewilr (1477 Or.); Gynwiler (1488 Or.); Gunnwiller (1526 K.16, 1537 Or.); Gynnweiller (±1540 Or.); Gennweiller (1625 Or.)[1].

< *Ginnen-wîlâri zum PN Ginno[2]. Der PN stellt sich wohl zum Stamm *gagin-a-[3]. Da germ. [e] vor [nn] zu [i] wurde, war [e] in der althochdeutschen Phonologie vor Nasal + Konsonant nicht möglich. So mußten auch im westfränkischen Bereich entstandene Namen wie Genno[4] (mit romanischem Schwund von intervokalischem [g][5] aus *Gagino) beim Übergang ins Althochdeutsche ein [i] annehmen. Dasselbe entstand aus Gründen der phonologischen Struktur des Althochdeutschen auch bei der Integration von vorgermanischen Namen ins Althochdeutsche im 7./8. Jh.[6], obwohl der Lautwandel [e] > [i] vor [n] + Konsonant als solcher bereits urgermanisch war. Die Formen mit <e> in der Belegreihe repräsentieren die mitteldeutsche

Senkung von [i] [7]. Gegen die von Kaufmann aufgestellte Regel, nach der sich "im Westfränkischen ... geschlossenes ê zu î entwickeln [kann], so auch *Gen-* > *Gin-*" [8], erheben sich romanistische Einwände. Während sich für den Bereich des Altprovenzalischen eine Entwicklung von germ. [ai] > [î] unter dem Nebenton gut begründen läßt [9], ist der gleiche Vorgang in Nordfrankreich kaum möglich [10]. <i> dürfte hier vielfach reine Graphie für <e> sein [11].

1) Quellennachweis: Kremer, Ardennen II 341 (vgl. auch JRS Nr. 477; Müller, ONN II 70); JRS Nr. 700; LHA Kobl. 54 E 6; JRS Nr. 1508; LA Sbr. Helmstatt Urk. Nr. 70; Freis, in: Merchweiler Heimatblätter 2 (1982) 36; LHA Kobl. 54 R 124; Freis, in: Merchweiler Heimatblätter 2 (1982) 37. 39; AD Mos 10 F 396; LHA Kobl. 54 K 395; LA Sbr. Nass.-Sbr. II Nr. 2443 f° 590; Fürst, Einwohnerverzeichnisse 11. 64; LA Sbr. Nass.- Sbr. II Nr. 2457 D.
Eine von Müller, ONN II 71 (so auch Jungandreas, Lexikon 987), bei Völklingen vermutete Wüstung *Sineviller*, die auf einer Fehlzuordnung des (verschriebenen) Erstbelegs fußt, ist zu streichen. Auch das im Jahr 1344 zusammen mit Hüttigweiler und Raßweiler genannte *Zwenwilre* (JRS Nr. 1404) dürfte aus *Guenwilre* (= Gennweiler, sicher nicht mit Staerk, Wüstungen 415, für +Zeisweiler bei Raßweiler !) verschrieben sein. Dagegen ist das 1119 genannte *Genewilra in pago Coloniensi* keinesfalls mit Gennweiler (so Förstemann, Altdeutsches Namenbuch II,1 1034 mit ?) zu identifizieren.
2) Bei Förstemann, Altdeutsches Namenbuch I 641, nur erschlossen; Morlet, Noms de personne I 109, hat einmal *Gino*.
3) →5.1.1.61. Belege für ein sehr gut belegtes westfränkisches Namenelement <*gen-*> bei Gasnault, Documents I 109; LMR 245; Longnon, Polyptyque 319; vgl. für das Langobardische auch Bruckner, Sprache 256; Jarnut, Studien 130.
4) So belegt z. B. bei Förstemann, Altdeutsches Namenbuch I 627; LMR 245; Bruckner, Sprache 256. Auch Müller, ONN II 70, deutet den SN so.
5) Vgl. 5.3.11.
6) Dazu ausführlich Buchmüller-Pfaff, SNN 719 ff.
7) → 6.2.1.7.
8) Kaufmann, Ergänzungsband 147.
9) Vgl. z.B. Grafström, Etude 99; Appel, Lautlehre § 37.
10) Vgl. z.B. Rheinfelder §§ 100 ff. 220 ff.; Felder, PNN 42 mit Anm. 108.
11) Vgl. dazu aus der spät- und mittellateinischen Orthographie z.B. Gaeng, Inquiry 130 f.; Vielliard, Latin 22 f.; Pei, Language 44, Bonnet; Latin 106; Pirson, Formules 866; ders., Langue 30; Slijper, Disputatio 38, und bes. Löfstedt, Studien 38: "Die Orthographie der unbetonten Vokale schwankt in später Zeit überhaupt stark, und die Schreibung i statt e läßt sich allerorten belegen".

231. **+Gensewilre**, Gde. Langatte, F, Moselle, Sarrebourg:

FINN: usque ad ripam apud Gensewilre (1250 Or.); prati zu Gensewilre (1316 Or.) [1].

< *Gensen-wilâri zum wfrk. PN Genso ², der wohl als *Gendso ³ zu interpretieren ist. Ein recht seltenes, aber doch belegtes - und offenbar spezifisch westfränkisches - Namenelement <gind->, <gend-> ⁴, letzteres mit romanischer Vokalsenkung [i] > [e] ⁵, deutet Kaufmann ⁶ als Spielform des häufigeren *gand-a-, das wohl mit anord. gandr 'Zauber' ⁷ zusammenhängt und in den kultisch-magischen Bereich verweist.

1) Quellennachweis: AD Mos H 4730 Nr. 3; AD Mos H 4766 Nr. 1.
2) Vgl. Morlet, Noms de personne I 103 a.
3) Zur in wfrk. PNN häufigen Erweiterung besonders des auf einen Dental auslautenden Stammes durch ein s-haltiges Suffix sowie zu der für romanisierte Namen dieses Musters typischen Assimilation von [ds] > [ss] > [s] vgl. Kapitel 5.2.
4) Für <gind-> kenne ich (neben dem weiblichen PN Hrodingindis, vgl. dazu Förstemann, Altdeutsches Namenbuch I 594) nur den aus Remiremont belegten Gintmarus (LMR 248); sehr viel häufiger ist <gend->, vgl. etwa Förstemann, Altdeutsches Namenbuch I 595 f.; Morlet, Noms de personne I 102 f.; Longnon, Polyptyque 314.
5) → 5.3.1.
6) Vgl. Kaufmann, Ergänzungsband 136.
7) Vgl. Schramm, Namenschatz 71; Müller, PNN 218 mit Anm. 68. Sekundär ist die bei Holthausen, Got. etym. Wörterbuch 36 (und danach bei Kaufmann, Ergänzungsband 136) angegebene Bedeutung 'Zauberstab'.

232. **Gerbéviller**, F, Meurthe-et-Moselle, Gerbéviller:

Gislebert villers (1092 K.18); Gislebertvilar (1115/23 Or.); Gilbertiviller (1120/28 K.17); Gislibertivillare (1129 K.18); Gileberviller (1135 F. ? K.15, 1226 K.14, 1291 K.14); Gilleberuiler (1149 Or., 1152 Or., 1156 Or. u.ö.); Gilleberviller (1157 K.15, ±1200 K. glz., 1255 K.14); Gilleberti villario (1179 Or.); Giliberviler (1186 K.); Girberuilla (1202 Or.); Girberuillari (1202 K.); Gilbervillari (1202 K.13); Gilberuiller (1220 K.14); Gilliberviller (1225 Or.); Gilibertivilla (1225 Or., 1228 K.13); Gilliberuiler (1236 Or.); Gileberviler (1243 Or.); Gilleberviler (1256 Or.); Girbeuiller (1310 K.15, 1407 Or., 1425/27 Or.); Gilb[er]uillei (1313 Or.); Girberuilleirs (1320 Or.); Gileberviles (1327 Or.); Schirbefele (1396 Or.); Gerbouelre (1398 Or. dt.); Gerbeville (1408 Or., 1470 Or. u.ö.); Gerbeviller (1420 K.15, 1463 Or., 1467 Or., 1472 Or., u.ö.) ¹.

< *Gisleberto-villâre zum germ. PN *Gisil-ber(h)t > wfrk. Gislebert ², komponiert mit Hilfe der Stämme *gls(il)- ³ und *bərχt-a- ⁴.
Die heutige Namenform zeigt lothringische Senkung auch des ursprünglich langen [î] > [e] unter dem Vorton ⁵ sowie Liquidtausch [l] > [r] ⁶. Im Zweitglied des PN zeigt sich nach früher Assimilation des silbenauslautenden

Dentals an den folgenden Konsonanten Ausfall des nun im Silbenauslaut stehenden vorkonsonantischen [r] [7].
Seit dem 13. Jh. zeigt sich in den Belegen häufiger Wechsel des Grundwortes -*villâre* mit *villa*. Die Existenz einer Variante auf *villa* wird zusätzlich bestätigt durch bestimmte exogene, aus der französischen Lautung adaptierte deutsche Doppelformen [8], die das Grundwort -*villa* in seiner für den gesamten lothringischen Dialektraum typischen Form [vęl] [9] sowie mit der seit dem 8./9. Jh. üblichen Übernahme von lat. bzw. frz. [v] als <f> [10] zeigen.

1) Quellennachweis: Choux, Pibon 220 Nr. 58; Parisse, Chartes 86; Riguet, Mémoires 141; Parisse, Etienne Nrr. 24. 35; AD Meuse B 256 ff° 40v°. 93v°; MCM I Nr. 265; AD MM H 333; Perrin, Seigneurie 739; AD Meuse B 256 f° 159r°; Dieterlen, Fonds 45; Calmet, Châtelet 3; AD MM 3 F 449; MSAL (1892) 76; Laplace, Thiébaut Nr. 41; AD Meuse B 256 f° 38r°; Marot, Neufchâteau Nr. 4; Boudet, in: BSPV 51 (1925) 231; Bridot, Remiremont Nr. 138; AD MM H 388 (vgl. Le Mercier de Morière, Catalogue Nr. 197; Hlawitschka, Remiremont 162 Nr. 23); AD Mos B 2341; Lanher, Chartes Nr. 37; StB Trier ms. 1670/349 f° CCr°; HRS Nr. 759; AD MM B 9352; BN Paris Coll. Lorr. Bd. 979 Nr. 98; AD Mos G 446-9; Kirsch, Kollektorien 113; StA Trier Ta 58/6; Albrecht, Urkundenbuch II Nr. 514; HRS Nr. 766; LA Sbr. Nass.-Sbr. II Nr. 317; AD Mos G 7 f° 32; Herrmann, Betreffe 49 f.; Chanteau, Notes Nr. 7.
2) Vgl. Förstemann, Altdeutsches Namenbuch I 650; Morlet, Noms de personne I 110. Auch Gröhler, Ursprung II 318; Vincent, France 185; Morlet, Noms de personne III 330; Dauzat/Rostaing 316, deuten den SN so.
3) Zu lgb. *gîsil* 'Pfeilschaft' vgl. Bruckner, Sprache 206. 257. Weiteres bei Schramm, Namenschatz 153; Kremer, PNN 134; Bach, Namenkunde I, 1 § 197. Zur wfrk.-rom. Entwicklung von <gîsil-> > <gîsli-> > <gilli-> > <gil(e)-> mit romanischer Metathese von postvokalischem [l] (es handelt sich nicht, wie etwa Gröger, Kompositionsfuge 225 § 136, vermutet, um einen "in ganz vereinzelten Fällen" auftretenden Fugenvokal !) und anschließender Assimilation von [sl] > [ll] vgl. Kaufmann, Rufnamen 292.
4) → 5.1.1.30.
5) → 6.1.1.7.
6) → 6.1.2.1.2.
7) → 6.1.2.1.4.
8) Man beachte, daß auch die von Paulin, ONN 55 Anm. 1, angegebene deutsche Namenform *Gerbweiler* für Gerbéviller im Beleg 1398 Or. *Gerbouelre* offensichtlich eine alte Vorlage hat. Daneben haben allerdings unzählige deutschsprachige Urkunden des späteren Mittelalters für Gerbéviller französische Formen wie *Gerbeviller* oder *Gerbeville*.
9) → 3.6.2.
10) Vgl. Braune/Eggers § 137 Anm. 2, mit weiterer Literatur.

Gerbweiler: → Gerbéviller.

Gerovilleir (1255 Or.): → Nr. 243.

Gerrweiler: → Nr. 247.

233. **+Gerschweiler**, Gde. Illingen, OT Welschbach, D, Saarland, Neunkirchen:

? Gerswilre (±1400 Or.).
FlNN: Gerschweiler Weiher (1740, 1767); auf Gerschweiler [1].

< *Gêres-wîlâri zum PN Gêr, Gêri [2].

1) Quellennachweis: LA Sbr. Nass.-Sbr. II Nr. 2456 f° 8v°; Prinz, Wüstungen 13; Staerk, Wüstungen 198, ebd. auch genaue Hinweise zur Lokalisierung der Siedlung, die Müller, Geschichte 20 (vgl. aber ders., Beiträge 131), auf der Gemarkung von Niederlinxweiler vermutete (vgl. allerdings schon Prinz, Dörfer 102; ders., Wüstungen 1 f. 13; Hoppstädter/Hermann/Klein, Landeskunde I 87; Hoppstädter, SNN 25).
2) Vgl. Nr. 92.

234. **+Gerschweiler**, Gde. Heusweiler, D, Saarland, Saarbrücken:

Gerßwillre (15. Jh. K.15); Gerßweiler, so gelegen gewesen zwischen Heusweiler und dem Kirschhoff (1638).
FlNN: unden am Geisweiler born (1686 Or.); Gerschweiler Brunnen (1845) [1].

< *Gêres-wîlâri zum PN Gêr, Gêri [2]. Vorkons. [r] wird in der Mundart nur noch sehr schwach artikuliert [3]; der vorausgehende Vokal wird als sehr offenes [ẹ] gesprochen, das in den Quellen - wohl auf Grund der parallelen Entwicklung von mhd. [ei] > [ẹ] im gleichen Raum [4] - gelegentlich als <ei> verschriftet wird.

1) Quellennachweis: LA Sbr. Nass.-Sbr. II Nr. 2442 f° 17; HSTA Wiesbaden 130, II/70,4 (J. Andreae, *Genealogia Saraepontana* f° 455); LA Sbr. Nass.-Sbr. II Nr. 2411 f° 11v°; Staerk, Wüstungen 193. Vgl. auch den FlN *Geisweiler Wald* in der Nachbargemeinde Eiweiler "westlich von Hellenhausen, am Oberlauf des Köllerwieser Baches" (Staerk, Wüstungen 193).
2) Vgl. Nr. 92. Zur Entwicklung von [rs] > [rʃ] s. 4.3.
3) Vgl. dazu etwa Lehnert, Studien § 135.2.
4) Vgl. Wiesinger, Untersuchungen II 157; Ramge, Dialektwandel 40.

235. **Gersweiler**, Stadt Saarbrücken, D, Saarland, Saarbrücken:

Gerswilre (1312 Or., 1356 Or., 1364 K., 1380 Or.); Gertzwilre (1343 K.); Gerswiler (1356 Or., 1413 Or.); Gerßwiller (1364 K.17, 15. Jh. Or., 1416 K.16, 1437 K.16, 1459 Or., 1471 Or. u.ö.); Gerswülre (1380 Or.); Gerswilr (1386 Or., 1392 Or., 1451 Or.); Gerßwiler (1499/1500 Or.); Gerßweiller (±1540 Or.); Gerschweiler (1756 Or.) [1].

< *Gêres-wîlâri* zum PN *Gêr, Gêri* [2].

1) Quellennachweis: JRS Nrr. 948. 1716. 1894; LHA Kobl. 55 A 4 Nr. 327; SVR III Nr. 264; JRS Nr. 1602 f.; LA Sbr. Nass.-Sbr. II Nrr. 129. 2444 f° 55. 2749 f° 6. 2441 ff° 239. 102; Stadtarchiv Sbr. Nass.-Sbr. I, Urkundenkarton 267; LA Sbr. Nass.- Sbr. II Nr. 2749 f° 18; HStA München, Rheinpfälz. Urk. Nr. 2746 f.; LA Sbr. Nass.-Sbr. II Nrr. 1059. 3106 f° 2; Stadtarchiv Sbr., Meierei-Rechnungen Karton 25, f° 6; LA Sbr. Nass.-Sbr. II Nr. 2457 D; Lex, Zustand 22.

2) Vgl. Nr. 92. Diese Deutung, die den SN einfacher erklärt als der von Christmann, Neue Beiträge 16, vorgeschlagene Ansatz *Gerînes-wîlâri* (zum Kosenamen *Gerîn* vgl. Förstemann, Altdeutsches Namenbuch I 574; Morlet, Noms de personne I 101) vertreten auch Kaufmann, Rufnamen 4; ders., Pfälz. ONN 84; Jungandreas, Lexikon 442. Fernzuhalten ist der von Müller, ONN 70, und Pöhlmann, Bliesgau I 112, in Erwägung gezogene, aber schwach flektierte PN *Gêro*.

+Gersweiler, bei Niederlinxweiler (Staerk, Wüstungen 199): → Nr. 233.

Gerswilre: → Blies-Guersviller.

236. **+Gibauviller**, Gde. Bonvillet, F, Vosges, Darney:

Molin de Gibouiler (1290 Or.); Gibouilez (1308); Estang de Gibovillé (1489); Lestang de Gibovillers ditte vulgairement de Grand Moulin (1685); Moulin de Gibeauviller (1731); Moulin dit de Gibauviller (1754) [1].

< *Gîsbaldo-vîllâre* zum PN *Gîsbald* [2], komponiert mit Hilfe der Stämme **gîs(il)-* [3] und **balþ-a-* [4]. Die Lautentwicklung des SN zeigt Assimilation des auslautenden [s] des Erstgliedes an den stimmhaften Anlaut der Folgesilbe [5] sowie Vokalisierung von vorkonsonantischem [l] [6].

1) Quellennachweis: AD MM B 574 Nr. 18 (vgl. de Pange, Actes Ferri Nr. 944, dessen Lesung *Gisonviler* ich nicht bestätigen konnte); Calmet, Lorraine (1. Auflage) II Pr. 558; Marichal, Dictionnaire 198.

2) Vgl. Förstemann, Altdeutsches Namenbuch I 645; Morlet, Noms de personne I 109.
3) → 5.1.1.68.
4) → 5.1.1.26.
5) Vgl. Rheinfelder § 557.
6) → 6.1.2.1.1.

+Gideville[r], bei Albestroff: → Nr. 265.

237. **+Gietschweiler**, Gde. Azoudange, F, Moselle, Réchicourt-le-Château:

FlNN: Klein Geißweiler Weyer (1613 Or.); Gietschweiller weyer (1619/20 Or., 1629 Or.)¹.

Im Stammvokal des PN ist, da einmal hyperkorrekt zu <ei> diphthongiert wird ² und auch die <ie>-Schreibung dies nahelegt, wohl langes [î] anzunehmen. Dieses dürfte aus älterem [ū:] entrundet ³ sein, so daß ein Ansatz *Gôdîles-wilâri ⁴ zum PN Gôdîl ⁵ möglich erscheint. Der PN stellt sich als Kosenamenbildung mit l-Suffix zum Stamm *gôð-a- 'gut' ⁶, dessen Stammvokal [ô] der Diphthongierung zu ahd. [uo] unterliegt, welches vor folgendem [i] zu [üe] umgelautet wird ⁷. Durch die in mitteldeutschen Quellen zum Teil schon im 11. Jh. durchdringende Monophthongierung dieses Diphthongs ⁸ entsteht [ü:], das mundartlich zu [î] weiterentwickelt wird. Auslautendes [-s] des Bestimmungswortes entwickelt sich vor folgendem [w] zu [ʃ] ⁹.

1) Quellennachweis: AD Mos 8 F 5 Bd. 3 f° 1r°, AD Mos 8 F 5 Bd. 5 f° 37r°; AD Mos 8 F 5 Bd. 7 f° 1r°.
2) Zur Diphthongierung [î] > [ei] ausführlich Kapitel 6.2.1.12.
3) Literaturhinweise zu diesem für die mitteldeutschen Dialekte typischen Vorgang unter Kapitel 6.2.1.7.
4) Möglich wäre auch *Gudîles-wilâri zum PN Gudil. <gud-> ist allerdings nach Kaufmann, Ergänzungsband 150, kein Primärstamm, sondern lediglich eine Spielform zu *goð-a-.
5) Vgl. Förstemann, Altdeutsches Namenbuch I I 660; Morlet, Noms de personne I 114 a; LMR 246; Ebling, Prosopographie 163.
6) → 5.1.1.69.
7) Vgl. Paul/Wiehl/Grosse §§ 82 f.
8) Vgl. Paul/Wiehl/Grosse § 43; Franck/Schützeichel § 47; Schützeichel, Mundart 75 ff.; Weinhold, Grammatik §§ 140 f; Kletschke, Sprache 35 ff.
9) → 4.3.

Gilberviller (1220 K. u. ö.): → Nr. 232.

238. **+Gillaviller**, Gde. Mance, F, Meurthe-et-Moselle, Briey:

sus Gillotuille ... finage de Mance (14. Jh. Or.); Gillavilleir (14. Jh. Or., 1336 Or., 1353 Or.)¹.

< *Gisloaldo-vîlla/-vîllâre zum germ. PN *Gîsil-wald > wfrk.-rom. Gisloald ². Im Zweitglied des PN zeigt sich nach früher Assimilation des auslautenden Dentals an folgendes [v] die charakteristische lothringische Sonderentwicklung für [a] + [l] + Konsonant (> [â]) ³. Die schriftsprachlich beeinflußte Variante mit Grundwort vîlla hat dafür [au] > [o].

1) Quellennachweis: BN ms. lat. 12866 f° 59r°; AM Metz II 27; AM Metz II 21; AM Metz II 308.
2) Vgl. Förstemann, Altdeutsches Namenbuch I 655; Morlet, Noms de personne I 111. Der PN ist zu den Stämmen *gîs(il)- (→ 5.1.1.68., dort auch weiteres zur westfränkisch-romanischen Entwicklung dieses Namenelementes) und *walô-a- (→ 5.1.1.165.) zu stellen. Die gleiche Grundform haben Girovillers-sous-Montfort (Nr. 243) sowie mit Vokalsenkung [i] > [e] im Erstglied Gélaucourt (F, Meurthe- et-Moselle, Colombey-les-Belles: Gillocourt (1295), Gelocourt (1398), Gilocourt (1408), Belege nach Lepage, Dictionnaire 56).
3) → 6.1.2.1.1.

Gilloviller (1255 Or. u. ö.): → Nr. 243.

239. **+Gingwiller**, Gde. Arraincourt, F, Moselle, Faulquemont:

de Wallen de Adelingen de Gindewilre (1385 Or.); Gingwiller (1499 Or.); zue Armstorff ... vff Kuewiller < *Kinwiller (1594 K.17)¹.

< *Ginden-wîlâri zum wfrk. PN *Gindo ². Kaufmann interpretiert ein bisher nur aus westfränkischer Überlieferung bekanntes Namenelement <gind->, <gend-> als Spielform zum Stamm *gand-a-, der wohl 'Zauber' bedeutet ³. Im SN entsteht ein velarer Nasal [ŋ], verschriftet <ng> ⁴, durch mundartliche [nd]-Velarisierung ⁵.

1) Quellennachweis: AD MM B 689 Nr. 64 f.; AD MM B 946 Nr. 15; AD Mos 4 F 17.
2) Mit rom. Vokalsenkung [i] > [e] (→ 5.3.1.) ist der PN bei Morlet, Noms de personne I 103 a, als Gendo belegt.

3) → 5.1.1.64.
4) Vgl. zu diesem Laut, für den die mittelhochdeutsche Schreibsprache kein Zeichen besitzt, z.B. Paul/Wiehl/Grosse § 126; Penzl, History; Vennemann, The German Velar Nasal.
5) → 6.2.2.1.3.

Ginnwiller (1472 K.): → Nr. 230.

240. **Ginsweiler**, VG Lauterecken, D, Rheinland-Pfalz, Kusel:

Guntzwilre (1342 Or.); Gimswiler (1483 K.); Gintzweiller (1557 Or.); Guntzwiller (1580 Or.).- Mda. *ginswileʳ* [1].

Der von Kaufmann [2] vorgeschlagene Ansatz **Gunzin-wîlâri* zum PN *Gunzo* (mit westfränkischer s-Erweiterung [3] zum Stamm **gunþ-a-*, **gunþ-i-* [4]) setzt einen im Kuseler Raum meines Erachtens kaum möglichen *-in*-Genitiv [5] voraus. Allerdings bleibt zu beachten, daß die gleiche Grundform [6] auch bei Annahme eines weiblichen PN **Gunzin* [7] im Bestimmungswort vorausgesetzt werden muß. Heutiges <i> im Stammvokal des PN wäre dann aus älterem [ü] - und dieses durch Umlaut von [u] vor [i] entstanden - entrundet [8]. Sehr viel wahrscheinlicher erscheint mir allerdings ein Ansatz mit Hilfe des häufigen männlichen Kosenamens mit n-Suffix *Gundîn* [9], also ein altes **Gundînes-wîlâri*, ebenfalls mit Umlaut [u] > [ü] und nachfolgender Entrundung [ü] > [i] [10].

1) Quellennachweis: LHA Kobl. 54 L 198; LA Speyer F1/204 Nr. 82; LA Speyer D4/110 f° 8. 10. 18; Christmann; SNN I 187; Dolch/Greule 164.
2) Kaufmann, Pfälz. ONN 86.
3) → 5.2.
4) → 5.1.1.76.
5) → 4.3.
6) Ebd.
7) Förstemann, Altdeutsches Namenbuch I 697 (*Gunzila*).
8) → 6.2.1.7.
9) Förstemann, Altdeutsches Namenbuch I 695; Morlet, Noms de personne I 118 b.
10) Zur Lautentwicklung in der s-Fuge des starken Genitivs nach [-n] s. unter 4.3.

Ginwilre (1390 Or. u. ö.): → Nr. 264.

241.   Giriviller, F, Meurthe-et-Moselle, Gerbéviller:

Giriuiller (1288, 1324, 1391 K.16, 1595 Or.); Gyrivilleir (1335 Or.); Gerevilleir (1372 Or.); Gyrivillers (1402 K.); Giriviller (1458 Or., 16. Jh.A. Or., 1594 K.17); Geriviller (1594 K.) [1].

< *Gêrico-villâre zum wfrk. PN Gêricus [2], der den Namenstamm *gaiz-a- > *gair- [3] mit einem formal an das lateinische Suffix -icus angepaßten germanischen k-Suffix [4] kombiniert. Die Lautentwicklung des SN zeigt nach früher Synkope des unbetonten Vokals in der Wortfuge Assimilation von silbenauslautendem [k] an folgendes [v]. Vortoniges [i], wohl durch Assimilation von altem [e] an das [i] der Folgesilbe zu erklären [5], erscheint zum Teil zu [ü] gerundet [6], zum Teil zu [e] gesenkt [7].

1) Quellennachweis: Boudet, in: BSPV 51 (1925) 149; Lepage, Communes I 449; AD MM E 84; AD Vosges G 250 Nr. 3; Boudet, in: BSPV 51 (1925) 149 f.; Lepage, Pouillé 22; AD MM G 339-1; Choux, Obituaire 107; Alix 144; DHV I 123.
2) Vgl. Morlet, Noms de personne I 101. Denkbar wäre auch eine Grundform *Gerricovillâre mit Zweitglied <-ricus>; Beispiele dazu bei Morlet, Noms de personne I 100; LMR 244, zum Namenwort vgl. 5.1.1.145. Eine Deutung mit Hilfe des PN Gêrin, wie sie Dauzat Rostaing 320, vorschlagen, ist insofern unwahrscheinlich, als eine Nichtmarkierung bzw. Denasalierung des Nasals im Lothringischen zwar durchaus möglich ist (→ 6.1.1.11.), diese aber sicherlich nicht in allen historischen Belegen durchgehalten wäre.
3) → 5.1.1.63.
4) Vgl. dazu Kaufmann, Ergänzungsband 9; Bach, Namenkunde I,1 § 104.
5) Ein westfränkisches Namenelement <gir->, das zweifellos zu *gaiz-a- gehört, ist nach Cipriani, Etude 69 (vgl. auch Morlet, Noms de personne I 98 ff.; Longnon, Polyptyque I 311; Roth, Polyptychon 72, sowie die zahlreichen Einträge aus Remiremont bei LMR 243 f.), seit dem beginnenden 9. Jh. in ganz Frankreich, vor allem aber im Süden gut bezeugt. Gerade im Norden allerdings ist <i> in den meisten Fällen sicherlich reine Graphie, weshalb mir die Annahme eines Assimilationsvorganges für Giriviller wahrscheinlicher erscheint.
6) → 6.1.1.7.
7) Vgl. Güttler, Lautstand 36; Betzendörfer, Sprache 36.

242.   +Girizonviler, bei Rehainviller, F, Meurthe-et-Moselle, Gerbéviller:

Girizonviler (1075/1107 Or.) [1].

< *Gêrizône-villâre zum PN *Gairizo, *Gêrizo, komponiert mit Hilfe des

Stammes *gaiz-a- [2] und der "ahd. Endung -(i)zo, [die] schwach flektierende K[urz]f[ormen] mit kosendem Sinn [bildet]" [3].

1) Quellennachweis: Parisse, Chartes Nr. 54900.
2) → 5.1.1.63. Wegen <i> im Vorton vgl. Nr. 241.
3) Bach, Namenkunde I, 1 § 100.

243. **Girovillers-sous-Montfort**, Gde. Domjulien, F, Vosges, Vittel:

Gislovillar (1144 Or., 1157 Or.); Glsoviller (1255 Or.); Gilloviller (1255 Or., 1291 K.14, 1296 K.14); Gerovilleir (1255 Or.); Gellovilleir (1280 Or.); Gilloviler (1280 K.14); Gilouiller (1290 K.14); Giroviller (1291 K.17, 1345 Or.); Gerouviller (15 Jh. Or.) [1].

< *Gisloaldo-villâre zum wfrk. PN Gisloald [2], komponiert mit Hilfe der Stämme *gîs(il)- [3] und *walð-a- [4].
Gellovilleir zeigt ostfranzösische Senkung auch des ursprünglich langen [î] > [e] [5], Gerovilleir den als Dissimilation vor [l]-haltigem Grundwort gut erklärbaren Liquidentausch, der sich in der heutigen Namenform durchsetzt [6].

1) Quellennachweis: Bridot, Remiremont Nrr. 55. 68; BN Paris ms. nal. 2542 Nr. 16; AD Meuse B 256 ff° 137r°. 91r°; DHV I 79; DHV VIII 15; AD Meuse B 256 ff° 15r°. 135r°; DHV III 17; DHV VIII 69; Boulard, Documents 298.
2) Förstemann, Altdeutsches Namenbuch I 655; Morlet, Noms de personne I 111; vgl. Dauzat/Rostaing 320; Morlet, Noms de personne III 330. Von der heutigen Namenform ausgehend, deutet Gamillscheg, Siedlung 149, den SN mit Hilfe des PN *Gairwald > Gerold > Giraud (dazu Stoering, PNN 181); die historischen Namenbelege schließen eine solche Interpretation jedoch aus.
3) → 5.1.1.68. Zur Lautentwicklung in westfränkischen PNN vgl. Nr. 232.
4) → 5.1.1.165.
5) → 6.1.1.7.
6) → 6.1.2.1.2.

244. **+Girsingen**, Gde. Métairies-St.Quirin, F, Moselle, Lorquin:

ad Grossonum villare (±1142 < 10. Jh. E. K. 17/18); Grossonevillam (1120 < 11. Jh. A Or.); Gressingen (1132/46 Or.); Girsinge (1137 Or.); Girßing[en] (15. Jh. Or.); Giressinge (1454 Or.); Girsingen (1471 K.) [1].

< *Grossône-villâre / *Grossingas zum PN Grosso [2]. Der PN wird im allgemeinen als ungermanisch interpretiert [3]; allerdings fehlen für die ältere

233

Zeit Hinweise auf einen entsprechenden, dann wohl zur Klasse der "individual nicknames" [4] zählenden lateinischen PN, weshalb Kaufmann [5] auch ein germanisches Etymon, am ehesten wfrk. *Hrôdso > *Crôsso, Grôsso [6], nicht ausschließen mag.
In der deutschen Namenform erklärt sich "Girsinge ... sprachlich als metathetische Form zu Gressingen und zeigt Assimilation des [e] im Stamm an folgendes [i]. Gressingen ist abzuleiten von *Grossingas > mit Umlaut *Grössingen, dazu entrundete Variante [ö] > [e] entsprechend den lothringischen Dialektverhältnissen" [7].

1) Quellennachweis: Perrin, Essai 143. 157; AD BR H 609-5; AD BR H 558 (vgl. Perrin, Essai 143 Anm. 92); AD BR H 609-5; AD Mos G 1903 bis f° 45v°; AD BR H 679 Nr. 5; Hertzog, Rechts- und Wirtschaftsverfassung 106. Zur Lokalisierung der Siedlung vgl. Haubrichs, SNN 247.
2) Vgl. Jarnut, Studien 136 (ebd. auch Grossus, Groso, Grossolus); Geuenich, Fulda 111 (Grossus); Förstemann, Altdeutsches Namenbuch I 666 (Grossus); Bruckner, Sprache 262 (Groso, Grossio); Morlet, Noms de personne II 57 (Grossa). Bisher nur frühmittelalterliche Belege.
3) Vgl. Geuenich, Fulda 111; Haubrichs, SNN 275 Anm. 223.
4) Vgl. Kajanto, Studies 39.
5) Kaufmann, Ergänzungsband 153.
6) Zum Stamm *hrôp- vgl. ausführlich 5.1.1.102.; zum Lautersatz von germ. [hr] > rom. [kr] bzw. [gr] vgl. 5.3.6.
7) Haubrichs, SNN 247 Anm. 88a.

Gislebertvillers (1092 K.): → Nr. 232.

Gisloviller (1255 Or.): → Nr. 243.

+Gisonviler, nach Pange, Actes Ferri Nr. 944, unbekannt im Raum Darney/Vosges: → Nr. 236.

245. **Glan-Münchweiler**, D, Rheinland-Pfalz, Kusel:

Munchwilr (1296 K.14, 1400 K.15); Munichwilre (1309 Or., 1344 Or.); Monchwilr (±1330 K.15, 1360 K.15, 1381 Or., 1391 K., 1412 Or., 1415 Or. u.ö.); Mynichwilre (1333 K.14); Munchwylre (1363 Or.); Munchwiler (1377 Or., 1477 Or.); Monchwilr off dem Glane (1383 K.15, 1385 K.15); Monichwiler Tal (1455 Or.); Monchwilre uf dem Glan (1456 Or.).- Mda. *minchwile*ʳ [1].

< *Munihho-wilâri 'Weiler der Mönche' ². In dem SN ist der Sekundärumlaut von [u] > [ü] vor folgendem [i] ³ durchgeführt. Die für die heutige Mundart charakteristische Entrundung dieses [ü] zu [i] ⁴ belegt die Graphie <y> in *Mynichwilre* möglicherweise schon für das 14. Jh. Daß die Kanzleien des westmitteldeutschen Raumes für eigentliches [u] und [ü] - der Umlaut wird in den mittelhochdeutschen Schreibsprachen generell nicht bezeichnet - besonders vor Nasalen und Liquiden nicht selten <o> schreiben, ist gut belegt ⁶.

1) Quellennachweis: PRZ Nr. 370 (vgl. Pöhlmann, Mauchenheimer Nr. 11); Böhn, Kopialbuch Nr. 79; MG Const. IV, 1 Nr. 285; Mötsch, Balduineen Nr. 1771; Häberle, Reichsland 154; Böhn, Kopialbuch Nr. 10; NRH Nrr. 307. 316. 341. 345; Mötsch, Balduineen Nr. 1045; Glasschröder, Urkunden Nr. 605 f.; TUH II Nr. 21; NRH Nr. 446; Böhn, Kopialbuch Nrr. 35. 40; Pöhlmann, Bitsch Nr. 67; NRH Nr. 407; Christmann, SNN I 187; Dolch/Greule 165. Die Existenz von drei gleichbenannten Siedlungen in der näheren Umgebung bringt schon früh (urkundlich erstmals 1383) die Notwendigkeit eines differenzierenden Zusatzes mit sich; zu der im Jahr 1885 amtlich gewordenen Umbenennung von Münchweiler am Glan in Glan-Münchweiler vgl. Kaufmann, Pfälz. ONN 86.
2) Ahd. *munih* 'Mönch' (Schützeichel, Wörterbuch 131) ist entlehnt aus der durch frühchristliche Inschriften für Gallien belegten Nebenform *monicus* (CIL XIII 2431) für das seit dem ausgehenden 4. Jh. nachweisbare kirchenlat. *monachus* (ThLL VIII 1396 ff.).
3) Vgl. Braune/Eggers § 32 Anm. 5; Paul/Wiehl/Grosse § 69.
4) Vgl. Paul/Wiehl/Grosse § 49.
5) Vgl. Paul/Wiehl/Grosse § 69.
6) Vgl. z.B. Bach, Werke § 65; Jeske, Kodex Trier 81; Heinzel, Geschäftssprache 282. 335; Hoffmann, Geschäftssprache 156; Weisleder, Sprache 35 f. 56 f.; Garbe, Untersuchungen 140.

246. **Gonnesweiler**, Gde. Nohfelden, D, Saarland, St. Wendel:

Gondeswilre (1333 Or.); Gondesweylr (1358 K.18); Gundeswilr (1369 Or.); Gundeßwilr (1379 K.15, 1380 K.15, 1411 Or., 1519/20 Or.); Gondeßwilr (1422 K.15); Gunderswiler (1451 Or.); Gondeßwyler (1486 K.16); Gundeßwiler (1484 Or., 1490 Or., 1502 Or., 1505 Or., 1515 Or. u.ö.); Gundeßwiller (1492 K.); Gundesweiller (1563); Gundesweiler (1606); Gundeßweiler (1630).- Mda. *gonneswele* ʳ¹.

< *Gundenes-wilâri zum PN *Gundenus*, wfrk. für *Gund(o)inus* ², komponiert aus den Stämmen **gunþ-i-*, **gunþ-a-* ³ und **win-i-* ⁴. Da altes [u] vor folgendem Nasal + Konsonant in der Regel erhalten ist ⁵, ist <o> im Stamm-

vokal des Erstgliedes wohl erst durch mitteldeutsche Senkung [6] entstanden. Die heutige Lautung ergibt sich durch Assimilation von [ns] > [ss] sowie (wohl erst neuzeitlich) von [nd] > [n].

1) Quellennachweis: HStA München, Rheinpfälz. Urkunden Nr. 2930; Klein, Gronig 55; Mötsch, Regesten I Nr. 1454 f.; PRV Nrr. 313. 324; Mötsch, Regesten III Nrr. 3438. 3455; LHA Kobl. 54 S 1337; Pöhlmann, Bitsch Nr. 318; Böhn, Kopialbuch Nr. 168; Schmitt, Creditformen 11; Hannig, Regesten; HStA München, Rheinpfälz. Urkunden Nrr. 3500. 3506. 3509 f.; Pöhlmann, Bitsch Nr. 151; Engel, in: Heimatbuch des Landkreises St. Wendel (1967/68) 70. 75; Pauly, Löstertal 56.
2) Vgl. Morlet, Noms de personne I 118 b; Gasnault, Documents 89; LMR 247. Da die Phonemverbindung [rs] in zahlreichen anderen SNN der Gegend als [rʃ] erhalten ist, dürfte 1451 belegtes *Gunderswiler* vervollständigende Schreibung sein; eine Grundform *Gundheres-wîlâri* zum PN *Gunþ-hari* hätte wohl auf heutiges *Guntersweiler* geführt. Anders als im schweizerischen Raum, wo heutiges Gondißwil 872 als *Gundolteswilare* bezeugt ist (Bruckner, Ortsnamenkunde 115), führt in unserem Raum auch der Nexus [ld's] > [ls] in der Regel durch Metathese zu [rs], [rʃ], so daß auch Vollformen des Stammes *gunþ-î-, *gunþ-a- mit l- haltigem Zweitglied hier ausscheiden dürften.
3) → 5.1.1.76.
4) → 5.1.1.171.
5) Vgl. Paul/Wiehl/Grosse § 34.
6) Zahlreiche Beispiele dazu bei Besch, Sprachlandschaften 102 ff.; Froeßl, Sprachbewegungen 102 ff.; Garbe, Untersuchungen 140 f.; Jeske, Kodex Trier 80 f.; Metzner, Nhd. o; Schwitzgebel, Kanzleisprache 135 ff.

247. **+Gorweiler**, Stadt Püttlingen, D, Saarland, Saarbrücken:

Gurwiller (1407 K., 1430 Or.); Gorwilre (1424 K.); neben Knußholtzer bann hinab biß zu der Eichen, alda Gerrweiler vor Jahren gestanden (16 Jh. E. Or.).
FlN: Großwillergärten [1].

Am ehesten zu einer Grundform *Gôren-wîlâri* zum PN *Gôro* [2]. Ein in seiner Etymologie nicht befriedigend geklärter Namenstamm <gaur->, <gôr-> ist unter anderem aus Metz und Lorsch belegt [3]. Kaufmann [4] denkt dabei an eine spezifisch westfränkische r-Erweiterung [5] des überaus häufigen Stammes *gaut-a- [6], mit im Romanischen lautgesetzlicher Assimilation des Dentals an den folgenden Konsonanten [7]. Der Stammvokal des PN war offensichtlich lang, was die durch Flurnamen angezeigte volksetymologische Umdeutung zu *Großwiller* erleichtert haben dürfte. Die Flurnamen bestätigen auch die für den Dialekt der Gegend typische Erhaltung von altem [ô] [8], so daß der <e>-Beleg des 16 Jhs. kaum zu erklären ist. <u>-Graphien (→ *Gurwiller*) für altes ([au] >) [ô] sind indessen häufiger [9].

1) Quellennachweis: LHA Kobl. 54 M 892 f.; HStA Wiesbaden 3001/17 f° 31; Rug, in: Püttlinger Heimatbriefe 1,1 (1965) 48; Staerk, Wüstungen 200.
2) Kaufmann, Pfälz. ONN 93, stellt eine von Christmann, in: MHVPf 57 (1959) 21 f., nachgewiesene Wüstung Gorweiler bei Schneckenhausen (Kr. Kaiserslautern) zu diesem PN, vgl. dazu auch Dolch/Greule 171.
3) Vgl. Förstemann, Altdeutsches Namenbuch I 606; Morlet, Noms de personne I 104 b.
4) Kaufmann, Ergänzungsband 141.
5) → 5.3.13.
6) → 5.1.1.66. r-Erweiterungen hierzu sind belegt bei Morlet, Noms de personne I 114, und Longnon, Polyptyque I 324.
7) → 5.2.
8) Vgl. dazu Wiesinger, Untersuchungen I 247 ff.
9) Vgl. zu <u> für mhd. [ô] besonders vor [r] etwa Jeske, Kodex Trier 83; Bach, Werke § 80; Weinhold, Grammatik §§ 110. 114.

248. **+Goschwiller**, Gde. Bütten, F, Bas-Rhin, Sarre-Union [1]:

FlN: Goschwiller Wald [2].

< **Gôz(z)es-wilâri* zum PN *Gauz*, *Gôz* [3] als verschobene Variante eines gerade aus dem westfränkischen Bereich gut bezeugten *Gaut(us)* [4], zum Stamm **gaut-a-* [5].

1) Hinweise auf diese Wüstung bei Humm/Wollbrett 63. Zur Lage (nordöstlich des Ortskerns) vgl. Matthis, Bilder 185.
2) Quellennachweis: Nap. Kat.
3) Der PN ist nach Förstemann, Altdeutsches Namenbuch I 611, für das 8. Jh. aus Lorsch überliefert, ebd. Beispiele für mit diesem Bestimmungswort komponierte SNN.
4) Belege bei Förstemann, Altdeutsches Namenbuch I I 610; Morlet, Noms de personne I 106 b; LMR 244.
5) Nach der heute allgemein anerkannten Etymologie sind die Namen zum Volksnamen der Goten zu stellen, hierzu vor allem K. Helm, in: PBB 62 (1938) 27-30; H. Kuhn, in: Festschrift J. Trier (1954) 416-433; daneben auch Kaufmann, Ergänzungsband 141 f.; Schramm, Namenschatz 65. 74 f.

249. **+Gouaviller**, Gde. Brainville, F, Meurthe-et-Moselle, Conflans-en-Jarnisy:

FlN: Gouaviller [1].

< *God(o)aldo-vîllâre zum wfrk. PN God(o)ald [2], zu den Stämmen *guð-a- [3] und *walð-a- [4]. Die Lautentwicklung zeigt im Erstglied des PN Ausfall des intervokalischen Dentals [5] sowie Schließung des Vortonvokals zu [u] [6]. Das Zweitglied zeigt die in lothringischen SNN häufige Entwicklung von [a] + [l] + Konsonant > [â] [7].

1) Quellennachweis: Nap. Kat.
2) Morlet, Noms de personne I 113; LMR 247; vgl. auch Förstemann, Altdeutsches Namenbuch I 685.
3) Zu diesem Namenelement, für das ahd. *got* 'Gott' zu vergleichen ist, ausführlich unter 5.1.1.74. Eventuell ist auch an den Stamm *gôþ-a- 'gut' (hierzu Kaufmann, Ergänzungsband 150 f.; Tiefenbach, Xanten-Essen-Köln 359) zu denken. Daß beide Stämme im westfränkischen, langobardischen und gotischen Namenschatz schwer zu trennen sind, ist zuletzt von Kremer, PNN 136, betont worden, ebd. ausführliche Hinweise auf ältere Literatur. Nicht ganz auszuschließen ist auch monophthongiertes <god->, das sich an den Stamm *gaut-a- (→ 5.1.1.66., Förstemann, Altdeutsches Namenbuch I 620 *Gaudald*) anschließen würde.
4) → 5.1.1.165.
5) → 5.3.10.
6) Rheinfelder § 113.
7) → 6.1.2.1.1.

250. **Goviller**, F, Meurthe-et-Moselle, Vézelise:

Angouilleir (1289 Or.); Goviller (1453/54 Or., 1456 Or.) [1].

< *Angoaldo-vîllâre zum wfrk. PN *Angoald [2], der zu den Stämmen <ang-> [3] und *walð-a- [4] gehört. Die heutige Namenform entsteht durch Deglutination des anlautenden Nasalvokals [5].

1) Quellennachweis: AD MM B 960 Nr. 140; AD MM B 9711; François, Vaudémont 252.
2) Die Annahme einer Grundform *Angône-vîllâre, wie sie Morlet, Noms de personne III 227a, vorschlägt, setzt eine sehr frühe, in allen historischen Belegen durchgehaltene Denasalierung des nebentonigen Nasalvokals voraus. Diese ist gegen Ende des 13. Jh. zwar ohne Zweifel möglich (→ 6.1.1.11. mit Anm. 193), doch zeigen Parallelfälle, daß der alte romanische Obliquus *-ône* sich in der lothringischen Skripta (wie im übrigen in ganz Nordfrankreich) in der Regel unverändert erhält. Der von Dauzat/

Rostaing 327, angesetzte PN *Ans-god ist sicher keine maskuline Variante zu Ansegudis, wie Dauzat/Rostaing meinen; vielmehr ist der bei Morlet, Noms de personne I 38b, belegte Ansgotus zum westfränkischen Sekundärstamm <-gaud(i)us> (< *gaut-a-, → 5.1.1.66.) zu stellen. Da nachkonsonantisches [g] im Romanischen nur vor altem [o, u] unverändert bleibt (vgl. Rheinfelder §§ 390. 475), vor [au] hingegen zu [dʒ], [ʒ] verändert wird (vgl. Rheinfelder § 484), scheidet dieser PN wohl aus.
3) → 5.1.1.14.
4) → 5.1.1.165. Zur Entwicklung dieses Namenelementes in romanischen villare-Namen vgl. 6.1.2.1.1.
5) → 4.2.1.

251. **+Graidviller**, Gde. Farschviller, F, Moselle, Forbach:

FINN: Graidwiller wiß (1706 dt. Or.); Graitviller Wies (1753 frz.) [1].

< *Graiden-wilâri zum PN Hraido [2], mit romanischer Entwicklung von frk. [hr] > [gr] [3] wfrk. *Graido ?

1) Quellennachweis: AD Mos 4 E 155; AD Mos 24 J 102 f° 47 ff.
2) Förstemann, Altdeutsches Namenbuch I 876.
3) → 5.3.6.

252. **Grandvillers**, F, Vosges, Bruyères:

Granswillari (891 K.18); Grant vilar (1115 Or.); Grantiviller (1182 K.18); Grandviler (1232 Or.); Granveler (1255 Or.); Grantvilleir (1295 K.14, 1341 K.14, 1347 Or.); Granviller (±1338 K.); de Granvillari (1402 K.); Grant Villey (15. Jh. Or.); Grantviller (16. Jh. Or.); Grandviller (1594 K.17, 1620 Or.); Grandvillers (1683 K.) [1].

Der Erstbeleg des SN ist in einem Diplom König Arnulfs vom Jahr 891 überliefert, in dem dieser der Abtei St. Evre zu Toul zwei Kapellen in pago Calmenzgouve in comitatu Stephani in locis duobus Granswillari et Rosieres überträgt. An der Echtheit des Dokuments, dessen Text sich nur in einem späten Druck erhalten hat, hat die diplomatische Kritik bisher keine Zweifel geäußert. Umso bemerkenswerter erscheint die Nennung einer (exogenen) deutschen Doppelform *Calmunt-gawja > Culmenzgouve [2] für den heute im französischen Sprachgebiet gelegenen fränkischen pagus Calvomontensis. Als exogene deutsche Namenform wird man deshalb wohl auch Granswillari ansprechen dürfen, wobei <s> in der Wortfuge meines

Erachtens am ehesten an eine genuin althochdeutsche Namenbildung mit Hilfe eines PN denken läßt ³. Dieser Ansatz führt auf eine Grundform *Gramno-vîllâre zum ahd. PN *Hraban, Hramn* > wfrk.-rom. *Cramnus, *Gramnus* ⁴ mit romanischem Lautersatz von germ. [hr] durch [kr, gr] ⁵. An den in der gesamten Galloromania häufigen Typus *(ad) grande(m) vîllâre(m)* ⁶ wäre der SN damit erst sekundär angeschlossen worden.

1) Quellennachweis: MG DD Arnulf Nr. 89; Boudet, in: BSPV 51 (1925) 217; Bridot, Remiremont Nr. 75bis; BN Paris ms. nal. 2542 Nrr. 10. 16; BN Paris ms. lat. 12866 f° 93r°; DHV I 88; AD Mos J 356; DHV I 182: Lepage, Pouillé 26; Boulard, Documents 120; Alix 56; DHV III 242; DHV IX 152.
Auf diese Siedlung beziehen sich wohl auch die Flurnamen *Grandvillers*, Gde. Aydoilles (F, Vosges, Ct. Bruyères, vgl. Marichal, Dictionnaire 22) und *Grandvillers*, Gde. Viménil (F, Vosges, Ct. Bruyères, vgl. Marichal, Dictionnaire 201).
2) Vgl. Haubrichs, Warndtkorridor 267, wohl mit althochdeutscher t-Verschiebung (vgl. dazu Braune/Eggers §§ 87. 159). Es sei allerdings angemerkt, daß dem hier zugrundegelegten romanischen Obliquus *Calmunt* eine Rektusform *Calmunz* entsprochen hat, die 870 im Vertrag von Meersen als *Calmontis* aufscheint (*Annales Bertiniani*, ed. Rau, Quellen II 210), so daß dem deutschen Namen unter Umständen auch ein gehörter romanischer Rektus zugrunde liegen könnte.
3) Als Alternative würde sich eine deutsche Doublette auf der Basis eines romanischen *Grant villar* (< *grandem vîllârem*) mit althochdeutscher t-Verschiebung anbieten, doch wäre in diesem Fall in der Wortfuge wohl eher <z> zu erwarten. Gegen ein adjektivisches Bestimmungswort spricht wohl auch, daß die so gebildeten SNN, die ja immer Erweiterung eines einfachen *vîllâre* sind, in der Frühzeit in den Quellen in der Regel noch ohne den adjektivischen Zusatz erscheinen.
4) Vgl. Förstemann, Altdeutsches Namenbuch I 870 f., zum Stamm *hraban-a-* allg. 5.1.1.95.
5) → 5.3.6.
6) So trotz des "unpassenden" Erstbelegs die Deutung bei Dauzat/Rostaing 329; Gamillscheg, Siedlung 149; Gröhler, Ursprung II 40.

+Grandvillers, nach Marichal, Dictionnaire 22, bei Aydoilles: → Nr. 252.

Grandvillers, FlN Gde. Brouviller: → Nr. 361.

Grandvillers, FlN Gde. Viménil: → Nr. 252.

253.   **+Granviller**, Gde. Angomont, F, Meurthe-et-Moselle, Badonviller:

FlN: Granviller ¹.

< *(ad) grande(m) vîllâre(m) ².

1) Quellennachweis: Nap. Kat. Nach Auskunft des Gemeindevorstehers handelt es sich um eine im ersten Weltkrieg zerstörte Hofsiedlung.
2) Zum lateinischen Adjektiv *grandis* vgl. Georges, Handwörterbuch I 2961, zu afrz. *grant* FEW IV 219 ff. In der gleichen Weise gebildete SNN sind aus der gesamten Galloromania in großer Zahl bekannt, vgl. z.B. Granvillars (F, Terr. de Belfort: *Grandivillari* (1147), *Granvilers* (1222), *Granwil* (1226), *Grantvelar* (1282)); Grand-Villard (Gde. Treffort, F, Ain); Grandvilliers (F, Eure: *Grande Villare* (1063), *Granvillier* (1125), *Granteviller* (12. Jh.)); Grandvilliers (Gde. Viabon, F, Eure-et-Loir: *Grantvillier* (1508)); Grandvillers-aux-Bois (F, Oise: *Grandum Villare* (1086), *Grant Viller* (1165)); Grandvilliers (Gde. Mainvilliers, F, Loiret: *Grande Villare* (886), *Grandivillare* (1209)); Grandvillers (Gde. Aubepierre, F, Seine-et-Marne); Belege nach Stoffel, Dictionnaire 62; Philippon, Dictionnaire 196 f.; Blosseville, Dictionnaire 102; Merlet, Dictionnaire 85; Lambert, Toponymie 43; Soyer, Recherches 225; Stein/Hubert, Dictionnaire 267. 273; Gröhler II 40; Vincent, France 295; Dauzat/Rostaing 329.

254. **+Granviller**, Gde. Erbéviller-sur-Amezule, F, Meurthe-et- Moselle, St. Nicolas-de-Port:

FINN: Haut de Grand Viller (1526 Or.); Saison de grand Viller (1766 Or.); Granvillers, var. Grand Villers (±1840) ¹.

< *(ad) grande(m) vîllâre(m) ².

1) Quellennachweis: AD MM B 601 Nr. 63; AD Mos G 69; Nap. Kat.
2) Vgl. Nr. 253.

Grentwilre (1356 Or.): → Nr. 260.

255. **+Grévelé**, Gde. Aboncourt, F, Meurthe-et-Moselle, Colombey-les-Belles:

FIN: Grévelé ¹.

< *Grîvo-vîllâre bzw. *Grîso-vîllâre ², mit ostfranzösischer Entwicklung von vortonigem [î] zu [e] ³.

1) Quellennachweis: Nap. Kat.
2) Vgl. Nr.128.

3)   → 6.1.1.7.

Grewilre: → Nr. 360.

256. **+Grignonviller**, bei Méhoncourt, F, Meurthe-et-Moselle, Bayon [1]:

Grignonviler (1265/66 Or.); Grignonviller (1281 K.16/17) [2].

< *Grînône-villâre zum wfrk. PN *Grino [3]. Das Zustandekommen des wohl auf dem verbreiteten germ. Stamm *grim-an- [4] (mit romanischem Wandel des stammauslautenden [-m] > [-n]) beruhenden westfränkischen und langobardischen Sekundärstammes <grin-> [5], der durch zahlreiche Namenbeispiele gesichert ist, dürfte sich mit Hilfe der lateinischen Regel für die Distribution der Nasale erklären lassen, die vor Labial nur [m], vor Dental nur [n] toleriert, eine Vorschrift, die zahlreichen germanischen Namenbildungen zuwiderläuft [6]. Insbesondere aus gewissen Vollformen, deren Zweitglieder im Anlaut einen Dental zeigen, dürfte deshalb ein Namenelement <grin-> generalisiert worden sein [7].
In den historischen Belegen für diesen SN repräsentiert die Graphie <gn> die für die lothringische Skripta typische Mouillierung von intervokalischem [n] [8].

1)   Hinweise auf die Wüstung bei Lepage, Dictionnaire 62.
2)   Quellennachweis: Arnod, Publication Nr. 288; AD MM H 1312. Eine von Lepage, Dictionnaire 62, erwähnte, auf die Wüstung bezogene Urkunde aus dem Jahr 1255, die den Erstbeleg für den SN darstellen würde, ist heute unter den in Nancy verwahrten Betreffen für die Abtei Belchamp (AD MM H 1279-1366) nicht mehr auffindbar.
3)   Vgl. den von Förstemann, Altdeutsches Namenbuch I 674, aus SNN erschlossenen PN *Grini sowie den bei Morlet, Noms de personne I 116, genannten Grinius.
4)   → 5.1.1.71.
5)   Vgl. Förstemann, Altdeutsches Namenbuch I 671 ff.; Morlet, Noms de personne I 116; Bruckner, Sprache § 63; LMR 247.
6)   → 5.3.9.
7)   Vgl. Vielliard, Latin 71 Anm. 1.
8)   → 6.1.1.11.

257. **Grimauvillers**, alter Name von St. Pancrace, Gde. Bures, F, Meurthe-et-Moselle, Arracourt:

Grimoldi villa (1027 K.18); Grimautuilers (1159 Or.); de grangia Grimaltuiller (1180 Or.); grangia de Grimauileir que infra parrochiatum Hunaldi uici sita est (+1180 Or.); grangia ... de Grimauiller iuxta Hunaldimanil sitam deuotam capellaniam in honorem Sancti Pancratii construxistis (1217 K.18); Saint Pancrace autre foy appellé Grimonuiller, la ferme de Grimautvillier ou St. Pancrace (1745 Or.) [1].

< *Grîm(o)aldo-villa / -villâre zum wfrk. PN Grîm(o)ald [2], komponiert aus den Stämmen *grîm-an- [3] und *walð-a- [4]. Erstmals 1159 zeigt sich in diesem SN die bekannte romanische Vokalisierung von vorkonsonantischem [l] [5], um 1180 dann auch das für die lothringische Skripta typische Verstummen des Liquiden [6].

1) Quellennachweis: Bautier, Origines Nr. 40; Parisse, Etienne Nr. 100; AD MM H 1087 f. Jüngere Kopien der Stücke über den Besitz der Abtei Mureau in Grimauvillers/St. Pancrace auch in AD MM H 1273; nach dem Chartular der Abtei zum Teil gedruckt bei DHV III 9 ff. Weitere Urkunden und Akten des 16. bis 18. Jhs. über diese bisher unbekannte Wüstung, deren älteste urkundliche Nennungen in der Literatur fälschlich auf Nr. 259 bezogen wurden, in AD Vos 22 H 66.
2) Förstemann, Altdeutsches Namenbuch I I 672 f.; Morlet, Noms de personne I 115; LMR 247. Man beachte die Verbreitung des PN *Grimoald* bei den Pippiniden; über den gleichnamigen austrasischen Hausmeier vgl. bes. Krusch, Staatsstreich 411 ff.; Levillain, Succession 298 ff.; Dupraz, Royaume 289 ff.; Fischer, Ebroin 17 ff.; Schneider, Königswahl 151 ff.; ders., Frankenreich 17 f.; Ewig, Staatsstreich 573 ff.; ders., Geschichte 28 f.
3) → 5.1.1.71.
4) → 5.1.1.165.
5) → 6.1.2.1.1.
6) Ausführliche Begründung dazu ebenfalls unter 6.1.2.1.1.

258. **+Grimonvelet**, Gde. Rupt-sur-Moselle, F, Vosges, Le Thillot:

FlN: Grimonvelet [1].

< *Grîmône-villâre zum germanischen Kurznamen *Grîmo* [2], der zum Stamm *grîm-an-* 'Maske' [3] zu stellen ist.

1) Quellennachweis: Marichal, Dictionnaire 208.
2) Förstemann, Altdeutsches Namenbuch I 670; Morlet, Noms de personne I 116.
3) → 5.1.1.71.

259. **Grimonviller**, F, Meurthe-et-Moselle, Colombey-les-Belles:

Grimaldi vicinium (±836 K.18, 885 K.17);Grimaldi vicinum (869 K.17); Grimauldi mansum (947 K.18); Gremonvillez (1365 K.15); Gremonviller (1369 K.14, 1398 Or., 1436 Or., 1438 Or. u.ö.); Grimonvillari (1402 K.); Gremonvillay (1439 Or.); Gremonuillei (1439 Or.); Gremonuilley (1440 Or.); Gremonvillers (1607 Or.); Grimonviller (1655 Or.)[1].

*Grîm(o)aldo-vîllâre / -vicinus / -mansus [2] zum wfrk. PN Grim(o)ald [3]. Historische Belege wie → Gremonvillez, die sich in der heutigen Lautung des SN fortsetzen, sind Hyperkorrekturen, die aus einem durch die bekannte romanische Vokalisierung von vorkonsonantischem [l] [4] zu [o] reduzierten PN-Zweitglied einen Obliquus -ône restituieren. Sie sind nur erklärbar auf der Grundlage der für das Lothringiche gut bezeugten Denasalierung in nebentoniger Silbe vor Konsonant [5]. Zum Teil zeigt sich in den historischen Namenformen auch die spezifisch ostfranzösische Senkung von altem [î] > [e] [6].

1) Quellennachweis: Mabillon, De re diplomatica Nr. 79; MG DD Karl III Nr. 125; Tessier, Charles le Chauve Nr. 330; MG DD Otto I Nr. 92; DHV XI 411; BN ms. lat. 12866 f° 98v°; AD MM H 2992; Lepage, Pouillé 54; MSAL 8 (1866) 24. Zur Identifizierung des bei Lepage, Dictionnaire 62, erwähnten *Grimaldi villa* vgl. Nr. 257.
2) Zur Variation im Grundwort vgl. Kapitel 7.
3) Vgl. Nr. 257 Anm. 2. Vgl. auch Vincent, France 185; Dauzat/Rostaing 333; Morlet, Noms de personne III 336.
4) → 6.1.2.1.1.
5) → 6.1.1.11.
6) → 6.1.1.7.

Grintwiler (1457 Or. u. ö.): → Nr. 260.

Gromanswiler, Gromeßwilre, etc.: → Nr. 361.

Grossonum villare (10./12. Jh. K.): → Nr. 244.

Großwiller, FlN Stadt Püttlingen: → Nr. 247.

260. **Grundviller**, F, Moselle, Sarreguemines:

Grentwilre (1356 Or.); Grentwilr (1451 Or.); Grintwiler (1457 Or., 1474/75 Or.); Gruntwiler (±1494 Or.); Grentwiller (1499 Or., ±1525 Or.); Grindtweiler (1569); Grindtweyller (1591 Or.); Grundtweiller (1594 K.17); Grentuiller (1661 Or.); Grindwiller (1726 Or.); Grindtweyler (±1730 Or.); Krentwiller (1733 Or.)¹.

< *Grint-wîlâri. Bestimmungswort ist das Appellativ mhd. *grint* 'grober Sand, Kies, Geröll'², das in dieser Bedeutung auch in den Flurnamen des Rheinlandes weit verbreitet ist³. Mhd. [i] erscheint in den historischen Belegen zum Teil zu <e> gesenkt⁴. Auch für die gelegentliche Wiedergabe von [i] als <u> finden sich Parallelen⁵. Da mhd. [u] in der Regel durch <u>, gelegentlich auch durch <o>, kaum aber durch <i> oder <e> bezeichnet wird, dürfte das von Henri Hiegel vorgeschlagene ahd. *grunt* 'Grund, Boden, Wurzel'⁶ als Bestimmungswort ausscheiden; auch ein ahd. PN *Grund ist nicht belegt⁷.

1) Quellennachweis: Mötsch, Regesten I Nr. 1075; LA Sbr. Nass.-Sbr. II Nrr. 3107 f° 12. 3108 f° 24; AD MM B 9156 f° 27; LHA Kobl. 54/33 Nr. 728 f° 46v°; AD MM B 946 Nr. 15; Lepage, Rustauds 87; Hiegel, in: ASHAL 66 (1966) 105; AD MM B 567 Nr. 162; Alix 93; AD MM B 490 Nr. 81 bis f° 32v°; AD Mos 4 E 450; AD Mos 4 E 233; AD Mos B 10344 f° 5v°.
2) Mhd. *grint* (Lexer, Handwörterbuch I 1087) gilt in der generalisierenden Bedeutung 'Ausschlag, Wundschorf' ~ 'Kopf' noch heute vom Südosten Schwabens bis nach Tirol hinein.
3) Beispiele bei Dittmaier, FlNN 94.
4) → 6.2.1.5.1.
5) Vgl. etwa Nobiling, Vokalismus 36; Garbe, Untersuchungen 136 f.; Jeske, Kodex Trier 78; Hoffmann, Geschäftssprache 152; Weinhold, Grammatik § 50.
6) Schützeichel, Wörterbuch 72; Dittmaier, FlNN 95; vgl. Hiegel, in: ASHAL 66 (1966) 111: "Grundviller, le village dans le vallon"; ders., Dictionnaire 145: "village situé dans une dépression".
7) So Dauzat/Rostaing 336.

261. **Güdesweiler**, Gde. Oberthal, D, Saarland, St. Wendel:

in feodo de Hedersbach et in Gudenswilre (1258 Or.), Gudeswiler (1425 Or.); Gudeßwilr (1427 Or.); Gudeswiller (1434 Or., 15. Jh. Or.); Gudeswylr (1438 Or.); Gudeßwiller (1455 Or.); Gudeßwiller (1492 K.18, 1536/37 Or. u.ö.); Gudesweyler (1667); Gütesweiler (1787)¹.

245

< *Gôdînes-wîlâri zum PN *Gôdîn* ², einer Kosenamenbildung mit n-Suffix zum Stamm *gôð-a-* 'gut' ³. Altes [ô] im Stammvokal des PN unterliegt der Diphthongierung zu ahd. [uo], welches vor folgendem [i] zu [üe] umgelautet wird ⁴. Durch die in mitteldeutschen Quellen zum Teil schon im 11. Jh. durchdringende Monophthongierung dieses Diphthongs ⁵ entsteht heutiges [ü:].

1) Quellennachweis: AD Mos G 22 Nr. 1 a (nach Kopie des 15 Jh. gedruckt bei MCM I Nr. 246; Regest bei PRZ Nr. 133); Pfarrarchiv St. Wendel Urk. Nrr. 39. 44. 59; Müller, St. Wendel 340; Pöhlmann, Bitsch Nr. 151; AD MM B 9295 f° 17r°; Jacob, in: ZGSG 10/11 (1966/61) 95; Delges, in: Heimatbuch des Landkreises St. Wendel 15 (1973/74) 76.
2) Vgl. Förstemann, Altdeutsches Namenbuch I 660; Morlet, Noms de personne I 114 a; LMR 246; Ebling, Prosopographie 163. Der bei Müller, ONN II 70, vorgeschlagene Ansatz *Guden-wîlâri läßt den Umlaut im Stammvokal des PN unerklärt; auch die bei Jungandreas, Lexikon 473, versuchte Deutung des SN mit Hilfe des Heiligennamens *Aegidius* findet in den historischen Namenformen keine Stütze.
3) → 5.1.1.69.
4) Vgl. Paul/Wiehl/Grosse §§ 82 f.
5) Vgl. Paul/Wiehl/Grosse § 43; Franck/Schützeichel § 47; Schützeichel, Mundart 75 ff.; Weinhold, Grammatik §§ 140 f.; Kletschke, Sprache 35 ff. Zahlreiche Beispiele für die dominierende Graphie <u> für monophthongiertes [üe] geben Hoffmann, Geschäftssprache 167 *(Rudenesheim* → Rüdesheim); Jeske, Kodex Trier 90; Bach, Werke 65 f.; Demeter, Studien 60; Froeßl, Sprachbewegungen 76; Nebert, Geschichte 48 f.; Garbe, Untersuchungen 164 f. Zu den mundartlichen Verhältnissen vgl. Wiesinger, Untersuchungen II 33 ff.

262. **Guéblange-lès-Sarralbe/Geblingen**, Gde. Val-de-Guéblange, F, Moselle, Sarralbe:

ad ipsa uillare Adoaldo uel Gebolciagus de ambas ripas (712 K.9); in uilla Geboaldo super fluuio Eblica in pago Salininse (712 K.9); in ipsa uuilari Geboaldo (712 K.9); super fluuio Eblica in uuillari Gaeboaldo (712 K.9); Gebeltingen (9. Jh.); ? Gabodeis (1183 Or.); Gebeldingen (±1225 Or.); Gebeldinga (1304 K.15) ¹.

< *Geboaltiacum ² / *Geboaldo-vîlla / -vîllâre / *Geboaldingas zum wfrk. PN *Geboald* ³, komponiert aus den Elementen *geb-ô-* ⁴ und *wald-a-* ⁵. Der -(i)acum-Beleg des beginnenden 8. Jhs. zeigt "sprachliche Spuren der Romanisierung ... in der romanischen Sonorisierung des intervokalischen [k] zu [g] beim Suffix sowie in der Assibilierung von [t] (im Auslaut des PN) vor [i] zu [ts], verschriftet <c>" ⁶. Man beachte in diesem Zusammenhang auch

die auffällige romanische Postponierung des Bestimmungswortes in den alten -villa- und -villâre-Belegen [7]. An die Stelle dieser stark romanisch geprägten alten Weißenburger Belege tritt spätestens im 9.Jh. eine genuin althochdeutsche -ingas-Bildung, aus der durch Assimilation von [ld] > [ll] > [l] und Synkope des Mittelsilbenvokals heutiges Geblingen entwickelt wurde.

1) Quellennachweis: DTW Nrr. 225. 231 ff.; Langenbeck, Studien I 85 f.; Parisse, Bertram Nr. 6; BRW Nr. 100; PRZ Nr. 446. Zum Problem der Zuordnung hochmittelalterlicher Belege für diesen SN, insbesondere auch der bei RL III 326 f. 372, und Lepage, Dictionnaire 62, genannten Formen vgl. Haubrichs, SNN 236 Anm. 52.
2) Vgl. Pfister, Relikte 138; Haubrichs, SNN 236; Buchmüller-Pfaff, SNN 232.
3) Vgl. Förstemann, Altdeutsches Namenbuch I 635; Morlet, Noms de personne I 108. Zu einem Träger dieses Namens, der in den Umkreis der Weißenburger Gründersippe der sogenannten Chrodoine gehört, vgl. Haubrichs, SNN 257.
4) Vgl. zu diesem Stamm 5.1.1.67. Wohl weil Förstemann, Altdeutsches Namenbuch I 630 ff. eine Grundform *gib- ansetzt, hat man den SN bisher zu einem PN *Gibald*, *Gibold* (Morlet, Noms de personne III 327), *Giboalt* (Gröhler II 318) bzw. *Gibbold* (Dauzat/Rostaing 335) gestellt. Vgl. auch Hiegel, Dictionnaire 146.
5) → 5.1.1.165.
6) Vgl. Buchmüller-Pfaff, SNN 232.
7) → 4.1.

263. **+Gueissweiler**, Gde. Schwerdorff, F, Moselle, Bouzonville:

Geyßwiller (1480/81 Or., 1481/82 Or. u.ö.).
FlN: Gueissweiller [1].

Falls die <ey>-Graphien im Stammvokal des PN nicht als relativ frühe Diphthongierungsbelege zu interpretieren sind [2], was auf eine Grundform *Gisen-wilâri zum PN *Giso* führen würde [3], ist an einen PN *Gaiso* [4] zu denken. Die spätantiken und frühen westfränkischen Belege (6. Jh.) für diesen sicherlich germanischen PN haben Förstemann, Schönfeld und andere zum Stamm *gaiz-a- [5] gestellt; da dieses außerordentlich häufige Namenelement jedoch mindestens seit dem 7. Jh. nur noch in der Variante <gair->, <gêr-> vorkommt, dürfte jüngeres *Gaiso* als romanisierte Variante eines wfrk. *Gaidso* zu interpretieren sein und mit westfränkisch-romanischer s-Erweiterung [6] zu einem gerade im westfränkischen und langobardischen Bereich beliebten Stamm zu stellen sein, der an lgb. *gaida* 'Pfeilspitze' [7] anknüpft. Die in diesem Fall anzunehmende Assimilation des stammauslautenden Dentals an folgendes [s] geht auf eine romanische Lautentwicklung zurück und hat im westfränkischen Namenschatz zahlreiche Parallelen [8].

1) Quellennachweis: AD MM B 1937 f° 40v°; AD MM B 1938 f° 35v°; Nap. Kat.
2) Vgl. dazu die in Kapitel 6.2.1.12. genannte Literatur. Die betreffenden Quellen (es handelt sich um Rechnungsbücher der lothringischen Herrschaft Burg-Esch) sind in französischer Sprache abgefaßt.
3) Vgl. Nr. 229.
4) Vgl. Förstemann, Altdeutsches Namenbuch I 589; Schönfeld, PNN 101; Selle-Hosbach, Prosopographie 95 (Tours a. 561 67); Morlet, Noms de personne I 110 (Gorze a. 754). Hinweise auf gleichlautende SNN im elsässischen und oberschwäbischen Raum, die er allerdings zum Teil zum Appelltiv ahd. *geiz*, mhd. *geis* 'Ziege' (Schützeichel, Wörterbuch 67; Lexer, Handwörterbuch I 800) stellt, gibt Löffler, Weilerorte 107. So z.B. auch Reichardt, Ortsnamenbuch Reutlingen 138 f., über eine heute abgegangene Siedlung (1454 *zu dem Gaiswyler*, 1502 *ob dem Gaysswyler*), "benannt nach der Ziegenzucht". Man beachte, daß der wohl tatsächlich so zu erklärende SN Geißweiler südlich von Buchsweiler (Elsaß) schon 774 (K.9) als *Gaizuuilare* (DTW Nr. 53, 178), 784 als *Geizuuilare* (DTW Nr. 60) belegt ist.
5) → 5.1.1.63.
6) → 5.2.
7) Vgl. Kaufmann, Ergänzungsband 131. 134; Bruckner, Sprache 205. 250 f. Zahlreiche Beispiele für mit diesem Stamm komponierte PNN auch bei Förstemann, Altdeutsches Namenbuch I 565 f.; Morlet, Noms de personne I 97 b; Jarnut, Studien 120 ff.
8) → 5.2.

264. **Guenviller**, F, Moselle, Freyming-Merlebach:

Wiwilr < *Wi[n]wilr (1221 K.15); Guenewilre (1281 Or.); Guinewirle < *Guinewilre (1293 Or.); Gennewilre (1344 Or.); Ginwilre (1390 Or., 1422 Or.); Genwiellre (1390 K.16); Gynnweilre (1398 Or.); Genweiller (1693 Or.) [1].

< *Ginnen-wilâri zum PN Ginno [2]. <gu> im Anlaut des Bestimmungswortes ist eine französische Sondergraphie zur Bezeichnung der velaren Aussprache des Anlautkonsonanten [3].

1) Quellennachweis: BRW Nr. 73 (vgl. auch JRS Nr. 229; MRhUB III Nr. 166; MRR II Nr. 1531; Herrmann, Betreffe 259); WMB 1281, 463; WMB 1293, 204; AD Mos G 1119-10; BRW Nr. 632; AD Mos Suppl. 6, 2B 1 Nr. 4; BRW Nr. 633; Hermann, Betreffe 83; AD Mos E Suppl. 76, 1 CC 2.
An der Zuordnung des Erstbelegs, der einer päpstlichen Besitzbestätigung für die Prämonstratenserabtei Wadgassen entnommen ist, besteht kein Zweifel, vgl. die entsprechenden Bemerkungen bei Burg, Regesten 41. Hier hat ein ortsunkundiger Schreiber <gu> (dazu unten Anm. 3) als Sondergraphie für germ. [w] (dazu z.B. Rheinfelder § 428) interpretiert und als <w> notiert. Die von Dauzat Rostaing 335, vorgeschlagene Deutung des SN mit Hilfe eines PN *Winco* ist wohl an diesen ältesten Beleg angelehnt.

2) Vgl. (auch zur Interpretation der <i>- bzw. <y>-Graphien im Stammvokal des PN, die Hiegel, Dictionnaire 147, zur Annahme eines PN *Ginno* veranlassen) Nr.230. Besler, ONN I 27, denkt an einen PN *Gegino* (mit Umlaut zum Stamm *gagin-a-*, vgl. 5.1.1.61.); infolge der mhd. Kontraktion von /egi/ > /ei/ wäre dann in den historischen Belegen jedoch <ei> zu erwarten.
3) Vgl. z.B. Pope § 701: "When initial gw, gu and ku, qu were reduced to g and k, the graphics gu and ku were utilised to represent g and k before e and i".

Guersviller: → Blies-Guersviller.

265.   **+Guittweiler**, Gde. Albestroff, F, Moselle, Albestroff [1]:

alle die maden vnd wisen in albestorffer banne vnd gudewiller gelegen (1474 K.15); Gudewiler (1478 K.); Guidwiller (1612); Güetweiler (1617 Or.); Giduiller (1660 K.); Quitteuiller (1722).
FIN: moulin de Guittweiller [2].

< *Gôdin-wîlâri* zum weiblichen PN *Gôdin, Guodin*, komponiert mit Hilfe des Stammes *gôd-a-* 'gut' [4]. Folgendes [i] bewirkte Umlaut des Stammvokals [uo] > [üe], das in der Folge zu [ü:] monophthongierte [5] und in jüngerer Zeit zu [î] entrundet wurde [6]. <gu> ist romanische Sondergraphie für anlautendes [g] vor [i, e] [7].

1) Die Siedlung ist bei RL III 330 als *Gedweiler*, bei Lepage, Dictionnaire 58 als *Gidevil-le* ou *Guidviller* verzeichnet. Sie lag westlich des Ortskerns von Albestroff im Bereich des heutigen Mühlwaldes.
2) Quellennachweis: AD Mos G 9 f° 185v°; Moser, in: Cahiers Lorrains (1936) 131; Lepage, Dictionnaire 58; AD MM G 929; AD Mos G 44; AD Mos G 116; Toussaint, Frontière 180.
3) Vgl. Förstemann, Altdeutsches Namenbuch I 661; Ehrat, Suffix 53 Anm. 87; Bergh, Etudes 41; Meyer-Lübke, Namenstudien I 96. Zur Flexion des PN vgl. Kapitel 4.3. Verfehlt sind die Hinweise auf Gutweiler bei Trier bei Hiegel, Dictionnaire 149, und die daraus abgeleitete Deutung des SN mit Hilfe des PN *"Gudo ... changé en Guido ... et Gido"*.
4) → 5.1.1.69.
5) → 6.2.1.9.1.
6) → 6.2.1.7.
7) Pope § 701.

266. **Gumbsweiler**, VG Lauterecken, OT St. Julian, D, Rheinland-Pfalz, Kusel:

Gommeswijlre (1364 Or.); Gumeswilre (14. Jh. 2. H. Or.); Gummeßwilre (1416 Or..); Gumßwilre (1446 K.); Gomßwill[e]r (1458 Or.); Gomswiler (1480 Or.); Gumbsweiller (1593 Or.); Gumbsweiler (1753).- Mda. *gumschwile*[r] [1].

Mit Kaufmann [2] enthält das Bestimmungswort des SN einen mit Hilfe des im fränkischen Namenschatz ausgesprochen seltenen [3] Stammes *gum-an-* komponierten PN. Die ursprünglich ostgermanische Herkunft dieses Namenwortes (zu vergleichen wäre got. *guma* 'Mann' [4]) scheint außer Zweifel [5]. Anzusetzen wäre also ein Kurzname *Gum(m)i*, *Gum(m)us*, eventuell auch bestimmte Vollformen des gleichen Stammes, etwa der von Dolch/Greule vorgeschlagene PN *Gummund* [6].

In den jüngeren Belegen schiebt sich, wie auch sonst zwischen Nasal und Dental häufiger [7], ein Sproßkonsonant <b> ein.

1) Quellennachweis: Mötsch, Regesten I Nr. 1312 (vgl. Dolch, Ämter 70); LA Speyer F 2/148 f° 117; LA Speyer D 34/92 (vgl. Remling, Remigiusberg, Beilage 20); Remling, Remigiusberg 9; LA Speyer A 2/138 f° 9v°; LHA Kobl. 24/539 (Fabricius, Veldenz I 87); LA Speyer B 2/303.4 f° 16; Weizsäcker/Kieffer, Weistümer 831 f.; Christmann, SNN I 204; Dolch/Greule 179. Von Christmann hier zugeordnete Belege, die auf einen mit dem Stamm *gunþ-i-*, *gunþ-a-* gebildeten PN deuten, sind zu Nr. 240 bzw. 246 zu stellen. Es erübrigt sich daher, mit Kaufmann, Pfälz. ONN 98 f., nach einem lautphysiologisch plausiblen Weg zur Integration dieser Formen zu suchen.
2) Vgl. Kaufmann, Pfälz. ONN 98.
3) Die bei Förstemann, Altdeutsches Namenbuch I 691 ff., und Morlet, Noms de personne I 116 b, zusammengestellten Beispiele für diesen Stamm verweisen fast ausschließlich auf den gotischen bzw. burgundischen Einflußbereich. Für die wenigen Beispiele aus Nordfrankreich und Lothringen ist zum Teil mit romanischen Sonderentwicklungen aus <gund-> (Synkope des silbenauslautenden Dentals und Entwicklung von [n] > [m] vor folgendem Labial) zu rechnen, so daß für *gum-an-* nur verbleiben: *Gomolenus* (Tours, 7. Jh.; Gasnault, Documents 89), *Gomofrid* (Lorsch, 8. Jh., Förstemann, Altdeutsches Namenbuch I 691 ff.), *Gum(o)aldus* (mehrmals), *Gumoin* (vgl. Anm. 6), sowie diverse feminine Bildungen *(Gomadrudis, Gomalindis)*.
4) Vgl. Feist, Wörterbuch 119.
5) Dazu ausführlich Kremer, PNN 138 f., ebd. sowie bei Piel, Nomes 646 ff.; Kampers, Studien 209, zahlreiche Beispiele für mit diesem Stamm komponierte PNN aus der Hispania.
6) Dolch/Greule 179.
7) Vgl. Paul/Wiehl/Grosse § 129.

267. **+Gumpwilre**, bei Diebling, F, Moselle, Forbach:

FlN: in villa Hiltmanswilre in loco dicto Gumpwilre (1325 K.14)¹.

< *Gumpen-wîlâri zum PN *Gumpo* ², den Stark als zweistämmige Kürzung aus PNN des Stammes *gunþ-i-, *gunþ-a- ³ mit auf [b-] anlautendem Zweitglied interpretiert ⁴.

1) Quellennachweis: BN Paris ms. lat. 10030 f° 75v°. Zur Lokalisierung der ebenfalls wüsten villa Hiltmanswilre vgl. Nr. 301.
2) Belegt bei Förstemann, Altdeutsches Namenbuch I 693. Über einen mit dem gleichen PN gebildeten SN auf -weiler vgl. Löffler, Weilerorte 113.
3) → 5.1.1.76.
4) Vgl. Stark, Kosenamen 112. Der Ansatz setzt eine Entwicklung der Vollformen *Gundbald, Gund-bert* etc., zu *Gum-bald, Gum-bert*, voraus, wie sie in westfränkischen Namen durch den im Romanischen regelhaften Schwund des auslautenden Dentals im Erstglied und anschließende Entwicklung des Nasals [n] > [m] vor folgendem [b] schon früh möglich ist, → 5.3.9.

Gunderswiler (1451 Or.): → Nr. 246.

Gundeswilr (1361 Or.): → Nr. 246.

Gunduino villare, am Biberbach: → Nr. 82.

268. **Gungwiller**, F, Bas-Rhin, Drulingen:

Gundilingen (10.Jh.); ad Gundelingas (12. Jh. 2. Viertel Or.); Gundwiller (1405 K., 1484 K.15); Gundwiler (1460 K.15); Gungwiller (1570 Or.); Gunviller (1736 Or.)¹.

< *Gundilingas / *Gunden-wîlâri zum PN *Gundo* ² bzw. (in der älteren →ingen-Variante des SN) zu dem um ein l-Suffix erweiterten Kosenamen *Gundilo* ³, zum Stamm *gunþ-i-, *gunþ-a- ⁴. Der in den jüngeren Belegen aufscheinende velare Nasal [ŋ], verschriftet <ng>, entwickelt sich regelhaft nach Erleichterung der Dreikonsonanz [nd'w] ⁵.

1) Quellennachweis: Haubrichs, SNN 261; Perrin, Essai 158; MSAL 13 (1871) 171; AD Mos G 8 ff° 32v°. 186v°; AD Bas-Rhin E 5133 Nr. 9; AD MM B 571 Nr. 43. Der bei Haubrichs, SNN 261, aufgeführte Beleg *Gundeswilre* (13 Jh. E.) ist zu Nr. 269 zu stellen; damit fällt auch die dort für Gungwiller vorgeschlagene Etymologie **Gundes-*

wîlâri zum stark flektierten PN *Gundi*.
2) Vgl. Förstemann, Altdeutsches Namenbuch I 694; Morlet, Noms de personne I 118.
3) Vgl. Förstemann, Altdeutsches Namenbuch I 695; Morlet, Noms de personne III 340.
4) → 5.1.1.76.
5) → 6.2.2.1.3.

Gunnwiller (1526 K. u. ö.): → Nr. 230.

269. **Guntzviller**, F, Moselle, Phalsbourg:

Guntzwilr[e], var. Gunswilr (±1240 K. 14); Gundeswilre (1270 Or., 13. Jh. E. Or., 1381 Or.); Gundeßwilre (15. Jh. Or.)[1].

< **Gundenes-wîlâri* zum PN *Gundenus*, wfrk. für *Gund(o)inus*[2], mit früher Assimilation von [ns] > [s][3].

1) Quellennachweis: AD MM B 693 Nr. 1 f° 3v° (Beschreibung der Quelle bei Châtelain, in: ASHAL (1895) 33); AD MM B 742 Nrr. 7. 68; AD Mos H 4744-2; AD Mos G 1903 bis. Zu dem in der älteren Literatur (vgl. z.B. RL III 375) meist hier lokalisierten Weißenburger Besitz in *Gunduinovilla* vgl. Nr.82.
2) Vgl. Förstemann, Altdeutsches Namenbuch I 694; Morlet, Noms de personne I 118 b. Zum Stamm **gunþ-a-, gunþ-î-* vgl. 5.1.1.76. Hinweise auf vergleichbare SNN, die in der Literatur zum Teil zum schwach flektierten PN *Gunzo* gestellt werden, u.a. bei Löffler, Weilerorte 114.
3) Vgl. Morlet, Noms de personne I 118 b; Gasnault, Documents 89; LMR 247. So Haubrichs, SNN 268, unter Verweis auf das mit diesem Leitnamen benannte austrasische Hochadelsgeschlecht. Er beruft sich u.a. auf einen in einem alten Verzeichnis der Kirchen und Kapellen des Archidiakonats Saarburg genannten Beleg *Gondersweilre*, den Dorvaux, Pouillés 26, aus **Gondersiller* rekonstruiert. Allerdings fand sich von dem genannten Polium, das Dorvaux nur in einer sehr schlechten und fragmentarischen Überlieferung kannte, die nicht einmal eine genaue Datierung des Dokuments erlaubte (vgl. Dorvaux, Pouillés 23. 25 f.), unter den Beständen des der Abtei St. Mihiel in der Diözese Verdun unterstellten Priorats St. Leonhard bei Finstingen (dazu ausführlich Cuny, Reformation I 109-112) eine bisher übersehene Parallelüberlieferung (AD Meuse 4 H 110 Nr. 112: *Extrait du Registre des droits deubs aux Archidiacre de Sarbourg et de la recepte faicte desdits droits depuis lannee mil quattre cent cinquante sept iusques en Lannee mil quattre cent septante sept dans lequel Registre qui est en mains de Monsieur Föes Archidiacre de Sarbourg en la presente Annee mil six cent sixante neuf est escrit* ...), die, wenngleich ebenfalls kopial, doch zumindest Hinweise zur Datierung liefert; sie enthält an der betreffenden Stelle die sicherlich ebenfalls unrichtige Lesung *Gondersalbak*. Den Graphien beider Überlieferungsstränge wird man, da sie auch sonst zum Teil erheblich voneinander

abweichen, insgesamt wohl nur sehr bedingt vertrauen können, so daß als Stütze einer Ausgangsform *Gundenes-wilâri vor allem auch die Überlegung dienen muß, daß den Erwähnungen der von Guntzviller nur etwa 5 km entfernten Gundoinen-Siedlung *Gundoino-villâre*/Biberkirch (Nr. 82) in Weißenburger Quellen wohl vor allem deshalb eine präzise Lageangabe beigegeben werden mußte, weil in der näheren Umgebung eine andere gleichnamige Siedlung existierte. Dies impliziert, daß nicht nur die schon 699 erwähnte Gundoinen-Siedlung *Gundoino-villâre*/Biberkirch, sondern eben auch Guntzviller um das Jahr 700 bereits bestand.

4) Bezeugt ist dieser Vorgang in früheren Belegen für die Wüstung Gundesweiler (bei Bodersweier in der Ortenau nach Förstemann, Altdeutsches Namenbuch II,1 1129), die 845 (F.) als *Gundeneswilre*, 1005 (F.) als *Gundeswilre* bezeugt ist; Belege nach Parisse/Courtois, Chartes Originales Bas-Rhin Nrr. 67206 und 67601.

Guntzwilre (1342 Or.): → Nr. 240.

Gurwiller (1430 Or.): → Nr. 247.

270. **+Gyreswilre**, unbekannt im ehemaligen Amt Gräfenstein, wohl unweit von Rodalben, VG Pirmasens-Land, D, Rheinland-Pfalz, Pirmasens:

Gyreswilre (1345) [1].

Sowohl Christmann als auch Kaufmann [2] denken für diesen SN an einen mit dem Vogelnamen ahd. *gîr* 'Geier' [3] komponierten Beinamen [4]. Es sei indessen angemerkt, daß ein Wechsel von <e> und <i> für [ê] in betonter offener Silbe in pfälzischen Urkunden zwar selten, aber besonders vor [r] doch auch nicht ganz unmöglich ist [5], so daß eventuell auch ein PN des Stammes *gaiz-a- [6] möglich ist.

1) Quellennachweis: Christmann, SNN I 208; Pfälz. Museum (1928) 227; Dolch/Greule 164.
2) Kaufmann, Pfälz. ONN 101.
3) Schützeichel, Wörterbuch 69.
4) Zur Bildung von Beinamen durch Tierbezeichnungen vgl. allgemein Geuenich, Fulda 105 ff.; Müller, PNN 115-122; Neuß, Studien 60-182; Schröder, Namenkunde 39-53.
5) Beispiele unter anderem bei Demeter, Studien 43 f.; Nebert, Geschichte 51 f.
6) → 5.1.1.63. Vgl. Dolch/Greule 164: "PN *Gîri* (Nebenform zu *Gêri*)".

271. ? +**Haasweiler**, Gde. Kayl, OT Kayl, L, Esch-sur-Alzette:

FlN: Haaselerwee ¹.

< *Hasen-wilâri zu einem PN Haso ² unsicherer Etymologie (< *Hadso zum Stamm *haþ-u- ³ oder zum Tiernamen ⁴ ?). Die Reduktion des Grundwortes -weiler > -ler ist typisch für das Luxemburgische ⁵.

1) Quellennachweis: Urkataster, Carte Archéologique du Grand-Duché de Luxembourg Feuille 28 C.
2) Förstemann, Altdeutsches Namenbuch I 787. 803.
3) → 5.1.1.88. Zu den westfränkischen PNN mit Erweiterung des stammauslautenden Dentals durch ein s-haltiges Suffix vgl. 5.2.
4) Dieser wäre als "Hüllname" zu ahd. hasan 'grau, glänzend' zu interpretieren, vgl. Müller, Studien 143; Kaufmann, Ergänzungsband 177.
5) → 3.7.2.

Hadonviller: → Nr. 288.

272. **Hagnaldo uillare**, nicht identifizierter Frühbesitz der Abtei St. Denis im Seillegau:

Hagnaldo uillare (777 Or.); necnon et in Salninse Turnugo uillare, Uicturningas, Almerega curte, Agnaldo curte (777 Or.); Hagraldo uillare < *Hagnaldo uillare (777 Or.) ¹.

Da <ag> eine schon merowingische Schreibung für [ai] repräsentiert, bei der <g> einen [j]-ähnlichen Laut vertritt ², ist von einer Grundform *Hain(o)aldo-villâre / -curte zum PN *Hagin-wald > wfrk.-rom. Hain(o)ald ³ mit in romanischem Mund spirantisiertem intervokalischem [g] auszugehen. Der PN, der in der -curtis-Variante des SN als weiteres Zeichen der Romanisierung Ausfall des für die Romanen schwer zu sprechenden anlautenden [h] ⁴ zeigt, ist zu den Stämmen *hagan-a-, *hagin-a- ⁵ und *walð-a- ⁶ zu stellen.

1) Quellennachweis: Tangl, Testament 208. 211. 213. Alle Belege entstammen der gleichen Quelle, dem in dreifacher Ausfertigung auf uns gekommenen Testament des großen Abtes Fulrad von St. Denis, und sind deshalb als Varianten des gleichen SN gesichert. Die von Tangl vorgeschlagene und unter anderem von Fleckenstein, Fulrad 12, übernommene Identifizierung mit Hangviller (Nr. 278) vermag schon wegen der abweichenden Gauzugehörigkeit nicht zu überzeugen; sie ist vor allem auch deshalb

fragwürdig, weil Hangviller sich als ursprünglich "einfacher" *villare*-Name erwiesen hat. Lepage, Dictionnaire 2, und Langenbeck, Beiträge I 81, identifizieren mit Ajoncourt (F, Moselle, Delme), für das aber wegen der *-ône*-Fuge ein Kurzname auf *-o* anzusetzen ist. Sprachlich möglich wäre dagegen eine Identifizierung mit Hannocourt (F, Moselle, Delme), wo der bei Lepage, Dictionnaire 64, zitierte Erstbeleg *Hainonis curtis* zu streichen ist. Die jüngeren Belege für diesen SN (1121 *Hennacourt*, 1122 *Henaucort*, etc.) führen auf eine Ausgangsform **Hain(o)aldo-curte* (so schon Uibeleisen, Rom.u. frk. ONN 69).

2) Vgl. dazu Braune/Eggers § 44 Anm. 6; Menke, Namengut 359, mit zahlreichen weiterführenden Literaturhinweisen. Grund für diese Schreibpraxis ist die spätlateinische Spirantisierung von intervokalischem [g] vor hellen Vokalen zu [j] (dazu ausführlich Löfstedt, Studien 159 f.), in deren Folge die Grapheme <g> und <i> austauschbar wurden. Beispiele für umgekehrte Schreibungen aus dem frühmittelalterlichen Latein bei Haag, Latinität § 47; Bonnet, Latin 173; Vielliard, Latin 59; Juret, Latin 140.

3) Vgl. Förstemann, Altdeutsches Namenbuch I 719; Morlet, Noms de personne I 120 b. Ein bekannter Träger dieses Namens ist der dem kolumbanischen Kreis zuzurechnende, aus dem Marnetal stammende Bischof Chagnoald von Laon (+ vor 633/34, vgl. zu ihm z. B. Sprandel, Adel 14 f.; Frank, Mönchtum II 203; Prinz, Mönchtum 126).

4) Beispiele für Aphaerese von [h] in romanisierten germanischen PNN z.B. bei Neusz, Wfrk. PNN 147; Haubrichs, Ortsnamenprobleme 6; allgemeiner Braune/Eggers § 152; Garke, Prothese 2 ff.; Sonderegger, Vorakte 279 f. Grund für die merowingische Schreibpraxis, <h> im Anlaut sozusagen nach Belieben einzufügen oder auszulassen (zahlreiche Beispiele bei Vielliard, Latin 75; Bonnet, Latin 167 f.; Haag, Latinität § 55; Jeanneret, Langue 39; Juret, Latin 141; Väänänen, Introduction 57; Politzer, Study 57; Beszard, Langue 16 f.; Slijper, Disputatio 79; Pirson, Langue 80), ist das frühe Verstummen des lateinischen [h] (Appendix Probi *hostiae non ostiae*, vgl. auch Sommer/Pfister § 113; Seelmann, Aussprache 255 ff.; Väänänen, Latin 57 f.; Löfstedt, Kommentar 85).

5) Vgl. zu diesem Stamm, für den ahd. as. *hagan* 'Dornenstrauch' (Graff, Ahd. Sprachschatz IV 761 f.; Holthausen, Asächs. Wörterbuch 30; vgl. auch Menke, Namengut 122) zu vergleichen ist, Kaufmann, Ergänzungsband 162; dort und bei Kaufmann, Rufnamen 293 ff., Beispiele für die romanische Kontraktion **hagin-* > **hain-*.

6) → 5.1.1.165.

Haidonviller: → Nr. 288.

273 **+Haignorvilla**, Gde. Rosières-aux-Salines, F, Meurthe-et-Moselle, St. Nicolas-de-Port [1]:

Havinerville, var. Hagnerviller (1172 Or.); grangiam ... de Haignorvilla in territorio de Roseriis (1183 Or.) [2].

Die 1172 im Original aus gleicher Quelle überlieferten Namenformen *Havinerville* und *Hagnerviller* sind als Varianten des gleichen SN nur verständlich, wenn man für die erstgenannte Form eine Verschreibung bzw. Verlesung aus **Hainnerville* annimmt. Die Graphien <nn> bzw. <gn> wären dann als Indikatoren für die im lothringischen Raum gut bezeugte Mouillierung von intervokalischem [n] [3] aufzufassen, und es könnte von einer Grundform **(H)an(n)ero-vîlla / -vîllâre* ausgegangen werden. Anlautendes <h> wäre bei diesem Ansatz sicher unetymologisch [4], da ein germanischer PN **Hagan-hari* > wfrk. **Hân(h)erus* [5] stabend wäre und damit vermutlich ausscheidet [6]. Es liegt wohl der lateinische PN *Annarius* [7] bzw. germ. **An-hari* [8] vor, die in westfränkischer Überlieferung kaum zu trennen sind.

1) Zur Lokalisierung der Wüstung vgl. Lepage, Dictionnaire 64; ders., Communes I 458.
2) Quellennachweis: Lepage, Clairlieu 157 (vgl. Duvernoy, Mathieu 191 Nr. 76; zur Lesung auch Lepage, Communes I 458); Lepage, Clairlieu 165.
3) → 6.1.1.11. Die im Frühmittelalter geläufige, schon merowingische Schreibung <ag> für germ. [ai] spielt hier sicher keine Rolle mehr. Die in den Belegen aufscheinende Wiedergabe von vortonigem [a] durch <ai> scheint mir durch die im Lothringischen auch sonst häufige Palatalisierung von [a] in dieser Position (→ 6.1.1.1.) ausreichend begründet.
4) Ähnliche h-Prothesen finden sich in westfränkischer Überlieferung häufig (vgl. etwa LMR 224 *Hanhardus*). Sie lassen sich als romanische Schreibgewohnheit gut erklären (dazu z.B. Rohlfs, Vulgärlatein 24; Väänänen, Introduction 99; Bonnet, Latin 167; Haag, Latinität 38; Vielliard, Latin 75 f.; Taylor, Latinity 36; Ahleff, Denkformen 6; Slijper, Disputatio 80; Pei, Language, 110; Roth, Polyptychon 32; Funcke, Untersuchungen 15, u.v.m.) und machen deutlich, daß germ. [h] in romanischem Mund mindestens seit karolingischer Zeit nicht mehr gesprochen wurde. Da der SN bisher nur in zwei nahezu gleichzeitigen Urkunden gleicher Provenienz überliefert ist, mag die Annahme einer h-losen Grundform trotz durchgängiger <h>-Schreibung in den Quellen gerechtfertigt erscheinen.
5) Dann mit westfränkischer, durch die romanische Entwicklung von intervokalischem [g] erklärbarer Kontraktion von **hagana-* > **hân-*, vgl. Kaufmann, Ergänzungsband 171 f.; ders., Rufnamen 293 ff.
6) Über die in westgermanischen PNN aufscheinende Tendenz zur Meidung der Alliteration vgl. Bach, Namenkunde I,1 § 85; Schröder, Namenkunde 16 ff. Am Westrand des althochdeutschen Sprachgebietes finden sich im Kontaktraum zur Romania zwar gelegentlich stabende Komposita; sie betreffen jedoch auch dort nur die in ihrer Aussprache unsicheren Anlautkonsonanten [hr] (des Erstgliedes) und [w] (des Zweitgliedes).
7) Vgl. Schulze, Eigennamen 346. Wohl wie *Annalius* (Kajanto, Cognomina 218) Ableitung von *Annus* (Kajanto, Cognomina 301).
8) Komponiert mit Hilfe eines zu ahd. *ano* 'Ahn' zu stellenden Namenelementes sowie des häufigen **har-ja-* 'Heer', vgl. Kaufmann, Ergänzungsband 33. 174 ff. Hierher wohl *Anheri* (Förstemann, Altdeutsches Namenbuch I 101); *Aner* (LMR 224); *Anneri* (Kremer, PNN 56).

274. **+Hairbertis uillare**, unbekannt im Raum Sarreguemines, F, Moselle, Sarreguemines:

Gamundiis cum apendiciis suis similiter quantumcumque Haribertus in ipsa loca habuit (777 Or.); Blitariouilla cum apendiciis suis, Auricasmacra, Hairbertis uillare (777 Or.); Gamundiis cum appendiciis suis similiter quantumcumque Hairbertus in ipsa loca habuit (777 Or.) [1].

< *Haribertes-wilâri* zum PN *Hari-bert* [2], komponiert aus den Stämmen *har-ja-* [3] und *berχt-a-* [4]. Die Wiedergabe von germ. *har-ja-* durch <hair(e)-> läßt sich in westfränkischer Schreibtradition als Reflex der romanischen Entwicklung von [rj] > [r̄] > [jr] [5] verstehen; in diesem in althochdeutscher Morphologie überlieferten SN mag <ai> jedoch eher den althochdeutschen Primärumlaut von [a] > [e] vor folgendem [i] [6] repräsentieren.

1) Quellennachweis: Tangl, Testament 208. 211. 213. Der Ort, dessen Besitzer *Haribertus* in der Quelle explizit genannt wird, wird von Fleckenstein, Fulrad 13, mit Hartzviller bei Saarburg (Nr. 284) identifiziert, das nicht nur anders abzuleiten ist (< *Hartunges-wilâri*), sondern auch von den mitgenannten Orten Saargemünd, Auersmacher und Großblittersdorf weit entfernt liegt. Zur Lokalisierung des hier interessierenden Ortes, der zu den Pertinenzen des wohl ursprünglich fiskalen Hofes Saargemünd gehört haben könnte, vgl. bes. Langenbeck, Untersuchungen 30; ders., Probleme 44; Haubrichs, Bliesgauische ONN I 28; ders., Wüstungen 497.
2) Vgl. Förstemann, Altdeutsches Namenbuch I 766 f.; Morlet, Noms de personne I 125. Der PN ist vor der Mitte des 8. Jhs. ausgesprochen selten, er kommt jedoch gerade in der Familie Plektruds, der Gattin Pippins des Mittleren, vor, für die Fleckenstein, Fulrad 24; Hlawitschka, Vorfahren 77, und Haubrichs, Bliesgauische ONN I 30, Besitz im Raum um Saargemünd wahrscheinlich machen konnten.
3) → 5.1.1.30.
4) → 5.1.1.87.
5) Vgl. Rheinfelder § 510; Pope § 313; Menke, Namengut 359.
6) Vgl. 6.2.1.1. So Haubrichs, Bliesgauische ONN I 27, für den "die Schreibung ai für etymologisches, umgelautetes /a/ ... den im späten 8. Jh. an der mittleren Saar gesprochenen Dialekt [spiegelt]". Ders., Abtslisten 49, weist darauf hin, daß sich die ältesten Belege für umgelautetes <heri-> um das Jahr 700 in den (allerdings in Kopie des 9. Jhs. überlieferten) Weißenburger Urkunden, also gerade hier am Westrand des althochdeutschen Sprachgebietes, finden.

Haldonviller: → Nr. 288.

275. **Halloville**, F, Meurthe-et-Moselle, Blâmont:

Halloville (1311 Or., 1350 Or., 1430 Or. u.ö.); Hailewiler (1363 Or.) [1]; Holouille (1396 Or.); Hallonwyll (1573 Or.); Haloviller (1759).- Mda. hǫlǫvîl [2].

< *Hallône-vîlla / -vîllâre / *Hallen-wîlâri zum PN Hallo [3], mit dialektaler Denasalierung des Nasalvokals [õ] [4]. Nach Kaufmann [5] ist ein Namenelement <hal(i)-> aus dem gerade in Lothringen häufig anzutreffenden Stamm *halip- [6] namenrhythmisch verkürzt. Der SN zeigt schon im 14. Jh. die für das Lothringische typische Verdumpfung von vortonigem [a] > [o] [7].

1) In der Urkunde Rudolfs von Habsburg erscheinen zahlreiche ONN der Region um Blâmont in sicherlich meist exogenen deutschen Doppelformen, so etwa Frémonville als *Fremetingen*, Hattigny als *Utingen*, Herbéviller als *Herboytingen* und Cirey als *Syretingen*.
2) Quellennachweis: AD MM B 574 Nr. 53; AD MM B 580 Nr. 54 f.; AM MM B 575 Nr. 110; AD MM B 576 Nr. 48; AD MM B 757 Nrr. 192. 187; AD Mos 8 F 5 Nr. 1; AD MM H 1374; Callais, Mundart 310.
3) Förstemann, Altdeutsches Namenbuch I 738; Morlet, Noms de personne I 123 a.
4) → 6.1.1.11.
5) Kaufmann, Ergänzungsband 169.
6) → 5.1.1.85.
7) → 6.1.1.2.

276. **+Hamevillers**, Gde. Neufchef, F, Moselle, Hayange [1]:

Homeyruilla, var. Homeruilla (875 F. 12.Jh. A.); Hu[m]meruilla (1293 Or. < 965/84 F. 11.Jh.); Bomervilla < *Homervilla (1139 K.18); Hamevillers (1153 K.17, 1576 K.18); Hameviller (1181 K., 1582 K.18); Humeiviller (1206 K.); Humevillers (1236 K.18); Hu[m]meruillers (1292 Or.); Houmaiviller (1292 Or.); Homervillers (1324/27 Or.); les bois de Justemont appelle Hommeluillers (1462 Or.); Homesviller (1779).- Mda. hemvlé [2].

< *Humâro-vîllâre* zum germ. PN *Hugi-mâr* > wfrk.-rom. *Hugmârus, Humârus, Homârus* [3] mit spätlateinisch-romanischer Entwicklung von [u] > [o] [4] und schon spätlateinisch belegtem Übergang von [gm] > [ɥm] [5]. Das Erstglied des PN stellt sich zu ahd. *hugu* 'Sinn, Verstand' [6], der "beliebtesten westfränkischen Namensippe" [7], das Zweitglied verknüpft sich mit einer Wurzel *mêr-a-*, zu der auch ahd. as. *mâri* 'berühmt' gehört [8]. In der SN-Verbindung zeigt das im Französischen lautgerecht sich entwik-

kelnde Zweitglied -mer[9] den lothringischem Ausfall des (nach früher Synkope des Fugenvokals) vorkonsonantischen [r] (→ Humevillers)[10]. Offene Aussprache des vorausgehenden Vokals indizieren die Graphien mit sogenanntem "parasitischem" <i>[11]. Für vortoniges [u] wechseln die Graphien <o>, <u> und <ou>; mundartlich schwächt sich der Vortonvokal zu [e] ab[12], aus dem man mit Blick auf die bekannte lothringische Palatalisierung von vortonigem [a][13] hyperkorrekt ein amtliches Hamevillers restituierte.

1) Vgl. zu dieser an der Stelle des 1866 abgerissenen gleichnamigen Hofes zu lokalisierenden Wüstung RL III 393; Bouteiller, Dictionnaire 111; Kiffer, Hamevillers; Jacquemin, Justemont 231. Am Hang oberhalb der Siedlungsstelle wurden in den Jahren 1908/09 insgesamt 64 in den Fels eingehauene und mit Platten abgedeckte merowingerzeitliche Bestattungen ergraben. Die Grabinventare von 17 Gräbern, welche in das Museum in Metz gelangten (vgl. dazu Keune, in: ASHAL 22 (1910) 529) lassen nach einer freundlichen Mitteilung von Frau Prof. Dr. F. Stein (Saarbrücken) eine Datierung in die Mitte bis 2. Hälfte des 7. Jhs. zu.
2) Quellennachweis: MG DD Ludw. d. Deutsche Nr. 168; AD Mos H 4058-5 (offensichtlich figürliche Darstellung der (gefälschten) Urkunde Bischof Dietrichs v. Metz (965/84) für Ste. Glossinde); AD Mos H 4058-4; Jacquemin, Justemont 231; AD Mos H 994bis f° 40r°; Jacquemin, Justemont 218. 91; HMB III 169; AD Mos H 994bis f° 4v°; BN ms. lat. 10024 f° 51r°; BM Nancy, Fonds Herpin: Fragment d'un compte général des prévôtés du comté de Bar; ASHAL 17,1 (1905) 37; AD MM B 592 Nr. 244; Durival III 202; Bouteiller, Dictionnaire 111.
3) Vgl. Förstemann, Altdeutsches Namenbuch I 926; Morlet, Noms de personne I 140 a; LMR 257. Hierher evtl. auch Felder, PNN 21 Anm. 39. 25 Anm. 51 [...]GVMA-RES sowie (mit romanisch beeinflußter Entwicklung von <hug-> > <(h)og-> in wfrk. PNN, vgl. dazu Kaufmann, Ergänzungsband 205. 274 f; ders., Rufnamen 198 ff.) sowie eventuell (falls das Erstglied nicht mit Ebling, Prosopographie 197, zu ahd. ouga 'Auge' zu stellen ist) auch der Name des 693 genannten comes Childerichs III., Ogmirus. Das Zweitglied seines Namens, <-mir>, erklärt sich "als sehr frühe Neigung im gesamten Romanischen, germ. ê[1] (> â) zu -î- zu wandeln; so finden wir im Wfrk. nebeneinader -marus, -merus, -mirus" (Kaufmann, Ergänzungsband 251, vgl. auch Cipriani, Etude 22; Longnon, Polyptyque I 350, sowie Felder, PNN 26, wonach die Verbreitung der (im übrigen auch ostgermanischen) Variante <-mirus> auf den Bereich südlich einer Linie Loire - Cher - Bourges - Besançon" beschränkt ist). Uibeleisen, Rom. u. frk. ONN 71, deutet mit Hilfe des PN Hadumar, dem widersprechen jedoch die ältesten Urkundenformen.
4) → 5.3.1.
5) Vgl. Pope § 359; Richter, Beiträge § 79; Meyer-Lübke, Rom. Grammatik I 321; Hetzer, Glossen 119; Pirson, Latin 914; Roth, Polyptychon 36. Erklärungshypothesen bei Rheinfelder § 591.
6) Schützeichel, Wörterbuch 88. Zu den PNN vgl. ausführlich Kaufmann, Ergänzungsband 205.
7) Kaufmann, Rufnamen 124; Kremer, PNN 155.
8) Vgl. Kaufmann, Ergänzungsband 250 f.; Kremer, PNN 180, mit ausführlichen

Literaturhinweisen. Zur Verwendung als Zweitglied vgl. besonders Schramm, Namenschatz 32: "In der Frühzeit dürften nebeneinander die Varianten *-méraz* und *-mériz* (Stamm *mérija-*) bestanden haben, die gall. *-marus* und *-marius* nahestehen."
9) Vgl. Cipriani, Etude 23: "En français, *-mar* devient régulièrement *-mer*".
10) → 6.1.2.1.4.
11) Vgl. 1206 K. *Humeiviller* mit für das Lothringische typischer Graphie <ei> (dazu ausführlich Stark, Untersuchungen 86); dafür in dem einer Fälschung des beginnenden 12. Jhs. entstammenden Erstbeleg <ey>, im ausgehenden 13. Jh. einmal sogar <ai>.
12) → 6.1.1.9.
13) → 6.1.1.1.

277. **Hamonville**, F, Meurthe-et-Moselle, Domèvre:

Hamunviler (1155/72 Or.); Hamunvilla (1184 K.) [1].

< *Hâmône-villa / -villâre* zum wfrk. PN *Hâmo* [2], der mit romanischem Wandel von germ. [ai] > [â] [3] zum Stamm **haim-a-* [4] gehört.

1) Quellennachweis: Perrey, Vaudémont Nr. 36; AD MM B 477 f° 33.
2) Vgl. Förstemann, Altdeutsches Namenbuch I 743; Morlet, Noms de personne I 122 b.
3) Vgl. die Entwicklung des Appelativs anfrk. **haim* zu pikardisch *ham* (FEW XVI 119; Gamillscheg, Romania Germanica I 358); wegen germ. [ai] > rom. [â] allg. Kaufmann, Rufnamen 114. 176; Neusz, PNN 147; Felder, PNN 40 f.; Menke, Namengut 360.
4) Vgl. Förstemann, Altdeutsches Namenbuch I 731; Tiefenbach, Xanten-Essen-Köln 361; Kaufmann, Ergänzungsband 166; zu ahd. *heim* 'heim, nach Hause' auch Schützeichel, Wörterbuch 79.

+Handréviller, bei Girmont: → Nr. 22.

Hanewilre, Edelknechte von: → Nr. 280.

278. **Hangviller**, F, Moselle, Phalsbourg:

ecclesia parrochialis de Wilre (1303 K.); Wiler (14. Jh. K.18); Willer (1405 K., 1440 Or.); Henckviler (1485 K.); Weylerfels (1576); Hangweiler (1603 Or.); Hengweyler (1618 Or.); Hangweiller (1692 Or.); Hanngenweiller (1714 Or.); Hangueiler (1724 Or.); Hangenweiler (1767 Or.).- Mda. *willer* [1].

< *Wîlâri / **ze dem hangenten wîler*. Das erst sekundäre Bestimmungswort stellt sich zu mhd. *hangen* 'hängen' (Partizip Präsens, Dativ) [2], welches zur Gruppe der fälschlich als "rückumlautend" bezeichneten Verben gehört [3].

1) Quellennachweis: SVL I 61; Longnon/Carrière, Pouillés 284; MSAL 13 (1871) 171; HRS Nr. 1000; Kremer, Ardennen II 237; Schwartz, Pfalzburg 47; AD BR 3 E 181bis ff° 2r°. 72r°; AD BR E 217; AD MM 3 F 257; Cuny, Reformation I 136 Anm. 1. Keinesfalls ist Hangviller identisch mit dem unter den Besitzungen Fulrads von St. Denis im Seillegau genannten *Hagnaldo villare* (Nr. 272), wie noch Hiegel, Dictionnaire 155, annimmt; seine auf dieser Zuweisung fußende Deutung des ON ist damit zu streichen. Da die ältesten Belege kein Bestimmungswort zeigen, läßt sich auch der Deutungsvorschlag bei Dauzat/Rostaing 342 (PN *Hango*) nicht halten.
2) Lexer, Handwörterbuch I 1168; zur Bildungsweise auch Kaufmann, Westdt. ONN 89 ff. Einen vergleichbaren SN in Oberschwaben, der schon 1215 als *Hangentenwilaer* belegt ist, nennt Löffler, Weilerorte 116.
3) → 6.2.1.1.

+Hangweiler, bei Woustviller: → Nr. 63.

279. **+Hanschwiller**, Gde. Diemeringen, F, Bas-Rhin, Drulingen:

Hanschwilre (1402 Or.).
FlN: Hanschwiller [1].

< *Haganes-wîlâri zum PN *Hagan* [2], zum Stamm **hagan-a-* [3], mit westmitteldeutscher Kontraktion des intervokalischen [g] [4] und Entwicklung von [s] > [ʃ] vor folgendem [w] [5].

1) Quellennachweis: HRS Nr. 693 (bei Hiegel, Dictionnaire 155, irrtümlich zu Hangviller (Nr. 278) gestellt); Nap. Kat. Hinweise auf diese Wüstung bei Humm/Wollbrett 47.
2) Förstemann, Altdeutsches Namenbuch I 718.
3) → 5.1.1.79.
4) → 6.2.1.10.
5) → 4.3.

280. **Hanviller**, F, Moselle, Bitche:

Hanewiler (1365 K.); Hanweiller (1418 K.); Hanwilre (1451 Or., 1455 Or., 1456 K.); Hanwylr bei Byttsche (1493 Or.); Hanweyller bei Bietsch (1536

Or.); Hanweiller (1594 K.17).- Mda. *haawiller* [1].

< **Haganen-wîlâri* zum PN *Hagano* [2] > *Hâno* [3], zum Stamm **hagan-a-* [4]. In westfränkischen PNN ist, bedingt durch den im Romanischen lautgesetzlichen Schwund von intervokalischem [g] [5], die Kontraktion des Namenelementes **hagan-a-* > <*hân-*> schon in fränkischer Zeit möglich; später wird der gleiche Vorgang auch in den westmitteldeutschen Dialekten regelhaft [6]. Die mundartliche Lautung des SN zeigt Ausfall des Nasals vor Reibelaut [7].

1) Quellennachweis: LA Speyer F 1/5 f° 63r°; HStA Darmstadt D 21/B 4.14 f° 38r°; LA Speyer F 1/5 f° 198r°; AD MM B 572 Nr. 18; AD MM B 571 Nr. 35; Pöhlmann, Bitsch Nrr. 156. 211; Alix 141; Rohr, Blasons 494.
Unklar ist die Zuordnung zum einen der auf Burg Lützelstein im Krummen Elsaß sitzenden Edelknechte Jakob und Heintzo von *Hanewilre* (erwähnt zwischen 1322 und 1351, vgl. BRW Nr. 447; AD BR G 5446 Nr. 3), aber auch des Metzer Notars Thilmann von *Hanewilre* (zahlreiche Nennungen zwischen 1320 und 1357, vgl. etwa BRW Nrr. 394. 442. 469; AD Mos H 1131; AD Mos 7 F 611; LA Sbr. Neumünster Nr. 12). Ein jüngerer *signour Thiellement de Hennewiller lou prestre* erscheint in Metzer Urkunden der Jahre 1380-1386 (BN Coll. Lorr. Bd. 972 Nr. 119; AM Metz II 312). Hier wird man am ehesten an Hanweiler bei Bitsch mit der 1447 erstmals erwähnten Burg Gendersberg (RL III 336; AT II 259. 268) denken dürfen.
2) Vgl. Förstemann, Altdeutsches Namenbuch I 718; Morlet, Noms de personne I 120 b; LMR 249; Menke, Namengut 122. Vgl. (allerdings jeweils ohne Begründung der Zuordnung) Dauzat/Rostaing 343; Hiegel, Stand 299; ders., Dictionnaire 156.
3) Förstemann, Altdeutsches Namenbuch I 746.
4) → 5.1.1.79.
5) → 5.3.11.
6) → 6.2.1.10.
7) → 6.2.2.1.2.

281. **Hanweiler**, Gde. Kleinblittersdorf, OT Hanweiler-Rilchingen, D, Saarland, Saarbrücken:

Hanowilre < *Hanewilre (1246 K.); Hanewilre (1272 Or., 1276 K.18, 1385/97 Or.); Hanwiller (1373 K.); Hainwyler (±1450 Or.); Haneweiller (1456 Or.); Hanwiler (1474/75 Or.); Hanweiler (1553 Or., 1566, 1621 K.); Hanwyler (1563).- Mda. *hǭṿęlα* [1].

< **Haganen-wîlâri* zum PN *Hagano* > *Hâno* [2]. Nach dem Schwund von [n] vor folgendem [w] [3] ist der Stammvokal des Bestimmungswortes heute zu offenem [ô] verdumpft [4].

1) Quellennachweis: Lager, Tholey 88 (vgl. Kirch, Welferdingen II 7); LHA Kobl. 55 A 4 Nr. 272 (vgl. Hennes, Urkundenbuch II Nr. 487; MRR III Nr. 2710; JRS Nr. 522); LHA Kobl. 182 / 42; Kirch, Welferding II 10 (vgl. Jungandreas, Lexikon 480; jüngere Kopien der Urkunde mit anderen Lesarten (*Hanweiller, Hanviller*) in AD Mos 1 E 31; AD Mos 4 E 601); LHA Kobl. 54 B 541; AD Mos B 2344, Gültbuch des Friedr. v. Sierck; LA Sbr. Nass.-Sbr. II Nr. 3115; AD MM B 9156 f° 25; Krämer, Sulger 58. 112; Herrmann, Betreffe 220; Kirch, Welferdingen II 35. Entgegen Wisplinghoff, Untersuchungen 69. 110, ist "das in Maximiner Urkunden häufiger genannte *Hanwilro* ... angesichts der Besitzverhältnisse kaum mit Hanweiler ... identisch, das teils den Saarbrücker Grafen, teils zur Tholeyer Herrschaft Welferdingen gehörte" (Haubrichs, Miszellen 48 Anm. 171).
2) Vgl. Nr. 280, sowie (allerdings nach den hier nicht zuweisbaren St. Maximiner Belegen und ohne Angabe der Vokalqualität im Stammvokal des PN) Müller, ONN II 70; Morlet, Noms de personne III 350 a. Nach Hornbacher Urkunden ist ein *Hagano* im 8. Jh. im nahegelegenen Habkirchen begütert.
3) → 6.2.2.1.2.
4) Vgl. Wiesinger, Untersuchungen I 327.

Hanwilro, im Besitz der Trierer Abtei St. Maximin: → Nr. 281 Anm. 1.

282. **+Harauvill(i)er**, Gden. Valleroy, F, Meurthe-et-Moselle, Homécourt, und Woël, F, Meuse, Fresnes-en-Woëvre [1]:

< *Haroaldo-villâre* zum germ. PN *Hari-wald* > wfrk.-rom. *Haroald* [2], komponiert aus den Elementen *har-ja-* [3] und *wald-a-* [4], mit Assimilation des auslautenden Dentals des PN an folgendes [v] und Vokalisierung von [l] > [u] vor folgendem Konsonant [5].

1) Hinweise auf die Wüstung geben Bouteiller, Dictionnaire 112 und Liénard, Dictionnaire 103. Historische Belege fehlen bisher.
2) Zahlreiche Beispiele für diesen überaus häufigen PN bei Förstemann, Altdeutsches Namenbuch I 779; Morlet, Noms de personne I 127; so auch Uibeleisen, Rom. u. frk. ONN 71. Beispiele für mit diesem PN komponierte *Avricourt*-SNN z.B. bei Morlet, Noms de personne III 335 (Haraucourt).
3) → 5.1.1.87.
4) → 5.1.1.165.
5) → 6.1.2.1.1.

283. **Harreswilre**, unbekannt an der Saar:

in decanatu de Harresuilre (1275 K.14) [1].

< *Heres-wîlâri zum PN *Hari, Heri* ², ohne graphische Markierung des Umlauts ³, wie dies besonders in französisch urkundenden Kanzleien nicht selten ist ⁴ ?

1) Quellennachweis: LA Sbr., Best. Nass.-Sbr. II Nr. 1238 (vgl. Kremer, Ardennen II 346; MRR III Nr. 2504 bzw. JRS Nr. 501, jeweils mit Datierung auf das Jahr 1270): Der Graf von Nassau-Saarbrücken verbessert das Lehen seines Vasallen Friedrich Cofle von Saarbrücken um die Mühle von Neumünster, ein Schwein in Völklingen und Güter in *Harreswilre*. Der Beleg wird in der Literatur häufig zu Gersweiler (Nr. 235) gestellt, was sich jedoch namenkundlich kaum begründen läßt.
2) Förstemann, Altdeutsches Namenbuch I 760 f.
3) → 6.2.1.1.
4) Der lateinische Kontext der in Kopie des 14. Jhs. überlieferten Urkunde läßt vermuten, daß das zugehörige Original in französischer Sprache abgefaßt war.

284. **Hartzviller**, F, Moselle, Sarrebourg:

Hartungeswilre, var. Hartungiswilre (13. Jh.E. Or.); Hartzwiller (1538 K.18, 1718 Or.); Hartzwyller (1573 Or.); Hartzweiller (1578 K.17); Hartzweiler (1631 Or. u.ö.) ¹.

< *Hartunges-wîlâri zum PN *Hartung* ², der den häufigen Stamm *harð-u-* ³ mit dem Suffix *-ung*, einer ablautenden Variante des die (Familien-)Zugehörigkeit bezeichnenden *-ing* ⁴, verbindet.
Im SN dürfte die Dreikonsonanz [ng's] zunächst zu [ns] erleichtert worden sein ⁵; Abschwächung des Mittelsilbenvokals und Assimilation von [ns] > [ss], [s] führten dann zur heutigen Namenform. Bei altem [ns] unterbleibt die Entwicklung des Fugen-s zu [ʃ] ⁶.

1) Quellennachweis: AD MM B 742 Nr. 68; AD Mos J 1701; AD Mos J 1695 Nr. 3; AD Mos 8 F 5 Nr. 1 f° 42r°; AD Mos J 1671 f° 2r°; AD Mos 8 F 8.
2) Belegt z.B. bei Förstemann, Altdeutsches Namenbuch I 752, und Schlaug, Studien 18 f.; zur Deutung des SN vgl. auch Haubrichs, SNN 268, danach Hiegel, Dictionnaire 158, wo der Hinweis auf den Kurznamen zu streichen ist. Dauzat/Rostaing 344, stellen den SN in Unkenntnis des ältesten Beleges zum Kurznamen *Harto*, der aber auf heutiges *Hartwiller* führen würde.
3) → 5.1.1.86.
4) Vgl. zu diesem Suffix allg. Kluge, Stammbildungslehre § 23; Henzen, Wortbildungslehre § 115; Wilmanns, Grammatik § 278; Munske, Suffix 107 ff.; Ekwall, Place Names 121 ff.; zu den so gebildeten PNN ausführlich Bach, Namenkunde I, 1 § 131; Schlaug, Studien 18 f.; Kaufmann, Ergänzungsband 12; Bergh, Etudes 172.
5) Parallelbeispiele bei Wolff, Studien 63.
6) → 4.3.

285. **+Hattergewelle[r]**, bei Bosen, Gde. Nohfelden, D, Saarland, St. Wendel:

Hatwilr das dorf bei Bunsen gelegen (1440 K.); Hattweiler das dorf bei Bunsen gelegen (1446); Hattergewelle[r] daz dorff by Bunßen gelegen (1482 K.17) [1].

Der jüngste Beleg legt eine Deutung *(bi dem) haderëten wiler, zu mhd. haderët 'lumpig, abgerissen' [2] nahe. Die älteren (kopialen) Belege sind möglicherweise unvollständige Schreibungen, unter Umständen aber auch Zeugen für eine ältere, mit Hilfe des PN Hatto [3] komponierte Variante des SN.

1) Quellennachweis: Witte, Regesten Nrr. 6030. 6650; LA Sbr. Münchweiler Urk. Nr. 41. Vgl. den FlN Altdorf in der Gde. Sötern (Staerk, Wüstungen 77). Staerk, Wüstungen 217, verliest den Wüstungsnamen zu *Hattegefeld und das mitgenannte Bosen zu *Bisten.
2) Kluge/Mitzka 280 s.v. Hader.
3) Vgl. Nr. 286.

286. **Hattweiler**, Altname von Jägersburg, Stadt Homburg, D, Saarland, Saar-Pfalz-Kreis:

Hatwilre (1279 Or., 1292 Or., 1336/41 Or., 1337 K.14, 1370 K.15, 1395 Or., 1410 Or. u.ö.); Hathewilre (1281 Or.); Hatteuilleirs (1282 K.14); Hattewilr (1395 Or.); Hatwilr (1399 Or., 1406 Or., 1487/1525 Or. u.ö.); Hatwiler (1412 K.15, 1424 Or.); Hattwilre (1458 Or.); Hatweyler (1510 Or.) [1].

< *Hatten-wîlâri zum PN Hatto [2], der mit Inlautverschärfung und expressiver Konsonantengemination [3] zum Stamm *haþ-u- 'Kampf' [4] gehört.

1) Quellennachweis: BRW Nr. 204 (vgl. auch PRZ Nr. 253); BRW Nr. 265; Lamprecht, Wirtschaftsleben III Nr. 291; PRZ Nrr. 580. 849. 1014; Pöhlmann, Bitsch Nr. 31; BRW Nr. 209; BN Paris ms. lat. 10030 f° 46r°; PRZ Nrr. 1012. 1025; LA Sbr. Nass.-Sbr. II Nr. 80; Pöhlmann, Bruderschaftsbuch Nr. 300; NRW Nr. 838; BRW Nrr. 719. 801; NRW Nr. 1059.
Herzog Johann I. von Zweibrücken, der den Ort im Jahr 1590 von Johann von Varsberg erwirbt (LA Speyer B 7/69), nennt ihn nach seiner Person *Hansweiler*. 1721 nahm sein Urenkel Gustav Samuel Leopold, Pfalzgraf bei Rhein, eine weitere Umbenennung des Schlosses in *Gustavsburg* vor, das schließlich 1747 den noch heute gebräuchlichen Namen Jägersburg erhielt; vgl. zu diesen Vorgängen ausführlich Frey, Versuch IV 212; Christmann, SNN I 293; Staerk, Wüstungen 219 ff.

2) Beispiele für diesen weit verbreiteten PN u.a. bei Förstemann, Altdeutsches Namenbuch I 790; Morlet, Noms de personne I 119 b; LMR 248; Jarnut, Studien 144; Haubrichs, Abtslisten 52. 139; zur Deutung vgl. auch Christmann, SNN 293.
3) Dazu ausführlich Kaufmann, Rufnamen 17 ff.
4) → 5.1.1.88.

287. **+Hattwiller**, nicht identifiziert, wohl im Raum Diemeringen, F, Bas-Rhin, Drulingen [1]:

Hattwiller (1425 K.16) [2].

< *Hatten-wîlâri zum PN Hatto [3].

1) Eventuell identisch mit Nr. 328 ?
2) Quellennachweis: HRS Nr. 920: Hermann Doppelstein von Bitsch verheiratet seine Tochter Agnes mit Wilhelm von Falkenstein und überträgt ihr als Mitgift die Hälfte seines Besitzes *zu der Muselen* in dem *Westerich*, nämlich seine Güter in *Wißdorff, Ramelfingen, Waltherßberg, Delingen, Mackenwyler, Hattwiller, Dientingen, Henningen, Gunsingen, Effendorff, Mörtten, Dießdorff, Daldorff, Altorff, Hargarten, Bißdorff, Bußwheiler, Rodelbornn, Breidenbach, Kalenhausen, Ettingen, Eich, Eichartshausen* und was er sonst noch an Gütern um Bitsch und Diemeringen hat. Zur Identifizierung einzelner Orte dieses Besitzkomplexes, der wohl teils im Amt Sierck, teils im Bitscher Land zu suchen ist, ist eine Urkunde Kaiser Maximilians I. vom Jahr 1507 für Anna von Brandscheid, Witwe des Jobst von Flersheim, über *ir gerechtigkayt vnd gefell ... heerkummend von Iren vorelltern den von Doppelstain* (AD BR 24 J 112; ähnlich AD BR 24 J 113 a. 1522) zu vergleichen, in der allerdings *Hattwiller* nicht mehr genannt wird.
2) Vgl. Nr. 286.

288. **Haudonviller**, jetzt Croismare, F, Meurthe-et-Moselle, Lunéville-Sud [1]:

Hadonisvilla (1069/76 K.18); Haidunviler (1157 K.18); Haydunuiler (1181 Or.); Hadonviler (1270 Or.); Hadunviler (1272 Or., 1284 Or.); Hadonuiller (1281 K.14, 1294 K.14, 1329 Or.); Haidonviler (1292 K.14); Hadonville (1302 Or.); Hadonvillers (1313 K.15); de Hadonvillari (1329/30 Or., 1345/55 Or., 1370 K.14); Haudonviller (1330 Or., 16. Jh.A. Or., 1590 Or.); Hadonuilleirs (1344 Or.); zü Haydonwilliers (1364 Or. dt.); Haldonviller (1392 Or.) de Haudonvillari (1402 K.); Hauldonuiller (1460 K.15) [2].

< *Haldône-villâre zum germ. Kurznamen *Haldo* [3]. Der PN wird im allgemeinen dem gerade im westfränkischen Bereich häufigen Element *alô-a-

'verständig, erfahren' [4] zugeordnet, was die Annahme einer unorganischen h-
Prothese voraussetzt [5]. Die konsequente graphische Beibehaltung des anlautenden [h] in den historischen Belegen [6] läßt für diesen SN allerdings sehr
viel eher an einen zum Stamm *haliþ- 'Held' [7] zu stellenden PN denken,
wobei die dem Romanischen fremde dentale Spirans durch den entsprechenden Verschlußlaut ersetzt und dieser anschließend sonorisiert worden wäre [8].
Die Lautentwicklung des SN zeigt die lothringische Sonderentwicklung von
[a] + [l] + Konsonant zu [â] [9]. Historische Belege mit <ai> im Stammvokal
des PN repräsentieren wohl individuelle Palatalisierungen von [a], wie sie in
der lothringischen Skripta nicht selten sind [10]. Dieser spezifisch lothringischen Entwicklung stehen Belege gegenüber, in denen, beeinflußt durch die
allgemeinfranzösische Entwicklung, vorkonsonantisches [l] zu [u] vokalisiert
wird [11].

1) Zum heutigen Namen der Siedlung vgl. Lepage, Communes I 256: "Ce village appelé
   anciennement Haudonviller, puis Craon (1712), puis enfin Croismare (1767), du nom
   des derniers seigneurs qui l'ont possédé". An den alten Namen erinnert der Flurname
   Haie de Haudonviller in der Gde. Croismare (Nap. Kat.).
2) Quellennachweis: Choux, Pibon 197 Nr. 18; Gallia Christiana XIII Instr. 513; AD
   MM H 340; AD MM B 574 Nr. 7; Pange, Actes Nr. 732; AD Meuse B 256 f°
   196v°; Pange, Actes Nr. 1151; AD MM B 566 Nr. 44; AD Meuse B 256 f° 76v°;
   Pange, Actes Nr. 1433; Poull, Parroye 109; Kirsch, Kollektorien 123. 211; BN ms.
   lat. 12866 f° 104r°; AD MM B 705 Nr. 136; Choux, Obituaire 106; MSAL 10
   (1868) 139; LA Sbr. Helmstatt Urk. Nr. 52; AD MM B 705 Nr. 26; Lepage, Pouillé
   14; AD Mos G 10 f° 19r°.
   Die in Quellenpublikationen häufige Fehlidentifizierung hier zuweisbarer Belege mit
   +*Haudonville*, Gde. Suriauville (F, Vosges, Bulgnéville) ist zu korrigieren. Erwähnungen eines dem niederen Adel zuzurechnenden Herrengeschlechtes von *Hau-
   donville(r)* sind in jedem Fall auf Croismare zu beziehen, vgl. dazu ausführlich Poull,
   Parroye 82.
3) Vgl. Förstemann, Altdeutsches Namenbuch I 56. 740; Morlet, Noms de personne I
   31; LMR 249.
4) → 5.1.1.8.
5) → Nr. 273.
6) Die Graphien sprechen für eine Anlautaspiration in diesem SN, wie sie im übrigen
   auch durch das Fehlen der Elision im FlN des 19. Jhs. (vgl. Anm. 1) nahegelegt wird.
   Anlautendes ['h] zeigt sich im Lothringischen auch für andere fränkische Etyma und,
   wie Greive, Untersuchungen 10 ff., zeigen konnte, auch in einer Reihe von lothringischen Dialektwörtern, für die lateinische Etyma angenommen werden müssen. Vgl.
   dazu auch Zéliqzon, Dictionnaire 325 ff.; Brod, in: ZRPh. 36, 257 f.; Dosdat, in:
   ZRPh. 33, 215, sowie für das Wallonische Remacle, Problème 72; ders., Variations
   62 ff. 67. 346 ff.
7) Förstemann, Altdeutsches Namenbuch I 740 *halida*- wird von Kaufmann,
   Ergänzungsband 170, korrigiert.
8) Vgl. dazu Kaufmann, Rufnamen 178; Gamillscheg, Romania Germanica I 382;

Schönfeld, PNN XXII. Kaufmann, Ergänzungsband 170, verweist zu Recht auf die wfrk. PNN *Chaldo, Chalda* (mit romanischer Sondergraphie <ch> für germ. [h], → 5.3.6.) sowie den bei Schönfeld, PNN 124, zitierten PN *Haldagastes*. Sein Hinweis, daß diese Namen keinen althochdeutschen Primärumlaut zeigen, muß nicht gegen eine Zuordnung zu *halip- sprechen. Vielmehr scheint der wfrk. PN *Chaletricus* (Förstemann, Altdeutsches Namenbuch I 742) zu zeigen, daß in diesem Namenelement in westfränkischer Überlieferung germ. [i] schon früh an das schon vulgärlateinisch zu [e] gesenkte lateinische [i] angepaßt wurde (dazu Felder, PNN 17. 19; Gamillscheg, RG I 365; Richter, Beiträge § 91) und durch eine in den von Gasnault publizierten Namenlisten für das ausgehende 7. Jh. gesicherte romanische Metathese ein Sekundärstamm <(c)halde-> entstand.

9) → 6.1.2.1.1.
10) → 6.1.1.1. Diese Palatalisierungen sind wohl nur auf der Grundlage eines vorherigen Ausfalls des Liquiden denkbar.
11) Vgl. Anm. 9.

289. **+Haudonviller**, Gde. Landange, F, Moselle, Lorquin:

Hadonuiller (±1520 Or., ±1600 Or.).
FIN: Haudonviller [1].

< *Haldône-vîllâre zum PN *Haldo* [2].

1) Quellennachweis: AD MM H 564; Nap. Kat.
2) Vgl. Nr. 288.

290. **Haupersweiler**, Gde. Freisen, D, Saarland, St. Wendel:

Huberswill[e]r (1433 K.); Haupertsweyler (1545 Or.); Haupersweiler (1585 Or., 1587 Or. u.ö.); Huprechtzweiller (1594 K.17) [1].

< *Hûbertes-wîlâri zum PN *Hûbert* [2], mit u-Schwund[3] zu den Stämmen *hug-u-* [4] und *berχt-a-* [5]. Der SN zeigt nhd. Diphthongierung [û] > [au] [6].

1) Quellennachweis: LA Speyer F 1/49a f° 206; Jung, Gerichtsbuch Nrr. 5. 106. 140; Alix 89. Nach Herrmann/Hoppstädter/Klein, Landeskunde II 74, gehörte der Ort in älterer Zeit wohl zum sogenannten "Königreich" im Ostertal.
2) Morlet, Noms de personne I 142; LMR 254. Vgl. Müller, ONN II 70.
3) Schatz, Lautform § 6; Kaufmann, Rufnamen 250.
4) → 5.1.1.104.
5) → 5.1.1.30.
6) → 6.2.1.12.

Haupweiler: → Nr. 296.

291. **+Haussonviller**, Gde. Moyen, F, Meurthe-et-Moselle, Gerbéviller:

FlN: Haussonviller [1].

< *Haldsône-villâre* zum PN *Haldso, *Halso, mit westfränkischer s-Erweiterung des Stammes und daran anschließender Assimilation von [d] an folgendes [s] [2] entwickelt aus *Haldo*, zum Stamm *haliþ-* [3]. Die heutige Lautung erklärt sich durch romanische Vokalisierung von vorkonsonantischem [l] [4].

1) Quellennachweis: Nap. Kat.
2) → 5.2.
3) → 5.1.1.85. Vgl. zum gleichen PN auch Haussonville (F, MM, Bayon: 1266 *Hauzonville*, 1322 *Hassonville*, mit lothringischer Sonderentwicklung von vorkons. [l], → 6.1.2.1.1., 1386 *Haussonvilla*, nach Lepage, Dictionnaire 66; ältere Belege, nach denen Dauzat/Rostaing 345, und Morlet, Noms de personne III 346 a, diesen SN zum PN *Hesso* stellen, dürften kaum richtig zugeordnet sein.
4) → 6.1.2.1.1.

292. **Hausweiler**, VG Lauterecken, D, Rheinland-Pfalz, Kusel:

Hauswilre (±1300 K.); Huszwilre (1363 K.); Hußwilr (1369 Or.); Huszwyler (1433 K.); Huswiller (1448).- Mda. *hauswiler* [1].

< *Hûsen-wilâri* zum PN *Hûso* [2], zu einem recht seltenen Namenstamm, der wohl an ahd. *hûs*, 'Haus, Gebäude', auch 'Familie, Geschlecht' [3] anknüpft. Ahd. mhd. [û] im Stammvokal des PN unterliegt der nhd. Diphthongierung zu [au] [4].

1) Quellennachweis: Karsch, Geschichte 68; Fabricius, Heide 110 f.; Mötsch, Regesten I Nr. 1455; Müller, ONN II 70; Dolch/Greule 195.
2) Vgl. Förstemann, Altdeutsches Namenbuch I 936; Morlet, Noms de personne I 142 a; Geuenich, PNN Fulda 51.
3) Vgl. Schützeichel, Wörterbuch 89; zu den Namen auch Kaufmann, Ergänzungsband 210; Schlaug, PNN 118; ders., Studien 116.
4) Vgl. Paul/Wiehl/Grosse § 76; zur Datierung dieses Wandels in unserem Raum ausführlich Schützeichel, Mundart 115 ff.

293. **+Hauwiller**, Gde. Weislingen, F, Bas-Rhin, Drulingen:

FlN: Hauwiller am Hang [1].

< *(bî dem) hôhen wîler* [2].

1) Quellennachweis: Nap. Kat. Nach Humm/Wollbrett 48 wird der Flurname bereits im 14. Jh. genannt, "situé près de Wald(hambach), à proximité de *Minrehambach*; il y avait peut-être pendant quelque temps une ferme ou un hameau".
2) Zum Adjektiv ahd. *hôh* 'hoch (gelegen)' vgl. Schützeichel, Wörterbuch 85. Vergleichbare SNN nennen Gradmann, Siedlungswesen 114, und Löffler, Weilerorte 124.

294. **+Hedersweiler**, Gde. Namborn, OT Roschberg, D, Saarland, St. Wendel:

Hedersweiler (1349 K.); Heiderswilre (1419 Or.); Heydeswilre (1430 Or., 1463 Or.); Heyderswiler (1457 K. 15, 1474 Or. u. ö.); Hederßwiller (1492 K., 1506 Or.); Haydersweiler (18. Jh.) [1].

Da ein Liquidentausch [l] > [r] vor folgendem [s] auch in anderen SNN der Gegend gut bezeugt ist [2], stellt sich der SN wohl am ehesten zu einer Grundform *Heidiles-wîlâri*, zum PN *Heidil* [3]; dieser gehört mit l-Suffix zum Stamm *haiþ-u-, haiþ-î-* 'Gestalt, Rang, Würde' [4]. Unter Umständen ist auch an einen wfrk. PN *Haidar* mit westfränkisch-romanischem r-Suffix [5] zu denken, dessen schwach flektierte Variante *Haidaro* Kaufmann im elsässischen SN Heiteren, 768 *Heiderheim*, vermutet [6]. Die Schreibung <e> für mhd. [ei] ist auch sonst gut belegt [7].

1) Quellennachweis: Staerk, Wüstungen 225; LHA Kobl. 54 S Nrr. 547. 574. 576. 591. 594; Pöhlmann, Bitsch Nr. 151; LHA Kobl. 1 C 7439 f° 12r°; Staerk, Wüstungen 225; Engel, Furschweiler 75.
2) → 6.2.2.2.2.
3) Belegt ist bei Förstemann, Altdeutsches Namenbuch I 725, und Morlet, Noms de personne I 121 a, die schwach flektierte Variante *Heidilo*.
4) Vgl. Schramm, Namenschatz 162; Tiefenbach, Xanten-Essen-Köln 361; Kaufmann, Ergänzungsband 168. Die Ausgangsbedeutung scheint 'lichte Erscheinung' (so z.B. Förstemann, Altdeutsches Namenbuch I 723; Grienberger, Wortbildung 103; Scherer, Sinngehalt 16) gewesen zu sein. Kaum wird man mit Schatz, Sprache 22, an mhd. *heide* 'unbebautes Land' denken dürfen.
5) → 5.3.13.
6) Vgl. Kaufmann, Ergänzungsband 205.
7) → 6.2.1.10.

+Hedersweiler, bei Urweiler (Staerk, Wüstungen 225): → Nr. 319.

295. **Hefersweiler**, VG Wolfstein, D, Rheinland-Pfalz, Kusel:

Herbodus de Hunfrideswilre (1223 K.14); Hunfertzwilre (1377 Or.); Hunfritzwyller (1519 Or.); Hinfurßwiller (1544 Or.); Hüffersweiler (1614 Or.); Höfersweiler (1677 Or.); Hefersweiler (1824).- Mda. *heewerschwiler* [1].

< *Hûnfrides-wîlâri* zum PN *Hûnfrid* [2], komponiert aus den Stämmen **hûn-i-* [3] und **friþ-u-* [4].
Im Bestimmungswort des SN zeigt der Stammvokal des Erstgliedes Umlaut von [û] > [ü:] vor folgendem [i] [5]. Zum Teil zeigt die Belegreihe Entrundung dieses [ü:] > [î] (→ *Hinfurßwiller*) [6]. Im übrigen unterliegt altes [ü:] der nhd. Diphthongierung zu [eu] [7]; dieses wird dialektal zu [ei] entrundet bzw. zu [ê] (dafür gelegentlich mit hyperkorrekter Rundung [ö]) vereinfacht. Die jüngeren Belege zeigen außerdem r-Metathese [8] sowie Nasalschwund vor folgender Spirans [9].

1) Quellennachweis: Remling/Frey, Otterberg 34; HStA München, Rheinpfälz. Urk. Nr. 3183; Stadtarchiv Meisenheim, Rischmannsche Aktensammlung 32, 1; LHA Kobl. 655/24 Nr. 806 f° 15; LA Speyer C 23/11; König 37; Kolb, Verzeichnis 34. Vgl. Christmann, in: MHVP 57 (1959) 32; Christmann, SNN I 225; Dolch/Greule 196.
2) Förstemann, Altdeutsches Namenbuch I 932; Morlet, Noms de personne I 140 b.; LMR 256. Vgl. Dolch/Greule 196. Zum Eponymen ist die Familie des Bischofs Hunfrid von Thérouanne zu beachten, welche unter anderem in Prümer Quellen aufscheint und um Kreuznach sowie im Westrich engagiert war, dazu z.B. Haubrichs, Kultur 49 ff. 115.
3) → 5.1.1.106.
4) → 5.1.1.58.
5) → 6.2.1.1.
6) → 6.2.1.7.
7) → 6.1.1.12.
8) → 6.2.2.1.
9) → 6.2.2.1.2.

296. **+Heibweiler**, s. Diedelkopf, Stadt Kusel, D, Rheinland-Pfalz, Kusel:

Hupwilre (1316 Or., 1446 K.); Hupwill[er] (1456 Or.); Hupwilere (±1470 K.); Hypwiller (1545 Or.); Heubweiler die alte dorfstadt, hat gelegen im Heubweiler grunde (1585/88 Or.).
FlNN: Haupweiler grund (1630); Heibweiler Hube [1].

Kaufmann [2] setzt für diesen SN ein *Hûbin-wîlâri, mit oberdeutschem -in-Genitiv zum PN *Hûbo, an. Da mit solchen Genitivkonstruktionen in der Westpfalz jedoch kaum zu rechnen ist [3], sollte vielleicht einem PN *Hûbin als weiblichem Pendant des von Kaufmann genannten männlichen Kurznamens der Vorzug gegeben werden. Dieses ist mit Kaufmann entweder zweistämmige Kürzung aus Hug-bert, Hug-bald, etc. [4], oder aber zu einem Namenelement <hôb->, <huob-> [5] bzw. <hûb-> [6] zu stellen. Im SN wird altes [û] (bzw. [ô] > [uo] > [û]) unter Umlautbedingungen zu [ü:] (bzw. [üe] > [ü:]) [7]. Dieses diphthongiert zu [eu] [8] und wird anschließend zu [ei] entrundet [9].

1) Quellennachweis: Glasschröder, Neue Urkunden Nr. 313; LA Speyer F 2/100a; LA Speyer A 2/138. 1 f° 1; LA Speyer F 1/49a f° 44; LA Speyer F 2/100b f° 52; Fabricius, Wüstungen 130. Vgl. auch Häberle, Wüstungen 141; Christmann, SNN I 247; ders., in: MHVP 57 (1959) 32; Dolch/Greule 212; Altpeter, Burglichtenberg 95 (zur Lokalisierung der Siedlung ebd. Karte S. 92). Eine gleichnamige Siedlung liegt wüst bei Boersch, Ct. Rosheim, Elsaß (Humm, Villages 21).
2) Kaufmann, Pfälz. ONN 121. So auch Dolch/Greule 212.
3) → 4.3.
4) Vgl. Förstemann, Altdeutsches Namenbuch I 925 Hubertus qui vulgo Hubezo vocabatur.
5) Dazu Kaufmann, Ergänzungsband 193.
6) Ebd. S. 204.
7) → 6.2.1.1.
8) → 6.2.1.12.
9) → 6.2.1.7.

+Heidesweiler, nach Müller, ONN II 70, Hoppstädter/Herrmann/Klein I 89 u. a. unbekannt im Raum St. Wendel: → Nr. 319.

297.   +Heidsweiler, Gde. Mantenach, OT Berbourg, L, Grevenmacher:

FINN: Heidsweiler, Heschweiler [1].

< *Heides-wîlâri zum PN Hait(i) [2], zu einem mit ahd. heit 'Person, Gestalt' [3] zu verbindenden Namenstamm *haiþ-u-, *haiþ-i- [4].

1) Quellennachweis: Anen, Flurnamen 17; Meyers, Studien 195; Carte Archéologique du Grand Duché de Luxembourg, Feuille 18 A.
2) Förstemann, Altdeutsches Namenbuch I 724.
3) Schützeichel, Wörterbuch 79.

4) → 5.1.1.82.

298. **+Heidweiler**, Gde. Rémelfang, F, Moselle, Bouzonville:

FlNN: Heitweiller (1693 Or.); Heidveiler (±1840) ¹.

< *Haiden-wîlâri* zum PN *Haido, Heido* ², zum Stamm *haiþ-u-, *haiþ-i-* ³.

1) Quellennachweis: AD Mos E dép. 334, 1 CC 1; Nap. Kat.
2) Förstemann, Altdeutsches Namenbuch I 724 f.; Morlet, Noms de personne I 121a; LMR 249. Vgl. auch Heidwiller, F, Haut-Rhin: 977 *Heidewilare*, 1105 *Heytewilare*, 1144 *Heytwilr* (Belege nach Stoffel, Dictionnaire 72; Morlet, Noms de personne III 346).
3) → 5.1.1.82.

+Heimweiler, bei Rémering/St. Jean-Rohrbach: → Nr. 303.

299. **+Heimwilre**, Gde. Niderhoff, F, Moselle, Lorquin ¹:

Henvilrre (vor 1201 K.16).
FlN: Heimwilrevorst (1201 Or.) ².

< *Haimen-wîlâri* zum PN *Haimo* ³, zum Stamm *haim-a-* ⁴, bzw. *Hainen-wîlâri* zum wfrk. PN *Haino* ⁵, der mit romanischem Schwund von intervokalischem [g] ⁶ zum Stamm *hagin-a-* ⁷ zu stellen ist. Aus besitzgeschichtlichen Erwägungen gibt W. Haubrichs hier einem Ansatz mit Hilfe des PN *Haino* den Vorzug ⁸. <e> (→ *Henvilrre)* ist "im Fränkischen und Bairischen nicht selten(e) ... Schreibung ... statt ei" ⁹. Phonetisch gut begründet ist auch ein Wandel von dentalem [n] zu labialem [m] vor folgendem [w] (→ *Heimwilre*).

1) Die Siedlung ist bei Neufgrange im Bereich der Wüstung Varconville zu lokalisieren, vgl. RL III 417; Haubrichs, SNN 268.
2) Quellennachweis: AD MM H 578; AD MM H 582, vgl. Lepage, Turquestein Nr. 4; ASHAL 5,1 (1893) 81.
3) Zahlreiche Beispiele für diesen überaus häufigen PN bei Förstemann, Altdeutsches Namenbuch I 731; Morlet, Noms de personne I 122 b; Menke, Namengut 123; Schlaug, PNN 105; Longnon, Polyptyque I 328; LMR 251. Vergleichbare SNN nennen Löffler, Weilerorte 116; Dolch/Greule 188, und Morlet, Noms de personne III 347.

4) → 5.1.1.81.
5) Vgl. Förstemann, Altdeutsches Namenbuch I 718; LMR 251.
6) → 5.3.11.
7) → 5.1.1.79.
8) Vgl. Haubrichs, SNN 268.
9) Braune/Eggers § 44 Anm. 4; vgl. auch Franck/Schützeichel § 31; zahlreiche jüngere Beispiele für <e> statt [ei] auch bei Weinhold, Grammatik § 90; Demeter, Studien 62; Froeßl, Sprachbewegungen 79 ff.; Garbe, Untersuchungen 153 f.; Heinzel, Geschäftssprache 376; Hoffmann, Geschäftssprache 159 f.; Jeske, Kodex Trier 85 f.; Müller, Marienlob 19 f.; Ramge, Siedlungs- und Flurnamen 368 f.

300. **+Heinzweiler**, nw. Einöllen, VG Wolfstein, D, Rheinland-Pfalz, Kusel:

FlN: In der Heintzweiler (1750) [1].

< *Haginizen-wîlâri* zum PN *Haginizo* > *Heinzo* [2], zum Stamm *hagin-a-* [3] mit westmitteldeutscher Kontraktion von intervokalischem [g] [4].

1) Quellennachweis: LA Speyer, Einöller Flur- und Lagerbuch; zit. nach Dolch/Greule 201. Ebd. Hinweise auf den amtlichen Flurnamen *Hansmaulerkopf*, wohl mit mundartlicher Entwicklung von mhd. [ei] > [â] (→ 6.2.1.10.) als Reflex für die Wüstung. Vgl. auch Häberle, Wüstungen 143; Christmann, SNN I 231.
2) Vgl. Kaufmann, Pfälz. ONN 110 f.
3) → 5.1.1.79.
4) → 6.2.2.4.

Helsweyler (1454 K.): → Nr. 334.

301. **+Heltemannsweiler**, nw. Woustviller, F, Moselle, Sarreguemines [1]:

Hildemanswilre (1179 K.15); Hiltmanswilre (1325 K.14; 1369 Or.); Heltemannsweiler (1577) [2].

< *Hildimannes-wîlâri* zum PN *Hildiman* [3] komponiert aus den Stämmen *hilð-jô-* [4] und *mann-ɸ-* [5].

1) Zur Lokalisierung der Wüstung vgl. RL III 433; Kirch, Welferdingen I 204 f.; Haubrichs, Bliesgauische ONN I 44 Anm. 85.
2) Quellennachweis: MRhUB II Nr. 29 (vgl. BRW Nr. 21); BN Paris ms. lat. 10030 f° 75v°; AD MM B 571 Nr. 38; Schwingel, in: ZGSG 12 (1962) 204.
3) Belegt bei Förstemann, Altdeutsches Namenbuch I 832; Morlet, Noms de personne

I 130 b; LMR 253; Schlaug, Studien 113.
4) → 5.1.1.90.
5) → 5.1.1.122.

302. **Hénaménil**, F, Meurthe-et-Moselle, Lunéville-Sud:

de Hunaldi Masnile (1140 K., 1180 Or.); Hunaumasnil (1156 Or.); Hunaldi uici (1159 Or., ±1180 Or.); Henalmainil (1180 Or.); Jehans de Henamesni (1256 K.14); Johans von Hunaldeswilr (±1240 K.14); Henamesnin (1308 Or.);Hennalmesny (1314 Or.); Henalmesnil (1318 K.14, 1326 K.16, 1365 Or. u.ö.); Hunamaigny (1327 Or.); Henamesny (1332 Or.); Hennalmesnil (1448 Or.) [1].

< *Hûn(o)aldo-mansionîle / *Hûnoaldes-wîlâri [2] zum wfrk. PN *Hûn(o)-ald* [3], komponiert mit Hilfe des vieldiskutierten, noch immer nicht sicher gedeuteten Stammes *hûn-i-* [4], und des germ. *walð-a-* [5].
In den Quellen für die romanische Namenform erscheint zu [ü] palatalisiertes vortoniges [u] [6] bereits seit dem 12. Jh. als <e> [7]. Im Zweitglied des PN verstummt das in allgemeinfranzösischer Entwicklung zu [u] vokalisierte vorkonsonantische [l] infolge einer lothringischen Sonderentwicklung [8]. Die sicherlich exogene deutsche Doublette ist trotz der doch erheblichen Entfernung von der Sprachgrenze sprachlich "korrekt" und daher wohl sehr alt.

1) Quellennachweis: Migne, PL 179, 522; AD MM H 1087; AD MM H 333; AD MM H 341;AD Meuse B 256 f° 247v°; AD MM B 693 Nr. 1; WLT VII Nr. 1134; AD MM B 574 Nr. 96; Wurth-Paquet, Chartes Reinach I Nr. 153; DHV IV 70; AD MM H 1273; AD MM H 624; AD MM B 5658.
2) Der in einem Finstinger Vasallenverzeichnis des 13. Jhs. genannte *Johans von Hunaldeswilre* ist nachweislich identisch mit *Jean de Hénaménil*, der sich im Jahr 1250 mit den Herren von Raville/Rollingen vergleicht (vgl. Châtelain, in: ASHAL 7 (1895) 44) und auch sonst in lothringischen Quellen gut faßbar ist, so daß für Hénaménil eine sicherlich nur exogene, aber erstaunlicherweise genuin entwickelte -*wîlâri*-Doublette gesichert ist.
3) Vgl. Förstemann, Altdeutsches Namenbuch I 935; Morlet, Noms de personne I 141 a.
4) → 5.1.1.106.
5) → 5.1.1.165.
6) Zur allgemeinfranzösischen Palatalisierung von [u] > [ü] vgl. z. B. Rheinfelder § 99; Wolf/Hupka § 122. Zur lothringischen Skripta vgl. Stark, Untersuchungen 110: "Lat. u ist im Lothr. wie im Fr. zu ü geworden, was ein wichtiges Unterscheidungsmerkmal gegen das Ostwallonische darstellt".
7) Ein ähnliches Beispiel verzeichnet Buchmüller-Pfaff, SNN 288 Nr. 449.
8) → 6.1.2.1.1.

Hennewiller, Thilman von: → Nr. 280.

Hennsewilre (1263 K:): → Nr. 317.

303. **+Hennviller**, Gden. Rémering-lès-Puttelange und St. Jean- Rohrbach, F, Moselle, Sarralbe:

vff dem Heimweiller ban (17 Jh. Or.).
FlNN: Hennweiler (1678, 1750); Hennneviller, Hennviller (±1840)[1].

< *Haimen-wîlâri zum PN *Haimo* bzw. *Hainen-wîlâri zum PN *Hagino* > wfrk. *Haino*[2].

1) Quellennachweis: AD MM B 490 Nr. 7; Touba, Remeringen 16; AD Mos B 10361; Nap. Kat.
2) Vgl. Nr. 299.

Henvilrre (vor 1201 K., in der Kastellanei Turquestein): → Nr. 299.

304. **Henriville / Herchweiler**, F, Moselle, Freyming-Merlebach:

Henriviller (1618); Henriville (1621); Henryviller (1626); Herichweiller (1698); Herigweiller (1708); Herrichwieller (1736).- Mda. *herschwiller*[1].

Die Anlage der Siedlung "auf einer Rodung im Walde Bruckwiese auf dem Banne von Pfarrebersweiler"[2] - sie wurde nach dem Gründer *Henri-ville* bzw. *Heinrich-weiler* genannt - wurde am 11. 03. 1609 durch den lothringischen Herzog Heinrich II. veranlaßt[3]. Charakteristisch für diese und andere neuzeitliche Nachbenennungen gleichen Typs ist das Fehlen der Genitiv-Komposition im Bestimmungswort[4]; ein *Heinrich-weiler* des beginnenden 17. Jhs. wird mundartlich durch Assimilation von [nr] > [rr] und Synkope des Mittelsilbenvokals zu → *Herrichwiller, Herschwiller* weiterentwickelt.

1) Quellennachweis: RL III 427; AD MM B 452 f° 191; AD Mos 4 E 153 f.; AD Mos 4 E 524; Rohr, Blasons 350.
2) AT II 96.
3) Vgl. AD MM B 745 Nr. 20 sowie RL III 427 f.; AT II 92. 96. 100 f. 108 f. 166; Besler, ONN I 27; Habicht, Dorf 167; Hiegel, Dictionnaire 167.
4) → 4.5.

305. **Herbéviller**, F, Meurthe-et-Moselle, Blâmont:

Herbueisvillers (1138 K.18); Herbeviler (1228 Or., 1251 Or., 1263 Or., 1311 K.17); Herbervilleir (1261/62 Or.); Herbervileir (1269 Or.); Harbeuilleir (1269 K.14, 1321 Or.); Herbeviller (1302 K., 1332 Or., 1338 K.17, 1364 Or., 1378 Or., 1415 Or., 1425 Or., 1439 Or., 1455 Or., 1458 Or. u.v.m.); Herbeviller et Sainct Martin (1311 Or.); Herbeviller Sainct Germain (1311 Or.); Herbeuillers (1312 K.17, 1323 Or.); Herbeuilleirs (1312 Or., 1361 Or.); Herbeuilleir (1314 Or., 1323 Or., 1343 Or., 1349 Or., 1364 Or.); Herboytingen (1363 Or.); Herbefele (1394 Or. dt.); Herbevilley (1396 Or.); Herbeweley (1396 Or.). - Mda. *hęrbyęvleⁱ* ¹.

< **Hairbôdo-villâre* / **Hairbôdingas* zum germ. PN **Hari-bôd* > wfrk.-rom. *Hair(e)bôdus* ². Der PN stellt sich zu den Stämmen **har-ja-* ³, in wfrk. Namen <*hair(e)-*> ⁴, und **bauð-a-* ⁵.
Für den Stammvokal des PN-Zweitgliedes, der in der SN-Verbindung in den Nebenton gelangt, ist nach Ausfall des intervokalischen Dentals ⁶ eigentlich eine Entwicklung von [ò] > [o] bzw. [u] zu erwarten ⁷. Wenn der Erstbeleg des SN dennoch <ue> zeigt, so dürfte sich das über eine auch sonst häufige analogische Übertragung erklären lassen ⁸.
Historische Belege wie → *Herbervilleir* sind als vervollständigende Schreiberformen zu erklären, welche aus einem zu [e] reduzierten PN-Zweitglied ein Element **berχt-a-* restituieren. Da vorkonsonantisches [r] im Lothringischen früh fällt ⁹, sind solche Umkehrschreibungen leicht verständlich.

1) Quellennachweis: Chatton, St. Sauveur Nr. 1; Erpelding, Salm Nr. 31; Arnod, Publication Nr. 076; AD MM H 548; AD MM H 2428 f° 35; Lanher, Chartes Nrr. 87. 124; BN Paris Coll. Lorr. Bd. 979 Nr. 31; AD MM B 580 Nr. 42 bis; MSAL (1890) 133; AD MM B 574 Nrr. 87. 92; Albrecht, Urkundenbuch II Nr. 7 b; AM Metz II 30; HRS Nr. 841; MSAL (1891) 105; Chanteau, Notes Nr. 4; Grimme, Erzbischof 131; AD Mos B 2345; MSAL (1890) 111. 113; AD MM H 2428 f° 47; AD MM B 574 Nr. 72; AD MM H 2428 f° 51; Kirsch, Kollektorien 309; AD MM B 574 Nr. 96; AD MM H 2428 f° 46; Schmitz, Salm Nr. 49; AD Mos 10 F 823; AD MM B 575 Nr. 192; Albrecht, Urkundenbuch II Nr. 7a; Albrecht, Urkundenbuch I Nr. 729; Albrecht, Urkundenbuch II Nr. 396; BN Paris Coll. Lorr. Bd. 83 Nr. 70; Albrecht, Urkundenbuch II 491; Callais 310.
Vgl. MSAL (1890) 113: "Herbéviller était divisé en deux parties par la Blette: l'une se nommait Herbéviller St. Germain ou la Grande Herbéviller, l'autre situé du côté de Blâmont s'appellait Herbéviller-Lannoy".

2) Vgl. Förstemann, Altdeutsches Namenbuch I 767; LMR 250. Zur gleichen Ausgangsform gehören Herbeuville (F, Meuse: *Harbodi villam* (951/52, 956 K., 995 K.); *Herboville* (1155/57); *Herbuvilla* (1196/1200 Or.); *Herbeuvilla* (1205/19 K.)); *Herbouvilliers* (Gde. Choisel, F, Yvelines: *Herboviller* (1156), *Herbouviller* (1322)).

Belege nach Denaix, Chartes Nrr. 33. 39; Morlet, Noms de personne III 353.
3) → 5.1.1.87.
4) → 5.3.5.
5) → 5.1.1.28.
6) → 5.3.10.
7) Vgl. Rheinfelder §§ 113. 118.
8) Vgl. Rheinfelder § 117.
9) → 6.1.2.1.4. Einen PN *Hariberht* nehmen für diesen SN auch Morlet, Noms de personne III 353, und Dauzat/Rostaing 349, an. Den von Gröhler, Ursprung II 325 angesetzten PN *Herbo, der auch nicht mit den historischen Belegen zu vereinbaren wäre, finde ich nicht belegt.

306. **Herchweiler**, VG Kusel, D, Rheinland-Pfalz, Kusel:

Herchwilr (1430 Or.); Hirchwiler (1446 K.); Herchwilre (1460 Or.); Herchwiler (1480 Or., 1491 Or., 1499 K., 1541 K.); Herichweyler (1533 K.); Herchweiller (1594 K.17).- Mda. *he'chwile'* [1].

< *Herichen-wilâri zum PN *Hericho* [2], der den häufigen Namenstamm *harja- [3] mit einem (verschobenen) k-Suffix [4] verbindet.

1) Quellennachweis: PRV Nr. 154 a; LA Speyer F 2/100 a; LA Speyer B 3/923 f° 8; LHA Kobl. 24/539 f° 17; Fabricius, Veldenz I 87; Bistumsarchiv Trier 71,3/17,1 f° 269; LA Sbr. Nass.-Sbr. II Nr. 335; LA Speyer F 1/49a f° 363; Fabricius, Veldenz I 34; Alix 89; Christmann, SNN I 238; Dolch/Greule 204.
Häberle, Wüstungen 89; Fabricius, Herrschaften 74; Hoppstädter/Herrmann/Klein, Landeskunde I 82; Hoppstädter, SNN 6; Krämer, Ostertal 53 f.; Christmann, SNN I 16; Staerk, Wüstungen 78 f., Dolch/Greule 40, u.a. verzeichnen eine nahe bei Herchweiler gelegene Wüstung *Altherchweiler*, zu der die Beschreibung des Amtes Lichtenberg aus den Jahren 1585/88 bemerkt, daß *zwischen der Herchweiler Bach und dem Floßlin in der Hartelswies ... ein Dorf Alt Herchweiler ... gelegen [hat], seindt noch viel Steinhaufen doselbst* (LHA Kobl. 24/533 f° 346). Es mag sich hier um eine Siedlungsverlegung handeln. Auf Herchweiler bezieht sich wohl auch die Nennung eines von Staerk, Wüstungen 238, als "wüstungsverdächtig" aufgenommenen *Hirschweiler* in oder bei Oberkirchen, das in Tholeyer Akten des ausgehenden 17. Jh. genannt wird.
2) Vgl. Förstemann, Altdeutsches Namenbuch I 764; Morlet, Noms de personne I 128 a. So gedeutet bei Christmann, SNN I 238; Kaufmann, Pfälz. ONN 115; Dolch/Greule 204.
3) → 5.1.1.87.
4) → 5.2.

Herchweiler: → Henriville.

307. **Hériménil**, F, Meurthe-et-Moselle, Lunéville-Sud:

Herieviler (1075/1107 Or.); Harimasnil (1223); Harielmesnil (1294 K.14); Herimesnil (1399, 1478 Or.); Harimesnil (1413 Or.); Herrimesnil (1508 Or.); Herymesnil (1538) ¹.

< *Hair(r)ico-villâre / -mansionîle zum wfrk. PN *Hair(r)icus* ², erklärbar als Komposition aus den Namenelementen *har-ja-* ³ und *rik-a-* ⁴ bzw. als Kosename zum Stamm *har-ja-* mit formal an das lateinische *-icus* angepaßtem germanischem k-Suffix ⁵.
Im Erstbeleg des SN ist <ie> Graphie für den aus [i] + [j] (< [k] + Kons.) entstehenden [i]-Laut; vortoniges <a> für [e] + [r] ist dialektspezifisch ⁷.

1) Quellennachweis: Parisse, Chartes Nr. 54900; Lepage, Dictionnaire 62; AD Meuse 256 f° 85r°; AD MM B 6632; AD MM B 793 Nr. 11; AD MM H 1253.
2) Beispiele bei Förstemann, Altdeutsches Namenbuch I 777 f.; Morlet, Noms de personne I 126 b; LMR 251.
3) → 5.1.1.87.
4) → 5.1.1.145.
5) → 5.2.
6) Vgl. Rheinfelder § 585.
7) → 6.1.3.

+Herisweiler, bei Baltersweiler (Müller, Beiträge 131): → Nr. 319.

308. **Hermelange**, F, Moselle, Lorquin:

Hermenrannocurte (±1142 < 10. Jh. E.K. 17/18); aliam terram que Hermenwirre nuncupatur (±1200 Or.) ¹; Helmeringen (1258 Or., 1267 Or., 1316 Or. u.ö.); Helmerange (1280); Hermelange (1286, 1344 K.16 u.ö.) ².

Der in romanischer Morphologie überlieferte Erstbeleg des SN ist problematisch. Im Bestimmungswort ist keinesfalls der gut belegte wfrk. PN *Hermenrannus* ³ anzusetzen, dessen Erstglied mit dem in romanischen Urkunden im Anlaut nicht seltenen unetymologischen <h> ⁴ zum Stamm *erman-a-*, *irmin-a-* ⁵ gehört. Der [h]-Anlaut im SN Hermelange ist jedoch in jedem Fall fest, so daß vielmehr an eine n-Erweiterung ⁶ des Stammes *helm-a-* ⁷ zu denken wäre. Sie liegt auch in den PNN *Helmingeir, Helmengaud, Helmenrich*, etc.[8], vor und wäre im Beleg → *Hermenrannocurte* in einer dissimilierten Variante vertreten[9]. Diesem romanischen SN **Helmenranno-curte*, zum PN **Helmenrannus* aus den Stämmen **helm-a-* (+ *-n-*) und **hraban-a-*[10], entspricht ein althochdeutsches **Helmenranningas*, aus dem sich durch Assimilation von [nr] > [r] und von [rn] > [r] späteres *Helmeringen* bzw. durch Umsprung der Liquiden in französischem Mund *Hermelange* entwickelt. Nur mit einem Beleg (→ *Hermenwirre*) läßt sich eine frühe Variante des SN mit einem Grundwort *-wîlâri* fassen. Hier muß wohl ebenfalls mit Liquidentausch [l] > [r] gerechnet, also ein altes **Helmen-wîlâri* zum PN *Helmo*[11] angesetzt werden.

1) Der Ort wird genannt in einer Urkunde Alberts von Dagsburg über seine Anteile an der Herrschaft Türkstein. Obgleich Hermelange erst um 1350 ausdrücklich unter den Dörfern der bischöflichen Lehensherrschaft Türkstein genannt wird (AT II 121. 362), scheint mir die Zuordnung des Belegs naheliegend.
2) Quellennachweis: Perrin, Essai 144 (zur Identifizierung vgl. Haubrichs, SNN 231. 247); AD MM H 578 (= Lepage, Turquestein Nr. 5); AD Mos H 4724; AD MM B 742 Nr. 4; AD Mos H 4747; Lepage, Dictionnaire 69; RL III 427; Levallois, Raoul Nr. 418.
3) Vgl. Morlet, Noms de personne I 83 a; ebd. zahlreiche weitere Beispiele für PNN des Stammes **erman-a-*, **irmin-a-*, denen im Anlaut ein unorganisches <h> vorgesetzt ist. Mit Hilfe des PN "*Ermenrannus changé en Helmara, une femme ..., Hermalo ... et Hermar*" deutet Hiegel, Dictionnaire 167. Der von Dauzat/Rostaing 350, vorgeschlagene PN *Erbald* orientiert sich an falschen Belegzuweisungen (dazu Haubrichs, SNN 231 Anm. 28); der von Morlet, Noms de personne III 359 a, angesetzte PN **Helmhari* wäre stabend.
4) → 5.3.6.
5) → 5.1.1.52.
6) → 5.3.13.
7) → 5.1.1.89.
8) Vgl. Förstemann, Altdeutsches Namenbuch I 813.
9) Zu ähnlichen Fällen vgl. 6.1.2.1.2.
10) → 5.1.1.95. Vgl. Haubrichs, Überlieferungs- und Identifizierungsprobleme 69.
11) Förstemann, Altdeutsches Namenbuch I 808.

309. **Herschweiler**, VG Glan-Münchweiler, OT Herschweiler-Pettersheim, D, Rheinland-Pfalz, Kusel:

Philemann von Hirtzwilre (1303 K.15)[1]; Hirßwilre, var. Herßwiler (1446 K.); Hersewill[e]r (1460 Or.); Herßwilre (1460 Or.); Herßwiler (1480 Or.);

Herßwiller (1506 Or., 1546 Or. u.ö.); Heerschweiler (1609 Or.).- Mda. *he'schwile'* ².

< *Heres-wîlâri* zum PN *Hari, Heri* ³, zum Stamm **har-ja-* 'Heer'⁴. Die Schreibung <tz> für stimmloses [s] ist relativ selten, aber doch möglich ⁵. <i> statt [e] im Stammvokal des PN ist vor folgendem [r] gut bezeugt ⁶; auch die Entwicklung von [rs] > [rʃ] entspricht den westmitteldeutschen Dialektverhältnissen ⁷. Im Beleg *Hersewiller*, der Dolch/Greule zum Ansatz eines schwach flektierten PN *Heriso* veranlaßt ⁸, zeigt sich ein auch sonst nicht seltener Einschub eines Sproßvokals ⁹.

1) Die Urkunde bezieht sich auf Orte des Ostertales, daher wohl so zu identifizieren.
2) Quellennachweis: NRW Nr. 450; LA Speyer F 2/100a; LA Speyer A 2/138. 2f° 10v°; LA Speyer B 3/923 f° 8; LHA Kobl. 24/539 f° 19; LHA Kobl. 1 C 7439 f° 17r°: LA Speyer F 2/100b f° 18v°; Macco, Kirchenvisitationsprotokoll 51; Christmann, SNN I 242; Dolch/Greule 207.
3) Förstemann, Altdeutsches Namenbuch I 763.
4) → 5.1.1.87.
5) Paul/Wiehl/Grosse § 150.
6) Vgl. Demeter, Studien 43 f.; Nebert, Geschichte 51 f.
7) Vgl. Dolch/Greule 207. Christmann, SNN I 242 hatte den SN mit Hilfe des allerdings fast ausschließlich bairischen Kurznamens *Hir(u)z* gedeutet (dazu Müller, PNN 67); Kaufmann, Pfälz. ONN 117, dachte an eine schwach flektierte Variante *Herzo* des gleichen theriophoren Namenelements.
8) Paul/Wiehl/Grosse § 57.

310. **+Hertenswiler**, w. Geiselberg, VG Waldfischbach-Burgalben, D, Rheinland-Pfalz, Pirmasens:

Hertingisuuilre (1284); Hertlingsweiler (1345 K.); Hertingswilre (1347 K.15); Hertigeswylre (1363 Or.); Hertenswiler (1371 K.); Hertenswilre (1449 Or.) ¹.

< *Hartinges-wîlâri* zum PN *Harting* ², zum Stamm **harð-u-* ³ mit patronymischem *-ing*-Suffix ⁴, das in dem (allerdings kopialen und auch wegen der <ei>-Schreibung im Grundwort sehr verdächtigen) Beleg *Hertlingsweiler* möglicherweise "erweitert als *-ling* [erscheint], dessen -l- aus dem l-Suffix stammt" ⁵.
Nachfolgendes [i] des (später zu <e> geschwächten) Suffixvokals verursacht Umlaut des Stammvokals des PN ⁶; die Dreikonsonanz [ng's] wird durch Synkope des Mittelkonsonanten erleichtert ⁷.

281

1) Quellennachweis: Würdtwein, Monasticon Palatinum I 395; NRH Nr. 233; PRZ Nr. 647; HStA München, Rheinpfälz. Urk. Nr. 3160; HStA Wiesbaden 3001a/48a f° 9v°; HStA München II, Pfalz. Zweibr. Urk. Nr. 551; Lehmann, Schlösser V 192; Dolch/Greule 207. Zur Lokalisierung im Bereich der späteren Geiselberger Mühle vgl. auch Häberle, Wüstungen 145.
2) Belegt bei Förstemann, Altdeutsches Namenbuch I 753; Morlet, Noms de personne I 124 b; LMR 250; Geuenich, PNN Fulda 208, u.ö. Vgl. auch Christmann, SNN I 423; Kaufmann, Pfälz. ONN 117.
3) → 5.1.1.86.
4) → 5.2.
5) Bach, Namenkunde I, 1 § 106.
6) → 6.2.1.1.
7) Vgl. Wolff, Studien 63 f.

311. **+Herzweiler**, w. Pfeffelbach, VG Kusel, D, Rheinland-Pfalz, Kusel:

Eine alte Dorfstadt Hertzweiler genannt, hat gelegen oben an den wiesen über Pfeffelbach ... und das gewelde, der Hertzeberg ist auch nicht weit dar von (1588 Or.).
FlNN: zu Herzer, Herzerflur, Herzerwies (1910)[1].

Auf Grund der in Flurnamen erhaltenen Affrikata [ts] wohl zu einer Grundform *Herzen-wilâri*, zu einem PN *Herzo* mit unsicherer Etymologie[2]. Die Reduktion des Grundwortes -*weiler* zu -*(l)er* ist in der Westpfalz nicht selten[3].

1) Quellennachweis: Pfälzer Heimat (1910) 129; Altpeter, Burglichtenberg 95 (zur genauen Lokalisierung der Wüstung vgl. ebd. Karte S. 92); Dolch/Greule 210.
2) Belegt bei Förstemann, Altdeutsches Namenbuch I 845. Förstemann und Müller, PNN 67, knüpfen an die Tierbezeichnung ahd. *hir(u)z* an. Namenbildungen mit einem solchen Stamm sind aber bisher nur aus bairischen Quellen belegt. Eventuell mit Liquidentausch aus wfrk. *Hildso* bzw. (eher) zu deuten als *Herizo*, mit z-Suffix zum Stamm **har-ja-* (→ 5.1.1.87., so Dolch/Greule 210).
3) → 3.7.2.

312. **? +Hesseler**, Gde. Junglinster, OT Godbrange, L, Grevenmacher:

FlN: Hesseler[1].

< *Hessen-wilâri* zum PN *Hesso*[2] ?

1) Quellennachweis: Urkataster; Carte archéologique du Grand-Duché de Luxembourg, Feuille 17 C.
2) Förstemann, Altdeutsches Namenbuch I 786.

Heubweiler: → Nr. 296.

313. **+Heufersweiler**, nw. Rathsweiler, VG Altenglan, D, Rheinland-Pfalz, Kusel:

Hünfretzwijlre (1364 Or.); Hunfferswilre (1416 Or.); Hunfferßwiler, var. Hoffertswyler (1480 Or.)¹.

< *Hûnfrides-wîlâri* zum PN *Hûnfrid* ².

1) Quellennachweis: HStA München, Rheinpfälz. Urkunden Nr. 6010 ; LA Speyer D 34/92; LHA Kobl. 24/539 f° 11. 66 (vgl. Fabricius, Veldenz I 87). Zur Lokalisierung der Wüstung vgl. Dolch, Ämter 70.
2) Vgl. Nr. 295.

314. **Heusweiler**, D, Saarland, Saarbrücken:

Huswilre (1274 K., 1320/30 K.15, 1372 Or., 1398 K. u.ö.); Housweiller (1326 K.17); Huswiler (1307/54 K.18); Hußwilr (15. Jh. Or., 1442 Or., 1448 Or., 1464 Or., 1471 Or., 1482 Or., 1495 Or. u.ö.); Huswilr (1399 Or.); Hußwilre (1401 Or., 1470 Or., 1478 Or.); Hußwiler (1409 Or., 1519 Or., 1543 Or. u.ö.); Hußwiller (1441 K.15, 1462 Or., 1467 K.16, 1485 Or. u.ö.); Hußwyler (1469 Or., 1483 Or.); Huswiller (1519 Or.); Hußwyller (1537 Or.); Heußw[..]ler (1538/45 Or.); Heißweiler (1571 K.)¹.

< *Hûsines-wîlâri* zum PN *Hûsin* ². Der SN zeigt Umlaut [û] > [ü:] vor folgendem [i]³. Synkope des unbetonten Mittelsilbenvokals und Assimilation [ns] > [ss], [s] führen auf das schon 1274 belegte *Huswilre* (<u> = [ü:])⁴; der Stammvokal des Bestimmungswortes wird im Zuge der nhd. Diphthongierung zu [eu] weiterentwickelt (*Heußw[..]ler* erstmals um 1540⁵) und mundartlich zu [ei] (*Heißweiler*) entrundet⁶.

1) Quellennachweis. JRS Nr. 536; PRZ Nr. 512; JRS Nr. 1810; Herrmann, Betreffe 20; SVR VI Nr. 1153; LA Sbr. Nass.-Sbr. II Nr. 2931 f° 2; Fabricius, Taxa Generalis 25; LA Sbr. Nass.-Sbr. II Nr. 2659 f° 3, Nr. 2305 f° 4, Nr. 3033 ff° 12. 185, Nr. 319; BRW Nr. 904; LA Sbr. Nass.-Sbr. II Nr. 2305 f° 10, Nr. 69; LA Sbr. Fraulautern Urk. Nr. 197; LA Sbr. Nass.-Sbr. II Nr. 318, Nr. 2977 f° 34; Wurth-Paquet, Chartes Rei-

nach I Nr. 1163; LA Sbr. Münchweiler Urk. Nr. 66; LA Sbr. Nass.-Sbr. II Nr. 3032 f° 332, Nr.2441 ff° 87. 333, Nr. 3033 f° 165; LA Sbr. Münchweiler Urk. Nrr. 28. 49; LA Sbr. Fraulautern Urk. Nr. 215; LA Sbr. Münchweiler Urk. Nrr. 65. 77; LHA Kobl. 54 K Nr. 427; LA Sbr. Nass.-Sbr. II Nr. 2457 D; Pöhlmann, Lehensbuch Nr. 114.
2) → 5.1.1.107.
3) Vgl. Braune/Eggers § 42; Paul/Wiehl/Grosse § 77.
4) Das im normalisierten Mittelhochdeutschen als <iu> verschriftete mhd. [ü:] (ahd. *husir* > mhd. *hiuser*) wird in den Rheinlanden durch <u> wiedergegeben. Zahlreiche Beispiele geben Bach, Marienlob § 45; ders., Werke § 81; Stopp, in: Schützeichel, Passionsspiel 178; Froeßl, Sprachbewegungen 96; Hoffmann, Geschäftssprache 159; Garbe, Untersuchungen 151; Nebert, Kanzleisprache 51.
5) → 6.2.1.12.
6) → 6.2.1.7.

315. **+Heuweiler**, Gde. Volmérange-lès-Boulay, F, Moselle, Boulay:

FlNN: Bas Heuveiller, Haut Heuveiller [1].

< *Heien-wîlâri* zum PN *Hago* > *Haio, Heio* [2] ? Oder ist an mhd. *hou*, Plural *höuwe* 'Hiebabteilung im Wald' [3] bzw. mhd. *höuwe* 'Heu' [4] zu denken ?

1) Quellennachweis: Nap. Kat.
2) Förstemann, Altdeutsches Namenbuch I 715; Tiefenbach, Xanten-Essen-Köln 360.
3) Lexer, Handwörterbuch I 1346.
4) Ebd., S. 1357.

316. **+Heveller**, Gde. Budling, F, Moselle, Metzervisse [1]:

FlNN: le canton de Heueller (1699 Or.); Herveller (±1840) [2].

< *Heben-wîlâri* zum belegten, aber in seiner Etymologie unsicheren PN *Hebo* [3], dessen stimmhafter Labial im Stammauslaut früh an folgendes [w] assimiliert wird [4]? Die <r>-Schreibung des amtlichen Flurnamen wäre dann, wie auch sonst häufig [5], hyperkorrekt.

1) Zur genauen Lokalisierung vgl. Haubrichs, Wüstungen 525 Karte 4 c.
2) Quellennachweis: AD Mos 4 E 77; Nap. Kat.
3) Förstemann, Altdeutsches Namenbuch I 806. Zu ahd. *heifti* 'heftig' ? Vgl. Tiefenbach, Xanten-Essen-Köln 360.
4) Parallelfälle sind Nr. 117 f., 226 f.
5) Vgl. Nr. 162.

317. **Hinzweiler**, VG Wolfstein, D, Rheinland-Pfalz, Kusel:

Hennsewilre (1263 K.); Hinzwiller (1336 K.); Huntzwilre (1393); Huntzwiller (1417 K.); Hüntzwyler (1451 Or.); Hintzwiler (1451 K., 1515 Or.).- Mda. *hindswile'* [1].

Der Erstbeleg *Hennsewilre* läßt einen schwach flektierten PN vermuten; wegen der offensichtlichen Kürze des Stammvokals wäre hier wohl am ehesten an den PN **Hundizo*, mit z-Suffix [2] zum Stamm **hund-a-*[3] , zu denken, wobei der Umlaut im Stammvokal des PN [4] durch den folgenden Suffixvokal ausgelöst worden wäre. Der so entstandene Laut [ü] wäre dann in jüngerer Zeit zu [i] entrundet [5] und zum Teil, wie im Westmitteldeutschen vor gedecktem Nasal auch sonst häufiger [6], zu [e] gesenkt worden.
Christmann [7] vermutet in diesem SN einen PN **Hûnizo*; allerdings zeigt der Stamm **hûn-i-* ursprünglich langes [û]. Sein Ansatz setzt damit voraus, daß der Langvokal vor Mehrfachkonsonanz gekürzt worden wäre [8]. Kaufmann [9] stellt den SN zum PN *(Hundso) > Hunzo*; der Umlaut wäre dann durch einen alten oberdeutschen *-in*-Genitiv ausgelöst worden, mit dem im Kuseler Raum aber kaum zu rechnen ist [10]. Dolch/Greule [11] setzen einen PN *Hinzo* an; man beachte aber die <u>- Graphien in der Belegreihe.

1) Quellennachweis: LA Speyer F 1/49a ff° 38r°. 138v°; Glasschröder, Neue Urkunden Nr. 341; Glasschröder, Urkunden Nr. 638; Acta Academiae Theodoro Palatinae IV 397; LA Speyer F 1/49a f° 197; LA Speyer D 33/11; Fabricius, Güterverzeichnisse 49; Christmann, SNN I 251; Dolch/Greule 215.
2) → 5.2.
3) → 5.1.1.105.
4) → 6.2.1.1.
5) → 6.2.1.7.
6) → 6.2.1.5.1.
7) Christmann, SNN I 251.
8) Die Kürzung ist im Westmitteldeutschen möglich, vgl. 6.2.1.4. Man beachte aber, daß sich die Länge im nahegelegenen Hefersweiler (Nr. 295) erhalten hat.
9) Kaufmann, Pfälz. ONN 123.
10) → 4.3.
11) Dolch/Greule 215.

Hiltzweiler (1563 Or.): → Nr. 334.

Hinfurßwiller (1544 Or.): → Nr. 295.

318. **+Hirschweiler**, VG Thaleischweiler-Fröschen, OT Maßweiler, D, Rheinland-Pfalz, Pirmasens:

FlN: Hirschweiler Berg [1].

< *Heres-wîlâri zum PN *Hari, Heri* [2]?

1) Quellennachweis: Christmann, SNN I 254. Fehlt bei Dolch/Greule, vgl. aber die (allerdings ebenfalls unsichere) Wüstung Reschweiler in der gleichen Gemarkung.
2) Vgl. Nr. 309.

319. **+Hirschweiler**, Stadt St. Wendel, Stadttl. Urweiler, D, Saarland, St. Wendel [1]:

Heriswilre (1379 Or.); Heriswylre (1383 Or.); Herßwieller (1467 K.16); Herßwiller (1492 K., 16 Jh. 1. H.); Hirßwillre (1527 Or.).
FlN: Hirschweilerberg [2].

< *Heres-wîlâri zum PN *Hari, Heri* [3], zum Stamm *har-ja-* [4]. Bei der heutigen amtlichen Schreibung des Flurnamen *Hirschweilerberg* mag volksetymologische Angleichung an den Tiernamen im Spiel sein.

1) Staerk, Wüstungen 225, lokalisiert die Wüstung, die schon Bettinger, St. Wendel 335, und Müller, St. Wendel 20. 76. 496, bekannt war, "nördlich vom Ortskern Urweiler, am Westhang des Kesselberges".
2) Quellennachweis: Pfarrarchiv St. Wendel, Urk. Nr. 20. 22; LHA Kobl. 1 A Nr. 3603 (vgl. auch Hannig, Regesten 10); Hannig, Regesten 90; Pöhlmann, Bitsch Nr. 151; StA Trier NAL Max Müller, Schöffenbuch St. Wendel S. 8; Staerk, Wüstungen 225 f.
3) Vgl. Nr. 309.
4) → 5.1.1.87.

+Hirschweiler, nach Staerk, Wüstungen 238, bei Oberkirchen: → Nr. 306.

Hirtzwilre (1303 K.): → Nr. 309.

320. **Hirzweiler**, Gde. Illingen, D, Saarland, Neunkirchen:

Hirzweiler (1365 K.); Hertzweiler (1403 K.16); Hirtzwiller (1460 K.16, 1534 Or., 1537 Or.); Hyrtzwilr (15. Jh. Or.); Hirtzwilr (15. Jh. K.16); Hyrtzwiller (1532 K.126); Hirtzweiler (1572 Or.); Hertzweiller (1625 Or.).- Mda. *he'tswele'* [1].

Da ein PN *Hirz* bzw. *Hirzo* [2], der sich zu ahd. *hir(u)z* 'Hirsch' [3] stellt, nach G. Müller fast ausschließlich bairisch ist [4], liegt hier eventuell - dann mit dem auch sonst in dieser Position gut belegten Liquidentausch [l] > [r] [5] - ein altes **Hilzen-wîlâri* vor. Der zugehörige PN wäre wfrk. *Hildso* > *Hilzo* [6], mit wfrk. s-Suffix [7] zum Stamm **hilð-jô-* [8]. Die jüngeren Belege zeigen die im Raum Ottweiler vor folgendem [r] + Konsonant regelhafte Senkung von [i] > [e] [9].

1) Quellennachweis: JRS Nr. 1723; Bettinger, Hirzweiler 55; LA Sbr. Nass.-Sbr. II Nr. 2441 f° 129; LA Sbr. Nass.-Sbr. II Nr. 6521; Fürst, Einwohnerverzeichnisse 3; LA Sbr. Nass.-Sbr. II Nr. 2456 f° 8v°; LA Sbr. Nass.-Sbr. II Nr. 5405 f° 411. 2768 f° 31; Fürst, Einwohnerverzeichnisse 18. 32. 59.
2) Förstemann, Altdeutsches Namenbuch I 845.
3) Schützeichel, Wörterbuch 85.
4) Vgl. Müller, PNN 67.
5) → 6.2.2.2.2.
6) Förstemann, Altdeutsches Namenbuch I 843.
7) → 5.2.
8) → 5.1.1.90.
9) Vgl. Scholl, Mundarten 29.

Höfersweiler: → Nr. 295.

321. **Höheischweiler**, VG Thaleischweiler-Fröschen, D, Rheinland-Pfalz, Pirmasens:

? Eysswilre (1278); ? Eizwilre (1335 Or.); Eschwilr (1437 K.); Eschweiler (1547 K.); Eschweiler auf der Höhe (1762); Höh Eschweiler (1822).- Mda. *eschwile'* [1].

Falls die ältesten Belege tatsächlich hierher zu stellen sind [2], wohl ein altes **Eges-wîlâri* zum PN *Agi, Egi* [3]; ansonsten wäre auch ein Ansatz **Ask-wîlâri* 'Weiler im Eschenwald' [4] möglich. Der unterscheidende Zusatz hebt den Ort ab vom nahe gelegenen Thaleischweiler [5] (Nr. 613).

1) Quellennachweis: Pöhlmann, Bliesgau I 111; HStA München, Rheinpfalz. Urk. Nr. 796 (eher zu Nr. 613); NRH Nr. 232; Kampfmann, Beiträge 81; Dolch/Greule 221.

2) Vgl. Dolch/Greule 221: "Die Zugehörigkeit der Belege ist nicht immer sicher zu entscheiden".
3) Vgl. Nr. 166 sowie Dolch/Greule 221.
4) Vgl. Nr. 186.
5) Zum unterscheidenden Zusatz vgl. Kaufmann, Pfälz. ONN 127: "Der einfach 'die Höhe' genannte flache Höhenrücken ist die Pirmasenser (Sickinger) Höhe. Hier besteht ein ausgeprägter Gegensatz zwischen den Höhendörfern und den Taldörfern in den tief eingeschnittenen Tälern".

322. **+Hohwiller**, Gde. Folkling, OT Gaubiving, F, Moselle, Forbach:

FINN: Hau uiller (1687/92); Hohwiller (±1894) [1].

< *(bî dem) hôhen wîler* [2].

1) Quellennachweis: AD Mos 4 E 193; Kat. Amt Forbach, Flurbuch vom Jahr 1894. Aus dem Nachbarort Folkling ist ein FIN *Willer* (Nap. Kat.) bezeugt.
2) Vgl. Nr. 293.

323. **+Hoiwilr**, Stadt Homburg, Stadtteil Kirrberg, D, Saarland, Saar-Pfalz-Kreis:

Hoiwilr (1370 K.15) [1].

< *(bî dem) hôhen wîler* [2]. Im Stammvokal des Bestimmungswortes wird die Vokallänge durch nachgesetztes "Dehnungs"-<i> [3] indiziert.

1) Quellennachweis: PRV Nr. 577; vgl. auch Christmann, SNN I 265; ders., in: MHPV 57 (1959) 25; Herrmann/Hoppstädter/Klein, Landeskunde I 89; Staerk, Wüstungen 240.
2) Vgl. Nr. 293.
3) → 6.2.1.3.

324. **+Holleschweiler**, Gde. Weiler-la-Tour, OT Weiler-la-Tour, L, Luxembourg-Campagne:

FIN: Holleschweiler [1].

Ohne weitere Belege nicht sicher zu deuten. Eventuell ein *Hoh-Leschweiler* als Ausbauort zu Nr. 384.

1) Quellennachweis: Urkataster, Carte Archéologique du Grand-Duché de Luxembourg, Feuille 26 A.

Holtzweiller (1557 Or. u. ö.): → Nr. 334.

325. **+Holzweiler**, sö. Dunzweiler, VG Waldmohr, D, Rheinland-Pfalz, Kusel:

Holtzwiler (1563/64 K.18)¹.

< *Holz-wîlâri* 'Weiler im Wald'. Bestimmungswort ist ahd. mhd. *holz* 'Wald, Gehölz' ², "die allgemeine Bezeichnung für einen nicht forstlich gepflegten Baumbestand" ³.

1) Quellennachweis: LA Speyer B 2/255.1, 476; vgl. Kampfmann, Wüstungen 101; Christmann, SNN I 266; Dolch/Greule 226.
2) Schützeichel, Wörterbuch 86; Lexer, Handwörterbuch I 1329 f.; Trier, Holz 45.
3) Reichardt, Ortsnamenbuch Stuttgart 80; ebd. und bei Cramer, ONN 163, Hinweise auf analoge Bildungen.

Homervillers (1324/27 Or.): → Nr. 276.

326. **+Honviller**, Gden. Harbouey, F, Meurthe-et-Moselle, Blâmont, und Cirey-sur-Vezouze, F, Meurthe-et-Moselle, Cirey-sur- Vezouze:

FlN: Honviller ¹.

< *Hôdone-vîllâre* zum germ. PN *Hôdo* ², den Kaufmann zu einem Etymon *hôđ-* 'hüten, schützend bedecken' ³ stellt. Der SN zeigt romanischen Ausfall von intervokalischem [d] ⁴.

1) Quellennachweis: Nap. Kat.
2) Beispiele bei Förstemann, Altdeutsches Namenbuch I 862; Morlet, Noms de personne I 142 b; LMR 253.
3) Vgl. Kaufmann, Ergänzungsband 191.
4) → 5.3.10.

327. **+Horiviller**, Gden. Grandrupt-de-Bains und Vioménil, F, Vosges, Bains-les-Bains:

GewNN: Ruisseau de Horiviller, ruisseau des Bocards [1].

< *Halrîko-vîlâre* zum wfrk. PN *Hal(e)rîcus* [2]. Nach Kaufmann[3] ist ein westfränkisches Namenelement <hal(i)-> als namenrhythmische Verkürzung zu **halip-* [4] zu stellen. Das Zweitglied des PN gehört zum Stamm **rîk-a-* [5]. Die heutige Namenform erklärt sich bei diesem Ansatz durch die Vokalisierung von vorkonsonantischem [l] nach [a] zu [au], [o] [6].

1) Vgl. Marichal, Dictionnaire 230.
2) Vgl. Förstemann, Altdeutsches Namenbuch I 739.
3) Vgl. Kaufmann, Ergänzungsband 169.
4) → 5.1.1.85.
5) → 5.1.1.145.
6) → 6.1.2.1.1.

328. **Hottviller**, F, Moselle, Volmunster:

Hattenweiller (1533 K.); Hodtweiler (1570 K.); Hoddweiller (1594 K.17); Hodtweiler (1602); Hodtviller (1681); Ottveiller office de Bitche (1736) [1].

< **Hatten-wîlâri* zum PN *Hatto* [2], mit mundartlicher Verdumpfung des Stammvokals [3].

1) Quellennachweis: StA Darmstadt D 21/A 52.1; AD BR E 4271; Alix 111; Touba, Bitche 110; Sauer, Inventaire Nr. 657; AD MM B 572 Nr. 12. Die von Bouteiller, Dictionnaire 127, und anderen zitierten h-losen Formen des 15. Jhs. sind sicherlich nicht hierher zu stellen; damit läßt sich auch die von Dauzat/Rostaing 357, und Morlet, Noms de personne III 238 a, vorgeschlagene Deutung des SN mit Hilfe des PN *Audo, Otto* nicht aufrecht erhalten. In Unkenntnis des <a>-haltigen Erstbelegs stellt Hiegel, Dictionnaire 178, den SN zum PN *Hotto*; unzulässig ist allerdings seine Vermengung dieses zu einem Namenelement <hôd-> 'schützend bedecken' (→5.1.1.94) gehörenden PN mit den anders abzuleitenden PNN *Hudo* und *Audo, Otto*.
2) Belege unter Nr. 286.
3) → 6.2.1.2.

329. **Houewilre**, unbekannter Frühbesitz der Abtei Mettlach:

Houewilre (±1191 Or.)[1].

< *Hof-wîlâri*. Bestimmungswort ist ahd. *hof* 'Besitz, Vorhof'[2].

1) Quellennachweis: Müller, Güterrolle 145: Dem Kloster Mettlach werden von Folmar von Forbach Besitzungen in Blickweiler, von seinem Sohn zusätzlich Einkünfte in *Houewilre* übertragen. Wegen der geographischen Nähe zum Bliesgau-Ort Blickweiler (das sprachlich mögliche Hofweiler bei Trier liegt zu weit abseits) ist für die Identifizierung des letztgenannten Ortes an eine in den Quellen sonst als *Hove* aufscheinende Wüstung bei Lautzkirchen (Stadt Blieskastel, Saar-Pfalz-Kreis) gedacht worden. Sie ist 1195 Or., 1258 K. als *Hove*, 1326 K. als *Hoven* belegt (vgl. MRhUB II Nr. 145 bzw. MRR II Nr. 746; JRS Nr. 157; HRS Nr. 81; BRW Nr. 37; NRW Nr. 193; PRZ Nr. 541; zur Lokalisierung der Wüstung ausführlich Pöhlmann, in: Westpfälzische Geschichtsblätter 18 (1914) Nr. 7; Staerk, Wüstungen 243).
2) Vgl. Schützeichel, Wörterbuch 85.

330. **+Houtveiller**, Gde. Cattenom, F, Moselle, Cattenom:

FINN: die gewann hinder Kobenbusch biß ahn Othweyler (1657 K. 1695); Houtveiller (± 1840).- Mda. *hod ʼle ʳ* [1].

< *Huoden-wîlâri* zum PN *Hôdo, Huodo* [2], dessen Stammvokal im Mitteldeutschen zu [û] monophthongiert[3]. Vor Mehrfachkonsonanz kommt es zu sekundärer Kürzung[4] [û] > [u]; <ou> ist romanische Graphie für diesen Laut. Die Mundart zeigt außerdem mitteldeutsche Senkung [u] > [o][5] sowie Reduktion des Grundwortes *-weiler* zu *-ler*[6].

1) Quellennachweis: StB Trier ms. 1644/384; Nap. Kat. Auf der rezenten IGN-Karte ist die Wüstung als *Hutweiler* verzeichnet.
2) Vgl. Nr. 326. Die gleiche Grundform hat +Hudweiler bei Erzenhausen (D, Rheinland-Pfalz, Kaiserslautern: 1445/62 *Huttwilre*, 1592 *Hudweiler*, Belege nach Christmann, SNN I 274; ders., in: MHVP 57 (1959) 33; Kaufmann, Pfälz. ONN 130).
3) → 6.2.1.9.1.
4) → 6.2.1.4.
5) → 6.2.1.5.2.
6) → 3.7.2.

331. **+Howeiler**, Gde. Sarralbe, F, Moselle, Sarralbe:

sur le ban d'Howeiler (1304 K.18)[1].

< *(bî dem) hôhen wîler*[2].

1) Quellennachweis: AD Mos G 417.
2) Vgl. Nr. 293.

332. **Hudiviller**, F, Meurthe-et-Moselle, Lunéville-Nord:

on ban de Hudiviller (16 Jh. A. Or.); Hidiviller (1522); Hudyviller (1526); Hydyviller (1537); Huydiviller (1547); Hudivillers (1683)[1].

< **Hildîko-vîllâre* zum wfrk. PN *Hildîcus*[2], der das Element **hilð-jô-*[3] mit einem k-haltigen Suffix kombiniert. Wfrk. <hilde->, <helde-> zeigt romanische Vokalsenkung [î] > [e][4]. Auf Grund der in vorkonsonantischer Position regelhaften Vokalisierung von [l] ist eine Entwicklung zu [eu] > [ö][5] zu erwarten, welches in vortoniger Stellung früh zu [ü] geschlossen wird[6]. Da postkonsonantisches [r-] im Lothringischen schwinden kann[7], ist auch eine Grundform **Hildrîko-vîllâre* zum PN *Hild(e)rîcus*[8] mit Zweitglied **rîk-a-*[9] nicht auszuschließen.

1) Quellennachweis: Choux, Obituaire 39; Lepage, Dictionnaire 71; DHV IX 166 f.
2) Vgl. Förstemann, Altdeutsches Namenbuch I 834 f.; Morlet, Noms de personne I 131. Zur gleichen Grundform stellt sich z.B. auch Haudivillers (F, Oise: 1130 *Hindivillare* < **Hiudivillare*; 1320 *Houdiviller*, Belege nach Lambert, Oise 269, zur Entwicklung von [i, e] + [l] + Konsonant im Pikardischen vgl. Gossen, Grammaire 62).
3) → 5.1.1.90.
4) → 5.3.1.
5) Vgl. Rheinfelder § 321; Fouché 304; Bourciez § 56.
6) Vgl. Fouché 429. Zum Wechsel von [ü] und [i] in der lothringischen Skripta, der sich in diesem SN in einem wechselseitigen Eintreten der Graphien <u>, <i> und <y> widerspiegelt, vgl. Stark, Untersuchungen 101.
7) → 6.1.2.1.4.
8) Förstemann, Altdeutsches Namenbuch I 834 f.; Morlet, Noms de personne I 131; Schönfeld, PNN 137; Bruckner, Sprache 268; Kremer, PNN 147, u. v. m. Vgl. dazu den SN Heudicourt (F, Eure: 12. Jh. *Heldrici curtis*, belegt bei Blosseville, Dictionnaire 113; Morlet, Noms de personne III 260.
9) → 5.1.1.145.

333. **+Hübschweiler**, s. Dunzweiler, VG Waldmohr, D, Rheinland-Pfalz, Kusel:

Hubßwilr (1405 Or.); Hubschwiler (1459/89 K.16, 1563/64 K.18).
FlNN: Hübschweiler born (1564 Or.), Hübschweiler Berg [1].

< *Hubichen-wîlâri* zum PN *Hubicho* als zweistämmiger Kürzung aus PNN des Stammes *hug-u-* [2] mit auf [b-] anlautendem Zweitglied [3] ?

1) Quellennachweis: LA Sbr. Nass.-Sbr. II Nr. 2266 f° 55; Weizsäcker/Kieffer, Weistümer 290; LA Speyer B 2/255.1 f° 476; Stella Karte 1; Christmann, SNN I 274; Dolch/Greule 230 f.
2) → 5.1.1.104.
3) Zu ähnlichen Bildungen ausführlich Stark, Kosenamen 103-129; Bach, Namenkunde I, 1 § 91; Kaufmann, Untersuchungen 11.

Hüffersweiler: → Nr. 295.

334. **Hülzweiler**, Gde. Schwalbach, D, Saarland, Saarlouis:

Wilre (? 1152 K.15, ? 1179 K.15, ? 1197 K. 15; 1312 Or., 1327 Or., 1344 Or., 1361 Or., 1365 Or., 1439 K.15, 1444 K.15 u.ö.); Willer (1265 K.); Wylre (1364 Or.); Willre (1361 Or.); Wilra (1362 Or.) Wilr (1404 Or.); Wyller (1438 K.17); Hilswilr (1448 Or.); Helsweyler (1454 K.17); Heißwiler (1479 Or., 1487 Or.); Hültzweyler (1493 K. 17); Heltzwiler (1527 K.16); Holzwiler (1528 Or.) Holtzweiller (1557 Or.) Höltzweiler (1562 Or.); Holtzwieler (1562 K.17); Hiltzweiler (1563 Or.); Hultzweiler (1618 Or., 1622 Or. u.ö.); Hieltzweiller (1627 Or.) [1].

< *Wîlâri*. Das erst seit dem 15. Jh. faßbare Bestimmungswort schließt Jungandreas [2] wegen der <i>- und <e>-haltigen Belege an mhd. *huls* 'Stechpalme' [3] an. Allerdings gilt es zu beachten, daß neben dem germ. *hulta* > ahd. *holt, holz* [4] auch ein alter *i*-Stamm existierte, der durch mhd. *hulz* und *gehülze* sowie durch das Verb *hülzen* (neben *holzen*) [5] gesichert wird. Varianten auf <holtz-> neben solchen auf <hültz->, entrundet [6] <hiltz->, <heltz-> lassen sich wohl so erklären, so daß der SN als 'Weiler im Wald' zu deuten wäre.

1) Quellennachweis: BRW Nrr. 11. 21. 47 (die Zuordnung des Wadgasser Allods in *Wilre*, das dem Kloster schon vor 1152 als Schenkung eines Guntram zugefallen war, ist unsicher; die Identifizierung mit Hülzweiler bietet sich aber meines Erachtens

wegen der Nähe des großen Wadgasser Besitzkomplexes in Lisdorf und Ensdorf an); BRW Nrr. 359. 432; LA Sbr. Fraulautern Urk. Nrr. 118 f. 137 f. 147; LA Sbr. Nass.-Sbr. II Nr. 5404 f° 47; JRS Nr. 466; BRW Nr. 511; LA Sbr. Fraulautern Urk. Nrr. 139. 141; LA Sbr. Nass.-Sbr. II Nrr. 1012. 2939 f° 23v°; LA Sbr. Fraulautern Urk. Nr. 189; Pauly, Prozessionsliste 333; LA Sbr. Fraulautern Urk. Nrr. 210. 217; LA Sbr. Nass.-Sbr. II Nrr. 2939 f° 24r°. 2443 ff° 547. 762: LA Sbr. Fraulautern Urk. Nrr. 235. 244. 246. 248. 273. 273 a; LA Sbr. Herzogtum Lothringen Urk. Nrr. 27. 34.
2) Jungandreas, Lexikon 545.
3) Rhein. Wörterbuch III 934; Dittmaier, FINN 117.
4) Vgl. Nr. 325 Anm. 2.
5) Lexer, Handwörterbuch I 1382.
6) → 6.2.1.7.

Hünfretzwijlre (1364 Or.): → Nr. 313.

335. **Hüttigweiler**, Gde. Illingen, D, Saarland, Neunkirchen:

Hytichwilre (1344 K.14); Hytgewilre (15. Jh. K.); Hittichwilre (1413 Or., 1432 K.17); Huttichwilre (1436); Hüttigweyller (1447 K.); Hettigweiler (1447 K.); Hittigwiller (1481 K.); Hüttichwyler (1524 Or.); Hyttgewyler (1545 K. 16) [1].

< *Hit(t)ichen-wîlâri* zum PN *Hit(t)icho* [2] als Kosenamenbildung mit (verschobenem) k-Suffix [3] aus häufigerem *Hit(t)i, Hit(t)o* [4]. Dieses ist Assimilationsform mit kindersprachlichem l-Schwund und expressiver Konsonantenverschärfung aus *Hildo* [5], zum Stamm *hilð-jô-* [6]. Regelhafte Schreibung für den Stammvokal des PN ist <i> bzw. <y> für [i] [7], daneben treffen wir zum Teil Senkung zu <e> [8] bzw. <u>-Graphien [9], eventuell als Indikatoren einer Labialisierung zu [ü], die sich allerdings mundartlich nicht durchsetzt.

Nicht ganz auszuschließen ist wohl auch ein Ansatz *Hut(t)ichen-wîlâri* zum PN *Hut(t)icho* [10]. Der betroffene Namenstamm gehört wohl zu ahd. *hût* 'Haut, Hülle' [11], wobei eine Kürzung des Stammvokals möglich war [12]. In der Lautentwicklung des SN ist Umlaut [u] > [ü] vor folgendem [i] [13] anzunehmen; für eine anschließende Entrundung dieses [ü] > [i] schon im 14. Jh. gibt es Parallelbeispiele [14]. Die gleiche Entwicklung ist wohl (da altes [üe], umgelautet aus [ô] > [uo]) im Mitteldeutschen seit dem 11. Jh. zu [ü:] monophthongiert wird [15]) für einen PN *Huodicho*, zu dem in Lothringen nicht seltenen Stamm *hôð-* 'behüten, schützend bedecken' [16], anzunehmen, wenngleich aus dem mitteldeutschen Westen bisher, soweit ich sehe, keine Beispiele für eine Wiedergabe von altem [üe] als <i> oder <y> vorliegen [17].

1) Quellennachweis: Engel, Hüttigweiler 43 (ebd. Faksimile-Abdruck der Urkunde, wonach die Lesung *Hütichwilre* bei JRS Nr. 1404; Müller, ONN II 70, und Pöhlmann, Bliesgau I 112, zu korrigieren ist); LA Sbr. Nass.- Sbr. II Nr. 2805 f° 26; LHA Kobl. 54 S 1085 f.; Hammerstein, Urkunden Nr. 674 (vgl. auch Goerz, Regesten 132; Florange, Sierck 63); Engel, Hüttigweiler 44; Müller, ONN II 70; Florange, Sierck 63; Kath. Pfarrarchiv St. Wendel I 113; Pöhlmann, Gräfinthal Nr. 64; Kath. Pfarrarchiv St. Wendel XL 677, III 148; AD MM B 741 Nr. 4 f° 5.
2) Belegt ist (weibl.) *Hiticha* (Förstemann, Altdeutsches Namenbuch I 816). Müller, ONN II 70; Pöhlmann, I Bliesgau 112, und Hoppstädter/Herrmann/Klein, Landeskunde I 69, stellen den SN zum PN *Hattiko* > *Hatticho*, zum Stamm *hap-u-* (→ 5.1.1.88.), doch scheidet altes [a] im Stammvokal vor dem Hintergrund der historischen Belege aus.
3) → 5.2.
4) Vgl. Förstemann, Altdeutsches Namenbuch I 816; Morlet, Noms de personne I 143 b; Schlaug, PNN 110; Menke, Namengut 130.
5) Dazu Stark, Kosenamen 21; Kaufmann, Ergänzungsband 184; Menke, Namengut 130.
6) → 5.1.1.90.
7) Zu <y> für [î, i] vgl. 6.2.1.3.
8) → 6.2.1.5.1.
9) Vgl. Paul/Wiehl/Grosse § 48; zu den im westmitteldeutschen Sprachraum recht häufigen <u>-Schreibungen für mhd. [i] vgl. auch Nobiling, Vokalismus 36; Garbe, Untersuchungen 136 f.; Jeske, Kodex Trier 78; Hoffmann, Geschäftssprache 51.
10) Förstemann, Altdeutsches Namenbuch I 921, erschließt einen stark flektierten PN **Hudich* aus dem ON *Hudicheshusen*; zur einfachen Variante *Hu(t)o* vgl. auch Morlet, Noms de personne I 142 b; Geuenich, PNN Fulda 43. 51.
11) Schützeichel, Wörterbuch 89.
12) Vgl. Kaufmann, Ergänzungsband 204.
13) → 6.2.1.1.
14) → 6.2.1.7.
15) Vgl. Paul/Wiehl/Grosse §§ 43. 83.
16) → 5.1.1.94.
17) Der Laut wird allgemein durch <u> bzw. <û> bezeichnet.

Hummervillers (1292 Or.): → Nr. 276.

336. **Humweiler**, Gde. Oberthal, OT Gronig, D, Saarland, St. Wendel:

Hunwilre (1335 Or.); Homwilre (1345 Or., 1347 Or.); in den zweyen dörffern Vmweiller vnd Homweiler gelegen in dem Bließen thale (1414 K.16); Gronche vnd Homewyller (15. Jh. E. Or.), Homwilor (1480 Or.); Homwiller (1506 Or.); Hombweiller (1598 Or.); Hunweiler (1621/87); Homweiller (1690, 1779) [1].

< *Hûnnen-wîlâri zum PN Hûnno ². Der PN gehört wohl zum häufigen Stamm *hûn-i- ³, wobei der ursprünglich lange Stammvokal vor folgender Doppelkonsonanz gekürzt wurde ⁴. <o>-Schreibungen für [u] sind nicht selten ⁵, auch der Wandel von dentalem [n] zu labialem [m] vor folgendem [w] überrascht nicht.

1) Quellennachweis: LHA Kobl. 1 A Nrr. 4844. 5250. 5454; AD Mos 1 E 150 (weitere Kopie in: Bistumsarchiv Trier 71,3 / 17,1 f° 319); LHA Kobl. 24/539 f° 36; LHA Kobl. 1 C 7439 f° 26r°; StB Trier ms. 1756/950 S. 60; Lamprecht, Wirtschaftsleben II 729; ZGSG 6/7 (1956/57) 66; Durival III 202.
2) Der PN ist u.a. belegt bei Förstemann, Altdeutsches Namenbuch I 930; Morlet, Noms de personne I 141; Schlaug, PNN 117.
3) → 5.1.1.106.
4) Zur Kürzung vgl. Paul/Wiehl/Grosse § 47. Allerdings legt der Name des Vandalenkönigs *Hunirix*, für den auch Schreibungen mit <o> statt <u> bezeugt sind (Schönfeld, PNN 143), auch die Möglichkeit eines von *hûn-i- unabhängigen Namenelementes mit kurzem Stammvokal nahe; vgl. dazu ausführlich Gutenbrunner, Hund; Müller, Studien 72; Menke, Namengut 132. Nicht ganz auszuschließen ist auch ein Ansatz mit dem von Kaufmann, Ergänzungsband 192 f. als Primärstamm angesetzten <hôn-> (zu ahd. *huon* 'Huhn' ?); dazu der aus Remiremont belegte Kurzname *Huono* (LMR 256) sowie zweimal aus dem Verbrüderungsbuch von St. Peter zu Salzburg *Huonfrid* und *Huonger* (Förstemann, Altdeutsches Namenbuch I 932 f.).
5) → 6.2.1.9.1.

Hunfrideswilre (1223 K:): → Nr. 295.

337. **+Huntwilre**, nicht lokalisiert im Eßweiler Tal, VG Wolfstein, D, Rheinland-Pfalz, Kusel:

Hûntwilre (14. Jh. 2. H. Or.) ¹.

Bestimmungswort ist vermutlich (mit Einschub eines Sproßkonsonanten ²) "ahd. *hunno*, seit dem 12. Jh. Bezeichnung für einen Untervogt" ³, dann möglicherweise nur "Funktionsname" einer anderen, nicht unbedingt einen -weiler-Namen tragenden Siedlung, "wie z.B. Einöd im Saar-Pfalz-Kreis im 13./14. Jh. vom Kloster Werschweiler ... [als] *Hunthausen* bezeichnet wurde" ⁴.
Nicht ganz ausgeschlossen ist allerdings auch ein PN *Hundo* ⁵.

1) Quellennachweis: LA Speyer F 2/148 f° 117v°, zit. nach Dolch/Greule 234. Danach erscheint der Name, der offensichtlich nicht identisch ist mit dem ebenfalls genannten

Hinzweiler (Nr. 317), "in drei Listen der *zinse in Horrensauwer kirspel*, die dem Kloster Disibodenberg zufielen".
2) Vgl. Paul/Wiehl/Grosse § 149.
3) Dolch/Greule 234.
4) Wie Anm. 3, vgl. auch Christmann, SNN I 276; Staerk, Wüstungen 245, und vor allem Dolch, Hundheim 74.
5) Förstemann, Altdeutsches Namenbuch I 929; vgl. auch Löffler, Weilerorte 125 f., mit Hinweisen auf gleichnamige Siedlungen.

Huntzwilre (1393): → Nr. 317.

Hupwilre (1316 Or. u. ö.): → Nr. 296.

Huswiller (1448): → Nr. 292.

Huswilre (1274 K. u. ö.): → Nr. 314.

338. **Huviller**, alter Name von Jolivet, F, Meurthe-et-Moselle, Lunéville-Sud [1]:

Wihivilleir (1291 Or., 1293 Or.); Wihuuilleir (1296 Or., 1315 Or. u.ö.); Wehiueler (1310 Or.); Vyhiuiller (1315 Or.); Wyhuuilleir (1317 Or.); Wehyvilleir (1347 Or., 1352 K.); Wehiuiller (1347 Or., 1448 Or. u.ö.); Wyhyuilleir (1390 Or.); Hoyuiller (1450 Or.); Wyhiuiller (1467/77 Or.); Huyviller (1536 Or.); Wihuuiller (1540 Or.); Huiveller (1590 Or.); Vihuviller (1594 K.17); Huviller, anciennement Vihuviller (1779); Huviller ou Jolivet (1790) [2].

<i> im Zweitglied des Bestimmungswortes erklärt sich am einfachsten, wenn man von einer Grundform *Wid(e)haido-vîlâre zum wfrk. PN *Wid(e)haidus* bzw. *Wid(e)haide-vîlâre* zum entsprechenden weiblichen PN *Wid(e)haidis* [3] ausgeht, denn die Entwicklung von (nicht haupttonigem) [ai] > [i] ist typisch ostfranzösisch [4]. Das Erstglied des PN dürfte dabei wegen der <e>-Graphien in den ältesten Belegen eher zum Stamm *wid-u-* 'Holz, Wald' [5] denn zu *wid-a-* 'weit' gehören. Ein Namenelement *haiþ-u-*, *haiþ-i-* 'Gestalt, Rang, Würde' bildet nach Schramm sowohl männliche als auch weibliche Endglieder [7] und ist offensichtlich gerade im Westfränkischen besonders beliebt [8]. Die Lautentwicklung des SN zeigt nach dem frühen Ausfall des nachkonsonantischen [h] [9] Schwund auch des nun intervokalischen Dentals [10]. Auf dieser Stufe dürfte zur Hiatustilgung im Silbeneinschnitt ein <h> restituiert worden sein, das wie in anderen lothringischen SNN vermutlich sogar gesprochen wurde [11], was die in den jüngeren Belegen

297

aufscheinende Deglutination der Vortonsilbe begünstigt haben dürfte [12].

1) Vgl. Lepage, Communes I 522: "On sait que Jolivet a porté le nom d'Huviller jusque vers le milieu du siècle dernier" (d.i. das 18. Jh.).
2) Quellennachweis: Pange, Actes Ferri Nrr. 997. 1124; AD MM H 338; AD MM B 793 Nrr. 20-23; AD MM B 574 Nr. 70; AD MM H 1513; AD MM B 5658; MSAL (1890) 169; AD MM B 700 Nr. 13; AN Lux A 52 Nr. 1618; AD MM B 6632; BSPV 25 (1899/1900) 371; AD MM B 793 Nr. 4 [16]; MSAL (1868) 136; Alix 44; Durival III 207; Lepage, Dictionnaire 73.
3) Vgl. Förstemann, Altdeutsches Namenbuch I 1570.
4) Vgl. z.B. Schwan/Behrens § 266; Güttler, Lautstand § 62. Die seit dem 14. Jh. aufscheinende Rundung zu durch die Graphien <u>, <ui>, <uy> ausgedrücktem [ü] wäre damit sekundär.
5) → 5.1.1.170. Zu <e> neben <i> für [i] in mittellateinischer Orthographie vgl. 6.1.1.7.
6) → 5.1.1.169. Zu der für die ostfranzösische Skripta in Rechnung zu stellenden Möglichkeit einer Wiedergabe auch des ursprünglich langen [î] durch <e> vgl. allerdings 6.1.1.7.
7) Schramm, Namenschatz 162; vgl. auch Tiefenbach, Xanten-Essen-Köln 361; Kaufmann, Ergänzungsband 165. Die Ausgangsbedeutung scheint 'lichte Erscheinung' (so z.B. Förstemann, Altdeutsches Namenbuch I 723; Grienberger, Wortbildung 103; Scherer, Sinngehalt 16) gewesen zu sein. Kaum wird man mit Schatz, Sprache 22, an mhd. *heide* 'unbebautes Land' denken dürfen.
8) Vgl. Kremer, PNN 269; Longnon, Polyptyque I 328.
9) Vgl. Rheinfelder § 542. Diese Chronologie der lautlichen Entwicklung legen auch zahlreiche andere bei Morlet, Noms de personne, zitierte PNN mit Schwund des [h] und erhaltenem Dental *(Aitardus, Aitarius, Atildis, Autardus,* etc., vgl. Morlet, Noms de personne I 14. 26. 44) nahe.
10) → 5.3.10.
11) → 6.1.2.3.
12) → 4.2.1.

Huwersweiler, unbekannter Hof im Raum Saarburg/Lothringen, genannt 1259 (K., JRS Nr. 414) als lothringisches Lehen in der Hand der Zweibrükker Grafen: Ohne weitere Quellenzeugnisse nicht sicher zu deuten; evtl. verschrieben bzw. verlesen für Nr. 1.

Imminiuilare (699 K. 9): → Nr. 20.

339. **Imweiler**, Gde. Oberthal, D, Saarland, St. Wendel:

Ymwilre (1335 Or.); Imwilre (1345 Or.); Inwilre (1347 Or.); Vmweiller (1414 K.16); Imbweiller (1570 Or., 1779); Imweiller (1594 K.17, 1690); Ymmweiler (1615 Or.); Imwiler (1669 Or.); Imwiller (1688 Or.); Imweiler (1716 Or.)¹.

< *Immen-wîlâri zum PN Immo ², als Assimilationsform zu aus *irmin-a-, *erman-a- verkürztem *irmi-, *erma- ³.

1) Quellennachweis: LHA Kobl. 1 A Nrr. 4844. 5250. 5454 (weitere Kopie in: Bistumsarchiv Trier 71,3 / 17,1 f° 319); AD Mos 1 E 150; Herrmann, Betreffe 192; Durival III 212; Alix 87. 125; ZGSG 6/7 (1956/57) 66; Engel, in: Heimatbuch des Landkreises St. Wendel 13 (1969/70) 69; Jung, Gerichtsbuch Nrr. 284. 318. 392. Zur Identifizierung des von Müller, ONN II 70, hierher gestellten *Imminiuilare* vgl. Nr. 20.
2) Belege für diesen sehr häufigen PN geben z.B. Förstemann, Altdeutsches Namenbuch I 949; Morlet, Noms de personnes I 85 a; LMR 257; Tiefenbach, Xanten-Essen-Köln 353.
3) → 5.1.1.52.

Ingeviler (1085 K.), im Besitz des Hauses Bar: → Nr. 164.

340. **Ingweiler**, Stadt Homburg, Stadttl. Einöd, D, Saarland, Saar-Pfalz-Kreis:

Onewilre (±1180 K., 1227 K.15, 1302 K.14, 1314 K.15, 1326 K.14, 1334 K.15, 1335 Or., 1339 Or. u.ö.); Önwyler (1290 K.15); Onewilr (1302 K.14); Oinewilir (1313 Or.); Onewiler (1335 Or., 1339 K., 1487/1525 Or.); Enewilre (1340 Or.); Enwilr (1378/87 K.15); Oneweiller (1389 K.15, 1397 K.15, 1453 K.15, 1456 K.15 u.ö.); Onwylere (1391 Or.); Onwiler (1406 K.15); Enwiller (1537 K.).- Mda. ęnwileʳ ¹.

< *Aunin-wîlâri ² zum PN wfrk. *Aunin(a) als weibliche Entsprechung zu männlichem Auno bzw. Aunîn ³, komponiert mit Hilfe eines aus westgotischer, burgundischer und westfränkischer Überlieferung gut bekannten Namenelementes <aun-> ⁴. G. Schramm ⁵ betrachtet <aun-> als n-Erweiterung zum Stamm *aw-ja-, dem er eine Bedeutung' Heil' zumißt. Im SN löste der Suffixvokal des Bestimmungswortes Umlaut von [ô] (< [au]) zu durch <o>

markiertem [ö:] aus ⁶. Die in der Mundart der Gegend konsequent durchgeführte Entrundung von [ö:] > [e] ⁷ ist hier schon um die Mitte des 14. Jhs. bezeugt ⁸.

1) Quellennachweis: Christmann, SNN I 289; NRW Nr. 65; Pöhlmann, Mauchenheimer Nr. 23; NRW Nr. 532; PRZ Nr. 541; NRW Nrr. 581. 611; HStA Wiesbaden 147/3; Wurth-Paquet, Reinach I Nr. 232; Glasschröder, Urkunden Nr. 699 (vgl. auch PRZ Nr. 325); Pöhlmann, Mauchenheimer Nr. 23; Pöhlmann, Gräfinthal Nr. 4; Lehmann, Schlösser IV 180; NRW Nr. 619; Lehmann, Schlösser V 183; Pöhlmann, Bruderschaftsbuch Nr. 172; Lehmann, Schlösser V 183; PRV Nr. 625; NRW Nrr. 786. 808. 922. 925; Glasschröder, Neue Urkunden Nr. 387; NRW Nrr. 828. 1112; Christmann, SNN I 289. Das von Christmann notierte *enwila* wird heute nicht mehr gesprochen; üblich ist *Ingwiller*.
2) Näheres zur Flexion unter 4.3.
3) Vgl. Förstemann, Altdeutsches Namenbuch I 208. Auf eine Grundform *Auninesheim* geht das nahegelegene Ensheim bei St. Ingbert (1152 K.15 *Onesheim*, 1179 K.15 *Honsheim*, 1197 *Onesheym*, 1225 Or., ±1235 Or. u.ö. *Honesheim*; Belege nach BRW Nrr. 11. 21. 97. 117; Meinert, Papsturkunden Nr. 117) zurück. Ein Suffix *-ino*, welches männliche PNN bildete, ist überaus selten: Förstemann, Altdeutsches Namenbuch I 1142, nennt insgesamt 18 Belege, die alle einer genauen Überprüfung bedürften, weshalb mit maskulinem *Aunino* wohl nicht zu rechnen ist.
4) Vgl. neben dem bei Schramm, Namenschatz 150, genannten Material auch Morlet, Noms de personne I 48 b; Gasnault, Documents 89.
5) Schramm, Namenschatz 150 f.; so auch Kaufmann, Ergänzungsband 46, und Morlet, Noms de personne I 48.
6) Vgl. Paul/Wiehl/Grosse § 67. Kaufmann, Pfälz. ONN 137, der den SN (unter berechtigter Zurückweisung der von Christmann, SNN I 289 f., vorgeschlagenen Deutung mit Hilfe eines stark flektierten PN *Omîn*) zum männlichen Kurznamen *Auno* stellt, betrachtet als Auslöser des Umlauts einen "frühoberdt. Gen. Sg. auf *-in*" mit dem im Saar-Moselraum allerdings kaum zu rechnen ist, → 4.3.
7) Vgl. z.B. Wiesinger, Untersuchungen I 248 f.; Kuntze, Studien 23; Altenhofer, Untersuchungen 123.
8) Zahlreiche Entrundungsbelege des 14. und 15. Jhs. (<e> für <o>) z.B. bei Hoffmann, Geschäftssprache 166; Froeßl, Sprachbewegungen 88.

341. **+Ingweiler**, jetzt Ingweilerhof sö. Reipoltzkirchen, VG Wolfstein, D, Rheinland-Pfalz, Kusel:

Ingemudewilre (1339 Or.); Engemudelwilre (1360 Or.); das huße Ingwiller oben an Rypoltzkyrchen (1454 Or.); Ingweiler (1570 K., 1599 Or.) ¹.

< *Ingi(l)muode-wîlâri* ² zum weiblichen PN *Ingi(l)môdis* > *Ingi(l)muot* ³, komponiert aus den Stämmen *ing-wa-*, *ing-u-* (+ [l]) ⁴ und *môd-a-*,

*môð-i-, wobei letzteres männliche und weibliche Endglieder bildet ⁵. Im Beleg *Engemudelwilre* ist <l> sicherlich verschrieben bzw. verlesen; am ehesten aus <s>, womit sich ein weiteres Beispiel für die von Kaufmann beschriebene analogische Angleichung des "seltene[n] Typus 'weiblicher PN + wîlre' ... an den Normaltypus 'männlicher PN + wîlre" ⁶ ergäbe. In der Lautentwicklung des SN wird die nach Abschwächung und Synkope der Mittelsilbenvokale entstehende Dreikonsonanz [mdw] durch Ausfall des Dentals beseitigt; so entstandenes *Ingemwiler, *Ingenwiler* führt auf heutiges Ingweiler.

1) Quellennachweis: PRV Nr. 642; Schmitz, Salm Nr. 70; HStA München, Rheinpfälz. Urkunden Nr. 3427; Pöhlmann, Lehensbuch 134; LA Speyer B 6 / 335. Ohne Datierung und Angabe von Quellen nennen Frey, Versuch III 468; Heintz, Verschollene ONN 67; Häberle, Wüstungen 154, und Christmann, SNN I 289, zusätzlich die Belege *Engelmorsweiler* und *Engelmorwilre*. Vgl. auch Dolch/Greule 241.
2) Zur Flexion vgl. Schramm, Namenschatz 126 ff.; Braune/Eggers §§ 209 Anm. 2, 210 Anm. 5. Christmann, SNN I 289, hatte einen männlichen PN *Ingemuot* angesetzt, was sich jedoch mit der Lautentwicklung des SN nicht vereinbaren läßt. Das Fugen-s des ahd. starken Genitivs hätte sich erhalten müssen, vgl. dazu schon Kaufmann, Pfälz. ONN 136 f.
3) Belegt bei Morlet, Noms de personne I 146 a.
4) → 5.1.1.109.
5) → 5.1.1.129.
6) Kaufmann, Pfälz. ONN 137.

342. **Insviller**, F, Moselle, Albestroff:

Ensewilre (1294 Or., 1301 Or., 1375 Or., 1381 Or.); Einsewilre (1338 Or., 1373 Or., 1374 Or., 1379 Or., 1383 Or., 1427 Or.); Enßwylre (1382 Or.) Einsewilr (1427 Or.); Einsweiler (1429 K., 1431 K.); Ensewiler (1453 Or.); Ensviller (1469 K.); Enswyler (1481 K.15); Einßwiller (1487/88 Or.); Enßwiller (1491); Eynsewyler (1510); Einßwiler (1534 Or.); Enßweyler (1728); Einswiller (1739).- Mda. *entzwiller* ¹.

< *Aginizen-wîlâri* zum PN *Aginizo* ². Die zahlreichen <e>-Graphien für mhd. [ei] in der Belegreihe lassen sich auch sonst gut fassen ³, eventuell bereits als Anzeiger der mundartlich durchgesetzten Kürzung des Diphthongs vor Konsonantenhäufung, die schon im Mittelhochdeutschen nicht selten ist ⁴.

1) Quellennachweis: AD MM H 1255; LHA Kobl. 55 A 4 Nr. 287; HRS Nr. 964; Stadtarchiv Sbr., Kleine Erwerbungen Nr.19; HRS Nr. 310 (vgl. PRZ Nr. 586); AD

MM B 692 Nr. 14; AD MM B 689 Nr. 89; AD MM B 692 Nr. 14; AD MM B 691 Nr. 225; HRS Nr. 949; Benoit, in: MSAL 6 (1864) 61; HRS Nr. 1306; AD MM B 5251 f° 17r°; HRS Nrr. 1467. 1650; AD BR E 5133 Nrr. 6. 14; AD MM B 11786 f° 222; mundartliche Lautung nach schriftlicher Mitteilung des Gemeindevorstehers.
2) Vgl. Nr. 165. Ebenso Aispel, Gde. Indlekofen, Kr. Waldshut: 1305 *Enswiler*, 1351 *Enswilre* (Heilig, ONN 61).
3) → 6.2.1.10.
4) Vgl. Paul/Wiehl/Grosse § 47.

Iohannevillare, Frühbesitz der Abtei Weißenburg am Sanon: → Nr. 600.

343. **+Ixweiler**, Gde. Tholey, OT Tholey, D, Saarland, St. Wendel:

FlNN: Yxweiler (1606); Ixweiler (1791); In Ixweiler, Oben in Ixweiler [1].

Wie für Ixheim bei Zweibrücken, das 962 (F. 11 Jh. E.) als *Ukinesheim* [2] bezeugt ist, dürfte auch hier ein PN **Ukîn* vorliegen, den Kaufmann mit romanisch bedingtem Schwund des anlautenden [h-] [3] zum Stamm **hug-u-* [4] stellt. Der Suffixvokal [i] im PN verursacht Umlaut des vorausgehenden [u] > [ü] [5], das später zu [i] entrundet wird [6]. Abschwächung des Mittelsilbenvokals und Assimilation [ns] > [s] führen zur heutigen Lautung.

1) Quellennachweis: Staerk, Wüstungen 250.
2) Die ältesten Belege für diesen Ort sind 962, 1125 *Ukinesheim*, 1023, 1026 *Hukinesheim*, 1051 *Uchinesheim*, 1293, 1303 u.ö. *Ugkesheym*, 1301 *Uckensheim*; Belege nach Gysseling, Woordenboek 539; Christmann, SNN I 291 f.; Kaufmann, Pfälz. ONN 139; ders., Untersuchungen 199; Pöhlmann, Mauchenheimer Nr. 25; Dolch/Greule 243.
3) Vgl. Kaufmann, Untersuchungen 196 ff., bes. S. 199; ausführlicher 5.3.6.
4) → 5.1.1.104.
5) → 6.2.1.1.
6) → 6.2.1.7.

344. **+Jenneviller**, Gde. Brouville, F, Meurthe-et-Moselle, Baccarat:

Haut de Jenneviller [1].

Zum keltischen PN *Gennus* [2] bzw. zu wfrk.-rom. *Gennus*, welches in romanischer Umgebung aus germ. **gagin-a-* [3] entsteht [4].

1) Quellennachweis: Nap. Kat.
2) Der PN, der sich auch in dem bekannten SN Gennevilliers bei Paris (12. Jh. *Ginnivillare*, 1218 *Geneviler*, 1230 *Ginneviller*, 14. Jh. *Genevilari*; Belege nach Morlet, Noms de personne III 328) findet, ist belegt bei Evans, Names 206. Eventuell wäre auch an eine stark flektierte Variante des im allgemeinen als germanisch betrachteten PN *Genno* zu denken.
3) → 5.1.1.61.
4) → Nr. 230.

345. **+Johannisweiler**, Gde. Farschviller, F, Moselle, Forbach [1]:

Sant Johann zu wiler (±1494 Or.); Johannisviller (1607); den hoffen zu Johanßweyler (1620 Or.); la bergerie de Johansweiler, est ruinée (1665); Johanßweiller (1697); Johansweiller (1700); Johannesweyler (1704); Johannsweiller (1706); Guehanneswiller (1744); Johannisviller (1753); Joannèsviller (1779); Johanneswiller ou Saint Jean (1860).
FlN: Johannisweiler (±1900).- Mda. *gehanswiller* [2].

< *Wīlāri*, Standort einer dem Täufer geweihten Kapelle [3]. Die Mundartform reflektiert die lothringische Aussprache des PN Johannes [4].

1) Hinweise auf die Wüstung, die Bouteiller, Dictionnaire 94. 131, auch als *Gansweiler* verzeichnet, geben RL III 492; AT II 502 f. 507; Löhle, Heimatkunde 21; Langenbeck, Wüstungen 21.
2) Quellennachweis: LHA Kobl. 54.33/728 f° 6v°; Dorvaux, Pouillés 176; AD MM B 857 Nr. 70; Huber, Sarreguemines 370; AD Mos 4 E 338; Touba, Tentelingen 31; Touba, in: Jahrbuch der els.-lothr. wiss. Gesellschaft 7 (1934) 139; AD Mos 4 E 155; Bouteiller, Dictionnaire 131; AD Mos 24 J 102 f° 42; Durival III 213; Bouteiller, Dictionnaire 131. 229; Katasteramt Forbach, Flurbücher der Gemeinden Farschviller und Diebling (um 1900); RL III 492.
3) Vgl. Hiegel, in: Le Pays Lorrain (1961) 65; ders., Dictionnaire 185. Nach Haubrichs, Datierung 80 Anm. 67, war der Abt Fardulf von St. Denis, wohl der Eponym von Farschviller (Nr. 201), zu dessen Sprengel +Johannisweiler gehörte (AT II 502; Haubrichs, Bliesgauische ONN I 62), ein Verehrer des Täufers, so daß es "vielleicht kein Zufall [ist], daß zu den Filialen von Farschweiler auch ein Ort mit Namen Johannisweiler gehört". Es handelt sich jedenfalls nicht um eine Nachbenennung des 18. Jhs., wie Engels, ONN 131, annahm.
4) Follmann, Wörterbuch 434 *Gehannes*.

346. **+Jonvillet**, Gde. Fréville, F, Vosges, Neufchâteau:

FlN: Jonvillet [1].

< *Judône-vîlláre zum PN Judo [2] mit romanischer Vokalsenkung [u] > [o] [3] und Schwund von intervokalischem [d] [4].

1) Vgl. Marichal, Dictionnaire 239.
2) Förstemann, Altdeutsches Namenbuch I 981, vgl. auch Nr. 347. Zum gleichen PN gehört Jonvelle (F, Hte. Saône: 15. Jh. *Jonvilla*, vgl. Boulard, Documents 306).
3) → 5.3.1.
4) → 5.3.10.

347. **+Judviller**, Gde. Vitry-sur-Orne, OT Beuvange-sous-Justemont, F, Moselle, Moyeuvre-Grande:

FlNN: par le chemin de Judeville (±1700); fossé de Judviller (±1840) [1].

< *Juden-wîlâri zum PN Judo [2]. Ähnliche Bildungen werden schon von Schönfeld an den Stamm *euþ-a- [3] angeschlossen; speziell der Kurzname Judo wurde unter Umständen auch als zu ahd. *judeo* 'Jude' [4] gehörig empfunden [5].

1) Quellennachweis: Jacquemin, Justemont 120; Nap. Kat.
2) Belegt bei Förstemann, Altdeutsches Namenbuch I 981; Tiefenbach, Xanten-Essen-Köln 354.
3) Vgl. Schönfeld, PNN 82, daneben auch Kaufmann, Ergänzungsband 110. 220; Gysseling, Proeve II 10. Anders Hammerich, Clamor 170. 184 (germ. *juđ- 'Kampf'), zusammenfassend Littger, Studien 184 ff.
4) Schützeichel, Wörterbuch 94.
5) So Tiefenbach, Xanten-Essen-Köln 354.

Jungfrowesarewilre (1404 Or.): → Nr. 212.

348. **+Jutzviller**, Gde. Volmérange-lès-Mines, F, Moselle, Cattenom:

FlN: Jutzviller [1].

Das Bestimmungswort des SN enthält sicherlich einen PN des Stammes *euþ-a- > ahd. <jud-> [2], wobei am ehesten mit einer wfrk. s-Erweiterung[3] des Kurznamens Judo [4] > *Jud-s-o, Juzo [5] zu rechnen ist.

1) Quellennachweis: Toussaint, Frontière 84. Auch von der Lage her nicht identisch mit Nr. 194.

2) → 5.1.1.56.
3) → 5.2.
4) Förstemann, Altdeutsches Namenbuch I 981.
5) Ebd. S. 982.

349. **+Käsweiler**, n. Homberg, VG Lauterecken, D, Rheinland-Pfalz, Kusel:

Kesewilre (1319 Or., 1363 K., 1381 Or.); Kesewiler (1443 K.); Kesewiller (1448 Or.); Keßwiller (±1500 Or.).
FlN: Käsweiler Höhe [1].

Greule und Dolch [2] stellen diesen SN zu gallorom. *cassinus* 'Eichenwald' [3], doch ist auch ein Ansatz *Kesen-wîlâri* zum PN *Keso* [4] gut möglich. Der bisher nur einmal aus dem niederländischen Utrecht belegte Kurzname dürfte anlautverschärfte Variante [5] eines häufigeren, in seinem Ursprung allerdings nicht eindeutigen wfrk. *Geso* [6] sein. Möglich erscheint mir eine Entwicklung aus *Gedso* (mit westfränkisch-romanischem s-Suffix und romanischer Assimilation von [ds] > [ss]) [7]. Ein PN *Gedo*, aus dem sich ein vereinzelt belegter westfränkischer Sekundärstamm <ged-> entwickelte [8], mag sich mit romanischem Ersatz von wgerm. [ai] durch [ê] [9] zum Stamm *gaið-ô-* [10] stellen. In der Literatur wird wfrk. *Geso* zum Teil (dann mit ebenfalls romanischer Entwicklung von germ. [ai] > [ê] [11]) - zum Stamm *gaiz-a-* [12] gestellt [13], der aber im westfränkischen Raum durch <gair-> fortgesetzt wird. Morlet denkt an den Stamm *gîs(il)-* [14], obwohl dieser ursprünglich langes [î] hat; da gerade in den ostfranzösischen Dialekten eine Senkung auch von [î] > [e] offenbar schon früh möglich war, ist auch dieser Stamm wohl tatsächlich nicht ganz auszuschließen [15].

1) Quellennachweis: Schmitz-Kallenberg, Urkunden Nrr. 108. 128; Fabricius, Heide 111; Michel, Geschichte 44 (danach Müller, ONN II 70; Jungandreas, Lexikon 177); HStA München, Rheinpfälz. Urk. Nr. 2288; Dolch/Greule 247.
2) Dolch/Greule 247.
3) Vgl. FEW II,1 459 ff.; zur Verbreitung in französischen ONN Vincent, France 133; Longnon, Noms de lieux 159. 161. 611-613; Gröhler, Ursprung I 113. Zur Bedeutung des Lehnwortes im Rheinland vgl. Dittmaier, FlNN 133. 162; Post, Entlehnungen 232.
4) Belegt bei Morlet; Noms de personne I 110 a.
5) Zur Anlautverschärfung in PNN vgl. Kaufmann, Rufnamen 34 ff.
6) Vgl. Förstemann, Altdeutsches Namenbuch I 589; Morlet, Noms de personne I 110 a; LMR 245; Mansion, Naamkunde 15 (unter den "Namen van Romanen").
7) → 5.2., 5.3.10.

8) Vgl. Morlet, Noms de personne I 97 a *Gedulfus*; LMR 242 *Gedildis*.
9) → 5.3.2.
10) → 5.1.1.62.
11) → Wie Anm. 9.
12) → 5.1.1.63.
13) So Kaufmann, Ergänzungsband 134; Wrede, Ostgoten 117; Schönfeld, PNN 107.
14) Morlet, Noms de personne I 110 a, zum Stamm ausführlich 5.1.1.68.
15) Vgl. dazu 6.1.1.7.; Stark, Kosenamen 40. 86 *Giselbertus qui et Gezo*.

+Käsweiler, Gde. Weiskirchen: → Cäsweiler.

350. +**Kalbweiler**, Gde. Diemeringen, F, Bas-Rhin, Drulingen [1]:

FlN: Kalbweillermatt [2].

< **Kalben-wîlâri* zu einem PN **Kalbo*, der als zweistämmige Kürzung aus **Calbertus*, etc. [3], entwickelt sein könnte. Mit Assimilation des stammauslautenden Dentals an folgendes [b] [4] entsteht ein Namenelement <cal-> im romanischen Bereich aus den dort ausgesprochen häufigen Bildungen auf <cald-> (< **haliþ-*) mit Ersatz von germ. [h] durch rom. [k] [5], zum Teil wohl auch aus verkürztem **hal-i-* (< **haliþ-*) [6] sowie aus einer "auffallend oft bezeugten l-Erweiterung *Cadal-*" [7] zum Stamm **haþ-u-* [8]. Eventuell ist auch an an einen von Kaufmann nachgewiesenen Namenstamm **halb-a-* (mit unsicherer Bedeutung) [9] zu denken, der aus der Galloromania allerdings bisher nicht belegt ist.

1) Quellennachweis: Nap. Kat.
2) Erste Hinweise auf diesen Namen bei Humm/Wollbrett, Villages 63.
3) Vgl. LMR 276 *Calfridus*.
4) → 5.3.10.
5) → 5.3.6.
6) Vgl. Kaufmann, Ergänzungsband 169.
7) Vgl. Kaufmann, Rufnamen 209.
8) Kaufmann, Ergänzungsband 169.
9) Ebd.

Kalmesweiler: → Calmesweiler.

351. **Kaltweiller**, Gde. Montenach, F, Moselle, Sierck-les-Bains:

Caltwilre (1350 K.18); Kaltwilre (1385/97 Or.); Kaltwiller (1477 Or., 1480/81 Or. u.ö.); Kaltwieler (1577 Or.); Kaltweiller (1629 Or., 1659 Or. u.ö.)[1].

< *Calden-wîlâri zum PN *Caldo, einem mit romanischem Lautersatz von germ. [h] durch [k][2] und von [þ] durch [t] > [d][3] gebildeten Kurznamen zum Stamm *haliþ-[4].

1) Quellennachweis: AD Mos H 1714 f° 25v°; AD Mos B 2344, Gültbuch d. Friedr. v. Sierck f° 4; AD MM B 9355; AD MM B 1937 f° 69r°; AD Mos H 3632 Nr. 1 f° 1r°; AD Mos H 3632 Nr. 2. Der bei Bouteiller, Dictionnaire 134, genannte Beleg *Kalzveiler* ist verlesen; mir sind keine Originalbelege für diesen SN bekannt, die in der Kompositionsfuge ein <s> bzw. <z> als Indikator eines ursprünglich starken althochdeutschen Genitivs aufweisen.
2) → 5.3.6.
3) Vgl. Gamillscheg, Romania Germanica I 382; Kaufmann, Rufnamen 178; Schönfeld, PNN XXII.
4) Vgl. zu diesem Stamm ausführlich 5.1.1.85. Zum PN *Caldo stellen sich auch die Wüstungen +Kallweiler, Gde. Sobernheim-Pferdsfeld (D, Rheinland-Pfalz, Bad Kreuznach, mit Assimilation von [ld] > [ll], vgl. Kaufmann, ONN Bad Kreuznach 94) und +Kaltwiller bei Zabern (F, Bas-Rhin, Saverne, 1278, 1343, 1474 K.16 *Kaltweyler*, vgl. AD BR G 964, sowie Humm/Wollbrett, Villages 9, mit weiterer Literatur).

Kaschweiler: → Castviller.

Kawiller, FlN Gde. Freistroff: → Nr. 121.

352. **+Keeßweiler**, Gde. Kirkel, D, Saarland, Saar-Pfalz-Kreis:

FlN: In Notböschen oben an Friedrichs brunnen steen, von demselben stein oben durch den walt hinauß biß in die Keeßweiler lach (1547 K.)[1].

< *Kesen-wîlâri zum PN *Keso*[2].

1) Quellennachweis: 900 Jahre Kirkel, Festschrift.
2) Belegt bei Mörlet, Noms de personne I 110 a. Vgl. Nr. 349.

Kellenbachsweiler: → Nr. 119.

353. **+Kelzweiler**, Stadt St. Wendel, D, Saarland, St. Wendel:

FINN: in Keltzwilr oben an Gersbachs Garten (1482 Or.); in Kelzweiler [1].

< *Kaldines-wîlâri* zum PN *Kaldîn*, mit Umlaut von [a] > [e] vor folgendem [i] [2] *Keldîn*. Der PN gehört zu einem mit romanischem Lautersatz von germ. [h] durch [k] [3] und von germ. [þ] > [t], [d] [4] aus *halip-* [5] entwickelten westfränkischen Sekundärstamm <cald->, der in *Weiler*-Namen des Saar-Mosel-Raums relativ häufig vorkommt.

1) Quellennachweis: Gerber, Untersuchungen; Staerk, Wüstungen 255.
2) → 6.2.1.1.
3) → 5.3.6.
4) → 5.3.10.
5) → 5.1.1.85.

Kesewilre (1319 Or.): → Nr. 349.

354. **Kirchweiler**, andere Bezeichnung für Niederweiler bei Düppenweiler, Gde. Beckingen, D, Saarland, Merzig-Wadern [1]:

Kirchewiler bie Dupwiler (1498 K.) [2].

"Weiler bei der Kirche", der Pfarrkirche von Düppenweiler nämlich, welche im Ortsteil Niederweiler stand [3].

1) Vgl. Nrr. 154. 471.
2) Quellennachweis: LHA Kobl. 143 / 709 f° 118.
3) Die Bezeichnung *Kirchewiler* wird sich kaum mit Staerk, Wüstungen 313, auf +Oberweiler bei Düppenweiler (Nr. 501) und die dortige Valentinskapelle beziehen.

355. **Kirchweiler/Kirchhofen**, Stadt Saarlouis, Stadttl. Fraulautern, D, Saarland, Saarlouis:

Lutrea Wilre (1222 Or.); ecclesia de Kirchweiler (1307/54 K.18) [1].

Wie schon F. Pauly herausstellt, scheinen sich diese Belege auf die sich um die Pfarrkirche gruppierende Siedlung zu beziehen, "die mit dem Kirchhofen genannten Ortsteil von Fraulautern identisch ist" [2].

1) Quellennachweis: Kyll, Pflichtprozessionen 28; Longnon/Carrière, Pouillés 32.
2) Vgl. Pauly, Merzig 157.

356. **Kirrweiler**, VG Lauterecken, D, Rheinland-Pfalz, Kusel:

Kirwilre (1259 K., 1323 K., 1363 K., 1421 Or., 1438 K. u.ö.); Kyrwilre (1272 Or.); Kylwilre (1319 Or., 1324 Or.); Kyrweiler (1367 Or.); Kyrwier (1391); Kirwilr (1397 K., 1445 Or., 1449 Or. 1476 Or. u.ö.); Kirwiler (1425 Or., 1443 K., 1451 Or., 1480 Or.); Kyrwylr (1438 Or.); Kyrwiler (1475 Or., 1493 Or.); Kirwiller by homberg off der nahe gelegen (1498 Or.). Mda.-ke'wile' [1].

< *Chirichûn-wîlâri* [2], zu ahd. *chiricha* 'Kirche' [3], bzw. *Chirichen-wîlâri* zum romanischen PN *Chiricho* [4]. Für die offensichtlich schon recht früh erfolgte Erleichterung der Konsonantenverbindung [rx'w] durch Assimilation des Mittelkonsonanten an den folgenden Labial gibt es zahlreiche Parallelbeispiele [5].

1) Quellennachweis: PRZ Nr. 142; PRV Nr. 681; Fabricius, Heide 110; PRV Nr. 685 f.; Schmitz-Kallenberg, Urkunden Nr. 128; LHA Kobl. 54 S 724; HStA München, Rheinpfälz. Urk. Nr. 4731; Schmitz-Kallenberg, Urkunden Nr. 517; Müller, St. Wendel 340; PRV Nr. 483; HStA München, Rheinpfälz. Urk. Nr. 5051; Gerber, Untersuchungen o. S.; LA Sbr. Nass.-Sbr. II Nr. 950; Fabricius, Heide 111; Gerber, Untersuchungen o. S.; Fabricius, Veldenz I 88. 90; LHA Kobl. 24/539 f' 32; HStA München, Rheinpfälz. Urk. Nr. 5052 ff. Vgl. Dolch/Greule 257.
2) So schon Müller, ONN II 70. Zur Flexion vgl. Braune/Eggers § 221.
3) Schützeichel, Wörterbuch 97.
4) Vgl. Nr. 123.
5) Vgl. im Untersuchungsgebiet Nr. 357, daneben Kirrweiler bei Landau (1240 Or., 1254 Or., 1304 Or. u.ö. *Kirwilre*, 1256 Or., 1304 Or. u.ö. *Kyrwilre*; Belege nach HStA München, Rheinpfälz. Urk. Nrr. 418. 433. 437. 565. 2472) und das elsässische Kirrwiller (F, Bas-Rhin, Bouxwiller: 855 *Kirchuuilare*, vgl. RL III 518), ferner im Untersuchungsgebiet die zahlreichen Kompositionen mit Grundwort *-berg*: Kerprich-aux-Bois (F, Moselle, Sarrebourg: 1178 K.18 *Kirchberg*, 1250 Or. u.ö. *Kirperch*), Kerprich-lès-Dieuze (F, Moselle, Dieuze: 1229 Or. *Kirperc*, 1287 Or. *Kirperg iuxta Duze*), Kirrberg (F, Bas-Rhin, Drulingen: 1311 Or. *Kirpberg apud Aldingen*), Kirrberg (D, Saarland, Saar-Pfalz-Kreis).

357. **Kirviller**, F, Moselle, Sarralbe.

Kirwilra (1179 K.15); Kirwilre (1197 K.15, ? 1430 Or.); Kirwiller (1502

K.); Quiruille (1598); Kirwil (1607); Quirviller (1700) Kiruille (18. Jh.) [1].

< *Chirichûn-wîlâri, bzw. *Chirichen-wîlâri [2].

1) Quellennachweis: BRW Nrr. 21. 47; LA Speyer C 19/42; AD BR E 4390; RL III 518; Dorvaux, Pouillés 159; Bouteiller, Dictionnaire 136; AD Mos G 128 f° 1r°.
2) Vgl. Nr. 356, so auch Besler, ONN I 20; Förstemann, Altdeutsches Namenbuch II,1 1684; Christmann, SNN I 316; Hiegel, Stand 298. An einen PN *Kero* (anlautverschärft aus *Gero*) denken Dauzat/Rostaing 374, doch zeigen die historischen Belege im Stammvokal des Bestimmungswortes ausnahmslos <i>. Zur Identifizierung des von RL III 518 (vgl. auch AT II 26), hier lokalisierten Frühbesitzes der Abtei Weißenburg in *Chiricun uillare* vgl. Nr. 123.

Kleinebersweiler: → Petit-Ebersviller.

358. **Kleinottweiler**, Stadt Bexbach, D, Saarland, Saar-Pfalz- Kreis:

Adewilre (1258 Or., 1275 K.17, 1304 K.17, 1317 K.14, 1326 K.18, 1337 K.14); Adewilr (1296 K.); Adewylre (1304 Or.); Adewiler (1489 Or.); Odewiller (1508 K.); Adwyller (1550 Or.); Adweyler (1551 Or.); Odweyler (1551 Or.) [1].

< *Âden-wîlâri zum PN Âdo [2]. Seit dem beginnenden 16. Jh. zeigt sich die für die Mundart charakteristische velare Aussprache von [a] [3], die eine Verwechslung mit dem nahegelegenen Ottweiler (Nr. 510) möglich erscheinen ließ, weshalb dem amtlichen Namen ein adjektivischer Zusatz beigegeben wurde.

1) Quellennachweis: PRZ Nr. 134; LA Sbr. Nass.-Sbr. II Nr. 2446 ff° 233. 245; Pöhlmann, Mauchenheimer Nr. 41; HStA München, Rheinpfalz. Urk. Nr. 2817; PRZ Nr. 580 (vgl. auch JRS Nr. 1286); Pöhlmann, Mauchenheimer Nr. 12; PRZ Nr. 458; NRW Nrr. 1135. 1138; StA Trier WW 38 f° 21v°; LA Speyer Y4/152 Nr. 197; Glasschröder, Urkunden Nr. 760.
2) Vgl. Nr. 6, explizit zu diesem Namen auch Kaufmann, Pfälz. ONN 153.
3) → 6.2.1.2.

359. **+Kneuschweiler**, jetzt Kneispermühle n. Maßweiler, VG Thaleischweiler-Fröschen D, Rheinland-Pfalz, Pirmasens:

Knyswilr (±1443 Or.); Knyschwilr (1464 Or.); Knyßwilr (1479 Or.); Knüß-

wiler (1485 Or.); Kneuschweiller müell (1547 K.16); K[n]eiswiler möl (1564 Or.); Kneisper (1797); Kneispermühle (1824)¹.
GewN: Kneyßweiler bach (1565 Or.)².

Dolch/Greule³ setzen hier einen PN *Knûzi an. Ein PN‹Chnûz, Knûz, der sich zum Stamm *knût-a-, zu mhd. knûz 'keck, verwegen'⁴ stellt, ist belegt⁵, einmal sogar explizit für den Eponymen einer -weiler-Siedlung⁶, vermag jedoch das durch die Belegreihe geforderte, nur unter Umlautbedingungen mögliche alte [ü:] (also ahd. [û] (bzw. [û] > [uo]) + folgendes [i]⁷) des Bestimmungswortes nicht zu erklären. Sollte daher ein weiblicher PN *Knûzzin⁸ bzw. ein entsprechender männlicher Kosename mit n-Suffix vorliegen?
Altes [ü:] erscheint im Westmitteldeutschen entrundet als [î]⁹, wofür die Quellen <y> schreiben. Im Zuge der nhd. Diphthongierung alter Längen entsteht jüngeres [eu]¹⁰; entrundete Variante hierzu ist [ei]¹¹.
Die Reduktion des Grundwortes zu -ler bzw. -ber, -per begegnet häufiger¹².

1) Quellennachweis: LA Speyer F 1/119b f°41v°; LA Speyer B 3/283 f° 24; LA Speyer B 3/284 f° 2r°; LA Speyer B 3/285 f° 1r°; Kampfmann, Beiträge 76; Stella, Karte 8; Schmitt'sche Karte 10; Kolb, Verzeichnis 56. Vgl. auch Kampfmann, Heimatkunde 187; Christmann, SNN II 334. III 129; Dolch/Greule 263. Vielleicht hierher (verschrieben, verlesen?) die Belege für die unsicheren Wüstungen Hirschweiler (Nr. 318) und Reschweiler (Nr. 562).
2) Quellennachweis: LA Speyer C 19/158.
3) Dolch/Greule 263.
4) → 5.1.1.110.
5) Förstemann, Altdeutsches Namenbuch I 366; Geuenich, PNN Fulda 112. 199.
6) Vgl. Löffler, Weilerorte 89, zum Jahr 786: *Chnuz ... in villa quae dicitur Chnuzesvilare.*
7) Vgl. Paul/Wiehl/Grosse §§ 77. 83.
8) → 4.3. Vielleicht ist auch mit Kaufmann, Rufnamen 227 f., an ein noch nicht befriedigend gedeutetes (Ansätze bei Förstemann, Altdeutsches Namenbuch I 370; Schatz, in: AfdA 43 (1899) 23 f.; Schramm, Namenschatz 61) Namenwort <hnod-> bzw. dessen romanisierte Nebenform <cnod-> (mit romanischem Lautsatz von germ. [hn] durch [kn], vgl. 5.3.6.) zu denken.
9) → 6.2.1.7.
10) → 6.2.1.12.
11) → Anm. 9.
12) → 3.7.2.

360. **+Krähweiler**, nw. Ehweiler, VG Kusel, D, Rheinland-Pfalz, Kusel:

Grewilre (1296, 1431 Or., 1446 K.); Grewill[e]r (1456 Or., 1458 Or. u.ö.);

Grewiller (1477 Or.); Grewiler (1480 Or.); im Greweiler Grunde hat ein Dorf, Greweiler genannt, gelegen, ist vergangen (1585/88 Or.). FlN: Krähweiler, Grehweiler hoch [1].

Christmann [2] deutet den SN wohl zu Recht als *Grêven-wîlre, zu ahd. *grâfio* als vorwiegend mittel- und niederdeutscher Nebenform zu ahd. *grâfo* 'Graf, Vorsteher, Statthalter' [3], wobei die -*jan*-Ableitung Umlaut auslöste. Vergleichbare SNN sind recht häufig [4].

1) Quellennachweis: GLA Karlsruhe, Sammlung Kremer-Larney 28 Urk. Nr. 406; HStA München, Rheinpfälz. Urk. Nr 5006; LA Speyer T 3, Reg. 16; LA Speyer A 2/138.1 f° 1v°; LA Speyer A 2/138.2 f° 10v°; Fabricius, Veldenz I 84; LHA Kobl. 24/539 f° 1r°; Fabricius Wüstungen 138; Christmann, SNN I 195; Dolch/Greule 172.
2) Vgl. Christmann SNN I 195. 605; ebenso Kaufmann, Pfälz. ONN 272 f.
3) Schützeichel, Wörterbuch 71; vgl. auch Graff, Sprachschatz IV 312; Lexer, Handwörterbuch I 1074.
4) Zusammenstellung bei Löffler, Weilerorte 112.

361. **+Kremsviller**, Gde. Brouviller, F, Moselle, Phalsbourg [1]:

Gronesniviller < *Gromensviller (1405); Gromeßwilre (15. Jh. Or.); Gromeßwiler (1440 Or.); Gromanswiler (1460 K.15); capella G[ro]meswiller et P[ro]willer (1457/77 K.17); Gromanßwiler (1484 K.15); Kramsveiler (1709); Kremsviller (1756); Kremisviller (1779) [2].

< *Grâmanes-wîlâri zum PN *Grâman, Crâman* [3]. Im Ostlothringischen zeigt sich hauptloniges mhd. [â] als [ǫ] [4], was die <o>-Graphien der älteren Belege erklärt. Die jüngeren <e>-Belege entstammen französischsprachigen Quellen und reflektieren wohl die in den ostfranzösischen Dialekten weit verbreitete Tendenz, insbesondere vortoniges [o] zu [e] abzuschwächen [5].

1) Zur Lokalisierung dieser im Kataster fälschlich als *Grand Villers* registrierten Wüstung vgl. Fischer, in: MSAL 21 (1871) 171; RL III 540; Lepage, Dictionnaire 75; Langenbeck, Wüstungen 110.
2) Quellennachweis: RL III 540; AD Mos G 1903 bis f° 122r°; HRS Nr. 1000; AD Mos G 8 f° 32v°; AD Meuse 4 H 110 Nr. 112; AD Mos G 8 f° 186v°; Lepage, Dictionnaire 75.
3) Beispiele dazu unter Nr. 127.
4) Vgl. insbesondere Wiesinger, Untersuchungen I 327; Feisthauer, Parler 109; Bach, Lautlehre 45.
5) → 6.1.1.9.

362. **Kreuzweiler**, D, Rheinland-Pfalz, Trier-Saarburg:

Wilre (13. Jh. A. K.17, 1222 Or.); Wylre (1307/54 K.18); Cruytzwyler (1401 K.); Wyler (1461 K. 15); Wiler (1484); Weiler zum Kreuz (1502); Weiler zum Creutz (1537); Wilre ad s. crucem (1569); Willer Ste. Croix (1586 Or.); Weiller la Croix (1624); Weiler zm Creuz (1740).- Mda. ohne Bestimmungswort [1].

< *Wilâri. Das spät hinzutretende Bestimmungswort bezieht sich auf das Patrozinium der Pfarrkirche [2].

1) Quellennachweis: StB Trier ms. 1632/396 f° 306; LHA Kobl. 143/8; StA Trier V 30 f° 6v°; Kyll, Pflichtprozessionen 26; MRR IV Nr. 1211; Fabricius, Taxa Generalis 28; LHA Kobl. 54 B 24; Kyll, Pflichtprozessionen 34; Pauly, Perl 141; Publ. Lux. 32, 327; Pauly, Perl 141: Publ. Lux. 49, 192; Publ. Lux. 30, 253. Zur Identifizierung des Frühbesitzes der Abtei St. Maximin, den u.a. Wisplinghoff, Untersuchungen 113, und Pauly, Perl 141, hierherstellen, vgl. Nr. 696.
2) So schon Müller, ONN II 70; Bach, Namenkunde II, 2 362. Zur Hl. Kreuz-Kirche in Kreuzweiler ausführlich Pauly, Perl 141 ff.

363. **Krutweiler**, D, Rheinland-Pfalz, Trier-Saarburg:

Kruichtwylre (1393 Or.); Kruychtwylre (1410 Or.); Cruthwilre (1420 Or.); Cruchtwiler (1445 Or.); Cruthwyler (1454 Or.); Kruitwijllere (1452 Or.); Krochtwiler (1504 Or.); Cruitwiler (1507 Or.); Cruttweiler (1684) [1].

Das Bestimmungswort stellt sich zu mfrk. *krucht* 'Gruft, Graben, Tal' [2], entlehnt aus lat. *crypta*, vlat. *crupta* 'gedeckter Gang, Gewölbe, Vertiefung' [3]. Charakteristisch für das Mittelrheingebiet ist die wohl in das ausgehende 8. bzw. 9. Jh. zu datierende Entwicklung von vorgerm. [pt] > [ft] [4], das sodann an dem vor allem aus den niederländischen und niederdeutschen Mundarten bekannten, aber auch in einigen Teilen des mitteldeutschen, und insbesondere im moselfränkischen Raum gut bezeugten Wandel von [ft] (nach kurzem oder verkürztem Vokal) zu [xt] bzw. [χt] [5], verschriftet als <cht>, teilhat. Diese "Verschiebung der Artikulationsstelle eines labiodentalen Reibelautes (in der Stellung vor Dental) in palatal-velarer Richtung" nach "offenbar vorausgegangene[r] Minderung der Artikulationsstärke" konnte "im äußersten Falle ... über die Schwächung des velaren Reibelautes zum Hauch und bis zum gänzlichen Ausfall" [6] führen, verbunden mit einer Dehnung des vorausgehenden Vokals, die sich in den zahlreichen <ui>-, <uy>-, <oi>-Graphien [7] abbildet.

1) Quellennachweis: AN Lux. A 52 Nrr. 918. 1184. 1296. 1546. 1658. 2121. 2173; WLT X,2 Nr. 432; LHA Kobl. 54 S 614; Jungandreas, Lexikon 264.
2) Vgl. Dittmaier, FINN 169; Bach, SNN Taunusgebiet 55; mit diesem Appellativ komponierte SNN sind Kruchten bei Bitburg (907 08 *Cruftam*, 1281 *Cruhten*, 1570 *Cruichten*; Belege nach Gysseling, Woordenboek 579; Cuny, Reformation I 141 Anm. 4) und das luxemburgische Cruchten (751/68 K.13 *Cruten*, 777/78 K.13 *Crupfta*, 798 99 K.13 *Crufta*, 1161 Or. *Crufta*, 1419 Or. *Crüychten*, 1473 *Kroechten*; Belege nach Meyers, Studien 109, WLT IX Nr. 767). Vgl. ferner die appellativische Verwendung in einer Echternacher Urkunde des Jahres 1449: *in sente Willbrortz cloister in der cruechten* ... (WLT IX Nr. 879).
3) Vgl. Georges, Handwörterbuch I 1778, zu den spätlateinischen und romanischen Fortsetzern auch REW 2349; FEW II,2 1384. Zahlreiche mit dem afrz. *croute* 'Kaverne' gebildete französische SNN bei Longnon, Noms de lieux 467; Gröhler, Ursprung II 106; Vincent, France 211.
4) Dazu ausführlich Schützeichel, Lautwandel 253 ff.; ders., Grundlagen 200 ff. Als Datierungsrahmen mögen die ältesten Belege für den luxemburgischen SN Echternach (< *Epternacum*) dienen, der 762 Or. als *Hepternaca*, 895 Or. als *Efternaco* belegt ist (Bruch, Lautverschiebung 131; Schützeichel, Grundlagen 204; Buchmüller-Pfaff, SNN 257).
5) Zur Charakterisierung dieser "eigentümlichen sprachlichen Erscheinung" sehr ausführlich Schützeichel, Mundart 233-280 mit zahlreichen Literaturhinweisen. Zum hier bes. interessierenden Raum vgl. auch Schützeichel, Franken 40: "Die Untersuchung des Lautwandels von ft zu cht mit Hilfe von heutigen und historischen Ortsnamen-Formen und aufgrund urkundlicher und sonstiger Wortvorkommen [ergab], daß diese Erscheinungen ursprünglich einmal bis nach Luxemburg und Lothringen gereicht hat und wenigstens bis an den Nordrand des Hunsrücks". Beispiele auch bei Müller, Lautung 153; Bruch, Grundlegung 194 f.; ders., Das Luxemburgische 153; Palgen, Lautlehre 39 f.; Bertrang, Grammatik 211 f; Follmann, Mundart I 9.
6) Schützeichel, Mundart 233 f.
7) → 6.2.1.3.

364. **+Krutwiller**, Gde. Wadern, OT Wedern, D, Saarland, Merzig-Wadern:

FIN: Krutwiller Dell [1].

Die Bezeichnung des betreffenden Flurstücks als Delle [2] verleitet dazu, das Bestimmungswort des Weilernamens zu mfrk. *krucht* 'Gruft, Graben, Tal' zu stellen, wenngleich der Wandel von [ft] > [xt], der ursprünglich sicher "wenigstens bis an den Nordrand des Hunsrücks" [3] durchgedrungen war, im Raum Wadern heute nicht mehr bezeugt ist [4].

1) Mundartliche Bezeichnung für den amtlichen FIN *Weierröderdell*. Der Stammvokal des Bestimmungswortes ist kurz.

2) Nach Dittmaier, FINN 49, eine "flache, kleine Bodensenkung im Gelände, Talmulde, Schlucht".
3) Vgl. Nr. 359 Anm. 5.
4) Vgl. DSA Karte 63; Rhein. Wörterbuch I 39; Schützeichel, Grundlagen 202 Karte 9; ders., Mundart 243 Karte 28; Bergmann, Glossen 119 Karte 7.

+Ladweiler, bei Eppelborn: → Nr. 374.

Lanczewilren (1381 Or.), bei Macheren bzw. Petit-Ebersviller: → Nr. 382.

365. **Landonvillers**, Gde. Courcelles-Chaussy, F, Moselle, Pange:

Landonvillers (1263 K.14, 1344 Or., 1347 Or., 1546 K.17 u.ö.); Landwiler (1280 K.16, 1344 K.16, 1347 K.16, 1462 Or. u.ö.); Landonvilleirs (1285 Or., 1287 Or., 1288 Or., 1326/17 Or., 1337 Or. u.ö.); Landonville (1290 Or., 1344 Or., 1575 K.); Landonveleir (1389 Or.); Landonviller (1399 Or., 1481 Or., 1519 Or., 1546 K. u.ö.); Landewilre (1460 Or.); Landwiller (1542 Or.); Landonvillez (1581 Or.); Landonvillé (1724 Or.).- Mda. "Landonvle" [1].

< *Landône-vîllâre / *Landen-wîlâri zum germ. PN *Lando* [2], zum Stamm *land-a-* [3].

1) Quellennachweis: BN ms.Paris lat. 10023 f° 67v°; AN Lux A 52 Nrr. 304. 362; AD Mos 1 E 149; AD Mos 10 F 3 ff° 71. 76v°; LA Sbr. Nass.-Sbr. II Nr. 3035 f° 5; WMB 1285, 467; AM Metz II 304; WMB 1288, 220; AM Metz II 305, II 22; WMB 1290, 370; AM Metz II 24; AD Mos 1 E 149; AD Mos 4 E 361; Schmitz-Kallenberg, Coesfeld Nr. 764; AD Mos 1 E 149; AD Mos 10 F 112; AD Mos 1 E 149; AD Mos 10 F 301; LA Sbr. Nass.-Sbr. II Nr. 3035 f° 29; AD Mos 1 E 149; Puls in: Alemania 17 (1889) 165.
Für die bei Bouteiller, Dictionnaire 140 f., und RL III 550, erwähnte deutsche Doppelform *Landdroff* bzw. *Landdorf*, die keine Prägung der Reichsland-Zeit ist, denn der deutsche Name der Siedlung wurde am 2.9.1915 auf *Landenweiler* festgelegt (AD Mos 1 AL 15 A 39 Nr. 13), ließen sich keine historischen Belege auffinden; einziger Hinweis bislang bei Hau/Schütz, Neumünster 81: "In der Grundherrschaft St. Agnan (Puixe) bei Montoy-Flanville wird 1537 ein 'Landorf' erwähnt". Ein im Jahr 1005 unter den Besitzungen des saarländischen Klosters Neumünster genanntes *Landendorf* (MG DD Heinr. II Nr. 104) ist mit Bouteiller und RL III und entgegen Depoux, Seigneurie 89, zu Landroff (F, Moselle, Grostenquin) zu stellen, wo die Abtei noch 1321 begütert ist (vgl. LA Sbr. Nass.-Sbr. II Nr. 2767 f° 15). Da sich für das 16. und 17. Jh. in Landonvillers vereinzelt deutsche Flurnamen finden (AD Mos 1 E 149), man also nicht mit Gewißheit sagen kann, der sprachgrenznahe Ort sei immer ganz

französischsprachig gewesen (so Witte, Deutschtum 279), mag der heute nicht mehr bekannte deutsche Name dennoch eine historische Grundlage haben, dann allerdings sicher vor allem als exogene, von den deutschsprachigen Nachbarn gebrauchte Namenform. Es sei aber betont, daß aus den Archiven der Herren von Varsberg, Mengen und Kriechingen, welche einander im Besitz der Vogteiherrschaft Courcelles-Chaussy (zu der auch Landonvillers gehörte, vgl. RL III 550) beerbten und vorwiegend in deutscher Sprache urkundeten, auch eine genuin entwickelte deutsche Namenform *Landen-wîlâri überliefert ist, mit Haubrichs, Warndtkorridor 278, eine direkte, vielleicht exogene Übersetzung des romanischen Namens.

2) Förstemann, Altdeutsches Namenbuch I 1003; vgl. auch Dauzat/Rostaing 384; Morlet, Noms de personne III 391; Petri, Volkserbe 723.
3) → 5.1.1.114.

366. **Landsweiler**, Gde. Schiffweiler, OT Landsweiler-Reden, D, Saarland, Neunkirchen:

Lancze vilre (1270 K.14); Lanswilre (1435 K.16); Lanßwilre (1435 K.16); Landswilr (1436 Or.); Landswiller (1447 Or.); Landsweiler (1707) [1].

< *Lanzen-wîlâri zum wfrk. PN Landso [2] > Lanzo [3], mit westfränkisch-romanischer Stammerweiterung durch ein s-haltiges Suffix [4] zum Stamm *land-a- [5].

1) Quellennachweis: LA Sbr. Nass.-Sbr. II Nrr. 1224. 2466 f° 27. 2443 f° 136. 3101 f° 14; LHA Kobl. 54 V 139 f.; Fürst, Einwohnerverzeichnisse 197.
2) Belegt bei Morlet, Noms de personne I 157 a.
3) Vgl. Förstemann, Altdeutsches Namenbuch I 1004 ("sehr häufig").
4) → 5.2.
5) → 5.1.1.114.

367. **Landsweiler**, Stadt Lebach, D, Saarland, Saarlouis:

? Lantzwiller (1461 Or.); Landtzweiller (1461 K.); Landswiller (1683 Or.); Lantzweiler (1689 Or.); Landsweiler (1756) [1].

< *Landes-wîlâri zum stark flektierten PN Landi [2], zum Stamm *land-a- [3] bzw. *Lanzen-wîlâri zum PN Lanzo [4].

1) Quellennachweis: LA Sbr. Nass.-Sbr. II Nr. 2568 f° 26; AD MM B 927 Nr. 53; Sauer, Inventaire Nr. 907; LA Sbr. Nass.-Sbr. II Nr. 2412 f° 50; Lex 34. Nach Hoppstädter, in: ZGSG 12 (1962) 52, wird der Ort bereits 1346 genannt.
2) Förstemann, Altdeutsches Namenbuch I 1003.

3) → 5.1.1.114.
4) Vgl. Nr. 366.

368. **+Landsweiler**, unbekannt im Raum Nohfelden, D, Saarland, St. Wendel (bzw. außerhalb des Untersuchungsraumes im Kreis Birkenfeld ?):

Landeswilre (1446 Or., 1448 Or.); Lantzwiler (1480 Or.) [1].

< *Landes-wîlâri zum PN Land(i)* [2].

1) Quellennachweis: LHA Kobl. 53 C 45 Nrr. 13. 15; LHA Kobl. 24/539 f° 86. Vgl. auch die bei Witte, Regesten Nrr. 6550. 6577. 6825, genannten Belege für einen pfalzgräflichen Ort Landsweiler sowie ein entsprechendes Rechtsgutachten des Jahres 1592 (in: AD MM B 547 Nr. 47).
2) Förstemann, Altdeutsches Namenbuch I 1003.

369. **Laneuveville-en-Saulnois**, F, Moselle, Delme:

Neovillarensi (1206 K.14); Nouamuillam ante Viuaria (1222 Or.); Lai Nueueuille (1288 Or., 1298 Or.); Lai Noueville (1354 Or.); La Nueveville deuant Delme (1372 K.15); La Nueville (1375 Or.).- Mda. *Lègnéveuile* [1].

< *(ad) novum villâre(m) / *(ad) nova(m) villa(m)* [2].

1) Quellennachweis: Parisse, Bertram Nr. 45; AD MM B 964 Nr. 1; WMB 1288, 66; WMB 1298, 42; AD MM H 1244; AD MM B 964 Nr. 15 f.; Zéliqzon, Dictionnaire 30. Die Zuordnung des Erstbelegs, bisher der einzige mit Grundwort *villare*, scheint mir durch den Kontext der Urkunde, in der Gerhard von Parroy der Abtei Clairvaux Güter in Viviers mit der Kirche von *Neovillare* überläßt, ausreichend begründet.
2) Zu lat. *novus* 'neu, jung' vgl. Georges, Handwörterbuch II 1202; zu afrz. *nuef* FEW VII 210. Der Typus ist in der gesamten Galloromania weit verbreitet, vgl. z.B. Neuvillars (Gde. St. Julien-en-Bauchaine, F, Hautes-Alpes: 1339 *Novillars*), +Neuvillers (Gde. Bassu, F, Marne: 1184 *curia Novivillaris*), Neuvilliers (Gde. Lumeau, F, Eure-et-Loir); Les Neuvillers (Gde. Vire, F, Calvados), Neuvillers (Gde. Joué-en-Charnie, F, Sarthe: 1201 *Neuvillers*), u.v.m. Belege nach Roman, Dictionnaire 101; Longnon, Dictionnaire 200; Merlet, Dictionnaire 131; Hippeau, Dictionnaire 206; Vallée/Latouche, Dictionnaire II 649, vgl. auch Vincent, France 295; Gröhler, Ursprung II 40; Dauzat/Rostaing 496.

370. **Langweiler**, VG Lauterecken, D, Rheinland-Pfalz, Kusel:

Langwilre (1276 K.18); Langewillre (1297 K.); Landewilre (1319 Or., 1363 K.); Landeweiler (1367 Or.); Langewilre (1376 Or.); Landewiler (1443 K.); Landwiller (1448 K.); Langweiler (1571 K.); Langweiller (1598 Or.).- Mda. *langwile*ʳ [1].

< *Landen-wîlâri* zum PN *Lando* [2]. Die jüngeren Belege, zu denen auch kopiale Überlieferungen älterer Nennungen gerechnet werden müssen, zeigen den von Frings als "typisch rheinisch" bezeichneten Wandel von [nd] > [ŋ] [3].

1) Quellennachweis: LHA Kobl. 182/42; Karsch, Geschichte 50; Schmitz-Kallenberg, Coesfeld Nr. 128; Fabricius, Heide 110; Schmitz-Kallenberg, Coesfeld Nrr. 517. 601; Fabricius, Heide 111; Michel, St. Wendel 43; Pöhlmann, Lehensbuch Nr. 114; Braun/Rink, Bürgerbuch Nr. 31; Dolch/Greule 278.
2) Vgl. Nr. 365.
3) → 6.2.2.1.3.

371. **+Langweiler**, n. Fechingen, Stadt Saarbrücken, D, Saarland, Saarbrücken [1]:

FINN: zu Langweiler Fechinger Bans (1682); In Langweiler obig der Beyer Wies, In Langweiler hinter der Beyer Wies (1756); Langweiler Mühl, Langweiler oder Pfeiferswies, In Langweiler unter der Beyerwies (1822) [2].

< *Langen-wîlâri* zum PN *Lango, Lanko* [3], zum Stamm **lang-a-* [4], für den ahd. *lang* 'lang, ausführlich' [5] zu vergleichen ist, bzw. als Bildung mit Hilfe des Adjektivs (*bî dem*) *langen wîler*.
Nicht auszuschließen ist allerdings auch wie für Nr. 370 ein Ansatz **Landen-wîlâri* zum PN *Lando* [6].

1) Genaue Hinweise zur Lokalisierung bei Haubrichs, Wüstungen 520 Karte 3 a.
2) Quellennachweis: LA Sbr. Nass.-Sbr. II Nr. 2411 f° 108; Staerk, Wüstungen 272.
3) Förstemann, Altdeutsches Namenbuch I 1012.
4) → 5.1.1.115.
5) Schützeichel, Wörterbuch 106.
6) Zur lautgeschichtlichen Begründung vgl. 6.2.2.1.3.

372. **+Langwiller**, Gde. Bining, F, Moselle, Rohrbach-lès-Bitche [1]:

Lancwilre (±1350 Or.); Langwilre (1358 Or., 1390 Or.); Langwilr (1398 Or.); Lanweiler (1557 Or.); Landtsweiller (1594 K.17); le ban désert de

Langweiler (1601 Or.); Landweiler ancien ban (1726).
FINN: Langweillers Berg (1758 Or.); Langwiller, Unter Langwiller
(±1840) ².

< *Langen-wîlâri zum PN Lango, Lanko ³, bzw. ein adjektivisches (bî dem)
langen wîler.

1) Hinweise auf diese Wüstung bereits bei Bouteiller, Dictionnaire 141; RL III 552; AT
II 253; Langenbeck, Wüstungen 109; Hiegel, Dictionnaire 201, wo die SN-Deutung
"le village long, changé en village de Lando" zu streichen ist.
2) Quellennachweis: HRS Beilage IX 651 ff.; HRS Nr. 419; AD BR E 4291 Nr. 4;
HStA München, Rheinpfälz. Urk. Nr. 2712; Pöhlmann, Bitsch Nr. 255; Alix 113; AD
MM B 3079; Thilloy, in: Mémoires de l'Académie de Metz (1861/62) 174; AD Mos
Cartes et plans Nr. 986-988; Nap. Kat.
3) Vgl. Nr. 371.

373. **+Lannerviller**, unbekannt im Raum Neufchâteau, F, Vosges, Neufchâteau:

Lannerviller (1213 K.) ¹.

< *Lanhero-vîllâre zum germ. PN *Land-hari ² > wfrk.-rom. Lanherus ³.
Der PN gehört zu den Stämmen *land-a- ⁴ und *har-ja- ⁵. Ein westfränkischer Sekundärstamm <lan(n)->, den Kralik als "romanische entstellung
fränkischer land-namen" ⁶ interpretiert, entsteht aus *land-a- durch romanische Assimilation des Dentals an den folgenden Konsonanten ⁷.

1) Quellennachweis: Perrey, Actes Nr. 75.
2) Vgl. Förstemann, Altdeutsches Namenbuch I 1008; Morlet, Noms de personne I 156.
3) Vgl. Roth, Polyptychon 79.
4) → 5.1.1.114.
5) → 5.1.1.87.
6) Kralik, Besprechung 14. Vgl. auch die bei Morlet, Noms de personne I 156, zitierten
PNN Lanfredus, Langaudus, Langerus, Lanhard, etc.
7) Vgl. dazu Rheinfelder § 638. Der Vorgang setzt wohl spätestens im 9. Jh. ein:
während das im Jahr 814 aufgezeichnete Polyptychon von St. Germain-des-Prés noch
durchweg <land-> schreibt (vgl. Longnon, Polyptyque I 345 f.), notiert Roth, Polyptychon 79, für das aus der ersten Hälfte des 9. Jhs. stammende, allerdings nur in einer
ihrseits auf einer Abschrift des 11. Jh. beruhenden Kopie erhaltene Polytychon der
Reimser Abtei St. Remi einen völligen Schwund des Dentals (außer vor [r], also auch
vor [h]).

+Lansonviller, bei Hardancourt: → Nr. 25.

374. **+Lanweiler**, nicht identifiziert im Raum Eppelborn bzw. Bubach-Calmesweiler, D, Saarland, Neunkirchen [1]:

Lanweiler (1504 K., 1565); Lanweiller (1532 K., 1554 K., 1567 Or.); Landtwylr (1541); Ladweyler (< *La[n]dwyler) Guth (1565) [2].

Wohl am ehesten ein altes *Landen-wîlâri zum PN *Lando* [3].

1) Hinweise zur Lokalisierung bei Staerk, Wüstungen 269.
2) Quellennachweis: LHA Kobl. 54 E 166; LHA Kobl. 54 F 167-171; Hoppstädter, SNN 43; ders., in: ZGSG 12 (1962) 44; Schmitt, Eppelborn 241.
3) Vgl. Nr. 365.

375. **+Lanzweiler**, s. Dörsdorf, Gde. Lebach, D, Saarland, Saarlouis:

FIN: Lanzweilerwies [1].

Lanzen-wîlâri zum PN *Landso* > *Lanzo* [2].

1) Quellennachweis: Staerk, Wüstungen 274. Zur Lokalisierung vgl. auch Haubrichs, Abtslisten 86.
2) Vgl. Nr. 366.

376. **+Lanzweiler**, sw. Eßweiler, VG Wolfstein, D, Rheinland-Pfalz, Kusel:

FIN: Lanzweiler weg [1].

Lanzen-wîlâri zum PN *Lanzo* [2].

1) Quellennachweis. Dolch/Greule 279.
2) Vgl. Nr. 366. Man beachte auch die Möglichkeit einer Dissimilation <nand-> > <land->.

377. **+Laudesweiler**, ö. Eitzweiler, Gde. Freisen, D, Saarland, St. Wendel:

Laudesweiler (1441 K., 1549 Or. u.ö.); gegen Leydeszweyler in die alt Mule (1507 K.); Ladesweyler (1549 Or.); Ladesweiler (1554 Or., 1562 Or.); Leydesweiler (1563 Or.); Laudesweiller (1575 Or.); Leitzweiler (1583 Or.); Leidtsweyler (1589 Or.); Leudesweiler (1596 Or.); beim gebrannten Hof

Leidesweiler (1600); Leudeswiller (1613 Or.).
FlN: Laudesweiler (1780) [1].

< *Liudwines-wîlâri zum PN Liudwin [2], komponiert aus den Elementen *leuđ-i- [3] und *win-i- [4], bzw. *Liudînes-wîlâri zur Koseform Liudîn. Der unter Umlautbedingungen aus ahd. [iu] (< germ. [eu]) entwickelte Diphthong [iü] wird spätalthochdeutsch zu [ü:] monophthongiert [5], welches in der Folge der nhd. Diphthongierung zu [eu] unterliegt [6]; dieses [eu] entrundet die Mundart zu [ei] [7]. Belege mit <a> im Stammvokal des Erstgliedes reflektieren den für die Westpfalz typischen Wandel von [ei] > [â] [8]. Von diesen <eu>-, <ei>- und <a>-haltigen Formen zu trennen sind die <au>-Schreibungen; ich interpretiere sie als Reflexe der in großen Teilen des Mitteldeutschen wirksamen Tendenz zur Vereinfachung des Basisdiphthongs bei steigendem Akzent, der damit mit altem [û] (bzw. nach dem Durchgang durch die Diphthongierung [au]) zusammenfällt [9].

1) Quellennachweis: Fabricius, Amt Nohfelden 16; Jung, Gerichtsbuch Nr. 33; Baldes, Birkenfeld 122; Jung, Gerichtsbuch Nrr. 28. 30. 70. 82. 132 f., 166. 191. 379; Baldes, Birkenfeld 423; Jung, Gerichtsbuch Nr. 263; Staerk, Wüstungen 274.
2) Förstemann, Altdeutsches Namenbuch I 1049 f.
3) → 5.1.1.118.
4) → 5.1.1.171.
5) Paul/Wiehl/Grosse § 77.
6) → 6.2.1.12.
7) → 6.2.1.7.
8) → 6.2.1.10.
9) → 6.2.1.11.

Lautersweiler (1543 u. ö.): → Nr. 380.

+Lautzwiller, Mühle bei Wellesweiler: → Nr. 402.

Lauwilre (1437 Or.): → Nr. 386.

Lauxweiler (1336 K. 16, in Überlieferung der Abtei Wörschweiler): → Nr. 402.

378. +**Leichweiler**, nö. Grügelborn, Gde. Freisen, D, Saarland, St. Wendel [1].

Leichwilre (1274 Or.); Leichwiler (16. Jh. A. Or.); Leichwiller (1506 Or.); Leychweiler (1545 Or.); Leychweyler (1570).

GewN: die Leichweiler oder Betzelbach (1588 Or.).
FlNN: Wiesen zu Leichweiler (1707); in Leichweiler (1842) [2].

< *Laichen-wîlâri zum PN *Laicho, *Leicho als althochdeutsch verschobener Variante eines belegten Laico [3], zum Stamm *laik-a- [4].

1) Genau lokalisiert bei Staerk, Wüstungen 278.
2) Quellennachweis: LHA Kobl. 54 L 416 (vgl. MRR IV Nr. 125); AD MM B 927 Nr. 7; LHA Kobl. 1 C Nr. 7439 f° 17 f.; Jung, Gerichtsbuch Nr. 2; Stoll, in: Saarl. Familienkunde 4 (1971) 313 f.; LHA Kobl. 24/533 f° 275; Staerk, Wüstungen 278 f.; Spang, Gewässernamen 206.
3) Förstemann, Altdeutsches Namenbuch I 996. Vgl. auch Müller, ONN II 70.
4) → 5.1.1.112.

+Leidesweiler, bei Freisen: → Nr. 377.

379. +Leidweiler, Gde. Stadtbredimus, L, Remich:

FlN: Leidweiler [1].

< *Leiden-wîlâri zum PN Leido [2], zum Stamm *laiþ-a- [3].

1) Quellennachweis: Urkataster. Vgl. Meijers, Siedlungsgeschichte 145; Anen, Flurnamen 17; Carte archéologique du Grand-Duché de Luxembourg, Feuille 27 A.
2) Förstemann, Altdeutsches Namenbuch I 999.
3) → 5.1.1.113.

380. Leitersweiler, Stadt St. Wendel, D, Saarland, St. Wendel:

Luterswilre (1344 K., ±1420 Or.); Luterswilr (1349 K.15); Luterswiler (1426 Or.); Lutterswilr (1430 Or.); Luterßwieler (1458 K.); Lautersweiler (1461 K., 1492 K., 1543 Or. u.ö.); Lutterßwyller (1484 K.); Lutterßwiller (1506 Or.); Luetterswyller (1507 Or.); Leuterßwiler (1507 Or.); Leuttersweiller (1529); Leutersweyler, var. Lautersweyler (1543, 1563); Leutersweiler (1571 K., 1609, 1816); Leyttersswiller (1602 Or.) [1].

< *(H)lûtheres-wîlâri zum PN *(H)lûthari [2], dessen Erstglied wahrschein-

lich (mit Vereinfachung des Basisdiphthongs bei steigendem Akzent [3]) zum Stamm *leuð-i-* [4], vielleicht auch zu ahd. *(h)lût* 'laut, vernehmlich, dröhnend' [5] gehört.
In der Belegreihe erklären sich die <au>-haltigen Formen durch nhd. Diphthongierung [6] von altem [û], in den Quellen durch <u> bzw. mit "Dehnungs-e" [7] <ue> bezeichnet, zu [au]. Da das Zweitglied des PN ahd. *-hari, -er(e)* [8] Umlaut von [û] zu in den Quellen in der Regel ebenfalls durch <u> bezeichnetem [ü:] auslösen konnte [9], erklären sich die zahlreichen <eu>-Belege als Diphthongierungen von [ü:] [10]. Dieses durch Einwirkung der nhd. Diphthongierung entstandene [eu] wird mundartlich zu [ei] entrundet [11].

1) Quellennachweis: TUH I 362 (vgl. Stoll, Einwohner 5; ders., Hoof 153); TUH II Nr. 184; PRV Nr. 154a; HStA Wiesbaden 147/49; PRV Nr. 246; NRW Nr. 929; TUH II Nr. 411; TUH III Nrr. 32. 119; Hannig, Regesten; Stoll, Hoof 152; Fabricius, Veldenz I 46; Stoll, in: Heimatbuch des Landkreises St. Wendel 14 (1971/72) 71; Stoll, in: Heimatbuch des Landkreises St. Wendel 15 (1973) 150; Pöhlmann, Lehensbuch Nr. 157; LHA Kobl. 182 Nr. 108; Stoll, in: Heimatbuch des Landkreises St. Wendel 14 (1971/72) 73; Jung, Gerichtsbuch Nr. 199.
2) Beispiele bei Förstemann, Altdeutsches Namenbuch I 853.
3) Vgl. Kaufman, Ergänzungsband 189. 232; Stark, Kosenamen 77 (*Luzo* = *Liuderich*). In westfränkischen PNN ist mit romanischem Wandel von [eu] > [û] zu rechnen; vgl. dazu neben Kaufmann, Rufnamen 114, bes. Lunderstedt 300; Schätzer, Herkunft 33. Beispiele für aus der Galloromania überlieferte PNN mit Erstglied <lud-> gibt Morlet, Noms de personne I 133 f.
4) → 5.1.1.114. Zum PN *Liudhari* stellt Morlet, Noms de personne III 396, das elsässische Leiterswiller, 1356 *Liutereswillari*.
5) → 5.1.1.91.
6) → 6.2.1.12. In Originalüberlieferung hier erstmals 1543.
7) → 6.2.1.3.
8) → 5.1.1.87.
9) → 6.2.1.1.
10) Vgl. Paul/Wiehl/Grosse § 77.
11) Vgl. Scholl, Mundarten 39.

381. **+Leitzweiler**, sw. Theley, Gde. Tholey, D, Saarland, St. Wendel:

? Letzweiller (1318 K.); ? Leytzwiler (1432); Leitzweiler (1754).
FlNN: Oben an Leitzweiler, in Leitzweiler, bei der Leitzweiler Mühl [1].

< *Leidsen-wîlâri* zum wfrk. *Leidso* mit westfränkisch-romanischem s-Suffix [2], zum Stamm *laiþ-a-* [3].

1) Quellennachweis: Florange, Sierck 29; Pauly, Wadrill 24; Staerk, Wüstungen 282;

Engel, Theley 82. Zu vergleichbaren SNN in Württemberg siehe Gradmann, Siedlungswesen 114.
2) → 5.2.
3) → 5.1.1.113.

Lengeswilre (1293 K. u. ö.): → Nr. 389.

382. **+Lensviller**, jetzt Lensvillerhoff, Gde. Macheren, F, Moselle, St. Avold:

a Makre et a Lencwilre (1289 Or.); Lencwilr (1365 K.15); de Macherin de Lanczewilren de Ermeswilren (1381 frz. Or.).
FINN: Sentier de Lensviller, Lensvillerhoff [1].

< *Lenzen-wîlâri zum westfränkischen PN *Lendso > Lenzo [2]; dieser stellt sich mit romanischer Vokalsenkung [i] > [e] [3] zu einem im Westfränkischen offensichtlich recht beliebten [4] Namenstamm, der sich mit ahd. linta '(aus Lindenholz gefertigter) Schild' [5] bzw. ahd. lind 'sanft, mild, weich' [6] verbindet. Für die in den ältesten Belegen aufscheinende Schreibung der Affrikata [ts] als <c> gibt es Parallelbeispiele gerade aus Lothringen [7]. <a> für [e] im Beleg Lanczewilren erklärt sich durch den ostfranzösischen Dialekt des Schreibers bzw. der ausstellenden Kanzlei dieser französischsprachigen Urkunde, die auch Baningen für Béning hat [8].

1) Quellennachweis: AD MM B 743 Nr. 3; LA Sbr. Nass.-Sbr. II Nr. 6908 f° 18v°; AN Lux. A 52/708; Nap. Kat.
2) Vgl. Morlet, Noms de personne I 162 a; Besler, ONN I 40; Hiegel, Dictionnaire 205 (der Hinweis auf den PN Lino ist zu streichen). Eine früh belegte SN-Parallele ist Lenzweiler bei Clerf im Ardennengau (791 K. Leonzenuuilere mit Umkehrschreibung <eo> für [e] vor dem Hintergrund der westfränkischen Entwicklung von [eu] > [ê] (vgl. Haubrichs, Codex 145)
3) → 5.3.1.
4) Vgl. die bei Morlet, Noms de personne I 162; Gasnault, Documents 90, genannten Beispiele.
5) → 5.3.1.
6) Schützeichel, Wörterbuch 113.
7) → 4.3.
8) → 6.1.1.3.

383. **Léovillers**, Gde. Vaudoncourt, F, Moselle, Pange:

Leaweiller (1681); Léovillé (18. Jh.); Leovillers (±1789). Mda. *Léonvlé* [1].

In den reichlich fließenden Quellen der Vogtei Kurzel/Courcelles-Chaussy (Herrschaft Mengen) [2] vor dem 17. Jh. nicht genannt, scheint der Hof "neueren Ursprungs" [3] zu sein; im Bestimmungswort des SN mag man (in den Belegen dann mit der typisch lothringischen Denasalierung des Nasalvokals [4]) den französischen Vornamen *Léon* (< lat. *Leo*) [5] erblicken.

1) Quellennachweis: Bouteiller, Dictionnaire 144; AD Mos B 2411 f° 67r°.
2) AD Mos 10 F, bes. 10 F 301 (Comptes Courcelles-Chaussy a. 1542), 10 F 174 (Comptes Vaudoncourt a. 1575).
3) So schon AT II 896. Konkrete Quellenzeugnisse für Besitz der Metzer Patrizierfamilie Baudoche in Léovillers schon im 16. Jh. (so RL III 572) sind mir nicht bekannt.
4) → 6.1.1.11.
5) So Hiegel, Dictionnaire 205.

384. **+Leschweiler**, Gde. Weiler-la-Tour, OT Weiler, L, Luxembourg-Campagne:

Lytschwilre var. Litschwilre (1426 Or.); Lutzwyler (1440 Or., 1441 Or.); Liczwiller (1502 Or.); Lutzwilre (16. Jh. Or.).
FlNN: Leschweiler, Letschweiler [1].

Da der Stammvokal des PN wegen des <u>-Beleges als [ü], umgelautet aus [u] vor folgendem [i] [2], zu lesen ist und jüngeres <i>, <y> damit das Ergebnis eines Entrundungsprozesses [3] sein dürfte, wohl zu einer Grundform *Ludichen-wîlâri zum PN *Ludicho* [4]. Dieser stellt sich mit (verschobenem) k-Suffix [5] zum Stamm *hluþ-a-* [6]. Heutiges <e> im Stammvokal entsteht durch mitteldeutsche Senkung [7].

1) Quellennachweis: AD Mos H 3660 f.; Publ. Lux. 37 (1887) 141 Nr. 427; Meyers, Studien 195; Anen, FlNN 18; Krier, in: Ons Hemecht 34 (1982) 93. Archäologische Funde sichern die Existenz der Siedlung schon für das ausgehende 7. Jh. Vgl. Carte Archéologique du Grand-Duché de Luxembourg, Feuille 26 B.
2) → 6.2.1.1.
3) → 6.2.1.7.
4) Förstemann, Altdeutsches Namenbuch I 850; Morlet, Noms de personne I 134 a. Bei Ansatz einer Grundform *Ludines-wîlâri hätte <ns> in der Fuge vermutlich die Entwicklung von [s] > [ʃ] vor [w] verhindert.
5) → 5.2.
6) → 5.1.1.92.

7) Dazu allgemein 6.2.1.5.1. Für altes [i] in dieser Position stellt man in den Mundarten des Luxemburger Gutlandes heute häufig "wahrscheinlich über e" entstandenes [a] fest, vgl. etwa Palgen, Lautlehre § 25: *brats'len* 'Schnittlauch', *fats* 'Fetzen', *šbats* 'spitz'.

Lettweiler, FlN Gde. Erching, F, Moselle, Rohrbach-lès-Bitche: 1758 Or. *Lettweiller wieß* (AD Mos Cartes et plans Nr. 986 ff.) ist vermutlich verschrieben aus **Uttweiller wieß* und damit auf den jenseits der Staatsgrenze anschließenden Nachbarort Utweiler (Nr.631) zu beziehen. Oder sollte hier wie für das pfälzische Lettweiler (Belege dazu bei Dolch/Greule 287; vgl. auch Kaufmann, Rufnamen 180; ders., Pfälz. ONN 170) ein altes **Littenwilâri* vorliegen?

385. **+Letzweiler**, sö. Hundheim, VG Lauterecken, D, Rheinland-Pfalz, Kusel:

Hoof Letzweiler (1609 Or.)¹.

< **Lêtzen-wilâri* zum wfrk. PN **Lêdso* > **Lêtzo* ². Ein in westfränkischen PNN ausgesprochen häufiges Namenelement <*lêd*->, hier mit westfränkischer s-Erweiterung des stammauslautenden Dentals ³, mag sich zum Teil mit Förstemann zum Stamm **laiþ-a-* ⁴ (dann mit romanischer Entwicklung von germ. [ai] > [ê] ⁵) stellen; da auch der germanische Diphthong [eu] in romanischem Mund häufig zu [ê] reduziert wird ⁶, wird in den meisten Fällen allerdings eher der häufige Stamm **leuð-i-* ⁷ vorliegen.

1) Quellennachweis: Christmann, SNN I 356; Dolch/Greule 287.
2) Belegt bei Förstemann, Altdeutsches Namenbuch I 1054; Morlet, Noms de personne I 161 b. Dolch/Greule 287, denken an die PNN **Leidi, *Leidso, *Ladso* (+ -*in*-Genetiv, dazu aber Kapitel 4.3.).
3) → 5.2.
4) → 5.1.1.113.
5) → 5.3.2.
6) → 5.3.4. Zu dieser Entwicklung im Stamm **leuð-i-* bes. Forssner, Personal Names 179; Kaufmann, Untersuchungen 176. 178; ders., Ergänzungsband 225. 233; Kalbow, PNN 111; Felder, PNN 51 f.; Lunderstedt, 309. 314.
7) → 5.1.1.118.

Letzweiller (1318 K., im Besitz der Herren von Sierck): → Nr. 381.

+Lexweiler, nach Dolch/Greule 288 bei Oberauerbach: → Nr. 403.

386. **+Leyviller**, jetzt Leyvillerhoff sw. Lachambre, F, Moselle, St. Avold:

in banne vnd gerichte des dorffes tzu Lauwilre ... stoisset ... off den yden (1437 Or.); Leiviller hoff (1580); Leuuillershoff (1683 Or.); Lei Weiler Hoff (1686 K.18); Lauweiller hofft (1697 Or.); Le Villerhof (1756); Ley ueller hoff (±1789) [1].

< *Liuben-wilâri zum PN *Liubo, Liuvo* [2], zum Stamm *leub-a-* [3]? Die <au>-Graphie des Erstbeleges *Lauwilre* (1437 Or.) wäre dann als ein für die Gegend sehr frühes Zeugnis der nhd. Diphthongierung [û] > [au] [4] zu interpretieren. Wie dem ahd. *niuwi*, mhd. *niuwe* in weiten Teilen unseres Untersuchungsgebietes ein mundartliches *nau* entspricht, das erst in neuerer Zeit durch die über die Rheinstraße vordringende oberdeutsche Form *neu* bzw. daraus entrundet [5] *nei* verdrängt wurde [6], wäre auch hier altes [au] zum Teil durch [eu] bzw. [ei] ersetzt.

1) Quellennachweis: AD Mos H Suppl. 6, 2 B 1 Nr. 14; Tribout, in: Revue Bénédictine 44 (1932) 258; AD Mos H 4516; AD Mos E Suppl. 85, 2 CC 2; AD Mos 4 E 341; AT II 165; AD Mos B 2411 f° 66r°. Vgl. Bouteiller, Dictionnaire 145; RL III 572; Hiegel, Dictionnaire 207.
2) Förstemann, Altdeutsches Namenbuch I 1019 f.; Morlet, Noms de personne I 158 b.
3) → 5.1.1.117.
4) → 6.2.1.12.
5) → 6.2.1.7.
6) → 6.2.1.11.

387. **Leyviller**, F, Moselle, Grostenquin:

Leyviller (1255 K.18); Lewilre (1258 K.13, 1312 Or., 1332 Or., 1339 Or., 1366 Or., 1396 K., 1398 K.18, 1422 Or. u.ö.); Leywilre (1361 K.); Lewiller (1386 K.19, 1472, 1493 K. u.ö.); Lewyler (1453 Or.); Lewilr (1471 Or.).- Mda. *Leywiller* [1].

< *Laiben-wilâri zum PN *Laibo* > *Leibo* [2]. Der Stamm erscheint häufig als Endglied und ist in dieser Position zu germ. *laibaz* 'Leib, Sproß' zu stellen [3]. Als Erstglied ist er "offenbar auf das Westfränkische beschränkt" [4].
Die Lautentwicklung des SN führt über *Leiven-wîlre (mit Bewahrung des germanischen stimmhaften [b], das graphisch in der Regel als <v> markiert ist [5]) durch Schwund der unbetonten Mittelsilbe zu *Leiv-wîlre, Lei-wîlre. <e>-Belege im Stammvokal des PN sind unvollständige Schreibungen für den Diphthong, wie sie schon in althochdeutscher Zeit vorkommen [6], bzw.

durch mundartliche Monophthongierung [ei] > [ê] zu erklären [7].

1) Quellennachweis: Tribout, in: Revue Bénédictine 44 (1932) 19; AD Mos 3 J 10; AD Mos G 1149 Nr. 1; Schmitz-Kallenberg, Coesfeld Nr. 190; Parisse, in: Annales de l'Est 26 (1974) 155; Schmitz-Kallenberg, Coesfeld Nr. 500; BRW Nrr. 647. 651; AD Mos H Suppl. 6-2 B 1 Nr. 4; Kirsch, Kollektorien 312; AD Mos 4 E 601; Freis, in: Merchweiler Heimatblätter 2 (1982) 39; HMB VI 448; AD Mos 10 F 632; AD Mos 3 J 26; Rohr, Blasons 360.
Das von Förstemann, Altdeutsches Namenbuch II,2 101; Bouteiller, Dictionnaire 145, und RL III 573 (mit Vorbehalt), danach unter anderem auch von Besler, ONN I 28; Vincent, France 154, und Bergengruen, Adel 203, hierher gestellte *Liedes villa* (706) ist in einer sehr problematischen Urkunde (AD Mos H 3 Nr. 1; MG DD Mer. Spuria Nr. 6) überliefert, die nach Heidrich, Titular 251, "alle Anzeichen der Fälschung" trägt. Es handelt sich um zwei Parallelausfertigungen in Schrift des 12. Jhs., von denen die eine ganz offensichtlich das Konzept der anderen ist, wobei zur Ergänzung von Pagus- und Comitatsangaben Lücken gelassen wurden. Die in diesem Dokument genannten Besitzungen, die der Nachfahre des Stammvaters der Pippiniden *Arnulphus dux*, ein Enkel Pippins, dem Arnulfskloster in Metz überlassen haben soll, konnten zumindest teilweise lokalisiert werden, und zwar mit Fleury (Gde. Jouaville, F, MM, Homécourt), Marieulles (F, Moselle, Verny) und Broville (Gde. Hautecourt, F, Meuse, Etain), vgl. Haubrichs, Urkunde 16. Eindeutige Hinweise zur Identifizierung von *Liedes villa*, das sicher alter Besitz von St. Arnulf gewesen ist, ergeben sich nicht, wie auch der der Abschrift der Urkunde im Chartular von St. Arnulf (Clervaux ms. 107 f° 14v°-15v°, 13./14. Jh.) vorangestellte Vorspann *ego Arnulphus dux ... villam meam Creanto* (nicht mit Heidrich, Titulatur 251, *Weanto*) *concedo* nicht befriedigend gedeutet ist. Die sprachliche Form des SN *Liedes villa* mit <s>-Fuge ist für einen romanischen Namen des Typus *Avricourt* kaum denkbar; es wird deshalb mit einer Verschreibung <al> → <es> zu rechnen sein. Anzusetzen wäre damit eine Grundform *Leud(o)aldo-villa* → *Liedal-villa*; eventuell kann mit Liauville (F, Meuse, St. Mihiel, so Haubrichs, Urkunde 16) identifiziert werden. Eine Identifizierung mit Leyviller scheint mir ausgeschlossen; über Besitz von St. Arnulf am Ort ist sonst nichts bekannt. Die Deutung des SN Leyviller mit Hilfe des PN *Leudo* u.a. bei Vincent, France 154; Morlet, Noms de personne III 397, und Hiegel, Dictionnaire 206, die sich an dieser Fehlzuweisung orientiert, ist damit zu streichen.
2) Belegt bei Morlet, Noms de personne I 155; vgl. auch Förstemann, Altdeutsches Namenbuch I 997; Kaufmann, Ergänzungsband 224. Zur Chronologie des Übergangs von germ. [ai] > ahd [ei] am Westrand des althochdeutschen Sprachgebietes vgl. Braune/Eggers § 44; Franck/Schützeichel § 31; Socin, Sprache 225.
3) Vgl. Schramm, Namenschatz 163; Kaufmann, Ergänzungsband 224.
4) Vgl. Kremer, PNN 168.
5) Vgl. Braune/Eggers § 134; Franck/Schützeichel § 78.
6) Vgl. Braune/Eggers § 44 Anm. 4; Franck/Schützeichel § 31.2; daneben auch Nebert,Geschichte 46; Bach, Marienlob 183; Froeßl, Sprachbewegungen 77 ff.; Heinzel, Geschäftssprache 376; Hoffmann, Geschäftssprache 159; Christmann, Sprachbewegungen 69.
7) → 6.2.1.10.

388. +**Lindweiler**, nö. Ormesheim, Gde. Mandelbachtal, D, Saarland, Saar-Pfalz-Kreis:

Lintwiller (1426 K.16).
FINN: die Felder auf Lendtweiler (1748); Lindweiler (1846) [1].

"Weiler bei den Linden" [2], zum Baumnamen ahd. *linta* [3], bzw. *Linden-wîlâri* zum PN *Lindo* [4].

1) Quellennachweis: LA Sbr. Nass.-Sbr. II Nr. 2441 f° 343; Staerk, Wüstungen 284; Christmann, SNN I 360. II 368.
2) So Christmann, SNN II 368. Eine gleichnamige Siedlung unweit von Aachen ist mit Gysseling, Woordenboek 621, a. 1114 als *Lintwilere* belegt.
3) Nach Schützeichel, Wörterbuch 114, nur für den aus Lindenholz gefertigten Schild bezeugt.
4) Belegt bei Förstemann, Altdeutsches Namenbuch I 1059; Morlet, Noms de personne I 162 a (*Lento* mit romanischer Vokalsenkung [i] > [e]). Zum betroffenen Namenstamm vgl. 5.1.1.119.

389. **Linxweiler (Nieder-, Ober-)**, Stadt St. Wendel, D, Saarland, St. Wendel:

villam que vocatur Linchisivillare (871 K.16); Linxwiller (1270 K.14, 1435 K.16); Lengeswilre (1293 K.17, 1328 K., 1365 Or. u.ö.); Linxwilr (1303 K., 1321 K., 1404 K.16, 1481 K.16 u.ö.); Lenkeswilre (1304 Or.); Lenxwilre (1309 K., 1389 Or., 1430 K.16, 1431 Or., 1441 Or. u.ö.); Leuxewilre < *Lenxewilre (1319 K.14, 1361 K.); Lingswilre (1407 Or.); Lingswylre (1412 Or.); Linxwilre (1414 Or., 1490 K.16); Lenxwylre (1416 Or.); Lyngswilre (1437 Or.); Lyngeswiler (1468 Or., 1490 Or.); Lyngeßwyler (1506 Or.); Lynnxweiller (1542 Or.); Linxweiler (1552 Or.) [1].

Nachdem schon W. Bruckner erkannte, "daß *ch-* mit dem Lautwert eines *g* nicht nur im merowingischen Latein [2] [belegt ist], sondern auch in Paulus' Diaconus *Historia Langobardorum* in allen an zweiter Stelle mit *gis* zusammengesetzten (germ.) Eigennamen regelmäßig *chis* geschrieben wird" [3], wird man im Bestimmungswort des in romanischer Morphologie überlieferten Erstbelegs *Linchisivillare* tatsächlich mit Christmann und Morlet [4] den westfränkischen PN *Lindgîs* > *Lingîs* [5] (mit auch sonst gut belegter romanischer Assimilation des stammauslautenden Dentals im Erstglied an den Anlaut des Zweitglieds [6]) erblicken dürfen. Aus einer althochdeutschen Ausgangsform *Lingîses-wîlâri* ist heutiges Linxweiler lautgerecht entwickelt. Die in der Belegreihe häufigeren <e>-Schreibungen im Stammvokal des

Erstgliedes reflektieren die vor [n] + Konsonant im Mitteldeutschen häufige Senkung [i] > [e] [7].

1) Quellennachweis: MG DD Ludw. d. Dt. Nr. 138 (verunechtet, aber wohl nach Vorlage 9. Jh.); LA Sbr. Nass.-Sbr. II Nrr. 1225. 2446 f° 30. 2448 f° 88 (Regesten bei MRR IV Nr. 2206; JRS Nr. 731); JRS Nr. 1169; BN Paris Coll. Lorr. Bd. 972 Nr. 103; LA Sbr. Nass.-Sbr. II Nrr. 2767 ff° 12 v°. 15 r°. 2768 ff° 45. 51; PRZ Nr. 453; LA Sbr. Nass.-Sbr. II Nrr. 59. 2767 f° 16. 2446 f° 24. 5621; LA Sbr. Neumünster Urk. Nr. 105; BN Paris ms. lat. 10024 f° 31 v°; Kirsch, Kollektorien 317; Oberndorff, Pfalzgrafen Nr. 4842; HStA München, Rheinpfälz. Urkunden Nr. 4268; LA Sbr. Nass.-Sbr. II Nrr. 2768 f° 44. 4293 f° 82; HStA München, Rheinpfälz. Urkunden Nrr. 4270 ff. 4279. 4284; Fürst, Einwohnerverzeichnisse 20; LA Sbr. Neumünster Urk. Nr. 33.
2) Eingeführt ist die Graphie <ch> im Spät- und Mittellatein allerdings vor allem für [k] (dazu stellvertretend für zahlreiche andere Arbeiten Bonnet, Latin 162 ff.). Ein Wechsel von <ch> und <g> ist verhältnismäßig selten; ein Beispiel nennt Taylor, Latinity 35.
3) Bruckner, Orthographie 75 f., zitiert nach Matzel, Ein ahd. Grammatiker 163. <ch> für [g], in diesem Fall als romanischer Ersatzlaut für germ. [w], findet sich auch in Paulus' Diaconus *Gesta Episcoporum Mettensium* (MG SS II 268) im PN *Chillis windis* (= *Willis windis*), vgl. dazu Haubrichs, Codex Laureshamensis 149. Ebd. und bei Wells, Approach 137, Beispiele für die Schreibung <ch> statt [g] in westfränkischen PNN. Man beachte auch die Graphie <chi> statt <gi> in den Vorsilben im althochdeutschen Isidor; dazu Braune/Eggers § 148 Anm. 4; Matzel, Ein ahd. Grammatiker 162 f. Bergmann, Glossen 289, und Pauly, Glossen 151 f., erklären auch einfaches <c> für [g] aus westfränkisch-romanischer Schreibtradition. Sollte man die romanische Neutralisierung von anlautenden und inlautenden stimmhaften und stimmlosen Verschlußlauten als Grundlage der Graphie <ch> für [g] in Anspruch nehmen können? Dazu Haubrichs/Pfister, In Francia fui 31. 53. 67; Haubrichs, Codex 140 ff.
4) Vgl. Christmann, in: Sbr. Hefte 1 (1955) 54; Morlet, Noms de personne III 399.
5) Vgl. Förstemann, Altdeutsches Namenbuch I 1060 *Lendegisil*. Zu den enthaltenen Namenstämmen vgl. 5.1.1.119., 5.1.1.68.
6) → 5.3.10.
7) → 6.2.1.5.

Litschwilre (1426 Or.): → Nr. 384.

390. **+Litzviller**, Gde. Guirlange, F, Moselle, Boulay:

FINN: Saison dite Lützviller, var. Litzwiller (1688 Or.); Saison de Litzveiller, var. Litzwiller (1712 Or.); Litzviller (±1840) [1].

< *Ludînes-wîlâri* zum PN *Ludîn* [2], mit n-Suffix [3] zum Stamm *hlup-a-* [4].

Die <i>-haltigen Belege zeigen Entrundung von unter Umlautbedingungen aus [u] entstandenem [ü] zu [i] [5].

1) Quellennachweis: AD Mos H 1799 f.; Toussaint, Frontière 143.
2) Morlet, Noms de personne I 134 a; LMR 253.
3) → 5.2.
4) → 5.1.1.92.
5) → 6.2.1.7.

Loc[en]wilre (1365 Or., LA Sbr. Fraulautern Urk. Nr. 149): Zusammen mit St. Ingbert (zu ste. ingelbrede) genannt im Testament der Witwe des Johann von Brücken, Adelheid von Sierck. Anhaltspunkte für eine Identifizierung fehlen.

Lochwilere (ca. 1012 Or., in der *Vita Pirmini* festgehaltenes Glockenwunder zu L.): → Nr. 391.

391. **Lockweiler**, Gde. Wadern, D, Saarland, Merzig-Wadern:

Locvillare (971 K.17, 972 K., 984 F.K.18); Locvilare (973 K.17); Lovillare < *Locvillare (981 K.13); Lochwilere (±1012 Or. nach älterer Vorlage); Lohwilare (1046 K.13); Locwilri (1101 K.15); Locwilre (1227 Or., 1314 K.14, 1335 Or., 1354 Or., 1364 Or. u.ö.); Locvilre (1261 Or., 1269 K.14); Lockwiller (1264 Or., 1409 K., 1419 K.16, 1479 Or. u.ö.); Lockwilre (1290 Or., 1311 K.16, 1330 Or., 1383 K.15, 1419 Or. u.ö.); Logwilre (1310 K., 1360 Or.); Lokwilre (1330 Or.); Lokwiler (1330 K., 15.Jh. Or., 1466 Or. u.ö.); Locwilr (1348 K.15); Loykwiler (1439 Or.); Lockwyler (1482 Or.); Lockweiler (1550 Or.).- Mda. *lokwele'* [1].

< *Lokken-wîlâri* zu einem wfrk. PN *Lokko* [2], der durch romanische Synkope des Pänultima-Vokals [3] und anschließende Assimilation von [dk] > [kk] [4] aus *Hlodiko* [5] entwickelt sein dürfte. Der mit Hilfe eines k-haltigen Suffixes [6] gebildete Kosename ist zum Stamm *hluþ-a-* [7] bzw. einer auf romanischer Vokalsenkung [u] > [o] [8] beruhenden Nebenform <hlod-> zu stellen. Den ältesten Belegen dürfte (angesichts ihrer Provenienz aus dem Verduner Kloster St. Paul leicht verständlich) eine romanische Nebenform *Lokko-villâre*, komponiert mit Hilfe einer stark flektierten Variante *Lokkus* des oben genannten PN, zugrunde liegen. Demgegenüber setzt der der *Vita Sti. Pirmini* entnommene Beleg *Lochwilere* [9], sofern er denn hier zugeordnet werden kann, eine genuin althochdeutsche Ausgangsform *Lochen-wîlâri* mit

Verschiebung des vereinfachten intervokalischen [k] [10] voraus.

1) Quellennachweis: Evrard, Verdun Nr. 26; MG DD Otto II Nr. 22 b; MG DD Otto III Nr. 3; Evrard, Verdun Nr. 28; Meinert, Papsturkunden Nr. 1; MG SS XV,1 30; MG DD Heinr. III Nr. 168; MG DD Heinr. IV Nr. 466; BRW Nr. 61; MRhUB III Nr. 318; LHA Kobl. 54 S 722; Lamprecht, Wirtschaftsleben III Nr. 92; TUH I Nr. 211; LHA Kobl. 1 A Nr. 5806; LA Sbr. Helmstatt Urk. Nr. 52; PRZ Nrr. 157. 196; MRR III Nr. 1947; LA Sbr. Nass.-Sbr. II Nr. 2443 ff° 835. 862; LA Sbr. Helmstatt Urk. Nr. 164; MRR IV Nr. 1793; TUH I Nrr. 150. 203; AD Mos 10 J 110; LA Sbr. Nass.-Sbr. II Nr. 1246; Remling, Speyer I Nr. 492; LA Sbr. Helmstatt Urk. Nr. 50; LHA Kobl. 1 A Nr. 4703 f.; LHA Kobl. 54 R 19; AD Mos 10 F 630; HStA München, Rheinpfalz. Urk. Nr. 4787; LA Sbr. Dagstuhl Nr. 791 f° 26; TUH I Nr. 267; LHA Kobl. 54 H 1076; Jung, Gerichtsbuch Nr. 35.

2) Den gleichen, bisher nicht belegten PN enthält der SN Loconville (F, Oise: 1060, 1117 u.ö. *Loconis villa*, 1123 *Loconvillam*, Belege nach Lambert, Dictionnaire 311), vgl. auch die Bildungen Locquinghen (Gde. Audinghen, F, Pas-de-Calais: 1208 *Lokingehem*) und Locquinghen (Gde. Rety, F, Pas-de-Calais: 1084 *Lokingahem*; Belege nach Morlet, Noms de personne III 363 a) mit romanischer Degeminierung von [kk].

3) Rheinfelder § 145.
4) → 5.3.10.
5) Vgl. auch jüngeres fries. *Luk* < *Hludiko* bei Stark, Kosenamen 69.
6) → 5.2.
7) → 5.1.1.92.
8) → 5.3.1.
9) Dieses *Lochwilere*, das bisher (u.a. bei Doll, Pirminskloster 119 Anm. 80; Angenendt, Monachi peregrini 26) zumeist mit Lochweiler bei Zabern Elsaß gleichgesetzt worden ist (vgl. aber kritisch dazu schon Barth, Kirchen 1933: "Lochwilere dürfte sich eher auf den verschwundenen, einige Kilometer von Hornbach entfernten Ort Lochweiler beziehen". Eine solche Wüstung ist allerdings in der näheren Umgebung des Kosters, soweit ich sehe, nicht nachweisbar; das rätselhafte *Wilarum* des Jahres 796 ist sicherlich anders zu identifizieren), wird in der Pirminsvita im Zusammenhang mit einem Glockenwunder genannt, das sich an diesem Ort ereignet haben soll: *cloccam igitur unam sancti Pirminii praefatus Wido in locum qui vocatur Lochwilere deferri praecepit, quae, quandiu ibi pendebat, muta et humano auditui inutilis permansit. Intellexit igitur senior praedictus, hoc factum Deo non placuisse et sancto Pirminio, praedictam campanam referri praecepit in locum de quo sumpta est; quae, antequam illuc veniret, sonum assuetum clarre reddidit et usque in hodiernum diem ad laudem Christi et sancti Pirminii reddere non desistit ...* (MG SS X V, 1 S. 30). Eine Glocke des Hl. Pirmin aus dessen Klostergründung in *Gamundium* also hatte Wido, der mächtige weltliche Grundherr des Ortes *Gamundium* aus dem bekannten austrasischen Hochadelsgeschlecht der Widonen, an sich gebracht und auf sein Eigengut nach *Lochwilere* verschleppen lassen; da diese allerdings dort ihren Dienst nicht mehr tut und stumm bleibt (mit Günther, Psychologie der Legende 207, ein ganz bekanntes hagiographisches Motiv, das im übrigen auch in der Vita des bekannten, ebenfalls aus widonischem Geschlecht stammenden Bischofs von Trier und Gründers

von Mettlach, L(i)utwin, vorkommt, dazu Winheller, Lebensbeschreibungen 91), muß sie den Mönchen zurückgegeben werden. Das in der Vita berichtete Ereignis des Glockenraubs, dem man einen wahren Hintergrund nicht wird absprechen wollen, wird von Angenendt, Monachi peregrini 31, mit guten Gründen etwa um das Jahr 800 datiert. Möglicherweise geschah der Diebstahl aus Anlaß der Kirchengründung in Lockweiler (die dortige Salvatorkirche, 973 erstmals genannt und "vor langer Zeit errichtet", ist nach Pauly, Wadrill 98, eine der ältesten Pfarrkirchen in diesem Bereich der alten Erzdiözese Trier, für die er eine Gründung spätestens im 8. Jh. vermutet), bzw. anläßlich der Errichtung einer Eigenkirche auf dem wahrscheinlich nach Wido selbst benannten und sicherlich ganz in der Nähe des Kirchortes gelegenen Besitz in *Vienvillare*. Für eine Identifizierung des Widonenortes *Lochwilere* mit Lockweiler an der unteren Saar, wie sie im Jahr 1925 bereits von M. Pfeiffer (in: Kultur der Abtei Reichenau 1 (1925) 50) vertreten wurde, spricht die Bezeichnung des gleichen Ortes als *Locus wilare* (mit Anlehnung an lat. *locus*) in einer späteren Vita. Die Anbindung von Lockweiler an das freilich inzwischen weit verzweigte Geschlecht der Widonen scheint auch angesichts der Besitzgeschichte für diesen Ort gut möglich. Er findet sich später in den Händen Kaiser Heinrichs III. wieder, als Salierkaiser zweifellos ein Nachfahre des Widonengeschlechtes. Im ausgehenden 10. Jh. läßt sich hier eine Familie fassen, zu der neben dem Bischof Wigfried von Verdun und dessen Neffen Liuthard und Richwin auch ein im Lüttichgau tätiger und in der Eifel begüterter *comes* Richer sowie über eine bisher nicht endgültig geklärte Verwandtschaftsbeziehung wohl auch der bekannte Pfalzgraf Gottfried sowie die Großmutter Heinrichs III., Adelheid, gehören. Erwähnt sei schließlich auch, daß unter Umständen auch der PN des Eponymen der Siedlung Lockweiler, wfrk.-rom. **Hlodiko > Lokko*, in widonischen Zusammenhängen aufscheint, denn der bekannte Trierer Bischof und Gründer des Klosters Mettlach, der in der Literatur als *Liutwin* geführt wird (so im Trierer Bischofskatalog, vgl. BHL 4955-4958), erscheint in den Viten (AA SS Sept. VIII 169 ff.) als *Lutwini*, so daß für das erste Element seines Namens wohl nicht nur der PN-Stamm **leuđ-i-*, sondern wie für den Kurznamen *Lokko* eben auch **hluþ-a-* in Frage kommt.

10) Vgl. Braune/Eggers §§ 87. 141; Haubrichs, Lautverschiebung 1382.

392. **Lohnweiler**, VG Lauterecken, D, Rheinland-Pfalz, Kusel:

Lonewilre (±1326 K.15, 1361 Or., 1377 Or. u.ö.); Lonewijlre (1364 Or.); Lonewilr (1379 K., 1380 K.); Lonwilre (1417 Or., 1422 K.); Loneviller (1446 K.); Lonwiler (1483 Or.); Loinwiller (1506 Or.); Lonwiller (1578 Or.); Lohweiller (1643 Or.).- Mda. *loowile'* [1].

< **Launen wilâri* zum PN *Launo, Lôno* [2], zum Stamm **laun-a-* [3].

1) Quellennachweis: PRZ Nr. 540; PRV Nr. 281; HStA München, Rheinpfälz. Urk. Nrr. 3183. 3286; PRV Nrr. 313. 324; HStA München, Rheinpfälz. Urk. Nr. 3287; PRV Nr. 285; Pöhlmann, Lehensbuch Nr. 90; HStA München, Rheinpfälz. Urk. Nr. 3305;

LA Speyer D 33/16; LA Speyer B 2/304. 3 f° 14; Christmann, SNN I 362; Dolch/ Greule 292.
2) Förstemann, Altdeutsches Namenbuch I 1016; Morlet, Noms de personne I 158 a.
3) → 5.1.1.116.

393. **Lohrweiler**, alter Name von Pfalzweyer, F, Bas-Rhin, La-Petite-Pierre:

Lohrweiler (1591, 1602 u.ö.)[1].

Wie in zahlreichen heute *Lohr,* etc., lautenden SNN[2] dürfte auch hier das in seiner Etymologie umstrittene *(h)lâr* ('Gatter, Pferch')[3] vorliegen.

1) Quellennachweis: RL III 834; Clauß, Wörterbuch 844; AT I 159 f.
2) Verbreitungskarte bei Dittmaier, (H)lar-Namen, Anhang.
3) Vgl. Dittmaier, (H)lar-Namen 3-7. 51-55.

Lohweiller (1643 Or.): → Nr. 392.

Lohweler, FlN Gde. Coume, F, Moselle, Boulay (Nap. Kat.: *langst L. Weg*): wohl verschrieben aus *Lohwelinger Weg* für die auf der Gemarkung von Coume nachgewiesene Wüstung Laveling, vgl. AD Mos E dépot 157 1 CC 1-2 a. 1690 Or. *confin de Laveling,* a. 1714 K. *deriere Hoven, canton de Laveling.*

394. **+Lohwiller**, Gde. Créhange, F, Moselle, Faulquemont:

en Louwellere (1492); bis an den Lowiller weg (1580 K.)[1].

Zu ahd. *lôh* 'niederes Holz, Gebüsch, bewachsene Lichtung'?[2]. Eventuell für Nr. 114.

1) Quellennachweis: Witte, Sprachgebiet 33; ASHAL 20 (1909) 437.
2) Schützeichel, Wörterbuch 116.

395. **+Lorschweiler**, sö. Bining, F, Moselle, Rohrbach-lès-Bitche:

FlN: Lorschweiller wiess (1758 Or.)[1].

Eine sichere Etymologie ist ohne ältere Formen nicht zu leisten; vielleicht zu dem in der frühmittelalterlichen Gallia ausgesprochen häufigen und auch im Umkreis der Chrodoine nachzuweisenden [2] romanischen PN *Laurus, Laurentius* [3] ?

1) Quellennachweis: AD Mos. Cartes et plans Nr. 986-88.
2) Vgl. DTW Nr. 36; Haubrichs, SNN 273 Anm. 213.
3) Beleglisten bei Bergh, Etudes 120 f.; Morlet, Noms de personne II 68 b; zu *Laurus* Holder II 162 f.; Kajanto, Cognomina 334.

396. **+Loudviller**, Gde. Lachambre, OT Holbach, F, Moselle, St. Avold:

FINN: dans Loudviller (1692 Or.); Loudvillers wisse (±1840) [1].

< **Luden-wîlâri* zum PN *Ludo* [2], zum Stamm **hluþ-a-* [3], mit französischer Graphie <ou> für mhd. nhd. [u].

1) Quellennachweis: AD Mos 4 E 309; Nap. Kat.
2) Förstemann, Altdeutsches Namenbuch I 849.
3) → 5.1.1.92.

397. **Loutzviller**, F, Moselle, Volmunster:

Luxuuilre (1115 F.K.1600); Lutzwilre (1115 F., 12. Jh. 3. Viertel K.16, 1204 K.1600); Luzwire (1139/76 K.12); Lozwilre (1215 K.18); Lutzewilre (1311 Or., 1361 K.); Lutzwilre (1315 Or., 1327 Or.); Luzewilre (1322 Or., 1324 Or.); Lutevislre < *Lutzwilre (1330/31 Or.); Lutzwilr (1428 Or.); Lutzwiller (1466 K.16, 1484 Or., 1489 Or. u. ö.); Lutzwilr (1473 Or.); Lutzwiller (1466 K.16; 1484 K.); Lutzwlr (1473 Or.); Lutzweiller (1594 K.17).- Mda. *lųtsvīlα* [1].

< **Lutzen-wîlâri* zum wfrk. PN *Hludso* > *Lutzo* [2]. Der PN ist mit westfränkisch-romanischer Erweiterung des Stammes durch ein s-haltiges Suffix [3] zum Stamm **hluþ-a-* [4] zu stellen.

1) Quellennachweis: AD MM B 486 Nr. 34-1 f° 1r° (zur Möglichkeit einer Fälschung vgl. Duvernoy, in: MSAL 62 (1912) 129: "[Des] incohérences chronologiques rendent un peu suspecte cette charte et l'acte de Simon qu'elle confirme"); Parisse, Etienne Nr. 2 (ebd. und bei Perrin, Recherches 730 ff., und Fray, Recherches 91. 101 Anm. 57, als Fälschung identifiziert); Perrin, Recherches 730; AD MM B 486 Nr. 34-1 f° 3r°; AD MM B 568 Nr. 1; AD Mos H 359 f° 17; HStA München, Rheinpfälz.

Urkunden Nr. 1281 f.; Kirsch, Kollektorien 315; HStA München, Rheinpfälz. Urkunden Nrr. 1210 f. 1214. 2318; Kirsch, Kollektorien 126; LHA Kobl. 53 C 45 Nrr. 9. 21. 60; AD Mos H 383; NRH Nr. 453; AD MM B 571 Nr. 13; Alix 142; ALLG.
Zur Identifizierung des in der sicher nicht vor der 2. Hälfte des 9. Jhs. niedergeschriebenen (vgl. Angenendt, Monachi Peregrini 54) *Vita Sti. Pirmini* genannten *Lochwilere* (nicht *Locviller* oder *Locvillare*, wie Bouteiller, Dictionnaire 151, und RL III 608, angeben), das noch von Glath, Contribution 30, auf Loutzviller bezogen wird, vgl. Nr. 391.

2) Vgl. Förstemann, Altdeutsches Namenbuch I 850; Morlet, Noms de personne I 134 a. Verfehlt sind die Deutungen des SN bei Dauzat/Rostaing 414 (wfrk. *Leudso*, zum Stamm *leuô-i-*, > *Liuzo*. Zur Entwicklung von ahd. /iu/ vgl. Braune/Eggers §§ 47-49); Morlet, Noms de personne III 397 b (ahd. *Liuto* > *Luto*; die Vereinfachung des Basisdiphthongs ist theoretisch möglich, der PN wird aber schwach flektiert); Hiegel, Dictionnaire 213 (PN *Lodo*, *Lotto*, *Luto*) und Glath, Contribution 30 (PN *Ludwig*).

3) → 5.2.
4) → 5.1.1.92.

398. **? +Loutzviller**, Gde. Epping, F, Moselle, Volmunster:

FlNN: Lutzweiller doll, Lutzweiller wiess (1758 Or.); Loutzviller, Loutzviller Berg, Loutzviller Wies (1840) [1].

< *Lutzen-wîlâri* zum PN *Lutzo*.

â1) Quellennachweis: AD Mos Cartes et plans Nr. 986 ff.; Nap. Kat. Die FlNN zeigen keinen Anschluß an den existierenden Ort (Nr. 397).
2) Vgl. Nr. 397.

399. **Ludweiler**, Stadt Völklingen, D, Saarland, Saarbrücken:

Loudweiler (1623); Loudwiller (1689) [1].

Ludweiler (< *Ludwig-weiler) ist eine nach dem Landesherrn benannte Gründung des Grafen Ludwig von Nassau-Saarbrücken. Der aus dem Jahre 1604 datierende Fundationsbrief sieht die Anlage einer Siedlung auf der Flur *an der Rixfurth im Warneth* vor [2].

1) Quellennachweis: Werveke, Betzdorf Nr. 1244; LA Sbr. Nass.-Sbr. II Nr. 2412 f° 11 f.
2) In modernisierter Textgestaltung ist die Gründungsurkunde gedruckt bei Buchleitner, Geschichte 1 ff., vgl. auch Habicht, Dorf 168.

400. **+Lutersweiler**, bei Waldmohr, D, Rheinland-Pfalz, Kusel:

Luterßwilre (1426); Ludterßweyler (1601 Or.) [1].

< *Hlutheres-wîlâri* zum PN *(H)lutheri* [2].

1) Quellennachweis: Herrmann, Homburg 36 Anm 88. Die Quelle betrifft Güter, die der Junker Johann von Homburg *vernyset und gebruchet, darunter von dem hoff zu L., daz er sin sy ein halbescheit, und die lude zu More, die in den vorgenannten hoff zu L. gehorich sint,* LA Speyer A 2/112. 2 f° 37 r°; Dolch/Greule 295.
2) Förstemann, Altdeutsches Namenbuch I 853.

Luterswilre (1344 K. u. ö.): → Nr. 380.

401. **Lutrea Wilre**, ältere Bezeichnung des Ortes Fraulautern, Stadt Saarlouis, D, Saarland, Saarlouis:

Lut[rea]wilre (1222 Or.) [1].

Eine Mettlacher Wallfahrtsliste des Jahres 1222 benennt mit *Lutreawilre* die Siedlung Fraulautern bzw. deren Pfarrkirche im Gegensatz zu der dortigen Frauenabtei [2]. Der ursprüngliche Gewässername (Frau)-Lautern stellt sich zu ahd. *lût(t)ar* 'lauter, klar' [3].

1) Quellennachweis: LHA Kobl. 143/8, vgl. auch Kyll, Pflichtprozessionen 28.
2) Vgl. zu den Anfängen des Klosters Fraulautern, das auf eine Stiftung eines sonst unbekannten Ritters Adalbert aus der ersten Hälfte des 12. Jhs. zurückgeht, welcher dafür seinen *locum Lutre cum omnibus appenditiis* zur Verfügung stellte, ausführlich Ausfeld, Fraulautern 1-17 mit Urkunde Nr. 1; Pauly, Merzig 157-161.
3) Schützeichel, Wörterbuch 119; Dittmaier, FINN 183.

402. **+Lutzweiler**, Stadt Neunkirchen, Stadttl. Wellesweiler, D, Saarland, Neunkirchen:

(Bexbach +) Lauxweiler (1336 K.16); Lützwilre (1369 Or.); Lutzwylre (1369 K.14); Lutzwiller (15. Jh. Or.); Lutzwilre bei Weldeswilre (1431 Or., 1473 K.16); Loutzweiler (1462 K.16, 1491 K.16); vff der Bliessenn uff Lutzwilr eigethumb (1489 K.16); Lautzwyller Möhl (1560); Lutzweiller Eigentum (1721) [1].

< *Lutzen-wîlâri zum PN *Hludso* > *Lutzo*, zum Stamm **hlup-a-* ². Im PN wird die Kürze des Stammvokals durch die weitaus überwiegenden <u>-Schreibungen indiziert; die sporadisch aufscheinenden <au>-Formen sind hyperkorrekte Verhochdeutschungen.

1) Quellennachweis: NRW Nr. 628; LA Sbr. Nass.-Sbr. II Nrr. 5546. 6347; LA Sbr. Nass.-Sbr. II Nrr. 2456 f° 7. 5554. 5404 f° 183. 5405 f° 314v°. 317r°. 2443 f° 475. 3878 f° 1; Hoppstädter, SNN 74. Zur Lokalisierung der Wüstung vgl. Staerk, Wüstungen 277.
2) Vgl. Nr. 397.

403. **+Lutzwiller**, n. Oberauerbach, D, Rheinland-Pfalz, krfr. Stadt Zweibrücken:

FINN: die bach von Ober Auwerbach ann biß ann Lexweiller wäldlin, var. Lutzwiller wäldtlin (1547 K.16) ¹.

< *Lutzen-wîlâri zum PN *Hludso* > *Lutzo* ².

1) Quellennachweis: Kampfmann, Beiträge 65. 68; vgl. Christmann, SNN II 362. Zur Identifizierung des dort wie schon von Kampfmann, Heimatkunde 197, als Erstbeleg zitierten *Lauxweiler* vgl. Nr. 402. Entgegen Dolch Greule 288. 295, die mit zwei unterschiedlichen Wüstungen *Lexweiler* und *Lutzweiler* rechnen, läßt sich der Vorschlag Christmanns, die oben genannten Belege auf das gleiche Siedlungsobjekt zu beziehen, wohl doch aufrecht erhalten: klammert man das keinesfalls hierher gehörige *Lauxweiler* aus, so wird eine Verschmelzung der Formen auch sprachlich gut begründbar. Eine Wiedergabe von altem [u] als <e> findet sich auch sonst häufiger, ebenso kann in mittelhochdeutschen und frühneuhochdeutschen Texten durchaus <x> für die Affrikata <tz> geschrieben werden, vgl. z. B. die ältesten Formen für Nr. 397.
2) Vgl. Nr. 397.

Lutzwyler (1440 Or.): → Nr. 384.

Luxuuilre (1115 F.): → Nr. 397.

404. **Mackwiller**, F, Bas-Rhin, Drulingen:

in Mackenuilare (807 K.9); Macuwilre (13 Jh.M. Or.); Magwilre (1351 Or.); Machwilre (1351 Or.); Mahgwiler (1387 Or.); Maggewilre (1402 Or.);

Maggwilr (1422 Or.); Mackenwyler (1425 K.16); Magwiler (1453 Or.); Mackwiler (1469 K.15, 1473 Or., 1495 Or.); Magwyler (1481 K.); Mackewyler (1489 Or.); Mackwyler (1506 K.); Mackwiller (1540 K.16, 1570 Or. u.ö.) [1].

< *Makken-wîlâri* [2]. Kaufmann stellt den PN *Makkô* mit besonders im Westfränkischen beliebter inlautender Konsonantenverschärfung [4] zu einem aus *magan-a-*, *magin-a-* 'Macht, Kraft' verkürzten Stamm *maga-*, *magi-* [5]. Für den Bereich der Galloromania ist eventuell auch an einen vorgermanischen Namen zu denken [6]. Normalschreibung für die althochdeutsche Geminata [kk] ist <ck> [7]; daneben sind für Mackwiller auch die überwiegend oberdeutschen Schreibungen <ch> [8] und <gg> [9], einmal auch das im Straßburger Raum häufigere <hg> bezeugt [10].

1) Quellennachweis: DTW Nr. 201; HRS Nrr. 127. 401 f. 554. 693. 903. 920; Stadtarchiv Sbr. Kl. Erwerbungen Nr. 19 f° 5v°; AD Mos G 9 f° 115 v°; HRS Nrr. 1236. 1306. 1503; Wurth-Paquet, Clervaux Nr. 1420; HRS Nr. 1602; LA Sbr. Nass.-Sbr. II Nr. 2443 f° 695; AD BR E 5133 Nr. 9.
Daß die Siedlung wohl schon um das Jahr 700 bestand, ergibt sich indirekt aus den frühen Nennungen des heute wüsten *Macunevillare* an der Isch (Nr. 405). Die außerordentlich präzisen Lagebeschreibungen für diesen Ort waren sicher nur vor dem Hintergrund einer gleichnamigen Parallelsiedlung in der näheren Umgebung notwendig. Vgl. in diesem Zusammenhang auch die Hinweise auf das hohe Alter der Dionysius-Kirche von Mackwiller, das nach Barth, Kirchen 783, und Cuny, Reformation I 42, "durch das Baumaterial, das merowingisch-karolingischen Behau aufweist", bezeugt wird.
2) Ebenso Cuny, Reformation I 42 Anm. 1; Morlet, Noms de personne III 402; Dauzat/Rostaing 421; Vincent, France 154. Vgl. *Machconuillare*, unbekannt im Bitgau (832 K.; Gysseling, Woordenboek 647. Jungandreas, Lexikon 636, liest nach MRhUB II Nr. 20, *Machtonvillare* und identifiziert mit Machtum (Lux.)).
3) Vgl. Förstemann, Altdeutsches Namenbuch I 1068; Morlet, Noms de personne I 165; Stark, Kosenamen 24; Mansion, Naamkunde 34; d'Arbois, Etudes 99.
4) Vgl. Kaufmann, Rufnamen 13. 18 ff., bes. S. 20.
5) → 5.1.1.120.
6) Vgl. z.B. Stark, Kosenamen 24, über "altgallisch Macco", dazu auch Holder II 368.
7) Vgl. Pauhl/Wiehl/Grosse § 133; Franck/Schützeichel § 115.7.
8) Vgl. Gleißner/Frings, Urkundensprache 58; Boesch, Urkundensprache 163.
9) Belege bei Gleißner/Frings, Urkundensprache 58; Boesch, Urkundensprache 161; Kleiber, Urbare 211 ff.
10) Vgl. Gleißner/Frings, Urkundensprache 50 (häufig auch für einfaches [k]).

405. +**Macune uilare**, bei Hilbesheim, F, Moselle, Fénétrange [1]:

in uuilare Macchone super fluuio iam dictu Hisca (712 K.9); in Macchone Uillare super fluuio Isca (712 K.9); in pago Saroinse super fluuio Isca in Macune uilare (712 K.9) [2].

Makkône-vîllâre zum PN *Makko* [3].

1) Die Lagebeschreibungen der Quellen sind so präzise, daß die in der älteren Literatur immer wieder versuchte Identifizierung der Belege mit Mackwiller (Nr. 404) sich nicht halten läßt.
2) Quellennachweis: DTW Nrr. 234. 237. 265.
3) Vgl. Nr. 404. Zur Bezeichnung von geminiertem [kk] durch <cch> vgl. Braune/Eggers § 144 Anm. 3; Haubrichs, Codex Laureshamensis 143 Anm. 95.

Magnovillari (1147 K. u. ö.): → Nr. 412.

Maha uuilare (991 K., in Lubelner Überlieferung): → Nr. 408.

Mailleviller (1433 Or.): → Nr. 429.

406. +**Mahinviller**, sö. Bruville, F, Meurthe-et-Moselle, Chambley-Bussières:

FlN: Le Grand Mahinviller [1].

Ohne ältere Formen nicht befriedigend zu deuten.

1) Quellennachweis: Nap. Kat.

407. +**Mainviller**, Gde. Rupt-sur-Moselle, F, Vosges, Le Thillot:

Mainviller (1433 Or.).
FlN: Champs de Mainviller [1].

< **Magino-vîllâre* zum PN *Magin(us)*, der germanisch (dann als Simplex zu **magin-a-* [2]) oder romanisch [3] sein kann. Romanische Kontraktion von intervokalischem [g] [4] führt zur heutigen Namenform.

1) Quellennachweis: BN Paris ms. naf. 1287 f° 73v°; Marichal, Dictionnaire 257; Georgel, Noms Anm. 2.
2) → 5.1.1.121. Beispiele für den häufigen germanischen PN *Magin* bei Förstemann, Altdeutsches Namenbuch I 1071; Morlet, Noms de personne I 166 b.
3) Zum romanischen PN *Maginus* vgl. Kajanto, Cognomina 162.
4) → 5.3.11.

408. **Mainvillers / Maiweiler**, F, Moselle, Faulquemont:

Maha uuilre (991 K.14); Maiwilre (1121 F.K.14, 1210 K.14); Maiuill[er] (1180 K.14); Mauillere (1267 K.14); Malvileirs (1281 Or.); Maruiler (1289 K.14); Mawilre (1310 Or.); Meywilre (1312 K.14, 1371 K.15); Maiuilleir (1327 K.14); Mainvilleirs (1335 Or., 1349 Or.); Mewyler (1344 K.15, 1424 Or.); Meiwilre (1346 K.15); Mewilre (1356 K.15); Mauilleirs (1361 K.); Maruiller (1367 Or.); Mewiler (1401 K.16); Mewiller (1452 K.15, 1476 Or.); Mauwiler (1522 K.16, 1580 K., 1600 Or. u.ö.); Maviller (1604 Or.).- Mda. *maivila*[1].

< **Magino-vîllâre* / **Magen-wîlâri*.

Ohne Schwierigkeiten stellt sich die 1335 erstmals belegte französische Namenform (→ *Mainvilleirs*) zum PN *Magin*[2]. Für die deutsche Doublette liefern die Quellen ein zum Teil durch kreuzende Interferenzen kompliziertes Bild. Trotzdem wird man an einem Ansatz mit Hilfe des Kurznamens *Mago*[3], zum Kurzstamm **maga-*, **magi-* aus **magan-a-*, **magin-a-*[4], festhalten können. Für die Lautentwicklung des SN muß dann mit frühem Schwund des intervokalischen [g][5] gerechnet werden; im Erstbeleg repräsentiert <h> den aus [g] vor Erreichung der Schwundstufe entstandenen Reibelaut[6]. Das durch die Kontraktion sich entwickelnde [â] wird in den Quellen meist durch <a> bzw. <ai>[7] bezeichnet; die seit dem 16. Jh. aufscheinenden <au>-Schreibungen dürften eine mundartliche Verdumpfung dieses [â] zu [ǫ] wiedergeben[8]. Ebenfalls für [a] ist in einigen in französischer Sprache abgefaßten Urkunden vor dem Hintergrund im romanischen Dialekt westlich der Sprachgrenze regelhafter Lautentwicklungen hyperkorrektes <al> bzw. <ar>[9] gesetzt. Die seit dem 14. Jh. faßbaren Graphien <e>, <ei>, <ey>, wohl erste Hinweise auf die in der heutigen Mundart durchgesetzte diphthongische Aussprache, sind wohl das Ergebnis von Interferenzen mit dem in der französischen Namenform sich entwickelnden [ẽ].

1) Quellennachweis: BN Paris ms. lat. 10030 ff° 1r°. 3v°. 4v° 6r°. 64v°; WMB 1281, 72; BN Paris ms. lat. 10030 f° 43v°; BN Paris Coll. Lorr. Bd. 971 Nr. 88; BN Paris

ms. lat. 10030 f° 16r°; AD Mos H 1025 f° 13r°; BN Paris ms. lat. 10030 f° 55r°; AM Metz II 20; LA Sbr. Helmstatt Urk. Nr. 42; AD Mos H 1026 f° 9r°; AD MM B 689 Nr. 20; AD Mos H 1025 f° 17r°. 21r°; Kirsch, Kollektorien 312; LA Sbr. Helmstatt Urk. Nr. 55; AD Mos 10 F 3f° 61; AD Mos 3 J 65 f° 15; LA Sbr. Helmstatt Urk. Nr. 162; AD Mos H 1026 f° 110r°; ASHAL 20, 435; AD Mos H 1157 Nr. 3; AD Mos J 5964 f° 2; ALLG.

2) →5.1.1.121. Zur lautlichen Entwicklung der französischen Namenform vgl. Nr. 407. Nur mit diesem romanischen Überlieferungsstrang läßt sich der Deutungsansatz von Dauzat/Rostaing XIII (PN *Magin*) vereinbaren; ebd. S. 424, wird Mainvillers in Analogie zu gleichnamigem Mainvilliers im Departement Loiret zum Adjektiv *medianus* gestellt. Morlet, Noms de personne III 404, denkt an den PN *Magino*; Uibeleisen, ONN 71, an *Magan*.

3) Förstemann, Altdeutsches Namenbuch I 1068; Morlet, Noms de personne I 165, vgl. auch Haubrichs, Ortsnamenprobleme 24 Anm. 121; ders., Warndtkorridor 279. Auch das schweizerische Mägenwil, nach Bruckner, ONN 16, 893 als *Maganwilare* belegt, ist wohl ein altes *Magin-wilâri, dessen oberdeutscher Genitiv Umlaut auslöst.

4) → 5.1.1.120.

5) Vgl Paul/Wiehl/Grosse §§ 107. 136. Der Vorgang ist für das Fränkische (Franck/Schützeichel § 105) und Alemannische (Wrede, in: AfdA. 16, 285) seit dem 11 Jh. bezeugt; weitere urkundliche Zeugnisse bei Gleißner/Frings, Urkundensprache 84 ff.; Schwitzgebel, Kanzleisprache 66 ff.; Froeßl, Sprachbewegungen 120 ff.; Liffgens, Sprachstand § 38; Hoffmann, Geschäftssprache 192; Garbe, Untersuchungen 193; Nebert, Geschichte 58. Zur mundartlichen Verbreitung des g-Ausfalls vgl. Schwitzgebel, Kanzleisprache 66 Karte 'Nagel'; Froeßl, Sprachbewegungen 122 Karte 'Nagel'; Will, Sprachgeschichte 41 Karte 'fliegen'; für den lothringischen Raum besonders auch Follmann, Mundarten I 20 f.; Hoffmann, Mundart 25.

6) Vgl. z.B. den auf romanisch spirantisierter Stufe ins Althochdeutsche entlehnten SN Faha (Gde. Mettlach, D, Saarland, Merzig-Wadern: 770 *Faho*, 878 *Fao*, < lat. *fagus* 'Buche', Belege nach Buchmüller/Haubrichs/Spang, Namenkontinuität Nr. 75). Wegen des <h>-haltigen Erstbelegs stellt Kaufmann, Ergänzungsband 244, den SN zu einem seltenen und in seiner Etymologie unsicheren Stamm *mah-a-; bei diesem Ansatz würde man allerdings heutiges *Machweiler erwarten.

7) Zu nachgesetztem <i> als Dehnungszeichen → 6.2.1.3.

8) → 6.2.1.2.

9) In der Lautverbindung [a] + [l] + Kons. verstummt [l] in den romanischen Dialekten Lothringens unter Dehnung des vorausgehenden Vokals (→ 6.1.2.1.1.); desgleichen fällt [r] im Silbenauslaut (→ 6.1.2.1.4.).

409. **Mainzweiler**, Gde. Ottweiler, D, Saarland, Neunkirchen:

Mentzwilre (1363 Or., 1366 Or., 1442 K.16, 1457 Or., 1464 Or. u.ö.); Menßwilr (1412 Or.); Menswiller (1417 K.17); Menßwiller (1442 Or.); Meyntzwilr (1442 Or.); Mentzwiller (1442 Or., 1490 K., 1499 K.17, 16. Jh. A. Or. u.ö.); Menßwyler (1451/52 Or.); Mentzwilr (1452 Or., 1453 Or.,

1458 K.15, 1460 Or., 1464 Or. u.ö.); Meyntzwilr (1492 Or.); Meyntzweiller (1542 Or.) ¹.

< *Maginizen-wilâri zum PN Maginizo, mit Umlaut Megin(i)zo, mit seit dem 11. Jh. belegter Kontraktion von /egi/ > /ei/ ² Meinzo ³. Der PN gehört mit z-Suffix ⁴ zum Stamm *magin-a- ⁵. Die in den Belegen in großer Zahl aufscheinenden <e>-Graphien sind unvollständige Schreibung für mhd. [ei] ⁶.

1) Quellennachweis: HStA München, Rheinpfälz. Urkunden Nrr. 2782. 3147; LA Sbr. Nass.-Sbr. II Nr. 2768 f° 56v°; AD Mos 6 F 75; BRW Nr. 825; LA Sbr. Nass.-Sbr. II Nr. 5652; LA Speyer F I/16a f° 78v°; AD Mos 4 F 29; LA Sbr. Nass.-Sbr. II Nr. 6504; AD Mos 4 F 29; LA Sbr. Nass.-Sbr. II Nr. 5406; Herrmann, Betreffe 257; LA Sbr. Neumünster Nr. 110 f° 121; AD MM B 10195 f° 19r°; LA Sbr. Nass.-Sbr. II Nr. 261, Nr. 2320 ff° 10. 65, Nr. 2805 f° 40, Nr. 297, Nr. 2305 f° 2; Fürst, Einwohnerverzeichnisse 20. Vgl. Müller, ONN II 71; Jungandreas, Lexikon 638.
2) → 6.2.1.10.
3) Belegt bei Förstemann, Altdeutsches Namenbuch I 1072; Morlet, Noms de personne I 166; Schlaug, PNN 133.
4) → 5.2.
5) → 5.1.1.121.
6) → 6.2.1.10.

Maiweiler: → Mainvillers.

410. **Malavillers**, F, Meurthe-et-Moselle, Audun-le-Roman:

Maloi viler (1248 Or.); Maloit villeirs (1291 K. 14, 1303 Or., 1309 K.18, 1312 K.18); Malloit villeirs (1297 K.18); Mallanvillers < *Mallauvillers (1311 Or.); Mallovillers (1328 K.15); Maloyuilleirs (1331 Or.); Malovillers (1307/54 K.18); Malloy viller (1494 Or.); Malaviler (1563 Or.); Malavillers (nach 1642 K.) ¹.

Angesichts der in den ältesten Belegen häufigen Schreibung <-oit-> für das Zweitglied des Bestimmungswortes (worin man auf Grund der heutigen Lautung schwerlich das sogenannte "parasitische" <i> erblicken kann, da dieses in Verbindung mit <o> den Lautwert [ö] indiziert ²) dürfte eine Grundform *Mâlwide-vîllâre zum westfränkischen Frauennamen Mâluuidis ³ am wahrscheinlichsten sein. Ein westfränkischer Sekundärstamm <mâl(l)-> ⁴ entsteht als romanische Kontraktionsform ⁵ aus *mabal-a- ⁶. Das gerade im westfränkischen Bereich ausgesprochen häufige Zweitglied *-widi bzw. wfrk. <-widis> ist wohl, da das in Männernamen häufige *wîd-a- ⁷ begrifflich

343

wenig geeignet erscheint, an den Stamm *wið-u-⁸ anzuschließen. Der durch romanische Reduktion des germ. [w] auf seinen vokalischen Bestandteil⁹ entstandene Diphthong [oj] wird in diesem SN durch lothringische Sonderentwicklungen zu [ô] bzw. [â] reduziert ¹⁰.

1) Quellennachweis: AN Paris 633 Mi; BN Paris ms. nal. 1608 f° 50v°; AN Paris 633 Mi; Goffinet, Orval Nrr. 582. 585; AD Mos H 1714 f° 174v°; Levallois, Recherches 26; MCM I Nr. 229; AD Meuse B 1733 Nr. 1 f° 3r°; LPT 25; AD MM B 895 Nr. 48; LA Sbr. Fraulautern Urk. Nr. 249; Thiriot, Obituaire prêcheresses 27.
2) Vgl. Stark, Untersuchungen 102 ff.; Wahlgren, Questions 325 f. <ɪ> im Silbenauslaut dürfte (wie sonst im Wortauslaut) rein graphisch sein, vgl. dazu allgemein Straka, Date; Goebl, Urkundensprache 291; Gossen, Skriptastudien 327; Betzendörfer, Sprache §§ 75. 80; Apfelstedt, Psalter § 97; Rumbke, Sprache 49.
3) Vgl. LMR 262; Morlet, Noms de personne I 164; Longnon, Polyptyque I 375 *Madalius*; Förstemann, Altdeutsches Namenbuch I 1115 *Madalwit*. Die bei Morlet, Noms de personne III 401, vorgeschlagene Deutung des SN mit Hilfe des PN *Madalo > Mâlo* widerspricht den Bildungsregeln romanischer *Avricourt*-Namen: zu erwarten wäre *Mâlône-villâre > *Malonvillers*, eventuell mit lothringischer Denasalierung (- 6.1.1.11.) *Malovillers*, kaum aber Malavillers. Ohne Kenntnis der ältesten Belege stellen Dauzat Rostaing 427, den SN zum PN *Madal-wald*.
4) Vgl. dazu Kaufmann, Ergänzungsband 245. 254; ders., Rufnamen 290; Drevin, Spracheelemente 43; LMR 262; Longnon, Polyptique I 349.
5) → 5.3.10.
6) → 5.1.1.124.
7) → 5.1.1.169.
8) → 5.1.1.170. Vgl. auch Schramm, Namenschatz 31. 171. Zahlreiche Beispiele für dieses gerade auch beim austrasischen Adel beliebte Namenelement (vgl. z.B. Hlawitschka, Studien 39. 56) gibt Longnon, Polyptique I 375.
9) → 5.3.7.
10) Vgl. zu Reduktion von [oj] (anderen Ursprungs) zu [ô] bzw. [â] in der lothringischen Skripta Betzendörfer, Sprache §§ 57. 67; Güttler, Lautstand 61.

Malenviller (1157 Or.): → Nr. 414.

411.   **+Mallone uilar[e]**, unbekannt im (oberen) Saargau:

in pago Saroinse in fine Mallone uilare (731 K.9) ¹.

< *Mal(l)ône-villâre* zum westfränkischen Kurznamen *Mal(l)o* ². Ein westfränkischer Sekundärstamm <*mâl(l)-*> entsteht durch romanische Kontraktion aus *mapal-a-* ³.

1) Quellennachweis: DTW Nr. 266.
2) Förstemann, Altdeutsches Namenbuch I 1086; Morlet, Noms de personne I 167.
3) → 5.1.1.124.

Malvileirs (1281 Or.): → Nr. 408.

412. **Mannonviller**, F, Meurthe-et-Moselle, Lunéville-Sud:

de Magnovillari (1147 K.15, 1259 K.15); Mannouviller (1293 Or.); Mannonvilleirs (1294 Or.); Magnonviller (1311 Or.); Magnunuilleir (1315 Or.); Mangnonuilleir (1316 Or., 1326 Or.); Magnonuilleir (1331 Or., 1343 Or., 1344 Or., 1370 Or. u.ö.); Mannouilleirs (1361 K.); Manonuiller (1412 Or., 1482 Or., 1483 Or., 1484 Or. u.ö.)[1].

< *Man(n)ône-villâre zum germ. PN Man(n)o [2].
Die Graphie <gn> bezeichnet die altlothringische Mouillierung von intervokalischem [n][3]. Wie der Ausfall von vorkonsonantischem [n] ist wohl auch die graphische Vertauschung von <n> und <u> als Reflex der lothringischen Tendenz zur Denasalierung in nicht haupttoniger Silbe [4] zu interpretieren.

1) Quellennachweis: DHV X 97; DHV X 255; WLT V Nrr. 514. 531; MSAL (1890) 114; AN Lux. A 52 Nrr. 127. 143. 181. 214. 293. 298. 310. 606. 2071; Kirsch, Kollektorien 309; AD MM G 882; HRS Nrr. 1342. 1361.
2) Vgl. Förstemann, Altdeutsches Namenbuch I 1090; Morlet, Noms de personne I 167; Jarnut, Studien 168; Kampers, Studien 21; Schlaug, PNN 129; Naumann, Namenstudien 53; Bruckner, Sprache 288; LMR 263. Zum Stamm *mann-ø- → 5.1.1.121.
3) → 6.1.1.11.
4) Vgl. zum Wechsel von <u> und <n> allgemein Goebl, Urkundensprache 287; Buben, Influence 13. Als Hinweis auf Denasalierung werden diese Graphien interpretiert bei Apfelstedt, Psalter § 94; Betzendörfer, Sprache § 119; Güttler, Lautstand § 89; vgl. auch Stark, Untersuchungen 119; Kraus, Beiträge 47.

Manviller (1416 Or. u. ö.): → Nr. 420.

413. **+Mannweiler**, s. Adenbach, VG Lauterecken, D, Rheinland-Pfalz, Kusel:

Mannewill(e)r (1379 K.15); Manewilr (1415 K.15); Manwiller (1445 K.); zu Manwiller zu Odenbach (1490 Or.); Manwiler (? 1492 Or.) [1].

< *Mannen-wîlâri* zum PN *Manno* ².

1) Quellennachweis: PRV Nrr. 297. 313; LA Speyer F 1/203 Reg. 48; HStA München, Rheinpfälz. Urkunden Nr. 3430; Wittmer/Meyer, Livre de bourgeoisie Nr. 4247. Vgl. Dolch/Greule 297.
2) Vgl. Nr. 412 Anm. 2; Christmann, SNN I 369.

414. **Marainviller**, F, Meurthe-et-Moselle, Lunéville-Sud:

Maluivileyr < *Malinvileyr (±1140 K.18); Malenviller (1157 Or.); Maalinviller (1176 K.18); Maronviller (1208 K.18); Marienvillam (1211 K.14); Mairenviler (1268 Or.); Meranviler (1273 Or.); Marainviller (1302 K.17, 1440/49 K.15, 1594 K.17); Marei[n]uiller (1310 Or.); Marenvilleir (1324 Or.); Marie[n]uilleir (1324 Or.); Maire[n]uilleirs (1324 Or.); de Marainvillari (1402 K.) Marenuiller (1476/77 Or.); Marienveley (1520); Mereinviller (1573 K.); Maireinviller (1590 Or.) ¹.

Da die ältesten Belege <l> zeigen, ist wohl von einer Grundform *Mal(l)inovillâre auszugehen. Ein lateinischer PN *Malin(i)us* ² ist belegt; eher dürfte jedoch an eine Bildung mit Hilfe des westfränkischen Sekundärstammes <mâl(l)-> ³ zu denken sein. Da sehr alte Belege fehlen, ist nicht mit absoluter Sicherheit entscheidbar, ob dabei einem zweistämmigen *Mâloinus* ⁴ oder aber der Koseform *Mâl(l)înus* ⁵ der Vorzug zu geben ist. Die hoch- und spätmittelalterlichen Graphien sprechen allerdings eher für einen Ansatz mit Hilfe des Vollnamens.

Zwischenvokalisches [r] der heutigen Namenform beruht auf einer auch sonst häufigen Dissimilation [l] > [r] vor l-haltigem Grundwort ⁶. Vereinzelt zeigt sich in den historischen Belegen die lothringische Palatalisierung von vortonigem [a] > [e] (<ai>, <e>). <ien> ist Graphie für [i] + [n] + Konsonant.

1) Quellennachweis: Parisse, Etienne 107; DHV II 160; Gallia Christiana XIII Instr. 518; AD MM H 543 Nr. 3; Perrey, Vaudémont Nr. 70; AD MM B 574 Nr. 4. 7.; MSAL (1890) 131; AD Mos G 7 f° 3v°; Alix 44; AD MM B 574 Nrr. 51. 76. 78; AD MM B 580 Nrr. 45. 65; Lepage, Pouillé 16; AD MM B 6632; MSAL (1897) 95; AD MM H 546; MSAL (1868) 140.
2) Vgl. Schulze, Eigennamen 188. 313. 360; Kajanto, Cognomina 162.
3) → 5.1.1.124.
4) Morlet, Noms de personne I 164, vgl. auch Förstemann, Altdeutsches Namenbuch I 1115; LMR 262 *Madaluuinus*. Zweitglied ist *win-i- (→ 5.1.1.171.). Daß die Beleglage zu diesem Ansatz eines Vollnamens sehr gut paßt, wird in Kapitel 4.2.4. ausführlich begründet.
5) Morlet, Noms de personne I 164.

6) Vgl. auch Meyer-Lübke, Rom. Grammatik I § 573; Nyrop I § 359; Bourciez § 179 Anm. I. Ostfranzösische Beispiele z.B. bei Kraus, Beiträge § 94; Rumbke, Sprache 47; Goerlich, Dialekt 106; Betzendörfer, Sprache § 109; Güttler, Lautstand § 97.

Marckwilr (1472 K. 16): → Nr. 423.

415. **+Marinviller**, jetzt Mariaville sö. Mars-la-Tour, F, Meurthe-et-Moselle, Chambley-Bussières:

FIN: Marinviller [1].

< *Marino-villâre* zum lateinisch-romanischen PN *Marînus* [2].

1) Quellennachweis: Nap. Kat.
2) Vgl. Schulze, Eigennamen 188. 360; Morlet, Noms de personne II 75 b; Geuenich, PNN Fulda 119; Förstemann, Altdeutsches Namenbuch I 1102.

Maruiler (1289 K.): → Nr. 408.

Marviller (1302 K.): → Nr. 426.

416. **Massweiler**, VG Thaleischweiler-Fröschen, D, Rheinland-Pfalz, Pirmasens:

Maswylre (1304 Or.); Maßweiler (1461 K., 1482 K., 1519 K. u.ö.); Masswiller (1503 K.); Maßweiller (1547 K.16); Maswiler (1564 Or.).- Mda. *maswile^r* [1].

< *Mas(s)en-wîlâri* zum PN *Mas(s)o* [2]. Förstemann vermutete für diesen "bsd. in westfränk. ON" [3] weit verbreiteten Namen ungermanische Ursprünge. Es sei aber daran erinnert, daß *Maso* als romanisierte Nebenform eines westfränkischen *Mad-s-o*, zu einem aus *mapal-a-* [4] namenrhythmisch verkürzten Stamm *map-* mit westfränkisch-romanischer s-Erweiterung und anschließender romanischer Assimilation des Dentals an folgendes [s] [5], durchaus lautgerecht ist.

1) Quellennachweis: Mone, in: ZGORh. 14 (1862) 60 (vgl. auch PRZ Nr. 457); NKW Nrr. 936. 994. 1076; Glasschröder, Urkunden Nr. 751; Kampfmann, Beiträge 75; Stella, Karte 8; Christmann, SNN I 372; Dolch/Greule 300.

2) Belegt bei Förstemann, Altdeutsches Namenbuch I 1107; Morlet, Noms de personne I 164a; Geuenich, Fulda 57. Ein lateinischer PN *Maso* ist belegt bei Schulze, Eigennamen 317. Der gleichnamige Gründer der elsässischen Abtei Masmünster (780 *coenobium Masunvilare*, 870 *Masonis monasterium*, vgl. RL III 634) gehört in etichonische Zusammenhänge, dazu ausführlich Vollmer, Etichonen 144.148.
3) Kaufmann, Ergänzungsband 252.
4) → 5.1.1.124.
5) → 5.3.10. Eine althochdeutsche Weiterentwicklung eines westfränkischen *Mad-s-o* wäre *Matzo* (Morlet, Noms de personne I 164a); allerdings ist **Mazzo* auch als "verhochdeutschter Kurzname *Mato*" (Kaufmann, Ergänzungsband 253) möglich.

417. **+Mathieuviller**, Gde. Flin, F, Meurthe-et-Moselle, Baccarat:

FlN: Mathieuviller [1].

< **Matthaeo-vîllâre* zum biblischen PN *Matthaeus* [2].

1) Quellennachweis: Nap. Kat.
2) Vgl. Périn, Onomasticon II 230; Pape/Benseler 838. Namenbeispiele bei Morlet, Noms de personne II 77 (mit weiterer Literatur); LMR 263.

Mauwiler (1522 K. u. ö.): → Nr. 408.

418. **+Meimersweiler**, Gde. Oberkirchen, OT Oberkirchen, D, Saarland, St. Wendel:

zu Meimersweiler (1546 Or.); zu Baltersweiler und Meimersweiler (1572 Or.); Meymersweiler (1554 Or., 1587 Or.); Mehmersweiler (1562 Or.); Meymerßwiller (1563 Or.); Meymerswiller (1575 Or., 1602 Or.); Memeßwiller (1576 Or.); Memmersweyler (1585 Or.); Memmersweiler (1597 Or.).
FlN: in Eimersweiler [1].

Das Erstglied des im Bestimmungswort dieses SN vorliegenden PN gehört zweifelsohne zum Stamm **magin-a-* [2], das Zweitglied wohl zu **war-a-*, **war-i-* [3] oder **warð-a-* [4], so daß die PNN *Meginwar* [5] und *Meginward* [6] in Frage kommen.
Die Lautentwicklung des SN zeigt den für das Mitteldeutsche typischen Wandel von /agi/, /egi/ > [ei] [7] sowie Assimilation von [nw] > [m], zum Teil

auch von [rs] bzw. [rʃ] > [ʃ]. Die heutige Namenform zeigt außerdem Deglutination des Anlautkonsonanten (im Meimersweiler > im Eimersweiler).

1) Quellennachweis: Jung, Gerichtsbuch Nrr. 29. 55. 72. 83. 113. 140. 149. 183. 202. 346. 380. 384; Staerk, Wüstungen 153, ebd. genaue Hinweise zur Lokalisierung der Wüstung.
2) → 5.1.1.121.
3) → 5.1.1.168.
4) → 5.1.1.167.
5) Förstemann, Altdeutsches Namenbuch I 1080.
6) Ebd.
7) → 6.2.1.10.

Meimweiler (1558 Or.): → Nr. 421.

Meinviller (1727): → Nr. 431.

419. **+Meinweiler**, jetzt Maiweilerhof, sö. Oberalben, VG Kusel, D, Rheinland-Pfalz, Kusel:

? Milwilre (1149 Or.); ? Milwilere (1180 K.13); Minewijlre (1364 Or.); Mynwiler (1440 Or.); Mynwillr (1460 Or.); Minwiller (1514 Or.); Meinwiller (1546 Or.); eine alte Hofstadt Meinweiler genannt, hat gestanden oben zu endt des Blaubacher grundts ... (1588 Or.)[1].

Die Zuordnung der ältesten Belege wird insofern wahrscheinlich, als die jüngeren Formen im Stammvokal des PN altes [î] voraussetzen, ein PN *Mino bzw. ein entsprechender Namenstamm aus germanischer Wurzel jedoch nicht belegt ist[2]. Will man identifizieren, so ist von einer phonetisch gut begründbaren Dissimilation [l] > [n] vor l-haltigem Grundwort[3] auszugehen. Der Nasal wird in der Folge an folgendes [w] assimiliert[4]; altes [î] unterliegt der nhd. Diphthongierung zu [ei][5].
Ein altes *Mîlen-wîlâri stellt sich zu einem gut belegten PN Mîlo[6], zu einem primären Namenwort <mil->, dessen appellativischer Anschluß allerdings noch völlig ungewiß ist[7].

1) Quellennachweis: MG DD Konrad III Nr. 210; AM Reims H 1412 fᵘ 19vª (die Urkunde betrifft ein Lehen, das Wolfgang von Cosla vom Bistum Reims innehat); Mötsch, Regesten I Nr. 1312 (vgl. Dolch, Ämter 69); LA Speyer B 3/923 f° 8; LA Speyer A 2/ 138. 2 f° 12; LA Speyer B 3/ 1016 f° 16; LA Speyer F 2/100 b f° 27;

2) Fabricius, Wüstungen 141. Vgl. Christmann, SNN I 368; Dolch Greule 304. Die *alte Hofstadt Meinweiler* war schon am Ende des 16. Jhs. unbewohnt; unweit der alten Siedlungsstelle wurde im Jahr 1764 eine Hofsiedlung neu angelegt, vgl. Westpfälz. Geschichtsblätter 10, 28.
2) Für die sporadisch belegten germanischen PNN, die wohl ein Namenelement <*min*-> enthalten (vgl. etwa Förstemann, Altdeutsches Namenbuch I 1125 f. *Minno, Minnico*, etc.; Schätzer, Heiligennamen 29 *Minulfus*), setzt Kaufmann, Ergänzungsband 259, kurzen Stammvokal an. Man beachte jedoch vorgerm. *Minius* bei Schulze, Eigennamen 361 (mit gesicherter Länge des Stammvokals, daneben auch Formen mit [i], vgl. Kajanto, Cognomina 164. 190; LMR 264).
3) Vgl. Paul/Wiehl Grosse §§ 124. 126 Anm. 2 (mhd. *klobelouch* > *knobelouch*); Beispiele aus der Mundart der Gegend bei Müller, Mundart 119.
4) → 6.2.2.1.2.
5) → 6.2.1.12.
6) Belege u.a. bei Förstemann, Altdeutsches Namenbuch I 1123; Morlet, Noms de personne I 169 a; LMR 264; Menke, Namengut 152; Bruckner, Sprache 286; Schlaug, PNN 134. Man beachte besonders den bekannten widonischen Träger dieses PN, der in der ersten Hälfte des 8. Jhs. als Bischof von Trier und Reims bezeugt ist (dazu Ewig, Milo 193).
7) Vgl. Kaufmann, Ergänzungsband 258. Mit den ältesten Belegen unvereinbar sind die Deutungen bei Christmann, SNN I 368 (PN *Magino*) und Kaufmann, Pfälz. ONN 176 (*Magin-wilâri, mit *in*-Genitiv zum PN *Mago*).

Meiwilre (1346 K. u. ö.): → Nr. 408.

Menswiller (1417 K.): → Nr. 409.

420. **+Menviller**, Gde. St. Etienne-lès-Remiremont, F, Vosges, Remiremont:

Menviller (1416 Or.); Manviller (1416 Or.).
FlNN: on ban de Moulin on lieu qu'on dit a Mantuller finage de Sainct Estienne (1593); Le Manviller (1711); Menvilez (19. Jh.) [1].

< *Magano-villâre zum germanischen PN *Magan* [2], bzw. *Madano-villâre zum (allerdings bisher nicht belegten) westfränkisch-romanischen PN **Madan(us)*, einer Bildung mit Hilfe des aus *mapal-a- [3] verkürzten Stammes *map-, dessen dentale Spirans [þ] im westfränkischen Bereich durch den entsprechenden Verschlußlaut ersetzt wird [4]. Durch eine im Westfränkischen beliebte n-Erweiterung entsteht ein Sekundärstamm <*madan*-> [5].
Durch romanischen Schwund von intervokalischem [d] [6] führt auch dieser Ansatz zu späterem *Manviller*. Die seit dem 15. Jh. aufscheinenden <en>-

Graphien erklären sich durch den allgemeinfranzösischen Zusammenfall der lautlichen Ergebnisse von altem [a] + [n] + Konsonant und [e] + [n] + Konsonant in einem Laut [ã]. Im Gegensatz zum Pikardischen und Wallonischen hat das Lothringische an diesem Wandel teil, so daß hier die Graphien <en> und <an> austauschbar werden [7].

1) Quellennachweis: BN Paris ms. naf. 1286 ff° 48v°. 180v°; AD MM B 2510 f° 7v°; Marichal, Dictionnaire 263 f. Entgegen Marichal, der mit bestimmten "analogies entre les anciennes formes du nom de Manviller et celles du nom de Meyvillers" rechnet, sind die historischen Belege für die beiden dicht beieinander liegenden, aber etymologisch verschiedenen Siedlungen +Menviller und Meyvillers (Nr. 429) onomastisch ohne weiteres zu unterscheiden. Die bei Marichal für die Wüstung +Menviller genannten Belege *Nailleviller* (1594 K.17; Alix 61) und *Maillevillert* (1711; BN Paris ms. fr. 11806 f° 168) gehören zu Meyvillers.
2) Förstemann, Altdeutsches Namenbuch I 1071; vgl. auch Gasnault, Documents 90 *Magana*. Zum PN-Stamm *magin-a-, *magan-a- siehe 5.1.1.121. Zur unter romanischem Einfluß schon früh möglichen Kontraktion *magan- > *mân- vgl. Kaufmann, Rufnamen 294 f., der das Phänomen am Beispiel der Namenstämme *ragan- > *rân- und *hagan- > *hân- erläutert.
3) → 5.1.1.124.
4) → 5.3.10.
5) Vgl. Kaufmann, Ergänzungsband 253; ders., Rufnamen 97 f.
6) → 5.3.10.
7) Vgl. für die allgemeinfranzösische Entwicklung z.B. Fouché 369 f.; Rheinfelder § 193; Pope § 447; Schwan/Behrens § 42; Nyrop I § 216; zu den Graphien außerdem Gossen, Skriptastudien 196; Goebl, Urkundensprache 132, mit zahlreicher Literatur. Für den lothringischen Bereich vgl. bes. Stark, Urkundensprache 103; für das Wallonische Remacle, Problème 58; Wilmotte, Etudes 53; für das Pikardische Gossen, Grammaire § 15.

421. **+Menweiler**, Gde. Freisen, OT Freisen, D, Saarland, St. Wendel [1]:

FINN: Zu Meimweiler (1558 Or.); in der Menweiler Rudten (1562 Or.) [2].

< **Meginen-wîlâri* zum PN *Magino, Megino* [3], zum Stamm *magin-a- [4], mit mitteldeutscher Kontraktion von /egi/ > /ei/ [5]. In den Belegen zeigt sich zum Teil Wandel des stammauslautenden Nasals [n] > [m] vor folgendem [w] [6] sowie unvollständige Schreibung des Diphthongs [ei] als <e> [7].

1) Die Wüstung lag wohl auf dem Bann des ebenfalls abgegangenen +Brinzweiler (Nr. 110).
2) Quellennachweis: Jung, Gerichtsbuch Nrr. 67. 77.
3) Vgl. Förstemann, Altdeutsches Namenbuch I 1071; Morlet, Noms de personne I 166b

(*Maino*); Tiefenbach, Xanten-Essen-Köln 372 (*Meino*).
4) → 5.1.1.121.
5) → 6.2.1.10.
6) Paul/Wiehl/Grosse § 126 Anm. 5.
7) → 6.2.1.10.

422. **+Menzweiler**, unbekannt im Raum Nohfelden, D, Saarland, St. Wendel:

GewN: Menzweiler Bach ¹.

< **Maginizen-wîlâri* zum PN *Maginizo* > *Meinzo* ².

1) Quellennachweis: Spang, Gewässernamen 209.
2) Vgl. Nr. 409.

Meranviler (1273 Or.): → Nr. 414.

423. **Merchweiler**, D, Saarland, Neunkirchen:

Morchewilre (1638, Vorlage 13. Jh.E.); Morchwilre (1422 Or.); Morchwilr (1443 Or.); Marckwilr (1472 K.16); Mörschwiller (1509 Or.); Morschweiller (±1540 Or.); Morchwyler (1545 K.16); Morchweiler (1560 Or.); Mörchweiller (1629) ¹.

< * *Môrichen-wîlâri* zum PN *Môricho* ², der mit k-Suffix zu einem vom lateinischen PN *Maurus* ³ abgeleiteten Sekundärstamm **maur-a-* ⁴ zu stellen ist. Der SN zeigt (graphisch meist nicht markierten) Umlaut von aus [au] entwickeltem [ô] zu [ö:] vor folgendem [i]; dieses wird in jüngerer Zeit zu [e] entrundet ⁵.

1) Quellennachweis: JRS Nr. 700; Merchweiler Heimatblätter 2 (1982) 36 f.; LA Sbr. Nass.-Sbr. II Nrr. 5404 f° 118v°. 3032. 2457 D; AD MM B 741 Nr. 4 f° 5; Rupp, Bous 15; Merchweiler Heimatblätter 8 (1988) 44.
2) Vgl. Förstemann, Altdeutsches Namenbuch I 1117; Morlet, Noms de personne I 169a.
3) → 5.1.2.12.
4) → 5.1.1.125.
5) → 6.2.1.7.

[M]erehewilre (1150/1230 Or., Laufner, Fragmente 255), genannt in einem Pilgerbruderschaftsbuch der Trierer Abtei St. Matthias, vom Herausgeber der Quelle kaum zutreffend mit Merchweiler/Saar (Nr. 423) identifiziert; weitere Anhaltspunkte fehlen.

424. **Merschweiller**, F, Moselle, Sierck-les-Bains:

Myrwilre < *Myrswilre (1319 Or.)[1]; Merszwilre (1385/97 Or.); Merßwiller (1477/78 Or., 1478/79 Or., 1480/81 Or., 1484/85 Or., 1521 Or. u.ö.); Mirswyler (1569); Merschueiller (1626 Or.)[2].

< *Meres-wîlâri zum germ. PN Mari, Meri [3] bzw. lat.-rom. Marius [4], mit Umlaut des Stammvokals [a] > [e] vor folgendem [i] [5] und früher Entwicklung von [rs] > [rʃ] [6]. <y> für [e] vor [r] + Konsonant ist auch sonst gut bezeugt [7].

1) Die Identifizierung des in einer französischsprachigen Urkunde (das erklärt den Ausfall des starken deutschen Genitiv-<s> in der Ableitungssilbe !) genannten *Myrwilre*, erwähnt in einer Erbteilung zwischen der Witwe und den Söhnen des Friedrich von Sierck, mit Merschweiller ist unzweifelhaft. Auszuscheiden sind der von Jungandreas, Lexikon 673, hierher gestellte Beleg *Morswilre* (richtig zu Nr. 436) sowie das von Hiegel, Dictionnaire 231, zitierte *Mβriche* (= Meurig, D, Rheinland-Pfalz, Kr. Trier-Saarburg, vgl. Buchmüller-Pfaff, SNN Nr. 540 S. 347).
2) Quellennachweis: Müller, in: Jahrbuch f. westdt. Landesgeschichte 10 (1984) 39 (vgl. Florange, Sierck 195); AD Mos B 2344, Gültbuch des Friedr. v. Sierck, f° 4; AD MM B 9355-9357; AD MM B 1937-1939; AD Mos B 2348; Longnon/Carrière, Pouillés 83; AD MM B 932 Nr. 4 bis.
3) Förstemann, Altdeutsches Namenbuch I 1102. → 5.1.1.127.
4) Vgl. Schulze, Eigennamen 189. 360. 424. Frühmittelalterliche Belege z.B. bei Morlet, Noms de personne II 75 b. Der von Dauzat/Rostaing 452, angesetzte PN *Marcus* würde auf heutiges *Marksweiler führen; auch der von Jungandreas, Lexikon 673, angesetzte PN *Mauritius* paßt nicht zu den historischen Belegen. Zu streichen ist auch Hiegel, Dictionnaire 231, *Mauro*, *Moro* (schwach flektiert).
4) → 6.2.1.1.
5) → 4.3 .
6) Vgl. z. B . Demeter, Studien 43 f.; Nebert, Geschichte 51 f.

425. **Merviller**, F, Meurthe-et-Moselle, Baccarat:

Mourviler (13. Jh. Or.); Muruilleir (1269 K.14, 1314 Or., 1316 Or., 1328

Or., 1378 Or.); Murviller (1311 Or., 1315 Or., 1483 Or.); Marvilleir (1380 Or.); Meruiller (16. Jh. M. Or.) [1].

< *Mauro-víllâre zum in der Antike [2] wie im Frühmittelalter [3] gleichermaßen beliebten PN *Maurus* [4], dessen Stammvokal im 6. bis 8. Jh. zu [ǫ] vereinfacht wird [5]. Nach dem frühen Ausfall des (unbetonten) Bindevokals in der Wortfuge des SN wird "offenes o ... in unbetonter, geschlossener Silbe ... in allen Teilen Lothringens zu ou geschlossen. Besonders auffällig ist die Konsequenz der Durchführung vor r" [6]. Die heutige Namenform entsteht durch dialekttypische Abschwächung des Vortonvokals zu [e] [7].

1) Quellennachweis: MG SS XXV 315; BN Paris Coll. Lorr. Bd. 979 Nr. 31; AN Paris J 986 Nr. 8; AN Lux. A 52 Nr. 143; BN Paris Coll. Lorr. Bd. 979 Nr. 52; AD MM B 575 Nr. 155; AD MM B 574 Nr. 96; AD MM B 644 Nr. 35; AD MM B 575 Nr. 163; AD MM H 557.
Der bei Lepage, Dictionnaire 90, nach Calmet HL (I. Aufl.) II 352. zitierte Beleg *Marviller* ist unsicher. Wenn keine Verschreibung bzw. Verlesung vorliegt, wird sich <a> im Vorton am besten als Hyperkorrektur des Schreibers erklären lassen, bei der dieser aus einem gehörten [ę], das er als Ergebnis der lothringischen Palatalisierung von [a] interpretiert, ein <a> restituiert. An diesem Beleg orientiert sich der Erklärungsansatz für diesen SN bei Dauzat/Rostaing 452, und Gröhler, Ursprung II 336 (PN *Maro*).
2) Vgl. Périn, Onomasticon II 232; Leclercq, Noms 1503; Kajanto, Cognomina 50. 206; Baumgart, Sklavennamen 64.
3) → 5.1.2.12. Zu diesem PN stellt sich z.B. auch das schweizerische Mervilier/Morschwiler (±1184 *Morswirle*, 1258 *Morswiller*, 1343 *Mervelier*, Mda. *mervelie*, Belege nach Jaccard, Essai 272; Perrenot, Toponymie 235 f.; Zimmerli, Sprachgrenze I 19 f.).
4) Da <ou> kaum für [ü] (< lat. [û] eintreten kann, dürfte der lateinische PN *Mûrus*, den Kajanto, Cognomina 347, zu lat. *mûrus* 'Mauer' stellt, ebenfalls auszuschließen sein; man beachte dagegen kelt. *Murrus* (Holder II 659, ohne Angabe der Vokalqualität).
5) Vgl. Fouché 297; Richter, Beiträge 213; Rheinfelder I § 97; Wolf/Hupka 70. Ein bei diesen Autoren nicht genanntes Beispiel für die zu Anfang des 7. Jhs. bereits vollzogene Monophthongierung aus dem Reimser Raum nennt Felder, PNN 47.
6) Stark, Untersuchungen 105. Für den entstandenen u-Laut ist die Graphie <ou> (→ *Mourviler*) regelhaft, vgl. Rheinfelder § 60; Pope § 698; Wolf/Hupka § 121. Daneben kann durchaus auch (wenn auch insgesamt seltener, weil mit dem Lautwert [ü] besetzt) <u> für [u] stehen, vgl. dazu Pope § 698: "The symbol u was given the value ü, but it was employed also with the value u"; Remacle, Problème 65: "La lettre <u> est équivoque". In der lothringischen Skripta wird das Problem zum Teil dadurch behoben, daß [ü] als <ui> markiert wird, vgl. dazu Stark, Untersuchungen 110 f.; Wahlgren, Questions 332; Gossen, Skriptastudien 314 f. Wegen <ou> neben <o> und <u> vgl. auch Betzendörfer, Sprache §§ 63 ff.; Güttler, Lautstand § 53.
7) → 6.1.1.9.

426. **+Merviller**, Gde. Rogéville, F, Meurthe-et-Moselle, Domèvre-en-Haye:

FlN: Merviller, var. Merville [1].

Der SN ist ohne ältere Belege nicht zweifelsfrei zu deuten. In Frage kommen neben dem romanischen *Maurus* [2] etwa auch die germanischen PNN *Mathhari* [3] und *Môd-hari* [4].

1) Quellennachweis: Nap. Kat.
2) → 5.1.2.12.
3) Förstemann, Altdeutsches Namenbuch I 1110. Vgl. Marville (F, Eure-et-Loir: 980 *Matrevilla*, 982 *Matervilla*, 1246 *Merrevilla*); Merville (F, Calvados: 1078 *Materville*); Belege nach Dauzat/Rostaing 439; Morlet, Noms de personne III 136. Morlet stellt diese Namen zum romanischen PN *Mater(i)us* (Schulze, Eigennamen 16; Kajanto, Cognomina 341).
4) Förstemann, Altdeutsches Namenbuch I 1129. Vgl. Merville-au-Bois (F, Somme: 1254 *Muervile*, 1301 *Mervile*); Belege nach Morlet, Noms de personne III 413.

427. **Merzweiler**, VG Lauterecken, D, Rheinland-Pfalz, Kusel:

Mertzwilr (1341 K.15); Mortzwiler (1375 K.16, 1498 Or.); Mortzwilre (1426 K.15); Mortzewilre (1436 Or.); Mertzwiller (±1500 Or.); Mertzweiler (1571 K.).- Mda. *me^rdswile^r* [1].

< *Môrizen-wîlâri* zum PN *Môrizo [2], mit z-Suffix [3] zum Stamm *maur-a-* [4]. Der SN zeigt Umlaut des Stammvokals vor folgendem [i] [5] und anschließende mundartliche Entrundung [ö:] > [ê] [6].

1) Quellennachweis: PRV Nr. 302; Fürstl. Salm'sches Archiv Isselburg, Dhaun Nr. 21; HStA München, Rheinpfälz. Urkunden. Nr. 3496; Fabricius, Heide 163; HStA München, Rheinpfälz. Urkunden Nrr. 2288. 3469; Pöhlmann, Lehensbuch 162; Dolch/Greule 306.
2) Förstemann, Altdeutsches Namenbuch I 1117; Dolch/Greule (wie Anm. 1). Vgl. Mertzwiller (F, Bas-Rhin, Ct. Niederbronn: 968 *Morezunvilare*, 1414 *Mertzewilre*, zitiert nach Morlet, Noms de personne III 412 a).
3) → 5.2.
4) → 5.1.1.125.
5) → 6.2.1.1..
6) · 6.2.1.7.

428. +**Metveiler**, Gde. Rédange, F, Moselle, Fontoy:

FlN: Metveiler [1].

< *Metten-wilâri zum PN *Médo*, *Metto* [2]. Ein aus der Galloromania häufiger belegtes Namenwort <*mēd*-> hat man (dann ohne die im Althochdeutschen durchgesetzte Diphthongierung des insgesamt seltenen germ. [e [2]] > [ie], von der das Westfränkische möglicherweise nicht mehr betroffen wurde [3]) an ahd. *mieta* 'Lohn' [4] angeschlossen [5].

1) Quellennachweis: Toussaint, Frontière 72; vgl. auch Gaspard Simmer, Canton 25.
2) Für den westfränkischen Bereich schon bei Gasnault, Documents 90 (2. H. 7. Jh. Or.) sicher bezeugt; jüngere Belege bei Morlet, Noms de personne I 169 b (*Meto*); LMR 263 (*Meda,Meddo*).
3) Vgl. Haubrichs/Pfister, In Francia fui 58, zu den sogenannten Althochdeutschen Pariser Gesprächen; allgemeiner Braune/Eggers § 35 f.; Franck/Schützeichel § 42 f; Penzl, Lautsystem 131 ff.
4) Schützeichel, Wörterbuch 127.
5) So mit Vorbehalt u.a. Schönfeld, PNN 166; Felder, PNN 35; bestimmter Kaufmann, Ergänzungsband 257. Mir scheint allerdings auch ein Einfluß der zahlreichen lateinisch-romanischen PNN auf <*med*->, <*met*-> nicht ausgeschlossen.

Mewiller (1452 K. u. ö.): → Nr. 408.

429. **Meyvillers**, Gde. St. Amé, F, Vosges, Remiremont:

Mailleveler (1303/04, 1437 Or.); Maillevilleir (1394 Or.); Maillevillier (14. Jh. K.); Mailleviller (1433 Or.); Maillevillay (1482 Or.); Maillevilliers (1591); Mayvillers (1704).- Mda. *măyvēlē* [1].

< *Magilo-villâre zum germ. PN *Magil* [2] als l-Derivativ zu aus *magan-a-*, *magin-a-* [3] verkürztem **maga-*, *magi-* mit romanischem Schwund des intervokalischen [g] [4]. <ll> ist Graphie für mouilliertes [l] [5].

1) Quellennachweis: Bloch, Parlers XII; AD Vos VII H 33; AD MM B 876 Nr. 109 f° 34; BN Paris ms. naf. 1287 f° 65; BN ms. naf. 1286 f° 181; AD Vos G 1135; AD Vos G 1308; AD MM B 292 f° 56; Bloch, Lexique 151.
2) Vgl. Förstemann, Altdeutsches Namenbuch I 1068 *Megilo*; Geuenich, Fulda 73 *Megil*.
3) → 5.1.1.120 f.
4) → 5.3.10.

5) Vgl. Pope § 696. Zu vergleichen ist z.B. frz. *quille* < ahd. *kegil* 'Pfahl, Block' (FEW XVI 305). Zur Entwicklung dieses Appellativs in den Südvogesen, die der Reduktion von <*magil*-> zu <*may*-> entspricht, vgl. Bloch, Parlers 6.

430. **Micheville**, Gde. Villerupt, F, Meurthe-et-Moselle, Villerupt:

entre Villers et Michemtroph (1347 Or.); Michemtrorh (1409 K.16); Micheueiller ban (1576 K.17/18); Micheviller (1607); le domaine de Micheuille (1667 Or.); Michéville (1779).
FIN: Micheville [1].

Einen "passenden" PN finde ich nicht belegt [2]; daher ist für das Bestimmungswort am ehesten an ahd. *mih(h)il* 'groß, bedeutend' [3] zu denken. Auch die (sekundäre) französische Namenform Micheville ginge damit auf ein altes *(bî dem) michelen dorf / *(bî dem) michelen wîler* zurück.

1) Quellennachweis: AD MM E 269; AD MM E 283; AD Mos H 1714 f° 358v°; Kaiser, in: ASHAL 47 (1938) 120; AD MM 3 F 257; Durival III 276; Nap. Kat.; vgl. auch Gaspard/Simmer, Canton 25.
2) Denkbar wäre allerdings eine verschobene Variante eines romanischen PN *Mico (belegt ist der weibliche PN *Mica* bei Kajanto, Cognomina 348).
3) Schützeichel, Wörterbuch 127.

431. **+Mihviller**, Gde. Rohrbach-lès-Bitche, F, Moselle, Rohrbach-lès-Bitche:

Mühweiller (1613); Ninweiller (< *Minweiller) bann (1724); Myhweiller (1726); sur les bans de Meinviller et Kirch qui sont deux vieux Bans dont les villages ont été ruinez pendant les Guerres et qui font aujourdhuy et dez aux communautes de Bening, Rorbach petit Rederchin et Hingulbach (1727); Mihweiller (1758); Mihuviller (1779); Mihviller, ferme (1808) [1].

Da die alten Längen im Ostlothringischen unverändert erhalten sind [2], wohl zum PN *Mîlo* mit früher Dissimilation [l] > [n] vor [l]-haltigem Grundwort und anschließender Assimilation von [n] an folgendes [w] [3]. Die Graphie <ü> des Erstbelegs wäre dann als hyperkorrekte Rundung eines alten [î] [4], <ei> als vereinzelter Diphthongierungsbeleg zu interpretieren.

1) Quellennachweis: Thilloy, in: Mém. Acad. Metz (1861/62) 177; AD Mos E dép. 540, 1 G 1; Bouteiller, Dictionnaire 170; AD MM B 571 Nr. 10; AD Mos Cartes et plans Nr. 986-988; Durival III 277; Dorvaux, Pouillés 717. Vgl. auch Langenbeck, Wüstungen 108.

2) → 6.2.1.12.
3) Die von Hiegel, Dictionnaire 245, versuchte, philologisch allerdings nicht zu begründende Deutung des SN "par comparaison avec Myweiler près Offenbach [sic !], *Meginbrehtes wilare* 866", ist zu streichen. Die u.a. von Baumann, Geschichte I 140 (danach mit Vorbehalt Löffler, Weilerorte 140) behauptete Identität des in St. Gallener Quellen zum Jahr 872 belegten *Meginbrechteswilare* / *Cella Meginberti* mit Myweiler bei Opfenbach ist keineswegs gesichert.
4) → 6.2.1.8.

Milwilre (1149 Or., Lehen des Wolfgang von *Cosla* vom Bistum Reims): → Nr. 419.

Minewijlre (1364 Or.): → Nr. 419.

432. **+Moranviller**, ö. Réménoville, F, Meurthe-et-Moselle, Gerbéviller [1]:

Moranville (1324); Moranviller (1527); Morainviller (1621).
FlN: Moranviller [2].

Der SN dürfte kaum auf eine Grundform **Maurîno-vîllâre* zurückgehen, die für das ganz in der Nähe liegende Moriviller (Nr. 434) zu einem anderen lautlichen Ergebnis führte. Zugrunde liegt eher ein altes **Maurando-vîllâre* zum romanischen PN *Maurandus* [3], einer Erweiterung des häufigen lateinischen PN *Maurus* [4] mit Hilfe des lateinischen Suffixes *-ant(i)us* [5], bzw. *Maur(r)amno-vîllâre* zum westfränkischen PN *Maur(r)amnus* [6].

1) Als Wüstung verzeichnet bei Lepage, Dictionnaire 94, und Lepage, Communes II 63. Zur Lokalisierung vgl. Chatton, in: MSAL 61 (1911) 262: "Moranviller était un petit village d'une trentaine de familles, situé à 1 km de Réménoville, dans la direction de Seranville. Il a été complètement détruit pendant la guerre de trente ans par les troupes qui assiégeaient Moyen, dit une tradition locale".
2) Quellennachweis: Lepage, Dictionnaire 94; AD MM H 1355.
3) Vgl. Förstemann, Altdeutsches Namenbuch I 1117; Morlet, Noms de personne II 78a.
4) → 5.1.2.12.
5) Vgl. dazu Bergh, Etudes 179 f. Zum Ausfall von nach dem Schwund des Fugenvokals (→ 4.2.5.) sekundär in vorkonsonantischer Position stehendem [t] → 5.3.10.
6) Vgl. LMR 263. Förstemann, Altdeutsches Namenbuch 1118, und Morlet, Noms de personne I 169a, verzeichnen daneben einen westfränkischen PN *Maudrannus* mit romanischem Lautersatz [tr] bzw. [dr] für germ. [hr], vgl. dazu Schnetz, Lautersatz 269 ff. Der PN ist gebildet mit Hilfe eines von lat. *Maurus* abgeleiteten Sekundärstammes **maur-a-* (→5.1.1.125.) und des häufigen germ. **hraban-a-* (→5.1.1.95.).

Morchwilre (1422 Or.): → Nr. 423.

433. **+Moriville**, Gde. Servigny-lès-Raville, F, Moselle, Pange:

Morinuile (1199 Or.); Morinville (1202 Or., 1275 Or., 1293 Or., 1335 Or. u. ö.); Morinuilleirs (1326/27 Or.); Moriville (1356 Or.)[1].

< *Maurîno-vîlla/-vîllâre* zum lateinisch-romanischen PN *Maurînus* [2]. Die Belege zeigen zum Teil die lothringische Tendenz zur Denasalierung des Nasalvokals [3].

1) Quellennachweis: AD Mos H 3872-2 (vgl. Mendel, Atours P. J. Nr. 3); AD Mos H 2350-1; WMB IV 279; Dosdat, Roles III 219; AM Metz II 305; AN Lux. A 52 Nr. 446.
2) → Nr. 434, ebd. auch Hinweise auf vergleichbare SNN. Die bei Hiegel, Dictionnaire 241, versuchte Deutung mit Hilfe des schwach flektierten PN *Moro* ist zu streichen.

434. **Moriviller**, F, Meurthe-et-Moselle, Gerbéviller:

in villis ... Morini (1027 K.18); Maurinivillam (1114 K.14, 1157 Or., 1196 Or.); Moriviler (1131 Or., 1140 Or.); Moriviller (1151 K., 1178 K., 1372 Or., 1374 Or. u.ö.); Murinuiler (1152 Or., 1163 Or., 1165 Or., 1167 Or., 1174 Or., 1175 Or. u.ö.); Muriuiler (1152 Or., 1174 Or., 1186 Or., 1195 K.12); parrochiam Muriuillaris (1164 Or.); Murinuilla (1174 Or., 1179 Or., 1183 Or. u.ö.); de Murinuillari (1178 Or.); Moringuilla (1227 K.15); Mouriviller (14. Jh. k.18); Morivilleir (1335 Or.); Morivilla (1450 Or.)[1].

< *Maurîno-vîlla/-vîllâre* zum lateinisch-romanischen PN *Maurînus* [2], einer Erweiterung des häufigen PN *Maurus* [3] mit Hilfe des lateinischen *-înus*-Suffixes [4].
In der Belegreihe fallen die zahlreichen <u>-Graphien für <[au] >) [ô] auf. Sie sind im Mittellateinischen gerade des ostfranzösischen Raumes auch sonst gut belegt [5]. Es zeigt sich in diesem SN außerdem die bei altem [i] + [n] + Konsonant im Lothringischen häufige Tendenz zur Denasalierung des Nasalvokals [6]; allerdings wird man diese wohl kaum bereits für das 12. Jh. annehmen können, so daß für die frühen n-losen Formen wohl eher von unvollständiger Schreibung auszugehen ist.

1) Quellennachweis: Bautier, Origines Nr. 40; DHV II 158; DHV II 160; DHV II 162; AD Vos G 241; Parisse, Etienne Nr. 50; Calmet, HL (2. Aufl.) V 177; Boudet, in:

BSPV 51 (1925) 152; Albrecht, Urkundenbuch II Nr. 122; AD MM H 328. 331. 333 f. 337. 340-343; BN Paris ms. lat. 11024 f° 110; Parisse, Thierri Nr. 54; BN Paris ms. fr. 11853 f° 130; AD MM B 902 Nr. 28; AD Vos G 250 Nr. 3; Lepage, in: MSAL 4 (1862) 147.

2) Belegt bei Perin II 233; Kajanto, Cognomina 50. 206; Bergh, Etudes 130; Morlet, Noms de personne II 77; LMR 263; Ebling, Prosopographie 191; Jarnut, Studien 173. Zur Deutung des SN vgl. auch Morlet, Noms de personne III 138. Dauzat/Rostaing 479, setzen einen germanischen (!) PN *Morino* an, der allerdings schon wegen der dann anzunehmenden *-ône*-Fuge ausscheiden muß. Ein germanisches Namenelement *maur-a-* ist zudem mit Kaufmann, Ergänzungsband 255, wohl nur sekundär; das *-înus*-Suffix verlangt generell starke Flexion des PN.

Mit dem PN *Maurînus* gebildete SNN des *Avricourt*-Typus sind überaus zahlreich, vgl. etwa Morainvilliers (F, Yvelines: 1077 *Morenviller*); Morainville (F, Eure-et-Loir: ±1250 *Morainvilla*); Morainville-près-Lieury (F, Eure: 12./13. Jh. *Morenville*); Morainville-sur-Damville (F, Eure: 1242 *Moreinvilla*); +Vilmorin (Gde. Bonneval, F, Eure-et-Loir: 852 *Villare Morini*, 1232 *Villeir Morin*), Mörswil (Schweiz, Thurgau: 811 *in vilare nuncupato Maurini*, 831 *Morinis wilare*). Belege nach Morlet, Noms de personne III 138; Dauzat/Rostaing 479; Soccard, Dictionnaire 106; Merlet, Dictionnaire 193; Langenbeck, Untersuchungen 34.

3) → 5.1.2.12.
4) Vgl. Leumann, Cognomina; Kajanto, Studies 64; Bergh, Etudes 181.
5) → 6.1.1.9.
6) Vgl. Remacle, Problème 56 f.; Stark, Untersuchungen 119, mit Graphien wie <*Vicent*>, <*Saint Syphorien*>, etc.

435. **+Moriviller**, Gde. Padoux, F, Vosges, Bruyères:

FIN: Moriviller [1].

< *Maurîco-vîllâre* zum romanischen PN *Maurîcus* [2], einer Erweiterung zu *Maurus* [3] mit Hilfe des lateinischen *-îcus*-Suffixes [4], eventuell auch mit Denasalierung zu einer Grundform *Maurîno-vîllâre* [5].

1) Vgl. Marichal, Dictionnaire 285.
2) Morlet, Noms de personne II 77a; LMR 263.
3) → 5.1.2.12.
4) Dazu u.a. Leumann, Laut- und Formenlehre 229 f.; Kajanto, Studies 63 f.
5) Vgl. Nr. 434.

436. **+Morswilre**, unbekannt im Raum Taben, D, Rheinland-Pfalz, Saarburg:

mansus de Morswilre (13. Jh. A. Or.) [1].

< *Môres-wilâri zum romanischen PN *Maurus* > *Môr* ².

1) Quellennachweis: MRhUB II 256 (vgl. Müller, ONN II 71; die Hinweise auf den schwach flektierten PN *Moro* sind zu streichen).
2) → 5.1.2.12. Vgl. Morschweiler bei Cochem (1476 *Morßwiler*, 1570 *Moirsweiler*, Belege nach Jungandreas) sowie im Berner Jura Mervelier/Morswiler (±1184 *Morswilre*, vgl. Perrenot, Toponymie 234).

Mortzwilre (1426 K.): → Nr. 427.

437. **Morville**, F, Vosges, Bulgnéville:

Morviller (12. Jh.E./13. Jh. A. Or., 15. Jh. Or.); Morville (1149 Or.) ¹.

< *Mauro-villa/-vîllâre* zum lateinischen PN *Maurus* ².

1) Quellennachweis: Boulard, Documents 24. 323; Quantin, in: MSAL 54 (1904) 252; AD MM B 613 Nr. 31.
2) → 5.1.2.12.

438. **+Morvilliers**, Gden. Liffol-le-Grand, F, Vosges, Neufchâteau, und Midrevaux, F, Vosges, Coussey:

FlNN: Bois de Morvilliers (18. Jh.); Hôpital de Morvillier (1752) ¹.

< *Mauro-vîllâre* zum romanischen PN *Maurus* ².

1) Quellennachweis: Marichal, Dictionnaire 225. 230.
2) → 5.1.2.12. Zur gleichen Grundform stellen sich Morvilliers (F, Eure-et-Loir: ±1080 *Morivillare*, 1101 *Morvillare*, 1190 *Morviler*); Morvillier (Gde. Boisset-le-Châtel: 1435 *Morvillier*), Belege nach Merlet, Dictionnaire 126; Blosseville, Dictionnaire 148.

439. **+Moulin Viller**, Gde. Bainville-sur-Madon, F, Meurthe-et-Moselle, Neuves-Maisons:

FIN: Moulin Viller ¹.

< *Môdoleno-vîllâre* zum westfränkischen PN *Môdolenus* ², der mit west-

361

fränkischem -lenus-Suffix³ zum Stamm *môð-a-, môð-i-⁴ zu stellen ist. Im PN zeigt sich der romanische Ausfall von intervokalischem [d]⁵. Auch die Schließung des Vortonvokals zu [u] ist allgemeinfranzösisch⁶.

1) Quellennachweis: Nap. Kat. Vgl. aber auch die Hofsiedlung *Le Moulin* in der gleichen Gemarkung (Lepage, Dictionnaire 96). Ohne alte Belege ist der Name als *Villare*-Bildung unsicher.
2) Gasnault, Documents 90; Ebling, Prosopographie 194. Zum gleichen PN gehört Moulincourt (Gde. Ully-St. Georges, F, Oise: 1213 *Mollencort*, 1219 *Moleincort*, 1503 *Molincourt*, vgl. Lambert, Dictionnaire 378).
3) Vgl. dazu ausführlich Kluge, Stammbildungslehre § 59; Bergh, Etudes 173; Longnon, Polyptyque I 346 f. Siehe auch Kapitel 5.2.
4) → 5.1.1.129.
5) → 5.3.10.
6) Vgl. Rheinfelder §§ 113 ff.; Pope §§ 181. 426; Schwan Behrens § 95; Wolf Hupka § 122.

Mourviler (13. Jh. Or.): → Nr. 425.

440.   +**Moviller**, Gde. Giriviller, F, Meurthe-et-Moselle, Gerbéviller:

FlN: Moviller¹.

Im Bestimmungswort des SN mag man einen stark flektierten germanischen Kurznamen (bzw. einen romanischen PN auf -us) annehmen, am ehesten wohl wfrk. *Madalus², zum Stamm *mapal-a-³, der in der Galloromania infolge des romanischen Ausfalls von intervokalischem [d]⁴ schon früh als <mâl-> vorliegt. Romanische Vokalisierung von vorkonsonantischen [l]⁵ würde dann zur heutigen Namenform führen.

1) Quellennachweis: Nap. Kat.
2) Vgl. Förstemann, Altdeutsches Namenbuch I 1112; Morlet, Noms de personne I 164 a (*Madala*).
3) → 5.1.1.124.
4) → 5.3.10.
5) → 6.1.2.1.1.

441.   +**Moyenviller**, Gde. Gripport, F, Meurthe-et-Moselle, Haroué:

FlN: Moyenviller¹.

< *ad mediânum villârem ².

1) Quellennachweis: Nap. Kat.
2) Zum lateinischen Adjektiv *medianus* 'in der Mitte befindlich' sowie seinen galloromanischen Fortsetzern vgl. Georges, Handwörterbuch II 839; FEW VI, 1 578 ff. Eine Parallele aus dem toponomastischen Bereich ist wohl Mainvilliers (F, Loiret: 9. Jh. *Mediano Villare*, 1215 *Mainviler*, Belege nach Soyer, Noms de lieux 226). Auch ein lat.-rom. PN *Mediânus* läßt sich belegen (Kajanto, Cognomina 400).

Mühweiler: → Mihviller.

442. **Münchweiler**, Gde. Wadern, D, Saarland, Merzig-Wadern:

an dem hoiffe genant Wynchwilr gelegen in dem gerichte zu Nunkirchen thussch[e]n demselben vnd Wiegerwiler (1460 Or.); Wynchwilr (1483 Or.); Wynchwiller, var. Wynichwiller (1487 Or.); Winchweiler Hofgut (1595, 1616); Hof Münchweiler (1627); Hof Minichweiler (1702); Wünchweiler (1729) ¹.

< *Winichen-wîlâri zum PN *Winicho* ², der sich mit (im Althochdeutschen verschobenem) k-Suffix ³ zum Stamm **win-i-* ⁴ stellt. Die seit dem 17. Jh. belegte Dissimilation des Anlautkonsonanten (**im/uffm Winchweiler Hof* > **im/uffm Minchweiler Hof*) diente der Sprechererleichterung und zog eine volksetymologische Hyperkorrektur (→ *Münchweiler*) nach sich.

1) Quellennachweis: LA. Sbr. Münchweiler Urk. Nrr. 24. 45. 50; Staerk, Wüstungen 79 (vgl. auch Pauly, Merzig 23; Hoppstädter, in: ZGSG 17 (1967) 204; Jungandreas, Lexikon 710). Die von Staerk, Wüstungen 79, nach MRR II Nr. 16; Lamprecht, Wirtschaftsleben I, 2 1286, und Müller, ONN II 71, zitierten Belege *Wilre* (13. Jh. A.) und *Moinchwilre* (±1340) (mit entsprechender Deutung zu ahd. *munih* 'Mönch' und Verweisen auf St. Maximiner Besitz) sind zu streichen. Zwar war die große Trierer Abtei tatsächlich mit einem recht bedeutenden, zum Teil mit Mettlacher Gütern verknüpften Besitzkomplex "auf dem rechten Saarufer zwischen Bachem, Losheim, Zwalbach und Münchweiler" vertreten (vgl. Wisplinghoff, Untersuchungen 115. 118; Herrmann/Hoppstädter/Klein, Landeskunde II 88); Münchweiler selbst wird jedoch, soweit ich sehe, nicht genannt.
Nach Staerk, Wüstungen 79, lag "Alt-Münchweiler ... am Hös- oder Weierwellerbach ... Es besteht keinerlei topographische oder siedlungsgeschichtliche Kontinuität zum heutigen Münchweiler".
2) Belegt bei Förstemann, Altdeutsches Namenbuch I 1611; vgl. auch Schlaug, PNN 180 (*Winnico*).
3) → 5.2.

4)   → 5.1.1.171.

443.   **Münchweiler an der Rodalb**, D, Rheinland-Pfalz, Pirmasens:

Minchwilre (1179 K.15); Munichwilre (±1185 K., 1362 Or., 1363 Or.); Munechwilre (1197 K.15); Münchweyler (1571 Or.).- Mda. *minchwile*ʳ ¹.

< **Munihho-wîlâri* 'Weiler der Mönche' ².

1)   Quellennachweis: BRW Nrr. 21. 45. 47 (die Zuordnung des alten Wadgasser Besitzes, der u.a. von Gysseling, Woordenboek 723, und Jungandreas, Lexikon 710, zu Münchweiler bei Wadern gestellt wird, beruht auf einer Identifizierung des mitgenannten *Chaldebach/Caldenbach* mit Kaltenbach bei Münchweiler/Rodalb); HStA München, Rheinpfälz. Urkunden Nr. 2634; AD MM B 571 Nr. 45; PRZ Nr. 788; Christmann, SNN I 403; Dolch/Greule 323.
2)   Vgl. (auch zur Lautentwicklung) Nr. 245.

Münchweiler: → auch Glan-Münchweiler.

444.   **Münchwies**, Stadt Neunkirchen, D, Saarland, Neunkirchen:

zu Welleswiller Nunchwiller Mittelbexbach (1536 Or.); Münchweyler (1684).
FlN: Münchweyler wies (1701) ¹.

Die um das Jahr 1680 neu errichtete Siedlung ² wurde auf einem Flurstück angelegt, welches den Namen → *Münchweyler wies* (daraus als Klammerform heutiges Münchwies) trug und auf eine untergegangene Siedlung **Nun(n)ichen-wîlâri* zum PN **Nun(n)icho* ³ verweist. Der PN gehört als kosende Bildung mit (im Althochdeutschen verschobenem) k-Suffix ⁴ zu einem Element **nun(n)-*, einem "germanischen Lallstamm der Kindersprache" ⁵. Die Lautentwicklung zeigt Umlaut [u] > [ü] vor folgendem [i]; jüngeres *Münchweiler* ist hyperkorrekt.

1)   Quellennachweis: Pöhlmann, Bitsch Nr. 211; Krämer, in: Heimatbuch des Landkreises St. Wendel (1963/64) 58.
2)   Vgl. Habicht, Dorf 168; Hermann/Hoppstäder/Klein, Landeskunde I 103.
3)   Vgl. Förstemann, Altdeutsches Namenbuch I 1172; Morlet, Noms de personne 174b (*Nuno*).
4)   → 5.2.

5) Kaufmann, Ergänzungsband 271.

445. **+Münchwiller**, Stadt Homburg, Stadttl. Erbach, D, Saarland, Saar-Pfalz-Kreis:

FlN: Münchwiller [1].

< *Munihho-wîlâri 'Weiler der Mönche' [2]?

1) Nur mundartlich belegt für den amtlichen FlN *Oberer/Unterer Münchweiher*.
2) Vgl. Nr. 245.

Murviller (1311 Or.): → Nr. 425.

Myrwilre (1319 Or., genannt in einer Erbteilung des Hauses Sierck): → Nr. 424.

446. **+Nailleviller**, unweit von Moulins-lès-Metz, F, Moselle, Woippy:

Nailleviller (1594 K.17) [1].

< *Natâlio-vîllâre* zum romanischen (christlichen) PN *Natâlius*, "a late derivate of *Natalis*" [2], mit Schwund des intervokalischen Dentals [3] und durch folgendes [j] bewirkter Mouillierung von [l] [4].

1) Quellennachweis: Alix 61.
2) Kajanto, Studies 108. Beispiele für diesen in der frühmittelalterlichen Galloromania häufigen PN bei Morlet, Noms de personne II 81; Bergh, Etudes 132 f., mit zahlreicher weiterer Literatur.
3) Rheinfelder § 687.
4) Dazu Rheinfelder §§ 289. 498; Richter, Beiträge § 84; Schwan/Behrens § 200; Wolf/Hupka § 95; für Lothringen Buchmüller-Pfaff, SNN 533 f.

447. **+Nandrévillers**, Gde. Domèvre-sur-Avière, F, Vosges, Epinal-Ouest:

FlN: Nandrévillers [1].

< *Nandrîco-vîllâre zum germ. PN *Nand-rîk ², komponiert aus den Elementen *nanþ-a- ³ und *rîk-a- ⁴. Der Erhalt von zwischenkonsonantischem [d] vor [r] ist im Französischen regelhaft ⁵; die Abschwächung von nebentonigem [î] > [i] > [e] ist ein Merkmal des Ostfranzösischen ⁶.

1) Vgl. Marichal, Dictionnaire 298.
2) Vgl. Förstemann, Altdeutsches Namenbuch I 1151; Kremer, PNN 181 Anm. 1023.
3) → 5.1.1.132.
4) → 5.1.1.145.
5) Vgl. Rheinfelder § 636.
6) → 6.1.1.7.

448. +Nangrandvillé, Gde. Gigney, F, Vosges, Châtel-sur-Moselle:

FlN: Nangrandvillé ¹.

< *Nandgramno-vîllâre zum westfränkischen PN *Nandgramnus, komponiert aus den Elementen *nanþ-a- ² und *hraban-a-³ > <gramn-> mit romanischem Lautersatz von germ. [hr] durch [kr, gr] ⁴.

1) Vgl. Marichal, Dictionnaire 298.
2) → 5.1.1.132.
3) → 5.1.1.95. <d> im Auslaut auf germ. *hraban-a- zurückgehender altfranzösischer PNN ist etymologisch nicht berechtigt, aber generell eingeführt, vgl. dazu z.B. Stoering, PNN 170.
4) → 5.3.6.

449. Nanzweiler, VG Glan-Münchweiler, OT Nanzdietschweiler, D, Rheinland-Pfalz, Kusel:

Nantzwilre (1350 Or.); Nanczwilr (1383 K.15, 1414 K.15); Nanzwiler (1437).- Mda. *nandswile* ʳ¹.

< *Nanzen-wîlâri zum PN Nandso, Nanzo ², mit westfränkisch-romanischem s-Suffix zum Stamm *nanþ-a- ³. Weniger wahrscheinlich erscheint mir der von Kaufmann ebenfalls in Erwägung gezogene Ansatz *Nandes-wîlâri zum stark flektierten Kurznamen Nand(i), Nandus ⁴, da Parallelbeispiele in diesem Fall einen Wandel des Flexions-[s] zu [ʃ] vor folgendem [w] nahelegen würden ⁵.

1) Quellennachweis: HStA München, Rheinpfälz. Urk. Nr. 2139; Böhn, Kopialbuch

Nrr. 35. 38. 134; Widder, Versuch IV 294; Christmann, SNN I 407; Dolch/Greule 327f.
2) Förstemann, Altdeutsches Namenbuch I 1149; Morlet, Noms de personne I 172 a; Geuenich, PNN Fulda 64 f.; vgl. auch Kaufmann, Pfälz. ONN 193.
3) → 5.1.1.132.
4) Förstemann, Altdeutsches Namenbuch I 1149; Morlet, Noms de personne I 172 a; LMR 264.
5) → 4.3.

450. **+Nanzweiler**, bei Neunkirchen am Potzberg, VG Altenglan, D, Rheinland-Pfalz, Kusel:

Antzwilr (1393); Antzwilre (1417 Or.); Antzwiler (1480 Or.); zu Anzweiler in dem ambt Reichenbach ... das dorf seit dem alten Krieg noch nicht gebawet (1700 Or.); zu Antzweiler das dorf abgangen (1771 Or.).
FlN: Nanzweiler [1].

< *Anzen-wîlâri zum PN *Andso, Anzo* [2], mit westfränkischem s-Suffix [3] zum Stamm *and-* [4]. Die heutige Namenform entstand durch falsche Abtrennung *(in Anzweiler > in Nanzweiler)*.

1) Quellennachweis: Fabricius, Nahegebiet 249; HStA München II, Pfalz-Zweibr. Urk. Nr. 347; LHA Kobl. 24/539 f° 81 (vgl. Fabricius, Veldenz I 88, mit Lesung *Anzwiler*); LA Speyer A 15/690 S. 3; LA Speyer A 15/698 S. 46; Christmann, SNN I 407; Dolch/Greule 43 f.
2) Förstemann, Altdeutsches Namenbuch I 134 ("sehr häufig"); Morlet, Noms de personne I 36 a.
3) → 5.2.
4) → 5.1.1.13.

451. **Nassweiler**, Gde. Großrosseln, D, Saarland, Saarbrücken:

Nassauweiler (1608); Naßweiler (1687); Nasueiller (1692) [1].

Die Gründung der zunächst nach dem Landesherrn *Nassau-weiler* genannten Siedlung ist für das Jahr 1608 bezeugt [2].

1) Quellennachweis: LA Sbr. Nass.-Sbr. II Nrr. 2766, 2411 f° 95, 2412 f. 325.
2) Vgl. Buchleitner, Geschichte 104: "... So ließen sich denn am Johannistage des Jahres 1608 mehrere lothringische Auswanderer mit Genehmigung des Saarbrücker Landesherrn an der Grenze des Warndts ... nieder. Aus Dankbarkeit für das bewiesene

Wohlwollen gaben sie ihrer Niederlassung den Namen Nassauweiler"; siehe auch Müller, ONN II 70; Engels, ONN 131; Habicht, Dorf 168.

452. **Nativillé**, s. Bruville, F, Meurthe-et-Moselle, Conflans-en-Jarnisy:

FlN: Nativillé [1].

In Anbetracht der schlechten Überlieferungslage kaum zu deuten. Eventuell zum PN *Nandrīk* [2] mit dem in Lothringen auch sonst häufigeren Nasalschwund [3] im Erstglied und Totaldissimilation von postkonsonantischem [r] im Zweitglied des PN [4] ?

1) Quellennachweis: Nap. Kat.
2) Förstemann, Altdeutsches Namenbuch I 1151. Zu den enthaltenen Namenstämmen vgl. 5.1.1.132. und 5.1.1.145.
3) → 6.1.1.11. Lothringische ONN-Beispiele bei Buchmüller-Pfaff, SNN 616.
4) → 6.1.2.1.4.

453. **+Nauweiler**, Stadt Völklingen, D, Saarland, Saarbrücken:

FlNN: im Neuwiller (1589 Or.); Nauweiler (1685 Or., 1691 Or., 1693 Or. u.ö.); in Neuweiler (1689 Or.); im Nauweyler (1690 Or.); Neuweyler (1793) [1].

< *(bî dem) niuwen wîler* [2].

1) Quellennachweis: LA Sbr. Nass.-Sbr. II Nrr. 3140-14. 2413 f° 230r°. 2412 f° 167r°. 2413 f° 229r°. 2412 f° 58v°. 2412 f° 110v°. 3257.
Zur Lokalisierung vgl. Staerk, Wüstungen 296. Auf der Fläche steht heute das Walzwerk von Saarstahl-Völklingen, vgl. die mundartliche Bezeichnung für dieses Industriegelände (*"der schafft driwwe in Nauwiller"*).
2) Zu ahd. *niuwi*, mhd. *niuwe* 'neu, jung' vgl. Schützeichel, Wörterbuch 139; Lexer, Handwörterbuch II 92. Zur Lautentwicklung ausführlich 6.2.1.11. Der Typus ist im gesamten Verbreitungsgebiet der Weiler-ONN überaus zahlreich; mit den ältesten Belege hat Neuwiller-lès-Saverne (F, Bas-Rhin: ±1197 < 826/36 *Novum villare*; 1289 Or., 1333 Or., 1335 Or. u.ö. *Nuwilre*; vgl. MG SS XV,1 294; MG SS XXV 339; Herrmann, Freiheitsbrief 423; HRS Nrr. 273. 281). Hinweise auf gleichnamige Siedlungen bei Löffler, Weilerorte 142; Jänichen, Ortsnamenbuch 34; RL III 759 f.; Krieger II 330.

Navelwilre, Frühbesitz der Abtei Vergaville: → Nr. 478.

Nendeswylre (1304 Or.): → Nr. 490.

454. **+Nerbéviller**, Gde. Hablainville, F, Meurthe-et-Moselle, Blâmont:

FINN: en Nerbeuiller (1713 Or.); à la basse de Nerbéviller (±1840) [1].

< *Nor(d)berto-vîllâre zum PN Nor(d)bert [2], komponiert aus den Stämmen *norþ-a- [3] und *berχt-a- [4], mit romanisch bedingtem frühen Schwund des stammauslautenden Dentals im Erstglied des PN [5] und lothringisch-französischer Abschwächung von vortonigem [o] > [e] [6] sowie Ausfall von vorkonsonantischem [r] [7] im Zweitglied des PN.

1) Quellennachweis: AD MM B 11880; Nap. Kat.
2) Vgl. Förstemann, Altdeutsches Namenbuch I 1168 ff.; Morlet, Noms de personne I 174 a.
3) → 5.1.1.138.
4) → 5.1.1.30.
5) → 5.3.10.
6) → 6.1.1.9.
7) → 6.1.2.1.4.

455. **Nerzweiler**, VG Lauterecken, D, Rheinland-Pfalz, Kusel:

Nertzwilre (1350 Or., 1377 Or.); Nerzwilre (1387 K.); Nertzwiller (1387/90 K.15, 1443 K.15 u.ö.); Nertzewilre (1393 K.); Nertzwilr (1398 K.); Nertzwiler (1437 K.15, 1451 K., 1480 Or., 1515 Or. u.ö.); Nerczwilre (1461 Or.).- Mda. ne'dswile' [1].

< *Nerizen-wîlâri zum PN *Nerizo [2], wobei für das zugrundeliegende Namenwort an ahd. nara 'Errettung' [3] zu denken ist.

1) Quellennachweis: HStA München, Rheinpfälz. Urk. Nrr. 3183. 4368; Fabricius, Veldenz I 11; Oberndorff, Regesten Nr. 6570; PRV Nr. 18; Koch/Wille, Regesten Nr. 5505; Oberndorff, Regesten Nr. 6652; PRV Nr. 17; Glasschröder, Urkunden Nr. 638; LHA Kobl. 24/539 f° 89 (bzw. Fabricius, Veldenz I 88); Fabricius, Güterverzeichnisse 49; Krieger, Regesten Nr. 8650, Christmann, SNN I 409 f.; Dolch/Greule 330.
2) Wohl mit Kaufmann, Pfälz. ONN 195, als Ableitung mit z-Suffix. Aus Weißenburg ist allerdings auch der PN Narid(o), Nerit(o) belegt, zu deuten möglicherweise mit

3) Förstemann, Altdeutsches Namenbuch I 385, als *participium perfectum* ('der Errettete').
Schützeichel, Wörterbuch 136; → 5.1.1.133.

456. **+Neubéviller**, Gde. Tignécourt, F, Vosges, Lamarche:

FlN: Neubéviller [1].

< **Neubodo-vîllâre* zum germ. PN **Niv-bôd* > wfrk. *Neubôdus* [2], bzw. **Neuberto-vîllâre* zum wfrk. PN **Neubertus*, wobei das erste Element des PN wfrk. **nevio*, **nivio* als romanisierte Nebenform des Stammes **new-ja-* [3] anzusehen ist, während als Zweitglieder die Stämme **bauð-a-* [4] und *berχt-a-* [5] in Frage kommen.

1) Vgl. Marichal, Dictionnaire 298.
2) Förstemann, Altdeutsches Namenbuch I 1162; Morlet, Noms de personne I 173.
3) Vgl. Rosenfeld, in: BNF NF (1966) 238 ff.; Kaufmann, Ergänzungsband 267; vgl. ahd. *niuwi* 'neu' (Schützeichel, Wörterbuch 139).
4) → 5.1.1.28.
5) → 5.1.1.30.

457. **Neuforweiler**, Stadt Saarlouis, D, Saarland, Saarlouis:

des terrains pris dans le ban et forêt de l'ancien Forviller pour former un Etablissement Nouuel qui portera le nom de Nouueau Forviller (1704 Or.) [1].

Die Anlage der Siedlung wurde im Jahr 1704 durch Herzog Leopold von Lothringen veranlaßt [2].

1) Quellennachweis: AD MM B 588 Nr. 26-1, ebd. auch das Bannbuch des neu errichteten Ortes.
2) Weitere Informationen bei Hoppstädter/Herrmann/Klein, Landeskunde I 102; Habicht, Dorf 168; A. Mailänder, Die Grundung der Dörfer Neuforweiler und Felsberg und des Sablon-Hofes, in: Heimatkundl. Jahrbuch des Kreises Saarlouis (1960) 122-127.

458. **Neufvillage**, F, Moselle, Albestroff:

de Vilre (1371 K.15); an dem Wilre wege (1414 Or.); zu Wyler (1453 K.16); by Wylre born (16. Jh. A.K. glz.); Neufville (1616); Neufvillage (1779) [1].

< *Wîlâri. Auf dem Bann des früh abgegangenen Weilerortes wurde im Jahr 1616 ein "neues Dorf" errichtet ².

1) Quellennachweis: AD Mos H 1025 f° 15v°; AD Mos H 1195 Nr. 1; AD Mos H 1026 f° 62v°. 66v°; RL III 753; Durival III 300.
2) Dazu ausführlich RL III 753. 1140; AT I 241; Habicht, Dorf 169; vgl. auch Lepage, Dictionnaire 100; Vincent, France 296; Dauzat/Rostaing 493.

459. **+Neuvillard**, Gde. Gelaucourt, F, Meurthe-et-Moselle, Colombey-les-Belles:

FlN: Neuvillard ¹.

< *(ad) novum vîllâre(m) ².

1) Quellennachweis: Nap. Kat.
2) Vgl. Nr. 369. Zum Suffixwechsel → 3.6.6.

460. **+Neuvillé**, Gde. Bruville, F, Meurthe-et-Moselle, Conflans-en-Jarnisy:

FlN: Neuvillé ¹.

< *(ad) novum vîllâre(m) ².

1) Quellennachweis: Nap. Kat.
2) Vgl. Nr. 369.

461. **+Neuviller**, Gde. Bouxières-aux-Chênes, F, Meurthe-et-Moselle, Nancy-Est:

FlN: Neuviller ¹.

< *(ad) novum vîllâre(m) ².

1) Quellennachweis: Nap. Kat. Nach Lepage, Dictionnaire 101, ehemalige Hofsiedlung, im ersten Weltkrieg zerstört.
2) → Nr. 369.

462. **+Neuviller**, Gde. Remiremont, F, Vosges, Remiremont:

Nuewillei (1309 Or.); Nuefviler (1340 Or.); Nuefvilley (1364 Or.); Nuefvilleir (1364); Nuefvillers (1366 Or.); Nueviller (1382 Or.); Nuefviller desuer Remerimont (1416); Neufviller (1601); Neuviller (1626 K.) [1].

< *(ad) novum vîllâre(m)* [2].

1) Quellennachweis: BN Paris ms. nal. 2531 Nr. 83; BN Paris ms. nal. 2543 Nr. 84; BN Paris ms. nal. 2543 Nr. 103; BN Paris ms. nal. 2543 Nr. 104; DHV II 200; BN Paris ms. nal. 2533 Nr. 206; BN Paris ms. naf. 1286 f° 48v°; AD MM B 501 Nr. 103; DHV VIII 232.
2) Vgl. Nr. 369.

463. **Neuviller-lès-Badonviller**, F, Meurthe-et-Moselle, Badonviller:

Nuefvilleir (1329 Or., 1343 Or.); de Novovillari (1402 K.); Neuvillers-les-Badonville (1683); Neuviller-Ban-le-Moine (1779).- Mda. *nyœvlę́* [1].

< *(ad) novum vîllâre(m)* [2].

1) Quellennachweis: AD MM B 574 Nr. 84;AD MM H 1513; Lepage, Pouillé 20; Sauer, Inventaire Nr. 944; Durival III 304; Callais 310. Vgl. Dauzat/Rostaing 496.
2) Vgl. Nr. 369.

464. **Neuviller-sur-Moselle**, F, Meurthe-et-Moselle, Haroué:

ex Novo Villare (922 K.12, 1052, 1065); de Noviler (1091 K.18, 1165 Or.); apud Novum villarem (1094); Theodericus Novivillaris (1135 F.? K.15, 1158/62 Or., 1178 Or.); Novillarem cellam (1144); de Novovillari (1148 Or., 1157 K.15, 1163 Or., 1172 Or.); Nuvileir (1183 K.18); de Nouilario (1204 Or.); de Novilari (1208 Or.); Neufviler (1242 Or.); Nuevillers (1245 K.15); Nuefviller (1245 K.14, 1253 K.14, 1287 Or.); Nuevilleir (1245 Or.); Neuveiller (1256 frz. Or.); Nueviller (1298 Or.); Neufviller (1484 Or., 1551 Or.) [1].

< *(ad) novum vîllâre(m)* [2].

1) Quellennachweis: Herbomez, Gorze Nr. 91; Calmet, HL² II Pr. 309. II Pr. 324; Choux, Pibon 217 Nr. 53; Parisse, Thierri Nr. 6; Calmet, HL² III Pr. 30; Parisse,

Etienne Nrr. 35. 115; AD MM H 337; Calmet, HL ² II Pr. 211; DHV IX 19; MCM I Nr. 265; Parisse, Thierri Nr. 1; Lepage, Clairlieu 157; Goffinet, Orval Nr. 54; AD Mos H 1428-1; Dieterlen, Fonds 52; Arnod, Publication Nr. 022; MCM I Nr. 38; AD Meuse B 256 ff° 300v°. 290v°. 213v°; AD MM B 879 Nr. 21; Arnod, Publication Nrr. 040. 126; AD MM B 879 Nr. 46; HRS Nr. 1356; Quintard, in: MSAL 50 (1900) 77. Vgl. Gröhler, Ursprung II 40; Dauzat/Rostaing 496.
2) → Nr. 369.

465. **Neuvillers-sur-Fave**, F, Vosges, St. Dié:

Nuevile (1292 Or.); Nuefviller (1311 Or.); Neufviller (1339 K.); Nuef Villeir (1345 Or.); Nuevileir (1380 Or.); Nuefvilley (1537) ¹.

< *(ad) novum vîllâre(m) ².

1) Quellennachweis: AD Vos G 631; AD Vos G 470. Vgl. Dauzat/Rostaing 496.
2) → Nr. 369.

466. **Neuweiler**, Stadt Sulzbach, D, Saarland, Saarbrücken:

< *(bî dem) niuwen wîler ¹.

Eine Hofsiedlung dieses Namens wird erstmals 1534 erwähnt ².

1) → Nr. 453.
2) Vgl. Staerk, Wüstungen 299.

467. **Niderviller**, F, Moselle, Sarrebourg:

Niderwilre (13. Jh.E. Or., 1304 Or., 1315 Or., 1327 Or., 1349 Or., 1381 Or. u.ö.); Niederwilre (1343 Or.); Niderwylre (1356 Or., 1404 Or., 15. Jh. Or.); Nidderwyler (1499 Or.); Niderwiler (1550 Or.); Niederweiler (1577 Or.); Niederwieller (1602 Or.) ¹.

< *(bî dem) nideren wîler ². Die um die Mitte des 14. Jhs. erstmals faßbare Graphie <ie> (→ *Niederwilre*) mit nachgesetztem <e> als orthographischem Längenzeichen ³ reflektiert wohl die Dehnung der alten Kürze in offener Tonsilbe, die sich im Westmitteldeutschen schon im 12/13. Jh. durchzusetzen beginnt ⁴.

1) Quellennachweis: AD MM B 742 Nr. 68; AD Mos H 4713 Nr. 1; AD MM H 3193; HRS Nr. 236; AD Mos H 4766 Nr. 2; AD Mos 4744 Nr. 2; HRS Nrr. 339. 394; AD Mos H 4708 Nr. 2; AD Mos H 4744 Nr. 3; AD Mos G 1903 bis f° 49r°; HRS Nr. 1539; AD Mos H 4759 Nr. 3; AD Mos H 4703 Nr. 2; AD Mos H 4692 Nr. 1. Für eine Zuweisung des Beleges 1163 *Niederwilre* (so RL III 775) findet sich meines Wissens keine Quellengrundlage.
2) Vgl. Dauzat/Rostaing 476. Zu ahd. *nidari*, mhd. *nider(e)* 'niedrig, tief gelegen' vgl. Schützeichel, Wörterbuch 137; Lexer, Handwörterbuch II 70. Der adjektivische Zusatz (dazu Kaufmann, Westdeutsche ONN 62) hebt den SN ab von Nr. 498. Hinweise auf zahlreiche analoge Bildungen geben z.B. Jungandreas, Lexikon 743; Löffler, Weilerorte 142; Stoffel, Dictionnaire 129; RL III 775; Krieger II 339.
3) Vgl. dazu die bei Schützeichel, Mundart 62 Anm. 159, genannte Literatur.
4) Vgl. Paul/Wiehl/Grosse § 45.

468. **+Niedereiweiler**, Gde. Nohfelden, OT Eiweiler, D, Saarland, St. Wendel:

Nedereywiller (1456 K.); Nydereywiller (1482 Or.); Niedereyweiler (1634) [1].

Vgl. Nr. 169.

1) Quellennachweis: LHA Kobl. 54 S Nrr. 1312. 1329; Hoppstädter, in: ZGSG 6/7 (1956/57) 62; Staerk, Wüstungen 300.

469. **Niederlinxweiler**, Stadt St. Wendel, D, Saarland, St. Wendel:

Niderlinxwilre (1321 K., ±1386 K.); Niderlinkswilre (1387 K.); Nydderlinxwiler (1481 Or.); Nyderlinxwiller (±1500 Or.); Niderlinxweiler (1542 Or.); Niederlinxweiler (1572 Or.); Nider lingesweyller (1686); Niederlinxwiller (1764) [1].

Vgl. Nr. 389.

1) Quellennachweis: LA Sbr. Nass.-Sbr. II Nr. 2767 f° 11; JRS Nrn. 1484. 1923; LA Sbr. Nass.-Sbr. II Nr. 2768 f° 4; LA Sbr. Neumünster Nr. 110 f° 121; Fürst, Einwohnerverzeichnisse 25. 30; LA Sbr. Nass.-Sbr. II Nr. 3911; Rassier, in: Heimatbuch des Landkreises St. Wendel 14 (1971/72) 149.

470. **+Niederruthweiler**, VG Kusel, OT Ruthweiler, D, Rheinland-Pfalz, Kusel:

Neder Rudwyler, var. Nyder Rudwilr (1371 K.) [1].

Vgl. Nr. 583.

1) Quellennachweis: LHA Kobl. 54 L 400. Vgl. Altpeter, Burglichtenberg 39.

471. **+Niederweiler**, Gde. Beckingen, OT Düppenweiler, D, Saarland, Merzig-Wadern:

zu Nyddirwiler (1404 Or.); Nyderwyler (1460 K.15); zu Wiler by Duppenwilr (1482 Or.); zu Duppenwyler vnd Nydderwylre (1502 Or.); zu Nieder Duppenwiler (1596) [1].

< *(bî dem) nideren wîler* [2].

1) Quellennachweis: LHA Kobl. 55 A 4 Nr. 47; BRW Nr. 814; Stadtarchiv Sbr., Städtische Urkunden Nr. 9; LA Sbr. Münchweiler Urk. Nr. 58; LHA Kobl. 1 C Nr. 3928 f° 26.
2) Vgl. Nr. 467.

472. **+Niederweiler**, Stadt Sarralbe, F, Moselle, Sarralbe:

tuschen dem Saltzburne by Alben und dem Nyderwilre (1392 Or.) [1].

< *(bî dem) nideren wîler* [2].

1) Quellennachweis: AN Lux. A 52 Nr. 897. Hinweise auf diese Quelle finden sich bereits bei RL III 777; AT II 356; Langenbeck, Wüstungen 107.
2) Vgl. Nr. 467.

473. **+Niederweiler**, Stadt St. Wendel, D, Saarland, St. Wendel:

in villa Niderwilre (1322 K.14); Nyderwyller (1450 Or.); Nederwyler (1451 Or.); Nidderwiler (1457 Or.); Niederweiler (1464 Or.); Niderweiler, var. Underweiler (1467 K.16); Nyderwiller (1478 Or., 1492 K.); Underweiler (1492 K.16); Nydderwiller (1502 Or.); Niderweiler (1563); Niderweiller (1575); Niederweiller bei St. Wendel (1606) [1].

< *(bî dem) nideren wîler* ².

1) Quellennachweis: Lamprecht, Wirtschaftsleben III Nr. 125; LHA Kobl. 1 A Nr. 3629; Hannig, Regesten 25 f. 88. 90; Kath. Pfarrarchiv St. Wendel I 32; Hannig, Regesten 33; Pöhlmann, Bitsch Nr. 151; Kath. Pfarrarchiv St. Wendel I 27; LHA Kobl. 1 C Nr. 12928 f° 23 f.; LHA Kobl. 1 A Nrr. 3748. 7432 f° 433; LHA Kobl. 1 E 1350. Vgl. Müller, ONN II 71; Jungandreas, Lexikon 743. Zur Lokalisierung der Siedlung, die nach Müller, St. Wendel 76, durch französische Soldaten niedergebrannt wurde, vgl. Staerk, Wüstungen 330 f.
2) Vgl. Nr. 467. Zu den vereinzelten Belegen für *unter* statt *nieder* vgl. Christmann, Verdrängung; Kaufmann, Westdeutsche ONN 63 ff.; Löffler, Weilerorte 245-249; ders., Ablösung; Wagner, Nieder- und Unter.

474. **+Niederweiler**, Gde. Weiskirchen, OT Konfeld, D, Saarland, Merzig-Wadern:

Niderweiller (1546 Or.) ¹.

< *(bî dem) nideren wîler* ².

1) Quellennachweis: AD BR E 5576 f° 67v°.
2) Vgl. Nr. 467. Ein "Gegenstück" +Oberweiler ist belegt, vgl. Nr. 506.

Ninneswilre (1296 Or.): → Nr. 490.

475. **+Nionviller**, Gde. Crévic, F, Meurthe-et-Moselle, Lunéville-Nord:

FlN: Nionviller ¹.

< *Nîdône-vîllâre* zum wfrk. PN *Nîdo* ², der mit romanischem Lautersatz von germ. [þ] durch [t] > [d], das in romanischer Entwicklung intervokalisch schwindet ³, zum Stamm *nîþ-a-* ⁴ zu stellen ist.

1) Quellennachweis: Nap. Kat.
2) Förstemann, Altdeutsches Namenbuch I 1157; Morlet, Noms de personne I 173.
3) → 5.3.10.
4) → 5.1.1.135.

476. **+Nörweiler**, n. Aschbach, VG Wolfstein, D, Rheinland-Pfalz, Kusel:

Unter Aschbach und Mittelhofen hat vor jahren ein dorf gelegen, hat Nörweiler geheißen, ist gar abgangen und verfallen (1595 Or.) [1].

Am ehesten (dann mit hyperkorrekter Rundung eines ursprünglichen [e] > [ö] [2]) zu einer Grundform *Neren-wîlâri zum germ. PN (*Nario >) Nero [3]. Das zugehörige Bildungselement ist -ja-Erweiterung eines recht häufigen, an ahd. nara 'Ernährung, Errettung' anzuschließenden Namenstammes [4].

1) Quellennachweis: HStA München III, Kasten blau 390/3; Christmann, SNN II 384. 411; Dolch/Greule 343.
2) → 6.2.1.8.
3) Morlet, Noms de personne I 172 a.
4) Dazu ausführlich Kaufmann, Rufnamen 113; s. auch die unter 5.1.1.133. genannte Literatur. Der von Dolch/Greule 343, erwogene PN Naro erfordert einen oberdeutschen -in-Genitiv, dazu ausführlich unter 4.3.

477. **+Noirviller**, Gde. Montigny, F, Meurthe-et-Moselle, Baccarat:

FlN: Noirviller [1].

Solange historische Belege fehlen, kann ein Deutungsversuch nur vorläufigen Charakter haben. Am ehesten zu einer Grundform *Nôdhardo-vîllâre zum germ. PN Nôdhart [2], zu den Stämmen *nauð-i- [3] und *harð-u- [4]. Es ist in diesem Fall mit Schwund des anlautenden [h] im Zweitglied des PN [5] und Ausfall des nun intervokalischen Dentals [6] zu rechnen.
Daneben legen allerdings Parallelbeispiele nahe, daß wohl auch mit einem Typus *(ad) nigrum vîllârem [7] gerechnet werden muß.

1) Quellennachweis: Nap. Kat.
2) Förstemann, Altdeutsches Namenbuch I 1166; Morlet, Noms de personne I 73b.
3) → 5.1.1.134.
4) → 5.1.1.86.
5) → 5.3.6.
6) → 5.3.10. Eine analoge Entwicklung zeigt sich im SN Boirville (Gde. Lutz, F, Eure-et-Loir: ±1080 *Boardi villa*, 1482 *Boirreville*; Belege nach Merlet, Dictionnaire 19).
7) Vgl. z.B. Noircourt (F, Aisne: 1199 *Nigra curtis*, 1224 *Noirecurt*, Belege nach Matton, Dictionnaire 201).

478. **+Nolweiler**, Gde. Belles-Forêts, OT Bisping, F, Moselle, Fénétrange:

in Ratermingen in Incungen in Regeginhen in Richigen in Lullingen in Giselingen in Ruldingen in Hinungre in Navelvilre in Dalewilre (1147 F.K. 18); le cens du moulin ... de Nolveiller scitué sur le ban de Bisping (1730 Or.) [1].

< *Nol(l)en-wîlâri zum PN Nol(l)o [2], wohl am ehesten zu erklären als westfränkische, unter romanischen Betonungsverhältnissen [3] entwickelte Kontraktionsform eines ursprünglichen Naudalo [4]. Ein sekundäres Namenelement <naudal->, <nodal-> interpretiert Kaufmann als westfränkische l-Erweiterung [5] des häufigen Stammes *nauð-i- [6].

1) Quellennachweis: Parisse, Etienne Nr. 67; AD MM B 660 Nr. 28. Vgl. auch Lepage, Dictionnaire 102; RL III 778; Hiegel, Dictionnaire 254. Von den in der insgesamt suspekten und schlecht überlieferten Urkunde des Bischofs Stephan von Metz genannten Besitzungen des Saargau-Klosters Vergaville können aus dem oben zitierten Komplex mit einiger Sicherheit *Lullingen* als Lullange (Gde. Gélucourt, F, Moselle, Ct. Dieuze) und *Giselingen* als Gélucourt identifiziert werden. Auch der übrige Besitz der Abtei konzentriert sich im Weihergebiet östlich von Dieuze (vgl. AT II 311 f.; AD MM H 2427-2496; AD MM 1 Mi 750; AD Landes Br. 4° 725).
2) Förstemann, Altdeutsches Namenbuch I 1168.
3) Ähnliche Fälle ausführlich unter 5.3.10.
4) Vgl. Morlet, Noms de personne II 81 *Nodalus*, dort als romanisierte Variante des lat. *Natalis* interpretiert.
5) → 5.3.13.
6) → 5.1.1.134.

479. **+Nonnainvillers**, Gde. Lorry-Mardigny, F, Moselle, Verny:

FlN: une pesse de terre an Nonnainvilleirs (1298 Or.) [1].

< *Nonnîno-vîlâre zum romanischen PN Nonnînus [2] bzw. *Nonnâne-villâre zum weiblichen PN Nonna [3]. Die <ain>-Graphie des historischen Beleges läßt mich dem Ansatz mit Hilfe des weiblichen Namens den Vorzug geben [4].

1) Quellennachweis: WMB 1297, 527.
2) Auf einen bei Gregor von Tours genannten Träger dieses Namens, wohl Ableitung vom häufigen romanischen PN *Nonnus* (Kajanto, Cognomina 99. 366; Gasnault, Documents 90; Kampers, Studien 115; Martindale, Prosopography II 787; vgl. auch Förstemann, Altdeutsches Namenbuch I 1172), verweist Kajanto, Cognomina 162, vgl. auch Selle-Hosbach, Prosopographie 141. Daneben rechnet Kaufmann, Ergän-

3) zungsband 271, mit *nun(n)- als "germ. Lallstamm der Kindersprache".
Vgl. Förstemann, Altdeutsches Namenbuch I 1173. Weniger wahrscheinlich, aber doch möglich, scheint mir demgegenüber die Annahme eines appellativischen Bestimmungswortes, nämlich spätlat. *nonna* 'Amme, Nonne' (vgl. Georges, Handwörterbuch II 1187; FEW VII 188) als Hinweis auf Besitzungen eines Frauenklosters.

480. **Nonnweiler**, Gde. Nonnweiler, D, Saarland, St. Wendel:

Nonnewilre (±1220 K.17, 1306 K.16); villam Numwilre (1323 K.14); Nvnwilre (1330 Or.); Nünwilre (1330 Or.); Nunwilre (1330 Or.); Nunwilr (1348 Or.); Nonnwilre (1367 Or.); Nunewilre (1369 Or.); Nunnewilre (1369 Or.); Nonwilr (1411 K.); Nunnweyler (1454 K.17); Nonwilr (1457 K.) Nonwyler (1479 Or., 1489 Or.); Nunwiller (1491 Or.); Nonwieler (1494 Or.); Nunweiler (1581 Or.); Nonnweiller (1636); Nonnweyler (1722).- Mda. *nunwile'* [1].

Durch besitzgeschichtliche Argumente gestützt [2] wird ein Ansatz *Nunnônowîlâri* 'Weiler der Nonnen' [3], wobei die mehrfach gedeckte Endung des Genitiv Plural den häufigen Erhalt des Mittelsilbenvokals in der Belegreihe erklären dürfte [4]. Allerdings läßt sich auch ein Ansatz *Nunnen-wîlâri* zum PN *Nunno* [5] (nach Kaufmann zu einem kindersprachlichen Lallstamm *nun(n)-* [6]) nicht völlig ausschließen.
Die im Original erstmals 1367 nachzuweisenden <o>-haltigen Formen im Stammvokal des Bestimmungswortes sind wie im appellativischen Bereich für mhd. *nunne, sunne, tunne, wunne* > nhd. *Nonne, Sonne, Tonne, Wonne* das Ergebnis mitteldeutscher Senkung [7].

1) Quellennachweis: MRhUB II Nachtrag 16 (zur Datierung vgl. auch Ewig, Trier 216 ff.; Pauly, Merzig 12); NRW Nr. 481; TUH I Nr. 179; LHA Kobl. 1 A Nr. 4703 f.; TUH I Nr. 203; LHA Kobl. 54 S 1729; TUH III 266; Mötsch, Regesten I Nr. 1454 f. III Nr. 3437; Pauly, Prozessionsliste 332; LA Speyer F1/129 f° 149r°; StA Trier Ta 43/5; LHA Kobl. 54 S Nrr. 1342. 1349; HRS Nr. 1475; TUH III Nr. 187; Petto, in: Heimatbuch des Landkreises St. Wendel 14 (1971/72) 110. 113. Vgl. Jungandreas, Lexikon 749.
2) Ewig, Trier 234; Pauly, Merzig 41; Heyen, Untersuchungen 50-53, und Herrmann/Hoppstädter/Klein, Landeskunde II 88, datieren den Erwerb der Grundherrschaft Nonnweiler durch die Frauenabtei Pfalzel bei Trier ins 9. Jh. Dazu paßt das sicherlich alte Hubertus-Patrozinium der Pfarrkirche, denn auch wenn gegen das auf Halbedel, Studien 16 ff., Wampach, Echternach 11 ff., und Hlawitschka, Herkunft 8 ff. (vgl. auch ders., Vorfahren 74 ff.; ders., Merowingerblut 76 ff., ders., Studien 38 ff.) zurückgehende genealogische Konstukt, demzufolge die Klostergründerin Adela von Pfalzel (zu ihr sowie zu den Anfängen ihrer Abtei ausführlich Heyen, Untersu-

chungen 28 ff.; Werner, Adelsfamilien 192 ff.) eine Tochter Irminas von Oeren sowie eines Hugobert gewesen sein soll, welchen man mit dem Vater Plektruds, der Gattin Pippins des Mittleren, gleichsetzt, für den verwandtschaftliche Beziehungen zu dem gleichnamigen Bischof von Tongeren-Maastricht vermutet werden (zu ihm Halbedel, Untersuchungen 21; Ewig, Trier 136; Hlawitschka, Vorfahren 75 f. Anm. 11), neuerdings durch Werner, Adelsfamilien 247 ff., Bedenken angemeldet werden, der Kirchenpatron von Nonnweiler also nicht, wie häufig geäußert, personengleich wäre mit dem Vater der Klostergründerin, so steht doch die besondere Hubertus-Verehrung im Kloster Pfalzel selbst außer Zweifel.

3) Zu ahd. *nunna* 'Nonne' vgl. Schützeichel, Wörterbuch 142, zur Flexion Braune/Eggers §§ 221. 225.

Ebenso zu deuten ist wohl das badische Nonnenweier, das 845 (F.) als *Nunnenwilre*, 1005 (F.) als *Nunnewilre* belegt ist (MG DD Lothar I Nr. 90; Parisse/Courtois, Chartes originales Bas-Rhin Nr. 67601. Zum Fälschungscharakter der Urkunden Wiegand, Straßburger Urkundenbuch I Nr. 25; ders., in: ZGORh. 48 (1892) 389-442; Fritz, in: ZGORh. 45 (1891) 663-674; Roehricht, in: Neues Archiv 17 (1892) 450).

4) Dieser ist sonst im 13./14. Jh. in der Regel bereits geschwunden, dazu ausführlich unter 4.3.

5) Vgl. Förstemann, Altdeutsches Namenbuch I 1172; Morlet, Noms de personne I 174 b; Müller, ONN II 71.

6) Kaufmann, Ergänzungsband 271.

7) Vgl. ausführlich zu diesen Appellativen Besch, Sprachlandschaften 102 f. mit Karte 15.

481.   **+Nonvillers**, Gde. Marthille, F, Moselle, Delme:

FlN: Nonvillers [1].

< *Nôdone-villâre* zum germ. PN *Nôtho*, *Nôdo* [2] mit romanischem Schwund von intervokalischem [d] [3].

1) Quellennachweis: Nap. Kat. Hinweise auf die Wüstung bei Haubrichs, Siedlung 24 Anm. 5. Eine genaue Parallele ist Nonvilliers (F, Eure-et-Loir; ±1280 *Nonvillare*, belegt bei Merlet, Dictionnaire 133).

2) Vgl. Förstemann, Altdeutsches Namenbuch I 1164; Morlet, Noms de personne I 173b; Jarnut, Studien 180; LMR 264. Zum Stamm *nauð-i-* siehe 5.1.1.134.

4) → 5.3.10.

482.   **+Noonweiler**, sw. Borg, Gde. Perl, D, Saarland, Merzig-Wadern:

FlN: Noonweiler [1].

< *Nôgen-wîlâri zum PN *Nôgo, Nôjo ² ? Ein Namenelement <nôg->, <nôh-> wird mit ahd. gi-nuog 'hinreichend, reichlich' ³ in Verbindung gebracht ⁴. Die Etymologie setzt den in den moselfränkischen Teilen des Untersuchungsgebietes gut möglichen ⁵ Erhalt von altem [ô] voraus.

1) Quellennachweis: Staerk, Wüstungen 306.
2) Förstemann, Altdeutsches Namenbuch I 1167.
3) Schützeichel, Wörterbuch 142.
4) → 5.1.1.137.
5) → 6.2.1.9.2.

483. **+Notewilre**, mutmaßliche Wüstung bei Maxstadt, F, Moselle, Grostenquin ¹:

Noto uuilre (875 F. 12. Jh. A.); Notuwilre (±970 F. 12. Jh. A.); Notuwillre (1139 K.18); Notewilre (1293 Or. < ±970 F. 12. Jh. A.) ².

< *Nôten-wîlâri zum PN Nôto ³, zum Stamm *nauð-i- ⁴.

1) Soweit ich sehe, ist die Identifizierung des zu einem größeren Komplex von Pertinenzen der in älterer Zeit dem Metzer Glossindenkloster unterstellten Pfarrei Maxstadt (*Mackestath cum conductu ecclesie et omnibus decimis pertinentiis suis scilicet Notewilre, Betenairt, Romelneuen, Hoxem, Lucelhouen, Barrexem*, zit. nach AD Mos H 4058-5) gehörenden *Notuwilre* mit Nousseviller-St. Nabor (sie wird u.a. von Bouteiller, Dictionnaire 190; RL II 783, und AT II 508 f. vertreten) allein von Hiegel, Dictionnaire 255 (allerdings ohne Angabe von Gründen), angezweifelt worden. Für die Annahme einer von Nousseviller verschiedenen Siedlung *Notweiler* in oder bei Maxstadt scheint mir zu sprechen, daß die in den Urkunden mitgenannten Orte, soweit identifizierbar, allesamt innerhalb eines nördlich von Maxstadt zwischen Biding, Barst und Host sich erstreckenden Waldgebietes zu suchen sind, wobei *Hoxem* mit Host, *Barrexem* mit Barst, *Romelneuen* mit einer im Bannbuch der Gemeinde Host als *Remelhoffen* aufscheinenden Wüstung (AD Mos 4 E 272 f° 24), *Lucelhouen* mit einem ebenfalls abgegangenen *Litzemhoffen* in der gleichen Gemarkung (AD Mos 4 E 272 f° 81v°) identisch ist. Bedenkt man zusätzlich, daß die Pfarrei Maxstadt mit ihren Annexen Biding und Barst von alters her zum Archipresbyterat Mörchingen gehörte (RL III 640), Nousseviller hingegen im späteren Mittelalter als Filiale von Tenteling im Archipresbyterat St. Arnual bezeugt ist (vgl. Haubrichs, Bliesgauische ONN I 64 f. mit Anm. 143), so wird man das alte *Notu wilre* wohl tatsächlich unweit des Pfarrsitzes suchen dürfen.
2) Quellennachweis: MG DD Ludwig d. Deutsche Nr. 168; AD Mos H 4058 Nrr. 3-5.
3) Förstemann, Altdeutsches Namenbuch I 1164; Morlet, Noms de personne I 173 b; LMR 264. Haubrichs, Bliesgauische ONN II 39 Anm. 288, stellt *Notu uuilre* zu einem stark flektierten PN *Notus*, den er für romanisch hält; dabei wäre *Notu uuilre* als *Noto-villare*, also als eine im Metzer Kloster gebildete romanische Doppelform

des deutschen Nußweiler zu lesen. Allerdings scheint mir die Wiedergabe des Grundwortes in deutscher Morphologie eher gegen eine solche Lösung zu sprechen.
4) → 5.1.1.134.

484. **Nothweiler**, VG Dahn, D, Rheinland-Pfalz, Pirmasens:

Nothweiler (1417 K.), 1681, 1776); Notwilr (16. Jh. Or.); Notwiler (1576 Or.).- Mda. *noodweile* ʳ ¹.

< *Nôten-wîlâri* zum PN *Nôto* ², zum Stamm **nauð-i-* ³.

1) Quellennachweis: Christmann, SNN I 428; LA Speyer B 2/144. 1 f° 3v°; Pfälz. Heimat 5 (1954) 91; Dolch/Greule 344.
2) So schon (mit Korrektur des Deutungsansatzes von Christmann (wie Anm. 1), der von einem stark flektierten PN ausgegangen war) Kaufmann, Pfälz. ONN 201. Belege für den PN u.a. bei Förstemann, Altdeutsches Namenbuch I 1164; Morlet, Noms de personne I 173 b; LMR 264.
3) → 5.1.1.134.

485. **+Nouleviller**, Gde. Flévy, F, Moselle, Vigy:

FlN: Nouleviller ¹.

< **Nôlo-vîllâre* zum PN *Nodalus* > **Nôlus*, den Morlet ² für romanisch hält ³.

1) Quellennachweis: Nap. Kat.
2) Morlet, Noms de personne II 81 b: "Le nom *Natale* par l'intermédiaire du bas-latin *Notale* a abouti à *Noël*". Zur phonetischen Erklärung vgl. Fouché II 456.
3) Vgl. aber den germ. Namenstamm **nauð-i-* (→ 5.1.1.134.).

486. **Nousseviller-Saint-Nabor**, F, Moselle, Forbach:

Nuswilre (1179 K.15, 1257 Or., 1269 Or., 1343 Or. u. ö.); Nosswilre (1302 Or., 1396 K., 1398 K:, 1431 Or. u.ö.); Noswilre (1361 K.); Noßwiller (1402 K.16); Noßwilr (1405 Or., 1431 Or., 1451 Or.); Nußwilr (1433 Or.); Nußwiller (1483 Or.); Noßwiler (±1494 Or.); Noßweiller (1708 Or.) - Mda. *nuswile*ʳ ¹.

< **Hnuz-wîlâri* zu ahd. **hnuz*, mhd. *nuz* 'Nuß(baum)' ². Die Belegreihe zeigt

zum Teil mitteldeutsche Senkung [u] > [o] ³.

1) Quellennachweis: BRW Nr. 21; LHA Kobl. 55 A 4 Nr. 262; PRZ Nr. 201 (vgl. Hennes, Urkundenbuch II Nr. 203); LHA Kobl. 1 A 5158; AD MM B 857 Nr. 1; BRW Nrr. 651. 667; LHA Kobl. 55 A 4 Nr. 341; Kirsch, Kollektorien 317; LA Sbr. Nass. Sbr. II Nrr. 209. 1172. 2443 f° 303. 3106 f° 2; LHA Kobl. 55 A 4 Nr. 354; AD MM B 857 Nr. 18; LHA Kobl. 55. 33 Nr. 728 f° 6r°; AD Mos E Dép. 601, 1 G 1.
2) Vgl. Kluge/Seebold 509; Lexer, Handwörterbuch II 126, vgl. Christmann, SNN I 430. Fernzuhalten ist der von Besler, ONN I 28; Vincent, France 154; Dauzat/Rostaing 502, und Morlet, Noms de personne III 419 a, herangezogene PN *Noto*; Hiegel, Dictionnaire 255, denkt an den PN *Nósso*, den er richtig als romanisierte Variante (mit [ds] > [ss], dazu Kapitel 5.2.) eines wfrk. *Nôd-s-o* (zum Stamm *nauđ-i-*,→5.1.1.134.) erkennt; allerdings ist altes [au] > [ô] im Mittelhochdeutschen und Neuhochdeutschen im allgemeinen erhalten (Paul/Wiehl/Grosse § 74, vgl. die Belege für den mit diesem PN komponierten SN +Nozzinwilare, Gde. Gomadingen, Kr. Reutlingen: 1137/38 K. *Nozzinwilare*, zitiert nach Reichardt, ONN-buch Reutlingen 98) und kann schwerlich durch die schon in den ältesten Quellen bezeugte Schreibung <u> markiert werden.
3) → 6.2.1.5.1.

487. **Nousseviller-lès-Bitche**, F, Moselle, Volmunster:

Nußwilre (? 1298 K.15, ? 1318 K. 15, 1451 Or.); Nuzswylre (1351 Or.); Nußweiller (1418 K., 1758 Or.). - Mda. *nuswile*ʳ ¹.

< *Hnuz-wilâri* ².

1) Quellennachweis: NRW Nr. 414 (vgl. JRS Nr. 792); NRH Nr. 194 (vgl. PRZ Nr. 509); AD MM B 572 Nr. 18; LHA Kobl. 23/18; StA Darmstadt D 21/B 4.14 f° 38r°; AD Mos Cartes et Plans Nr. 986-88. Mit Staerk, Wüstungen 308, können sich die ältesten Belege unter Umständen auch auf Nr. 492 beziehen.
2) Vgl. Nr. 486. Vgl. auch Förstemann, Altdeutsches Namenbuch II, 2 1772; Christmann, SNN I 430; Lerond, Vestiges 89. Der von Vincent, France 154; Dauzat/ Rostaing 502, und Morlet, Noms de personne III 419 a, vorgeschlagene, schwach flektierte PN *Not(t)o* scheidet aus. Zum PN *Nosso* (so Hiegel, Dictionnaire 255) siehe Nr. 486 Anm.2.

488. **+Noweiller**, Gde. Bibiche, F, Moselle, Bouzonville:

FlN: im No Weiller (1575 K.17) ¹.

< *(bî dem) niuwen wîler* ².

1) Quellennachweis: AD Mos H 684 Nr. 4 f° 3 ff.
2) Vgl. Nr. 453. Zur Wiedergabe von ahd. *niuwe* als /nau/ oder /nu/, hier verschriftet als <o>, im Raum Bouzonville vgl. Will, Sprachgeschichte 70 Karte 7; ALLG.

489. **+Nuefvilleir**, Gde. Donnelay, F, Moselle, Vic-sur-Seille:

La grange ceas Nuefwiller que ast a Donneris (1273 Or.); la Nueueuille (1273 K.14); Nuefvilleir (1345 K.14)[1].

< *(ad) novum vîllâre(m)* [2].

1) Quellennachweis: Depoux, Seigneurie 648; AD Meuse B 256 f° 201r°; BN Paris ms. lat. 10024 f° 46r°.
2) Es handelt sich augenscheinlich um einen Hof der Abtei Neuwiller bei Saverne, der nach dem Klosternamen benannt ist. Zum Besitz dieses Klosters in Donnelay vgl. RL III 227 f. Für das Jahr 1757 ist, offensichtlich für das gleiche Objekt, der Name *Villerquin* überliefert (AD Mos G 278).

490. **Nünschweiler**, VG Thaleischweiler-Fröschen, D, Rheinland-Pfalz, Pirmasens:

Ninschweiler (1259 K.17); Ninneswilre (1296 Or.); Nendeswylre (1304 Or.); Nenenswilre (1309 Or.); Nenneßwilr (1373 K.15, 1425 K.15, 1427 K.15 u.ö.); Nenßwilr (1389 Or., 1447 Or., 1454 Or. u.ö.); Nynschwylre (1411 K.); Nenswilr (1412 Or.); Nenßwilre (1414 Or.); Nenswiller (1417 K.); Nynßwilr (1460 Or.); Nynswilre (1468 Or.); Nynßwiller (1485 Or., 1490 Or. u.ö.); Nunßweiller (1535 Or.).- Mda. *ninschwile*[r][1].

< *Nandînes-wîlâri* zum PN *Nandîn*[2], mit *-în*-Suffix[3] zum Stamm **nanþ-a-*[4]. Im SN zeigt sich Umlaut des Stammvokals [a] > [e] vor folgendem [i][5]; vor [i]-haltigem Grundwort tritt weitere Assimilation zu [i] ein[6]. Vorausgegangen war dabei eine Assimilation der Konsonantengruppen [nd] > [nn], [n] und [ns] > [s] bzw. [ʃ] vor folgendem [w][7]. Heutiges [ü] des amtlichen Namens ist hyperkorrekt für gesprochenes [i][8].

1) Quellennachweis: Buttmann, in: Westpfälz. Geschichtsblätter 16 (1912) 22; PRZ Nr. 374 (vgl. NRH Nr. 151; Pöhlmann, Bliesgau 112); Mone, in: ZGORh. 14 (1862) 61; Glasschröder, Urkunden Nr. 709 (vgl. NRH Nr. 171); Böhn, Kopialbuch, Nrr. 17. 179. 191; Mötsch, Regesten II Nr. 2354; HStA München, Rheinpfälz. Urk. Nrr. 4187. 4730; Pöhlmann, Bitsch Nr. 32; HStA Wiesbaden 147/27; LA Sbr. Dagstuhl Nr. 31; Pöhlmann, Gräfinthal Nr. 21; HStA München, Rheinpfälz. Urkunden Nr.

4142; NRH Nr. 435; AD MM H 2482; HStA München, Rheinpfälz. Urkunden Nr. 4092; NRH Nr. 804; Christmann, SNN I 428; Dolch/Greule 344.
2) Förstemann, Altdeutsches Namenbuch I 1149. 1152. Vgl. Christmann, SNN I 428; Kaufmann, Pfälz. ONN 201.
3) → 5.2.
4) → 5.1.1.132.
5) → 6.2.1.1.
6) Christmann, SNN I 428, erklärt diese Vokalerhöhung aus der Ortsmundart, die vor folgendem Nasal generell [i] statt [e] hat.
7) Zu den Verhältnissen in der Wortfuge siehe Kapitel 4.3.
8) Vgl. Kaufmann, Pfälz. ONN 201; ausführlicher unter 6.2.1.8.

491. **+Nuhweiler**, Gde. Wadern, OT Lockweiler, D, Saarland, Merzig-Wadern:

Nuwilre (1311 K.16, 1368 Or.); ? ac villam meam Wilre (1333 Or.); ? ... vesten Schwarzenberg mit den dorffern Mettenich Krettenich Einwilre Wilre (1379 K.); Nohweiler (1426 K., 1631, 1651 u.ö.); Nuwiler by Krettenich (1440 Or.); Noweiler (1720); Nauweiller (1755).
FlN: den walt der da Welre genant wird (1264 K.)¹.

< *(bi dem) niuwen wiler ².

1) Quellennachweis: TUH I Nr. 150; LHA Kobl. 1 A Nr. 4769; LHA Kobl. 54 S 8; Mötsch, Regesten I Nr. 1417; AD MM E 133; Staerk, Wüstungen 307; TUH II Nr. 278; Hoppstädter, in: ZGSG 6/7 (1956/57) 64; Staerk, Wüstungen 307; LHA Kobl. 54 S 721 Nr. 5. Die Zuordnung der villa der Herren von Schwarzenberg, die in unmittelbarer Nähe der Burg dieses Geschlechts in Lockweiler gesucht werden muß, zu Nuhweiler (bzw. zu einem älteren "einfachen" Wilari, als dessen Ausbauort wir den heutigen Hof Nuhweiler sehen müßten), bietet sich von der Lage her an, wenngleich sie natürlich nicht völlig zu sichern ist.
2) Zur Entwicklung dieses Paradigmas im moselfränkischen Raum des Untersuchungsgebietes siehe ausführlich unter 6.2.1.11.

+Nunnenweiler, bei Obergailbach: → Nr. 27.

Nunwilre (1330 Or.): → Nr. 480.

492. **+Nussweiler**, w. Ommersheim, Gde. Mandelbachtal, D, Saarland, Saar-Pfalz-Kreis:

? Nußwilre (1298 K. 15, 1318 K.15); Nußweiler uf Omersheimerbann (1456

385

K.).
FINN: Nussweiler, Nussweilerweg [1].

< *Hnuz-wilâri 'Weiler bei den Nußbäumen' [2].

1) Quellennachweis: NRW Nr. 414 (vgl. JRS Nr. 792); NRH Nr. 194 (vgl. PRZ Nr. 509); LA Sbr. Nass. Sbr. II Nr. 2451 f° 284; Staerk, Wüstungen 308 f. Die ältesten, von Staerk mit Vorbehalt hierher gestellten Belege gehören vielleicht eher zu Nr. 487. Sicher auf Nousseviller bei Forbach (Nr. 486) bezieht sich die von Staerk erwähnte Verpfändung eines Lehens in Nußweiler und Büdingen an die Abtei Wadgassen (JRS Nr. 1899; BRW Nr. 613).

2) Vgl. Nr. 486, daneben auch Christmann, SNN I 430. Die Deutung wird in diesem Fall durch die Beobachtung gestützt, daß die Wüstung innerhalb eines größeren Komplexes von orientierten bzw. schematischen SNN, wohl Indikatoren eines alten Fiskalbezirkes, angesiedelt war, der sich besonders durch die Verwendung von Baum- und Pflanzennamen im Bestimmungswort auszeichnet; vgl. zu dieser Serie, aus der man meines Erachtens allerdings den SN Aßweiler (Nr. 31) ausklammern muß, ausführlich Haubrichs, Bliesgauische ONN II 28, mit Anm. 257.

493. **+Obereiweiler**, Gde. Nohfelden, OT Eiweiler, D, Saarland, St. Wendel:

Obereyweyler (1634) [1].

Ausbauort zu Nr. 169.

1) Quellennachweis: Staerk, Wüstungen 300.

494. **+Oberelzweiler**, unweit Elzweiler, VG Altenglan D, Rheinland-Pfalz, Kusel:

Eine alte Hofstadt so Ober-Eltzweiler geheißen, hat gelegen im Eltzweiler grundt hart vor dem Hermesberg, man weiß aber den ort nit eigentlich, wo es gestanden hat (1595) [1].

Vgl. Nr. 172.

1) Quellennachweis: Christmann, SNN II 412.

495. **Oberlinxweiler**, Stadt St. Wendel, D, Saarland, St. Wendel:

Oberlinxwilre (1321 K., 1387 K.); Oberlenxwilr (1404 K.16, 1467 K. 16 u.ö.); Oberlenxwiler (1441 Or.); Oberlinxwilr (1442 K.16, 1478 Or., 1487 K.16 u.ö.); Oberlenxwilre (1448 Or., 1481 Or.); Oberlenxwiller (1495 K.16); Oberlynxwiller (±1500 K.); Ober und Nider Linxwiller (1537 Or.); Ober Linxweiller (1542 Or.)[1].

Vgl. Nr. 389.

1) Quellennachweis: LA Sbr. Nass.-Sbr. II Nr. 2767 f° 11; JRS Nr. 1484; LA Sbr. Nass.-Sbr. II Nr. 2768 f° 45, Nr. 5404 f° 90; LHA Kobl. 54 R 170; LA Sbr. Nass.-Sbr. II Nr. 2768 f° 57v°, Nr. 3033 f° 352, Nr. 2768 f° 47, Nr. 2736 f° 2, Nr. 2768 f° 4, Nr. 5404 f° 218v°; LA Sbr. Neumünster Nr. 110 f° 27; Fürst, Einwohnerverzeichnisse 5. 25.

496. **+Oberlockweiler**, Gde. Wadern, OT Lockweiler, D, Saarland, Merzig-Wadern:

uillam dictam Sup[er]i[us] Locwilre (1264 Or.)[1].

Vgl. Nr. 391.

1) Quellennachweis: LHA Kobl. 54 S 722 (vgl. MRR III Nr. 1947; Jungandreas, Lexikon 617; Staerk, Wüstungen 310).

497. **+Oberraßweiler**, Gde. Illingen, OT Hüttigweiler, D, Saarland, Neunkirchen:

zu Hytichwilre zu Raswilre zu Ob[er]n Raszwilre (1344 K.14); Oberraßwilre (1539)[1].

Vgl. Nr. 534.

1) Quellennachweis: Engel, Hüttigweiler 43; Staerk, Wüstungen 311.

Obersweiler (1596 Or. u. ö. als Ort der Vogtei St. Nabor/St. Avold): → Nr. 520.

498. **+Obervillers**, Gde. Brouderdorff, F, Moselle, Sarrebourg [1]:

vff Obernwilr (vor 1241 K.14); Wilre inferior et superior (1457/77 K.17). FlNN: vnden an Vrwyller (1573 Or.); vnden an Vrwiller (1582 Or.); au lieu appellé dans Lvrwiller thalle (1717 Or.); préz en Vrwiller thal (1720 Or.); Urweiler thal, Obervillers [2].

< *(bî dem) oberen wîler [3]. "Gegenstück" ist Niderviller (Nr. 467).

1) Nach RL III 804, eine um die Mitte des 19. Jhs. unweit des alten, längst wüst gefallenen *Urweiler* neu errichtete Hofsiedlung. Hinweise auf die Wüstung auch bei Langenbeck, Wüstungen 109.
2) Quellennachweis: AD MM B 693 Nr. 1 f° 2 v° (vgl. Châtelain, Vasallenverzeichnis 32; JRS Nr. 335); AD Meuse 4 H 110 Nr. 112 (vgl. Dorvaux, Pouillés 31); AD Mos 8 F 5, 1 f° 39v°; AD Mos 8 F 5, 2 f° 38v°; AD Mos J 1716 Nr. 2 f° 5r°; AD Mos J 1716 Nr. 4 f° 4r°; Nap. Kat. Niderviller; Hiegel, Dictionnaire 257.
3) Zu ahd. *obaro*, mhd. *ober* vgl. Graff, Sprachschatz I 81; Lexer, Handwörterbuch II 132.

499. **Oberweiler**, VG Wolfstein, OT Oberweiler-Tiefenbach, D, Rheinland-Pfalz, Kusel:

Oberweiler (1290 K., 1296 K.); Oberweiller (1565 Or.); Oberwiller (1578 Or.).- Mda. *owe'wiler* [1].

< *(bî dem) oberen wîler [2].

1) Quellennachweis: Glasschröder, Urkunden Nr. 575; LA Speyer F 1/ 114 a f° 469; HStA München III, Kasten blau 390/1 b f° 23; LA Speyer B 2/304. 3 f° 4; Christmann, SNN I 441; Dolch/Greule 354.
2) Vgl. Nr. 498. Mit Christmann (wie Anm. 1) erfolgte die Benennung als Gegensatzbildung zum nahegelegenen Lohnweiler (Nr.392).

500. **Oberweiler im Tal**, VG Wolfstein, D, Rheinland-Pfalz, Kusel:

Oberwiller (1290 Or., 1512 Or.); Oberwilre (14. Jh. 2. H. Or., 1393 K.); Oberwyler (1451 Or.); Oberwiler (1451 K., 1515 Or.); Oberweiler (1588 Or.).- Mda. *owe'wiler* [1].

< *(bî dem) oberen wîler [2].

1) Quellennachweis: GLA Karlruhe, Sammlung Kremer-Lamey 28 Nr. 385; Weizsäcker/Kiefer, Weistümer 468; LA Speyer F 2/148 f° 116v°; Acta Academiae Theodoro Palatinae IV 397; Glasschröder, Neue Urkunden Nr. 341; Glasschröder, Urkunden Nr. 638; Fabricius, Güterverzeichnisse 49; Fabricius, Veldenz I 74; Christmann, SNN I 441; Dolch/Greule 354.
2) Vgl. Nr. 498. Mit Christmann (wie Anm. 1) hebt der adjektivische Zusatz den SN ab vom tiefer gelegenen Nachbarort Hinzweiler (Nr. 317).

501. **+Oberweiler**, Gde. Beckingen, OT Düppenweiler, D, Saarland, Merzig-Wadern:

Oberwyler (1460 K. 15); Oberwiller (1555 Or.); Dippweiler, Nieder und Oberweiler (1563); zu Ober vnnd nider döppenweiler (1599 Or.); Ober und Niederdüppenweiler (1651) [1].

< *(bi dem) oberen wiler* [2].

1) Quellennachweis: BRW Nr. 814; AD MM B 895 Nr. 75; StA Trier V 32; Staerk, Wüstungen 313.
2) Vgl. Nr. 498. Zusammen mit dem Pendant Niederweiler (Nr. 471) einer der Siedlungskerne, aus denen sich das heutige Düppenweiler (Nr. 154) entwickelte.

+Oberweiler, Gde. Cocheren, F, Moselle, Forbach: im Bannbuch des Jahres 1696 genannt (AD Mos 4 E 106), vermutlich identisch mit Nr. 322.

502. **+Oberweiler**, Gde. Willerwald, F, Moselle, Sarralbe [1]:

Oberwilre (1457 K.16); Oberwiler (±1494 Or., 1534 K.16); Oberwiller (1524 K.16) [2].

< *(bi dem) oberen wiler* [3].

1) Zusammen mit +Niederweiler (Nr. 472) Teil der auch Albweiler (Nr. 8) genannten Vorgängersiedlung des heutigen Willerwald (Nr. 768).
2) Quellen wie Nr. 8 Anm. 1.
3) Vgl. Nr. 498.

Oderswilre (1322 Or. u. ö.): → Nr. 160.

Odeswilre (12. Jh. A. Or.): → Nr. 512.

Odono uilare (847 K. 9): → Nr. 511.

Ödweiler, alter Name für Wustweiler (Staerk, Wüstungen 305).

503. **+Oeschweiler**, Gde. Tholey, OT Theley, D, Saarland, St. Wendel:

Oetzweiler (1537, 1539).
FlN: Oschweiler < *Öschweiler [1].

< *Ausînes-wîlâri zum PN *Ausîn [2] ? Umlaut [3] und Assimilation von [ns] > [s] und [s - s] > [s] bzw. [ʃ] vor folgendem [w] [4] würden in diesem Fall zur heutigen Lautung führen.

1) Quellennachweis: Bongartz, in: ZGSG 15 (1965) 36. 47; Engel, Theley 63. 83; Staerk, Wüstungen 317; ebd. genaue Lokalisierungshinweise.
2) Mit n-Suffix zum Stamm *aus-, dazu 5.1.1.21.
3) → 4.3.

504. **+Offweiler**, heute Offweilerhof, VG Zweibrücken-Land, OT Contwig, D, Rheinland-Pfalz, Pirmasens:

Offweiler (1302 K., 1306 K., 1439 K., 1448 K., 1477 K. u.ö.); Offewilr (1381 Or.); Offwiller (1382 Or.); Offwilr (1410/59 Or.); Offwyler (1485 Or., 1535 Or.); Offweilerhof genannt Oberstenhof (1824) [1].

< *Offen-wîlâri zu einem nicht sicher gedeuteten [2] PN Offo [3].

1) Quellennachweis: Buttmann, in: Westpfälz. Geschichtsblätter 16 (1912) 22. 29; HStA München, Rheinpfälz. Urk. Nr. 1270; Pfälz. Wörterbuch V 233; LA Speyer F 1/119 a f° 34v°; LA Speyer B 3/285 f° 60; LA Speyer B 3/294 f° 14v°; Kolb, Verzeichnis 14; Christmann, SNN I 448; Dolch/Greule 358.
2) Vgl. Kaufmann, Ergänzungsband 364.
3) Förstemann, Altdeutsches Namenbuch I 1474; Morlet, Noms de personne I 177 a, vgl. Christmann, SNN I 448. Sehr viel besser belegt sind zum gleichen PN etwa Offwiller (F, BR, Niederbronn-les-Bains): 12 Jh. *Offewilre*, 1290 *Offwilr*, 1381, 1405, 1438 u.ö. *Offwilre* (Belege nach Perrin, Seigneurie 728; Morlet, Noms de personne III 422; NRH Nrn. 308. 387; HRS Nr. 702) oder das häufig mit Fenneviller (Nr. 202) identifizierte, tatsächlich aber in Enfonville (F, Hte. Marne, Bourbonne-les-Bains) zu suchende *monasterium Offonis ville* des Touler Bischofs Leudoinus Bodo.

505. **Ogéviller**, F, Meurthe-et-Moselle, Blâmont:

Ogeivilla (1125 Or.); Ogeiviler (1147/54 K.); Ogeviler (1150/52 K.17, 1175 Or.); Ogerii uillare (1153 K.14); Ogeiviller (1174 Or.); Ogevilley (1193 K.17); Ogieviller (1291 Or., 1393 K.15, 1436 K.15, 1453 Or., 1460 Or., 1468 K.15 u.ö.); Ougieviller (1311 Or., 1410 K.15, 1470 K.15, 1473 Or.); Ogiuiller (1332 Or., 1407 Or.); Ogieruiller (1339 Or.); Ogievilleir (1343 Or.); Ougevillay (1364 Or.); Ongreuilleir < *Ougieuilleir (1364 Or., 1398/1408 Or.); Ogeuiller (1394 Or.); Ougievillari (1400 Or.); Ogivile (1408 Or.); Ogevillers (1426 Or.- Mda. *ōǐyœvle¹* ¹.

Da der in allgemeinfranzösischer Entwicklung in Einzelfällen, in der lothringischen Skripta regelmäßig zu beobachtende Ausfall von vorkonsonantischem [r] ² kaum bereits für das beginnende 12. Jh. anzunehmen sein dürfte, der SN jedoch bereits 1125 (Or.) als *Ogeivilla* bezeugt ist, ist der zunächst sich anbietende germ. PN *Auda-gair* ³ wohl fernzuhalten; bei → *Ogerii uillare* (1153 K.14) dürften kopiale Retuschen im Spiel sein. Wahrscheinlicher ist, da [s] vor stimmhaftem Konsonant schon um die Mitte des 11 Jh. verstummt ⁴, eine Grundform *Audgiso-villâre* zum PN *Auda-gis* , dessen Zweitglied im Ostfranzösischen als <ges-> wiedergegeben werden kann ⁶. Als Graphie für unter dem Nebenton regelhaftes [ę] interpretiere ich <ei> (mit sog. "parasitischem" <i> ⁷, → *Ogeivilla* (1125)) und <e> (→ *Ogeviler* (1175)). Diphthongisches <ie> dürfte durch den vorausgehenden Palatal bedingt sein ⁸, möglicherweise in Analogie zur Entwicklung des häufigen Namengliedes <-garius>.
Lothringisch ist die Schließung von vortonigem [o] > [u] vor Palatal (→ *Ougieuiller*) ⁹, die sich allerdings im heutigen Namen nicht durchgesetzt hat.

1) Quellennachweis: Pflugk-Harttung, Acta I Nr. 144; Erpelding, Salm Nr. 2; Parisse, Etienne Nr. 84; Parisse, Thierri Nr. 50; Meinert, Papsturkunden I Nr. 60; AD MM H 630; Chatton, St. Sauveur XXIII; Wailly, Notice Nr. 311; AD Mos G 5 f° 24; AD Mos G 7 f° 25; AD Mos G 156-1; LA Sbr. Helmstatt Urk. Nr. 136; AD Mos G 8 f° 67; AD MM B 574 Nr. 53; AD Mos G 5 f° 165; HRS Nr. 1205; AD Mos 24 J 97; AD MM B 574 Nr. 87; HRS Nr. 759; AD MM B 574 Nr. 94; Schmitz, Salm Nr. 49; Albrecht, Urkundenbuch II Nrr. 7a, 7b. 770; Servais, Annales II 474; Boudet, in: BSPV 51 (1925) 252; HRS Nr. 766; DHV VIII 73; Callais, Mundart 310.
2) Vgl. Pope § 396: "In later Old and Middle French prae-consonantal r often became fricative and was assimilated to the following consonant or effaced"; lothringische Beispiele unter 6.1.2.1.4.
3) Vgl. Förstemann, Altdeutsches Namenbuch I 193; Morlet, Noms de personne I 43; Drevin, Sprachelemente 26; LMR 228; zum afrz. PN *Ogier* auch Stoering PNN 193. Mit Hilfe dieses PN wird der SN u.a. bei Morlet, Noms de personne III 234; Vincent, France 185; Dauzat/Rostaing 505; Gröhler, Ursprung II 299; Longnon, Noms de lieu

	259, und Buchmüller-Pfaff, SNN 45, gedeutet.
4)	Vgl. Rheinfelder § 557; Pope § 377; Wolf Hupka § 81; Schwan Behrens § 129; Bourciez § 157.
5)	Namenbeispiele bei Förstemann, Altdeutsches Namenbuch I 194; Morlet, Noms de personne I 44; Jarnut, Studien 62; Bruckner, Sprache 228. Zu diesem PN stellt sich auch der SN Auchécourt (Gde. Mécringes, F, Marne: *Ogicourt* (±1220), *Ogicourt* (1252), Belege nach Longnon, Dictionnaire 8).
6)	Vgl. (mit eindeutigen Belegen) Nr. 211. Zur Assimilation des Dentals an folgendes [g] vgl. Rheinfelder § 552.
7)	→ 6.1.1.8.
8)	<-*garius*> zeigt als Zweitglied von PNN die regelhafte Entwicklung von Palatal +[a] > [ie]; in analogischer Übertragung findet sich diese Entwicklung bisweilen auch dann, wenn das Zweitglied des PN als Bestimmungswort von SNN nebentonig wird.
9)	Vgl. Stark, Untersuchungen 107.

Onewiler (1478 K.), bei Mettnich: → Nr. 169.

Onewilre (1180 K. u. ö.): → Nr. 340.

Ongrevilleir (1364 Or. u. ö.): → Nr. 505.

506. **+Opweiler**, Gde. Weiskirchen, OT Konfeld, D, Saarland, Merzig-Wadern:

FINN: von einer weiden genannt Opwiller (1546 Or.); zu Opweiler (1570) [1].

Bestimmungswort ist mfrk. *up/op* '(hin)auf' [2]. "Pendant" ist Nr. 474.

1)	Quellennachweis: AD BR E 5576 ff° 10r°. 13r° u.ö.; Staerk, Wüstungen 316.
2)	Dazu ausführlich Klappenbach, Urkundensprache 341 f.; Franck/Schützeichel § 86; Schützeichel, Lautverschiebung 116 ff.; ders., Grundlagen 286 f.; ders., Mundart 149 ff.. "Südliches *uf* mag aus *up(pe)* und (ahd. mhd.) *ûf* kontaminiert sein, zumal in der Unbetontheit leicht Kürzung eintreten konnte". Zur Verbreitung der Formen "bis heute im Ribuarischen, in großen Teilen des westlichen Moselfränkischen und bis ins östliche Moselfränkische hinein" (Schützeichel, Grundlagen 286) vgl. DSA Karte Nr. 128, danach Schützeichel, Mundart 150 Karte Nr. 22.

507. **Ormersviller**, F, Moselle, Volmunster:

Ormeswilre (1271 K.14, 1304 Or., 1311 Or., 1314 Or., 1328 Or., 1329 Or., 1330 Or., 1333 Or., 1338 Or., 1456 Or. u.ö.); Ormeswiler (1329 Or.);

Ormswilre (1350 Or.); Ormeßweiller (1594 K.17); Ormerßweyler (1559 K.17); Ormesviller (1833) [1].

Da der auslautende Liquid des PN-Zweitgliedes früh dissimiliert sein kann [2], ist der SN wohl tatsächlich mit Dauzat/Rostaing und Morlet [3] zum PN *Aurmar* [4] zu stellen, wobei das Erstglied des PN zu einem noch nicht hinreichend geklärten Element <aur-> [5], das Zweitglied zum Stamm *mêr-a-* gehört. Nicht ganz auszuschließen ist auch der (allerdings selten bezeugte) PN *Aurman* [6], die r-haltigen Formen des PN-Zweitgliedes wären in diesem Falle als vervollständigende Schreibungen zu interpretieren.

1) Quellennachweis: BN Paris ms. lat. 10024 f° 32r°; PRZ Nr. 449; HStA München, Rheinpfälz. Urkunden Nrr. 1197 f. 1205. 1215; NRH Nr. 212; NRW Nr. 215; BRW Nr. 452 (vgl. PRZ Nr. 561); HStA München, Rheinpfälz. Urkunden Nr. 2964; NRH Nr. 409; HStA München, Rheinpfälz. Urkunden Nr. 1216; PRV Nr. 209; Alix 141; AD MM B 572 Nr. 5; AD Mos 2 T 196.
2) Vgl. Paul/Wiehl/Grosse § 106; zu dieser Erscheinung bei dem ganz in der Nähe gelegenen und wohl ebenso abzuleitenden Ormesheim bei St. Ingbert auch Kaufmann, Pfälz. ONN 217.
3) Dauzat/Rostaing 511; Morlet, Noms de personne III 239 a. Irreführend ist Hiegel, Dictionnaire 261 ("*Aurmarus... changé en Urmarus... et Ormo*"; der Hinweis auf den schwach flektierten Kurznamen ist zu streichen).
4) Förstemann, Altdeutsches Namenbuch I 210.
5) Vgl. Kaufmann, Ergänzungsband 47.
6) Belege wie Anm. 4. Zum Namenelement *mann-ϕ* siehe 5.1.1.122.

508. +**Ortsweiler**, w. Niederbexbach, Stadt Bexbach, D, Saarland, Saar-Pfalz-Kreis:

FlN: ein Schachen Walds zu Ortsweiler (1547 K.16); Oresweiller < *Ortsweiller wiese (1563 K.18); Bei Ottsweiler (1846); Ortsweiler (1961) [1].

< *Ortes-wîlâri* zum PN *Ort* [2], zu ahd. *ort* 'Spitze (des Schwertes und Speeres)' [3]. Der Beleg → *Ottsweiler* zeigt Assimilation [rt] > [tt].

1) Quellennachweis: Kampfmann, Beiträge 57; Stella, zit. (wie das folgende) nach Staerk, Wüstungen 320. Vgl. auch Christmann, SNN I 458; Häberle, Wüstungen 149. 179.
2) Förstemann, Altdeutsches Namenbuch I 1180.
3) Schützeichel, Wörterbuch 144; vgl. Kaufmann, Ergänzungsband 276.

509. **+Orvillers**, Gde. Crevéchamps, F, Meurthe-et-Moselle, Haroué:

Orvillaris (1109 K.15); ecclesia de Vrvillare (1127/68 Or.); Orvilare (1213 Or.).
FlN: Orvillers [1].

< *Urso-vîllâre* zum lateinischen PN *Ursus* [2].

1) Quellennachweis: DHV X 15; AD MM H 103; Nap. Kat. Hinweise auf die Wüstung geben auch die bei Lepage, Dictionnaire 71. 105, genannten Bachnamen *Hurviller* bzw. *L'Orvillé* in den Gden. Benney und Lemainville (F, MM, Haroué).
2) → 5.1.2.29. Zum gleichen PN gehören auch Orvilliers (F, Yvelines: 9. Jh. *Ursvillare*, ±1250 *Orvillers*); Orvillers (F, Oise: 1105 *Ursum villare*); St. Leonard (Gde. Germignonville, F, Eure-et-Loir: ±954 K. *Ursus Villare*, 1297 *Orvillier*, 1617 *Ourvillier-Saint-Lienard*); Orvilliers (F, Aube: 1184 *Orviler*, 1204 *Orvilers*); Urvillers (F, Aisne: 1140 *Ursvillare*, 1147 *Urvileir*). Belege nach Morlet, Noms de personne III 200; Lambert, Dictionnaire 411; Merlet, Dictionnaire 166; Socard, Dictionnaire 115.

+Orwilre, bei Bierfeld: → Nr. 626.

Oschweiler, FlN bei Theley: → Nr. 503.

Osenviller (12. Jh. u. ö.): → Nr. 40.

Oswilre (1241 Or., vgl. Ausfeld, Fraulautern Nr. 23; JRS Nr. 340: Die Abtei Fraulautern erwirbt einen Hof am Pfad nach O. von Becelin von Bedersdorf): gelegentlich als Wüstung im Raum Ittersdorf/Saarlouis zitiert, vermutlich jedoch identisch mit Nr. 191.

510. **Ottweiler**, D, Saarland, Neunkirchen:

in quondam villare quod est aspiciens ad villam que dicitur Vuibilischirica (893 K.); ? Othuuilere (1104 K.); Otwilre (? 1239 Or., 1378 Or., < 1381 K., 1385 Or., 1454 Or., 1455 Or. u.ö.); Ottwilre (1309 K., 1321 K., 1410 Or., 1426 Or., 1437 Or., 1445 Or., 1448 Or. u.ö.); Othwylr (1382 Or.); Ottevilre (±1385 Or.); Ottewilr (1393 Or., 1395 Or.); Otwilr (1412 Or., 1422 Or., 1437 Or., 1438 Or., 1441 Or., 1459 Or., 1470 Or.); Ottwiler (1424 Or., 1471 Or., 1472 Or., 1486 Or.); Ottwilr (1436 Or., 1464 Or., 1466 Or., 1471 Or.); Otwyler (1451/52 Or.); Otwiler (1463 Or., 1470 Or.); Ottwiller (1468

Or., 1480 Or., 1494 Or., 1549 Or. u.ö.); Ottweiler (1552 Or.) - Mda. *otwile^r* ¹.

< **Otten-wîlâri* zum PN *Otto* ², zum Stamm **auð-a-* ³ mit verschärftem und geminiertem Dental.

1) Quellennachweis: MRhUB I Nr. 134; Gysseling, Woordenboek 778 (danach Jungandreas, Lexikon 780); Schmitz-Kallenberg, Urkunden Nr. 11 f. (vgl. Parisse, in: Annales de l'Est 24, 153); Schmitz, Kallenberg, Urkunden Nr. 624; JRS Nr. 1919; Mötsch, Regesten II Nr. 2172; LA Sbr. Nass.-Sbr. II Nr. 2945 f° 1; LHA Kobl. 54 R 168; LHA Kobl. 55 A 4 Nr. 344; LA Sbr. Nass.-Sbr. II Nr. 3033 f° 97. Nr. 2767 ff° 16v°. 24r°. Nr. 5550. Nr. 3109 f° 2 Nr. 2805 f° 20. Nr.6633; HRS Nr. 519; LA Sbr. Neumünster Nr. 114; PRZ Nr. 1001; LA Sbr. Nass.-Sbr. II Nr. 62. Nr. 1174. Nr. 3033 f° 152v°. Nr. 5626. Nr. 2261 f° 375; LA Sbr. Neumünster Nr. 25. Nr. 105 f° 19 f.; LA Sbr. Nass.-Sbr. II Nr. 3033 f° 237; BRW Nr. 719; LA Sbr. Nass.-Sbr. II Nr. 3033 f° 277. Nr. 2266 f° 83; LA Sbr. Neumünster Nr. 26; LA Sbr. Nass.-Sbr. II Nrr. 188. 20. 296. 6634. 2266 f° 29; AD MM B 10195 f° 27r°; AD Mos 10 F 630; LA Sbr. Nass.-Sbr. II Nr. 1060. Nr. 4942 f° 4. Nr. 329. Nr. 338; LA Sbr. Neumünster Nr. 32 f.
2) Förstemann, Altdeutsches Namenbuch I 186 (erstmals 744 in St. Galler Überlieferung, "später überall oft". Müller, ONN II 70, denkt auf Grund von Fehlzuweisungen alter Belege, die richtig zu Nr. 358 gehören, an den PN *Ado*.
3) → 5.1.1.19.

511. **Ottwiller**, F, Bas-Rhin, Drulingen:

in pago Saroinse in Audoneuillare (705/06 K.9); in uilla Auduninse (706/07 K.9); Auduuine uel Erialdo uilleri (721 K.9); Odono uilare (847 K.9); Otwilre (1327 Or.); Odewilre (1337 Or., 1361 K.); Odewiller (1348 K.15); Ottweiler (1381/97 K.16, 1509 K.16 u.ö.); Ottwiller (1425); Otwiler (1456 Or., 1510); Odwiller (1570 Or. u.ö.).- Mda. "Otwiller" ¹.

< **Ôden-wîlâri* zum germ. PN *Audo* > *Ôdo* ², der hier, wie eine frühe Urkunde (→ 721 *Auduuine uel Erialdo uilleri*) nahelegt, als umgangssprachliche Variante des westfränkischen Vollnamens *Audoin* ³ aufzufassen ist. Nur einmal läßt sich im Jahr 721 - bezogen auf den Namen eines *Audoin* im Besitz des Ortes nachfolgenden Verwandten, eventuell auch eines ortsansässigen Verwalters des Gundoinenbesitzes - eine mit Hilfe des PN *Eriald* ⁴ gebildete frühe Variante des SN fassen. Trotz der vor allem von Bergh ⁵ geäußerten Zweifel dürfte sich die Zuordnung des nicht seltenen westfränkischen Nameselementes <eri-> ⁶ zum Namenstamm **har-ja-* > wfrk.-rom. <haire-> ⁷ (dann mit romanischem Verlust des anlautenden [h] ⁸),

wie sie schon Förstemann vorgeschlagen hat, aufrecht erhalten lassen. Insbesondere Graphien wie <(h)airi-> neben <(h)aire-> [9] scheinen mir wahrscheinlich zu machen, daß hier - sicherlich unter Einfluß spätlateinischer Schreibgewohnheiten - [e] als <i> geschrieben werden konnte [10]. Der PN *Eriald* wäre damit als westfränkische Variante eines germ. **Hari→wald* [11] aufzufassen.

1) Quellennachweis: DTW Nrr. 228 f. 243. 200; HRS Nrr. 238. 302; Kirsch, Kollektorien 316; HRS Nrr. 392. 1917. 1647; MSAL 9 (1867) 161; HRS Nr. 1080; Klein, Gültbuch 219; AD BR E 5133 Nr. 9; RL III 822.

   In der älteren Literatur werden immer wieder Belege, die sich auf das ebenfalls zu den Besitzungen der Weißenburger Gründersippen zu rechnende Einville-au-Jard (F, MM, Lunéville-Nord) beziehen, mit solchen für Ottwiller, zum Teil auch für Audviller an der Albe (Nr. 35), vermischt. Einville geht zwar auf einen gleichnamigen Eponymen zurück, wird in den Urkunden jedoch von dem Saargau-Ort deutlich durch die Lageangabe *super fluuio Cernuni* unterschieden; vgl. zur Identifizierung der auf Ottwiller bezüglichen Belege besonders Harster, Güterbesitz I 77; Cuny, Reformation I 45 Anm. 1; Pfleger, Pfarrei 39; Haubrichs SNN 255 Anm. 115.
2) Beispiele unter Nr. 35 Anm.2.
3) Beispiele u.a. bei Förstemann, Altdeutsches Namenbuch I 204; Morlet, Noms de personne I 45 a; Schönfeld, PNN 37; Bruckner, Sprache 229; Jarnut, Studien 66. Mit Hilfe dieses PN ist der SN gedeutet bei Morlet, Noms de personne III 236 a. Zu den enthaltenen Namenstämmen **auð-a-* und **win-i-* siehe 5.1.1.19. und 5.1.1.171.

   Anhand der in den Weißenburger Traditionsurkunden deutlich erkennbaren frühen Besitzstruktur des Ortes hat Haubrichs, SNN 269, als mutmaßlichen Eponymen der Siedlung den dem Geschlecht der sogenannten *Gundoine* zuzurechnenden, wohl im Jahr 699/700 verstorbenen *comes Audoinus/Odo* (zu ihm ausführlich Ebling, Prosopographie 64 f.) bzw. einen gleichnamigen Verwandten wahrscheinlich machen können.
4) Vgl. Förstemann, Altdeutsches Namenbuch I 780 (*Erivald*).
5) Bergh, Etudes 32; vgl. auch Cipriani, Etude 40.
6) Vgl. z.B. Morlet, Noms de personne I 126 ff. *Eribaldus, Eribertus, Eribrandus, Erigarius, Erilandus, Erilindis, Eriricus* u.v.m.; Schönfeld, PNN 79 *Eriulfus*; Bergh, Etudes 32 *Erilinus*; Cipriani, Etude 47 *Erifonsus*; Kremer, PNN *Erifredus*, etc.
7) → 5.3.5.
8) Vgl. dazu z.B. Pirson, Latin 907; Haubrichs, SNN 269.
9) Vgl. Morlet, Noms de personne I 124: *Hairiboldus, Hairebertus*, etc.; Kremer, PNN 143: *Airiberto, Eirovoso*.
10) Aufschlußreich sind in diesem Zusammenhang die Bemerkungen von Gaeng, Inquiry 113 Anm. 31, über <i> statt zwischentonigem [e] in spätlateinischen Texten: "The i spelling could possibly indicate the weakening of lat./ĕ/ in this position before its disappearance".
11) Vgl. Haubrichs, SNN 269.

Ottwiller, in der Herrschaft Bitsch: → Nr. 328.

512. **Otzviller**, Gde. Schwerdorff, F, Moselle, Bouzonville:

Odeswilre (12. Jh. A. Or.); Otzwiler (1485 Or.); Oitzwilre (1504 Or.); Otzweiler (1586, 1600 u.ö.).- Mda. *otʃwile* ʳ¹.

< **Ôdes-wîlâri* zum PN *Audi, Ôdi* ². zum Stamm **auð-a-* ³.
→ *Oitzwilre* zeigt nachgesetztes "Dehnungs"-<i> für altes ([au] >) [o̜] ⁴.

1) Quellennachweis: Müller, Güterrolle 129 (vgl. auch MRhUB II Nr. 10, danach Pauly, Perl 20; Gysseling, Woordenboek 778; Jungandreas, Lexikon 332); AD MM B 585 Nr. 124 f° 22r°; AD Mos 6 F 21; Hiegel, Dictionnaire 262. Zur Identifizierung des von Parisse, Etienne 14, auf Otzviller bezogenen Lubelner Frühbesitzes in *Aswilre* vgl. Nr. 191.
2) Belegt bei Förstemann, Altdeutsches Namenbuch I 186, vgl. auch Gysseling, Woordenboek 778. Ausweislich des Erstbeleges keinesfalls zu einem schwach flektierten PN, weshalb die Hinweise bei Hiegel, Dictionnaire 262 auf "*Audo, Otto, Odi ... changé en Otzo*" zu streichen sind.
3) → 5.1.1.19.
4) → 6.2.1.3.

Ougieviller (1311 Or. u. ö.): → Nr. 505.

513. **+Oupwilre**, unbekannt im Moselgau ¹:

lai grenge de Oupwilre (1306 Or.) ².

Das Bestimmungswort stellt sich zu mfrk. *up/op* ³.

1) Der urkundliche Kontext legt eine Lokalisierung im Südwesten des heutigen Großherzogtums Luxemburg nahe.
2) Quellennachweis: Werveke, Ansenbourg Nr. 14.
3) Vgl. Nr. 506.

514. **Ovilet**, Gde. Auzainvilliers, F, Vosges, Bulgnéville:

La grainge de Auviler in banc de Cercez (1240 Or.); Autviller (1259 Or.); Auvilleir (1315 Or.); Auvilliers (1329 K.17); Oviler (1338 Or.); Avillès

(1328/46 K. glz.); Auviller (1456 Or.); Awillers (1576); Avillet (16 Jh. E.); Avillers, cense communauté d'Auzainviller (1779) [1].

< *(ad) altum vîllâre(m)* [2].

1) Quellennachweis: Lanher, Chartes Nr. 6 (auch in: Bonnardot, Chartes Nr. 5; DHV III 28); AD Vos 18 H 6; AD Vos 18 H 18; DHV III 32; BN Paris Coll. Lorr. Bd. 3 Nr. 38; DHV III 34; AD Vos 18 H 6; AD MM B 762 Nr. 21; AD Meuse B 353 f° 120; Durival III 20.
2) Vgl. Nr. 36.

515. **+Panteni Villare**, unbekannt zwischen Saulxures-lès-Bulgnéville und Dombasle-devant-Darney, F, Vosges, Darney:

Panteni Villare (1050 Or., 1128 Or.) [1].

< **Pantêno-vîllâre* zum ursprünglich griechischen PN *Pantaenus* > rom. **Pantênus* [2].

1) Quellennachweis: Parisse, Chartes Nr. 54701 (vgl. Bridot, Chartes Nr. 14); Schaeffer, St. Mansuy Nr. 50.
2) Vgl. Périn, Onomasticon II 425. Eine *Erminthrud, filia Pantini*, wird um das Jahr 700 aus Echternacher Quellen genannt bei Wampach, Echternach Nrr. 6. 18. 19.

516. **+Pantonviller**, Gde. Laneuveville-aux-Bois, F, Meurthe-et-Moselle, Lunéville-Sud:

FlN: Bois de Pantonviller [1].

< **Pantône-vîllâre* zum romanischen PN *Panto* [2].

1) Quellennachweis: Nap. Kat.
2) Belegt bei Périn, Onomasticon II 425; Schulze, Eigennamen 39. Vgl. auch LMR 266 (*Pantono*).

517. **+Pavillé**, Gde. St. Gorgon, F, Vosges, Rambervillers:

FlN: Pavillé [1].

Der Name ist ohne ältere Formen nicht zu deuten.

1) Quellennachweis: Marichal, Dictionnaire 315.

518. **Peccavillers**, Gde. Le Syndicat, F, Vosges, Remiremont:

? homines S. Stephani de Priaviler, in vineis desertis apud Prinviler < *Pecaviler (1069/1107 K.18) [1]; Paschaveleir (1291); Pescaviler (1295 Or.); Paikaviller (1353 Or.); Pescaveler (1409 Or.); Paccaviller (1432); Peccavillay (1451); Peccaviller (1493 Or., 1594 K.17, 1612 Or.); Peccavillers (1569 K.18, 1604 u.ö.).- Mda. *pkovlê, pekavlê, kovlê* [2].

< *Paschâle-vîllâre* zum romanischen PN *Paschâlis* [3]. Der PN, eine substantivierte Variante des aus dem Christenlatein geläufigen Adjektivs *paschâlis* [4], ist nicht vor dem 8. Jh. belegt und löst als *date name* zur Benennung des zum Zeitpunkt des Osterfestes Geborenen offenbar den in Analogie zu griechischlateinischen *signa* wie *Anastasius, Euphrasius*, etc., mit Hilfe des Suffixes *-âsius* [5] gebildeten antiken PN *Paschâsius* [6] ab.
Die Lautentwicklung des SN zeigt die für Lothringen typische Palatalisierung von vortonigem [a] zu durch die Graphien <ai> bzw. <e> repräsentiertem [e] [7] sowie Verstummen von (durch Ausfall des Fugenvokals sekundär) vorkonsonantischem [l] [8]. Der aspirierte griechische Verschlußlaut [x] wird im gesprochenen Latein wie nicht aspiriertes lat. [k] behandelt [9], was sich in der häufigen Schreibung *Pascalis* [10] niederschlägt. Die heutige Namenform entsteht durch Assimilation von [s] an dieses sekundäre [k] [11].

1) Der Touler Bischof Pibo bestätigt in einem undatierten Dokument, das in zwei Urkunden Ricuins von Commercy und Heinrichs von Lothringen aus den Jahren 1122 und 1147 inseriert ist (Gallia Christiana XIII Instr. 484. 502), die Gründung des Priorats Dombasle, das er mit Gütern ausstattet, welche, sollte das Priorat keinen Bestand haben, den Stephansleuten zu *Priaviler* anheimfallen sollen. Es wäre zu überlegen, ob es sich bei dieser bisher nicht lokalisierten klösterlichen Ansiedlung um die Gemeinschaft auf dem Saint-Mont bei Remiremont handeln könnte, an dessen Fuß die Siedlung Peccavillers liegt.
2) Quellennachweis: Choux, Pibon Nr. 109; Bloch, Parlers XII; BN Paris ms. nal. 2542 Nr. 52; AD Vos VII H 32; BN ms. naf. 1286 f° 13; BN Paris ms. naf. 1287 f° 56; BN Paris ms. naf. 1287 f° 56; BN Paris ms. naf. 1295 f° 2; AD MM B 2438 f° 44; Alix 61; Puton, Léproserie 441; DHV IV 189; AD MM B 500 Nr. 65; Bloch, Lexique 151; ders., Parlers XII.
3) Morlet, Noms de personne II 88; Jarnut, Studien 184; LMR 266. Die Deutung des SN mit Hilfe des germ. PN *Perchart* bei Gamillscheg, Studien 149, hat keine Grundlage in den historischen Belegen.

4) Vgl. Georges, Handwörterbuch II 1498. Zum PN vgl. auch Kajanto, Studies 62: "The suffix -ālis, frequent in theriophoric cognomina, is not found as an independant suffix in Christian inscriptions. Apollinaris, Cerialis, Martialis ... were derived from corresponding adjectives".
5) Dazu Bergh, Etudes 180.
6) Dazu besonders Kajanto, Cognomina 61. 109 f.; ders., Studies 58; Bergh, Etudes 136.
7) → 6.1.1.1.
8) → 6.1.2.1.1.
9) Vgl. u.a. Rheinfelder § 362; Vielliard, Latin 77; Grandgent/Moll § 332; Bonnet, Latin 163; Goelzer, St. Avit 386; Allen, Vox Latina 26 f.; Väänänen, Introduction 57; Pei, Language 110; Goelzer, St. Jérôme 214.
10) Vgl. Morlet, Noms de personne II 88.
11) Vgl. Rheinfelder § 557.

519. **Pertulumvillare**, nicht identifizierter Frühbesitz des Vogesenklosters Senones:

concedimus ad ipsum monasterium Senonicum dictum quod a novo aedificavit per fines et marchias, terminos vel confinia, id est Pertulumvillare, Almarega, usque in summa campanias (661 F.); Petulumvillare cum Almaregas (948 K.17)[1].

< *Bertulfo-vîllâre* zum germ. PN **Ber(h)t-wulf*> wfrk. *Bertulf* [2]. Anlautendes <p> für [b] ist aus merowingischer Schreibpraxis gut bekannt [3]. Im Auslaut des PN ist nach Ausfall des Fugenvokals vorkonsonantisches [f] in romanischem Mund an folgendes [v] assimiliert [4], offensichtlich eine gehörte Namenform, die, da sie den völligen Schwund des Vokals in der Wortfuge voraussetzt, sicherlich nicht vor dem 8. Jh. entstanden sein dürfte, zeitlich aber vor der Vokalisierung von vorkonsonantischem [l] im Romanischen [5] liegen muß.

1) MG DD Merow. Nr. 65 (Spuria); MG DD Otto I Nr. 103. Das Diplom Childerichs II., bei dem es sich um das älteste erhaltene Dokument für Senones handelt, welches der Abtei ihre außerordentlich genau beschriebenen Besitzungen im Tal des Rabodeau garantiert, wird vom Herausgeber des *Monumenta*-Bandes, F. Pertz, unter den Fälschungen eingereiht, doch plädieren unter anderem Sickel, Besprechung 66 f., und Gauthier, Evangélisation 306 f., durchaus für einen echten Kern. Offensichtlich geht die Gründung der genannten Orte *Pertulumvillare* und *Almaregas* auf eigene Rodungsaktivitäten der am Rabodeau sich niederlassenden Mönche zurück. Zu dem ebenfalls nicht identifizierten -*iacum*-Ort *Almaregas* vgl. Buchmüller-Pfaff, SNN 53. 55. Dort wird allerdings der Erstbeleg des Jahres 661 fälschlich zu Amelécourt bei Chateau-Salins gestellt; auch möchte ich das Erstglied des zugrundeliegenden PN nicht zum Stamm **ala*- (→ 5.1.1.6.), sondern mit romanischer Assimilation von [dl]

2)   > [ll], [l] zu *apal-a- stellen, ausführliche Begründung dazu unter Nr. 19.
2)   Vgl. Förstemann, Altdeutsches Namenbuch I 297 f.; Morlet, Noms de personne I 56 a. Der PN läßt an arnulfingische Zusammenhänge denken; es sei nur an den bekannten *consanguineus* Arnulfs von Metz erinnert, der wie dieser ein Schüler Columbans und bis 640 Abt von Bobbio (vgl. zu ihm Prinz, Mönchtum 146; Sprandel, Adel 17; Gauthier, Evangélisation 285) gewesen ist.
3)   Vgl. z.B. Jeanneret, Langue 35; Slijper, Disputatio 62; Pirson, Langue 62.
4)   Vgl. Rheinfelder §§ 564. 567.
5)   → 6.1.2.1.1.

520. **Petit-Ebersviller**, Gde. Macheren, F, Moselle, St. Avold:

Ebersweiler (1185 K.); Erberswilre (1221 K.15); Erenbrhetzwilre (1221 Or.); Erbretswilre (1223 K.15); Erbrestwilre (1225 Or.); Erbreswilre (1321 Or.); Ermeintswilre (1344 Or.); Ermentzwillre (1344 Or.); Ermeßwiler (1348 K.15); Ermenßwiler (1365 K.14); Ermeswilre (1390 Or.); Ermentzwilre (1395 Or.); Ermerswilre (1397 Or.); Ernesweilre (1398 Or.); Erniswilre (1413 Or.); Erm[er]ßwilre (1433 Or.); Ermiswilre (1434 Or.); Ermswilre (1444 Or.); Ermerßweyller (1495 Or.); Eberßwiller (1554 Or. u.ö.); Obersweiler (1596 Or.); Eberschwiller (1597 Or. u.ö.); La petite Eberchuillers (1683 Or.) [1].

< *Ermbertes-wilâri* zum PN *Ermber(h)t* [2], komponiert mit Hilfe der Namenelemente <*erm-*> (dieses als kurzstämmige Variante [3] zum verbreiteten Stamm *erman-a, *irmin-a- [4]) und *beryt-a- [5].
Die historischen Belege weisen auf zwei in mittelhochdeutscher Zeit parallel verlaufende Lautentwicklungen des SN: Während der eigentliche Erstbeleg (→ 1221 *Erenbrhetzwilre*) den enthaltenen PN relativ unverändert erkennen läßt (der Beleg bietet das Erstglied des PN mit schon im Althochdeutschen nicht seltenem Einschubvokal [6]; die Variante *-bre(h)t* im Zweitglied ist "aus ... '-berath' mit Sproßvokal ... durch Verschiebung des Nebentons" [7] entstanden), zeigen jüngere Formen (→ 1223 *Erbretswilre*, → 1321 *Erbreswilre*) mittelfränkischen Nasalschwund vor [b] [8], das im Anschluß daran spirantisiert erscheint (→ *Erwerswiller*) [9]. Heute amtliches Ebersviller ist im Ausgang von dieser Form zu erklären, wobei der seit dem 16. Jh. sich durchsetzende [r]-Verlust sich durch die äußerst schwache Artikulation von [r] in dieser Position erklären wird. Sicherlich dürfte auch eine analogische Angleichung an die anderen lothringischen Ebersviller (Nrr. 157 und 200) eine Rolle gespielt haben.
Hiervon unabhängig sind solche Belege, in denen das Bestimmungswort des SN Assimilation von [mb] > [mm] (→ 1397 *Ermerswilre*) und von [rs] > [ss],

[s] (→ 1390 *Ermeswilre*) aufweist. Auf dieser Stufe kommt es zu vervollständigenden Schreiberformen (→ 1344 *Ermeintzwilre*).

1) Quellennachweis: ASHAL 1 (1889) 82 (betrifft eine Kontroverse zwischen den Abteien St. Nabor und Wadgassen über *minutas decimas in parochia de E.*); BRW Nrr. 73 f. 88. 96. 397; AD Mos G 1119 Nr. 10 f.; AD Mos 10 F 3 f° 117; LA Sbr. Nass.-Sbr. II Nr. 3042 f° 27 (jüngere Kopien auch in: LA Sbr. Nass.-Sbr. II Nr. 2441 f° 156, Nr. 6908 f° 18, vgl. Kremer, Ardennen II 509; JRS Nr. 1722); BRW Nr. 632; AD Mos B 2344 (Kopien auch in: AD Mos G 5 f° 1; AD Mos 3 J 4); AD Mos 3 J 12; Herrmann, Betreffe 83; LA Sbr. Helmstatt Urk. Nr. 89; AD Mos H Suppl. 6/2 B 1 Nr. 12 f.; AD Mos 3 J 11; AD Mos 6 F 65; AD Mos E Suppl. 78; Lager, Regesten Pfarrarchive Nr. 120; AD Mos E Suppl. 82; AD Mos H 4516.
2) Vgl. Förstemann, Altdeutsches Namenbuch I 471; Morlet, Noms de personne I 83. Über einen Träger dieses PN aus dem Geschlecht der Gundoine vgl. Nr. 82. Gysseling, Woordenboek 297, deutet mit Hilfe des PN *Arinberht*. Dieser PN (ausführlich dazu unter Nr. 178) kann hier tatsächlich nicht ganz ausgeschlossen werden, ist wegen der zahlreichen <m>-haltigen Belege aber wohl doch recht unwahrscheinlich. Sicherlich unrichtig sind die Deutungen des SN bei Morlet, Noms de personne III 296 (zum schwach flektierten (!) PN *Eburo*), und Hiegel, Dictionnaire 265 ("*Eburo* ... changé en ... *Ermbert*").
3) Dazu ausführlich Kaufmann, Ergänzungsband 109; ders., Rufnamen 92. 95; Schramm, Namenschatz 151; Schatz, PNN 141.
4) → 5.1.1.52.
5) → 5.1.1.30.
6) Vgl. Kaufmann, Ergänzungsband 106.
7) Ebd. S. 59.
8) Vgl. Braune/Eggers § 126 Anm. 2 mit weiterer Literatur.
9) Vgl. Franck/Schützeichel § 78.

521. **+Pet-Eiweiler**, bei Eiweiler, Gde. Nohfelden, D, Saarland, St. Wendel:

Petnenweiler (1488 K.); Päd-Eiweiler (1555); Pede Eynweiler (1568 Or.); Pedeywiller (1590); Petteywiller (1638); zu Eyweiler, auch so benamtes Pedeiweiler (1748) [1].

Vgl. Nr. 169.

1) Quellennachweis: Pöhlmann, Bitsch Nr. 138; Hoppstädter, in: ZGSG 10/11 (1960/61) 88 f.; Staerk, Wüstungen 321 f.

522. **+Pfaffweiler**, Gde. Buhl, F, Moselle, Sarrebourg:

Wilre (13. Jh. E. Or., 1316 Or.).
FlNN: ein halb Acker im Pfaffweiler veldt (1627 Or.) [1].

Bestimmungswort ist ahd. <*pfaffo*>, *fafo*, mhd. *phaffe* 'Geistlicher, Priester' [2].
Die zahlreichen so gebildeten SNN verweisen in der Regel auf "kirchlichen Grundbesitz oder spec. einen Besoldungsteil des Pfarrers" [3].

1) Quellennachweis: AD MM B 742 Nr. 68; AD Mos H 4766 Nr. 1; AD Mos 3 E 1062 f° 4r°. Sollten die heute in der Nachbargemeinde Réding liegenden Flurstücke *in Klein Viller Felt* (Nap. Kat.) gemeint sein ?
2) Vgl. Schützeichel, Wörterbuch 146; Lexer, Handwörterbuch II 220, im Mittelalter noch ohne pejorative Bedeutung.
3) Fischer, Schwäb. Wörterbuch I 999 f., zitiert nach Löffler, Weilerorte 149. Ebd. auch Hinweise auf zahlreiche ebenso gebildete SNN auch des Weiler-Typus.

523. **Pierrevillers**, F, Moselle, Marange-Silvange:

in comitatu iudicii Petreuillare (960 Or.); Pierrevillers (1126 K. 13., 1334 Or., 1452 Or.); apud Petre villarium (1213 K.16); Pieruiller (1243 K.15, 1408 Or., 1427 Or., 1429 K.17, 1434 Or.); Piereuiler (1245 Or.); Piereuillers (1251 Or., 1280 K.13, 1281 Or., 1285 Or., 1293 Or., 1298 Or., 1333 Or.); Pierevileirs (1284 Or.); Pieruilleirs (1324 K.15, 1326/27 Or.); Steynwillere (1438 K.15); Steynwilre (1443 Or.); Steinweiler (1452 K.18).-
Mda. *pyervle^i* [1].

< **Petro-villâre* zum biblischen PN *Petrus* [2].

1) Quellennachweis: MG DD Otto I Nr. 210; BN Paris ms. lat. 12866 f° 16r°; AD Mos H 4651-2; Laplace, Thiébaut Nr. 90; AD Mos H 4651-1; AD Mos H 4653; AM Metz II 315; AD Mos H 1845-3; AD Mos 4 E 363; WMB 1245, 241; WMB 251, 19; BN Paris ms. lat. 12866 Nr. 135; WMB 1281, 341; WMB 1285, 507; WMB 1293, 686; WMB 1298, 100; AM Metz II 306; AM Metz II 303; AD Mos H 4601 bis f° 7r°; AM Metz II 305; AD Mos H 1845-3; AN Lux. A 52 Nr. 1532; AD Mos H 1714 f° 489r°; Zéliqzon, Dictionnaire 514.
2) Périn, Onomasticon II 461; Pape/Benseler 1187; Morlet, Noms de personne II 90. Zur Bedeutung des PN in der französischen Toponomastik vgl. Schätzer, Heiligennamen 48. 84. 91; Longnon, Noms de lieux § 1976; Morlet, Noms de personne III 157 ff. Möckel, Rufnamen 52, weist darauf hin, daß der lothringische Dialekt heute fast überall schriftsprachliches Pierre hat, während zumindest in Teilen Lothringens, nach Stark, Untersuchungen 84, etwa im Saulnois oder in den Südvogesen, wie im Wallo-

nischen (dazu Remacle, Problème 55; Doutrepont, Etude 33 f.) *pir* bzw. *pyir* lautgerecht wäre. Vgl. z. B. auch Babin, Parlers 528; Bruneau, Etude 165. Die bei Dauzat - Rostaing 530, erwogene Deutung des SN mit Hilfe des lateinischen Appellativs *petra* 'Stein, Fels' (vgl. Georges, Handwörterbuch II 1674) orientiert sich an einer bei Bouteiller, Dictionnaire 201, und RL III 839, vorgegebenen Fehllesung des Erstbeleges als *Petraevillare*. Diese *interpretatio* findet sich auch in deutschsprachigen Urkunden des hohen Mittelalters. Hinweise dafür, daß diese sicherlich sekundäre deutsche Namenform am Ort selbst gebräuchlich war, ließen sich nicht finden; allerdings kennt Witte, Deutschtum 275 f., für das 15. Jh. zum Teil deutsche Flurnamen aus Pierrevillers. Diese lassen sich vereinzelt auch noch für das 17. und 18. Jh. nachweisen (AD Mos H 4653). Unter Verweis auf den bezeugten Frühbesitz des Metzer Petersklosters am Ort (MG DD Otto I Nr. 210) denkt Hiegel, Dictionnaire 268, an einen 'Ort, der sich im Besitz des Heiligen bzw. seines Klosters befindet'; die in diese Richtung weisenden jüngeren Belege, die Hiegel hier zuordnet, sind jedoch wohl zu St. Pierrevillers (Dép. Meuse), zu stellen, das ebenfalls alter Besitz der Metzer Abtei St. Pierre-aux-Nonnains gewesen ist.

524. **Pinsweiler**, Gde. Namborn, D, Saarland, St. Wendel:

Pontwilre < *Poncwilre (1335 Or.); Pontzwilre (1345 Or., 1347 Or.); Pontweiler (1355); Pontzwiler (1480 Or.); Pünxweiler (16. Jh.); Pinzwiller (1575 Or.); Pintzweiler (1615, 1786) [1].

< *Puntines-wîlâri* zum romanischen PN *Pontinus* [2], einer Erweiterung des häufigen, auch im fränkischen Gallien weit verbreiteten ursprünglich griechischen PN *Pontius* [3] mit Hilfe des lat. *-inus*-Suffixes [4]. Wie lat. *molinae*, *-arum* 'Mühle' [5] als *mulina*, spätlat. *monicus* [6] 'Mönch' als *munich*, lat. *moneta* 'Münze' [7] als *munizza* ins Althochdeutsche integriert wurden, ist auch für den PN *Pontius* und seine Ableitungen mit einem schon voralthochdeutschen Wandel von rom. [o] > [u] vor folgendem [i] zu rechnen [8]. Dieses [u] wird sodann durch den nachfolgenden [i]-Laut zu [ü] umgelautet [9] und später mundartlich zu [i] entrundet [10]. Die Graphie <o> der ältesten Belege ist wohl als [ö] zu lesen und als Reflex der mitteldeutschen Senkung von [u]/[ü] > [o]/[ö] [11] zu werten.

1) Quellennachweis: LHA Kobl. 1 A Nr. 4844 (vgl. auch PRZ Nr. 568). 5250. 5454; Müller, ONN II 71 (danach Jungandreas, Lexikon 805; Pauly, Wadrill 28); LHA Kobl. 24/539 f° 29; LHA Kobl. 1 A Nr. 3748; Engel, in: Heimatbuch des Landkreises Wendel 13 (1969/70) 69. 75.
2) Vgl. Schulze, Eigennamen 212; Kajanto, Cognomina 162.
3) Vgl. Périn, Onomasticon II 518; Pape/Bensler 1234; Schulze, Eigennamen 212; Morlet, Noms de personne II 91 b; Strohekker, Adel 205; LMR 266.
4) → 5.2.

5) Georges, Handwörterbuch I 979.
6) Vgl. dazu Nr. 245.
7) Georges, Handwörterbuch I 993.
8) Vgl. Braune/Eggers § 32 Anm. 4; Franck/Schützeichel § 21.4. Jungandreas, Lautchronologie § 85, rechnet daneben mit einer moselromanischen Entwicklung von vorgermanischem [o] in der Stellung vor Nasal + Verschlußlaut zu [u].
9) → 6.2.1.1.
10) → 6.2.1.7.
11) → 6.2.1.5.2.

525. **+Polainviller**, Gde. Faulx, F, Meurthe-et-Moselle, Nomeny:

FlN: Le Polainviller [1].

< *Paulino-villāre* zum romanischen PN *Paulīnus* [2].

1) Quellennachweis: Nap. Kat.
2) Vgl. Kajanto, Cognomina 244; Morlet, Noms de personne II 88; Strohekker, Adel 201.

Pontwilre (1335 Or. u. ö.): → Nr. 524.

526. **Porcelette**, F, Moselle, St. Avold:

La Porcelette-Villers (1611).

Der Ort ist eine Gründung der Abtei St. Avold bzw. ihres Abtes Johann des Porcelets de Maillanne [1].

1) Ausführlich dazu AT II 191 Anm. 5; RL III 844; Habicht, Dorf 169; Hiegel, Dictionnaire 272, mit weiterer Literatur.

527. **+Potzviller**, Gde. Macheren, F, Moselle, St. Avold:

FlNN: Putzweiller wendt (1697 Or.); Potzviller (±1840) [1].

Sollte im Bestimmungswort das ahd. (rheinfrk.) *puzzi* 'Lache, Brunnen' [2] vorliegen? Eine heute abgegangene Siedlung Potzweiler (bei Sulzbach, Kr. Bernkastel) ist 966 Or. als *Puzuuilare* belegt [3].

1) Quellennachweis: AD Mos 4 E 341; Nap. Kat.
2) Schützeichel, Wörterbuch 146 f.
3) Gysseling, Woordenboek 813; vgl. Kaufmann, Pfälz. Ortsnamen 223, der den SN allerdings (mit Verschärfung des Anlautkonsonanten) als *Bûdes-wîlâri (zum PN Bûdi) interpretiert.
Prassone uillare (712 K. 9): → Nr. 86.

Priaviler (1069/1107 K.: Gallia Christiana XIII Instr. 484. 502; Choux, Pibon Nr. 109): → Nr. 518.

528. **Primsweiler**, Gde. Schmelz, D, Saarland, Saarlouis:

Wilre (1308 K., 1313 K.); in villa de Wilre iacente super aquam Brymce (1337 K.14); Brymswilre (1405 Or.); Brumßwiller (1536/37 Or.); Brintzweiler (1574 Or.); Brimsweiller (1594 K.17); Printzweiler (1689 Or.); Printzweiller (1756) [1].

< *Wîlâri. Das später hinzutretende Bestimmungswort nimmt Bezug auf den vorgermanischen Namen des Flüßchens Prims [2], an dessen Ufern der Ort liegt; in jüngerer Zeit unterliegt es zum Teil einer volksetymologischen Umdeutung in Richtung auf das Appellativ nhd. *Prinz*.

1) Quellennachweis: BRW Nr. 343 (auch in: JRS Nr. 893); BRW Nr. 365 (vgl. auch JRS Nr. 956. Da die Urkunden BRW Nrr. 343 und 365 inhaltlich zusammengehören und der Dagstuhler Besitz in *Wilre* "bei den Dörfern Hüttersdorf und Knorscheid" eindeutig auf Primsweiler bezogen werden muß (über die Zugehörigkeit des Dorfes zur Herrschaft Dagstuhl vgl. z.B. Herrmann/Hoppstädter/Klein, Landeskunde II 388), ist die Identifizierung auch des im Jahr 1313 "bei Lebach" lokalisierten Weilerortes mit Primsweiler meines Erachtens sehr viel wahrscheinlicher als etwa Staerk, Wüstungen 406, andeutete); Verkooren, Inventaire Nr. 719; AD Mos 10 F 90; AD MM B 9295 f° 22v°; AD Mos 10 F 90; Alix 125; LA Sbr. Nass.-Sbr. II Nr. 2412 f° 50; Lex, Zustand 41.
2) Der Gewässername ist 802 (F. 10. Jh.) als *Primantia* überliefert, < idg. *bhrimantiā (zu idg. *bher(e) 'sich heftig bewegen, aufwallen', näheres dazu bei Pfister, Relikte 124; Spang, Gewässernamen 139; Buchmüller/Haubrichs/Spang, Namenkontinuität 93.

Prisvillare (882 K.), Ausstellungsort einer Urkunde für St. Vanne (Verdun): Die u. a. von Parisot, Royaume 765, vorgeschlagene Identifizierung mit Preische bei Cattenom läßt sich nicht halten, da letzteres als alter -(i)acum-

Ort anders abzuleiten ist, vgl. Buchmüller-Pfaff, SNN 392 Nr. 621. Der *Weiler*-Ort ist sicherlich im Raum Verdun zu suchen.

Pruwiller (1308 K. u. ö.): → Nr. 111.

Quirviller (1700): → Nr. 357.

Quoyviller: → Nr. 125.

Radisville[r] (1154 Or., Frühbesitz der Abtei Fraulautern):
→ Nr. 551.

529.   **+Ramberviller**, Gde. Baccarat, F, Meurthe-et-Moselle, Baccarat:

FlN: Ramberviller [1].

< **Ramberto-víllâre* [2].

1)   Quellennachweis: Nap. Kat.
2)   → Nr. 530.

530.   **Rambervillers**, F, Vosges, Rambervillers:

Rampertuilla (836 Or.); Ramberviller (1118, 1158/62 Or., 1187, 1190 Or., 1224, 1293 K.15); Ranberviller (1140/58 Or.); Ramberti villare (1152 Or., 1176 K. glz.); Rambertiuillaris (1153 K.14); Ramberviler (1157 Or., 1189 Or., 1291 Or.); Ramberuiler (1198 Or.); Rembervillers (1248 K.15, 1429 Or.); Rembervilleirs (1279 Or., 1296 Or.); Rambeluiller (1287 K.14); Rembeuilleirs (1288 Or., 1293 Or., 1333 Or.); Rambeauiller (1291 K.14); Rambeavilleir (1293 K. 15); Raimbervilleir (±1300 Or.); Rambrehtswirle (1318 Or.); Ramberuilleirs (1320 Or.); Rambeiluillers (1328 Or.); de Rambevillario (1330 Or.); Ramprehtzwirle (1343 Or.); Rembelvillers (1344 Or.); Ranpoltzwirle (1396 Or.); Rammerswirle (1398/1404 Or.); Rampprechtzwiler (1416/17 K.15); Rampertzwilr (1435 K.15).- Mda. *Rambiellé* (19. Jh.) [1].

< **Ramberto-víllâre* zum wfrk. PN *Rambertus* [2], dessen erstes Glied sowohl zum Stamm **hraban-a-* (> **hram(n)-*) [3] als auch zu **ragan-a-* [4], mit romanischer Kontraktion <*rân*-> [5] gestellt werden kann, während das Zweitglied

sicher zu *berχt-a- ⁶ gehört.
Der Erstbeleg des SN zeigt sehr frühen Ausfall des romanischen Bindevokals in der Wortfuge. Die dadurch entstehende Dreikonsonanz wird früh durch Assimilation des Dentals an folgendes [v] beseitigt ⁷, wodurch der altlothringische Ausfall von vorkonsonantischem [r] möglich wird ⁸. Wenn die Skripta wiederholt (vervollständigende) Formen bildet, die <r> graphisch erhalten bzw. es über Liquidentausch zu <l> wandeln, so wird sich das durch die von H. Stark immer wieder herausgestellten starken antilothringischen Tendenzen ⁹ der Urkunden erklären lassen. In vielen Belegen zeigt sich auch die dialektale Palatalisierung von vortonigem [a] > [e] ¹⁰.
Die exogenen deutschen Kanzleiformen für diesen tief im romanischen Sprachgebiet gelegenen SN ¹¹ können je nach Ausstellungsort der Urkunde variieren: während etwa die Rappoltsteiner das Zweitglied des PN durch oberdeutsches <-precht> wiedergeben, hat die Kanzlei des Metzer Bischofs Georg von Baden südrheinfränkisches <-pert>. *Rammerswilre* zeigt progressive Assimilation [mb] > [mm]; *Ranpoltzwilre* ist vervollständigende Schreiberform.

1) Quellennachweis: Menke, Namengut 254; Lepage, Communes II 450; Parisse, Etienne Nr. 114; Gallia Christiana XIII, Instr. 523; Parisse, Bertram Nr. 15; BSAL (1904) 79; Albrecht, Urkundenbuch I Nr. 200; Parisse, Etienne Nrr. 91. 82; Parisse, Thierri Nr. 53; Meinert, Papsturkunden I Nr. 60; Gallia Christiana XIII, Instr. 515; Parisse, Carrière 102; Herrmann, Betreffe 18; DHV IV 95; Parisse, Bertram Nr. 35; MCM I Nr. 242; HMB V 132; WMB 1279, 224; Châtelain, Créhange I 224; AD Meuse B 256 f° 235r°; WMB 1288, 28; WMB 1298, 467; AM Metz II 306; AD Meuse B 256 f° 271r°; Perrin, Droit 602; MCM I 21; AD MM B 689 Nr. 38; AD Mos G 446-9; Depoux, Seigneurie 655; Hauviller, Analecta I Nr. 263; PRZ Nr. 615; DHV VIII 34; LA Sbr. Hzgt. Lothr. Nr. 2; Albrecht, Urkundenbuch II Nrr. 575. 770; HRS Nr. 852; AD Mos G 5 f° 214v°; BSPV 77 (1974) 158.
2) Förstemann, Altdeutsches Namenbuch I 1224 f; Morlet, Noms de personne I 134; LMR 254. Zu diesem PN wird der SN auch von Menke, Namengut 254, gestellt, vgl. auch Giry, Manuel 392; Fournier, Noms de lieux 52; Gamillscheg, Siedlung 149. Nicht ganz zutreffend ist dagegen die Deutung bei Dauzat/Rostaing 555; Morlet, Noms de personne III 429; Vincent, France 185; Rostaing, Noms de lieux 78, die den PN *Raginberht* bzw. *Raimbert* annehmen, vgl. dazu Kaufmann, Rufnamen 294: "Ein 'Ragin-' kann zunächst nur zu 'Rain-' führen, und ein 'Ragan-' nur zu 'Ran-'".
3) → 5.1.1.95.
4) *ragan-a- ist vorwiegend westfränkische Nebenform zum Stamm *ragin-a- 'Rat, Beschluß' mit Nebensilbenablaut, vgl. dazu Kaufmann, Rufnamen 98; Kaufmann, Ergänzungsband 283; Tiefenbach, Xanten-Essen-Köln 375; Bach, Namenkunde I, 1 § 189; Schramm, Namenschatz 155; Schröder, Namenkunde 25.
5) → 5.3.11.
6) → 5.1.1.30.
7) Vgl. Rheinfelder § 683.

8) → 6.1.2.1.4. Zur Graphie <ea> (→ *Rambeauilleir*) → 6.1.1.6.
9) Stark, Untersuchungen 38 ff.
10) → 6.1.1.1.
11) Eine exogene deutsche Bezeichnung für diesen romanischen SN hat möglicherweise über Jahrhunderte bestanden. Paulin, ONN 55 Anm. 1, gibt als deutsche Form der Reichslandzeit *Ramberweiler* an, das sich an die genuin entwickelten deutschen Belege des späteren Mittelalters anschließen könnte.

531. **+Rambervillers**, Gde. Le Syndicat, F, Vosges, Remiremont:

FlN: Rambervillers [1].

< **Ramberto-vîllâre* [2].

1) Vgl. Marichal, Dictionnaire 352.
2) Vgl. Nr. 530.

532. **+Raperti vilare,** unbekannt im (Oberen) Saargau:

ad Rapertum villare (±1142 < 10. Jh. E. K.17/18); Raperti vilare (12. Jh. Or.) [1].

< **Râdberto-vîllâre* zum germ. PN *Râdber(h)t* [2], der zu den Namenelementen **rêđ-a-*, **rêđ-ô-* [3] und **berχt-a-* [4] zu stellen ist.
In den Belegen zeigt sich die in romanischer Überlieferung regelhafte frühe Assimilation des vorkonsonantischen Dentals an den folgenden Konsonanten [5].

1) Quellennachweis: Perrin, Essai 144. 157, vgl. auch Haubrichs, SNN 270. Die von Humm/Wollbrett, Villages 55, für möglich gehaltene Zuordnung der Belege zu Rauwiller (Nr. 537) läßt sich mit sprachwissenschaftlichen Argumenten nicht rechtfertigen.
2) Vgl. zu diesem häufigen PN Förstemann, Altdeutsches Namenbuch I 1209; Morlet, Noms de personne I 181. Auf einen dem Weißenburger Gründerkreis zuzurechnenden Träger dieses Namens verweist Haubrichs, SNN 270. Zum PN *Râdber(h)t* stellt sich auch ein elsässisches *Ratbertovillare*, das von Pippin 768 (Or., MG DD Pippin Nr. 27) an St. Denis geschenkt wird.
3) → 5.1.1.143.
4) → 5.1.1.30.
5) → 5.3.10. Man beachte auch den wfrk. PN *Rabertus* (Morlet, Noms de personne I 181).

533.   **Rappweiler**, Gde. Weiskirchen, D, Saarland, Merzig-Wadern:

Rapwilre (1327 Or., 1330 Or., 1332 Or., 1343 Or., 1358 K., 1373 Or. u.ö.); Rapilre (1339 Or., 1371 Or.); Rapwylre (1352 Or.); Raipwilre (1356 Or., 1369 Or.); Rapwiler (1358 K.16, 1400 Or., 1422 K.16 u.ö.); Rapuilre (1370 Or.); Raippilr (1372 K.15); Rapewilre (1380 Or.); Rapewylre (1387 Or.); Rappilr (1387 K.15); Rapwilr (1390 Or., 1393 Or., 1394 Or., 1395 Or. u.ö.); Raipwiler (1402 K.16); Raipwilr (1414 Or.); Rappwilre (1416 Or.); Ropwilre (1426 Or.); Rapewilr (1427 K.15); Ropevilre (1430 frz. K.18); Roppewiller (1446 K. frz., 1447 K. frz.); Raippwyler (1456 Or.); Raipwiller (1497 Or. u.ö.) [1].

< *Râp(p)en-wîlâri zum PN Râp(p)o [2]. Ein Kurzname Rappo mit kurzem Stammvokal stellt sich mit H. Kaufmann [3] zum Stamm *hraban-a- [4] (dann mit namenrhythmischer Kürzung zu *hrab-a- bzw. (eher) unter Anknüpfung an die urgermanische Flexionsvariante *hrab-an, die dem ahd. rabo [5] zugrunde liegt); eine Variante mit langem Stammvokal wird man als zweistämmige Kürzung aus Vollformen des Stammes *rêd-a-, *rêd-ô- [6] mit auf [-b] anlautendem Zweitglied interpretieren dürfen [7]. Für den hier zu behandelnden SN ist wegen der zahlreichen <ai>-Belege [8] altes [â] im PN vorauszusetzen. Da im Westmitteldeutschen vor allem [â] zu [ǭ] verdumpft [9], sprechen auch die seit dem 15. Jh. vereinzelt aufscheinenden <o>-Graphien für alte Vokallänge. Bezeichnenderweise tritt die <o>-Schreibung vor allem in französischen Urkunden auf; sie steht also wohl tatsächlich für gehörtes [ǭ], das die frankophonen Schreiber wie rom. [ǫ] notieren.

1)   Quellennachweis: LHA Kobl. 54 R 7; LHA Kobl. 1 A 4692; Herrmann, in: ZGSG 10/11 (1960/61) 82. 84 f.; Mötsch, Balduineen Nr. 1726; JRS Nr. 1634; HStA München, Rheinpfälz. Urkunden Nr. 2564; LHA Kobl. 54 R Nrr. 5. 8; Mötsch, Regesten II Nr. 1517; LHA Kobl. 1 A 6481; Wurth-Paquet, Clervaux Nr. 349; TUH I Nr. 333; LA Sbr. Nass.-Sbr. II Nr. 2443 f° 36; LHA Kobl. 54 R 210; LHA Kobl. 1 A 6466; LA Sbr. Nass.-Sbr. II Nr. 2443 f° 886; PRZ Nr. 848 (vgl. Herrmann, Betreffe 91); PRV Nr. 135; Herrmann, in: ZGSG (1960/61) 81; PRV Nr. 108; Mötsch, Regesten II Nrr. 2385. 2555. 2661; HStA München, Rheinpfälz. Urkunden Nr. 5395; LA Sbr. Nass.-Sbr. II Nr. 2443 f° 303; LA Sbr. Hzgt. Lothringen Nr. 38; AD Mos 6 F 66; Böhn, Kopialbuch Nr. 191; HStA München, Rheinpfälz. Urkunden Nr. 5286; HMB V 209. 492. 521; LHA Kobl. 54 B 27; LHA Kobl. 54 K 428.
2)   Förstemann, Altdeutsches Namenbuch I 1200; vgl. auch Müller, ONN II 71.
3)   Vgl Kaufmann, Ergänzungsband 195. 280; ders., Rufnamen 94. 229.
4)   → 5.1.1.95.
5)   Vgl. Müller, PNN 57.
6)   → 5.1.1.143.

7) Vgl. Müller, PNN 57; Gamillscheg, Romania Germanica II 95; Morlet, Noms de personne I 181.
8) Zu dieser Graphie ausführlich unter 6.2.1.3.
9) → 6.2.1.2.

534. **Raßweiler**, Gde. Illingen, OT Hüttigweiler, D, Saarland, Neunkirchen:

? Baldemarus de Resvilre (1292 K.); ? Baldemarus de Rasewilre (1300 K.); Raßwilre (1321 K., 1347 K., 1413 Or., 1432 K. 17, 1436 K.); Raswilre (1344 K.14); Raßweiler (1447 K.16); Rayswyler (1524 Or.); Roißwiller (1524 Or.); Royßwyler (1524 Or.)[1].

< *Râsen-wîlâri zum PN *Râso, aus wfrk. Râd-s-o mit westfränkisch-romanischer Erweiterung des Stammes *rêð-a-, *rêð-ô-[2] durch ein s-haltiges Suffix[3] und romanischer Assimilation von [ds] > [ss], [s][4]. Die Länge des Stammvokals wird durch Schreibungen mit nachgesetztem <i> bzw. <y>[5] sowie durch die dialekttypische Verdumpfung zu [ǭ][6] indiziert.

1) Quellennachweis: LA Speyer F I/49 a ff° 83r°. 93r°; LA Sbr. Nass.-Sbr. II Nr. 2767 f° 23v°; JRS Nr. 1484; LHA Kobl. 54 S 1085; LHA Kobl. 54 S 1076 f° 1; Engel, Hüttigweiler 44; Müller, ONN II 71 (danach zitiert bei Jungandreas, Lexikon 849; Prinz, Flur- und ONN 154; Staerk, Wüstungen 311); Engel, Hüttigweiler 43; Goerz, Regesten 132 (vgl. Florange, Sierck 63; Hammerstein, Urkunden Nr. 674); Kath. Pfarrarchiv St. Wendel Bd. 1 S. 13, Bd. 3 S. 148, Bd. 41 S. 677. 863.
2) → 5.1.1.143.
3) → 5.2.
4) → 5.3.10. Auch Kaufmann, Ergänzungsband 287, erblickt in den in westfränkischer Überlieferung häufigen PNN auf <râs-> romanisierte Varianten des Stammes *rêð-a-, *rêð-ô-.
5) → 6.2.1.3.
6) → 6.2.1.2.

535. **Rathsweiler**, VG Altenglan, D, Rheinland-Pfalz, Kusel:

Raitzwijlre (1364 Or.); Ratzwilre (1377 Or., 1446); Raytzßwilre (1416 Or.); Ratzwiler (1433 K.); Raitzwilre (1445 Or.); Ratzwillr (1456 Or.); Ratswiler (1480 Or.); Nieder und Ober-Ratsweiler (1585/88 Or.). - Mda. roodswile[r][1].

Die mundartlich erhaltene Affrikata in der Wortfuge dieses SN[2] legt nahe, daß hier wohl nicht das von Dolch/Greule angesetzte *Râdes-wîlâri zum stark flektierten PN Râdi[3], zum Stamm *rêð-a-, rêð-ô-[4], sondern eher ein schwach flektiertes *Râtzen-wîlâri zum wfrk. PN Râdso > Râtzo⁵, zum gleichen Stamm mit westfränkisch-romanischem s-Suffix⁶, anzunehmen ist . Die Graphie <ai> im Erstbeleg indiziert die Länge des Stammvokals [â]⁷, der mundartlich zu [ǫ] verdumpft⁸.

1) Quellennachweis: Mötsch, Regesten I Nr. 1312 (vgl. Dolch, Ämter 70); HStA München, Rheinpfälz. Urkunden Nr. 3183; LA Speyer F 2/100 a (vgl. Remling, Remigiusberg 8); LA Speyer D 34/92; LA Speyer F 1/49a f° 206; LA Speyer B 3/922 f° 2; LA Speyer A 2/ 138.1 f° 2; LHA Kobl. 24/539 f° 11; ders., Wüstungen 98; Christmann, SNN I 483; Dolch/Greule 380.
2) → 4.3.
3) Belegt bei Förstemann, Altdeutsches Namenbuch I 1203.
4) → 5.1.1.143.
5) Vgl. Förstemann, Altdeutsches Namenbuch 1208 ("sehr häufig"); Morlet, Noms de personne I 183 a; LMR 266.
6) → 5.2.
7) → 6.2.1.3.
8) → 6.2.1.2.

Ratrammes uilare (862 K. 9): → Nr. 536.

536. **Ratzwiller**, F, Bas-Rhin, Sarre-Union:

in pago Bliasahgouuue in uilla quae dicitur Ratrammes uilare (862 K.9); Ratramini villare < *Ratrammi villare (±1142 < 10. Jh. E. K.17/18, 12. Jh. 2. Viertel Or.); de Racswilre deleis Budel (1317 Or.); Rathsweyler (1685, 1728 u.ö.).- Mda. *Rotschwiller* ¹.

< *Râtram(n)es-wîlâri zum PN *Râtram(n)* ², komponiert aus den Elementen *rêð-a-*, *rêð-ô-* ³ und *hraban-a-* ⁴. Im SN kommt es zur Assimilation von [ms] > [s] und Erleichterung der Dreikonsonanz [tr's] durch Ausfall des Mittelkonsonanten. Mundartliche Verdumpfung von [â] > [ǫ] ⁵ und die bekannte Entwicklung von [s] > [ʃ] vor folgendem [w] ⁶ führten dann zur heutigen Lautung.

1) Quellennachweis: DTW Nr. 272; Perrin, Essai 147. 158; AD BR 25 J 248; Levy, in: Straßburger Diözesanblätter N. F. 2 (1900) 384 Anm. 1; AD BR E 5133 Nr. 6. Anlaß zu Zweifeln an der Zuordnung der ältesten Belege, wie sie u.a. von Gley, in: Elsässisches Jahrbuch 9 (1930) 88, vorgetragen wurden, sehe ich nicht; die Identifizierung ist mit prosopographischen Argumenten eingehend begründet bei Haubrichs, SNN 269 f.

Merowingerzeitliche Funde sichern die Existenz der Siedlung für das ausgehende 7. Jh.; dazu Barth, Handbuch 1095. Für Hinweise zur Datierung (um 650/70) und die Bestätigung der Zuordnung der Funde zum Ort danke ich Frau Prof. Dr. F. Stein (Saarbrücken).

2) Förstemann, Altdeutsches Namenbuch I 1215; Morlet, Noms de personne I 182 a; vgl. auch Dauzat/Rostaing 557; Morlet, Noms de personne III 426. Hinweise auf einen Träger des PN *Ratramnus*, der im Jahr 705/06 im Umkreis der Weißenburger Gründersippen bezeugt ist, bei Haubrichs, SNN 270.
3) → 5.1.1.143.
4) → 5.1.1.95.
5) → 6.2.1.2.
6) → 4.3.

537. **Rauwiller**, F, Bas-Rhin, Drulingen:

Ruwilre (1298 Or., 1353 Or., 1374 Or., 15. Jh. K. u.ö.); Ruwiler (1387 Or., 1453 Or.); Ruwilr (1416 K.15, 1456 Or., 15. Jh. Or.); Ruwiller (1453 Or.); Reuweiler (1473 K.17, 1495 Or.); Rauhweyler (1728 Or.).- Mda. *röiwiller* ¹.

< **Hreuwen-wîlâri* zum PN **Hreuwo*, **Riuwo*. Einen entsprechenden Personennamenstamm schließt Kaufmann ² an ahd. *hriuwan, riuwen* 'schmerzen, reuen' ³ an.
Die Lautungen von mhd. [ü:] im Hiatus fallen an der oberen Saar mit denen von altem [û] im Hiat zusammen ⁴. Innerhalb eines Bereiches "südlich des Bitscher Forstes - NO Buckenheim - Saaralben - W Buckenheim - O Finstingen - Lixheim - O Saarburg - Sprachgrenze am Donon im Anschluß an das Elsässische" ⁵ erscheint [û] in dieser Position zu [öu, öi] palatalisiert⁶.
Reuweiler des ausgehenden 15. Jhs., jeweils in Urkunden der kaiserlichen Kanzlei, mit nhd. Diphthongierung von [ü:] > [eu] und von [î] > [ei], interpretiere ich als importierte Schreiberform; heute amtliches *Rauwiller* repräsentiert eine ebenfalls exogene Variante mit durchgeführter Diphthongierung [û] > [au].

1) Quellennachweis: HRS Nr. 187; AD Mos H 4755 Nr. 43; HRS Nr. 462; Dorvaux, Pouillés 30; Albrecht, Urkundenbuch II Nr. 281 (vgl. HRS Nr. 554); Stadtarchiv Sbr., Kl. Erwerbungen Nr. 19 f° 19v°; HRS Nrr. 852. 1084; AD Mos G 1903 bis f° 28r°; Stadtarchiv Sbr., Kl. Erwerbungen Nr. 19 f° 4r°; AD Mos 1 E 27; HRS Nr. 1503; AD BR E 5133 Nr. 6.
2) Kaufmann, Ergänzungsband 197 f.; vgl. auch ders., Rufnamen 240 f.
3) Schützeichel, Wörterbuch 154.
4) Vgl. dazu Paul/Wiehl/Grosse § 77 Anm. 1; Wiesinger, Untersuchungen I 191. II 242 ("... in Teilen des Niederalemannischen und des Mitteldeutschen [verhinderte] ein folgendes w den i-Umlaut von iu ... Alle Beispiele mit w, gleichgültig ob i-Umlauts-

bedingung vorliegt oder nicht, [haben] eine mit mhd. û im Hiatus übereinstimmende Entwicklung durchgemacht"); ausführlicher Mertes, Ahd. iu ohne Umlaut, passim.
5) Wiesinger, Untersuchungen I 116.
6) Ebd. S. 191; vgl. auch Beyer, Palatalisation 130 ff.

538. **+Rebutvillier**, Gde. Ollainville, F, Vosges, Châtenois:

FlN: Bois de Rebutvillier (1737) ¹.

< *Râdbôdo-vîllâre zum wfrk. PN *Râd(e)bôdus* ², komponiert aus den Elementen *rêð-a-, *rêð-ô-* ³ und *bauð-a-* ⁴, bzw. *Rîcbôdo-vîllâre zum PN *Rîcbôd* ⁵, dessen erstes Glied zum Stamm *rîk-a-* ⁶ gehört. Im ersten Fall entsteht heutiges <e> im Vorton des SN durch lothringische Palatalisierung von [a] ⁷, sonst infolge einer ostfranzösischen Entwicklung von [î] > [i] > [e] ⁸.

1) Quellennachweis: Marichal, Dictionnaire 357.
2) Förstemann, Altdeutsches Namenbuch I 1209 f.; Morlet, Noms de personne I 181; LMR 266. Zu dieser Grundform stellt sich der ganz in der Nähe gelegene SN Rebeuville (F, Vosges, Neufchâteau: 1147/51 Or. *Rabovilla*, vgl. Bridot, Chartes Nr. 64).
3) → 5.1.1.143.
4) → 5.1.1.28.
5) Förstemann, Altdeutsches Namenbuch I 1259; Morlet, Noms de personne I 188.
6) → 5.1.1.145. Eine Parallele für diesen Ansatz bietet das schweizerische Rebeuvelier (1148 *Rebuouilier*, 1303 *Rubuvillier*, belegt bei Zimmerli, Sprachgrenze I 18), dessen deutsche Doublette Ripertswil im Erstglied des SN ohne Zweifel den Stamm *rîk-a-* enthält. Daß für das Zweitglied der Stamm *bauð-a-*, nicht *berχt-a-* anzusetzen ist, erweisen in diesem Fall nur die frz. Namenformen, während der deutsche Name wohl vervollständigende Schreibungen zeigt.
7) → 6.1.1.1.
8) → 6.1.1.7. Vorkonsonantisches [k] wird zu [j], das sich mit dem vorausgehenden Vokal verbindet (Rheinfelder § 585).

539. **+Reckweiler**, heute Reckweilerhof, VG Wolfstein, OT Wolfstein, D, Rheinland-Pfalz, Kusel:

Regewilre (±1220 Or., 1288 Or.); Rechuuilre (1247 Or.); Reckweiler (1509 Or.); Rockweyller (1535 Or.); Reckweyler hof (1777/78) ¹.

< *Rekken-wîlâri zum PN *Racio* > *Rekko* ². <g> bzw. <ch> für altes [kk] sind auch sonst häufiger ³; <o> im Stammvokal des PN reflektiert eine

hyperkorrekte Rundung zu [ö] [4].

1) Quellennachweis: HStA München, Rheinpfälz. Urkunden Nr. 2559a; Acta Academiae Theodoro-Palatinae IV 354; HStA München, Rheinpfälz. Urkunden Nr. 1375; LA Speyer A1/2361; LA Speyer A 2/300 f° 16; vgl. Christmann, SNN I 484; Dolch/Greule 380.
2) Belegt u.a. bei Förstemann, Altdeutsches Namenbuch I 1200 f.; Morlet, Noms de personne I 188 a; LMR 266; Geuenich, PNN Fulda 187.
Der etymologische Anschluß bleibt unsicher, vgl. z.B. Kaufmann, Ergänzungsband 228; ders., Pfälz. ONN 228; Kremer, PNN 193 mit Anm. 1100.
In Anlehnung an Kaufmann, Pfälz. ONN 228, setzen Dolch/Greule 380 einen PN *Rago* (Stamm *ragin-a-, *ragan-a- bzw. dessen verkürzte Variante *ragi-, *raga-, → 5.1.1.142.) bzw. *Racho mit verhärtetem und sodann verschobenem Inlautkonsonanten an, wobei einfaches *Rago* wegen der im Westmitteldeutschen regelhaften Kontraktion von intervokalischem [g] (→ 6.2.2.4.) nicht in Frage kommt und *Racho heutiges [χ] erwarten ließe. Lautlich möglich scheint mir lediglich eine Variante *Rakko* mit verhärtetem und geminiertem Plosiv; der Umlaut des Stammvokals würde dann durch einen frühen -in-Genitiv ausgelöst, vgl. dazu aber die unter 4.3. vorgetragenen Bedenken.
3) Ausführliche Literaturhinweise bei Stopp, in: Schützeichel, Passionsspiel 187.
4) → 6.2.1.8.

540. **+Regisvillare**, nicht identifizierter Frühbesitz des Vogesenklosters Senones [1]:

Regisvillare (1125 Or., 1153 K.14) [2].

< *Rîcgîso-vîllâre zum germ. PN *Rîk-gîs* [3], komponiert aus den Elementen *rîk-a-* [4] und *gîs(il)-* [5]. Für die Annahme einer lothringischen Palatalisierung von vortonigem [a] [6] liegen die Belege zeitlich wohl etwas zu früh, so daß ein Ansatz *Râdgîso-vîllâre zumindest weniger wahrscheinlich ist.

1) Die von Lepage, Dictionnaire 116, vorgeschlagene Identifizierung der Belege mit Rehainviller (Nr. 541) läßt sich nicht begründen, da dieser SN anders abzuleiten ist.
2) Quellennachweis: Pflugk-Harttung, Acta I Nr. 144; Meinert, Papsturkunden I Nr. 60.
3) Förstemann, Altdeutsches Namenbuch I 1263; Morlet, Noms de personne I 188.
4) → 5.1.1.145. Zur Möglichkeit einer ostfranzösischen Entwicklung des Stammvokals [î] zu [i] bzw. [e] → 6.1.1.7. Vorkonsonantisches [k] vokalisiert zu [i] (Rheinfelder § 585) und verbindet sich mit dem vorausgehenden Vokal.
5) → 5.1.1.68.
6) → 6.1.1.1.

541. **Rehainviller**, F, Meurthe-et-Moselle, Gerbéviller:

Rohemviler (1075/1107 Or.); Roheinvileir (±1100 K.12); Rohenvillare (1128 Or., 1179 Or.); Rochenvillare (1136 Or.); Rehenuilleir (1313 Or., 1367 Or.); Rehainvilleir (1315 Or.); Reheinuiller (1315 Or.); Reheinvilleir (1317 Or.); Rehenuiller (1476/77 Or., 16. Jh. A. Or., 1590 Or. u.ö.); Rehainviller (1594 K.17) [1].

< *Hrôd(o)ino-villâre zum wfrk. PN *Hrôdoin* [2].
Die Lautverbindung [hr] im Anlaut des PN wird in diesem romanischen SN zu [r] erleichtert; es ist also von im Fränkisch-Althochdeutschen bereits verstummtem bzw. nur noch schwach artikuliertem germ. [h] [3] auszugehen. Die heutige Lautung des SN ergibt sich durch romanischen Schwund von intervokalischem [d] [4] mit anschließendem Einschub von hiatustilgendem <h> [5]. Vortoniges [o] schwächt sich in lothringischer Entwicklung zu [e] ab [6].

1) Quellennachweis: Parisse, Chartes Nr. 54900; Choux, Pibon Nr. 80; Pflugk-Harttung, Acta II Nr. 299; Wolfram, Papsturkunden 302; Pflugk-Harttung, Acta II Nr. 323; AD MM B 793 Nrr. 20. 21. 23; AD MM G 1151; AD MM B 6632; Choux, Obituaire 46; MSAL 10 (1868) 135; Alix 43.
2) Namenbeispiele und Herleitung für diesen PN vgl. unter Nr. 219 Anm. 4.
3) Der Schwund des anlautenden [h] im Nexus [hr] beginnt im Fränkisch-Althochdeutschen in der zweiten Hälfte des 8. Jhs., vgl. Braune·Eggers § 153; Menke, Namengut 322 f.; Kaufmann, Rufnamen 206; Richter, Beiträge § 164.
4) → 5.3.10.
5) → 6.1.2.3. Die auffällige Graphie <ch> der Papsturkunde des Jahres 1136 (inhaltlich eine Wiederaufnahme einer nur wenige Jahre älteren Bulle für die gleiche Abtei; die ältere Urkunde hat <h> !) dürfte auf das Konto des sicher ortsunkundigen Schreibers gehen, der nach mittellateinischer Schreibgewohnheit <ch> für <h> setzt. Beispiele für ähnliche Graphien geben Grandgent/Moll § 252; Löfstedt, Kommentar 87; Rönsch, Itala 455; Slijper, Disputatio 80; Sacks, Latinität 18; Vielliard, Latin 76.
6) → 6.1.1.9.

542. **Rehweiler**, VG Glan-Münchweiler, D, Rheinland-Pfalz, Kusel:

? Baldemar von Rehweiler (vor 1296); Rewilir (1332 K.); Ruhwilr < *Rehwilr (1393 K.); Rewilre (1416 Or., 1446 Or.); Rewiller (1436 Or., 1477 Or.); Rehwilre (1460 Or.); Rewiler (1480 Or.); Reewiller (1545 Or.); Reweiler (1587 Or.); Reheweiler (1609 Or.). - Mda. *reewile'* [1].

Kaufmann geht für diesen SN von einer Grundform *Regin-wîlre aus [2]; angesetzt wird der Kurzname *Rago* [3], wobei der Umlaut des Stammvokals durch einen nachfolgenden -*in*-Genitiv ausgelöst worden wäre. Dolch/Greule⁴ denken (wohl richtiger, denn der von Kaufmann angenommene mitteldeutsche [g]-Schwund⁵ würde auf heutiges *Reiwiller führen) an einen PN *Raho zum Stamm *râh-⁶. Da mit der überwiegend oberdeutschen Variante der schwachen Genitiv-Endung in der Westpfalz jedoch kaum zu rechnen ist⁷, mag man diese Lösungen unter Umständen für eine gleichnamige Siedlung bei Würzburg⁸ in Betracht ziehen; für den Westrich wäre, da ein PN *Reho bzw. ein entsprechender germanischer Namenstamm nicht belegt ist, allenfalls an weibliches *Rahin(a)⁹ zu denken. Sehr viel wahrscheinlicher erscheint mir allerdings ein PN *Rebo als zweistämmige Kürzung aus *Regbald*, *Regbert*¹⁰, etc., zur verkürzten Variante *ragi-* des häufigen Stammes *ragin-a-*¹¹. Einen stark flektierten Kurznamen *Rebi* belegt Förstemann¹² aus Lorscher Überlieferung. Die relativ frühe Assimilation von [-b] an folgendes [w]¹³ erklärt die belegten Schreibungen *Rewilre, Rewiler*, etc., problemlos; das im Original erstmals 1460 belegte <h> wäre Dehnungszeichen¹⁴.

1) Quellennachweis: Remling, Remigiusberg 346 (zum Problem der Zuordnung dieses Belegs vgl. Nr. 534 Anm. 1); LA Speyer F 1 / 49 a ff° 130; Acta Academiae Theodoro-Palatinae IV 397; LA Speyer D 34/92; LA Speyer F 2/100a; LA Speyer B 3/1011 f° 8r°; Fabricius, Veldenz I 82 f.; LA Speyer B 3/923 f° 8r°; Fabricius, Veldenz I 84 f.; LA Speyer F 2/100b f° 43r°; LA Speyer B 2/1368.1 f° 4; Macco, Kirchenvisitationsprotokoll 76; vgl. Christmann, SNN I 486; Dolch/Greule 383.
2) Vgl. Kaufmann, Pfälz. ONN 229; ders., ONN Bad Kreuznach 95; zu ähnlichen, von ihm ebenso interpretierten SNN vgl. auch Kaufmann, Ergänzungsband 284.
3) Vgl. Förstemann, Altdeutsches Namenbuch I 1241.
4) Dolch/Greule 383.
5) → 6.2.2.4.
6) Dazu Kaufmann, Ergänzungsband 284 f.
7) → 4.3.
8) Über Rehweiler bei Würzburg handelt Gradmann, Siedlungswesen 114.
9) Wie Anm. 7.
10) Belege bei Förstemann, Altdeutsches Namenbuch I 1241.
11) → 5.1.1.141 f.
12) Förstemann, Altdeutsches Namenbuch I 1200.
13) Vgl. dazu die SNN Buweiler (Nr. 117 f.), +Caveiller (Nr. 121) und Gehweiler (Nr. 226 f.).
14) → 6.2.1.3.

543. **+Rehweiler**, Gde. Gersheim, OT Gersheim, D, Saarland, Saar-Pfalz Kreis·

GewN: Rehweilerbach¹.

Vgl. Nr. 542.

1) Quellennachweis: Spang, Gewässernamen 216.

544. **+Reibweiler**, nw. Wahlen, Gde. Losheim, D, Saarland, Merzig-Wadern:

Riphwiller, *var.* Rippwiller, *var.* Rüpwiller (1546 Or.); Reibweiler (16./17. Jh.) [1].

< *Rîben-wîlâri* zum PN *Rîbo* als zweistämmiger Kürzung aus Vollformen des Stammes *rîð-* [2], deren Zweitglieder im Anlaut ein [-b] zeigen. Nhd. Diphthongierung von [î] > [ei] [3] führt zur heutigen Lautung; *Rüpwiller* zeigt hyperkorrekte Rundung von [î] > [ü:] [4].

1) Quellennachweis: AD BR E 5576 ff° 10r°. 16r°. 68v°; Hoppstädter, in: ZGSG 12 (1962) 53.
2) → 5.1.1.144.
3) → 6.2.1.12.
4) → 6.2.1.8.

545. **Reichartsweiler**, VG Glan-Münchweiler, OT Rehweiler, D, Rheinland-Pfalz, Kusel:

Richartswilr (1393); Rychartz wilre (1441 Or.); Richartzwiller (1477 Or.); Richartswiler (1480 Or., 1489 Or.); Richarßwill[e]r, *var.* Richartzwill[e]r (1489 Or.); Richartsweyler (16. Jh. K.); Reichartsweiler (1585/88) [1].

< *Rîhhartes-wîlâri* zum PN *Rîhhart* [2], komponiert aus den Elementen *rîk-a-* [3] und *harð-u-* [4]. Nhd. Diphthongiering von [î] > [ei] [5] führt zur heutigen Lautung.

1) Quellennachweis: Fabricius, Nahegebiet 250, LA Speyer A 14/58m f° 4r°; Fabricius, Veldenz I 82. 88; LHA Kobl. 24/539 f° 23; LA Speyer F 1/49 a f° 436; StA Trier WW 38 f° 15v°; LA Speyer B 2/303.4 f° 8v°; vgl. Christmann, SNN I 486; Dolch/Greule 383.
2) Vgl. Förstemann, Altdeutsches Namenbuch I 1263 f. ("sehr häufig"); Morlet, Noms de personne I 188 b. So auch Christmann, SNN I 486.
3) → 5.1.1.145.
4) → 5.1.1.86.
5) → 6.2.1.12.

546. **Reichweiler**, VG Kusel, D, Rheinland-Pfalz, Kusel:

Richwilre (1270 K.,1340 K. 15, 1431 Or. u.ö.); Rychwilre (1348 K. 15); Richwilr (1438 K.); Richwiler (1449 K., 1480 Or. u. ö.); Reichweiler (1527 K., 1541 K., 1545 Or. u. ö.).- Mda. *reichwile', -wele'* [1].

< *Rîchen-wîlâri* zum PN *Richo* [2], zum Stamm **rîk-a-* [3]. Nhd. Diphthongierung von mhd. [î] > [ei] [4] führt zur heutigen Lautung.

1) Quellennachweis: Mötsch, Regesten I Nr. 71;Schmitz-Kallenberg, Coesfeld Nr. 251; HStA München, Rheinpfälz. Urkunden Nr. 5006; PRV Nr. 269;Fabricius, Mannbuch Nr. 66; PRV Nr. 273; NRW Nr. 916; LHA Kobl. 24/539; NRW Nrr. 1088. 1121; Fabricius, Veldenz I 36; Jung, Gerichtsbuch Nr. 9; Dolch/Greule 384.
2) Förstemann, Altdeutsches Namenbuch I 1256; Morlet, Noms de personne I 190 a; vgl. auch Altpeter, Burglichtenberg 190. Zum gleichen PN stellt sich u.a. das elsässische Riquewihr/Reichenweyer (12. Jh. *Richenwilre*, 1291 *Richenwiler*, 1397 *Richwilr*, Belege nach Stoffel, Dictionnaire 151; Morlet, Noms de personne III 433 f.).
3) → 5.1.1.145.
4) → 6.2.1.12.

547. **?+Reichweiler**, bei Bubenhausen, D, Rheinland-Pfalz, kreisfreie Stadt Zweibrücken:

myne dorffer Richwilr und Bubenhausen (1273 K.) [1].

< *Rîchen-wîlâri* zum PN *Richo* [2].

1) Quellennachweis: Remling, Abteien I Nr. 16. Dolch/Greule 384 stellen den oben genannten Beleg zu Nr. 546. Vgl. aber auch Nr. 562.
2) → Nr. 546.

548. **?+Reichweiler**, unbekannt im Raum Niederkirchen, D, Saarland, St. Wendel:

Richwilre (1273 K., 1303 K.); Rychwilre (1304 Or.); zu Richwieller bey Sant Ketherin Ostern (1497 K. 16); Ketternostern Kriegelborn und Reichweiler (1587 Or.); Reichweiler (1784 Or.) [1].

< *Rîchen-wîlâri* zum PN *Richo* [2].

1) Quellennachweis: NRW Nrr. 296. 450; PRZ Nr. 456; Kath. Pfarrarchiv St. Wendel Bd. I S. 69; Jung, Gerichtsbuch Nr. 104; Stoll, in: Heimatbuch des Landkreises St.

	Wendel 13 (1969/70) 81. Bei allen Belegen ist nicht ganz sicher, ob sie nicht doch auf Nr. 546 bezogen werden müssen.
2)	→ Nr. 546.

Reigerßweiller (1594 Or.): → Nr. 563.

549. **+Reinvillers**, Gde. St. Nabord, F, Vosges, Remiremont:

FlN: Reinvillers [1].

< *Regîno-vîllâre zum romanischen PN Regînus [2]. In Erwägung zu ziehen wäre auch der germanische PN Ragin [3] in seiner umgelauteten Variante Regin; da der althochdeutsche Primärumlaut in SNN des Typs Avricourt allerdings sonst nicht bezeugt ist, ist diese Lösung sicherlich die weniger wahrscheinlichere. Die durch romanischen Schwund von intervokalischem [g] verursachte Kontraktion von <regin-> zu <rein-> führt zur überlieferten Namenform [4].

1)	Vgl. Marichal, Dictionnaire 358.
2)	Vgl. Schulze, Eigennamen 220; Kajanto, Cognomina 316.
3)	Förstemann, Altdeutsches Namenbuch I 1221 f.; Morlet, Noms de personne I 186 a. Zum Stamm *ragin-a- vgl. auch 5.1.1.141.
4)	Dazu ausführlich Kaufmann, Rufnamen 293 ff.

550. **Reipertswiller**, F, Bas-Rhin, La-Petite-Pierre:

ad Ripoldeswilre (12. Jh. 3. Viertel Or.); Ripoltzwilr (1331 Or.); Ripoltswilre (1335 Or.); Rypoltzwilre (1356 Or., 1394 Or.); Ryppoltzwilr (1359 Or.); Rippeltzwiler (1413 Or.); Ripoltzwilr (1427 Or., 1431 Or., 1433 Or.); Riperßwilr (1443 Or.); Rippertzwilr (1458 Or.); Rieppertzwiller (1530 Or.); Ryppelsweyler (17. Jh.) [1].

< *Rîhbaldes-wîlâri zum PN Rîhbald [2], komponiert aus den Stämmen *rîka- [3] und *balþ-a- [4]. Früher Schwund von vorkonsonantischem [h] ist für diesen PN gut belegt [5]; auch die Schreibung <-pold> für -bald ist ist für das südliche Rheinfränkische nicht ungewöhnlich [6]. Im SN kommt es in mittelhochdeutscher Zeit zur Abschwächung des Mittelsilbenvokals sowie (evtl. als analogische Angleichung an die häufigen Namen mit Zweitglied -bert) zum Liquidentausch [l] > [r] [7]. Der SN liegt außerhalb des Gebietes, in dem mhd.

[î] zu [ei] diphthongiert; amtliches *Reipertswiller* ist hyperkorrekt.

1) Quellennachweis: Perin, Seigneurie 728; Eyer, Regesten Nrr. 186. 201; Herr, Kirchenschaffnei Nrr. 3. 4. 8. 13. 17. 18. 38. 52. 79; AD BR G 5400 Nr. 8.
2) Vgl. Förstemann, Altdeutsches Namenbuch I 1258; Morlet, Noms de personne I 188 a. Morlet, Noms de personne II 425, die das alte *Rapertum villare* (Nr. 532) irrtümlch hier lokalisiert, denkt an den PN *Ratperht*, Dauzat/Rostaing 561, erwägen den seltenen PN *Ridperht* (vgl. Förstemann, Altdeutsches Namenbuch I 1274). Zum PN *Rihbald* stellt sich u.a. auch das schweizerische Rüppiswil (1194 *Ripoldiswilare*, zit. nach Bruckner, ONN-kunde 115) sowie im Berner Jura Rebeuvelier (±1184 *Ripoltswilre*, vgl. Perrenot, Toponymie 236).
3) → 5.1.1.145.
4) → 5.1.1.26.
5) Beispiele für den PN *Ribald* geben Förstemann, Altdeutsches Namenbuch I 1258; Morlet, Noms de personne I 191 a; LMR 268. Man beachte vor allem aus Weißenburger Überlieferung für das nördliche Elsaß a. 788 *Ribald* (DTW Nr. 125); offensichtlich personengleich mit dem 787 (DTW Nr. 72) und öfter genannten Mönch *Rihbald*.
6) Vgl. dazu bes. Braune/Eggers § 63 Anm. 3: "Übergang von a > o findet sich im zweiten Teile von Komposita, besonders vor l-Verbindungen in Eigennamen". Aus St. Gallen belegt Sonderegger, Vorakte 268 schon a. 787 *Liutpoldo*.
7) Vgl. Paul/Wiehl/Grosse § 106.

551. **Reisweiler**, Gde. Saarwellingen, D, Saarland, Saarlouis:

Reiswilre (1212 Or., 1237 Or., 1250 Or., 1251 Or., 1311 Or., 1329 Or., 1343 Or. u.ö.); Resswilre (1250 Or.); Resuvilre (1286 Or.); Rayswilre (1296 Or.); Reyswilre (1310 Or., 1373 Or., 1388 Or. u. ö.); Reysswilre (1343 Or.); Reißwilr (1404 Or., 1447 Or.); Reyßwilr (1433 Or., 1443 Or., 1454 Or., 1477 Or. u.ö); Reißwiller (1466 Or., 1482 K.16 u.ö.) Reyßwyler (1469 Or.); Reyswiler (1472 Or.); Reyßwiler (1473 Or., 1484 Or. u.ö.); Reiswiler (1485 Or.); Reyßweiller (±1540 Or.) [1].

Da bei Annahme eines stark flektierten PN *Ragi, Regi* [2] vor folgendem [w] wohl mit einem Wandel des Flexions-[s] > [ʃ] zu rechnen wäre [3], dürfte altes *Regizen-wîlâri* zum PN *Regizo* [4] (dieser stellt sich zum aus *ragin-a-, *ragan-a-* verkürzten Stamm *ragi-* [5]) vorliegen. Die Belege zeigen zum Teil Reduktion des durch westmitteldeutschen Schwund von intervokalischem [g] [6] entstandenen Diphthongen [ei] > [ẹ̄] [7].

1) Quellennachweis: BRW Nr. 58 (vgl. PRZ Nr. 42; JRS Nr. 204; Ausfeld, Fraulautern Nr. 10); BRW Nr. 119 (vgl. JRS Nr. 327; Ausfeld, Fraulautern Nr. 19); Ausfeld, Fraulautern Nrr. 27. 32; JRS Nr. 937; BRW Nr. 439; AD MM B 566 Nr. 74; BRW Nr. 138 f.; LA Sbr. Nass.-Sbr. II Nr. 5502; Ausfeld, Fraulautern Nr. 67; JRS Nr. 927;

AD MM B 566 Nr. 75; LA Sbr. Fraulautern Nr. 160; AD MM B 566 Nr. 73; LA Sbr. Nass.-Sbr. II Nr. 1012; AN Lux. A 52 1575; LA Sbr. Nass.-Sbr. II Nrr. 1162. 5506; LA. Sbr. Münchweiler Urk. Nrn. 16. 35; LA Sbr. Fraulautern Nr. 203; LA. Sbr. Münchweiler Urk. Nr. 41 f° 2r°. 28. 32 f.; LA Sbr. Fraulautern Nr. 216; AD MM B 585 Nr. 124 f° 3v°; LA Sbr. Nass.-Sbr. II Nr. 2457 D. Eine Identifizierung des Fraulauterner Frühbesitzes in *Radisville* (1154 Or., 1155 K.13, vgl. Ausfeld, Fraulautern Nr. 1 f.) mit Reisweiler, wie sie u.a. Müller, ONN II 71, versucht hat, läßt sich mit sprachwissenschaftlichen Argumenten nicht begründen. Das später in Fraulauterner Quellen nicht mehr faßbare Allod dürfte wie das mitgenannte *allodium apud Vilare et vineas in monte Bovarie* im Raum Neumagen zu suchen sein.

2) Förstemann, Altdeutsches Namenbuch I 1240.
3) → 4.3.
4) Förstemann, Altdeutsches Namenbuch I 1241; Morlet, Noms de personne I 188 a.
5) → 5.1.1.141.
6) → 6.2.2.4.
7) → 6.2.1.10.

552. **+Reisweiler**, heute Reismühle sö. Krottelbach, VG Glan-Münchweiler, D, Rheinland-Pfalz, Kusel:

Rysewiller (1436 Or., 1446 Or.); Riswill[e]r (1460 Or.); Risewiler (1480 Or.); Reisweiler (1585/88 Or., 1767 Or.); Reußweiler (1600 Or.); Reisweilermühle (1824) [1].

< *Rîsen-wîlâri* zum PN *Riso* [2], mit nhd. Diphthongierung [î] > [ei] [3], in frühneuhochdeutschen Quellen zum Teil mit hyperkorrekter Rundung des Diphthongs zu [eu] [4]. <rîs-> ist mit Kaufmann [5] wohl westfränkischer Sekundärstamm aus <rîd-> + [s] [6].

1) Quellennachweis: LA Speyer B 3/1011 f° 8; LA Speyer B 3/938 f° 2; LA Speyer A 2/138.2 f° 10v°; LA Speyer B 3/924 f° 7; LA Speyer B 7/90, 477; HStA München II Kasten blau 403/3 (1); LA Speyer B 2/321.4 f° 24; Kolb, Verzeichnis 68. Vgl. Christmann, SNN I 493. II 446; Dolch/Greule 385 f. Die Zuordnung des dort zitierten *Baldemarus de Resvilre* bzw. *Rasewilre*, 1292 und 1300 für einen Gönner der Abtei Remigiusberg, scheint mir nicht hinreichend gesichert, vgl. auch Nr. 534.
2) Förstemann, Altdeutsches Namenbuch I 1279, vgl. Dolch/Greule 386.
3) → 6.2.1.12.
4) → 6.2.1.8.
5) Kaufmann, Rufnamen 315; ders., Ergänzungsband 293.
6) Förstemann, Altdeutsches Namenbuch I 1272 ff.; Kaufmann, Ergänzungsband 291.

553. **+Reisweiler**, unbekannt im Raum Schmelz, D, Saarland, Saarlouis/Merzig-Wadern:

Ryßwilr (1443 K.); hiderstorff riswilr bettingen (1457 Or.); Ryswiler (1491 Or.) ¹.

< *Rîsen-wîlâri zum PN Rîso ² ? Die jeweils in Urkunden der Herren von Hagen zur Motten ³ genannten <i>-haltigen Formen können schwerlich zu Reisweiler (Nr. 551) gehören, das anders abzuleiten ist, wenngleich dieses Geschlecht auch dort über frühen und reichhaltigen Besitz verfügte ⁴.

1) Quellennachweis: LA Sbr. Nass.-Sbr. II Nr. 5405 f° 214 r°; LA Sbr. Münchweiler Urk. Nr. 21; LA Sbr. Nass.-Sbr. II Nr. 5508.
2) Vgl. Nr. 552.
3) Zu dieser Familie ausführlich Hoppstädter, in: ZGSG 12 (1962) 27-94.
4) Vgl. z. B. LA Sbr. Nass.-Sbr. II Nrr. 5502-5507; LA Sbr. Best. Münchweiler Urk. Nrr. 16. 32; MRR IV Nr. 1332; Hoppstädter, in: ZGSG 12 (1962) 53.

554. **Remanvillers**, Gde. Ferdrupt, F, Vosges, Le Thillot:

Remanviller (1419 Or., 1594 K.17); Remanvillers (1493 Or., 1658).- Mda. *rmãvlẽ* ¹.

< *Rôdmanno-vîllâre zum wfrk. PN *Rôdmannus* ², komponiert mit Hilfe der Stämme *hrôþ-* ³ und *mann-ø-* ⁴. Im PN ist anlautendes [hr] zu [r] erleichtert ⁵; außerdem ist mit romanisch bedingter früher Assimilation des vorkonsonantischen Dentals an folgendes [m] ⁶ zu rechnen. Die Abschwächung des Vortonvokals zu [e] ist dialekttypisch ⁷.

1) Quellennachweis: BN Paris ms. naf. 1286 f° 84v°; Alix 62; AD MM B 2348 f° 35; Morizot, in: Le Pays de Remiremont (1980) 41; Bloch, Parlers XII.
2) Förstemann, Altdeutsches Namenbuch I 911; Morlet, Noms de personne I 137 b. Der häufige romanische PN *Romãnus* ist wegen der abweichenden Entwicklung des lat. Suffixes *-ãnus* zu frz. *-ain* (vgl. den bei Morlet, Noms de personne III 170, zitierten SN Romainville) auszuscheiden. Wenig wahrscheinlich ist wegen des heutigen <-an-> in der Wortfuge des SN die von Gamillscheg, Siedlung 149, vorgeschlagene Grundform *Rimône-vîllâre. Ein PN *Rim-man ist nicht belegt und, da sich das Zweitglied <-mannus> nur mit bestimmten, semantisch "passenden" Erstgliedern verbindet, auch nicht sehr wahrscheinlich.
3) → 5.1.1.102.
4) → 5.1.1.122.
5) → 5.3.6.

6) Vgl. Rheinfelder § 553.
7) → 6.1.1.9.

555. **+Remberviller**, Gde. Parroy, OT Coincourt, F, Meurthe-et-Moselle, Arracourt:

FlN: Remberviller ¹.

< *Raimberto-vîllâre zum wfrk. PN *Raimbertus* ², komponiert aus den Elementen *ragin-a-* ³, mit romanischer Kontraktion <raim-> ⁴, und *beryt-a-* ⁵, bzw. *Rimberto-vîllâre zum wfrk. PN *Rimbert, Rembert* ⁶. Der Stamm *rim-i(s)-* dürfte sich zu got. *rimis* 'Ruhe' stellen ⁷.

1) Quellennachweis: Nap. Kat. Vgl. aber auch (möglicherweise für das gleiche Siedlungsobjekt ?) den FlN *Emberviller* (Nr. 173) in der gleichen Gemeinde. Aus namenkundlicher Sicht sind beide Formen unvereinbar.
2) Förstemann, Altdeutsches Namenbuch I 1224.
3) → 5.1.1.141.
4) Rheinfelder § 740; Kaufmann, Rufnamen 294.
5) → 5.1.1.30. Afrz. *Rembert* entsteht durch romanischen Wandel von diphthongischem [ai] > [ẹi] > [ẹ], vgl. Rheinfelder § 272; Kalbow, PNN 108.
6) Morlet, Noms de personne I 190, vgl. auch Förstemann, Altdeutsches Namenbuch I 1275.
7) → 5.1.1.146. Über -*is*-haltige Stämme und deren verkürzten Varianten vgl. ausführlich Schramm, Namenschatz 36.

Rembervillers (1248 K. u. ö.): → Nr. 530.

556. **Remmesweiler**, Stadt St. Wendel, D, Saarland, St. Wendel:

Rymetzwilre (1343 K.); Rymerswilre (1421 Or., 1432 Or., 1443 K., 1474 Or. u.ö.); Rymerswilr (1427 Or., 1464 K.15); Rymerßwiller (1429 K.16, 1490 K.16); Rymerswilr (1441 Or., 1460 Or., 1473 Or., 1477 Or., 1491 Or.); Rymmerßwilr (1445 Or.); Rymmerßwilre (1449 Or.); Rymeswilre (1460 Or.); Rymeßwilr (1471 Or.); Remerßwil[e]r (1493 Or.); Rimerßwiller (1537 Or., ±1583 Or. u.ö.); Remeßweiler (1572 Or.); Remmesweiller (1764). - Mda. *remeswelerᵉ* ¹.

Die mundartliche Lautung des SN weist, da [rs] vor [w] in vergleichbaren SNN durchweg als [rʃ] erhalten ist ², die auf die Stämme *har-ja-*³ oder mêr-a- [4] weisenden [r]-haltigen Belege wohl als vervollständigende Schreibungen aus, wie sie vor allem in der Kanzlei der Saarbrücker Grafen üblich waren. Falls also nicht doch mit Assimilation [rs] >´ [s] zu rechnen ist, wegen des mit Christmann [5] im Stammvokal des Erstgliedes anzunehmenden kurzen [i] am ehesten zu einem PN *Rimoin* (< *Rim-win) > *Rimenus [6]. Die <e>- Schreibungen im Erstglied des PN zeigen mitteldeutsche Senkung von [i] [7]; auslautendes [n] des Zweitgliedes ist an folgendes [s] assimiliert.

1) Quellennachweis: JRS Nr. 1388 (Der Kontext der Urkunde legt eine Identifizierung mit Remmesweiler zumindest nahe: Sibod von Exweiler trägt seine Mannen Reimbald von Saarbrücken und Michel von Marpingen und dazu alle Mannen, die ihm von seinem Onkel Sibod von Landstuhl zufallen, und alle seine Eigengüter in *Wysenbach* und R. dem Erzbischof von Trier zu Lehen auf und erhält alles als Burglehen von St. Wendel wieder) ; Herrmann, Betreffe 44; LA Sbr. Nass. Sbr. II Nr. 207; TUH II Nr. 302; LA Sbr. Nass. Sbr. II Nrr. 1049. 1126. 2768 f° 12r°. 5404 f° 65v°. 5405 f° 237v°; LHA Kobl. 54R 170; LA Sbr. Nass. Sbr. II Nrr. 1123 f. 1129. 5754 f. 5776; LHA Kobl. 54 H 1266; LA Sbr. Nass. Sbr. II Nr. 2805 f° 27; LA Sbr. Helmstatt Urk. 194; Fürst, Einwohnerverzeichnisse 8. 32; Jung, Gerichtsbuch Nr. 102; Rassier, in: Heimatbuch des Kreises St. Wendel 14 (1971/72) 149.
Keinesfalls hierher zu stellen ist der 1307 genannte *Godelmann von Remeswilre* (JRS Nr. 876); hier ist wohl *Dorneswilre (für Torcheville, Nr. 618) zu lesen.
2) → 4.3.
3) → 5.1.1.87.
4) → 5.1.1.127.
5) Christmann, in: Saarbrücker Hefte 1 (1955) 52. Müller, ONN II 71, und Pöhlmann, Bliesgau 112, hatten den PN *Rihmar* angesetzt.
6) Förstemann, Altdeutsches Namenbuch I 1276; Morlet, Noms de personne I 190 b. Zu den enthaltenen Namenstämmen vgl. 5.1.1.146. und 5.1.1.171.
7) → 6.2.1.5.1.

557. **+Remmweiler**, sö. Ohmbach, VG Schönenberg-Kübelberg, D, Rheinland-Pfalz, Kusel:

FlNN: *auff dem Remmweiler* (1713 Or.); *untig dem Remmweiler* (1751/57); *untig dem Rennweiler woog* (1753); *das Remmweiler wäldgen* (1768); 1990 amtl. Rennwäldchen, mdal. *s'Rennwiller* [1].

< *Remen-wilâri zum PN *Rimo* [2] > wfrk. *Remo [3], mit volksetymologisch motiviertem Übergang *Remm-* > *Renn-* [4].

1) Quellennachweis: LA Speyer F 29/29II ff° 2. 6v°; LA Speyer F 2/95a, S. 168; Dolch/Greule 386 f.
2) Förstemann, Altdeutsches Namenbuch I 1274; zum Stamm → 5.1.1.146.

3) Mit romanischer Vokalsenkung [i] > [e], vgl. 5.3.1. Haubrichs, SNN 274 Anm. 215, denkt auch an *Remo als Variante des häufigen lat.-rom. PN *Remus* (vgl. Schulze, Eigennamen 219. 581; Kajanto, Cognomina 50. 202; Strohekker, Adel 208).
4) Vgl. Dolch/Greule 387.

558. **+Remonvelet**, Gde. Martigny-les-Bains, F, Vosges, Lamarche:

FlN: Remonvelet ¹.

< *Rimône-vîllâre zum ahd. PN *Rimo* ², mit romanischer Vokalsenkung [i] > [e] ³.

1) Vgl. Marichal, Dictionnaire 361.
2) Förstemann, Altdeutsches Namenbuch I 1274.
3) → 5.3.1.

559. **+Remschviller**, Gde. Bousseviller, F, Moselle, Volmunster:

(Güter) zu Hanewiler die man sprichet Reymeschwilers gut (1365 K.); Remschweiller (1443 K.); Remßwil[e]r (1473 Or.); Reymschwiler (1524 Or.); Reymsweyler (1547 Or.); Remschweiler (1571 K.); Rembsviller, desert (1692); ban de Remschweiller, var. Reimschwiller (1785 Or.).
FlN: Remschviller (1837) ¹.

< *Regi(n)mares-wîlâri zum PN *Regi(n)mar* ², komponiert mit Hilfe der Stämme *ragin-a-* (bzw. verkürzt *ragi-*) ³ und *mer-a-* ⁴. Durch mitteldeutschen [g]-Schwund ⁵ entwickeltes [ei] im Erstglied des PN wird in jüngerer Zeit zu [ę] vereinfacht ⁶. Im Zweitglied führt Totaldissimilation des zweiten [r] ⁷ und Entwicklung von [s] > [ʃ] vor [w] ⁸ zur heutigen Lautung.

1) Quellennachweis: LA Speyer F 1/5 f° 60v°; StA Darmstadt D 21/ B 4. 14 f° 44r°; AD MM B 571 Nr. 13; AD MM B 572 Nr. 18; AD MM 571 Nr. 15; LA Speyer C 19/324; StA Darmstadt D 21/B 4. 18 f° 43r°; Hiegel, Dictionnaire 283; AD Mos Cartes et plans Nr. 986; Nap. Kat. Vgl.Bouteiller, Dictionnaire 213 (wo der zum Jahr 1273 genannte Beleg *Rimeswilre* zu streichen ist; er stellt sich zu Nr. 568); Durival III 345; Langenbeck, Wüstungen 108.
2) Vgl. Förstemann, Altdeutsches Namenbuch I 1235.
3) → 5.1.1.141 f.
4) → 5.1.1.127.
5) → 6.2.2.4.

6) → 6.2.1.10.
7) Paul/Wiehl/Grosse § 106.
8) → 4.3.

560. **+Remueviller**, Gde. Blémerey, F, Meurthe-et-Moselle, Blâmont:

FlN: lou prei q[on] dist a Remueviller (1293 Or.)¹.

Am ehesten < *Rîcmôdo-vîllâre zum recht häufigen wfrk. PN Rîcmôdus ², komponiert aus den Elementen *rîk-a- ³ und *môd-a-, *môd-i⁴ , doch kommen für das Erstglied des PN auch andere Stämme in Frage, insbesondere solche, die im Stammvokal [a] (das in lothringischer Entwicklung zu [e] palatalisiert wird ⁵) oder [o] (das sich in Lothringen zu [e] abschwächt ⁶) zeigen.

1) Quellennachweis: AD MM B 580 Nr. 14.
2) Förstemann, Altdeutsches Namenbuch I 1268; Morlet, Noms de personne I 189 a.
3) → 5.1.1.145, zum Vortonvokal 6.1.1.7.
4) → 5.1.1.129.
5) → 6.1.1.1.
6) → 6.1.1.9. Die stammauslautenden Konsonanten der möglichen Erstglieder assimilieren sich an den Anlaut des Zweitgliedes.

561. **+Remuneuuilare**, bei Hilbesheim, F, Moselle, Fénétrange:

in uilla Rimoni ... super fluuio Hisca (712 K.9); in pago Saroinse in uilla Rimoni ... super fluuio Isca (712 K.9); in Cilbociaga marca in Remuneuuilare (713/14 K.9); ? in uilla Remuneuuilare (715 K. 9); ? in Rimuneuillare (715 K. 9); ? in uilare Rimane < *Rimone (718 K. 9); ? in pago Sarahgauue in uilla qui uocatur Rimenuilare (798 K. 9); ? in pago Saroinse in Rimonouilare (807 K. 9) ¹.

< *Rimône-vîlla / -vîllâre zum PN Rimo ², mit romanischer Vokalsenkung [i] > [e] ³.

1) Quellennachweis: DTW Nrr. 234. 237. 244 (Identifizierung und Analyse des mitgenannten SN Cilbociaga marca bei Buchmüller-Pfaff, SNN 249) 239. 226. 195. 211. 201. Ohne durchschlagende Argumentation, nämlich allein aufgrund des Umstandes, daß eine präzise Lageangabe "an der Isch" bzw. "bei Hilbesheim" fehlt, identifiziert der Herausgeber der Weißenburger Urkunden, A. Doll, die oben genann-

ten Belege zum Teil mit Rimsdorf (Nr. 569). Das einzige einigermaßen vertretbare Kriterium für eine Zuweisung einzelner Belege zu dem einen oder anderen Objekt scheint mir indessen eine saubere Trennung nach der Deklination des PN zu sein, welche ohne sachliche Probleme durchführbar ist. Belege mit schwacher Flexion des PN wären also eher zu *Remuneuuilare* an der Isch, solche mit starker Flexion zu Rimsdorf zu stellen. Diese Sortierung bietet natürlich ebenfalls keine absolute Sicherheit, da in der frühmittelalterlichen Namengebung stark und schwach flektierte Varianten des gleichen PN, zuweilen auch für den gleichen Namenträger, nebeneinander verwendet werden konnten. Ohne Not sollte man jedoch meines Erachtens nicht mit solchen Variationen argumentieren.

2) Förstemann, Altdeutsches Namenbuch I 1274.
3) → 5.3.1.

562. **? +Reschweiler**, sö. Maßweiler, VG Thaleischweiler-Fröschen, D, Rheinland-Pfalz, Pirmasens:

FlNN: Reschwiler Bruck (1564 Or.); Reschweiler Brücke (1705) [1].

Ohne ältere Formen nicht sicher zu deuten. Vielleicht (falls nicht doch mit Rieschweiler (Nr. 566) oder +Reichweiler (Nr. 547) zu identifizieren ist) tatsächlich - dann mit Monophthongierung des durch mitteldeutschen [g]-Schwund entstandenen Diphthongen zu [e] [2] - zum PN *Ragi, Regi* [3], eventuell auch zum gut belegten PN *Recho* [4].

1) Quellennachweis: Stella, Karte 8; Kirchenschaffneiarchiv Zweibrücken, Rep. IV 2361; vgl. Christmann, SNN I 494; Dolch/Greule 387.
2) → 6.2.1.10; 6.2.2.4. So Dolch/Greule 387.
3) Förstemann, Altdeutsches Namenbuch I 1240.
4) Morlet, Noms de personne I 188a; LMR 266; zum PN *Rech* vgl. Kaufmann, Ergänzungsband 291 (dort zu ahd. *re(c)chen* '(sich) ausdehnen, entfalten', Schützeichel, Wörterbuch 151).

Resseviller, FlN Gde. Vahl-lès-Bénestroff: → Nr. 76.

Resvilre (Baldemar von): → Nr. 534.

Reuschwiller (1535 Or.): → Nr. 566.

Reuweiler (1473 K. u. ö.): → Nr. 537.

563. **Reyersviller**, F, Moselle, Bitche:

Reigerssweiller (1594 K.17); Reiharszweiler (1602); Reyerschweiller (1626); Rayersweiller (1681); Reyersweiller (1758 Or.)[1].

< *Regiheres-wîlâri zum PN Ragihari, Regiher [2], komponiert aus den Elementen *ragin-a- [3] (bzw. verkürztem *ragi-) und *har-ja- [4], mit mitteldeutschem Schwund von intervokalischem [g] im Erstglied des PN [5] und regelhafter Entwicklung von [rs] > [rʃ] in der Wortfuge [6].

1) Quellennachweis: Alix 110. 141; Touba, Bitche 101; Bouteiller, Dictionnaire 215; Marcus, Verreries 180; AD Mos Cartes et Plans Nr. 986-88. Vgl. Hiegel, in: ASHAL 78 (1978) 156; ders., Dictionnaire 285. Der von Bouteiller, Dictionnaire 212, genannte Erstbeleg *Ryswilre* ist zu streichen; nach BRW Nr. 230 ist *Eyswilre* (= Nr. 188, keinesfalls mit AT II 259 "Reisweiler im Köllerthale") zu lesen. Ebenfalls verlesen ist das von AT II 259, angegebene *Reywilre* (< *Ropewilre, für Roppeviller (Nr. 574), dort Hinweise auf die Originalüberlieferung der zitierten Herzogsurkunde). Unrichtig ist angesichts der älteren Belege die von Behaghel, Weiler-Orte 48, übernommene Beurteilung des Ortes als Neugründung des ausgehenden 19. Jhs. durch RL III 883. Tatsächlich verzeichnet der *Atlas du comté de Bitche* (1758) Reyersviller nur als Kleinsiedlung ohne eigenen Bann; der Aufstieg zur Gemeinde muß zwischen 1779 (Durival, nicht erwähnt) und 1817 (bei Viville, Dictionnaire 342, als Gemeinde genannt) erfolgt sein.
2) Vgl. Förstemann, Altdeutsches Namenbuch I 241; Morlet, Noms de personne I 183 a; Dauzat/Rostaing 565, wo allerdings die Hinweise auf den PN *Riso* (nach falsch zugeordneten Belegen aus Bouteiller, vgl. Anm. 1) zu streichen sind.
3) → 5.1.1.141 f.
4) → 5.1.1.87.
5) → 6.2.2.4.
6) → 4.3.

564. **+Reynwiler**, unbekannt im Oberen Saargau:

Reynwiler (1473 Or.)[1].

< *Reginen-wîlâri zum PN Regino [2], zum Stamm *ragin-a- [3] mit mitteldeutscher Kontraktion von /egi/ > /ei/ [4].

1) Quellennachweis: HRS Nr. 1236: Kaiser Friedrich III. belehnt Graf Nikolaus von Mörs-Saarwerden mit den Zöllen auf der hohen Geleitstraße *zu Buckenheim, zu Sarwerden, zu der allten Matten zu Hyrßlannde, zu R., zu Mackwiler* und sonst allenthalben in der Grafschaft Saarwerden.
2) Förstemann, Altdeutsches Namenbuch I 1222; Morlet, Noms de personne I 186.

3) → 5.1.1.141.
4) → 6.2.1.10.

565. **Richweiler**, Gde. Nohfelden, OT Mosberg-Richweiler, D, Saarland, St. Wendel:

Ruchwilre et Moseberg (1335 Or.); Ruchwiller (1502 Or.); Richwiler (1510); Richwiller (1609 Or.)[1].

< *Rôssichen-wîlâri ? Ein sekundäres Namenelement <rôss-> entsteht im westfränkischen Bereich unter romanischem Einfluß aus *hrôþ-[2] + westfränkisch-romanischem s-Suffix[3] mit anschließender romanischer Assimilation des stammschließenden Dentals an folgendes [s][4]. Der konstruierte PN verbindet dieses sekundäre romanisierte Namenelement mit einem im Althochdeutschen verschobenen k-Suffix[5]. Der Suffixvokal [i] löst Umlaut von altem ([ô] bzw.) [uo] > [üe] aus[6], das im westmitteldeutschen Raum früh vereinfacht wird[7]. Vor Mehrfachkonsonanz kommt es zur Kürzung dieses Langvokals[8] mit anschließender Entrundung zu [i][9].

1) Quellennachweis: LHA Kobl. 1 A Nr. 4845; LHA Kobl. 1 E 1350; Baldes, Birkenfeld 427; Kath. Pfarrarchiv St. Wendel, Reg. Hannig. Die Belege werden in der Literatur häufig mit solchen für das nahe gelegene Rückweiler (Kr. Birkenfeld, vgl. z. B. 1334 Or. *Rockewilre*, 1411 Or. *Rieckwilr*, LHA Kobl. 1 A Nr. 4819; Mötsch, Regesten III Nr. 3455) vermengt.
2) → 5.1.1.102.
3) → 5.2.
4) → 5.3.10.
5) → 5.2.
6) → 6.2.1.1.
7) → 6.2.1.9.2.
8) → 6.2.1.4.
9) → 6.2.1.7.

566. **Rieschweiler**, VG Thaleischweiler-Fröschen, D, Rheinland-Pfalz, Pirmasens:

Ruswilre (1294 Or.); Russwilr (1298 K.16); Russewilre (1361 K.); Ruswiller (1410/59 Or.); Ruschwilr (1427 Or., 1464 Or.); Ruschwiler (1437 K.); Rußwyler (1485 Or.); Russwiller (1503 K.); Reuschwiller (1535 Or.); Rieschweiller (1555 Or.); Rischwiler (1564 Or.); Rüschweyler (1735). - Mda. *riischwile*ʳ [1].

< *Ruozzînes-wîlâri zum PN Ruozzîn ², komponiert mit Hilfe des um ein s-Suffix ³ erweiterten Stammes *hrôp- ⁴. Unter Umlautbedingungen entwickeltes [üe] im Stammvokal des PN ⁵ wird im Westmitteldeutschen früh zu [ü:] monophthongiert ⁶, dieses in der Folge zu [î] entrundet ⁷. <eu>-Schreibungen sind Diphthongierungen von [ü:]. Schon in den ältesten Belegen des 13. Jhs. zeigt sich in diesem SN Assimilation [ns] > [s], an das sodann auch die stammauslautende Affrikata assimiliert wird, vor folgendem [w] wird [s] > [ʃ] ⁸.

1) Quellennachweis: PRZ Nrr. 361. 399; Sauerland, Regesten Lothringen II Nr. 1391; LA Speyer F 1/119 a f° 29v°; AD BR 24 J 111; Molitor, Urkundenbuch Nr. 48; LA Speyer B 3/283 f° 25; LA Speyer B 3/285 f° 1; Glasschröder, Urkunden 751; LA Speyer B 3/419 f° 4v°; Roth, Urkunden 46; Stella, Karte 8; LA Speyer B 2/1273. 6 f° 19; vgl. Christmann, SNN I 498; Dolch/Greule 390.
2) Förstemann, Altdeutsches Namenbuch I 891; vgl. Christmann, SNN I 390. Kaufmann, Pfälz. ONN 234, und Dolch/Greule (wie Anm. 1) gehen vom Kurznamen *Ruozo* mit *-in*-Genitiv aus, vgl. dazu aber Kapitel 4.3.
3) → 5.2.
4) → 5.1.1.102.
5) Paul/Wiehl/Grosse § 83.
6) → 6.2.1.9.1.
7) → 6.2.1.7.
8) → 4.3.

567. **Riesweiler**, Stadt Blieskastel, OT Brenschelbach, D, Saarland, Saar-Pfalz-Kreis:

in Riswillri marcha (960 K. 1430); Rißweylre (1304 K.16); Rissweiler (1308 K.); Risewilre (1314 Or.); Risweyler (1339 K.); Ryesswilre (1357 K.). - Mda. *riiswile*ʳ ¹.

< *Rîsen-wîlâri zum PN Rîso ². Die Diphthongierung von [î] > [ei] unterbleibt im Bereich des sogenannten "ostlothringischen Monophthongierungsgebietes" ³.

1) Quellennachweis: Crollius, Observationes 264 Nr. 13; PRZ Nr. 447; NRH Nr. 170; HStA München, Rheinpfalz. Urkunden Nr. 2974; NRH Nrr. 227. 269. Vgl. auch Christmann, SNN I 498 f.
2) Förstemann, Altdeutsches Namenbuch I 1279; vgl. auch Kaufmann, Pfälz. ONN 234.
3) → 6.2.1.12.

?+Riesweiler, nach Hoppstädter/Herrmann/Klein, Landeskunde I 95, und anderen als Wüstung bei Bous (Kr. Saarlouis) genannt: nach Staerk, Wüstungen 343, ohne eindeutig zuweisbare Belege, vgl. aber in einer Urkunde des Heinz von Völklingen, Schultheiß zu Saarbrücken, vom Jahr 1469 (K., LA Sbr. Nass.-Sbr. II Nr. 3285) *Ryswilre*. <ei>-haltige Formen sind zu Nr. 551 zu stellen. Keinesfalls hierher auch ein von MRR IV Nr. 1255, Jungandreas, Lexikon 858, und anderen zum Jahr 1285 genanntes *Ryswilre*, das von Johanna von Clairmont, der Tochter des Saarbrücker Grafen, an das Kloster Wadgassen geschenkt wird. Hier ist richtig *Eyswilre* zu lesen und mit Nr. 188 zu identifizieren.

Rimouilare (807 K. 9): → Nr. 569.

568. **Rimschweiler**, D, Rheinland-Pfalz, kreisfreie Stadt Zweibrücken:

Rimeswilre (±1200 Or., 1273 Or., 1328 Or. u.ö.); Rimeswylre (1304 Or.); Rimschweiler (1344 K., 1349 K. u.ö.); Rimschwiler (1485 K.); Rym[m]-erßwille[r] (1489 Or.); Rimschweyler, var. Reimschweyler (1547 K.16); Rimswiler (1564 Or.); Rembßweiler (1596 Or.). - Mda. *rimschwile* [r 1].

Mit Ausnahme eines ganz isoliert stehenden Diphthongierungsbeleges [2] indizieren historische Formen (zum Teil mit mitteldeutscher Senkung [i] > [e] [3]) wie mundartliche Lautung für den Stammvokal des Bestimmungswortes ursprüngliche Kürze [4]; daher wohl ein altes **Rimes-wîlâri*, komponiert mit Hilfe des im SN-Schatz des Untersuchungsraumes ausgesprochen häufigen PN *Rim* [5]. *Rymmerßwiller* wäre dann vervollständigende Schreiberform.

1) Quellennachweis: BRW Nr. 50 (vgl. PRZ Nr. 27); NRH Nr. 106 (vgl. PRZ Nr. 215); NRH Nr. 208; Mone, in: ZGORh. 14 (1862) 61; Buttmann, in: Westpfälz. Geschichtsblätter 16 (1912) 26; NRH Nr. 469; StA Trier WW 38 f° 6v°; Kampfmann, Beiträge 15 f.; Stella, Karte 11; Kirchschaffneiarchiv Zweibrücken, Werschweiler Schaffneirechnung f° 5; vgl. Christmann, SNN I 500; Dolch/Greule 390 f.
2) Die wohl hyperkorrekte <ei>-Schreibung findet sich in der betreffenden (kopialen) Quelle "in der Überschrift, die nicht diphthongierte Form mehrfach im Text" (Dolch/Greule, wie Anm. 1).
3) → 6.2.1.5.1.
4) Auf der Basis der von Christmann, SNN I 500, vorgegebenen Formenliste, die gerade für diesen Namen einige Fehllesungen und Fehlzuweisungen enthält, welche ein doch recht uneinheitliches Bild vermitteln, vermochte Kaufmann, Pfälz. ONN 234, die Frage der Vokalqualität nicht zu entscheiden; Dolch/Greule plädieren auf Grund des in Anm. 2 angesprochenen Beleges für alte Länge.

5) Förstemann, Altdeutsches Namenbuch I 1274.

569. **Rimsdorf**, F, Bas-Rhin, Sarre-Union:

de Rimouilare (807 K. 9); in pago Saroinse in uilla et in marca que dicitur Rimuuuilare (812 K. 9); Rimstorff (1333 K., 1349 K.); Rimestorf (1350 Or., ±1350 Or. u.ö.) ¹.

< *Rimo-vîlâre / *Rimes-dorf zum ahd. PN Rim ².

1) Quellennachweis: DTW Nrr. 238. 201; HRS Nrr. 277. 395. 397; HRS Beilage IX. Der Herausgeber der Weißenburger Urkunden, A. Doll, stellt zum Teil auch Belege wie Rimone villa, Rimone villare, etc., hierher. Diese gehören jedoch wegen der schwachen Flexion des PN wahrscheinlich zu +Remune uuilare an der Isch (Nr. 561).
2) Vgl. Förstemann, Altdeutsches Namenbuch I 1274.

570. **+Rimweiler**, Gde. Namborn, OT Hirstein, D, Saarland, St. Wendel ¹:

Rymwilre (1335 Or.); Reymwilre (1345 Or., 1347 Or.); Rumvilre (1463 K.); Rinweiler (1472 K.); Rymweiler (1515) ².

< *Hrîmen-wîlâri zum PN *Hrîmo ³. Die in Lesung und Zuordnung unzweifelhaften <ey>-haltigen Formen möchte ich nicht unbedingt als frühe Diphthongierungsbelege werten, sondern ähnlich wie beim SN Eiweiler (Nr. 170) als "Auflösungen" der vor allem im Trierer Raum (die betreffenden Quellen stammen aus der Kanzlei des Trierer Erzbischofs) speziell für [î] stark verbreiteten Graphie <y> mit übergesetztem Index ⁴ betrachten. In der weiteren Entwicklung kommt es vor Nasal + [w] zur Kürzung des Stammvokals ⁵.

1) Hinweise auf diese Wüstung bei Staerk, Wüstungen 347 ff. Staerk verschmilzt +Rimweiler mit dem offenbar ganz in der Nähe zu suchenden +Rothsweiler (Nr. 577); dies läßt sich namenkundlich jedoch nicht rechtfertigen.
2) Quellennachweis: LHA Kobl. 1 A Nr. 4844 (vgl. auch PRZ Nr. 568); LHA Kobl. 1 A Nrr. 5250. 5454; Pöhlmann, Bitsch Nr. 82; LA Sbr., Best. Herzogtum Lothringen, Repertorium I 21 (mit Hinweis auf den Lagerort des Stückes: LHA Kobl., Best. Sötern, dort aber nicht aufzufinden); Hannig, Regesten 54 (vgl. Baldes, Birkenfeld 430).
3) Vielleicht gehören die bei Förstemann, Altdeutsches Namenbuch I 1274, genannten Beispiele für den PN Rimo zum Teil hierher. Einen entsprechenden Namenstamm

4) unsicherer Etymologie nennt Kaufmann, Ergänzungsband 198.
4) → 6.2.1.12.
5) → 6.2.1.4.

571. **+Ringweiler**, j. Ringweilerhof sw. Hornbach, VG Zweibrücken-Land, D, Rheinland-Pfalz, Pirmasens:

Rinkweiler (1216 K.); Rincwilre (1303 Or., 1367 Or.); Rinckewilre (1363 Or.); Rinkwilre (1367 Or.); Rynkwilre (1400 Or.); Ringwilre (1456 Or.); Rynchwilre (1457 Or.); Rinkwiler (1477 Or.); Rinckwiller (1485 Or.); Rinckwiler (1486 K., 1487 K.); cense de Rinckweiller ban de Hornbach (1758 Or.)[1].

< *Rinken-wîlâri zum PN Rinko[2], zum Stamm *hring-a-, den schon Förstemann an ahd. ring, rinc(h) 'Ring, Versammlung'[3] anschließt, mit expressiver Verschärfung von [ng] > [nk][4]. Erwartbar ist die Abschwächung der Verschlußfortis [k] zur stimmlosen Verschlußlenis [g] (1367 Rinkwilre > 1456 Ringwilre), die postnasal sonst vor allem im Auslaut auftritt[5], auch vor folgender Spirans, man vgl. z.B. mhd. juncfrouwe > nhd. Jungfrau[6].

1) Quellennachweis: JRS Nr. 217; NRH Nrr. 162. 285. 296. 329. 409. 416. 446. 471. 485. 489; AD Mos, Cartes et plans Nr. 986; Christmann, SNN I 500 f.; Dolch/Greule 391.
2) Belegt bei Förstemann, Altdeutsches Namenbuch I 877. Vergleichbar ist das schweizerische Ringwil, 1285 Ringgewiler, 1332 Ringwile, Belege nach Meyer, Zürcher, ONN 162.
3) Schützeichel, Wörterbuch 153. Zu den Namen vgl. auch Kaufmann, Ergänzungsband 198; ders., Rufnamen 26 f. (mit Stellungnahme zu Schnetz, Lautform 137, der die PNN mit as. rink 'Mann' verbinden will); Tiefenbach, Xanten-Essen-Köln 367.
4) Dazu ausführlich Kaufmann, Rufnamen 26 f.; ders., Pfälz. ONN 235; ebd. Hinweise auf vergleichbare SNN.
5) Vgl. dazu u.a. Franck/Schützeichel § 115. 4; Moser, Fnhd. Grammatik I. 3 § 149. 2 b; Bach, Werke § 112; Rieger, Leben 34; Rueff, Osterspiel 15; Weinhold, Grammatik §§ 226. 228. 232; Wolter, St. Galler Spiel 28.
6) Das Beispiel ist zitiert nach Wolff, Studien 155.

572. **+Rintzweiler**, s. Hüffler, VG Glan-Münchweiler, D, Rheinland-Pfalz, Kusel:

Runtzwiler (±1430 K.18; 1480 Or.); Rimtzwilre (1446 K.); Rimswillr (1458 Or.); Remswillr (1459 Or.); Rinßwillr, var. Remtswillr, var. Runtzwilr (1460 Or.); Runczwiler (1475 Or.); Rintzweiler (1587 Or.).

FlN: Rindsweiler [1].

Wegen der diversen <u>-haltigen Belege vielleicht zu einer Grundform *Hrundines-wilâri* zum PN*Hrundin* [2]. Der zugehörige Namenstamm schließt vermutlich an nord. *hrund* 'Göttin, Frau' [3] an [4]. Im Stammvokal des PN zeigt sich bei diesem Ansatz Sekundärumlaut von [u] > [ü] vor folgendem [i] mit anschließender Entrundung diese [ü] zu [i] [5] (dafür in den Belegen zum Teil mit mitteldeutscher Senkung [6] <e>), im Suffix Assimilation [ns] > [s] [7].
Falls die genannten <u>-Schreibungen als Rundungsbelege aufgefaßt werden können, wofür es gerade im Westrich Parallelbeispiele gibt [8], wäre auch eine Etymologie *Rinzen-wilâri* (wegen der im FlN erhaltenen Affrikata [9] nicht *Rindes-wilâri*) zu erwägen. Ein wfrk. PN *Rind-s-o*, *Rinzo* stellt sich zu einem bei Förstemann nicht verzeichneten, aber wohl doch gesicherten und gerade in den linksrheinischen Landschaften mit Ortsnamenbeispielen vertretenen Stamm *hrinþ-i-* [10].

1) Quellennachweis: LA Speyer F 1/49 a f° 42v°; LHA Kobl. 24/539 f° 2; LA Speyer F 1/100a; LA Speyer A 2/138.1 ff° 9v°. 19v°; LA Speyer A 2/138.2 ff° 2. 12v°. 13r°; Glasschröder, Neue Urkunden Nr. 349; LA Speyer B 2/1368.1 f° 3r°; Christmann, SNN I 501; Dolch/Greule 392.
2) Kaufmann, Pfälz. ONN 235, setzt einen westfränkischen Kurznamen *(H)rund-s-o*, Dolch/Greule 392, einen stark flektierten Kurznamen *Rundi* an; beides setzt in der Flexion jedoch oberdeutsche Verhältnisse voraus (→ 4.3.).
3) de Vries, Altnord. etym. Wörterbuch 262.
4) So etwa Kaufmann, Ergänzungsband 203; Menke, Namengut 164.
5) → 6.2.1.7.
6) → 6.2.1.5.1.
7) → 4.3.
8) → 6.2.1.8.
9) → 4.3.
10) → 5.1.1.100.

Ripoldeswilre (12. Jh. Or.): → Nr. 550.

573. **Rochonvillers / Rutzweiler**, F, Moselle, Fontoy:

Rueceviller (1274 K.13); Rocevilleirs (1306/17 K 14); Rochevilleirs (1315 K.16); Ruswillre (1334 K. 18); Rutzwilre (1427 Or.); Routzwilre (1430 Or.); Roxonvillers (1461 Or.); Rotzwiller (1473 Or., 1549 Or.); Raussonvillers (1474 Or.); Roitzwiller (1498 Or., 1500 Or., 1502 Or.); Rutzwiller (1533

Or., 1537 Or.); Ruotzwyller (1541 K.16); Roetzwyeller (1550 K.16); Rechonvillé (1725).- Mda. *Rechonvlé* [1].

*Rôssône-vîllâre/*Ruotzen-wîlâri. Sowohl der für die romanische Ansatzform anzunehmende PN *Rôsso* [2] als auch der in der althochdeutschen Doublette sich niederschlagende PN *Ruotzo* [3] lassen sich zurückführen auf einen westfränkischen Kurznamen **Hrôdso*, der mit westfränkischer Stammerweiterung durch ein s-haltiges Suffix [4] zu dem häufigen Namenelement **hrôþ-* 'Ruhm' [5] gehört. Der PN *Rôsso* zeigt romanische Assimilation von [ds] > [ss] [6]; in der althochdeutschen Variante des PN ist die Affrikata als <z> bzw. <tz> markiert und der Stammvokal [ô] zu ahd. [uo] [7] diphthongiert. Sowohl die romanische als auch die althochdeutsche Namenform sind also genuin entwickelt; über Jahrhunderte stehen beide Überlieferungsstränge gleichwertig nebeneinander.
In den romanisch-altfranzösischen Namenbelegen [8] repräsentieren die Graphien <x> bzw. <ss> stimmloses [s] [9], das in jüngerer Zeit dialektal in [χ] übergeht [10]. Die Abschwächung des Vortonvokals zu [e] in der mundartlichen Lautung ist ein Kennzeichen des lothringischfranzösischen Dialekts [11].
In der deutschen Namenform ist für den Stammvokal des PN germ. [ô] > ahd. mhd. [uo] (> [û] im Zuge der mitteldeutschen Monophthongierung [12]) heutiges [ǫu] zu erwarten [13]. Die in den Quellen aufscheinenden Graphien <o>, <oi>, <oe> für altes [uo] sind gerade aus dem moselfränkischen Raum geläufig [14].

1) Quellennachweis: BN Paris ms. lat. 12866 f° 32r°; Lamprecht, Wirtschaftsleben III Nr. 287; Verkooren, Inventaire I Nr. 537; StB Trier 1657/362 S. 681; Wurth-Paquet, Chartes Reinach I Nrr. 1376. 1399; Wurth-Paquet, Clervaux Nr. 1104; Vannérus, Dénombrement 27; AD Mos 7 F 827; AD Mos J 200; Wurth-Paquet, Chartes Reinach I Nr. 2299; Wurth-Paquet, Clervaux Nr. 1503; AD Mos 7 F 823; AD Mos 7 F 801; AD Mos 7 F 827; AD Mos 7 F 793 ff° 37r°. 49r°; Bouteiller, Dictionnaire 217.
2) Förstemann, Altdeutsches Namenbuch I 1282, belegt *Rosco* mit <sc> für [ss] (dazu ausführlich Nr. 32 Anm. 2); Kaufmann, Rufnamen 313 hat *Chrosco* mit merowingischer Sondergraphie <chr> für germ. [hr] (→ 5.3.6.). Zur Korrektur der Zuweisung der bei Förstemann, Altdeutsches Namenbuch I 1282, und Morlet, Noms de personne I 139, irrtümlich zu ahd. *hros* 'Pferd' gestellten Namen vgl. Kaufmann, Ergänzungsband 203. 295; ders., Rufnamen 246 ff. 313 f.
3) Namenbeispiele bei Förstemann, Altdeutsches Namenbuch I 890.
4) → 5.2.
5) → 5.1.1.102.
6) → 5.3.10.
7) Vgl. Braune/Eggers § 38; Paul/Wiehl/Grosse § 82.
8) Genuin altfranzösisch entwickelt sind in der Belegreihe allerdings nur die Formen *Roxonvillers*, *Raussonvillers*, *Rechonvillé*. Älteres *Rueceviller*, *Rocevilleirs*, *Roche-*

villeirs spiegelt offensichtlich Versuche französischer Schreiber wieder, die gehörte deutsche Namenform in das altfranzösische orthographische System einzupassen.

9) Vgl. dazu Goerlich, Dialekt 114; Güttler, Lautstand 49; Betzendörfer, Sprache 51 (*Mouxelle* für den Flußnamen Moselle).
10) Vgl. zu diesem in Lothringen zu jeder Zeit möglichen Wandel bes. Hallauer, Dialekt 61; Horning, in: ZRPh. 11, 580 f.; Urtel, in: ZRPh. 21, 419.
11) → 6.1.1.9.
12) Vgl. Paul/Wiehl/Grosse §§ 42. 82.
13) Vgl. z.B. Hoffmann, Mundart 17; Wiesinger, Untersuchungen II 49; Palgen, Studien 23.
14) Zur Interpretation dieser Graphien ausführlich unter 6.2.1.9.2.

Rohenvillare (1128 Or. u. ö.): → Nr. 541.

Roißwiller (1524 Or.): → Nr. 534.

574. **Roppeviller**, F, Moselle, Bitche:

villas Richenbach Ropwilne (< *Ropwilre) et Walthusen (1275 K.14); Rŏpwilre Walthusen Richenbach (1315 Or.); Rapweiler (1472 K.); Ropweiler (1474 K.); Roppweyler (1571 Or.); Ropweiller (1594 K.17) [1].

< *Ruop(p)en-wîlâri* zum PN *Ruop(p)o* [2], zu deuten als zweistämmige Kürzung aus Vollformen des Stammes *hrôp-* [3], deren Zweitglied auf [b-] anlautet. <ŏ> kann als [uo] interpretiert werden; dieses monophthongierte im Mitteldeutschen früh zu [û] [4] und dürfte im Anschluß daran (vor Konsonantenhäufung) sekundär gekürzt [5] und zu [o] gesenkt [6] worden sein. 1472 K. *Rapweiler* erklärt sich als Hyperkorrektur vor dem Hintergrund der dialekttypischen Verdumpfung von altem [a] > [o] [7]. --

1) Quellennachweis: AD Meuse B 256 f° 361v°; HStA München, Rheinpfälz. Urkunden Nr. 2590 (vgl. auch Mone, in: ZGORh. 14 (1862) 68); LA Speyer F1/5 ff° 213r°. 223r°; AD MM B 571 Nr. 45; Alix 141.
Frühe Originalbelege für diesen SN, die im Stammvokal des PN ein <a> zeigen, sind mir ebenso unbekannt wie solche, deren Kompositionsfuge ein <s> als Indikator eines starken althochdeutschen Genitivs aufweist. RL III 912 (ebenso Lepage, in: MSAL (1876) 252, und de Pange, in: ASHAL (1926) 510) zitieren die ältesten Belege nach fehlerhaften Abschriften (z. B. AD MM B 384 f° 122; AD MM B 492 Nr. 5). Der bei Doutcillcr, Dictionnaire 220, genannte Beleg *Ruppswilr* (1430) dürfte als *Ropp[e-r]swilr* zu lesen sein und ist sicher anders, wahrscheinlich mit Nr. 581, zu identifizieren. Gleiches gilt für diverse *Roperschwilre*, etc., die Hiegel, Dictionnaire 292, hier unterbringt; diese Belege sind zu Ruppertsweiler bei Pirmasens (Nr. 580) zu stellen.

Damit fällt der Deutungsvorschlag für Roppeviller bei Dauzat/Rostaing 574 (PN *Robert*), und Hiegel, Dictionnaire 292 ("germ. *Rabo, Rappo* ... changé en *Robbo, Rubbo*, et *Robert, Ruppert*").

2) Vgl. Förstemann, Altdeutsches Namenbuch I 1283 *Ruabo, Ruopilin*.
3) → 5.1.1.102.
4) → 6.2.1.9.2.
5) → 6.2.1.4.
6) → 6.2.1.5.1.
7) → 6.2.1.2.

Ropwilre (1426 Or. u. ö.): → Nr. 533.

575. **+Rossweiler**, Gde. Mondorf-lès-Bains, OT Altwies, L, Remich:

FlN: Rossweiler [1].

< **Rossen-wilâri* zum wfrk. PN *Hrôd-s-o* > *Rôsso* > *Rosso* [2], mit sekundärer Kürzung des Stammvokals vor Doppelkonsonanz [3].

1) Quellennachweis: Meyers, Studien 195; Anen, Flurnamen 17; de la Fontaine, in: Publ. Lux. 53 (1906) 29 f.; Carte Archéologique du Grand-Duché de Luxembourg Feuille 26 D.
2) Vgl. Nr. 573 Anm. 2.
3) Dazu z.B. Kaufmann, Rufnamen 15.

576. **?+Roswiler**, zweifelhafte Wüstung nnö. Reifenberg, VG Thaleischweiler-Fröschen, D, Rheinland-Pfalz, Pirmasens:

FLN: Roswilerer bühel (1564 Or.) [1].

< **Rossen-wilâri* [2].

1) Quellennachweis: Stella, Karte 7; vgl. Dolch/Greule 401.
2) → Nr. 575.

577. **+Rothsweiler**, nö. Hirstein, Gde. Namborn, D, Saarland, St. Wendel [1]:

zu Dinckenhart ... zu Radeßwiler ... zu Eckelnhusen (1480 Or.); Ratzwilr (ca. 1500 Or.); Raitzwiller (1506 Or.); Rodtsweiler (1583 Or.); Rotzweiler (1596

Or., 1600); Roltzweiller < *Rottzweiller (1606); Rutzweiler (1684).
FlN: die Rothsweilerwies (1721, 1843) [2].

< *Râdenes-wîlâri zum wfrk. PN Râdoin, *Râdenus [3], komponiert aus den Stämmen *rêđ-a-, *rêđ-ô- [4] und *win-i- [5]. Altes [â] im Stammvokal des Erstgliedes verdumpft dialektal zu [ô] [6]. [ns] wird zu [s] assimiliert, doch unterbleibt eine Weiterentwicklung zu [ʃ] [7].

1) Staerk, Wüstungen 347, nimmt die Wüstung, die wohl "nordöstlich vom Ortskern, westlich von Gehweiler an der Gemerkungsgrenze am Dreibach, nahe der Gehweilermühle" gelegen war, als *Rotzweiler* auf. Die von ihm vorgeschlagene Gleichsetzung mit dem sicher ebenfalls im Raum Namborn zu suchenden +Rimweiler (Nr. 570) ist onomastisch unmöglich.
2) Quellennachweis: LHA Kobl. 24/539 f° 37; LHA Kobl. 54 S 1358; LHA Kobl. 1 C 7439 f° 2r°; Jung, Gerichtsbuch Nrr. 130. 194; Baldes, Birkenfeld 430; LHA Kobl. 1 C Nr. 7432 f° 35; LHA Kobl. 1 C Nr. 146; LHA Kobl. 1 C Nr. 15180; Staerk, Wüstungen 348.
3) Namenbeispiele bei Förstemann, Altdeutsches Namenbuch I 1219; Morlet, Noms de personne I 182 b.
4) → 5.1.1.143.
5) → 5.1.1.171.
6) → 6.2.1.2.
7) → 4.3.

Rotzwiller (1473 Or. u. ö.): → Nr. 573.

578. **+Rubschweiler**, Gde. Buhl, OT Bettling, F, Moselle, Sarrebourg:

Lodewicus de Sitelsdorf residens in villa de Rup[er]eswilre (1305 Or.). FlNN: von einer matten ligt in betlinger bann .. heist Rupschwyler (1573 Or.); matten ... heist Rupschwiller (1582 Or.); bey Rubschweiller bach in betlinger ban (1634 Or.) [1].

< *(H)ruotbertes-wîlâri zum PN *(H)ruotbert [2], komponiert aus den Elementen *hrôþ- [3] und *berχt-a- [4]. Der Stammvokal des Erstgliedes entwickelt sich lautgerecht zu [û] [5], welches vor Mehrfachkonsonanz sekundär gekürzt wird [6]. Im Zweitglied wird [rs], wie im Untersuchungsraum allein im Saarburger Raum häufiger zu beobachten, zu [ss], [s] assimiliert, das sich vor folgendem [w] zum Zischlaut [ʃ] weiterentwickelt [7].

1) Quellennachweis: AD Mos H 4760 Nr. 4; AD Mos 8 F 5, 1 f° 41v°; AD Mos 8 F 5,

2) 2 f° 40v°; AD Mos 8 F 5 f° 35r°. *Sitelsdorf* ist zu identifizieren mit Zittersdorf, alter Name von Haut-Clocher bei Saarburg (vgl. RL III 1244; Lepage, Dictionnaire 66), zu *Betlingen* vgl. Lepage, Dictionnaire 16.
2) Vgl. zu diesem überaus häufigen PN Förstemann, Altdeutsches Namenbuch I 892 ff.; Morlet, Noms de personne I 136 a. Vergleichbare SNN sind u.a. das elsässische Roppentzwiller (1290 *Ropertzwilr*, vgl. RL III 912) und das schweizerische Villarepos/Ruppertswil, dazu ausführlich Perrenot, Toponymie 236; Bruckner, Ortsnamenkunde 115.
3) → 5.1.1.102.
4) → 5.1.1.30.
5) → 6.2.1.9.2.
6) → 6.2.1.4.
7) → 4.3.

+Ruckersweiler (*des woges zu R. bei des Klosters hofe zu Eischweiler*, 1313 K. 16; NRW Nr. 529), unbekannter Besitz der Abtei Wörschweiler. Weitere Anhaltspunkte fehlen.

Rueceviller (1274 K. u. ö.): → Nr. 573.

579. **+Rumetzwilre**, nicht identifiziert im Raum Sarrebourg, F, Moselle, Sarrebourg:

in banno de Rumetzwilre (15. Jh. Or.) [1].

Das Bestimmungswort des PN stellt sich wohl zum PN *Ruod-muot* bzw. *Ruod-munt* [2], aus den Elementen *hrôþ-* [3] und **môd-a-*/*môd-i-* [4] bzw. **mund-u-* [5], doch kommt für das Erstglied des PN wohl auch der Stamm **hrôm-a-* [6] in Frage.

1) Quellennachweis: AD Mos G 1903 f° 143v°, genannt in einem Totenbuch des Kollegiatstifts Saarburg, dessen Besitzungen ganz auf die Stadt Saarburg selbst bzw. deren nächstes Umland konzentriert sind.
2) Förstemann, Altdeutsches Namenbuch I 911.
3) → 5.1.1.102.
4) → 5.1.1.129.
5) → 5.1.1.130.
6) → 5.1.1.101.

Runtzwiler (1430 Or. u. ö.): → Nr. 572.

580. **Ruppertsweiler**, VG Pirmasens-Land, D, Rheinland-Pfalz, Pirmasens:

Ruperehteswilre (1295 Or.); Rúprethswilre (1333 Or.); Rúprehtzwilre (1391 Or.); Ruprehtzwilre (1391 Or.); Roperschwilr (1482 Or.); Roperswiler (1485 K. 15/16). - Mda. *rube'šchwile'* [1].

< *(H)ruotbertes-wîlâri* zum überaus häufigen PN *(H)ruotbert* [2]. <o>-Schreibungen für mhd. [uo] > [û] [3] sind vor allem aus dem moselfränkischen Bereich geläufig, werden aber bisweilen auch noch in der Westpfalz registriert.

1) Quellennachweis: PRZ Nrr. 369. 561; HStA München, Rheinpfälz. Urkunden Nr. 2692; LA Speyer C 19/204; HStA München, Rheinpfälz. Urkunden Nr. 4343; NRH Nr. 468; Christmann, SNN I 520; Dolch/Greule 407 (das dort als Erstbeleg genannte 1275 Or. *Rupret[s]wilre* möchte ich auf Nr. 582 beziehen).
2) Vgl. Nr. 578 Anm. 2.
3) → 6.2.1.9.2.

581. **+Ruppertsweiler**, nw. Dennweiler, VG Kusel, D, Rheinland-Pfalz, Kusel:

Ruprehtiswilre (1270 K.18); Rupperswilre (1387/1405 K.15); Rupperswilr (1430 Or.); Ruperswilr (1440 K.); Ruperswiller (1444 K.15); Rupperßwiller (1477 Or.); Ruperßwiler (1515 Or.); Rupersweiler (1536 K.16); Rupertsweiler die alte Dorfstadt hat gelegen unter dem Walde, das Blickenloch genannt ..., hart an den Straßen, die von Lichtenberg gen Baumholder gehet (1585/88 Or.) [1].

< *(H)ruotbertes-wîlâri* zum PN *(H)ruotbert* [2].

1) Quellennachweis: Mötsch, Regesten I Nr. 71; PRV Nrr. 154 a. 196. 400. 403; Fabricius, Veldenz I 85; HStA München, Rheinpfälz. Urkunden Nr. 3514; NRW Nr. 1110; Pfälz. Heimat (1910) 142 f.; Christmann, SNN I 520 f.; Dolch/Greule 407.
2) Vgl. mit Hinweisen auf analoge SNN Nr. 578.

582. **+Ruprechtsweiler**, unbekannt bei Diemeringen, F, Bas-Rhin, Drulingen [1]:

Druotpertovillare < *Hruotpertovillare (±1142 < 10. Jh. E. K. 17/18) [2]; ratione castro de Dymringen et ville Rupretswilre (1275 Or.) [3].

< *(H)ruotbertes-wîlâri* zum PN *(H)ruotbert* [4].

1) Vgl. RL III 931 f.; Langenbeck, Wüstungen 111; Humm/Wollbrett, Villages 56; Haubrichs, SNN 270.
2) Zur Begründung der Konjektur vgl. Haubrichs, SNN 270 Anm. 195. In wfrk. PNN wird ein Lautersatz germ. [hr] > rom. [tr] von Schnetz, Lautersatz, bisher nur im Anlaut des Zweitglieds festgestellt. Es wäre allerdings zu prüfen, ob die zahlreichen Belege mit <o> bzw. <uo> im Stammvokal (*Trothbertus, Trotfredus, Trodolaigus, Truodo*), die Morlet, Noms de personne I 75 f., zum Stamm **prûþ-i-* 'Kraft' (vgl. Förstemann, Altdeutsches Namenbuch I 421 ff.; Kaufmann, Ergänzungsband 98) stellt, nicht ebenfalls, und zwar unter Voraussetzung des oben angesprochenen Lautersatzes, zu **hrôþ-* gehören.
3) Quellennachweis: Perrin, Essai 146; Schmitz-Kallenberg, Urkunden Nr. 30 (vgl. PRZ Nr. 232).
4) Vgl. Nr. 578, dort auch Hinweise auf vergleichbare SNN.

Ruswilre (1294 Or.u. ö.): → Nr. 566.

583. **Ruthweiler**, VG Kusel, D, Rheinland-Pfalz, Kusel:

Rudewilr (1390 K. 15); Rudewiller (1436 Or.); Rudewiler (1445 Or., 1480 Or., 1482 Or., 1487 Or.); Rudelwillr (1456 Or., 1458 Or.); Rudewilre (1460 Or.); Rodewiler (1480 Or.); Rudwiller (1545 Or.); Rudweiler (1570/71 Or.). - Mda. *ruuwile^r, -wele^r* [1].

< **(H)ruoden-wîlâri* zum PN *(H)ruodo* [2], zum Stamm **hrôþ-* [3]. Die mundartliche Lautung erklärt sich wohl auf der Basis einer durch Abschwächung der unbetonten Mittelsilbe ausgelösten Kontraktion *Rudwiller* > **Rudler* > **Ruler* mit nachfolgender Restitution des alten Grundwortes [4].

1) Quellennachweis: PRV Nr. 338; LA Speyer B 3/ 1011 f° 12r°; HStA München, Rheinpfälz. Urkunden Nr. 5074; Fabricius, Veldenz I 90; HStA München, Rheinpfälz. Urkunden Nr. 5081; LHA Kobl. 24/539 f° 1; Pöhlmann, Bruderschaftsbuch 30; LA Speyer A 2/138.1 ff° 1r°. 10v°; LA Speyer B 3/923 f° 9r°; LA Speyer F 2/100 b f° 40 v°; Fabricius, Veldenz I 68; Dolch/Greule 408.
2) Förstemann, Altdeutsches Namenbuch I 886; Morlet, Noms de personne I 139 a; LMR 254.
3) → 5.1.1.102.
4) → 3.7.2.

584. **Rutsweiler am Glan**, VG Altenglan, D, Rheinland-Pfalz, Kusel:

Rußwilre (1303 K., 1391 Or. u. ö.); Rutzweiler (1323 K., 1335 K.16); Rutzwylre (1362 Or.); Rutzwilre (1393, 1410/59 Or.); Rußwilr (1396 Or.);

Rotzwiller (1489 Or.); Rutßweyller (1499 K.); Rutzweiller (1593 Or.). - Mda. *ruudswile*ʳ ¹.

< *Ruotzen-wîlâri* zum PN *Ruotzo* ². <ß> für die Affrikata [ts] ist auch sonst nicht selten ³.

1) Quellennachweis: PRV Nr. 737 (vgl. auch andere Kopien in Pöhlmann, Mauchenheimer Nr. 24, mit Lesung *Ruhswilre* , LHA Kobl. 54 Z 20 mit Lesung *Ruswilre*); Gerber, Urkundensammlung Nr. 26; Glasschröder, Urkunden Nr. 585; HStA München II, Pfalz-Zweibr. Nr. 2508; Acta Academiae Theodoro-Palatinae IV 397; LA Speyer F 1/119a f° 88r°; LA Speyer F 1/49a f° 362r°; Gerber, Urkundensammlung Nr. 30; StA Trier WW 38 f° 17r°; LA Speyer B 2/303.4 f° 5; vgl. Christmann, SNN I 522; Dolch/Greule 408.
2) Förstemann, Altdeutsches Namenbuch I 890. So auch Kaufmann, Pfälz. ONN 242; Dolch/Greule 409. Zum Ansatz *Ruodes-wîlâri*, den Dolch/Greule ebenfalls für möglich halten, → 4.3.
3) → 4.3.

585. **Rutsweiler an der Lauter**, VG Wolfstein, D, Rheinland-Pfalz, Kusel:

Ruzwilre (1257 Or., 1344 Or.); Rutzwylre (1432/63 Or.); Rutzweiler und Zweykirchen ein gemein (1497 K.18); Ruetzweiller (1581 K.17); Rotzweyler (1600 K.18); Rudtsweyler (1684 Or.). Mda. *ruudswile*ʳ ¹.

< *Ruotzen-wîlâri* zum PN *Ruotzo* ².

1) Quellennachweis: StA Luzern, Gatt.-App. Nr. 91; Mötsch, Regesten I Nr. 837; LA Speyer A 14/58m f° 8r°; LA Speyer F 4/35.8 S. 27; LA Speyer F 2/146 f° 4; LA Speyer F4/Wolfstein f° 5; LA Speyer F 3/13 S. 518. Vgl. Christmann, SNN I 522; ders., in: MHVP 57 (1959) 36; Dolch/Greule 409.
2) Vgl. Nr. 584.

Rutzweiler: → Rochonvillers.

+Rutzweiler, bei Werschweiler/St. Wendel (Staerk, Wüstungen 350 ff.): → Nr. 220.

586. **+Ruwiller**, Gde. Freybouse, F, Moselle, Grostenquin:

von der hobestede die do heißt in Rupewilre (1344 K.15); sur Roppler (1622 K.17).
FlN: Ruwiller Almert [1].

< *Ruoben-wilâri zum PN Ruobo [2] als zweistämmiger Kürzung aus Vollformen des Stammes *hrôp- [3], deren Zweitglied auf [b-] anlautet. Das wohl als Spirans zu sprechende [b] des PN, das in den Belegen zum Teil zu [p] verhärtet erscheint, ist heute an folgendes [w] assimiliert [4].

1) Quellennachweis: AD Mos H 1025 f° 12v°; AD Mos H 1114 Nr. 1; Nap. Kat.
2) Vgl. Förstemann, Altdeutsches Namenbuch I 1283.
3) → 5.1.1.102.
4) Vgl. z. B. auch die SNN Buweiler (Nr. 117 f.), +Caveiller (Nr. 121) und Gehweiler (Nr. 226 f.).

Ruwilre (1298 Or. u. ö.): → Nr. 537.

Sameruiler (1178 Or.): → Nr. 602.

587. **+Samonviller**, Gde. Haudonville, F, Meurthe-et-Moselle, Gerbéviller:

FlN: Samonviller [1].

*Samône-villâre zum germanischen oder keltischen PN Samo [2].

1) Quellennachweis: Nap. Kat.
2) Beispiele für einen eventuell germanischen Kurznamen Samo (zu einem allerdings insgesamt seltenen Namenstamm *sam-a-, den Förstemann mit ahd. samo 'von gleicher Beschaffenheit' verbindet; zu anderen Deutungsansätzen vgl. Naumann, Namenstudien 104) nennen Förstemann, Altdeutsches Namenbuch I 1294, und Morlet, Noms de personne I 194 b; ein bekannter Träger dieses Namens war "der Westfranke Samo, [der] um 620 den Slawen ein Führer im Freiheitskampf gegen die Awaren [wurde]" (Schwarz, Stammeskunde 226). Der keltische Namenstamm <sam(m)-> ist ausführlich behandelt bei Evans, Names 252 f., und Holder II 1339 ff., dort auch Beispiele für den PN Samo.

Sanctum Villare: → Nr. 589.

588. **+Sandronviller**, Gde. Tonnoy, F, Meurthe-et-Moselle, St. Nicolas-de-Port [1]:

alodium de Sodrumvilla < *Se[n]drumvilla (±884, verunechtet 12. Jh., K.17); Sendronis uilla quam dedit Sendrans (962 F. 12 K.17); alodium de Sendru[n]viller cum conductu ecclesiae (1094 K.18); Sandronviller (1250 K.18, 1612 Or. u.ö.); Cendronviller (1274 K.18); Sendronuiller (1303 K.14); Cendronuilleirs (1357 Or.); Xandronviller ou Sandronviller (1779) [2].

< *Sendramno-vîlla/-vîllâre zum germ. PN *Sinth-hrab(a)n > wfrk. Sindramnus bzw. (mit romanischer Vokalsenkung [i] > [e] [3]) Sendramnus [4], komponiert aus den Elementen *sinþ-a- 'Weg, Reise, Heereszug' [5], und *hraban-a- 'Rabe' [6].
Dialektspezifisch ist die Wiedergabe von [e] + [n] + Konsonant durch <on> im Zweitglied des PN [7] sowie der Wandel von anlautendem [s] zu durch <x> ausgedrücktem [ʃ] [8].

1) Die Wüstung wird genannt bei Lepage, Dictionnaire 124. 159; ders., Communes II 510. 712.
2) Quellennachweis: MG DD Richgard Nr. 1; MG DD Otto I Nr. 443; Gallia Christiana XIII Instr. 476; AD MM H 1405; AD MM B 700 Nr. 41; AD Meuse B 256 f° 68v°; AD MM H 409; Durival III 453.
3) → 5.3.1.
4) Belegt bei Förstemann, Altdeutsches Namenbuch I 1343; Morlet, Noms de personne I 201.
5) → 5.1.1.149.
6) → 5.1.1.95.
7) → 6.1.1.11.
8) → 6.1.2.2.

589. **Sandweiler**, L, Luxembourg-Campagne:

Santwilre (1083 Or., 1123 Or., 1128 K.13, 1145 K.13, 1182 Or. u.ö.); de Sancto Villari (1179 K., vor 1222 K.13, 1257 K. u.ö.); Sanwiler (1244 Or.); Sanvileir (1247 Or.); de Sancto Vilari (1251 Or.); Saint Vileir, Saint Villeir (1316 Or.); Senvilers, var. Sanvilleirs, var Santvileirs (1306/17 K.14); Santweiler (1364 Or., 1497 Or. u.ö.); Santweyler (14. Jh. Or.); Sandtwiler (1398 K.); Santwiler (1450 Or.); Santwyler (1461 Or.); Santwylre (1462 Or.).

< *Sant-wîlâri [2]. Das Bestimmungswort ahd. sant 'Sand' [3] orientiert sich an der Bodenbeschaffenheit. Belege wie → Sanwiler, Sanvileir, etc., erklären sich in französischsprachigen Urkunden als romanische Erleichterung der

445

Dreikonsonanz durch Synkope des zwischenkonsonantischen Dentals ⁴, in deutschen Texten durch Assimilation von [nd] > [nn]. → de Sancto Villari, Saint Villeir, usw., sind gelehrte Bildungen ⁵.

1) Quellennachweis: WLT I Nrr. 301. 358. 537 (vgl. Kyll, Pflichtprozessionen 40); Ramackers, Papsturkunden Nr. 52 (vgl. WLT I Nrr. 426. 497. 502); WLT II Nrr. 134. 253. 454. 504; WLT III Nr. 87; AD Mos 7 F 536; Publ. Lux. 37, 52 Nr. 146; Lamprecht, Witschaftsleben III Nr. 287; AD Mos 7 F 536; WLT II Nr. 30; Publ. Lux 25, I 91 Nr. 316; Publ. Lux. 29, 92 Nr. 236; Publ. Lux. 31, 84 Nr. 143; Publ. Lux. 31, 95 Nr. 162.
2) Vgl. Gysseling, Woordenboek 887; man vgl. auch das badische Sandweier (1308 Willre, 1324, 1391 u.ö. Wilr, 1472 Santwiler, Belege nach Krieger I 1180. II 793; Heilig, ONN 59).
3) Schützeichel, Wörterbuch 159.
4) Vgl. Rheinfelder § 638.
5) Sie verführten u.a. Förstemann, Altdeutsches Namenbuch II, 2 682, dazu, das Bestimmungswort dieses SN zu lat. sanctus zu stellen, was schon Meijers, Studien 129, als "kaum richtig" erkannte.

+Sarwiller, bei Eschringen: → Nr. 212.

+Scheuerweiler, bei Büschdorf/Merzig-Wadern (Staerk, Wüstungen 360): Der Flurname *Auf Scheuerweiler* am Weg von Büschdorf zum lothringischen Nachbarort Scheuerwald (Gde. Launstroff, F, Moselle; Belege bei Bouteiller, Dictionnaire 241; RL III 994; Hiegel, Dictionnaire 315) dürfte kaum auf eine gleichnamige Wüstung verweisen. Eher ist mit Verschreibungen (*Auf Scheuerwelder, Scheuerweller [Bann]*) zu rechnen.

590. **Schiffweiler**, D, Saarland, Neunkirchen:

Stufines uillare < *Scufines uillare (893 K.16); Siffvilre (1276 Or.); Schiffwilre (1293 K., 1303 K., 1321 K., 1336 K., 1347 K., 1352 K., 1364 K. u.ö.); Xulfewlre < *Xiffewilre (1333/34 K. 14); Schifwilre (1355 K.); Cyffwilre (1361 K.); Xifwilre (1369 K.); Schiffwilr (1402 Or., 1412 Or., 1431 Or., 1462 Or. u.ö.); Schiffwiller (15. Jh. Or., 1449 K. 16); Schiffiller (1410 K.16, 1430 K.16, 1435 K.16); Schifillre (1508 K.16) ¹.

< *Scufines-wîlâri. Der PN stellt sich mit germanischem n-Suffix bzw. lateinisch-romanischem -înus-Suffix ² zu einem noch nicht befriedigend erklärten ³, indessen in der Toponymie des Saar-Mosel-Raumes relativ häufigen ⁴ Namenelement <scuf->. Sollte es sich hierbei um eine der althoch-

deutschen p-Verschiebung⁵ unterliegende Variante eines romanischen ⁶ Namenbildungselementes <scup(p)->⁻ (hierzu der lateinische PN *Scuppidius* ⁸ sowie der aus der merowingischen Gallia gut bezeugte PN *Scupil(i)o* ⁹) handeln?
Der SN zeigt Umlaut des Stammvokals durch nachfolgendes [i] ¹⁰ mit anschließender Entrundung [ü] > [i] ¹¹. Assimilation von [ns] > [s] führt zu einer Form *Scūfswīlre, *Scifswilre, aus der heutiges Schiffweiler durch Erleichterung der Mehrfachkonsonanz ¹² lautgerecht entwickelt ist. Der von Kaufmann vorgeschlagene Ansatz mit Hilfe eines schwach flektierten PN *Scufo (im oberdeutschen -in-Genitiv) ¹³ scheint mir unnötig.
Für den aus der Phonemverbindung [sk] sich entwickelnden Zischlaut [ʃ] kann neben <sch> auch <s>, <c> und <x> geschrieben werden ¹⁴; Parallelbeispiele gibt es auch für die Entwicklung des Grundwortes -wiler > -willer > -(e)ler ¹⁵.

1) Quellennachweis: MRhUB I Nr. 134; MRR IV Nrr. 324. 2206; JRS Nr. 834; LA Sbr. Nass.-Sbr. II Nr. 2767 f° 15; Mötsch, Balduineen Nr. 1215; JRS Nrr. 1484. 1536; BRW Nr. 581; Kirsch, Kollektorien 133; JRS Nr. 1594; Dorvaux, Pouillés 20; JRS Nr. 1779 f.; Mötsch, Regesten III Nr. 3113; LA Sbr. Nass.-Sbr. II Nr. 103, Nr. 2266 f° 40, Nr. 2443 ff° 683, Nr. 844, Nr. 924, Nr. 969, Nr. 2456 f° 9, Nr. 2768 f° 16, Nr. 5621.
2) - 5.2.
3) Vgl. Förstemann, Altdeutsches Namenbuch I 1310 (mit Hinweisen auf angelsächsische Parallelen, daher eventuell nordseegermanische Zusammenhänge ?); Kaufmann, Ergänzungsband 308. Semantisch passend wäre eine indogermanische Wurzel *skeub(h)- 'eilen, werfen, schießen'.
4) Vgl. etwa den luxemburgischen SN Schifflingen (798/99 *Scuffelingen*, 1128 *Scuphelingen*, 1145 *Schufflinges*, 1468 *Schupflingen*; Belege nach Jungandreas, Lexikon 950; Kaufmann, Ergänzungsband 308 f.). Hinweise auf zwei unter Umständen ebenso abzuleitende Wüstungen Schifflingen/Chefflange im nördlichen Lothringen bei Basse-Ham (F, Moselle, Metzervisse) und Audun-le-Tiche (F, Moselle, Fontoy) bei Haubrichs, Wüstungen 509, und Hiegel, Dictionnaire 316. Ein PN des hier interessierenden Stammes ist aus Remiremont überliefert, vgl. LMR 270 *Scuuilt* < *Scufhild*.
5) Vgl. Braune/Eggers § 87.
6) Allerdings rechnet Kaufmann, Ergänzungsband 307, auch mit einem germanischen Namenstamm *scup(p)- (< germ. *skuppa- 'Haar oben auf dem Kopfe, Haarschopf').
7) Auf Grund der romanischen Degemination der Doppelkonsonanz in der ausgehenden Merowingerzeit sicherlich mit einfachem [p], vgl. Väänänen, Introduction § 109; Bourciez § 109 Anm. 1; Regula 108; Haubrichs/Pfister 31. Die Kürze des Stammvokals wird für die romanischen Namen durch zahlreiche bei Morlet (Anm. 9) zitierte <o>-haltige Varianten indiziert.
8) Belegt bei Schulze, Eigennamen 428.
9) Vgl. Morlet, Noms de personne II 104; Ebling, Prosopographie 213.

10)	→ 6.2.1.1.
11)	→ 6.2.1.7.
12)	Paul/Wiehl/Grosse § 112.
13)	→ 4.3.
14)	Vgl. Paul/Wiehl/Grosse § 155. Zu den Graphien ausführlich Gleißner/Frings, Urkundensprache 59 ff.; Stopp, in: Schützeichel, Passionsspiel 191: "Die Schreibung s findet sich zusammen mit sch westmitteldeutsch nur in Worms".
15)	→ 3.7.2.

591. **Schmittviller**, F, Moselle, Rohrbach-lès-Bitche:

? Smithewilre (11. Jh. Or.); bans de Schmidtweiller (1594 K.17); Schmittviller ban ruiné (1600); Schmittviller, une ferme (1700) [1].

Der SN ist wohl zu mhd. *smitte* 'Schmiede' [2] zu stellen; allerdings ist auch der von Dauzat/Rostaing [3] vorgeschlagene PN *Smido* [4] nicht ganz ausgeschlossen.

1)	Quellennachweis: BN Paris ms. lat. 259 f° 143v°; Alix 154; Hiegel, Dictionnaire 317. Die ursprüngliche Weiler-Siedlung fiel früh wüst. Der alte Bann wurde seit dem ausgehenden 17. Jh. erneut besiedelt (vgl. dazu das Bannbuch vom Jahr 1700 im Archiv der lothringischen Gemeinde Mittelbronn); die Errichtung eines neuen Dorfes wurde im Jahr 1723 durch Herzog Leopold von Lothringen bestätigt (vgl. Bouteiller, Dictionnaire 242; Behaghel, Weiler-Orte 48; Rohr, Blasons 537).
2)	Lexer, Handwörterbuch II 1016. SNN-Parallelen bei Dolch/Greule 422 f.; Gysseling, Woordenboek 899; Löffler, Weilerorte 164.
3)	Dauzat/Rostaing 648, danach Hiegel, Dictionnaire 317.
4)	Förstemann, Altdeutsches Namenbuch I 1349.

592. **Schmittweiler**, VG Schönenberg-Kübelberg, D, Rheinland-Pfalz, Kusel:

Schmidwilr (1438 Or.); Smydewilr (1456 K.18); Smidwiler (1475 K.16); Schmidwiler (1564 Or.); Schmidtwiller (1592 Or.). - Mda. *schmidwile*ʳ [1].

Bestimmungswort ist mhd. *smitte* 'Schmiede' [2].

1)	Quellennachweis: LHA Kobl. 33/4912 IIIc f° 14; LA Speyer B 2/391.6 f° 39; LA Speyer Y 4/152 Nr. 17; Stella, Karte 2; LA Speyer F 3/10 f° 16. Vgl. Christmann, SNN I 542; Dolch/Greule 423.
2)	Vgl. Nr. 591.

+Seelweiler, bei Landsweiler/Saarlouis: Staerk, Wüstungen 368 f., erwähnt aus einer Grenzbeschreibung der Herrschaft Eppelborn vom Jahr 1565 den Flurnamen bzw. Gewässernamen *Seelweyler Floß*, doch ist nach Schmitt, Eppelborn 240, an der betreffenden Stelle *Seelweyher* zu lesen. Damit entfällt jede Quellengrundlage für eine entsprechende *Weiler*-Wüstung.

593. **Seitzweiler**, Gde. Freisen, D, Saarland, St. Wendel:

Sytzwylre (1351 Or.); Sitzwilre (1431 Or.); Sitzwiler (1438 K.15); Sytzwilr (1438 Or.,1443 Or., 1446 Or., 1474 Or. u. ö.); Sytzwill[e]r (1439 K.15); Sitzwilr (1440 K., 1453 Or..); Sitzwiller (1457 Or.); Sitzweiler (1571 K.); Seitzwiller (1575 Or.); Seitzweiler (1612 Or.) [1].

< *Sigizen-wîlâri* zum PN *Sigizo* [2], mit mitteldeutschem Schwund von intervokalischem [g] und gleichzeitiger Dehnung des Stammvokals [3], der sodann der nhd. Diphthongierung [4] unterliegt.

1) Quellennachweis: LHA Kobl. 23/18; HStA München, Rheinpfälz. Urkunden Nr. 5006; PRV Nrr. 165 f. 196. 273; LHA Kobl. 53 C 45 Nrr. 11. 12. 16. 18; AD MM B 927 Nr. 22; Pöhlmann, Lehnsbuch Nr. 154; Jung, Gerichtsbuch Nr. 379. Zu Nr. 595 gehört der von Jungandreas, Lexikon 1205, hierher gestellte Beleg *Sigartsweiler*.
2) Förstemann, Altdeutsches Namenbuch I 1319; Morlet, Noms de personne I 200 a.
3) → 6.2.1.3.
4) → 6.2.1.12.

Semmeiviller (1347 Or.): → Nr. 602.

Sendrunviller (1094 K.): → Nr. 588.

Senvilers (1306/17 K. u. ö.): → Nr. 589.

594. **Seyweiler**, Gde. Gersheim, D, Saarland, Saar-Pfalz-Kreis:

Suwilre (1307 K.); Siewilre (1311 K.); Seuweiler (1322 K.); Sibwilre (1336 K.); Silwilre (1357 K.); Siewilr (1417 Or.); Suwiller (1542 Or.) [1].

Da der Stammvokal des PN wegen der <u>- und <eu>-haltigen Graphien als [ü:] gelesen werden muß, wohl ein altes *Sûbilen-wîlâri* zum PN *Swabilo* [2] > *Sûbilo*, zum Stamm *swab-a-* bzw. dem romanisierten Sekundärstamm

<sûb-> mit Verdunkelung des Stammvokals infolge romanisch bedingten [w]-Ausfalls [3]. Die Lautentwicklung des Bestimmungswortes führte über *Sûvilen- > Süwel- > *Sül- > *Sü-, da [l] an folgendes [w] assimiliert wird. Beim Gang durch die nhd. Diphthongierung entsteht [eu], entrundet [ei] [4]. Belege wie Siewilr indizieren eine frühe mundartliche Entrundung schon auf der Stufe [ü:] > [î], das durch anschließende Diphthongierung ebenfalls [ei] ergibt.

1) Quellennachweis: NRW Nr. 494; PRZ Nr. 501 (vgl. NRH Nr. 177); NRW Nr. 570; NRH Nrr. 225. 269; LA Speyer C 19/319; Christmann, SNN I 558 f. Trotz der verhältnismäßig schlechten Quellenlage ist der Bestand der Siedlung durch archäologische Funde bereits für das ausgehende 7. Jh. gesichert (freundlicher Hinweis von Frau Prof. Dr. F. Stein, Saarbrücken).
2) Förstemann, Altdeutsches Namenbuch I 1373. Christmann (wie Anm. 1) und Kaufmann, Pfälz. ONN 254, deuten mit Hilfe des PN *Sibo*, wobei die auf altes [ü] deutenden Belege als sekundäre (bzw., da die rheinfränkischen Mundarten nicht zur Rundung neigen, nur graphische ?) Rundungen interpretiert werden.
3) Vgl. Kaufmann, Rufnamen 324 f., mit Hinweis auf das elsässische Soufflenheim (1147 *Suwelnheim*), das als *Sûbilen-haim* gedeutet wird; ders., Ergänzungsband 333. Ausführlich Kapitel 5.3.7.
4) → 6.2.1.7.

Sibwilre (1336 K.): → Nr. 594.

Siebeviller, Name eines Metzer Bürgergeschlechtes (vgl. 1419 K. *Collignon Siebeviller*, 1438 K. *Colignon Siebeluiller*, 1498 Or. *Jehan Siebeuiller*, etc., Belege nach AD Mos H 1714 ff° 248 r°. 252 v°; AD Mos 4 E 366); Herkunftsort nicht zu bestimmen.

+Siegehartsweiler, bei Homburg-Kirrberg (Staerk, Wüstungen 370): → Nr. 595.

595. **+Siertzweiler**, nicht identifiziert im Raum Homburg, D, Saarland, Saar-Pfalz-Kreis [1]:

Sigartsweiler (1262 K.16, 1264 K.16); Sygartswilre (1300 K.14, 1303 K.14); Sigehartswilre (1303 K.14); Syrtzwilre (1389 Or.); Siertzweiler by homburg (1445 K.16) [2].

< *Sigihartes-wîlâri* zum PN *Sigihart* [3], komponiert aus den Stämmen *sig-i(s)-* [4] und *harð-u-* [5].

Die Lautentwicklung des Bestimmungswortes zeigt Synkope des Fugenvokals mit anschließendem Schwund des silbenanlautenden [h] [6]. In der unbetonten Mittelsilbe schwächt sich der Vokal des PN-Zweitgliedes zu [e] ab; eine im Mitteldeutschen häufige Kontraktion von als Reibelaut gesprochenem intervokalischem [g] [7] führt dann zu → *Siertzweiler*.

1) Hinweise zur Lokalisierung der Siedlung ("im Kirrberger Tal oder in einem Seitentälchen davon") gibt Christmann, SNN I 560, auf Grund der in den ältesten Urkunden für *Sigartsweiler* mitgenannten Orte Kirrberg und Merburg (genannt werden aber auch die pfälzischen Siedlungen Dunzweiler und Selchenbach, vgl. auch Staerk, Wüstungen 370; Dolch/Greule 436). Die jüngsten Belege, die Christmann und Staerk nicht nennen, lassen jedenfalls eine Lokalisierung im Raum Homburg wahrscheinlich erscheinen. Abzulehnen ist die bei Pöhlmann, Bliesgau I 112, versuchte Identifizierung mit +Sitzweiler bei St. Ingbert (Nr. 601). Jungandreas, Lexikon 1205, stellt die Belege irrtümlich zu Seitzweiler (Nr. 593).
2) Quellennachweis: NRW Nr. 224; PRZ Nr. 172; Pöhlmann, Maucheneimer Nrr. 20. 26 f.; Glasschröder, Urkunden Nr. 729; LA Sbr. Nass.-Sbr. II Nr. 5405 f° 400.
3) Vgl. zum PN Förstemann, Altdeutsches Namenbuch I 1325 f.; Morlet, Noms de personne I 198 a; LMR 271; zur Deutung des SN auch Christmann, SNN I 560; Jungandreas, Lexikon 1205.
4) → 5.1.1.148.
5) → 5.1.1.86.
6) Vgl. Paul/Wiehl/Grosse § 140 Anm. 5.
7) → 6.2.2.4.

596. **+Siesweiler**, s. Brotdorf, Stadt Merzig, D, Saarland, Merzig-Wadern:

Sierswiller (1498/99 Or.)
FlNN: In Seßweiler, In Siesweiler [1].

< **Sigihartes-wîlâri* zum PN *Sigihart* [2].

1) Quellennachweis: AD MM B 1947; Staerk, Wüstungen 371.
2) Vgl. (auch zur Lautentwicklung) Nr. 595, hier zusätzlich mit Assimilation von [rs] > [s].

597. **Siewiller**, F, Bas-Rhin, Drulingen:

in ullare Sonechone (721 K.9); Suniconevillare (±1142 < 10. Jh. F. K.17/18); Sulichenvilare (±1120 Or.); Sinevilr (13. Jh. 2.H. Or.); Synewlre (13. Jh. E. Or., 15. Jh. Or.); Sinevilre (1349 Or.); Sinwiler (1387 Or., 1481 K.15); Synwiller (1453 Or., 1570 Or.); Sinweyler (1503 Or.); Sinwyler

(1503 Or.); Sinwiller (1550 Or.); Syweiller (1686 Or.); Syweyler (1728 Or.).- Mda. "*Siewiller*" [1].

< *Sunnin-wîlâri* [2] zu einem von Förstemann und Schönfeld für germanisch gehaltenen PN *Sunno* [3], den Kaufmann an ahd. *sunna* 'Sonne' [4] anschließen will, doch ist vor allem auch an wgerm. **son*- 'Urteil, Gericht' [5] zu denken. Zu diesem Kurznamen gehört der in den ältesten Belegen des SN aufscheinende **Sonecho*, **Sunico* als hypokoristische Variante. Die Lautentwicklung des SN zeigt im PN Umlaut des Stammvokals [u] > [ü] vor folgendem [i] [6] mit anschließender Entrundung zu [i] [7]. Die in jüngerer Zeit erfolgende Assimilation von [n] an folgendes labiales [w] ist auch sonst nicht selten [8].

1) Quellennachweis: DTW Nr. 243; Perrin, Essai 146. 158; HRS Nr. 189; AD MM B 742 Nr. 68; AD Mos G 1903 bis f° 28v°; HRS Nrr. 396. 554. 1306; Stadtarchiv Sbr., Kl. Erwerbungen Nr. 19 f° 10v°; AD BR E 5133 Nr. 9; HRS Nr. 1569 f.; AD MM H 3213; Herrmann, Betreffe 177; AD BR E 5133 Nr. 6; RL III.
2) Vgl. Haubrichs, SNN 274 Anm. 219. Auf Grund der in den jüngeren Namenformen aufscheinenden <i>- bzw. <y>-Graphien, die auf Umlaut deuten, wird man auf den Ansatz eines alten *in*-Genetivs (dazu Kapitel 4.3.) nicht verzichten können, wobei zwei Argumente zu würdigen sind, nämlich einmal die Existenz einer regelmäßig umlautenden Langform, die analogisch eingewirkt haben könnte, und zum anderen die Nähe des alamannischen Dialektgebiets.
3) Förstemann, Altdeutsches Namenbuch I 1371 f.; Schönfeld, PNN 209. 218; vgl. aber auch Schulze, Eigennamen 425; Holder II 1616 *Son(n)ius*.
4) Schützeichel, Wörterbuch 188; vgl. Kaufmann, Ergänzungsband 332.
5) Vgl. Kaufmann, Ergänzungsband 322; Haubrichs, SNN 274 Anm. 219.
6) → 6.2.1.1.
7) → 6.2.1.7.
8) → 6.2.2.1.2.

Siewilre (1311 K.): → Nr. 594.

Siffwilre (1276 Or.): → Nr. 590.

598. **+Sigeiviler**, bei Rehainviller, F, Meurthe-et-Moselle, Gerbéviller:

Sigeiviler (1075/1107 Or.) [1].

< **Siggîso-vîlâre* zum germ. PN **Sig(i)-gîs*, der die häufigen Namenstämme **sig-i(s)-* [2] und **gîs(il)-* [3] miteinander verbindet. Geminiertes [gg] wird in

romanischer Entwicklung nicht spirantisiert, sondern erhält sich als <g> [4]. Im Zweitglied des PN verstummt [s] vor stimmhaftem Konsonanten bereits um die Mitte des 11. Jhs. [5]. Altes [i] wird in ostfranzösischer Lautentwicklung gekürzt und zu [e] gesenkt [6]; die Graphie <ei> zeigt "parasitisches" <i> [7].

1) Quellennachweis: Parisse, Chartes Nr. 54900.
2) → 5.1.1.148.
3) → 5.1.1.68
4) Dazu z. B. Meyer-Lübke, Rom. Grammatik I § 541 ff.; Bonnet, Latin 155 ff.; Pirson, Formules 924 ff.; Vielliard, Latin 79 ff.; Pei, Language 113 ff.; Haubrichs Pfister, In Francia fui 31; Politzer, in: Modern Language Notes 66 (1951) 527 ff.
5) Rheinfelder § 557; Pope § 377; Wolf Hupka § 81; Schwan Behrens § 129; Bourciez § 157.
6) → 6.1.1.7.
7) → 6.1.1.8.

Silwilre (1357 K.): → Nr. 594.

599. **+Sindeswilre**, nicht identifiziert im Raum Lebach/Schmelz, D, Saarland, Saarlouis/Ottweiler:

de Subac et de Sindeswilre (1264 Or.) [1].

< *Sindes-wilâri* zum PN *Sindi* [2], zum Stamm *sinþ-a-* [3].

1) Quellennachweis: LHA Kobl. 54 S 722 (vgl. MRR III Nr. 1947), genannt in einer Erbteilung der Burg Schwarzenberg bei Lockweiler. Nicht zu verwechseln mit den Besitzungen der Abtei Fraulautern in *Synswilre* (1273 Or.), *Synnswilre* (1280 Or.) bzw. *Sindiswilre Maguntin. dioc.* (1287 Or., vgl. Ausfeld, Fraulautern Nrr. 50. 58. 61; MRR III Nr. 2786, MRR IV Nrr. 710. 1433), die in Sensweiler (Diözese Mainz) zu suchen sind.
2) Vgl. Morlet, Noms de personne I 201a, über wfrk. *Sindus*.
3) → 5.1.1.149.

+Sineviller, nach Müller, ONN II 70, Jungandreas, Lexikon 987, etc., unbekannt im Raum Völklingen: → Nr. 230.

Sinevilre (1349 Or.): → Nr. 597.

Sinnewilre (1266 K.): → Nr. 230.

600. **Sionviller**, F, Meurthe-et-Moselle, Lunéville-Sud:

ad Iohanneuillare super fluuio Zernuni de ambas ripas ... seu porcione illa in Iohanne uillare quem nobis de auunculi nostri Cuhnchyrino ligybus obuenit (699 K.9); Ioaneuilare (699 K.9); similiter ad Iohanneuillare porcione mea super fluuio Cernune (699 K. 9); in pago Saroinse seu et in Salininsu loca cuinominantis Ermenbertouuillare, Emmenoneuillare se ad Alta Petra seu ad Iohanneuuillare uel A[u]do[i]nouilla (715 K.9); super fluuio Cernune ad Iohanne uillare et simus ad Audoinouilla super fluuio Cernune (715 K.9); in pago Salinse in uilla [cuius] uocabulum est Hioanni in uillare uel in ipsa fine (775 K.9); Suainviller (1157 K.15); Suainuiler (1181 Or.); Suenviller (1224); Xoweinviller (1300 Or.); Swenuilleir (1300 Or.); Soenvilleir (1318 K.14); Sewoinuiller (1448 Or.); Seonviller (1594 K.17); de Crion et Scionuillé (18. Jh.); Scionviller (1782) [1].

Eine Identifizierung des zum großen gundoinischen Besitzkomplex im Seillegau um Einville-au-Jard zählenden *Iohannevillare* mit Sionviller ist schon von Lepage [2] vorgeschlagen worden. Eine Herleitung von einer Grundform *Jôhanne-víllâre läßt sich für diesen SN auch phonologisch begründen, wenn man für den Anlautkonsonanten eine Aussprache [ʃ] bzw. [ʒ] [3] in Rechnung stellt, wie sie durch die Graphien <x> und <sc> (und wohl auch durch die häufigen <su>, <so>, <sw> in der Belegreihe) nahegelegt wird. Alle diese Graphien, insbesondere <x>, das in der Skripta mit <sc>, <sch>, <s>, aber auch mit <j> wechselt [4], verweisen im Anlaut häufig auf den für das Lothringische ganz typischen Wandel von [s-] > [ʃ], [ʒ], [χ] bzw. dem sogenannten 'h secondaire' [5]. Sie konnten aber auch zur Wiedergabe des stimmhaften Reibelautes verwandt werden, der im Altfranzösischen aus [j] vor [o, u] [6] entsteht und bei lautgerechter Entwicklung aus altem *Jôhanne-víllâre vorauszusetzen ist [7]. Zwar wird dieser Laut auch in der lothringischen Skripta in der Regel durch <j> markiert [8], doch ist einerseits gerade für den PN *Jean* in bestimmten Teilen Lothringens eine Aussprache mit [ʃ] bezeugt [9]; andererseits liegen aus ganz Ostfrankreich Beispiele für einen orthographischen Wechsel zwischen den Repräsentanten der Spiranten [ʃ] und [ʒ] vor [10].

Für den biblischen PN *Johannes* [11] ist trotz der graphischen Bewahrung des <h> auch in afrz. *Jehan* schon in lateinischer Zeit nicht mehr mit einem tatsächlich gesprochenen zwischenvokalischen [h] zu rechnen [12]. Den entstandenen Hiat beseitigt die lothringische Skripta zum Teil durch Einschub eines <w> [13]. Vortoniges [o], das im Hiat zu folgendem [a] im allgemeinen schwindet [14], ist in den Quellen "bei bodenständiger Entwicklung" gelegentlich bewahrt (→ *Sewoinuiller*) [15]. Da der PN *Johannes* einen Obliquus

–an(n)e bildet, ist unter dem Nebenton ein Nasalvokal [ã] zu erwarten; die in den Belegen aufscheinenden Formen <-ain>, <-en>, die sich in der Folge zu <-on> weiterentwickeln, dürften durch den vorausgehenden Palatal bedingt sein.

1) Quellennachweis: DTW Nrr. 223. 252. 240. 226. 239. 246; MCM I Nr. 265; AD MM H 340; Lepage, Dictionnaire 129; de Pange, Actes Nr. 1372; AD MM B 565 Nr. 21; AN Lux. A 52 Nr. 152; AD MM B 5658; Alix 42; AD MM G 918; Lepage, Dictionnaire 129.

2) Vgl. Lepage, Questions 203: "Johannevillare ... me semble pouvoir être Sionviller, la terminaison du mot est la même, et la première partie a pu subir une altération. Ce village est situé sur la rive gauche du Sanon, de même que Bonviller, tandis que Einville et Serres sont sur la rive droite; c'est ce qu'indiquent les mots 'de ambas ripas'". Man mag gegen diese Identifizierung einwenden, daß Sionviller garnicht unmittelbar am Flußlauf des Sanon liegt, sondern im Quellbereich eines kleinen Nebenbaches. Allerdings gilt es zu beachten, daß in allen Fällen, in denen die Quellen die Lageangabe *super fluuio Cernune* einführen, beim SN *Iohanne villare* selbst die Präposition *ad* verwendet wird. Diese aber ist nicht so eindeutig wie *in* und kann auch 'bei' bedeuten, so ganz sicher in den systematischen Lageangaben der Urkunde DTW Nr. 223 vom Typ *ad Alta Petra in Immanniuilla* u. ä. sowie in diversen bei Vielliard, Latin 198 f.; Bonnet, Latin 582; Haag, Latinität 72, etc., genannten Beispielen. Dann aber, d. h. wenn es sich nur um eine ungefähre Lageangabe handelt, muß die Präzisierung *super fluuio Cernune* auch nicht unbedingt auf die Siedlung *Iohanne villare* selbst bezogen werden, sondern eher auf das in der Urkunde verschenkte Gut.

In seinem *Dictionnaire topographique* (S. 129) stellt Lepage die alten Weißenburger Belege nicht zu Sionviller, nimmt dafür aber aus den *Gesta Episcoporum Tullensium* einen Beleg *Sionnivilla* auf, der richtig zu Sion, dem namengebenden Berg des Saintois (bzw. der auf diesem Berg gelegenen ehemaligen Siedlungsstelle) gehört. Diese Form veranlaßt Gröhler, Ursprung II 343; Dauzat/Rostaing 658, und Morlet, Noms de personne III 445, den SN Sionviller zum Stamm **sig-i(s)-* bzw. dem damit gebildeten Kurznamen *Sigo* zu stellen. Natürlich ist auch das in einer Urkunde Karls des Einfältigen für das Bistum Girone vom Jahr 922 genannte *villare Sedonis* keinesfalls mit Sionviller (so Lauer, Actes Charles III le Simple Nr. 120) zu identifizieren.

3) Die mundartliche Aussprache des ON ist nicht mehr verifizierbar, da der alte Ortsdialekt nicht mehr gesprochen wird.

4) Vgl. zum Lautwert dieser Graphien im Lothringischen Stark, Untersuchungen 118; Gossen, Skriptastudien 27; Apfelstedt, Psalter § 98 f.; Güttler, Lautstand § 80, und bes. Betzendörfer, Sprache § 88. Nicht erwähnt ist in der genannten Literatur <so> bzw. <seu> für <sw>, d. h. [ʃ] + (in diesem Fall hiatustilgendes) <w>, vgl. aber z.B. Belege für die im nördlichen Saarland bei Lockweiler gelegene Burg Schwarzenberg, die in französischer Originalüberlieferung 1293 (AD MM B 566 Nr. 24) und öfter als *Soarzemberg* erscheint.

5) Vgl. zu dieser Entwicklung bei anlautendem [s-] + Vokal Gossen, Grammaire 107 Anm. 50; Bruneau, Etude 393 ff.; Remacle, Variations 267-291; Goerlich, Dialekt

455

114; Zéliqzon, Mundarten § 69. Sehr illustrativ sind in diesem Zusammenhang auch die Karten 8, 423, 533 und 695 des ALLR. Offensichtlich kann vor dem Hintergrund dieser Entwicklung im Lothringischen in bestimmten Fällen sozusagen im Ringtausch auch genuin entwickeltes [ʒ] als [s] erscheinen.

6) Zur allgemeinfranzösischen Entwicklung von lat. [j] > [dʒ] > [ʒ], ausgedrückt vor [o, u] generell durch die Graphie <j>, vgl. z.B. Rheinfelder § 402; Bourciez § 138; Wolf/Hupka § 66; Schwan/Behrens § 150. Bourciez § 138 bemerkt außerdem: "On peut rapprocher de ce traitement celui qu'a éprouvé le hy (hi) au début de certains mots savants: Jérusalem (Hierusalem), Jérôme (Hieronymus)". Daher erscheint in mittellateinischer Orthographie schon früh <hi> für <j> (→ villa ... Hioanni), eine Graphie, die sich auch noch in hochmittelalterlichen Urkunden findet, vgl. z.B. den SN Janville (F, Eure-et-Loir: ±1120 Hienivilla, 1226 Hyenvilla; Belege nach Merlet, Dictionnaire 97).

7) Analoge Bildungen sind z.B. Janville (Gde. Paluel, F, Seine-Maritime: 1025 Johannis villa), Janville (F, Calvados: 1059 Johannis villa), Jeancourt (F, Aisne: 12. Jh. Johannis curte), Jeanménil (F, Vosges: 1182 Johanmesni), Belege nach Beaurepaire, Dictionnaire II 543; Morlet, Noms de personne III 108 f. Vgl. mit Grundwort -villare auch, allerdings im deutschen Sprachgebiet, das schweizerische Jonschwil, das 796 als Johanniswilare belegt ist (Bruckner, Ortsnamenkunde 35).

8) Vgl. z.B. Betzendörfer, Sprache § 97; Güttler, Lautstand § 76; Kraus, Beiträge § 87.
9) Genaueres unter Nr. 122 Anm. 3.
10) Vgl. z.B. Hallauer, Dialekt § 38: genes (chaînes), estrancher (étranger), chambe (jambe), usw.; weiteres bei Friemel, Laut- und Formenlehre 35. Zur Aussprache der Spirans vgl. Zéliqzon, Mundarten § 65; Horning, Grenzdialekte §§ 141 f.; Bloch, Parlers §§ 42. 47.
11) → 5.1.2.8.
12) Vgl. dazu Sommer/Pfister, Handbuch § 113; Lindsay, Sprache 62; Väänänen, Introduction § 101; Löfstedt, Kommentar 85. Zum afrz. PN Jehan vgl. auch Cramer, Bedeutungsentwicklung 7: "immer einsilbige Aussprache, wie aus zahlreichen Versen der Zeit hervorgeht".
13) Vgl. dazu Fouché 645 f.; Gossen, Skriptastudien 339; Remacle, Problème 65; Stark, Untersuchungen 124 f.
14) Vgl. Bourciez § 102: "Lors'qu'il s'est trouvé en hiatus devant o, a, par la chute d'une consonne latine, l'o initial, après s'être conservé dans l'ancienne période de la langue, a fini par s'effacer complètement en français". Zu dieser Entwicklung speziell im PN Johannes vgl. auch Colin, Fiches 152.
15) Vgl. Möckel, Rufnamen 48, wegen des heutigen <i> auch Fouché 439: "De deux voyelles en hiatus, la plus ferme tendant à se fermer davantage, l'[e] de pĕon < pedone a passé... à i, d'où pion".

601. **+Sitzweiler**, heute Sitzweiler Hof, n. Rohrbach, Stadt St. Ingbert, D, Saarland, Saar-Pfalz-Kreis:

Sizwilre (1181 Or.); Sißwilre (1197 K.15); Zhitwilre < *Zhicwilre (1310/20

Or.); Sitzwilre (1516 Or.); Sitzweiler (1526 Or.); Sietzwyler (1535 Or.); Sitzweyler (1537 Or.); Sytzweiller (1538 Or.); zu dem wüsten Hof Seitzeweiller ... ist bei Menschengedenken nit bewohnet gewesen (1563 K.18); Sitzweiler Hofgut (1693); Sitzweiler Erbbestandes-Mahl-Mühle bei Spiessen (1765); Sitzweiler Hof (1790); Sitzweiler Mühle (1822).- Mda. *sitswile'*. FlNN: Sitzwiler Weier (1564 Or.); Sitzweiler Wäldchen (1628); Sitzweiler Feld (1845) [1].

< **Sigizen-wîlâri* zum PN *Sigizo* > *Sîzo* [2], mit vor Konsonantenhäufung sekundär gekürztem [3] und daher nicht diphthongiertem Stammvokal [4].

1) Quellennachweis: LHA Ko 218/4 (BRW Nr. 25, liest *Syzwilre*, mit richtiger Lesung *Sizwilre* dagegen schon MRhUB II Nr. 771; NRH Nr. 27; JRS Nr. 130; Jungandreas, Lexikon 989; Gysseling, Woordenboek 920); BRW Nrr. 47. 396. 1014; Ecker, Studien 191; Krämer, Sulger 105; BRW Nr. 1123; Ecker, Studien 196; HStA München II, Kasten blau 387/2 ff° 12. 235; Stella, Karte 9; Staerk, Wüstungen 373; Christmann, SNN I 563.
2) Förstemann, Altdeutsches Namenbuch I 1319; Morlet, Noms de personne I 200 a. Vgl. Christmann (wie Anm. 1); Haubrichs, Bliesgauische ONN II 38, mit Anm. 285.
3) → 6.2.1.4.
4) Christmann (wie Anm. 1) sieht im Erhalt von [i] einen "Beweis, daß die Sprachgrenze" (er meint die Mundartgrenze) "einst etwas weiter nördlich lag". Er denkt also an einen Einfluß des sogenannten ostlothringischen Monophthongierungsgebietes (→ 6.2.1.12.); man beachte aber, daß die Mundart kurzes [i] hat.

Sitzwilre: → auch Nr. 593.

Soltzweiler: → Nr. 603.

602. **Sommerviller**, F, Meurthe-et-Moselle, Lunéville-Nord:

Sameruiler (1178 Or.); Sameruile (1186 Or.); Sommeiuiller (1342 Or., 1343 Or.); Sommeuiller (1343 Or., 1494 Or., 1506 Or. u.ö.); Semmeiuiller (1347 Or.); Someiuiller (1357 Or.); Someruiler (1377 Or.); Sommeuilleir (1397 Or.); Someuiller (1402 Or., 16. Jh. A. Or.); Sommervillers (1683 K.18) [1].

< **Sam(m)ar(i)o-villa/-villâre*, wobei der zugrunde liegende PN entweder als romanische Bildung mit Hilfe eines ursprünglich keltischen Namenelementes <*sam(m)-*> [2] und des lateinischen Suffixes *-ârius* [3] oder aber als germanische Komposition aus den Stämmen **sam-a-* [4] und **har-ja-* [5] zu verstehen ist. Die jüngeren Belege für diesen SN zeigen Verdumpfung [a] > [o] unter dem

Vorton, wie sie im lothringischen Dialekt in labialer Umgebung regelhaft, aber auch sonst gut möglich ist [6]. Lothringisch ist auch der Ausfall von silbenauslautendem [r] vor Konsonant [7]; Belege wie *Sommeiuiller* zeigen sogenanntes "parasitisches" <i> [8], das die offene Qualität des Vokals indiziert.

1) Quellennachweis: AD MM H 337; AD MM H 334; AD MM H 407; Choux, Obituaire 92; DHV IX 168.
2) Vgl. dazu ausführlich Evans, Names 252 f.; Holder II 1339 ff.
3) → 3.2.1.
4) → 5.1.1.147. Mit Kaufmann, Ergänzungsband 300, ist dieses germ. Namenelement allerdings insgesamt, und speziell im Westfränkischen, relativ selten. Von einem germ. PN *Sammar* geht Morlet, Noms de personne III 439, aus; Dauzat/Rostaing 660, setzen trotz der alten <a>-Graphien in den Belegen einen PN *Sumar* an.
5) → 5.1.1.87.
6) → 6.1.1.2.
7) → 6.1.2.1.4.
8) → 6.1.1.8.

Uilare Sonechone (721 K. 9): → Nr. 597.

603. **Sotzweiler**, Gde. Tholey, D, Saarland, St. Wendel:

in Merpedingen in Sucwilre in Derbach (1258 Or.); Sotzwilr (1361 K.15); Sotzwiler (1377 K. 15, 1489 Or.); Sutzwilr (1419 Or.); Sotzwiller (1481 Or.); Sotzwyler (1492 K.); Sutzwiller (1519 Or., 1536/37 Or.); Sutzwiler (1532 Or.) [1].

< *Sûzen-wîlâri* zum PN *Sûzo* [2]. Kaufmann [3] interpretiert den PN als expressiv verschärfte [4] und hochdeutsch verschobene Variante eines belegten altsächsischen PN *Sûdo* [5]. In Frage käme angesichts der überwiegend westfränkischen Verbreitung der PNN auf <sûd-> [6], die sich in bestimmtem altfranzösischen Formen fortsetzen [7], auch eine Kurznamenbildung *Sûd-s-o* mit westfränkisch-romanischem s-Suffix [8]. Da ein Primärstamm <sûd-> nicht zu ermitteln ist, wurden für dieses westfränkische Namenelement unterschiedliche Erklärungshypothesen vorgetragen:
1. Wfrk. <sûd-> wird interpretiert als Variante des Stammes *sunþ-a-, zu ahd. *sunt* 'Süden' [9] mit dem aus dem altsächsischen und altfriesischen Bereich bekannten Nasalschwund und gleichzeitiger Ersatzdehnung des vorausgehenden Vokals [10]. Diese Etymologie vertritt unter anderem Stoering [11]; ihre

Schwäche mag man darin sehen, daß der für das Altsächsische gut bezeugte Nasalschwund in westfränkischen PNN bisher nicht nachweisbar ist. Das Namenelement müßte also durch Entlehnung aus dem Nasalschwundgebiet in die Galloromania gelangt sein. Will man denn mit einem entlehnten Namenstamm operieren, so kommt für Kaufmann [12] neben *sunþ-a- 'südlich' auch eine namenrhythmische Kürzung aus ahd. *suntar*, as. *sundar* 'abseits, gesondert', dann auch 'ausgezeichnet, hervorragend' [13] in Frage.

2. D. Kremer [14] denkt für die aus Katalonien bekannten PNN auf <sud-> an einen mit got. *sutis* 'mild, nachgiebig' [15] gebildeten Namenstamm, doch scheinen für das althochdeutsche Sprachgebiet Hinweise auf eine Verwendung von ahd. *swuozssi* 'lieblich, wohlklingend', auch 'heilbringend, heilig' [16] in Namen nicht vorzuliegen [17].

3. Schließlich weist H. Kaufmann [18] (und dies scheint mir die durchaus wahrscheinlichste Lösung zu sein) auf die Möglichkeit hin, wfrk. <sûd-> als romanisierte Variante des Stammes *swiþ-a-, *swiþ-i- [19], mit romanischem [w]-Schwund und gleichzeitiger Verdunkelung des nachfolgenden Vokals [20], zu interpretieren; einem wfrk.-rom. *Sûd-s-o, *Sûtzo* würde damit ein ursprünglicher *Suid-s-o zugrunde liegen.

Im SN wird der Stammvokal des PN vor Konsonantenhäufung gekürzt [21] und mundartlich zu [o] gesenkt [22].

1) Quellennachweis: AD Mos G 22 Nr. 1 a (nach Kopie des 15. Jhs. gedruckt bei MCM I 246; Regest bei PRZ Nr. 133); PRV Nr. 20; LHA Kobl. 54 S 547 Nr. 2 (andere Kopie in: LHA Kobl. 54 T 15 hat *Soltzwiler*); LHA Kobl. 54 S 603; AN Lux. A 52 Nr. 1278; LHA Kobl. 54 S 599; Klein, in: Heimatbuch des Landkreises St. Wendel 15 (1973/74) 105; Even, Steuer- und Abgabenlisten 20; AD MM B 9295 f° 15v°; AD MM B 927 Nr. 12. In jüngerer Zeit lassen sich für den gleichen SN auch Belege mit unetymologischem <l> fassen, vgl. etwa 1450 K., 1816 *Soltzweiler*, 1690, 1779 u.ö. *Soltzweiller*, 1594 K. *Sultzweiller* (Belege nach Müller, ONN II 71; Jungandreas, Lexikon 995; Hupka, in: Heimatbuch des Landkreises St. Wendel 17 (1977/78) 62; ZGSG 6/7 (1956/57) 67; Durival III 389; Alix 87). Hoppstädter/Herrmann/Klein, Landeskunde I 74; Spang, Gewässernamen 167, und andere erschließen aus diesen Belegen irrtümlich eine nicht genau lokalisierte Wüstung *Sültzweiler* im Ostertal.

2) Förstemann, Altdeutsches Namenbuch I 1373; Kaufmann, Ergänzungsband 330; Morlet, Noms de personne I 203.

3) Kaufmann, Ergänzungsband 330.

4) Ein PN *Suto* ist belegt in St. Gallen und Remiremont, vgl. Förstemann, Altdeutsches Namenbuch I 1367; LMR 271 f.

5) Förstemann, Altdeutsches Namenbuch I 1367.

6) Zahlreiche Beispiele aus der östlichen Galloromania bietet neben Morlet, Noms de personne I 203, auch LMR 271 f.

7) Vgl. etwa Stoering, PNN 308, über afrz. *Surrée* (in der Handschrift *Sueréé*) aus wfrk. *Sûd-rada*.

8) → 5.2.
9) Förstemann, Altdeutsches Namenbuch I 1368 f.; Kaufmann, Ergänzungsband 330 f.; Tiefenbach, Xanten-Essen-Köln 380.
10) Vgl. Braune/Eggers § 126 Anm. 5; Gallée/Lochner § 214; Krahe/Meid § 106.
11) Stoering, PNN 308; vgl. auch Longnon, Polyptyque I 365; Morlet, Noms de personne I 203.
12) Kaufmann, Ergänzungsband 331.
13) Kluge/Mitzka 715 f., s.v. 'sonder'.
14) Kremer, PNN 206.
15) Holthausen, Got. etym. Wörterbuch, s.v. 'sutis'.
16) Schützeichel, Wörterbuch 192.
17) Man beachte allerdings, daß das verwandte gall. *suadu* 'süß' als Namenelement gut bezeugt ist, dazu ausführlich Evans, PNN 258.
18) Kaufmann, Rufnamen 181.
19) Kaufmann, Ergänzungsband 337. Mit Tiefenbach, Xanten-Essen-Köln 381 gehören die Namen "zu ahd. *swîd* 'Unheil', zu ahd. *swîdan* (?) 'brennen'", vgl. Schützeichel, Wörterbuch 191; Braune/Eggers § 330 Anm 1.
20) → 5.3.8.
21) → 6.2.1.4.
22) → 6.2.1.5.2.

604. **+Spenwilre**, nicht lokalisiert bei Sparsbach, F, Bas-Rhin, La-Petite-Pierre:

Spenwilr (1430 Or.); Spenwilre (1434 Or.) [1].

< *Spanin-wîlâri*, mit oberdeutschem *-in*-Genetiv [2] zum PN *Spano ? Dieser wird von Kaufmann [3] an ahd. *spanan* 'antreiben, überreden, ermahnen, anlocken' [4] angeschlossen.

1) Quellennachweis: Herr, Urkunden Nrr. 16. 19. Humm/Wollbrett, Villages 10, übernehmen die von Guggenbühl, Ingwiller 179. 302, vorgeschlagene, meines Erachtens aber nicht zwingende Lokalisierung der Wüstung im Bereich der Flur *Speenmadde* auf Ingweiler Bann, dicht an der Gemeindegrenze zu Weinbourg (das wäre außerhalb des Untersuchungsraumes dieser Arbeit).
2) → 4.3.
3) Kaufmann, Ergänzungsband 323.
4) Schützeichel, Wörterbuch 178.

605. **+Spetwilre**, unbekannt im Raum Puberg, F, Bas-Rhin, La-Petite-Pierre [1]:

Spetwilre (1374) [2].

< *Spatin-wîlâri mit oberdeutschem -in-Genetiv ³ zum PN Spato ⁴ ? Kaufmann verbindet diesen PN mit as. spado 'Spaten' ⁵.

1) Ob identisch mit dem zuvor genannten +Spenwilre bzw. der für Puberg gesicherten wüsten Hofsiedlung Le Speckhof (dazu F. Eyer, Dorfordnung von Petersbach, in: Sociéte d'Histoire et d'Archéologie de Saverne 53/54 (1966) S. 29) ? Angesichts der spärlichen Überlieferung sind Fehlschreibungen nicht auszuschließen.
2) Quellennachweis: RL III 1216; Humm/Wollbrett , Villages 10 f.; Humm, Villages disparus 159.
3) → 4.3.
4) Förstemann, Altdeutsches Namenbuch I 1356.
5) Kaufmann, Ergänzungsband 322.

606. **+Spetzweiler**, n. Zarbeling, F, Moselle, Dieuze:

FlNN: Confin du Spetzuelle (1687 Or.); Spetzweller (±1840) ¹.

< *Spizzi-wîlâri 'Weiler auf der (Berg)spitze' ², bzw. *Spadînes-wîlâri zum PN *Spadîn ? Einen entsprechenden Namenstamm stellt Kaufmann ³ zu as. spado 'Spaten'.

1) Quellennachweis: AD MM B 11976; Toussaint, Frontière 173.
2) Zu ahd. spizze, mhd. spiz 'spitz' vgl. Schützeichel, Wörterbuch 179; Lexer, Handwörterbuch II 1104. Entsprechende Bildungen mit Grundwort -weiler bei Löffler, Weilerorte 169.
3) Kaufmann, Ergänzungsband 322.

+Spitzweiler, nach Hoppstädter/Herrmann/Klein, Landeskunde I 96, und anderen als abgegangene Siedlung im Raum Hülzweiler genannt: mit Staerk, Wüstungen 374, sind entsprechende Flurnamen als Spitzweier zu lesen; damit entfällt die Beleggrundlage für diese Wüstung.

607. **+Staßweiler**, nw. Altenkirchen, VG Schönenberg-Kübelberg, D, Rheinland-Pfalz, Kusel:

FlNN: Staßweiler (1600 K.); wießen im Stoßweiler gelegen (1610 Or.); im Stachßweiler (1711); bey Staßweiler (1711); bei Stahsweiler (1744); Staaswiller (1745); Staaßweyler (1772). - Mda. im Schdaaswiller ¹.

Der Name ist ohne ältere Belege nicht sicher zu deuten. Wegen des Nebeneinanders von <ch>, <hs> und <s> in der Belegreihe, das auf altes [h] + [s] schließen läßt, vielleicht tatsächlich mit Dolch/Greule ² zum aus Lorscher Quellen überlieferten PN *Stahal* ³ bzw. dem in der frühmittelalterlichen Romania auch als PN verbreiteten (ursprünglich griechischen) Heiligennamen *Eustachius* ⁴.

1) Quellennachweis: LA Speyer A 2/32.3 f° 26; LA Speyer A 2/38.27 f° 129; LA Speyer F 29/1; Nikolaus/Zenglein, Kolbachtal 33. Vgl. auch Häberle, Wüstungen 199; Christmann, SNN I 573; Dolch/Greule 444.
2) Dolch/Greule 444. Christmann, in: MHVP 61 (1963) 138, und danach Kaufmann, Pfälz. ONN 258, dachten an den PN *Starkolf,* jedoch ist in den Mundarten der Westpfalz mit einem Wandel des dann in der Wortfuge zu erwartenden [ks] > [s], wie ihn die von Kaufmann vorgeschlagene Reihe **Starks-* > **Staks-* > **Stas-* nahelegt, kaum zu rechnen.
3) Förstemann, Altdeutsches Namenbuch I 1379.
4) Vgl. Périn, Onomasticon I 582; Pape/Benseler 426; Morlet, Noms de personne II 48.

Steinweiler: → Pierrevillers.

608. **+Steinweiler**, Gde. Metzeresche, F, Moselle, Metzervisse:

FINN: Joindant Steinweiller, uff dem Hoeffel, sur Weiller (1630/31 Or.) ¹.

< **Stein-wîlâri* ².

1) Quellennachweis: AD Mos H 3670 Nr. 1.
2) Zu ahd. *stein* 'Stein, Fels' vgl. Schützeichel, Wörterbuch 183. An einen mit dem Namenelement **stain-a-* (Förstemann, Altdeutsches Namenbuch I 1359 f.; Kaufmann, Ergänzungsband 325) gebildeten PN ist hier wegen der Variation mit einfachem *Weiler* wohl weniger zu denken.
Mit dem Appellativ *stein* komponierte SNN des Weiler-Typus können, wie das pfälzische Beispiel Steinweiler, Kr. Germersheim, zeigt (dazu Dolch/Greule 449), sehr alt sein; häufiger jedoch tritt das Bestimmungswort erst nachträglich zu einem ursprünglich einfachen Weiler-Namen hinzu (vgl. Löffler, Weilerorte 170 Nr. 386, dort auch Hinweise auf mehrere erst neuzeitliche Siedlungen dieses Namens, die bei Steinbrüchen angelegt wurden).

609. **Stennweiler**, Gde. Schiffweiler, D, Saarland, Neunkirchen:

Steinweiler (1572 Or.); Stennweiler (1625 Or.); Steinweyler (18. Jh. Or.) ¹.

< *Stein-wîlâri*, zu ahd. *stein* 'Stein, Fels' (bzw. *Stainen-wîlâri* zum PN *Staino* [2]). Das völlige Fehlen hochmittelalterlicher Erwähnungen bei im Prinzip guter Quellenlage [3] läßt für diese Siedlung eine erst spätmittelalterliche Gründung vermuten [4]; eindeutige Quellenbelege hierfür fehlen allerdings.

1) Quellennachweis: Fürst, Einwohnerverzeichnisse 29. 66; Herrmann, in: ZGSG 15 (1965) 243.
2) Vgl. Nr. 608 Anm. 2.
3) Zum Vogteilehen Neumünster/Amt Ottweiler der Saarbrücker Grafen vgl. u.a. Schwingel, in: ZGSG 10/11 (1960/61) 124.
Besonders auffällig ist die Nicht-Erwähnung des Ortes in den von Fürst publizierten älteren Steuer- und Abgabenlisten des Amtes Ottweiler.
4) Vgl. die in diese Richtung weisenden Bemerkungen bei Weyand, Dörfer 20, und Habicht, in: ZGSG 19 (1971) 549 f.; Zewe, Geschichte 147, mit Hinweisen auf Steinbrüche der Herrschaft Ottweiler am Ort.

610. **+Sterrweiler**, nö. Bliesdalheim, Gde. Gersheim, D, Saarland, Saar-Pfalz-Kreis:

FlNN: hinter Sternweiller (1547 K.16); Sterwilerborn (1564 Or.); Im Sterrweiler (1846) [1].

< *Sterren-wîlâri* zum PN *Störro* ? Kaufmann stellt einen solchen aus SNN erschlossenen PN zur Tierbezeichnung mhd. *stër(e), stërre* 'Widder' [2].

1) Quellennachweis: Kampfmann, Beiträge 33; Stella, Karte 14; Häberle, Wüstungen 200; Christmann, SNN I 582; Staerk, Wüstungen 378 f.
2) Kaufmann, Ergänzungsband 326. Müller, Theriophore PNN, gibt allerdings keinen Hinweis auf entsprechende Bildungen.

611. **+Stranzweiler**, nö. Hermersberg, VG Waldfischbach-Burgalben, D, Rheinland-Pfalz, Pirmasens:

Stranzwilre (1364 K.15); Strantzwilr (1371 K.); Strantzwiler (1449 Or.); Stranßwyler (1458 K.); Stransweiler (1501); Strantzweiler (1601 Or.); Stransweiler (1664 K.); Strantzweiller (1730) [1].

< *Stragandes-wîlâri*. Ein sekundäres Namenwort <*strag-*> bzw. der dazu gehörige Kurzname *Strago* ist "vermutlich durch r-Metathese aus *Stargo* entstanden, wie der Beleg *Stracman* neben *Starcman* nahelegt" [2]. Der PN *Starkand* (> *Stragand*) ist gut belegt [3]. Mitteldeutscher Schwund von

intervokalischem [g] ⁴ führt zu heutigem *Stranzweiler.*

1) Quellennachweis: HStA Wiesbaden 3001/48a f° 9r°; Univ.-Bibl. Heidelberg ms. 432 Nr. 837; HStA München II, Pfalz-Zweibr. Urk. Nr. 551; LA Speyer A 2/659.I f° 6r°; Lehmann, Burgen V 215; LA Speyer A 2/112.2 f° 34; LA Speyer A 2/664; LA Speyer C 50/1 S. 395. Vgl. Christmann, SNN I 583. III 130; ders., in: MHPV 57 (1959) 38; Dolch/Greule 452.
2) Geuenich, PNN Fulda 113.
3) Förstemann, Altdeutsches Namenbuch I 1361. Kaufmann, Pfälz. ONN 262, erschließt einen PN *Stranzo, den er als ablautende Variante eines nur spärlich belegten und bisher nicht befriedigend gedeuteten PN *Strinzo* (Förstemann, Altdeutsches Namenbuch I 1366; nach Kaufmann, Ergänzungsband 328, zu mhd. *stranzen, strinzen* 'umherschlendern') interpretiert; dem schließen sich Dolch/Greule 452 an.
4) → 6.2.2.4.

Suainviller (1157 K.): → Nr. 600.

+Sültzweiler, nach Spang, Gewässernamen 167, und anderen unbekannt im Ostertal: → Nr. 603.

Suniconevillare (10./12. Jh. K.): → Nr. 597.

612. **+Surtoviller**, Gde. Neuviller-lès-Badonviller, F, Meurthe-et-Moselle, Badonviller:

? Serturville (< *Sertauville ?) (1588 Or.).
FlN: Curtoviller ¹.

< *Sortoaldo-vîlla/-vîllâre* zum wfrk. PN *Sortoald*, der sich als romanisierte Variante eines germ. *Swart(a)-wald* ² mit romanisch bedingtem Schwund von [w] in der anlautenden Verbindung [sw] ³ und anschließender Verdunkelung des folgenden Vokals ⁴ interpretieren läßt.
Die Abschwächung von vortonigem |o| > |e|, wie sie sich im Beleg *Serturville* zeigt, ist in der lothringischen Skripta regelhaft ⁵.

1) Quellennachweis: MSAL 61 (1911) 205, vgl. Laubespin, Ephémeride 122 ff.: "Le lundy 21e d'aoust, nous séjournasmes à Serturville, à Chevillers, Barba et ès environs de Blanmont". Der ortsunkundige Berichterstatter gibt die genannten lothringischen SNN (es handelt sich um Lagerorte der Truppen Gottfrieds von Bouillon bei deren Durchzug durch Lothringen) insgesamt in sehr entstellter Form wieder. "*A Chevillers*" ist in einem Wort zu lesen und als mundartliche Lautung für das nahegelegene

2) Ancerviller (Nr. 21) mit Übergang des intervokalischen stimmlosen [s] zum Zischlaut (→ 6.1.2.2.) und Ausfall von vorkonsonantischem [r] (→ 6.1.2.1.4.) zu verstehen.
2) Zur Etymologie des offensichtlich insgesamt recht seltenen germ. Namenstammes *swart-a- vgl. Förstemann, Altdeutsches Namenbuch I 1378 f.; Kaufmann, Ergänzungsband 335. Wfrk. PN-Beispiele, die diesen Stamm - dann ohne Durchführung der t-Verschiebung - zeigen, sind bisher kaum bekannt; er ist aber in nordfranzösischen SNN sehr viel besser nachzuweisen, vgl. etwa Surtauville (F, Eure: *Sortovilla* (1214), *Sortoovilla* (1221, 1266), *Courtauvville* (1470); Sortosville-Bocage (F, Manche: *Soortovilla* (1107/09); Sortosville-en-Beaumont (F, Manche: *Sorthoovilla* (±1150); Belege nach Blosseville, Dictionnaire 212; Dauzat Rostaing 662.
3) Das halbvokalische ahd. [w] löste sich in romanischem Mund wohl zunächst in seinen vokalischen Bestandteil [u] auf und dürfte mit romanischer Vokalsenkung [o] ergeben haben, vgl. Mackel, Elemente 184; Kalbow, PNN 119; zur Wiedergabe von [sw] als <so> in wfrk. Nameneinträgen der Karolingerzeit auch Menke, Namengut 362. In der Verbindung [sw] konnte [w] im Romanischen ganz schwinden, vgl. dazu ausführlich 5.3.8.
4) Vgl. Kaufmann, Rufnamen 324.
5) Vgl. Stark, Untersuchungen 109; Betzendörfer, Sprache § 63; Güttler, Lautstand § 53; Kraus, Beiträge 32; Hallauer, Dialekt § 32; Goerlich, Dialekt 97; Friemel, Laut- und Formenlehre 29.

Suwilre (1307 K.): → Nr. 594.

Tanitius (uilari ad, 737 K. 9): → Nr. 47.

+Tedwyler, unbekannt in der Herrschaft Bitche (F, Moselle; genannt 1466 K., vgl. Touba, Monographies Lorraines 21, Anhang S. 1). Weitere Anhaltspunkte fehlen.

613. **Thaleischweiler**, Gde. Thaleischweiler-Fröschen, D, Rheinland-Pfalz, Pirmasens:

Eiswilre (1214, 1237 Or., 1266, 1309 Or., 1333 Or.); Eyschweiler (1239 K., 1244 K., 1249 K., 1253 K. u.ö.); Eißwilr (1333 K., 1360 K.15, 1381 K.15, 1384 K.15, 1387 K.15 u.ö.); Eyswilre (1322 Or., 1397 K., 1469 Or.); Eischwilre (1390 Or., 1398 Or.); Eyschwiler (1489 K. glz.); Eyßwiler (1494 K.); Eyschwiller (1503 K.); Eyschweiller (16. Jh. Or.).- Mda. *eschwile'* [1].

< *Eges-wilâri* zum PN *Agi, Egi* [2]. Der unterscheidende Zusatz hebt den SN ab von Nr. 321.

1) Quellennachweis: Remling, Geschichte II Nr. 323; Toussaint, Grafen 230; Remling, Urkundenbuch I Nrr. 214. 343; Molitor, Urkundenbuch Nr. 17; PRZ Nr. 558; Buttmann, Quellen 21; HStA München, Rheinpfälz. Urkunden Nr. 2597; Böhn, Kopialbuch Nrr. 9 f. 31; PRZ Nr. 925; Böhn, Kopialbuch Nr. 49; HStA München, Rheinpfälz. Urkunden Nr. 685; NRW Nr. 807; BRW Nr. 854; HStA München, Rheinpfälz. Urkunden Nrr. 2688. 2712; NRH Nr. 514; LA Speyer F 1/49a f° 353v°; Glasschröder, Urkunden Nr. 751; AD MM B 568 Nr. 36; Christmann, SNN I 587; Dolch/Greule 457 f.
2) Vgl. Nr. 166. So schon Kaufmann, Pfälz. ONN 264, ebd. auch ein ausführlicher Kommentar zur Lautentwicklung des SN und zur Deutung Christmanns (SNN I 587), der vom Kosenamen *Agiso* ausgegangen war.

614. **Thalexweiler**, Gde. Lebach, D, Saarland, Saarlouis:

de casamento comitis de Castris est aduocatia abbatie Tholeie cum decem et octo curtibus suis ... Osternai, Blaisa, Marpedingue, Hesker[.]uibre (< *Heckeceuilre) ... (ca. 1200/35 K. 15); Eckeswilre (1246 K.); Echesweyler (1276 K.18); Exwilre (1297 K.17); Exweiler (1307/54 K.18, 1454 K.17); Exwiller (1419 K.16, 1489 Or.), Exwiler (1465 Or., 1516); Exweyler (1569); Exweiller in der abtey (1587); Exweiller (1594 K.17) [1].

< *Ekkes-wîlâri* zum PN *Ekki* [2], zum Stamm *ag-jô-* [3]. Der Erstbeleg zeigt unetymologische [h]-Prothese [4] sowie Einschub eines Sproßvokals [5]. Der heute amtliche Zusatz wurde zur besseren Unterscheidung vom nahegelegenen Urexweiler (Nr. 627) eingeführt.

1) Quellennachweis: LHA Kobl. 23/104 (vgl. die Drucke und Regesten bei MRhUB III Nr: 531; MRR II Nr. 2170; Pöhlmann, St. Ingbert 485; Pauly, Wadrill 21); Lager, Tholey 87; LHA Kobl. 182/42 (vgl. MRR IV Nr. 297; Müller, ONN II 70, dort irrtümlich zu Nr. 627 gestellt; Jungandreas, Lexikon 1073); LHA Kobl. 182/40; Fabricius, Taxa Generalis 28; Pauly, Prozessionsliste 332; LA Sbr. Nass.-Sbr. II Nr. 2443 f° 871; LHA Kobl. 54 S 603; AD MM B 933 Nr. 9; Volk, Bursfelder Kongregation I 454; Longnon/Carrière, Pouillés 85; Müller, ONN II 70; Alix 87. Zahlreiche weitere Nennungen des ON aus kopialer Tholeyer Überlieferung im Codex Bistumsarchiv Trier 71,3/17,1 ff° 241 ff.
2) Belegt bei Geuenich, PNN Fulda 46.
3) → 5.1.1.4.
4) → 5.3.6.
5) Paul/Wiehl/Grosse § 57.

615. **+Thiaviller**, Gde. Rambervillers, F, Vosges, Rambervillers:

FlN: Thiaviller [1].

< *Theud(o)aldo-vîllâre zum wfrk. PN Theud(o)ald [2], komponiert aus den Elementen *þeuđ-ô- [3] und *walđ-a- [4]. Unter dem Vorton ist die Entwicklung von germ. [eu] > [i] im Namenstamm *þeuđ-ô- im Altfranzösischen lautgerecht [5], so daß es nicht notwendig ist, hier einen (natürlich ebenfalls belegten) westfränkischen Sekundärstamm <thîd-> [6] anzunehmen. Die Lautentwicklung des Namens zeigt romanischen Schwund von intervokalischem [d] [7] und Vokalisierung von vorkonsonantischem [l] [8] im Zweitglied des PN.

1) Vgl. Marichal, Dictionnaire 419.
2) Förstemann, Altdeutsches Namenbuch I 1449 ff.; Morlet, Noms de personne I 70. Zum gleichen PN gehört der SN Thiaucourt (F, MM, 1127/68 Thiacort, vgl. Lepage, Dictionnaire 141).
3) → 5.1.1.158.
4) → 5.1.1.165.
5) Vgl. Lunderstedt 321; Gamillscheg, Romania Germanica I 368; ders., Siedlung 203.
6) Vgl. Kaufmann, Ergänzungsband 352 f.
7) → 5.3.10.
8) → 6.1.2.1.1.

616. **+Thionviller**, Gde. Moussey, F, Moselle, Réchicourt-le-Château [1]:

Theudonis villa (14. Jh. < ±825 K.16); az villes de Richiecourt de Mons de Sainon de Moicey de Thionvilleir (1364 Or.); Thiauille (1449 K. 15, 16. Jh. M. Or.) [2].

< *Theudône-vîlla/*-vîllâre zum germ. PN Theudo [3]. Die Lautentwicklung des SN markieren die romanische Entwicklung von germ. [eu] > [i] unter dem Vorton [4] sowie der ebenfalls romanische Schwund von intervokalischem [d] [5].

1) Die Wüstung wird bei RL III 1115, und Hiegel, Dictionnaire 335, als Thiaville (< *Thio[n]ville, offensichtlich, wie unter 6.1.1.11. dargestellt, mit lothringischer Denasalierung des Nasalvokals), bei Belhomme, Historia 287. 361, als Thionviller près de Réchicourt verzeichnet.
2) Quellennachweis: Jérôme, Moyenmoutier I 273 f.; BN Paris Coll. Lorr. Bd. 88 Nr. 202; AD Mos G 6 f° 78v°; AD MM H 557.
Der für Thionviller bezeugte Frühbesitz des Vogesenklosters Moyenmoutier geht, wie

möglicherweise auch die diesem Kloster im Jahr 1140 durch Papst Innozenz II. bestätigte *ecclesia de Montis cum cappellis suis* (Migne, P.L. 179, 552; vgl. auch Jérôme, Moyenmoutier II 231), auf eine wohl um 825 erfolgte, in der im 14. Jh. niedergeschriebenen Chronik des Klosters ausführlich dargestellte Schenkung eines *Theudo* zurück, offensichtlich ein weltlicher Großer, welcher der Abtei, als er sich, vom Schicksal getroffen, zum Klostereintritt entschloß, seine *villa* und seinen gesamten, offenbar recht umfangreichen Besitz übertrug. Angesichts dieser Konstellation kann es als wahrscheinlich gelten, daß wir in diesem Schenker *Theudo* gleichzeitig den Gründer der dann sicherlich kaum vor 800 entstandenen Siedlung *Theudone villa* vor uns haben.

3) Zahlreiche Beispiele für diesen überaus häufigen PN bei Förstemann, Altdeutsches Namenbuch I 1410 ff. Hinweise auf einen älteren, in Weißenburger Quellen des beginnenden 8. Jhs. aufscheinenden Grundherrn gleichen Namens, möglicherweise ein Sohn der *Wolfgunda* aus dem bekannten Geschlecht der Gundoine, welches gerade in der Umgebung von Thionviller (u.a. in Amenoncourt und Autrepierre) begütert war, bei Haubrichs, SNN 264. Es sei hier auch angemerkt, daß das in seiner Frühgeschichte so dunkle Kloster Moyenmoutier auch an anderen Orten des Saar- und Seillegaus, welche mit den sogenannten "Weißenburger Gründerfamilien" in Zusammenhang gebracht werden können (so in Berg bei Drulingen, in Autrepierre bei Blâmont und in Serres bei Einville) über Besitz verfügte, dazu ausführlich Migne, P.L. 179, 522. Sollte man deshalb in dem um 825 als Mönch in Moyenmoutier erwähnten *Theudo* einen jüngeren Verwandten jenes "gundoinischen" *Theudo* erblicken dürfen?

4) Vgl. Lunderstedt 321; Gamillscheg, Romania Germanica I 368; ders., Siedlung 203.

5) → 5.3.10.

617. **+Thonvillers**, Gde. Domptail, F, Vosges, Rambervillers:

FIN: Thonvillers, var. Tonvillers [1].

< *Thôdône-villâre* zum germ. PN *Thôdo* [2] als Spielform des häufigen Kurznamens *Theudo*, mit romanischem Schwund des zwischenvokalischen [d] [3].

1) Vgl. Marichal, Dictionnaire 424.
2) Förstemann, Altdeutsches Namenbuch I 412; Morlet, Noms de personne I 72.
3) → 5.3.10.

618. **Torcheville/Dorsweiler**, Gde. Albestroff, F, Moselle, Albestroff:

Tornugo uillare, *var.* (andere Ausfertigung) Turnugo uillare (777 Or.); Torneswile[r] (±1124 K.13); Dorswilre (1255 K.14, 1287 K.14, 1288 K.15, 1294 Or. u.ö.); Dorßwiller (1269 K.16, 1450 K.15 u.ö.); Dorneswilre (1283

Or., 1292 Or., 1301 Or., 1311 Or. u.ö.); Toirviller (1283 K.14, 1285 K.14 u.ö.); Dorzwilre (1285 Or., 1304 Or. u.ö.); Torvilers (1289 Or.); Toruille (1289 Or.); Toruiler (1291 Or.); Toruilleir (1293 Or., 1361 K. u.ö.); Torvilleirs (1293 Or., 1296 Or., 1321 Or., 1344 Or. u.ö.); Toruillirs (1302 Or.); Domswilre (1303 Or.); Dorzwylre (1304 Or.); Dorsewilre (1317 Or.); Dorsvillere (1317 Or.); Toruillier (1326 Or.); Thoruilleirs (1331 Or.); Torvillers (1333 Or.); Toursvillers (1340 Or.); Doirneswilr (1341 Or.); Thorviller (1371 Or.); Dörneswilr (1381 Or.); Dorschwilre (1398 Or.); Torcheville (1742, 1779).- Mda. torševîl [1].

< *Turnacum [2]/*Turno-vîllâre/*Turnes-wîlâri zum PN Turnus [3].
Sowohl die sich nach der Festwerdung der Sprachgrenze durchsetzende deutsche Namenform Dorsweiler, mundartlich Dorschwiller (sie zeigt Assimilation [rn] > [r] und anschließende Entwicklung von [rs] > [rʃ] [4]) als auch die (exogene) französische Doublette Torvillers [5], die ihren Erhalt bis ins 14./15. Jahrhundert sicherlich der überörtlichen Bedeutung des sich nach diesem Ort nennenden Herrengeschlechts [6] verdankt, ist genuin entwickelt, letztere über einen Ausfall des (nach vorausgegangener Synkope des Bindevokals [o]) zwischenkonsonantischen [s] [7].
Von dieser alten romanischen Form zu trennen ist das heute im romanischen Patois übliche torševîl, für das sich erste Belege (offensichtlich als Zeugnisse einer nachträglichen Reromanisierung der Gegend) seit dem 18. Jh. fassen lassen. Diese Lautung ist sichtlich abhängig von der deutschen Namenform.

1) Quellennachweis: Tangl, Testament 195. 208. 211; AN Paris LL 1157 f° 53 (vgl. JRS Nr. 50; seine Lesung Tornesvibre ist zu korrigieren); PRZ Nr. 128; Lamprecht, Wirtschaftsleben III Nr. 70 (= MRR IV Nr. 1476); MCM I Nr. 98; HRS Nr. 182 (= Cuny, Reformation I Nr. 8); AD Mos 10 F 80; AD Mos 10 F 2; Hennes, Urkundenbuch II Nr. 281; HRS Nr. 178; AD Mos H 4744 Nr. 1; AD Mos H 4730 Nr. 1; AD Meuse B 256 ff° 227r°. 399r°; Hennes, Urkundenbuch II Nr. 289; PRZ Nr. 457; HRS Nr. 170; WLT V Nr. 267; AD Mos 10 F 41; AD Mos G 446 Nr. 6; AD Mos 3 J 10; Kirsch, Kollektorien 312; Herrmann, in: ZGSG 6/7 (1956/57) 191 f.; WLT VI Nr. 649; AD Mos H 1073 Nr. 2; AM Metz II 24; AD Mos H 1109 Nr. 1; HStA München, Rheinpfälz. Urkunden Nr. 560; Mone, in: ZGORh. 14 (1862) 60; HStA München, Rheinpfälz. Urkunden Nr. 2115 f.; SVR I Nr. 447; BN Paris Coll. Lorr. Bd. 594 Nr. 27; AD Mos 4 E 148; Jean, Châteauvoué 9; PRZ Nr. 597; HRS Nr. 1905; Cuny, Reformation I Nr. 15; AD Mos 1 E 41; AD Mos G 45; AN Lux. A 52 Nr. 986; Durival III 405; This, Sprachgrenze 11.
2) So auch Haubrichs, Lautverschiebung 1385; Hiegel, Dictionnaire 338; Buchmüller-Pfaff, SNN 470; Pfister, Relikte 138, der für den Erstbeleg des SN ein *Tornago villâre ansetzt, dann wohl eine Bildung, die in eine Reihe zu stellen wäre mit dem sehr viel häufigeren Typus -iaca curtis, -iaca villa. Diese Namen verbinden einen in der Mehrzahl der Fälle germanischen PN, durch das galloromanische Suffix -(i)acum

adjektiviert, mit einem romanischen Grundwort. Die Frage, ob solche Bildungen einem eigenständigen Kompositionsmuster folgen oder ob es sich um originäre *–(i)acum*-Namen handelt, "[auquels] les termes -court et -ville ont été ajoutés pour donner plus de consistance à ces noms qui ne déterminaient plus suffisamment un nom de lieu" (Lot, Origine 226), ist, soweit ich sehe, bisher nicht endgültig geklärt. In jedem Fall aber wird man sie als Reflexe einer im Schwunge befindlichen Ablösung des galloromanischen Bildungsmusters durch die modischeren *Avricourt*-Typen interpretieren dürfen, dazu ausführlich unter 4.1. mit weiterer Literatur.

3) Der PN ist vorgermanisch: wohl auf den mythischen *Turnus* (Bruder der *Juturna*, Königin der Rutuler in Italien; zur Deutung seines Namens vgl. Schulze, Eigennamen 574 Anm. 6) beziehen sich diverse gleichlautende lateinische Namenbelege (dazu Kajanto, Cognomina 179). Daneben rechnet Holder II 2004 mit einem keltischen *Turnus*, wozu möglicherweise der Name des aus südgallischem Adel stammenden Briefpartners des *Sidonius Apollinaris* (zu ihm Stroheker, Adel 225; Martindale, Prosopography II 1133) sowie die zahlreichen SNN **Turnacum* bei Holder II 2001 ff.; Dauzat/Rostaing 672; Vincent, France § 196; ders., Belgique § 79; Gröhler I 224; Morlet, Noms de personne III 197; Longnon, Noms de lieu 82; Beszard, Maine 105, zu stellen sind.

Für keltisch hält Morlet, Noms de personne I 207, das erste Element westfränkischer PNN wie *Turnoaldus* und *Turnulfus* (Förstemann, Altdeutsches Namenbuch I 1401 f.; Gasnault, Documents 91; vgl. auch die bei Kaufmann, Ergänzungsband 344 gegebenen Beispiele fränkischer SNN, deren Bestimmungswort einen mit dem Element <turn-> gebildeten PN enthält, darunter auch solche, die einen PN **Turno* voraussetzen). Förstemann, Altdeutsches Namenbuch I 1401, und Kaufmann, Ergänzungsband 344, denken daneben auch an ahd. *turnen* 'lenken' (Schützeichel, Wörterbuch 204). Jedenfalls zeigen diese westfränkischen Beispiele, daß ein PN *Turnus*, **Turno* durchaus noch in frühmittelalterlicher Zeit gebräuchlich war. Kaufmann, ONN Bad Kreuznach 68, deutet den SN wie das pfälzische Dorsheim mit Hilfe des PN *Donar* ("Donar hat zweifellos als PN bestanden ..., vgl. *Donres-pach* 12. Jh. ...") mit Metathese [-nrs-] > [-rns-]; allerdings macht der älteste Originalbeleg für Torcheville, der in romanischer Morphologie ohne s-Fuge erscheint, trotzdem aber bereits [rn] zeigt, diese These unwahrscheinlich. Sicherlich unrichtig sind auch ältere Ansätze zur Deutung des SN bei Kaspers, Weiler-Orte 119 (kelt. **Taranuc-villare*, zu *Taranus* 'Gott des Donners'); Förstemann, Altdeutsches Namenbuch II 2 1014 (mhd. *dornic*); Dauzat/Rostaing 679 ("nom d'homme germ. Thurs-"). Morlet, Noms de personne III 836, denkt an gall. **Durnos* (Dottin, Langue 254).

4) → 4.3.
5) Man beachte dazu die Parallele Torvilliers (F, Aube: 1136 K. *Torvillare*, 1182/85 K. *Toruieler*, 1236 *Torvilarium*, 1381 *Torvilleria*, 1408 *Torvilliers*), Belege nach Boutiot/Socard, Dictionnaire 161.
6) Zu den Herren von Dorsweiler, einer Seitenlinie der Kriechinger, vgl. AT II 323 f..
7) Rheinfelder § 665.

619. **+Torschviller**, Gde. Sarralbe, F, Moselle, Sarralbe:

FlNN: Tourweiler wiß (1559 frz. Or.); Torschviller (±1840) [1].

< *Turnes-wilāri* zum PN *Turnus* [2].

1) Quellennachweis: AD Mos 10 F 361; Nap. Kat. Vgl. auch Touba, Saaralben 136. Die Siedlung lag an der Gemeindegrenze zu Val-de-Guéblange an einem zur Albe fließenden Bächlein (ruisseau de la Rose).
2) → 5.1.2.27.

Torvilers (1289 Or.): → Nr. 618.

620. **+Tournivillers**, Gde. Mont-Bonvillers, F, Meurthe-et-Moselle, Audun-le-Roman:

FlN: Tournivillers [1].

< *Turnico-villāre* zum PN romanischen *Turnicus*, einer Ableitung zu *Turnus* [2] mit Hilfe des lateinischen *-icus*-Suffixes [3]. Die Erhaltung von (durch die Graphie <ou> wiedergegebem) [u] ist unter dem Vorton lautgerecht [4].

1) Quellennachweis: Nap. Kat.
2) → 5.1.2.27.
3) Leumann, Laut- und Formenlehre 229 f.; Kajanto, Studies 63 f.
4) Vgl. Rheinfelder §§ 113 ff.; Wolf/Hupka §§ 122 f.

621. **Trahweiler**, VG Glan-Münchweiler, OT Henschtal, D, Rheinland-Pfalz, Kusel:

Tragewylre (1446 K.); Tragewillr (1458 Or., 1460 Or.); Dragwiler, var. Drawiler (1480 Or.); Drawiller (1545 Or.); Draweiler (1587 Or.). - Mda. *draawile*[r] [1].

< *Dragen-wīlāri* zum PN *Drago* [2], zum Stamm **prag-ja-*, für den got. *pragjan* [3] 'laufen' zu vergleichen wäre. Die heutige Namenform entwickelt sich durch mitteldeutsche Kontraktion von intervokalischem [g] [4].

1) Quellennachweis: LA Speyer T 3/16; LA Speyer A 2 /138.1 f° 9; LA Speyer A

	2/138.2 f° 2; Fabricius, Veldenz I 88 f.; LA Speyer F 2/100b f° 9; LA Speyer B 2/1368.1 f° 5; vgl. Christmann, SNN I 591; Dolch/Greule 460.
2)	Förstemann, Altdeutsches Namenbuch I 1462; Morlet, Noms de personne I 74 a; vgl. Christmann, SNN I 591 f.
3)	→ 5.1.1.159.
4)	→ 6.2.2.4.

622. **+Traiviller**, Gde. Tollaincourt, F, Vosges, Lamarche:

Traiviller (1553 Or.) [1].

< *(ad) ultratum vîllâre(m) [2].

1)	Quellennachweis: AD Meuse B 2636 f° 17. Vgl. Marichal, Dictionnaire 425.
2)	Zu lat. *ultratus* 'jenseits, weiter hinwärts befindlich' vgl. Georges, Handwörterbuch II 3288. Analog zu schon bei Cicero bezeugtem *ultra locum* (Georges, Handwörterbuch II 3287) mag man auch an eine Präpositionalkonstruktion denken, wozu frz. *outre-mer* 'au dela des mers' und hierzu frz. *rose trémière* 'espèce de rose' (FEW XIV 11, mit der auch für unseren SN vorauszusetzenden Deglutination des unbetonten Anlautvokals) zu vergleichen wäre. Da ein Element <tré-> in Verbindung mit SN-Grundwörtern jedoch keine Flurnamen ("jenseits des *Villare*"), sondern Siedlungsnamen bildet, dürfte diesem Ansatz eine geringere Wahrscheinlichkeit zukommen. Mit dem Adjektiv *ultratus* sind wohl auch Trévillers (F, Terr. de Belfort: 1177 *Tirvilar*, 1277 *de Trivelari*; Belege nach Perrenot, Toponymie 233), und Le Tréport (F, Seine-Maritime: 1165/69 *abbate Ultriportensi*, 12. Jh. *de Ulteriori Portu*, 1277 *Treport*; Belege nach Vincent, France 234; Buckeley, ONN 138) gebildet.

Travilez (1256 K.): → Nr. 124.

623. **+Trévillaire**, Gde. Houdelmont, F, Meurthe-et-Moselle, Vézelise:

FlN: Trévillaire [1].

< *(ad) ultratum vîllâre(m)* [2].

1)	Quellennachweis: Nap. Kat.
2)	Vgl. Nr. 622.

624.   **+Tribéviller**, Gde. Ville-sur-Illon, F, Vosges, Dompaire:

FIN: Tribéviller ¹.

< *Trisberto-vîlâre* zum wfrk. PN *Trisbert, Tresbert* ², bzw. *Trisbodovîllâre* zum wfrk. PN *Trisbod*. Entgegen Morlet, Longnon und anderen ³, die auch die <e>- und <i>-haltigen Formen einem vielleicht zu ahd. *drasôn* 'schnauben' zu stellenden Stamm zuweisen, den Tiefenbach jetzt als **prus-* ansetzt ⁴, stellt Kaufmann das nahezu ausschließlich in westfränkischen PNN nachgewiesene Element <tris->, <tres->, das sich in unserem PN mit den Stämmen **berχt-a-* ⁵ bzw. **bauð-a-* ⁶ verbindet, zu ahd. *trëso, triso* 'Schatz' ⁷.

1) Vgl. Marichal, Dictionnaire 427.
2) Morlet, Noms de personne I 74.
3) Morlet, Noms de personne I 74; Longnon, Polyptyque I 367.
4) Vgl. Tiefenbach, Xanten-Essen-Köln 383; ausführlich zu diesem Stamm auch Kremer, PNN 215, mit zahlreichen Literaturhinweisen.
5) → 5.1.1.30.
6) → 5.1.1.28.
7) Vgl. Kaufmann, Ergänzungsband 343. 358.

625.   **+Trutweiler**, Gde. Weiler-la-Tour, OT Syren, L, Luxembourg-Campagne:

FINN: Trutweiler, Trudlermillen, Trudlerbaach, Truler ¹.

< *Trôden-wîlâri* zum wfrk. PN *Trôdo, Truodo* ². Der PN stellt sich vermutlich nicht, wie (mit Vorbehalt) unter anderem Förstemann ³ und Morlet annehmen, zum Stamm **þrûþ-î-* 'Kraft' ⁴, für den ursprünglich langes [û] im Stammvokal anzunehmen ist, sondern gehört eher mit westfränkischem Lautersatz von [hr] durch [tr] ⁵ zum Stamm **hrôþ-* ⁶ mit Entwicklung des Stammvokals [ô] > [uo] > [û] ⁷.

1) Quellennachweis: Anen, FINN 18; Meyers, Studien 195; Carte Archéologique du Grand-Duché de Luxembourg, Feuille 26 C.
2) Belegt bei Morlet, Noms de personne I 76 a.
3) Förstemann, Altdeutsches Namenbuch I 423, über weibliches *Truota*.
4) Förstemann, Altdeutsches Namenbuch I 412 ff.; Kaufmann, Ergänzungsband 98 f.; Tiefenbach, Xanten-Essen-Köln 383.
5) → 5.3.6.
6) → 5.1.1.102.
7) → 6.2.1.9.1.

Twengiswilre, nicht identifizierter Besitz des Hauses Schwarzenberg im Hochwald (erwähnt 1336 K. 14. Jh.; LHA Kobl. 54 S 775; auch genannt als *Twengeswylre* 1319 Or. zusammen mit *Rorebach* in LHA Kobl. 1 A 4549). Noch im Untersuchungsraum ?

Udesvillare (1046 F.): → Nr. 191.

626. **+Uhrweiler**, Gde. Nonnweiler, OT Bierfeld, D, Saarland, St. Wendel:

Orwilre ... cum monte qui dicitur Wilrisberg (±1220 K.17).
FlN: auf Uhrweilerflur [1].

< *(bi dem) oberen wiler* [2].

1) Quellennachweis: MRhUB II 443 (vgl. MRR II 415; Jungandreas, Lexikon 777. 1124. Die Identifizierung ergibt sich aus der Nähe zu den in der Quelle mitgenannten Orten Nonnweiler und Bierfeld. In älteren Publikationen wird der Beleg verschiedentlich zu Urweiler bei St. Wendel (Nr. 630) gestellt; Staerk, Wüstungen 384, ebd. auch Hinweise zur Lokalisierung der Siedlung "nördlich von Oberlöstern, im Tal des Lösterbaches".
2) Vgl. Nr. 498.

Umweiler (1414 K.): → Nr. 339.

+**Unterweiler**, bei Oberweiler-Tiefenbach: Eine Wüstung dieses Namens als Pendant zu der noch bestehenden Siedlung Oberweiler vermutet Christmann, SNN I 597, ohne jedoch konkrete Quellenhinweise beibringen zu können.

Urenuilare (801 K. 9): → Nr. 628.

627. **Urexweiler**, Gde. Marpingen, D, Saarland, St. Wendel:

Eckeswilre (1261 K.15; 1271 K., 1272 Or., 1287 K.15, 1291 Or. u.ö.); Ekeswilre (1272 Or.); Exuelure (1277 K.14); Exwilre (1297 K.17; 1346 Or., 1351 Or., 1363/64 Or. u.ö.); Ekezewilre (1272 K.14); Egkiswilre (1274 K.15); Eccheswilra (1277 K.14); Ekeswilre (1281 Or., 1327 Or.); Exvilre (±1385 Or.); Exwilr (1427 Or., 1445 Or., 1453 Or., 1458 K.15 u.ö.); Exwiller (1429 K.16, 1467 K.16 u.ö.); Exwiler (1470 K.15, 1473 K.15); Exweyller (1542 Or.) [1].

< *Ekkes-wîlâri zum PN Ekki [2], zum Stamm *ag-jô- [3].
Der unterscheidende Zusatz hebt den SN ab von Nr. 614.

1) Quellennachweis: MRR III Nr. 1686; BRW Nr. 163; MRR III Nr. 2653; JRS Nr. 524; BRW Nr. 237; LHA Kobl. 55 A 4 Nr. 273; MRR IV Nr. 1861; Hübinger, Beziehungen 155; MRR IV Nr. 2633; BRW Nrr. 515. 543; Kentenich, Stadtrechnungen 42; AD Meuse B 256 f° 52v°; NRW Nr. 305; Herrmann, Betreffe 72; MRR IV Nr. 872; AD MM B 689 Nr. 25; LA Sbr. Neumünster Nr. 114; LA Sbr. Nass.-Sbr. II Nr. 1049, Nr. 1123, Nr. 2310 ff° 10. 65; Schwingel, in: ZGSG 14 (1964) 88; LA Sbr. Nass.-Sbr. II Nr. 2441 f° 332, Nr. 5404 ff° 123. 152; Fürst, Einwohnerverzeichnisse 20. Zur Zuordnung des Finstinger Lehens in Eckelnswilr, das um 1240 ein *her Reiner von Sarbruck* innehat und das in der Literatur in der Regel (ohne zwingenden Grund) in Urexweiler lokalisiert wird (AD MM B 693 Nr. 1 f° 2v°), vgl. Nr. 159.
2) Vgl. Nr. 614. Auszuschließen ist der von Müller, II 70, vorgeschlagene, aber schwach flektierte Kurzname *Ekko* bzw. der z.B. bei Fuchs, in: Heimatbuch des Landkreises St. Wendel 17 (1977/78) 103, genannte *Eppo*.
3) → 5.1.1.4.

628. +**Uringen**, Gde. Hirschland, F, Bas-Rhin, Drulingen [1]:

in pago Saracgauue in uilla qui dicitur Urenuilare (801 K.9); in uilla que dicitur Uruniuuilare (801 K.9); in Urunivillare (±1142 < 10. Jh. E. K. 17/18); Vringen (1298 Or.) [2].

*Ûrône-vîllâre/*Ûren-wîlâri/*Ûringas zum germanischen PN Ûro [3], für den Interferenzen mit gall. Urus [4] nicht auszuschließen sind [5].

1) Zur Lokalisierung vgl. Haubrichs, SNN 270; Humm/Wollbrett, Villages 59, mit Korrektur von Fehlidentifizierungen der älteren Literatur.
2) Quellennachweis: DTW Nrr. 236. 255; Perrin, Essai 143; HRS Nr. 187.
3) Beispiele bei Förstemann, Altdeutsches Namenbuch I 1483; Morlet, Noms de personne I 209; Sachs, ONN 98; Schönfeld, PNN 247. Zu einem herausragenden Träger dieses Namens vgl. Ebling, Prosopographie 225, sowie Haubrichs, SNN 270: "Uro scheint sich ... als Spitzenahn der Gundoin-Familie herauszustellen". Vgl. auch ders., Überlieferungs- und Identifizierungsprobleme 70.
4) Vgl. Holder III 46 f.; Schmidt, Komposition 283.
5) Vgl. zum Stamm *ûr-, der "dem gallischen Namenelement Uro ... entsprechen und mit ahd. ûro, ûr(ohso), ae. ûr, awnord. ûrr (Gen. úrar) 'Wildstier, Auerochs' zusammenhängen [dürfte]", ausführlich Müller, Studien 24 f.

629. **Urville**, Gde. Courcelles-Chaussy, F, Moselle, Pange:

Eurville (1285 Or., 1347 Or., 1404); Eureuille (1344 Or.); Urville (1353 Or:9); Eirville (1378 Or.); Eurevil (1440 K. 16); Irwiller (1542 Or.); Erweyller (1555 Or.) [1].

< *Ûro-vîlla zum (eventuell ungermanischen) PN *Ûrus [2]. Nicht haupttoniges [û] wird in allgemeinfranzösischer Entwicklung zu [ü] palatalisiert [3]; dieses wird in Lothringen zu [ö] geöffnet [4], wofür schon die frühesten Quellen <eu> schreiben. Die deutsche Namenform des SN mit analogischer Angleichung an die weiler-Namen ist offensichtlich aus der französischen entwickelt, wobei die <e>-Schreibung die in der deutschen Mundart zu erwartende Entrundung [5] von gesprochenem französischem [ö], <i> dagegen entrundetes französisches [ü] repräsentiert.

1) Quellennachweis: WMB 1285, 467; AN Lux. A 52 Nr. 362; Bouteiller, Dictionnaire 263; AM Metz II 308; AM Metz II 30; AD Mos 10 F 3 f° 161; AN Lux. A 52 Nr. 304; AD Mos 10 F 301.
2) Vgl. Müller, PNN 24 f.
3) Vgl. Rheinfelder § 99; Schwan/Behrens § 98; Wolf/Hupka § 122.
4) Vgl. Zéliqzon, Mundarten § 55; Horning, Grenzdialekte § 123; Goerlich, Dialekt 100; Buchmüller-Pfaff, SNN 604, mit Anm. 282.
5) → 5.2.1.7.

630. **Urweiler**, Stadt St. Wendel, D, Saarland, St. Wendel:

Orwilre (1367 Or.); Oberwylre (1379 Or.); Orwiler (1438 Or.); Orwiller (1441 Or., 1464 Or., 1492 Or., 1502 Or. u. ö.); Oirwiller (15. Jh., 1464 Or.); Vrwill[e]r (1506 Or.); Orweiler (1529 Or.); Urweiller (1575 Or.) [1].

< *(bî dem) oberen wîler [2].

1) Quellennachweis:; Pfarrarchiv St. Wendel Urk. Nrr. 16. 21. 48. 52. 64 f.; Müller, St. Wendel 340; Pöhlmann, Bitsch Nr. 151; LHA Kobl. 1 E 1350; LHA Kobl. 1 C Nr. 7439 f° 3r°; LA Speyer 963/42; LHA Kobl. 1 A Nr. 3748. Müller, ONN II 71, stellt den St. Maximiner Besitz des 13. Jhs in *Orwilre* (= Nr. 626) (Nr. 626) irrtümlich hierher; ihm folgen u.a. Pöhlmann Bliesgau 113; Jungandreas, Lexikon 1075, und Pauly, Wadrill 28.
2) Vgl. Nr. 498, siehe auch Kaufmann, Westdeutsche ONN 61; Jungandreas, Lexikon 1075, unrichtig Müller, ONN II 71 (ahd. *ur 'Berg'; ein entsprechendes Appellativ ist nicht belegt).

631.   **Utweiler**, Gde. Gersheim, D, Saarland, Saar-Pfalz-Kreis:

Ûdewilre (1310 Or., 1318 K., 1326 K.14, 1333 Or., 1340 Or., 1451 Or. u.ö.); Udwilre (1352 K.); Udweiller (1571 Or., 1594 K.17 u.ö.); Udweiler (1576 Or.); Utweiler (1670); Utweiller (1779) ¹.

< *Uoden-wilâri zum PN Ôdo, Uodo ², der altes [ô] voraussetzt und deshalb zum Stamm *ôþ-, verkürzt aus *ôþil-a-, zu ahd. uodil 'Besitztum' ³, gestellt werden muß. Der althochdeutsche Diphthong [uo] monophthongiert im Westmitteldeutschen früh zu [û] ⁴.

1) Quellennachweis: AD MM B 572 Nr. 5; NRH Nr. 192; PRZ Nr. 541; BRW Nr. 452; AD MM B 572 Nrr. 18. 30; NRH Nr. 254; AD MM B 572 Nr. 12; Alix 155; AD MM B 572 Nr. 12; Herrmann, Betreffe 185; Durival III 448; Christmann, SNN I 598.
2) Belege bei Förstemann, Altdeutsches Namenbuch I 1175; Morlet, Noms de personne I 228 b. Zur Deutung des SN vgl. Kaufmann, Pfälz. ONN 269.
3) Schützeichel, Wörterbuch 216; zu den Namen auch Kaufmann, Ergänzungsband 274. 277 f. 363; Bach, Namenkunde I,1 § 202; Schatz, Lautform 145 f.; Tiefenbach, Xanten-Essen-Köln 375.
4) → 6.2.1.9.2.

Uwiller (Hans von, 1435 Or. als Schuldner der Brudermeister von St. Wendel genannt; Pfarrarchiv St. Wendel Urk. Nr. 47), vermutlich mit hyperkorrekter Rundung [î] > [û] für Eiweiler (Nr. 170), zumal ein nachweislich aus diesem Ort stammender Edelknecht Johann von Uwiller 1414 und 1438 bezeugt ist (LA Sbr. Nass.-Sbr. II Nr. 2261 f° 375, Nr. 4293 f° 82). Kaum mit Gerber, Urkundensammlung Nr. 47, zu Urweiler (Nr. 630).

Varswilre (1281 K. u. ö.): → Nr. 201.

632.   **Vasperviller**, F, Moselle, Lorquin:

Walperti villam (±1142 < 10. Jh. E. K.17/18); ad Walperswillam (1123 K.18); Walpertivillare (1137 Or.); Waltberti villare (1132/46 Or.); Wasperuiler (1433 K.18); Walperßwiller (1454 Or.); Walperswiller (1460 K.15); Walperschweiler (1471 K.); Walperßwiller (1480 K.15); Walbersweyler (1604 Or.), Walpersviller (1758 Or.) ¹.

< *Waldbertes-wilâri zum PN Waldbert ², komponiert aus den Elementen

*walð-a-³ und *berχt-a-⁴, mit früher Erleichterung der Dreikonsonanz [ld'b] > [lb]⁵.

In französischem Mund⁶ dürfte die deutsche Namenform *Walperswiller* zunächst durch Liquidentausch zu **Warpersviller* entwickelt worden sein. Die für die seit dem 18. Jh. vermehrt zuwandernde französische Bevölkerung unter dem Nebenton kaum sprechbare Dreikonsonanz [rs'v] dürfte dann dadurch beseitigt worden sein, daß der s-Laut in die Vortonsilbe übersprang (**Varpersviller* > *Varsperviller* > *Vasperviller*).

1) Quellennachweis: Perrin, Essai 143; Parisse, Etienne Nr. 8; AD BR H 609 Nr. 5; AD Mos B 2345 (vgl. HMB V 281, nach anderer Kopie mit Lesung *Wasp[er]wille[r]*); AD BR H 679 Nr. 5 (Kopien in: AD MM H 303 *Warpersviller*, AD Mos J 839 *Waspersviller*); AD Mos G 8 f° 32; Hertzog, Wirtschaftsverfassung 100; AD Mos G 8 f° 174; AD BR H 679 Nr. 8; AD BR H 687.
2) Förstemann, Altdeutsches Namenbuch I 1501; Morlet, Noms de personne I 212 b. Zur Deutung des SN vgl. auch Förstemann, Altdeutsches Namenbuch II, 2 210; Haubrichs, SNN 271, wobei der dort ebenfalls in Erwägung gezogene PN *Walah-bert* (so auch Dauzat/Rostaing 701; Vincent, France 154; Demarolle, in: Le Moigne, Histoire 70) nach Auffindung des Frühbeleges *Waltberti willare* (1132/46 Or.) ausscheidet. Unverständlich ist Hiegel, Dictionnaire 347 f: "*Waldbert*..., très prob. de *Walhbret, Walabreht, Walapert*... changé en *Wasbertus* ... *Volper* et *Valber*". Zu einem Träger des PN Waldbert, der wohl in den Kreis der im Raum Saarburg reich begüterten Familie der sogenannten Gundoine gehört, vgl. Haubrichs, SNN 271.
3) → 5.1.1.165.
4) → 5.1.1.30.
5) Zahlreiche Parallelfälle bei Wolff, Studien 27 ff.
6) Wie die meisten Orte der Herrschaft Türkstein war Vasperviller zu Beginn des 15. Jhs. infolge der lothringischen Kriege gegen Metz und Bar ganz verwüstet und "die alten Dorfstätten bewaldet" (AT II 122). Es scheint wenig später, allerdings wohl nur zum Teil, wieder aufgebaut worden sein und fiel um 1635 erneut wüst. Erst zu Beginn des 18. Jhs. erfolgte im Auftrag der elsässischen Abtei Maursmünster eine Neubesiedlung der alten Dorfstätte (vgl. AT II 199 Anm. 3), vermutlich durch französischsprachige Siedler. Gegen Ende des 19. Jhs. sprach man am Ort französisch, vgl. RL III 1183.

633. **Veckersviller**, F, Moselle, Fénétrange:

Weckerswiller (15. Jh. K.); Weckerßwiler (1500 Or.); Weckerßweyler (1533 Or., 1535 Or., 1537 Or., 1619 Or., 1728 Or.); Weckersviller (1589 Or.)¹.

< **Wakkares-wîlâri* zum PN *Wakkar*². Dieser ist Simplex zum Stamm **wak(a)r-a-*; nach Kaufmann stehen hier "im Westgerm. ... geminierte und nicht geminierte Formen von jeher nebeneinander: ahd. *wachar*... neben ahd.

wackar, wacchar. Entsprechend als Kurznamen: *Wacar, Wa(c)har* neben *Waccar, Wacchar"* [3]. Der Umlaut des Stammvokals wird dabei wie bei den PNN auf *-hari* durch folgendes *-er* ausgelöst [4].

1) Quellennachweis: Dorvaux, Pouillés 31. 63. 93; AD BR 16 J 28 Nrr. 9. 11. 12. 13; AD BR E 407; AD BR 3 E 181 bis f° 16r°; AD Mos E 5133 Nr. 6. Nach Schlosser, Trimlingen 4 Anm. 2, wird der Ort bereits um die Mitte des 13. Jhs. unter den Besitzungen der Abtei Neuwiller bei Zabern genannt. Entsprechende Stücke ließen sich allerdings im Archiv der Abtei (AD BR, Série G) nicht auffinden. Der von Lepage, Dictionnaire 150, zitierte Erstbeleg *Volkerswiler* ist zu streichen.
2) Förstemann, Altdeutsches Namenbuch I 1489 f.
3) Kaufmann, Ergänzungsband 373.
4) → 6.2.1.1.

634. **+Veiler**, Gde. Bouzonville, OT Aidling-lès-Bouzonville, F, Moselle, Bouzonville:

? zu Wilre in dem ampt van Berris gelegen (1449 Or.) [1].
FlN: Vieller Weg, Veiller weg, Weiller wieß (1706); Veilerveg, Veilervis (±1840) [2].

1) Von allen Dörfern des lothringischen Amtes Berus, welches bei AT II 231 ff., ausführlich beschrieben ist, hat allein Aidling entsprechende Flurnamen, so daß der Beleg wahrscheinlich hierher zu stellen ist.
2) Quellennachweis: AD MM B 567 Nr. 114; AD Mos 4 E 4; Nap. Kat.

635. **+Veiler**, Gde. Illange, F, Moselle, Yutz:

FlN: Veiler, Veilerwiese [1].

1) Quellennachweis: Nap. Kat.; Toussaint, Frontière 125.

636. **+Veiler**, Gde. Oeutrange, F, Moselle, Cattenom:

Vileirs (1317 Or.); Wilre (1317 Or., 1338 Or.).
FlN: vor Weyllers Bergh (1605 Or.); la contrée de Vueillerfeld (1694 Or.); Canton Hinterweiller (1697 Or.), Veiler IIcdc [1].

1) Quellennachweis: Werveke, Marienthal Nrr. 328. 330; AD Mos 7 F 823; AD Mos 4 E 149; AD MM G 549; Toussaint, Frontière 89 f.

637. **+Veiler**, Gde. Oudrenne, OT Breistroff-la-Petite, F, Moselle, Metzervisse [1]:

FlNN: in den Weylerguettern (1629 K.17); vff Weyler (1629 Or.); nebent dem Weyler stuck, Weyler gut (1660 Or.); canton de Veiller (1698); canton de Weiller (1734), Veiller (um 1840) [2].

1) Auf diese Wüstung beziehen sich neben dem FIN *Veiller* in Breistroff selbst (Nap. Kat.) wohl auch die Flurnamen *Veiller* in Inglange (Nap. Kat.) und *Veilerwiese* in Valmestroff (Nap. Kat.); zur genauen Lokalisierung vgl. Haubrichs, Wüstungen 525.
2) Quellennachweis: Kaiser, Weistümer 45; ders., Inglange 49; AD Mos H 3623 Nr. 5; AD Mos 4 E 276; AD Mos 4 E 318; Nap. Kat.

638. ? **+Veller**, Gde. Basse-Rentgen, OT Preische, F, Moselle, Cattenom:

FlN: Vellers Garden [1].

1) Quellennachweis: Nap. Kat.

+Vendeswylre (1303), genannt bei Häberle, Wüstungen 126 (nach Th. Gümbel, Pfälzische ONN einst und jetzt, in: Die Heimath (1886) 47 ff.) mit dem Zusatz: "Lage unbekannt, in der Gegend von Pirmasens (?)". Weitere Hinweise fehlen.

639. **Ventzviller**, Gde. Val-de-Guéblange, F, Moselle, Sarralbe:

Wenzwilre (±1200 Or.); Wennesweiler (1312 K.); Wenßwilr (1454 K.15); Wentzwiller (±1525 Or.). - Mda. *vįntsvilα* [1].

< *Wenzen-wîlâri* zum PN *Wanizo > *Wenzo* [2]. Mundartliches [i] im Bestimmungswort dürfte jüngere Assimilation an das nachfolgende [i] des Grundwortes sein.

1) Quellennachweis: BRW Nr. 49; JRS Nr. 951; HRS Nr. 1074; Lepage, Rustauds 73; ALLG.
2) Mit z-Suffix zum Stamm *wan-i-*, dazu Förstemann, Altdeutsches Namenbuch I 1521 ff.; Kaufmann, Ergänzungsband 384.

640. **+Verebrecteswilre**, unbekannter Frühbesitz der elsässischen Abtei Hugshofen im Oberen Saargau:

Verebrecteswilre, var. (andere Kopie) Herebrilereswiler (1135 K.) [1].

< *Weribertes-wîlâri zum PN Weribert [2], komponiert mit Hilfe eines Stammes *war-a-, *war-i-, zu ahd. *warî, werî 'Schutzwehr, Verteidigung' (bzw. als namenrhythmische Verkürzung aus dem sinnverwandten, überaus häufigen *war(i)n-a-, zu ahd. warnôn 'beschützen' [3]) sowie des häufigen *berχt-a- [4]? [5] <c> kann als unvollständige Schreibung für <ch> (für spirantisches [h] vor [t]) gewertet werden [6].

1) Quellennachweis: RL III 1209; AT II 114 Anm. 1; Schoepflin, Alsatia Diplomatica I Nr. 683: Papst Innozenz II. bestätigt der Abtei Güter und Rechte in V., Fraquelfing (Moselle, Ct. Lorquin) und *Banesdorf* (= Bénéstroff, Moselle, Ct. Albestroff?). Der Ort wird *in Luteringia* lokalisiert und stammt aus einer Schenkung *Litoldi comitis et Adelheidis uxoris eius*. Die von RL III 1209, vorgeschlagene Identifzierung mit Vibersviller (Nr. 641) überzeugt nicht, da dieses anders abzuleiten ist.
2) Förstemann, Altdeutsches Namenbuch I 1534.
3) → 5.1.1.168.
4) → 5.1.1.30.
5) Da Schoepflins alter Abdruck der Urkunde den ON (sicherlich nach einer abweichenden kopialen Vorlage) als *Herebrilereswiler* notiert, ist wohl auch der Stamm *harja-* im Erstglied des PN nicht auszuschließen.
6) Vgl. Braune/Eggers § 154 Anm. 4.

641. **Vibersviller**, F, Moselle, Albestroff:

Wyberswiller (1252); Wibelswulre (1261 K.); Wiberswilre (1349 Or., 1354 Or.); Wiberswillere (1354 Or.); Wyberswilre (1357 Or.); Wibelßwiler (1469 K.15); Wiberßwiler (1487 Or.); Wiberßwiller (1489 K., 1491 K., 1525 Or. u.ö.); Wyberswiller (±1525 Or.); Wyberschwiller (1525 Or.); Wiberswiller (1534 Or.); Wieberßweiler (1565 Or.); Wiberschuiler (1583 Or.); Wiebersweyler (1728 Or.). - Mda. vibǽšvīlα [1].

Da die Möglichkeit eines Wandels von [ls] > [rs], [rʃ] (vor folgendem [w]) durch Parallelfälle bezeugt und als Dissimilation vor dem l-haltigen Grundwort gut begründbar ist [2], und da die älteren Formen mehrmals <ls> zeigen, am ehesten zu einer Grundform *Wigbaldes-wîlâri, bzw. *Wibilos-wîlâri, also zum Vollnamen *Wigbald* [3] bzw. der als zweistämmige Kürzung daraus entwickelten Koseform *Wibil. Der SN liegt innerhalb des sogenannten "ostlothringischen Monophthongierungsgebietes" [4], in dem mit einer Diphthongierung von altem [î] > [ei] nicht zu rechnen ist.

1) Quellennachweis: RL III 1209; HRS Nr. 138; AD MM H 3212; AD MM H 3223; Cuny, Reformation I Nr. 14; AD MM G 928; AD Mos G 8 f° 71; AD Meuse 4 H 108 Nr. 8; HRS Nrr. 1401. 1467; AD Mos G 97 f° 4r°; Lepage, Rustauds 228; AD Mos G 97 f° 22r°; AD BR E 5133 Nr. 14; Cuny, Reformation I Nr. 46; AD MM G 929; AD BR 5133 Nr. 6; ALLG.
2) → 6.2.2.2.2.
3) Zum PN *Wigbald*, der sich im Umkreis der sogenannten Weißenburger Gründersippen gut fassen läßt (man vgl. auch die von Alter, Studien, beschriebene sogenannte "Ratbald-Wicbald-Familie"), vgl. Förstemann, Altdeutsches Namenbuch I 1579; Morlet, Noms de personne I 222 b. Zu den enthaltenen Namenstämmen Kaufmann, Ergänzungsband 59. 399ff.
Wegen der zahlreichen Quellenzitate für <rs>, die auf ein Zweitglied *ber*χ*t-a*- deuten, stellen Cuny, Reformation I 90 Anm. 15; Dauzat/Rostaing 711; Haubrichs, SNN 272, und Morlet, Noms de personne III 472 b, den SN zum PN *Wigbert*. Unverständlich ist Hiegel, Dictionnaire 353 ("germ. *Wigbrecht, Wihprecht, Wiebert, Gibert* ... changé en *Uiverus, Wiwar*"), unrichtig Moser, in: Cahiers Lorrains (1936) 132 (lat. *vivarium* > ahd. *wi(w)ari* 'Weiher').
4) Zu dessen Ausdehnung ausführlich Wiesinger, Untersuchungen I 115 f.

642. **Vienvillare**, unbekannter Frühbesitz der Verduner Abtei St. Paul im nördlichen Saarland, evtl. Altname von Neunkirchen/Nahe, Gde. Nohfelden, D, Saarland, St. Wendel:

ecclesiam et locum Locvillare dictum in honori sancti Salvatoris multis retro temporibus consecratam ... similiter ecclesiam ad Bunsena et aliam in Hanoschebrunen, terciam in Vienvillare (972 K.17); alia [ecclesia] in Ibenmulte (< *Ibenuuill[er]e bzw. bei Annahme einer gut möglichen Verlesung <Vi> → <Ib>) *Vienuuill[er]e (981 K.13) [1].

Angesichts der Provenienz der Formen aus einem romanischen Skriptorium (St. Paul, Verdun) repräsentiert *Vienvillare* vermutlich wie *Locvillare* einen romanischen Überlieferungsstrang, daher möglicherweise - dies impliziert allerdings eine Verlesung *Vion- > Vien-* [2] - mit romanischem Schwund von intervokalischem [d] [3] ein altes *Wîdône-vîllâre* zum PN *Wîdo* [4], dem Leitnamen eines großen austrasischen Adelsgeschlechtes, das um 800 als Grundbesitzer in Lockweiler zu vermuten ist [5].

1) Quellennachweis: MG DD Otto II Nr. 22 b (vgl. Evrard, Verdun Nr. 26); Meinert, Papsturkunden Nr. 1 (zur Überlieferung dieser Urkunde "sicher nicht in ursprüng-

licher Gestalt" vgl. Hübinger, Beziehungen 28).
Das rätselhafte *Vienvillare*, genannt im Verbund mit drei weiteren *ecclesiae* in Lockweiler, Bosen und Hasborn, die der Bischof Wigfried von Verdun von seinem *sobrinus*, dem Grafen Luithard, im Tausch gegen Baslieux bei Longwy erworben hatte, um sie sodann zur Ausstattung seiner Abtei St. Paul zu verwenden (dazu u.a. Hübinger, Beziehungen 26 f.; Herrmann Hoppstädter Klein, Landeskunde II 90), ist von Hübinger mit Winnweiler südlich Rockenhausen identifiziert worden, das jedoch zweifellos anders abzuleiten ist: Der Erstbeleg 891 K.17 *Winidowilary* (vgl. Haubrichs, Prestarievertrag 19; Dolch/Greule 496) legt hier eine Deutung als **Winidowilâri* 'Siedlung der Wenden' nahe. Unter Hinweis auf eine Urkunde Ottos III. für St. Paul vom Jahr 984 (MG DD Otto III Nr. 3), die Bosen, Hasborn und *Vienvillare* nicht nennt, dafür aber von *Locvillare ... cum capellis IV* spricht (eine dieser von Lockweiler abhängigen Kapellen dürfte *Vienvillare* sein), sucht Pauly, Wadrill 106, den Ort sicherlich zu Recht in der näheren Umgebung von Lockweiler. Er denkt speziell an Neunkirchen/Nahe, dessen ekklesiogener Ortsname (*nova ecclesia*) durchaus einen alten Weilernamen verdrängt haben könnte. Da ähnliche Fälle von Ersetzungen alter (mit PNN komponierter) Weilernamen durch ekklesiogene Namentypen relativ häufig sind, sind Hinweise auf Flurnamen des "einfachen" Typs (*Im Weiler*, etc., vgl. Pauly, Wadrill 100 Anm. 10), die fast überall vorkommen und keineswegs immer Wüstungen indizieren (→ 2.1.), eher irreführend. Zu streichen sind Hinweise auf eine Grenzbeschreibung des Hochgerichts Neunkirchen vom Jahr 1607 und einen mutmaßlichen Bachnamen *Winn* bei Herrmann Hoppstädter Klein, Landeskunde II 90 Anm. 351. In dem zitierten Text kann *Winn* als Gewässername nicht gesichert werden; vermutlich handelt es sich um das in Flurnamen häufige *winne* 'Weide' (Dittmaier, Flurnamen 347).

2) Die überlieferte Schreibung <vien-> erfordert einen Ansatz **Wideno-villâre* zum wfrk. PN *Widoin* > **Widenus* (Förstemann, Altdeutsches Namenbuch I 1574; Morlet, Noms de personne I 222 a). Auch dieser PN war, wie die zahlreichen mit diesem Bestimmungswort komponierten nordfranzösischen SNN Wiancourt, Wiencourt, etc. bei Morlet, Noms de personne III 471 a (dort meines Erachtens unrichtig zum PN *Wido*) zeigen, weit verbreitet.

3) → 5.3.10.

4) Förstemann, Altdeutsches Namenbuch I 1563; Morlet, Noms de personne I 222 a. Vgl. Vionville (F, Moselle, Ars-sur-Moselle: 824 K.12 *Guionis villa*, 1156 *Wydonis villa*, 1200 *Wionvilla*, 1269 *Wionville*, zitiert nach Morlet, Noms de personne III 471 b).

5) Dies ergibt sich aus der in der *Vita Pirmini* berichteten Verschleppung der Hornbacher Kirchenglocken nach Lockweiler, die möglicherweise aus Anlaß der Kirchengründung geschah. Die 972 genannte, 'vor langer Zeit errichtete' (*multis retro temporibus consecratum*) Salvatorkirche wäre damit eine im ausgehenden 8. Jahrhundert entstandene widonische Eigenkirche.

Vierwilre (1371 K. u. ö.): → Nr. 221.

Vilari ad Tanitius (um 737 K. 9): → Nr. 47.

643. **Vilcey-sur-Trey**, F, Meurthe-et-Moselle, Thiaucourt:

Villercer (1105 K.12); Vilercel (1179 K.17, 1194 Or.); Villecelz (1342 Or.); Vilecelz (1397 Or.); Villecelz sus Trien (1402 Or.); Villecel (1408 Or., 1442 Or., 1471 Or., 1474 Or. u.ö.); Vilece (1464 Or.); Villecel sur Triey (1510 Or.) [1].

< *Villáricellu* [2].

1) Quellennachweis: Lesort, St. Mihiel Nrr. 60. 116. 136; AD MM B 854 Nr. 13; AD MM B 700 Nr. 21; AD MM B 704 Nr. 42; AD MM B 700 Nrr. 15-18, 20, 22.
2) → 3.5.

Viler (um 1124 K. 13. Jh., AN Paris LL 1157 f° 53r°), unbekannter Frühbesitz der großen Abtei St. Denis bei Paris im Raum Forbach/Saargemünd: Wohl unweit von Farschviller (Nr. 201) zu suchen, daher eventuell identisch mit Nr. 345 oder 646 ? Für eine Identifizierung mit Nr. 92, wie sie unter anderem JRS Nr. 50, vertritt, gibt es jedenfalls keine überzeugenden Argumente.

644. **Villare**, nicht identifizierter Frühbesitz der Metzer Abtei St. Arnulf im Charpaignegau, F, Meurthe-et-Moselle:

in pago Scarponensi in villa Villare dicta (929/62 Or.) [1].

1) Quellennachweis: AD Mos H 6. Die von Davillé, in: Annales de l'Est (1906) 225, vorgeschlagene Identifizierung mit Velaine-sous-Amance (1259 Or. *Villaines desous Amance*, 1284 K.14 *Villeinnes*, 1441 Or. *de Villanis*, Belege nach Keuffer, Kanzleien 129; AD Meuse B 256 f° 270r°; AN Lux. A 52/1516), die einen Suffixwechsel impliziert, überzeugt mich nicht.

Villare, ad Tanitius (± 737 K.): → Nr. 47.

Villare, bei Agincourt: → Nr. 659.

Villare, bei Aidling-lès-Bouzonville: → Nr. 634.

Villare, bei Albestroff: → Nr. 458.

Villare, bei Amance (1033 K.): → Nr. 678.

Villare, bei Amelécourt: → Nr. 663.

Villare, bei Amenoncourt: → Nr. 660.

Villare, bei Aoury (*Auwerey*): → Nr. 698.

Villare, bei Assenoncourt: → Nr. 661.

Villare, bei Audun-le-Tiche: → Nr. 711.

Villare, bei Augny: → Nr. 708.

Villare, bei Aulnois: → Nr. 690.

Villare, bei Aydoilles: → Nr. 651.

Villare, bei Azelot: → Nr. 675.

Villare, bei Bagneux: → Nr. 652.

Villare, bei Ballern-Rech: → Nr. 723.

Villare, bei Bambiderstroff: → Nr. 150.

Villare, bei Ban-St. Pierre: → Nr. 698.

Villare, bei Basse-Rentgen: → Nr. 638.

Villare, bei Baudrecourt: → Nr. 676.

Villare, bei Bayon: → Nr. 694.

Villare, bei Bénaménil: → Nr. 677.

Villare, bei Bénestroff: → Nr. 458.

Villare, im Amt Berus: → Nr. 634.

Villare, bei Bibiche: → Nr. 758.

Villare, bei Biding: → Nr. 667.

Villare, bei Bierfeld: → Nr. 626.

Villare, bei Blâmont: → Nr. 660.

Villare, bei Blies-Ebersingen: → Nr. 218.

Villare, bei Bliesransbach: → Nr. 762.

Villare, bei Boulay: → Nr. 757.

Villare, bei Bouzonville: → Nr. 634.

Villare, bei Bréhain: → Nr. 710.

Villare, bei Brin: → Nr. 678.

Villare, bei Bubach: → Nr. 119.

Villare, bei Büdingen: → Nr. 723.

Villare, bei Burbach (Bas-Rhin): → Nr. 725.

Villare, bei Buriville: → Nr. 677.

Villare, bei Burthecourt-aux-Chênes: → Nr. 675.

Villare, bei Buy: → Nr. 655.

Villare, bei Cerville: → Nr. 679.

Villare, bei Chateau-Bréhain: → Nr. 710.

Villare, bei Chaouilley: → Nr. 648.

Villare, bei Chémery-les-Deux: → Nr. 758.

Villare, bei Cheminot (1075 Or.): → Nr. 680.

Villare, bei Circourt: → Nr. 647.

Villare, bei Conflans-Jarny: → Nr. 656.

Villare, bei Contwig: → Nr. 765.

Villare, bei Coutures: → Nr. 663.

Villare, bei Créhange: → Nr. 114.

Villare, bei Crézilles: → Nr. 652.

Villare, bei Denting: → Nr. 757.

Villare, bei Domptail: → Nr. 665.

Villare, bei Eiweiler (St. Wendel): → Nr. 491.

Villare, bei Epinal: → Nr. 713.

Villare, bei Eply: → Nr. 680.

Villare, bei Eppelborn: → Nr. 119.

Villare, bei Etreval: → Nr. 648.

Villare, bei Evendorff: → Nr. 727.

Villare, bei Folkling: → Nr. 322.

Villare, bei Francheville: → Nr. 689.

Villare, bei Frauenberg: → Nr. 218.

Villare, bei Fresnes: → Nr. 663.

Villare, bei Frouard: → Nr. 681.

Villare, bei Gerbécourt: → Nr. 664.

Villare, bei Gersweiler: → Nr. 759.

Villare, bei Glatigny: → Nr. 682.

Villare, bei Glonville: → Nr. 665.

Villare, bei Grimonviller: → Nr. 666.

Villare, bei Guinglange: → Nr. 150.

Villare, bei Habkirchen: → Nr. 218.

Villare, bei Hammeville: → Nr. 672.

Villare, bei Hamonville: → Nr. 683.

Villare, bei Han: → Nr. 684.

Villare, bei Hanweiler (Saarbrücken): → Nr. 218.

Villare, bei Harskirchen: → Nr. 760.

Villare, bei Haussonville: → Nr. 685.

Villare bei Haute-/Basse-Vigneulles: → Nr. 150.

Villare, bei Heltersberg: → Nr. 740.

Villare, bei Herny: → Nr. 684.

Villare, bei Herserange: → Nr. 686.

Villare, bei Honzrath: → Nr. 726.

Villare, bei Houdreville: → Nr. 672.

Villare, bei Hüttersdorf: → Nr. 528.

Villare, bei Illange: → Nr. 635.

Villare, bei Insviller: → Nr. 761.

Villare, bei Jevoncourt: → Nr. 687.

Villare, bei Joeuf: → Nr. 688.

Villare, bei Jouy-aux-Arches: → Nr. 653.

Villare, bei Kirschnaumen: → Nr. 727.

Villare, bei Kleinmacher: → Nr. 738.

Villare, bei Knorscheid: → Nr. 528.

Villare, bei Landrémont: → Nr. 706.

Villare, bei Laning: → Nr. 667.

Villare, bei La-Petite-Pierre: → Nr. 766.

Villare, bei Lebach: → Nr. 528.

Villare, bei Leudelange: → Nr. 728.

Villare, bei Leyr (*Laiey*): → Nr. 703.

Villare, bei Lisdorf: → Nr. 769.

Villare, bei Lixing-lès-St. Avold: → Nr. 667.

Villare, bei Lockweiler: → Nr. 491.

Villare, bei *Loisey* (= +Loixey bei Ars-Laquenexy, vgl. Buchmüller-Pfaff, SNN 299 Nr. 467): → Nr. 696.

Villare, bei Longlaville: → Nr. 686.

Villare, bei Loromontzey: → Nr. 694.

Villare, bei Lucey: → Nr. 689.

Villare, bei Lunéville: → Nr. 674.

Villare, bei Lutzelbourg: → Nr. 770.

Villare, bei Macherbach: → Nr. 119.

Villare, bei Mairy: → Nr. 671.

Villare, bei Malaucourt-sur-Seille: → Nr. 690.

Villare, bei Manhoué: → Nr. 690.

Villare, bei Marsal: → Nr. 668.

Villare, bei Marville: → Nr. 707.

Villare, bei Maxstadt: → Nr. 667.

Villare, bei Medelsheim: → Nr. 223.

Villare, bei Merchingen: → Nr. 726.

Villare, bei Mettnich: → Nr. 491.

Villare, bei Mirecourt: → Nr. 673.

Villare, bei Mondercange: → Nr. 731.

Villare, bei Mondorf (Saar): → Nr. 729.

Villare, bei Mondorf-les-Bains (Lux.): → Nr. 732.

Villare, bei Mousson: → Nr. 693.

Villare, bei Moyen: → Nr. 665.

Villare, bei Nébing: → Nr. 458.

Villare, bei Nennig-Sinz: → Nr. 737.

Villare, bei Neunkirchen/Nahe: → Nr. 733.

Villare, bei Neunkirch-lès-Sarreguemines: → Nr. 206.

Villare, bei Niedaltdorf: → Nr. 734.

Villare, bei Niedervisse: → Nr. 757.

Villare, bei Norroy: → Nr. 697.

Villare, bei Nossoncourt: → Nr. 649.

Villare, bei Noviant: → Nr. 669.

Villare, bei Oeutrange: → Nr. 636.

Villare, bei Oudrenne: → Nr. 637.

Villare, bei *Pippingen* (739/75 K.): → Nr. 741.

Villare, bei Preische: → Nr. 638.

Villare, bei Puttigny: → Nr. 664.

Villare, bei Réding: → Nr. 522.

Villare, bei Reimsbach: → Nr. 723.

Villare, bei Roville-aux-Chenes: → Nr. 649.

Villare, bei Saarlouis-Roden: → Nr. 17.

Villare, bei Saarwellingen: → Nr. 17.

Villare, bei Sarralbe: → Nrr. 8. 472. 502. 768.

Villare, bei Sarrebourg: → Nr. 522.

Villare, bei Sarreguemines/Saargemünd: → Nrr. 63. 206. 218. 646. 775.

Villare, bei Schmelz-Bettingen: → Nr. 736.

Villare, bei Schwarzenberg: → Nr. 491.

Villare, bei Schwarzenholz: → Nr. 334.

Villare, bei Selbach: → Nr. 733.

Villare, bei Soloeuvre: → Nr. 735.

Villare, bei Sotzweiler: → Nr. 62.

Villare, bei St. Dié: → Nr. 650.

Villare, bei St. Jean-Rohrbach: → Nr. 763.

Villare, bei St. Quirin: → Nr. 691.

Villare, bei St. Remy: → Nr. 694.

Villare, bei St. Vallier: → Nr. 670.

Villare, bei Tettingen-Butzdorf: → Nr. 737.

Villare, bei Thil: → Nr. 711.

Villare, bei Tholey: → Nr. 62.

Villare, bei Tranqueville: → Nr. 712.

Villare, bei Tucquegnieux: → Nr. 671.

Villare, bei Uchtelfangen: → Nr. 778.

Villare, bei Vannecourt: → Nr. 664.

Villare, bei Vaudeville: → Nr. 651.

Villare, bei Vézelise: → Nr. 672.

Villare, bei Villey-St. Etienne: → Nr. 689.

Villare, bei Vinningen: → Nr. 764.

Villare, bei Vittonville: → Nr. 657.

Villare, bei Walhausen: → Nr. 733.

Villare, bei Weiskirchen: → Nr. 722.

Villare, bei Wiebelskirchen (893 K.): → Nr. 510.

Villare, bei Winterbach: → Nr. 739.

Villare, bei Zweibrücken: → Nr. 765.

Villare, nach Überlieferung der Abtei St. Maximin (Trier) im Seillegau unweit Metz: → Nr. 696.

Villare, Frühbesitz der Abtei Bouxières-aux-Dames: → Nr. 699.

Villare, Frühbesitz der Abtei St. Denis im Raum Saargemünd: → Nr. 345 bzw. Nr. 646 ?

Villare, Frühbesitz von St. Evre (Toul) im Calmenzgau: → Nr. 704.

Villare, Frühbesitz von Ste. Glossinde (Metz): → Nr. 703.

Villare, im Moselgau an der Orne: → Nr. 705.

Villare, Hof der Abtei Villers-Bettnach bei Marsal: → Nr. 668.

Villare Adoaldo (717 K. 9): → Nr. 35.

645. **Villare Sancti Bricii**, unbekannter Frühbesitz der Abtei St. Hubert im Matois, wohl unweit von Sancy, F, Meurthe-et-Moselle, Audun-le-Roman:

item cellam ante Santiacum castrum [1] sitam ..., ecclesiam sancti Bricii in eadem villa, ecclesiam in Fredonis villa [2], ... in vico ... Almaus [3], ecclesiam in Otengias [4], ecclesiam in Mondelaia [5], ecclesiam de Eruinvilla [6], ecclesiam de N[o]eiscasis [7], allodium quod dicitur Villare Sancti Bricii (1184 Or.) [8].

< *Villâre. Der Zusatz bezieht sich auf eine dem Hl. Brictius [9] geweihte Kirche oder Kapelle. Wie in zahlreichen anderen Fällen könnte ein ekklesiogener SN den alten Namen abgelöst haben, doch geben die Quellen, wie es scheint, auch hier keine Hinweise auf einen "passenden" SN [10] in dem durch den urkundlichen Kontext umschriebenen Raum.

1) Sancy, Dép. Meurthe-et-Moselle, Ct. Audun-le-Roman: 1095 K., 1109 Or. u. ö. *Sancei*, 1140 K. *Sanceio*, 1225 K. *Sancey*, 1299 K. *Sancy*, vgl. Buchmüller-Pfaff, SNN 423 Nr. 684.

2)	unbekannt.
3)	Aumetz, Dép. Moselle, Ct. Fontoy: 933 *Almaz in pago Matinse*, 1071 *Almas*, 1212 *Amez*, 1255 *Ames*, Belege nach Bouteiller, Dictionnaire 12; Hiegel, Dictionnaire 47.
4)	Ottange, Dép. Moselle, Ct. Fontoy: 1051 *Ottingin*, 1056 *Othinge*, 1093 *Othinga*, 1245 *Ottanges*, Belege nach Bouteiller, Dictionnaire 195; RL III 819; Hiegel, Dictionnaire 262.
5)	Monneren, Dép. Moselle, Ct. Metzervisse: 932, 956 *Mundelar*, 1183 *Mondeler*, 1195 *Mundelay*, Belege nach Bouteiller, Dictionnaire 173; RL III 701; Jungandreas, Lexikon 690; Müller, Güterrolle 118; Müller, Quellen und Urkunden Nr. 17.
6)	Errouville, Dép. Meurthe-et-Moselle, Ct. Audun-le-Roman: 1594 *Eroville*, vgl. Bouteiller, Dictionnaire 76 (die dort genannten älteren Formen sind anders zu identifizieren).
7)	Neufchef, Dép. Moselle, Ct. Hayange: 1290 *Neuvecheze*, 1329 *Neuvechief*, 1360 *Nueschief*, Belege nach Bouteiller, Dictionnaire 185; Hiegel, Dictionnaire 248; < *ad novam casam, vgl. Vincent, France 278; Dauzat/Rostaing 493.
8)	Quellennachweis: Kurth, Chartes St. Hubert Nr. 62.
9)	Brictius war der Amtsnachfolger des Hl. Martin auf dem Bischofsstuhl von Tours; seine Verehrung ist eng mit der Expansion des Martinskults im fränkischen Gallien verbunden.
10)	Zu gleichlautenden SNN z. B. Schätzer, Herkunft 76 f.; Morlet, Noms de personne III 42.

646. **Villare ... Ermelindis**, unbekannt bei +Kuchlingen, Gde. Kleinblittersdorf, OT Auersmacher, D, Saarland, Saarbrücken [1]:

Cocalingas et uillare quae Ermelindis mihi tradidit (777 Or.); Cocalingas ei uillare quae Hermelindis me tradidit (777 Or.) [2].

Die Quelle überliefert den offenbar noch ganz instabilen Namen des von *Ermelindis* dem karolingischen Hauskloster St. Denis bei Paris überlassenen *villare* nicht. Der PN der Schenkerin ist zu den Stämmen **erman-a-*, **irmina-* [3] und **linþ-î-* [4] zu stellen.

1)	Nach Haubrichs, Wüstungen 497, möglicherweise der Altname von Kleinblittersdorf (Saarland, Kr. Saarbrücken).
2)	Quellennachweis: Tangl, Testament 208. 213.
3)	→ 5.1.1.52.
4)	→ 5.1.1.119.

647. **Villars**, Gde. Circourt-sur-Mouzon, F, Vosges, Neufchâteau:

Villars (1157 K.); in territorio Villaris et Basillis (1180 K.); in terra Villarii

(1224 K.15); Vilers (1248 Or.); Willars (1586); Villars aux Cloyes (1594 K.17); Villard au Cloys (1729); Villars (1779) [1].

< *Villáre. Der seit dem 16. Jh. urkundlich faßbare unterscheidende Zusatz stellt sich zu afrz. mfrz. *cloie* 'Gitterrost, Gestell, Gatter eines Pferchs', in den Vogesen auch 'Sandsieb', im Metzer Raum auch 'Dörre zum Trocknen von Obst', und ist abzuleiten von gall. *cléta* 'Hürde' [2].

1) Quellennachweis: Marichal, Dictionnaire 446; DHV III 4; DHV X 203; Arnod, Publication Nr. 057 (auch in: DHV IX 29; Le Mercier de Morière, Catalogue 313); AN Paris T 170 Nr. 11; Alix 77; AN Paris Q¹ 1623; Durival III 432.
2) FEW II, 1 776.

648. **+Villars**, Gden. Chaouilley und Etreval, F, Meurthe-et-Moselle, Vézelise:

Villars (1779).
FIN: Bois de Villard, corvée de Villars (±1840) [1].

< *Villáre. Formen, die beim Suffix *-áre* [2] das im Prinzip für das Frankoprovenzalische geltende <*-ar*>, zumeist mit unorganischem Auslautkonsonanten, zeigen, sind typisch für den äußersten Süden und Südwesten des Untersuchungsraumes.

1) Quellennachweis: Durivall III 432; Nap. Kat. Vgl. Lepage, Dictionnaire 154.
2) → 3.6.6.

649. **Villé**, Gde. Nossoncourt, F, Vosges, Rambervillers [1]:

la fort maison de Villers qui geit en ban de Nossoncourt (1382 Or.); Viller (1419 K.15); Lestang de Velers quest scituee ... on ban de Nossoncourt (1422 K.15); la fort maison de Viller que geist on ban de Nossoncourt (1483 K.15); Villé, Viller ou Villers-le-Château (1779) [2].

1) Sicher ebenfalls auf diese Kleinsiedlung bezogen ist auch der bei Marichal, Dictionnaire 447, aus der Nachbargemeinde Roville-aux-Chênes genannte Flurname *Villé*.
2) Quellennachweis: AD MM B 671 Nr. 13; AD Mos G 5 ff° 126. 131; AD Mos G 8 f° 185v°; Durival.

650. **Villé**, Gde. St. Dié, F, Vosges, St. Dié:

apud Maseloi et ad Lapoixerie et ad Viler (1225 Or.); Lovilé (1225 Or.); Viller (1227 K.17); de Villari (1291 K.17); ad villam dou Viller pertinentem ad nostram ecclesiam Sancti Deodati (1341 Or.); Don Viller < *Dou Viller, var. Don Villeir (1343 Or.); Le Viller (1479, 1594 K.17); Villey (1555) [1].

< *Villâre. Man beachte die hoch- und spätmittelalterlichen Belege mit bestimmtem Artikel [2].

1) Quellennachweis: Boudet, in: BSPV 51 (1925) 230; AD Vos G 243; Riguet 231. 291; Boudet, in: BSPV 51 (1925) 240; Levallois, Raoul Nr. 236; AD Vos G 751; Alix 46; AD MM G 124 f° 44. Vgl. auch Marichal, Dictionnaire 447.
2) → 3.3.

651. **+Villé**, Gde. Aydoilles, F, Vosges, Bruyères:

le molin con dit de Villey desoubz Waudeville (1424).
FlN: le pont de Villé [1].

1) Quellennachweis: Marichal, Dictionnaire 329. 448.

652. **+Villé**, Gde. Bagneux, F, Meurthe-et-Moselle, Colombey-les-Belles:

FlN: Villé [1].

1) Quellennachweis: Nap. Kat. Vgl. Lepage, Dictionnaire 155: "[Lieu] où l'on a trouvé des restes de constructions". Auf die gleiche Wüstung verweist sicherlich auch der Flurname *Le rouge Villé* in der Nachbargemeinde Crézilles (Dép., Ct. Toul-Sud, Nap. Kat.).

653. **+Villé**, Gde. Jouy-aux-Arches, F, Moselle, Ars-sur-Moselle:

FlN: en Villé [1].

1) Quellennachweis: Nap. Kat.

654. **Villecey-sur-Mad**, F, Meurthe-et-Moselle, Chambley-Bussières:

Valicella (875 F.12); Uillicer (12. Jh. Or.); Uilercel (±1211 Or.); Villicels (1279 Or.); Villeceis (1293 Or.); Villicelz sus Mait (1321); Velixeit sus Mait (1327 Or.) [1].

< *Villâricellu* [2].

1) Quellennachweis: MG DD Ludw. d. Dt. Nr. 168; BN Paris Coll. Lorr. Bd. 971 Nr. 3; AD Mos H 777; Wailly, Notice Nr. 198; AD Mos H 4058 Nr. 5; Longnon/Carrière, Pouillés 293; BN Paris Coll. Lorr. Bd. 521 Nr. 3.
2) → 3.5.

655. **+Villeirs**, Gde. Antilly, OT Buy, F, Moselle, Vigy:

en la fin de Buy ... en Villeirs (1299 K.14) [1].

1) Quellennachweis: BN Paris ms. lat. 11846 f° 12v°.

656. **+Villeirs**, bei Conflans-en-Jarnisy, F, Meurthe-et-Moselle, Conflans-en-Jarnisy:

de Villeirs iuxta Conflans (1187/90 K.) [1].

1) Quellennachweis: Mangin, St. Pierremont 55.

657. **+Villeirs**, Gde. Vittonville, F, Meurthe-et-Moselle, Pont-à-Mousson:

en Villeirs (1295 K.14) [1].

1) Quellennachweis: Jacob, Cartulaire Nr. 38.

658. **Viller**, F, Moselle, Grostenquin:

Wilre (±1300 Or., 1305 Or., 1342 K., 1347 K., 1361 K. u.ö.); Wiler (1386 K. 15, 1395 K. 15, 1439 K. 15 u.ö.); Weiller (1594 K. 17, ±1650 u.ö.); Villers (1683) [1].

< *Villâre/Wîlâri.

1) Quellennachweis: WLT VI Nr. 813; AD Mos H 4771; Witte, Sprachgebiet 10; JRS Nr. 1484; SVL II Nr. 1391; AD Mos 10 F 3 f° 108 f.; Alix 94; Barth, in: ZGSG 12 (1962) 182; AD Mos H 4516. Vgl. auch Bouteiller, Dictionnaire 271; RL III 1189; Besler, ONN I 20; Dauzat/Rostaing 715; Hiegel, Dictionnaire 355.

659. **+Viller**, Gde. Agincourt, F, Meurthe-et-Moselle, Nancy-Est:

FlN: Viller [1].

1) Quellennachweis: Nap. Kat.; vgl. Lepage, Dictionnaire 155: "Villé ou Saint-Goëric, nom donné à une partie du ban d'Agincourt".

660. **+Viller**, Gde. Amenoncourt, F, Meurthe-et-Moselle, Blâmont:

? gein Villers by Blanckenburg (1454 K. 18).
FlN: Viller [1].

1) Quellennachweis: AD BR E 352. Nap. Kat.

661. **+Viller**, Gde. Assenoncourt, F, Moselle, Réchicourt-le-Château [1]:

Villers (1264 Or., 1316 K., 1532 K.); Wilre (1297 Or., 1297 K.14, 1301 Or., 1331 Or.); lou grant estan de Villeirs (1315 Or.); Vileirs (1345 Or.); Villeirs deleis Esloncort (1352 Or.); Willer eupres Enseloncourt vilaige ... a present dutout mis a ruyne (1532); Wyller ban (1573 Or.); Weiller bann (1617/18 Or.); Viller (1779) [2].

< *Villâre/*Wîlâri.

1) Vgl. im Kataster der Gde. Assenoncourt den Flurnamen *Grand étang de Viller*, in der Nachbargemeinde Fribourg den Flurnamen *Ferme de Viller*. Hinweise auf die Wüstung bei Toussaint, Frontière 192; Lepage, Dictionnaire 155; ders., Communes II 688; RL III 1192; AT II 301; Langenbeck, Wüstungen 109; Hiegel, Dictionnaire 355.
2) Quellennachweis: AD Mos G 1559 Nr. 4; Jean, Charte 48; AD Mos G 1783 Nr. 1; AD MM H 2464; AD Mos H 4744 Nr. 1; AD Mos 4 E 148; AD MM B 580 Nr. 37; AD Mos G 1345; AD Mos G 1570 Nr. 5; AD Mos G 1783 Nr. 1; AD Mos 8 F 5, 1 f° 59v°; AD Mos 3 J 51; AD Mos 8 F 5, 4 f° 24v°; Durival III 435.

? +Viller, Gde. Bellange, F, Moselle, Chateau-Salins: → FlN *Villerquin* (Nap. Kat.).

662. **+Viller**, Gde. Domvallier, F, Vosges, Mirecourt:

FlN: Haut de Viller [1].

1) Quellennachweis: Marichal, Dictionnaire 447.

663. **+Viller**, Gde. Fresnes-en-Saulnois, F, Moselle, Château-Salins:

an la Maison de Vilers (1288 Or.); la masoin de Villers seant de foirs lai ville d Amelecourt et Coutures (1328 Or.); lour maison de Villers... on ban d Ameleicourt (1346 Or.).
FlNN: la maisiere de Villeirs (1361 Or.); boix con dit de Viller (1467 Or.); vne piece de Boix con dit le boix de Viller (1467 K. 18); le ban de Viller aupres Fraisne (1484 K.17); du passaige derrier Viller (1485 Or.); ou ban de Viller (1563 Or., 1573 Or., 1602 Or.); le bois de Villers (1583 K.18, 1652 K.18 u.ö.); Ban de Villers (1614 Or.); Bois de Viller (±1840) [1].

1) Quellennachweis: AD MM H 1233; AD MM H 1241; AD MM H 1256; LA Sbr. Helmstatt Urk. Nr. 178; AD MM B 602 Nrr. 106. 118; AD MM B 604 Nr. 1; AD MM H 1230; AD MM B 605 Nrr. 129. 141 bis. 167; Nap. Kat.
Es handelt sich nach eindeutigem Quellenzeugnis um einen Hof (*maison*) der Abtei Salival mit eigenem Bann, gelegen östlich von Fresnes in Richtung auf Amelécourt und Coutures inmitten eines Waldgebietes.

664. **+Viller**, Gde. Gerbécourt, F, Moselle, Château-Salins:

FlNN: le bois en Veller scituez sur le ban de Vannecourt (1696 Or.); en Viller (±1840) [1].

1) Quellennachweis: AD MM H 1241 (Vannecourt liegt unmittelbar nördlich von Gerbécourt); Nap. Kat. Hierher auch die FlNN *Patural de Villers*, *Maix de Villers* im Nachbarort Puttigny (Dép. Moselle, Ct. Château-Salins).

665. +**Viller**, Gde. Glonville, F, Meurthe-et-Moselle, Baccarat:

FlNN: Canton dit en Villé (1711 Or.); en Viller (±1840) [1].

1) Quellennachweis: AD MM B 11873; Nap. Kat. Auf das gleiche Siedlungsobjekt verweist wohl auch der Flurname *En Viller* in der Nachbargemeinde Domptail (Dép. Vosges, Ct. Rambervillers; vgl. Marichal, Dictionnaire 447) sowie der Gewässername *Rupt de Villers* in Moyen (Dép. Meurthe-et-Moselle, Ct. Gerbéviller).

666. +**Viller**, Gde. Grimonviller, F, Meurthe-et-Moselle, Colombey-les-Belles:

FlNN: en leu cum dit a Villers (1296 Or.); Viller (±1840) [1].

1) Quellennachweis: AD MM B 962 Nr. 80; Nap. Kat.

667. +**Viller**, Gde. Laning, F, Moselle, Grostenquin:

? en la voie de la Wilre (1342).
FlNN: Vuelertrich (1689 Or.); Vileretzelle (1722 Or.); le Uilerberich (1726 Or.); Klein Villerberg, Villerbergetzel (±1840) [1].

1) Quellennachweis: Witte, Sprachgebiet 10; AD Mos H 4516 (als Flurname im Nachbarort Biding, genannt unter den Besitzungen der Abtei St. Nabor); AD Mos 4 E 353 (als Flurname im Nachbarort Maxstadt); AD Mos 4 E 324 (als Flurname im Nachbarort Lixing-lès-St. Avold); Nap. Kat. Vgl. auch den Flurnamen *Gros Vellerberg* in Lixing-lès-St. Avold (Dép. Moselle, Ct. Grostenquin).

668. +**Viller**, Gde. Marsal, F, Moselle, Vic-sur-Seille:

lou boix de Villers... a chamin que vet de Chastelz a Marsaul (1306 Or.); on ban de Marsal en allant a Viller (15. Jh. Or.); la cort de Villey (1460 Or.); la grange de Villers (1543); la petite Villers Bettnach (1591); le gagnage de Viller les Marsal (1616 Or.) [1].

1) Quellennachweis: AD MM H 1234; AD MM G 920 f.; Kaiser, Mathias II Durrus 148. 152; AD MM B 487 Nr. 20. Vgl. auch Hiegel, Dictionnaire 356. Nach dem Zeugnis der Urkunden eine Hofsiedlung (*grange, court*) im Besitz der Zisterzienserabtei Villers-Bettnach.

669. **+Viller**, Gde. Noviant, F, Meurthe-et-Moselle, Domèvre-en-Haye:

GewN: Rupt de Viller [1].

1) Quellennachweis: Nap. Kat.

670. **+Viller**, Gde. St. Vallier, F, Vosges, Dompaire:

FlN: au Viller [1].

1) Quellennachweis: Marichal, Dictionnaire 447.

? +Viller, Gde. Richemont, F, Moselle, Hayange: ~ FlN Villerode (Nap. Kat., Toussaint, Frontière 70).

671. **+Viller**, Gde. Tucquegnieux, F, Meurthe-et-Moselle, Audun-le-Roman:

elemosina erfonis de mederiz alodium suum in Uileirs (13. Jh. A. Or.); Villers (1248 K., 1257 K.13); Vilers (1264 K.18, 1282 Or.); Villers deleis Maris (1328 K.15); de Vileirs de Thiguenuelz (1331 Or.); Villeirs et Mairice (1378 Or.); de Mairis de Viller et Tecquegneuf (1494 Or.) [1].

1) Quellennachweis: WLT II 352; AD Mos H 1220 f° 10r°; BN Paris ms. lat. 12866 f° 4v°; Goffinet, Orval Nr. 389; AD MM B 899 Nr. 5; AD Meuse B 1733 Nr. 1; MCM I Nr. 229; AM Metz II 30; AD MM B 895 Nr. 48.

672. **+Viller**, Gde. Vézelise, F, Meurthe-et-Moselle, Vézelise [1]:

le gaignaige de Villers pres Vezelise (1543).
FlN: Haut de Viller [2].

1) Vgl. auch die Flurnamen *Les Villé* und *Villers* in den Nachbargemeinden Hammeville und Houdreville (Nap. Kat.).
2) Quellennachweis: Lepage, Dictionnaire 155; ders., Communes II 689; Nap. Kat.

673. **Villers**, F, Vosges, Mirecourt:

Villers (1311 Or., 1597); Viller pres Mirecourt (1558); Viller devant Mirecourt (1779) [1].

1) Quellennachweis: Levallois, Recherches 19; Marichal, Dictionnaire 447.

674. **Villers**, Stadt Lunéville, Stadttl. Ménil-lès-Lunéville, F, Meurthe-et-Moselle, Lunéville:

Villers (1273 Or., 1315 Or.); Villers deuant Leneuille (1294 K.14); Villeirs (1315 Or.); Villeir (1317 Or., 1323 Or., 1330 Or., 1368 Or., 1376 Or. u. ö.); Viller (1343 Or., 1345 Or., 1397 Or., 1476/77 Or., 1590 Or. u.ö.); Viller lèz Lunéville (1594 K.17); Viller-lès-Lunéville (1779) [1].

1) Quellennachweis: AD MM B 814 Nr. 1; AD MM B 793 Nr. 21; AD Meuse B 256 f° 85r°; AD MM B 793 Nr. 22 f.; AD MM B 704 Nr. 151; Levallois, Raoul Nrr. 361. 364. 373. 468; AD MM H 1513; AD MM B 6632; MSAL 10 (1868) 135; Alix 43. 121; Durival III 434.

675. **+Villers**, Gde. Azelot, F, Meurthe-et-Moselle, St. Nicolas-de-Port:

FlN: Villers [1].

1) Quellennachweis: Nap. Kat. Vgl. auch den Flurnamen *Pente du haut de Villers* in der Nachbargemeinde Burthecourt-aux-Chênes (Nap. Kat.).

676. **+Villers**, Gde. Baudrecourt, F, Moselle, Delme:

FlN: Confin de Villers [1].

1) Quellennachweis: Nap. Kat. Die Lage der Flurnamen ist deutlich verschieden von der urkundlich nachgewiesenen Wüstung *Villers* nördlich der Rotte zwischen Aubécourt und Herny (Nr. 684).

677. **+Villers**, Gde. Bénaménil, F, Meurthe-et-Moselle, Lunéville-Sud:

a Willers a Buriville a Frenbvmesny (1311 Or.).

FIN: Haye Villers [1].

1) Quellennachweis: AD MM B 574 Nr. 53; Nap. Kat.

678. +**Villers**, Gde. Brin-sur-Seille, F, Meurthe-et-Moselle, Nancy-Est:

? in villa quae dicitur Villaris sub Amantio castro (1033 K.18); ? Villers dessous Amance (1271); ? la warde de Viller (1477 Or.).
FINN: Les grands Villers, les petits Villers [1].

1) Quellennachweis: Calmet, HL (1. Aufl.) II Pr. 263; Davillé, in: Annales de l'Est (1906) S. 225; AD MM B 2082; Nap.Kat.

679. +**Villers**, Gde. Cerville, F, Meurthe-et-Moselle, St. Nicolas-de-Port:

FIN: Sur les Villers [1].

1) Quellennachweis: Nap. Kat.

680. +**Villers**, Gde. Eply, F, Meurthe-et-Moselle, Nomeny:

? in pago Scarponensi in villa Villare dicta (929/69 Or.); ? alodium Villare dictum quod etiam ad bannum [...] Caminet pertinet (1075 Or.).
FIN: Haut de Villers [1].

1) Quellennachweis: AD Mos H 6 (vgl. Nr. 644); AD Mos H 42 (zur Überlieferung vgl. Fray, Recherches 79. 99 Anm. 9: "Cet acte appartient à un ensemble de documents supects concernant les droits de marché de l'abbaye messine de St. Arnoul à Nomeny". Hiegel, Dictionnaire 211, und andere stellen den obigen Beleg zu Longeville-lès-Cheminot); Nap. Kat.

681. +**Villers**, Gde. Frouard, F, Meurthe-et-Moselle, Pompey:

FIN: Entrée de Villers [1].

1) Quellennachweis: Nap. Kat.

682. **+Villers**, Gde. Glatigny, F, Moselle, Vigy:

ban de Uilleirs (1279 Or.); sus la salz de Villeirs ou ban de Glaitigney (1347 Or.); le ban de Villers (1681) [1].

1) Quellennachweis: WMB 1279, 189; AM Metz II 25; Bouteiller, Dictionnaire 271.

683. **+Villers**, Gde. Hamonville, F, Meurthe-et-Moselle, Domèvre-en-Haye:

FlN: Le breuil de Villers [1].

1) Quellennachweis: Nap. Kat.

684. **+Villers**, Gde. Han-sur-Nied, F, Moselle, Faulquemont:

ou ban de Hans et ou ban de Villeirs deleis hans ke muet dou ban d Abecourt an tous us (1288 Or.); ban de Viller qui muet du ban de Harney (1454 Or.); Viller dépendance de Herny (1519); ban de Viller a Han sur Nied (1605). FlN: pré de Villers [1].

1) Quellennachweis: WMB 1288, 158; AD Mos G 620; AD Mos G 613 f.; Nap. Kat. Han-sur-Nied; Nap. Kat. Vatimont.

685. **+Villers**, Gde. Haussonville, F, Meurthe-et-Moselle, Bayon:

FlN: a la haie de Villers [1].

1) Quellennachweis: Nap. Kat. Ob auf den Nachbarort Velle-sur Moselle (< *villa) zu beziehen? Allerdings fehlen *Villare*-Belege für diesen SN.

686. **+Villers**, Gde. Herserange, F. Meurthe-et-Moselle, Herserange:

FlN: Villers [1].

1) Quellennachweis: Nap. Kat. Vgl. auch (wohl für das gleiche Objekt) die Flurnamen *Le Vilé, sous le Vilé, ruisseau du Vilé* in der Nachbargemeinde Longlaville.

687. **+Villers**, Gde. Jevoncourt, F, Meurthe-et-Moselle, Haroué:

FlNN: Court Villers, Haie Villers, Longs Villers [1].

1) Quellennachweis: Nap. Kat.

688. **+Villers**, Gde. Joeuf, F, Meurthe-et-Moselle, Briey:

FlN: le Haut de Villers [1].

1) Quellennachweis: Nap. Kat.

689. **+Villers**, Gde. Lucey, F, Meurthe-et-Moselle, Toul-Nord [1]:

Villulam quae dicitur Vitiliagus et Villerias ex integro (885 K.); Villenas < *Villerias (906 K.); ? sex iugera ad Vileirs ... vineam in Villeir ... ultra Mosellam (1117 K.18); Lucey on la montaingne ban con dit de Villers (±1345 Or.) [2].

< *Villâria [3].

1) Vgl. im Kataster von Lucey den Flurnamen *Côte de Villers* (Nap. Kat.); nicht hierher, sondern auf Villey-St. Etienne (Dép. Meurthe-et-Moselle, Ct. Domèvre-en-Haye, < *Vitelliacum*, dazu Buchmüller-Pfaff, SNN 494 Nr. 820) muß man dagegen wohl den Flurnamen *Travers de Viller* in der Nachbargemeinde Francheville beziehen.
2) Quellennachweis: MG DD Karl III Nr. 125; MG DD Ludw. d. Kind Nr. 49; AD Mos H 1927; Scott.
3) → 3.3.

690. **+Villers**, Gde. Manhoué, F, Moselle, Château-Salins:

le nuef moulin on ban d aunoy qui siet entre Vilers et aunoy (1280 Or.). FlN: Villers [1].

1) Quellennachweis: Scott 167; Nap. Kat. Auf das gleiche Objekt verweisen wohl auch die Flurnamen *Goulotte Villers* in Jallaucourt (Dép. Moselle, Ct. Delme; Nap. Kat.) und *Confin de Villers, Montant de Villers* in Malaucourt sur Seille (Dép. Moselle, Ct. Delme; Nap. Kat.), während die entsprechenden Flurnamen in Fresnes zu Nr. 663 gehören.

691. +**Villers**, Gde. Métaires-St. Quirin, F, Moselle:

Willer (1123 K.); Willre (1126 K. 18); Wilre (1137 Or., 1203 K., 1344 K., 1433 Or. u. ö.); le ban de Wiler pres de St. Kurnien (1459 K. 15); de Willer pres de St. Curin (1485 K. 15); du ban de Viller pres de Sainct Keurien (1559 Or.); la seigneurie de Villers dans la seigneurie de St. Quirin (1789 Or.) [1].

1) Quellennachweis: Parisse, Etienne Nr. 8; AD BR H 679 Nr. 2; AD BR H 609 Nr. 5; Parisse, Bertram Nr. 42; Levallois, Raoul Nr. 418; AD BR H 679 Nr. 4; AD Mos G 8 ff° 6r°. 195v°; AD BR H 682 Nr. 1a; AD Mos B 2411 f° 83r°. Hinweise auf diese Wüstung u. a. bei Lepage, Communes I 250; ders., Dictionnaire 36; RL III 1191; Langenbeck, Wüstungen 110; Hiegel, Dictionnaire 355.

692. +**Villers**, Gde. Montoy-Flanville, F, Moselle, Pange:

FlN: Tournailles de Villers [1].

1) Quellennachweis: Nap. Kat.

693. +**Villers**, Gde. Mousson, F, Meurthe-et-Moselle, Pont-à-Mousson:

Villers devant Mouzon (1683).
FlNN: Bois de Villers, en Villers, Grand Villers [1].

1) Quellennachweis: Sauer, Inventaire Nr. 924; Nap. Kat.

694. +**Villers**, Gde. St. Remy-aux-Bois, F, Meurthe-et-Moselle, Bayon [1]:

alodium de Villare (1157 K.); Villers devant Seint Remy (1319); a Villers pres Bayon (1374); Viller du costé de Bayon (1630); la verrerie de Viller autrement ditte Queu de Morue (1732) [2].

1) An die untergegangene Siedlung erinnert der Gewässername *Ruisseau de Villers* in St. Remy-aux-Bois und in der Nachbargemeinde Loromontzey (dazu Lepage, Dictionnaire 155) und wohl auch der Flurname *Villet* in der Gemeinde Rehaincourt (Dép. Vosges, Ct. Châtel-sur-Moselle, dazu Marichal, Dictionnaire 448).
2) Quellennachweis: Calmet, Lorraine 1/II 351; Lepage, Dictionnaire 155; AD MM B 698 Nr. 24; AD MM B 458 f° 103; Marichal, Dictionnaire 448.

695. **Villers-Bettnach**, Gde. St. Hubert, F, Moselle, Vigy:

Villers de Betenagri, nemore de Betenagri (1137 K.17); Viller (1184 Or., 1185 Or., 1447 Or. u.ö.); de Villerio (1146 K.18, 1147 K.18, 1147/58 K.17, 1209 Or. u.ö.); Vilers (1149 K.18, ±1200 Or., 13 Jh. A. Or., 1228 Or., 1272 Or. u.ö.): Villare (± 1152/60 K.12); abbatia que Villaris dicitur (1152/62 Or.); de Vilerio (1180 Or., 1185 Or., 1204 Or., 1212 Or. u.ö.); Vilerensi Monasterio in Beddenaker (1184 Or.); Wilers (1186 K.18); Vileis (1235 Or.); Vileirs labeie (1235 K.14); Wilrebegnag (1262 Or.); Villiers (1277 Or.); Viliers labie (1278 Or.); Willeis (1286 Or.); Villario prope Metim (1289 Or.); Villario prope Metis (1321 Or.); Villeirs labbie (1361 Or., 1377 Or. u.ö.); Villeir labbie (1375 Or., 1376 Or., 1389 Or. u.ö.); de Villario Betthnaco (1397 K.); Viller labbaye (1406 Or.); Willer bettenachen (1435 Or.); Willerbettenach (1496 Or.); monastere de Viller in Bettenach (1586 Or.)[1].

< *Villâre/*Wilâri. Eine nähere Bestimmung erfolgt in den Quellen zunächst durch den Hinweis auf das umgebende Waldgebiet *nemus de Betenagri* (zu "ahd. *Bettenackar* 'Acker, Land des Betto'"[2]), in französischsprachigen Urkunden seit dem 13. Jh. regelmäßig durch Verweis auf die dortige Zisterzienserabtei[3].

1) Quellennachweis: Parisse, Etienne Nr. 40; BRW Nr. 29 f.; AD Mos 7 F 649; Parisse, Etienne Nr. 66; Meinert, Papsturkunden I Nr. 50; Parisse, Etienne Nr. 92; AD Mos H 1741; Parisse, Etienne 159; BN Paris Coll. Lorr. Bd. 976 Nr. 10; AD Mos H 1732; BN Paris Coll. Lorr. B 976 Nrr. 13. 18; Herbomez, Gorze Nr. 175; BN Paris Coll. Lorr. Bd. 976 Nr. 2; HStA München, Rheinpfalz. Urkunden Nr. 1919; BN Paris Coll. Lorr. Bd. 976 Nr. 6; AD Mos H 3872 Nr. 4; BN Paris Coll. Lorr. Bd. 976 Nr. 11; AD Mos H 376 Nr. 11; AD Mos H 376 Nr. 1; HRS Nr. 1903; BN Paris Coll. Lorr. Bd. 976 Nr. 15; BN Paris ms. lat. 10027 f° 39v°; WLT III Nr. 396; BN Paris Coll. Lorr. Bd. 976 Nrr. 27. 30; WLT V Nr. 286; SVL I Nr. 330; Wailly, Notice Nr. 257; AD Mos 7 F 657; AM Metz II 29; AM Metz II 311; AD Mos H 1753 Nrr. 9. 13; Publ. Lux. 25, 79 Nr. 281; AD Mos 10 F 661; LHA Kobl. 143/118. Publ. Lux. 49/247.
2) Haubrichs, Warndtkorridor 283.
3) Über spätlat. *abbatia* 'monastère dirigé par un abbé ou une abbesse' bzw. afrz. *abbeie, abeie, abie* vgl. FEW XXIV 15 f.

696. **Villers-Laquenexy**, Gde. Laquenexy, F, Moselle, Pange:

Vilare (912 Or.); in pago Salnense vel civitate Metensi vel circumcirca in villa Wilere (962 F.); Wilare (1023 K., 1023 Or.); Wilre (1026 K.); in pago Salingowe aut iuxta Metensem civitatem in villa Wilre (1044 K.); Wilere

(1051 Or.); Wilare (1051 K.); iuxta Metensem urbem in uilla Wilere (1066 K.); Wilere iuxta Metensem civitatem (1107 K.16); Wilre (1140 Or.); Wilare (1182 K.); a Vilers et a Losey (1233 K.14); ou ban de Villeirs et de Loisey (1275 Or.); Villeirs (1293 Or.); Lucunexit et Villeirs (1298 Or.); a Loxey on ban de Villeirs (1343 Or.); Villeir que tient a ssr. Jehan Dieuami (1404 Or.); Viley a Laquennexey (±1438 Or.); Villeir deley la quenexey (1438 Or.); Viller deley Laquenexey (1438 Or.); Viller Lacquenexey (1444) [1].

< *Villâre/*Wîlâri. Der Zusatz bezieht sich auf den Nachbarort [2].

1) Quellennachweis: Lauer/Lot, Receuil Nr. 69 (vgl. MRhUB I Nr. 156); MG DD Otto I Nr. 442 (vgl. MRhUB I Nr. 209); MG DD Heinr. II Nr. 500 (vgl. MRhUB I Nr. 300); MG DD Heinr. II Nr. 502 (vgl. MRhUB II Nr. 35); MG DD Konrad II Nr. 48 (vgl. MRhUB I Nr. 301); MG DD Heinr. III Nr. 391 (vgl. MRhUB I Nr. 321); MRhUB I Nr. 333; MG DD Heinr. III Nr. 262 (vgl. MRhUB I Nr. 334); MG DD Heinr. IV Nr. 81 (vgl. MRhUB I Nr. 364); MRhUB I Nr. 412; MRhUB I Nr. 516; MRhUB II Nr. 53; BN Paris ms. lat. 10023 f° 48v°; WMB 1275, 366; WMB 1293, 296; WMB 1298, 487; AM Metz II 307; Mardigny, Dénombrement 483; Wolfram, Chronik 428; AD Mos 4 E 587 Nr. 1; AD Mos 4 E 587 Nr. 2; HMB V 456. Die Zuweisung des Frühbesitzes der großen Abtei St. Maximin bei Trier, den Wisplinghoff, Untersuchungen 113, zu Kreuzweiler (Nr. 362) stellt, was sich allerdings mit der Lageangabe *iuxta Metensem civitatem* und *in pago Salingowe* keinesfalls vereinbaren läßt, erfolgt bisher vor allem auf Grund des für Villers-Laquenexy (Annexe von Courcelles-sur-Nied) gesicherten Maximinus-Patroziniums (vgl. RL III 1156).

2) Nach Haubrichs, Warndtkorridor 287, zu deuten als *kunnescît*, zu ahd. *kunni* 'herausragendes Geschlecht' (Schützeichel, Wörterbuch 102) und ahd. *scît* 'zur Sondernutzung ausgeschiedenes Land, Wald', offensichtlich ein größeres Waldgebiet mit zugehöriger *Villare*-Siedlung.

697. **Villers-Plesnois**, Gde. Plesnois, F, Moselle, Rombas:

a vilers et a planoit (1242 K. 13); dezous Villeir on ban de Noeroy deuant Mes (1323 Or.); Villeirs, var. Villers (1336 Or.); a Noweroit dezous Villeirs (1337 Or.); Viller (1698); Villé-lès-Plesnois (1808).- Mda. *Vlé delé Pianeu* [1].

< *Villâre*. Der SN Plesnois [2] ist abzuleiten aus *plâtanêtum* [3], zu lat. *plâtanus* 'Platane' [4] > frz. *plane*, lothringisch schon 1553 *plesne* und in den Dialekten *plēn, plēn* [5], in unseren Breiten meist für den einheimischen Ahorn, + Kollektivsuffix *-êtum* [6] 'Ort, der mit Platanen/Ahornbäumen bestanden ist'. Die mundartliche Lautung des SN zeigt den spezifisch lothringischen Wandel

von anlautendem [pl] > [pj], der in anderen Fällen auch aus dem Moseldepartement gut bezeugt ist [7], für den Baumnamen mundartlich heute aber nur noch für den Vogesenraum ausgewiesen ist.

1) Quellennachweis: BN Paris ms. lat. 10023 f° 29r°; AD MM B 590 Nr. 92; AD MM B 591 Nr. 131; AM Metz II 22; Dorvaux, Pouillés 708; Bouteiller, Dictionnaire 273.
2) 1242 *Planoit* (s. Anm. 1), 1689 *Plénoy*, belegt bei Bouteiller, Dictionnaire 202, danach Hiegel, Dictionnaire 269.
3) Vgl. Gröhler, Ursprung II 169; Dauzat/Rostaing 533; Vincent, France 254. Unrichtig Langenbeck, Weilerfrage 51 (**planetum*).
4) Georges, Handwörterbuch II 1732.
5) FEW IX 36; Zéliqzon, Dictionnaire 521.
6) Dazu allgemein Leumann, Laut- und Formenlehre 228.
7) Vgl. Zéliqzon, Mundarten 29; Horning, in: ZRPh. 14 (1890) 392 f.; Buchmüller-Pfaff, SNN 580.

698. **Villers-Stoncourt**, F, Moselle, Pange:

Villeirs (1335 Or., 1343 Or.); Villeirs deleis Stoncourt (1344 Or.); a Auwerey a Stoncourt Villeirs et a Wanciemont (< *Waucremont) (1345 K.15); Richair de Villeir maire dou ban St. Piere (1378 Or.); Villeir de leiz Stoncourt (1404 Or.); Auwery Stoncourt Villers (1457 Or., 1467 Or.); Viller Stoncourt (1477 Or.); Stoncourt Viller (1480 Or.); Viller au ban Saint Pierre (1594 K.17, 1603 u.ö.).- Mda. *Vlé delé Stonco* [1].

< **Villâre*. Das "Dorf Villers mit den Weilern Stoncourt, Houtte und Aoury" [2] liegt am Fuße des Mont-Saint-Pierre, im Frühmittelalter wohl der Mittelpunkt des größeren Komplexes, der als *Ban Saint-Pierre* schon im 10. Jh. im Besitz der Metzer Abtei St. Pierre-aux-Nonnains nachweisbar ist [3]. Villers ist nach der auf dem Berg befindlichen Peterskirche eingepfarrt, so daß wir wohl die zu der alten Peterskirche gehörige Siedlung vor uns haben.

1) Quellennachweis: Dosdat, Documents III 268; AM Metz II 307; Wurth-Paquet, Reinach I Nr. 321; AM Metz II 24; AD Mos 4 E 591; Mardigny, Dénombrement 482; Wurth-Paquet, Reinach II Nrr. 1714. 1893; BN Paris Coll. Lorr. Bd. 975 Nr. 23; Wurth-Paquet, Reinach II Nr. 2059; Alix 52; AD Mos 1 E 149; Bouteiller, Dictionnaire 273.
2) RL III 53.
3) Dazu ausführlich AT II 578 f.

699. **Villers-en-Haye**, F, Meurthe-et-Moselle, Domèvre-en-Haye:

Villare (963/65 K.18, 965 K.18, 1137 K.18); Villeirs en Heis (1384 K.14); Villers en Heis (1392); Villers en Heix (1441); Villey en heix (1498) [1].

< *Vīllāre. Der Zusatz hebt ab auf die Lage des Ortes inmitten eines großen Waldgebietes, das den Namen La Haye (zu einem voralthochdeutschen *hagja 'gehegter Wald, Bannwald' [2], bzw. davon abgeleitet afrz. haie 'clôture faite d'arbres, d'arbustes ou d'épines qui s'entrelacent' [3]) trägt.

1) Quellennachweis: Bautier, Origines Nrr. 26. 31. 47; Lefèbre, in: MSAL 41 (1891) 352; Lepage, Communes II 418; Lepage, Dictionnaire 155.
2) Vgl. Haubrichs, Ortsnamenprobleme 20; ders., Warndtkorridor 287.
3) FEW XVI, 1 113, mit Hinweisen auf lothr. *heye*, Moselle *hääy*.

700. **Villers-la-Chèvre**, F, Meurthe-et-Moselle, Longuyon:

Villari (1096 K.18); Uiler (1173 Or.); Vilers la Chievre (1263 K.18); Vilheir la chievre (1280 K.18); Villeir la Chievre (1284 K.18, 1285 K.18); Villers la chievre (1295 Or., 1333 Or., 1343/45 Or. u.ö.); Villeirs la chievre (1296 Or., 1335 Or. u.ö.); Villari Capra (1307/54 K.18); de Villaricapri (±1390 Or.); Viller la chieure (±1500 Or.) [1].

< *Vīllāre. Der Zusatz stellt sich zu lat. *capra* [2], afrz. *chievre* 'Ziege' [3], dessen Stammvokal sich nach Palatal regelmäßig zu [iẹ] entwickelt und etwa seit dem Ende des 13 Jhs. zu [ẹ] vereinfacht wird [4]. Demgegenüber haben sich die diphthongischen Formen in allen historischen Belegen für diesen SN erhalten; das entspricht dem lothringischen Dialektstand für lat. *capra* [5].

1) Quellennachweis: Bloch, St. Vanne Nr. 62; Gysseling, Woordenboek 1013; Goffinet, Orval Nrr. 379. 488. 506. 509; Kurth, St. Hubert Nr. 338; AD MM E 282; Kurth, St. Hubert Nr. 341; AD Meuse B 1848 f° 7r°; AD Meuse B 1850 f° 2v°; Fabricius, Taxa Generalis 20; BN Paris Coll. Lorr. Bd. 976 Nr. 88; AD Mos B 2388.
2) Georges, Handwörterbuch I 982.
3) FEW II, 1 294.
4) Rheinfelder § 225 f.
5) Vgl. FEW II, 1 294: Moselle *šyer*.

701. **Villers-la-Croix**, Gde. Creutzwald, F, Moselle, Bouzonville:

Villers-Lacroix (1607); Neufvillage appelé Villaire-La-Croix (1732); Neudorf dit Viller-la-Croix (1748)¹.

Nach Henri Hiegel trägt die Neugründung des beginnenden 17. Jhs. ihren Namen "en l'honneur de Françoise de Villers, seconde femme de Louis de Condé, seigneur de Creutzwald"².

1) Quellennachweis: Hiegel, Verreries 49 f.
2) Vgl. Hiegel, Dictionnaire 356. Der eigentliche Kreuzwald, 1331 Or. u. ö. als *les boix de sainte crois en Warant* genannt (AD Mos 3 J 20), bezeichnet nach AT II 238 Anm. 11, ursprünglich die Anteile der Hl.-Kreuz-Abtei zu Busendorf am Warndtrand. Über die Bezeichnung 'La Croix' vgl. auch AT II 239.

702. **Villers-la-Montagne**, F, Meurthe-et-Moselle, Longwy:

in pago Metensi in comitatu Matfridi ... Villare (926 K. 17, nach Verfälschung 10. Jh. M. ?); Villaris (±1150/60 K.); de Villario (1226 K.14); Villers (1278 K.15, 1281 K.14, 1292 K. u.ö.); de Villari in Monte (1278 Or.); Villers la monteingne (1280 K.14); Villeir en la monteigne (1295 Or.); Villeirs la montaigne (1318 Or.); Villeirs la mont. (1335 Or.); Villeirs an la montaigne (1375 Or.); Villers la montaigne (1406 Or.); Villers la montangne (1406 Or.); Viller la montaigne (1496 Or.)¹.

< *Villâre*. Der unterscheidende Zusatz stellt sich zu afrz. mfrz. *montaigne* 'élévation considérable de terrain'², < mlat. *montanea* 'Gebirge, Berg', substantiviert aus "adj. *montaneus*, wohl aus *montanus* nach *campaneus* umgebildet"³. Dabei ist die auch in der Belegreihe unseres SN regelmäßig auftretende Graphie <ign> wohl nur Indikator der lautgerechten Mouillierung von [n] im Nexus [nj]⁴; die Aussprache des Wortes gibt Pope für das Franzische mit [mūtã ɲe] an⁵. Allerdings neigt gerade das Lothringische hier zum Einschub eines epenthetischen [i]⁶, das mit dem vorausgehenden Vokal zu einem offenen [ę]-Laut verschmilzt⁷. Als Reflexe dieser abweichenden lothringischen Entwicklung interpretiere ich Formen wie *monteigne*, während *montaigne* die reguläre altfranzösische Entwicklung spiegelt.

1) Quellennachweis: WLT I Nr. 150 (zur Beurteilung der Quelle vgl. Nr. 23 Anm. 1); Calmet, Lorraine 1/I Pr. 60; AD Meuse B 256 f° 282v°; BN Paris ms. fr. 11853 f° 268v° (vgl. de Pange, Actes Nr. 594; WLT IV Nr. 451); AD Meuse B 256 f° 159v°; AD Meuse B 1847 f° 2r°; AD Meuse B 1848 f° 1v°; WLT V Nr. 456; WLT IV Nrr.

437. 496; AD Meuse 14 H 22; AM Metz II 29; BN Paris Coll. Lorr. Bd. 973 Nr. 40; AD MM B 591 Nr. 189; AD Mos H 1860 Nr. 17.
2) FEW VI, 3 100.
3) FEW VI, 3 103 f. (mit Belegen für das mittellateinische Adjektiv).
4) Vgl. Rheinfelder § 286; Pope § 311.
5) Pope § 198.
6) Vgl. Pope §§ 408. 445; Rheinfelder § 287; Regula 171.
7) Vgl. FEW VI, 3 101: "Metz, ... Paysh. Nied *mõtp̃ĩ*, saun. *mõtẽĩ*, Moselle *mõntẽĩ*, Uriménil ... *montaine,* ... südvog. *mõtp̃n*, *mõtp̃ĩ*, etc.".

703. **Villers-lès-Moivrons**, F, Meurthe-et-Moselle, Nomeny:

Vilers (1264 Or.); Vileirs (1266 Or.); Villeirs (13 Jh. K.13, 1361 K.); Villeirs deleis Moiveron (1316 Or.); Villeirs deleiz moiveron (1330 K.15); Villeirs deleiz Laiey (1335 K.15); Villers deleis moiveron (1338 Or.); Villeirs deleiz moiveron (1338 Or.); Villeirs deleis moiveron (1342 Or., 1353 Or.); Villeir (1395 Or.); de Laiey et de Villers (1420 Or.); Laiey et Vileir (14./15. Jh. Or.); Villeir pres de Moiveron (15. Jh. Or.); Viller pres de Moiveron (1496 Or.); Viller les Moyveron (1567).- Mda. *v'léi* [1].

< *Villâre*. Die Lagebeschreibungen beziehen sich auf die nahegelegenen Orte Leyr [2] und Moivrons [3].

1) Quellennachweis: AD Mos H 4092-3; AD Mos H 4165-3; BN Paris ms. lat. 10024 f° 51r°; Kirsch, Kollektorien 308; AD Mos H 4165 Suppl.; AD Mos H 4057-1 f° 471r°; BN Paris Coll. Lorr. Bd. 976 Nr. 78 f.; AD Mos 4 E 588 Nr.1; AM Metz II 308; BN Paris Coll. Lorr. Bd. 976 Nr. 90 f.; AD Mos H 4057-1; AD MM B 2083; Lepage, Communes II 689; Rohr, Blasons 657.
Das unter anderem von Lepage, Dictionnaire 155, und Buchmüller-Pfaff, SNN 288, hierher gestellte *Uillare cum medietate conductu ecclesie sancte crucis* des nur in einer verunechteten Urkunde des 12. Jhs. erhaltenen Diploms Ludwigs des Deutschen für Ste. Gossinde vom Jahr 875 (MG Ludw. d. Dt. Nr. 168) wird jetzt von Fray, Temporel 38, mit guten Gründen mit Lacroix-sur-Meuse bei St. Mihiel (Dép. Meuse) identifiziert, ist also wohl als Erstbeleg für Villers-lès-Moivrons zu streichen.
2) < *Laiacum* zum PN *Laius*, 1085 K. *Layez*, 1247 Or. *Laiers*, 1338 Or. *Laiey*, Belege nach Buchmüller-Pfaff, SNN 288 f. Nr. 450.
3) 757 belegt als *Mons Vironis*, 876 *Montevironis*, 914 *in Monte Virone* (Lepage, Dictionnaire 92), zum PN *Virus, *Viro* (vgl. Stroheker, Adel 226).

704. **Villers-lès-Nancy**, F, Meurthe-et-Moselle, Vandoeuvre-lès-Nancy:

in villa pagi Calmontensis Villari nomine quem mansum Humbertus comes sancto Apro donaverat (942 K.); Vilers (1168/93 Or., 1180/94 Or.); Vilers que siet desore Nancey (1291 Or.); Villeirs (1338 Or.); Villers (1360 Or., 1375 Or. u.ö.); de Vyleri (14. Jh. E. Or.); Villers devant Nancey (1487); Villers les costes aupres ville de Nancy (1498); Viller (1579 Or., 1601 Or. u.ö.); Viller lez Nancy (1659 Or.)¹.

< *Villâre. Der unterscheidende Zusatz nimmt Bezug auf das nahegelegene *Nantiacum/Nancy².

1) Quellennachweis: Hlawitschka, Anfänge 26; Lepage, Clairlieu 164; AD MM B 705 Nr. 130; Pfister, in: Annales de l'Est 11 (1897) 90; AD MM G 1223; Lepage, Clairlieu 195 f.; Pierron, Obituaires I 30; AD Mos 7 F 735; Lepage, Communes II 690; AD MM G 1223.
2) Bereits auf einer merowingischen Münze als *Nanciaco* belegt (vgl. Gysseling, Woordenboek 728), weitere Belege bei Buchmüller-Pfaff, SNN 372 Nr. 583.

705. **Villers-lès-Rombas**, Gde. Rombas, F, Moselle, Rombas:

in pago Moslinse...in villa cui vocabulum est Villare (871 K.12); in comitatu Iudicii Petreuillare et Uillare (960 Or.); in comitatu vero Moslinse ... in villa quae Villare dicitur super Ornam fluvium sita (965 K. 17/18); Villare (973 K.18); villa quae Villare dicitur super Ornam fluvium (1033 K.17); Villeirs (1160/62 K.13, 1248 K.); Villeirs au dela de Romebar (1264 K.); Vilers (1265 Or.); Villeirs (1293 Or., 1298 Or. u.ö.); Villeirs deleis Rombairt (1344 Or.); Villeirs deuant Rommebair (1344 Or.); Villers deuant Romebar (1393 Or.); Villers deuant Rombay (1518 Or.)¹.

< *Villâre. Rombas ist Nachbarort.

1) Quellennachweis: Herbomez, Gorze Nr. 66; MG DD Otto I Nrr. 210. 290; Calmet 1/II Pr. 231; MG DD Heinr. II Nr. 200; Parisse, Etienne 119; AD Mos H 1220 Nr. 31; AD Mos H 4601 f° 231; Arnod, Publication Nr. 264; WMB 1293, 360; WMB 1298, 178; AM Metz II 24; AD MM B 591 Nr. 105; AD Mos H 1289.

706. **Villers-le-Prudhomme**, Gde. Ville-au-Val, F, Meurthe-et-Moselle, Pont-à-Mousson:

Villeir desoubz Landremont (15 Jh. K.15); Claude de Viller dit le Preudhomme (1460 K.); Claude de Villers le Prudhomme (1463); la ville de Villers le Preudomme (1486); Villers le Proudom (1491); Villers le Preudhomme (1498, 1506); Villers le Proudhon (1499); Villers le Proudom (1501); Viller le Proudhom (1580)[1].

< *Villâre*. In den Quellen zunächst wie so oft durch den Bezug zu einem Nachbarort, in diesem Fall Landremont[2], näher präzisiert, erhält der SN seit dem 15. Jh. einen appellativischen Zusatz, der sich zu afrz. *preudomme* 'homme vaillant, de valeur', auch 'homme expert et versé dans un métier, qu'on charge de certains fonctions, comme d'attester en justice, d'estimer la valeur d'un objet, etc.'[3], stellt und offensichtlich direkt vom Beinamen eines *Claude...dit le Preudhomme* abgeleitet ist, welcher hier seinen Wohnsitz genommen hat.

1) Quellennachweis: AD Mos H 4057-1 f° 449; MCM II Nr. 237; ASHAL 9 (1897) 34; MSAL (1887) 67. 70; Failly, Chartes Nr. 398; MSAL (1887) 76; Lepage, Communes II 689; Failly, Chartes Nr. 419; TUH III Nr. 188.
2) < *Landrîko-monte*, zum PN *Landrîk*.
3) FEW IX 419; Trésor de la langue française XIII 1412.

707. **Villers-le-Rond**, F, Meurthe-et-Moselle, Longuyon:

de Villari Rotundo (14. Jh. K.18); Villeirs devant Marville (1306/17 K.14); Villers (1345 Or.); de Villari ante Marvillam (1359/60 Or., 1360 K.18); Viller le Rons deuant meruille (1410 Or.); Villiers le Rond (1585 K.); Williers-le-Rond (18. Jh.)[1].

< *Villâre*. Der unterscheidende Zusatz stellt sich zu lat. *rotundus* 'scheibenrund'[2] > afrz. *ruunt, roond* 'qui a une forme circulaire'[3].

1) Quellennachweis: Longnon/Carrière, Pouillés 27; Lamprecht, Wirtschaftsleben III Nr. 287; AD Mos B 2342; AN Lux. A 52 Nr. 1170; Goffinet, Orval Nrr. 617-619; Bouteiller, Dictionnaire 273.
2) Georges, Handwörterbuch II 2413 f.
3) FEW X 519 f.

708. **Villers-l'Orme**, Gde. Vany, F, Moselle, Montigny-lès-Metz:

Aueigney de coste Villers (1144); sai terre d awigney ke siet deleis Villeirs (1194 K. 13); Villers (1206 K.15); Villers a lorme (1267 Or., 1275 Or.); Villerz a lorme (1269 Or.); Villeirs a lorme (1271 K.14, 1275 Or., 1277 K.14, 1279 Or., 1281 Or., 1284 Or., 1285 Or., 1309 K.14 u.ö.); Villeirs ai lorme (13. Jh. Or.); Vileirs a lorme (1337 Or.); Villeir a lorme (1378 Or.,

1379 K.15, 1386 Or., 1405 Or. u.ö.) Viller a lorme (1390 Or., 1456 Or., 1486 Or. u.ö.); Viley (±1438 Or.); Villez lorme (1510 Or.).- Mda. v'lés; "Vlé larme", "Vlé lôme" [1].

< *Villâre. Der unterscheidende Zusatz leitet sich ab von lat. ulmus 'Ulme' [2]. Lothr. ǭrm [3], das durch diesen SN schon 1267 bezeugt ist, zeigt Liquidentausch [l] > [r], der "gewöhnlich als dissimilation in der ablt. *olmel erklärt [wird], die dann auf das simplex zurückgewirkt hätte. Doch ist die chronologie der belege der beiden wörter dieser erklärung nicht günstig" [4]. Für Lothringen ist zu beobachten, daß ein Wandel [l] > [r] vor Konsonant hier auch sonst weit verbreitet ist [5]. Mundartlich zeigt sich zum Teil lothringischer Ausfall von vorkonsonantischem [r] [6]. Auch eine Weiterentwicklung zu [a], wie sie das FEW für den Raum um Pange belegt [7], ist möglich.

1) Bouteiller, Dictionnaire 12, s.v. 'Augny-sous-Grimont'; BN Paris Coll. Lorr. Bd. 971 Nr. 5; AD Mos H 2486 Nr. 1; WMB 1267, 324; WMB 1275, 284; WMB 1269, 343; BN Paris ms. lat, 10023 f° 98r°; WMB 1275, 291; BN Paris ms. lat. 10023 f° 98r°; WMB 1279, 192; WMB 1281, 166; AM Metz II 303; WMB 1285, 318; BN Paris ms. lat. 10023 f° 231v°; BN Paris Coll. Lorr. Bd. 971 Nr. 51; AM Metz II 22; AM Metz II 30; AD Mos H 4057 Nr. 1 f° 504; AM Metz II 312; AM Metz II 314; AD Mos H 2486 Add.; AD Mos 4 E 364; AD Mos 4 E 589; Wolfram, Chronik 424; AD Mos H 2486 Nr. 2; Zéliqzon, in: ASHAL, Ergänzungsheft 4 (1912) 163; Bouteiller, Dictionnaire 273; RL III 1155. Vgl. Vincent, France 27; Uibeleisen, Rom. u. frk. ONN 66; Hiegel, Dictionnaire 356.
Die von Bouteiller, Dictionnaire 273, hier zugeordneten Belege des 12. Jhs. aus kopial überlieferten Papst- und Bischofsurkunden für das Metzer Kloster St. Vincent sind als Veliers bzw. Veleirs zu lesen (AD Mos H 1921) und (mit lothringischer, insbesondere metzischer Palatalisierung von vortonigem [a] > [e], vgl. dazu 6.1.1.1.) zu Vallières, heute Stadtteil von Metz (13. Jh. Or. Valieres, Valliere, 1305 Or. Vailieres, Belege nach BN Paris Coll. Lorr. Bd. 971 Nrr. 10. 56, Bd. 975 Nr. 57) zu stellen. Der Besitz der Kirche von Vallières (ecclesiam de Velere) wird der Abtei bereits durch Papst Leo IX. für das Jahr 1051 (K.17; AD Mos H 1921 Nr. 2) bestätigt.
2) Georges, Handwörterbuch II 3285.
3) FEW XIV 5.
4) Ebd. S. 7 Anm. 1.
5) → 6.1.2.1.2; Stoering, Untersuchungen 358 Anm. 33: "Der Wechsel zwischen l und r ... ist bei PN wesentlich häufiger zu beobachten als im Normalwortschatz. Auch ist er hier nicht an die Voraussetzung der Dissimilation gebunden. Er ist vorkons[onantisch] ... und intervok[alisch]".
6) → 6.1.2.1.4.
7) Vgl. FEW XIV 5: Pange arm; Parallelfälle bei Zéliqzon, Mundarten 20.

709. **Villers-sous-Prény**, F, Meurthe-et-Moselle, Pont-à-Mousson:

Villare (848 K.12, 849 K.12, 977 Or., 993 Or.); Villers (1126 K.18); Vilers (1250 Or., 1262 Or.); de Villario (1402 K.); Villers desoubz Prigney (1433); Villers devers Priney (1477 Or.); Viller darier Prinei (1483 Or.); Viller soubz Preny (1594 K.17) [1].

< *Villâre, orientiert auf die befestigte Höhensiedlung Prény [2].

1) Quellennachweis: Herbomez, Gorze Nr. 51 f.; MG DD Otto II Nr. 159; MG DD Otto III Nr. 117; Calmet, Lorraine (2. Aufl.) V 160; Arnod, Publication Nrr. 072. 204; AM Metz II 22; Lepage, Pouillé 8; Lepage, Communes II 692; AD MM B 8224; AD MM B 8227; Alix 54.
2) 960 Or. u. ö. *Prisney*, 977 Or. *Prisnei*, 1174 Or. *Prisne*, 1176/83 Or. *Prinei*, < *Pris[c]iniacum* , zum romanischen PN *Priscinius* ; vgl. Buchmüller-Pfaff, SNN 393 Nr. 623.

710. **Villers-sur-Nied**, F, Moselle, Delme:

Vilers desouz Brehang (1242 K.14); Villiers (1290 K.18); Brehen et Villers (1295 Or.); Villeirs sus niet (1335 Or., 1336 Or.); Villeirs deleis chastel brehain (1344 Or.); Villeirs deles Brehain (1351 Or.); Villeir deuant Chaistel Brehein (1368 Or.); Wiler (1428 K. 16); Viller deleis Chastel (1443 K.); Viller deuant Chastel Brehein (1453 Or.); Chasteau Brehain et Viller (1329 Or.); Villers-aux-Oyes (1663).- Mda. *Vlé ō ui; vlē ǣ o ⁿy* [1].

< *Villâre. Die Unterscheidung von anderen gleichlautenden Siedlungen erfolgt in den Quellen durch Verweise auf die nahegelegene Siedlung Château-Bréhain [2] bzw. (wie heute amtlich) auf das Flüßchen Nied [3], an dem der Ort liegt. In jüngerer Zeit findet sich auch eine Spezifizierung durch Hinweis auf die am Ort betriebene Gänsehaltung. Für lat. *auca* (< *avica*, zu lat. *avis* 'Vogel') [4], afrz. *oue*, *oie* [5], tritt im Dialekt *uy'* ein [6].

1) Quellennachweis: BN Paris ms. lat. 10023 f° 34v°; Hammerstein, Tempelherren 20 Nr. 51; AD MM H 1238; AM Metz II 20 f.; AM Metz II 24; AD MM H 1238; AN Lux. A 52 Nr. 579; AD Mos 10 F 3 f° 107; AD Mos H 84 Nr. 14; AD Mos J 325; AD Mos H 84 Nr. 9; Hiegel, Dictionnaire 357; Rohr, Blasons 309; Brod, Mundart I 642.
2) Bréhain < ahd. *Bruoch-heim* 'Hof im Bruch, Sumpfland', vgl. Haubrichs, Gelenkte Siedlung 18 f., mit Anm. 51. Über die dortige Herrschaft vgl. AT II 628-631.
3) Nied < *Nidâ, zu idg. *neid-, *nid- 'fließen', vgl. Buchmüller/Haubrichs/Spang, Namenkontinuität 91 Nr. 145.

4) Georges, Handwörterbuch I 701.
5) FEW I 169.
6) Zéliqzon, Mundarten § 56; vgl. auch die bei FEW I 169, verzeichneten Formen.

711. **Villerupt**, F, Meurthe-et-Moselle, Villerupt:

Viluirue (1287 K.); Villeirs (1290 Or.); Villaribus (1307/54 K.18); Villeruelz (1333 Or.); Canteboire Villereulx (1333 K.15); Vileir (1347 Or.); Villereu (1347 K.); Cambourne et Wilre (1383); fonderie proche Villers et Tille (1427); Villeruex (1456); Villeruel (1458 K.); der haymer smyt van Wyllerchin (15. Jh. Or.); Villereux (1573, 1637 u.ö.)[1].

< *Villâre/*Villârêtu*[2].

1) Quellennachweis: Bouteiller, Dictionnaire 274; WMB 1290, 173; Fabricius, Taxa Generalis 18; AD MM B 591 Nr. 111; AD MM E 282; AD MM E 269; Publ. Lux 23, 20 Nr. 77; AD MM E 275; Simmer, Seigneurs 71; Witte, Sprachgebiet 20; AD MM E 279; StB Trier ms. 1601/422 f° 8r°; Bouteiller, Dictionnaire 274; AD MM E 283.
2) → 3.5.

712. **+Villet**, Gde. Tranqueville-Graux, F, Vosges, Coussey:

FlN: Le Villet[1].

1) Quellennachweis: Nap. Kat.

713. **+Villey**, Gde. Epinal, F, Vosges, Epinal:

Vilers (1128 K.18); une curtille ... on finaige d'Uxigney qui siet desous Viller (1312 K.15); Villey (1413 Or.)[1].

1) Quellennachweis: Calmet, Lorraine 1/I Pr. 567; DHV XI 340; AD MM B 671 Nr. 22. Vgl. auch Marichal, Dictionnaire 447; Depoux, Seigneurie 36.

714. **+Villey**, Gde. La Neuveville-sous-Châtenois, F, Vosges, Châtenois:

? Ville sur Terre < *Villé sur Verre (vor 1466); Villey (1711)[1].

1) Quellennachweis: Longnon, Documents Champagne II 571; Marichal, Dictionnaire 448.

715. **Villouxel**, Gde. Neufchâteau, F, Vosges, Neufchâteau:

Vilecers (1214 Or.); Vilorces (1215 Or., 1255 K.); Villourcez (1256 Or.); Villerceil (1256 K.14); Vilorcez (1260 Or.); Villerseis (1278 K.14); Vilorceiz (13. Jh. Or.); Ville horceilz empres Liffou (1312 Or.); Villorceiz (1316 K.14); Villourcez (1330 Or.) Villorcelz (1376 Or.); Villourcelz (1395 Or.); Villoucelles (1460 Or.); Viloxé (1494) [1].

< *Villâricellu* [2].

1) Quellennachweis: Grosdidier de Matons, Comté Nr. 6; AD Vos 20 H 4; DHV I 171; AD MM B 623 Nr. 2; Lanher, Chartes Nr. 64; AD Meuse B 256 f° 251r°; Lanher, Chartes Nr. 64 (Dorsalvermerk); AD MM B 757 Nr. 12; DHV VIII 22; AD Meuse B 2321 f° 6; AD MM B 752 Nr. 29; AD MM B 763 Nr. 9; DHV III 180; AD Meuse 2635 f° 11.
2) → 3.5.

Virnewilre (1293 Or. u. ö.): → Nr. 221.

Vlaswilre (1362 K. u. ö.): → Nr. 203.

+Vogelsweiler (Staerk, Wüstungen 388): → Nr. 222.

+Volkerswilre, bei Frauenberg/Saargemünd: → Nr. 206.

Volperswilre (1335 Or. u. ö.): → Nr. 206.

Volpretawilre (1179 K.), Besitz der Abtei Wadgassen: → Nr. 206.

716. **+Voyenviller**, Gde. Parroy, OT Mouacourt, F, Meurthe-et-Moselle, Arracourt:

FlN: Voyenviller [1].

< *Wîdoino-vîllâre* zum PN *Wîdoin* ? [2]

1) Quellennachweis: Nap. Kat.
2) Vgl. Nr. 642.

Vrodenswilre (1313 K.): → Nr. 216. Vgl. Haubrichs, Abtslisten 126.

717. **+Wadinviler**, nicht identifiziert im Tal der Moselotte, F, Vosges:

Wadinviler (1288)[1].

< *Waldino-villāre* zum gerade im westfränkischen Bereich besonders beliebten PN *Waldin*[2], der mit formal an das lat. *-inus*-Suffix[3] angepaßtem ahd. n-Suffix[4] zum Stamm **wald-a-*[5] zu stellen ist.
Das Bestimmungswort zeigt die lothringische Sonderentwicklung von vorkonsonantischem [l], das in allgemeinfranzösischer Entwicklung vokalisiert wird, hier jedoch verstummt[6].

1) Quellennachweis: Marichal, Dictionnaire 457.
2) Förstemann, Altdeutsches Namenbuch I 1500; Morlet, Noms de personne I 214; Drevin, Sprachelemente 49; LMR 276. Mit dem gleichen PN sind die SNN Vaudinvilliers (Gde. Colombey-lès-Choiseul, F, Haute-Marne: 1178 *Gualdinvillare*, 1192 *Waudinvillare*), Vaudeville (F, MM, Haroué: 10. Jh. *Waldinivilla*), Vaudéville (F, Vosges, Epinal: 1434 *Waldenville*) und Vadencourt (F, Aisne: 1137 *Waldencurtis*) zu stellen, vgl. die Belege bei Roserot, Dictionnaire 178; Lepage, Dictionnaire 149; Marichal, Dictionnaire 438; Gröhler, Ursprung II 347.
3) Vgl. Leumann, Laut- und Formenlehre 221 ff.; Leumann, Cognomina 166; Kajanto, Studies 64; Schulze, Eigennamen 58; Schwab, Nomina propria 723; Ehrat, Suffix 1 ff.; Bergh, Etudes 181.
4) → 5.2.
5) → 5.1.1.165.
6) → 6.1.2.1.1.

718. **+Wallesweiler**, Stadt St. Wendel, Stadttl. Winterbach, D, Saarland, St. Wendel:

Wallesweyler (1345 K. 18, 1497 K. 18, 1580 K. 18); Waldesweyler (1358 K.18); Wallesweiler (1412 K. 18); Altenwallesweiler (1433 K. 18); Wallesveiler (1480 K. 18); Walleßweiller (1594 K.17); Walleswiler (1621 K.17); freien Hof Wallesweiler (1706); la ferme de Woustvallesweiler (1709 K.); Wüstwallesweiler. Dies Dorf liegt im Bliesener Bann, ist aber ganz ruiniert

(1710); Vallesweiller, cense, ban de Vinterbach (1779); Wüstwallesweiler, einem vorgeblich eingegangenen Weiler (1791) [1].

< *Waldenes-wîlâri zum wfrk. PN *Waldoin* > *Waldenus* [2], komponiert aus den Stämmen *walð-a-* [3] und *win-i-* [4], mit Assimilation von [ld] > [ll] und [ns] > [s].

1) Quellennachweis: Bistumsarchiv Trier 71, 3/17, 1 f° 189 (vgl. Pauly, Wadrill 140); Klein, Gronig 55; Bistumsarchiv Trier 71, 3/17, 1 ff° 165. 174. 176. 184; Alix 125; Herrmann, Betreffe 155; Staerk, Wüstungen 413; Durival III 414; Oberamt Schaumburg 16 ff.
Nach Staerk, Wüstungen 413, lag die Siedlung "nicht an der Stelle des Wallesweilerhofes (Gemarkungsgrenze Bliesen/Winterbach), sondern etwa eineinhalb Kilometer südlich davon auf dem Bann von Winterbach. Die Bannfläche des Ortes muß jedoch bis zum Wallesweilerhof gereicht haben".
2) Vgl. Förstemann, Altdeutsches Namenbuch I 1499; Morlet, Noms de personne I 214 a.
3) → 5.1.1.165.
4) → 5.1.1.171.

Walperswiller (1460 K.): → Nr. 632.

+Waltaris villare, von Langenbeck, Wüstungen 104, als unsichere Wüstung im Raum Pange (Dép. Moselle) genannt: Wohl das im Testament des Fulrad von St. Denis a. 777 Or. genannte *Walthario villare*, das mit Waltersweier in der Ortenau zu identifizieren ist.

Waltberti villare (1132/46 Or.): → Nr. 632.

Warswilre (1361 K. u. ö.): → Nr. 201.

719. **+Wartweiler**, heute Wartweilermühle sö. Osterbrücken, Stadt St. Wendel, D, Saarland, St. Wendel:

Warthweiler oder Neumühle (±1845) [1].

< *Warden-wîlâri zum PN *Wardo* [2] ? Der enthaltene Namenstamm stellt sich zu ahd. *wart* 'Wächter' [3].

1) Quellennachweis: Staerk, Wüstungen 411, vom namenkundlichen Standpunkt entgegen Staerk zu trennen von Nr. 776. Da ältere Nachrichten fehlen, rechnet

Christmann, SNN I 612, mit der Möglichkeit eines Namenwechsels, unter Umständen auch für das unter Nr. 776 behandelte Objekt.
2) Förstemann, Altdeutsches Namenbuch I 1539.
3) Schützeichel, Wörterbuch 223; Kaufmann, Ergänzungsband 388.

720. **Wattweiler**, kreisfreie Stadt Zweibrücken, D, Rheinland-Pfalz:

Watwilre (1180 Or., 1308 K.15, 1326 K.16, 15. Jh. K. u.ö.); Watwilr (1296 K.); Watweiler (1304 K.); Wackewilre < *Wattewilre (1361 K.); Watwiller (15. Jh. Or.).- Mda. *wadwile*[r] [1].

< *Watten-wîlâri* zum PN *Watto* [2], sicher aus *Wado*, zu ahd. *waten* 'gehen, schreiten, waten' [3] mit expressiv verschärftem und geminiertem Dental.

1) Quellennachweis: NRW Nr. 6 (= HRS Nr. 64); NRW Nr. 500; PRZ Nr. 536 (= NRH Nr. 206); LHA Kobl. 54 L 223; Dorvaux, Pouillés 29; PRZ Nr. 373; Kirsch, Kollektorien 315; Weizsäcker/Kiefer, Weistümer I 359 f. (vgl. Herrmann, Homburg 31); Christmann, SNN I 613; Dolch/Greule 478.
2) Förstemann, Altdeutsches Namenbuch I 1491; Morlet, Noms de personne I 212 a. Vgl. zum gleichen PN u.a. Wattweiler bei Baumholder (1350 Or., 1456 Or. *Watwilr*, 1483 Or. *Wattwiler*; Belege nach HStA München, Rheinpfalz. Urkunden Nrr. 2791. 4841. 4843); Wattwiller bei Thann (F, Haut-Rhin: 728 K. *Watone viler*, 1135 *Wadenwilre*, 1136 *Watwilre*, 1194 *Watewilre*, 1256 *Wattewilre*, 1317 K. *Wadwilre*, 1395 Or. *Watwilr*, Belege nach Morlet, Noms de personne III 457; RL III 1185; Welti, Johanniterkommende 120; Mossmann, Cartulaire Nr. 380); ferner die schweizerischen Wattwil (987 *Wattinwilare*, 903 *Wattewilare*) und Wattenwil (1261 *Watinwiler*) und das oberschwäbische Wattenweiler (1178 K.17 *Wattenweiler*, 1258 *Watenwilaer*; Belege dazu nach Meyer, Zürcher ONN 163, und Löffler, Weilerorte 182). Zur Deutung dieser SNN auch Christmann, SNN I 613; Müller ONN II 71.
3) Schützeichel, Wörterbuch 223; zu den Namen vgl. Bruckner, Sprache 315; Kaufmann, Ergänzungsband 274 f.; Kremer, PNN 218; Menke, Namengut 177 f.; Schramm, Namenschatz 62. 155; Schönfeld, PNN 249 f.; Wrede, Ostgoten 115.

721. **Websweiler**, Stadt Homburg, OT Jägersburg, D, Saarland, Saar-Pfalz-Kreis:

Wopenswilre (1152 K.15, 1197 K.15); Wopeswilre (1179 K.15); Woppenswilre (1240 Or.); Wolbeswilre < *Wobbeswilre (1265 K.); Weppswiler (1424 Or.); Weppenswilr (1436 Or.); Weppesweiler (1453 K.17); Woppeswilre (1458 Or.); Weppeswilre (1472 Or., 1480 Or.); Weppeßwilre (1480 Or., 1481 Or. u.ö.); Weppeßwilr (1480 Or., 1482 Or. u.ö.); Weppeßwyler

(1481 Or., 1482 Or. u. ö.); Weppeswiler (1482 Or.); Wepperßwiller (1548 Or.) [1].

< *Wop(p)ines-wîlâri* zum PN *Wop(p)in*. Belegt sind (allerdings mit unklarer Etymologie, am ehesten wohl als zweistämmige Kürzungen) die Kurz- bzw. Kosenamen *Wop(p)o* und *Woppelin* [2]. Der SN zeigt Umlaut des Stammvokals [o] > [ö] durch folgendes [i] [3]; eine Entrundung dieses [ö] zu [e] [4] scheint in den Belegen erstmals zu Beginn des 15. Jhs. auf. Assimilation von [ns] > [ss], [s] führt zur heutigen Lautung. *Wepperßwiller* ist vervollständigende Schreibung.

1) Quellennachweis: BRW Nrr. 11. 21. 47. 123. 171. 719. 774. 793. 801. 860. 885-889. 893. 899 f. 905. 1197. Die ältesten Belege werden in der Literatur (etwa von MRhUB I Nr. 565 und Gysseling, Woordenboek I 366) zum Teil irrtümlich zu dem ebenfalls als alter Wadgassener Besitz belegten Folpersviller (Nr. 206) gestellt; die Urkunden (z. B. BRW Nrr. 21 und 47) nennen jedoch deutlich zwei Besitzkomplexe des Klosters in *Volpretawilre*/Folpersviller und *Wopenswilre*/Websweiler.
2) Vgl. Förstemann, Altdeutsches Namenbuch I 1635; Morlet, Noms de personne I 228 b; Stark, Kosenamen 29. 119. 129; Geuenich, PNN Fulda 79. zur Deutung des SN vgl. auch Christmann, SNN I 614.
3) → 6.2.1.1.
4) → 6.2.1.7.

Weckerswiller (15. Jh. K.): → Nr. 633.

Wehiviller (1347 Or. u. ö.): → Nr. 338.

722. **Weierweiler**, Gde. Weiskirchen, D, Saarland, Merzig-Wadern:

Wilre (1325 Or., 1328 Or., 1339 Or.); Wiegerwiler (1460 Or.); Wigerwiler (1484); Wygerwyler (1491 Or.); Weyerweiler (1495 K.17); Weyerwiller (1546 Or.).
FINN: uff der Weillerbach; die Weiler huben (1546 Or.) [1].

< *Wî(w)er-wilre*. Das erst spät hinzugetretene Bestimmungswort stellt sich zu ahd. *wîwâri*, mhd. *wi(w)er* 'Weiher' [2].

1) Quellennachweis: LHA Kobl. 54 S Nrr. 756 f. 763. 778; LA Sbr. Münchweiler Urk. Nr. 24; Müller, ONN II 71 (vgl. Jungandreas, Lexikon 1101; Lamprecht, Wirtschaftsleben I,2 1010); LHA Kobl. 211 / 752; LHA Kobl. 143 / 702 f° 42; AD BR E 5576 f° 16r°. 66v°. 69v°.

2) Schützeichel, Wörterbuch 239; vgl. Müller, ONN II 71: "Das Dorf lag zwischen mächtigen Weihern, deren Stellen heute noch sichtbar sind".

723. **Weiler**, Stadt Merzig, D, Saarland, Merzig-Wadern:

W[ilr]e (1222 Or.); Wilre (1225 Or., 1277 K., 1296 Or., 1371 Or.); Wylr (ca. 1430 Or.); Wilr (1441 Or.); Wiler bie Budingen (1489 Or.); Wiler (1498 Or., 1500 Or.); Wyler (15. Jh. E. Or., 1499 Or.); Willer (1506 Or.); Wylre (1524 Or.); Weiller (1594 K.17) [1].

1) Quellennachweis: ; LHA Kobl. 143/8; Ausfeld, Fraulautern Urk. Nr. 12; JRS Nr. 560 (= MRR IV Nr. 429); MRR IV Nr. 2485; LHA Kobl. 54 M 814; AN Lux. A 52 Nr. 613; LHA Kobl. 54 M 892; LHA Kobl. 54 S 1162; LHA Kobl. 143/709 ff° 2. 79. 237. 251; LHA Kobl. 54 S 1261; Herrmann, Inventar 191; Publ. Lux. 34, 197 Nr. 627; LHA Kobl. 1 A Nr. 2598; Alix 66.

724. **? +Weiler**, Gde. Bous, OT Assel, L, Remich:

FlN: Im Weiler [1].

1) Quellennachweis: Urkataster, Anen, FlNN 17; Meyers, Siedlungsgeschichte 195. Vgl. Carte Archéologique du Grand-Duché de Luxembourg, Feuille 27 A: "Substructions galloromaines. Des débris de constructions se répartissent sur une surface d'environ 10 x 10 m".

725. **+Weiler**, Gde. Burbach, F, Bas-Rhin, Drulingen [1]:

Wilre (1350 Or., 1351 Or.); Vilre (1351 Or.); Wyler (1506 K.); Weiller (1573 Or.); Weyllerhaws (1594 K. 17) [2].

1) Hinweise auf diese Wüstung (nordwestlich des Ortskerns) bei Matthis, Bilder 186; Cuny, Reformation I 174; Herrmann, Saarwerden II 206; Humm/Wollbrett, Villages 61.
2) Quellennachweis: HRS 655; HRS Nrr. 401 f. 1602; AD BR E 5133 Nr. 9; Alix 112.

726. **? +Weiler**, bei Honzrath bzw. Merchingen, D, Saarland, Merzig-Wadern:

FlNN: Dans la pièce de Weiller (1750 Or.); Im Weilerstück (1829) [1].

1) Quellennachweis: AD Mos B 9460; Staerk, Wüstungen 398.

727. **? +Weiler**, Gde. Kirschnaumen, OT Evendorff, F, Moselle, Sierck:

FlN: die Weilerß acht (1642 K. 17)[1].

1) Quellennachweis: AD Mos H 3568 Nr. 4, genannt unter den Besitzungen der Abtei Marienfloß.

728. **? +Weiler**, Gde. Leudelange, L, Esch-sur-Alzette:

FlN: Auf dem Weller [1].

1) Quellennachweis: Urkataster.

729. **? +Weiler**, Gde. Merzig, OT Mondorf, D, Saarland, Merzig-Wadern:

FlN: In der Weilergewann, Im Weilerbüsch.
GewN: Weilerbach [1].

1) Quellennachweis: Staerk, Wüstungen 398.

730. **? +Weiler**, Gde. Meurich, D, Rheinland-Pfalz, Saarburg:

FlN: Weilerwies [1].

1) Quellennachweis: Urkataster, Katasteramt Saarburg.

731. **? +Weiler**, Gde. Mondercange, L, Esch-sur-Alzette:

FlN: Auf Weiller [1].

1) Quellennachweis: Urkataster.

732. **? +Weiler**, Gde. Mondorf-les-Bains, OT Elvange, L, Remich:

FlNN: uff Weyller (1671 Or.); Weiler, Weillerweg [1].

1) Quellennachweis: AD Mos H 3615; Urkataster; Meyers, Studien 195; Anen, Flurnamen 17; Carte Archéologique du Grand-Duché de Luxembourg Nr. 30 A. Die Flurnamen liegen in der Nähe der bedeutenden römischen Villa in der Flur "an der Lann".

733. **? +Weiler**, Gde. Neunkirchen/Nahe, D, Saarland, St. Wendel:

FlN: Auf Weiler [1].

1) Quellennachweis: Staerk, Wüstungen 398 f.; Herrmann Hoppstädter Klein, Landeskunde II 90 Anm. 351; vgl. auch den Gewässernamen *Weilerbach* im Nachbarort Selbach (Spang, Gewässernamen 231).

734. **+Weiler**, Gde. Rehlingen, OT Niedaltdorf, D, Saarland, Saarlouis:

? der zehen zu Wyller (1466 K. 16).
FlNN: Saison de Weiller (1698); Weiler [1].

1) AD Mos H 383 f° 17v° (genannt mit Itzbach und Siersdorf); AD Mos H 469; AD Mos 4 E 109; Staerk, Wüstungen 399. Im Bereich der mit diesem Namen bezeichneten Flur wurde der Mosaikfußboden einer römischen Villa ergraben.

735. **? +Weiler**, Gde. Sanem, OT Soloeuvre, L, Esch-sur-Alzette:

FlN: Auf dem Weiler [1].

1) Quellennachweis: Urkataster.

736. **? +Weiler**, Gde. Schmelz-Bettingen, D, Saarland, Saarlouis:

FlNN: am Weilerboesch, Am Weilerbach [1].

1) Quellennachweis: Staerk, Wüstungen 399.

737. **? +Weiler**, bei Tettingen-Butzdorf bzw. Nennig-Sinz, D, Saarland, Merzig-Wadern:

FlN: Beim Weiler Weg [1].

1) Quellennachweis: Staerk, Wüstungen 399. Vgl. auch entsprechende Flurnamen in der Gde. Faha "westlich vom Ortskern" bei Staerk, Wüstungen 398. Man beachte die umfangreichen römischen Funde in Nennig.

738. **? +Weiler**, Gde. Wellenstein, OT Kleinmacher, L, Remich:

FlN: Op Weiler [1].

1) Quellennachweis: Carte Archéologique du Grand-Duché de Luxembourg, Feuille 27 B.

739. **+Weiler**, nö. Winterbach, VG Wallhalben, D, Rheinland-Pfalz, Pirmasens:

in Wylren (1278 K. 14); Wilre (1362 Or.); Wiler (1448 Or.); Weiller bann (1547 K. 16); Weiler Hof (1629) [1].

1) Quellennachweis: Pöhlmann, Mauchenheimer Nr. 3; NRH Nr. 282; Glasschröder, Neue Urkunden Nr. 389; Kampfmann, Beiträge 68; Stella Karte 7; Kampfmann, Beiträge 150. Vgl. Christmann, SNN I 620. II 362; Dolch/Greule 481.

740. **+Weilertal**, sw. Heltersberg, VG Waldfischbach-Burgalben, D, Rheinland-Pfalz, Pirmasens:

Wilredal (±1400 Or.); Wilrdale (1418 Or.); Wilerdael (1485 K.).
FlN: Weiher-Tal [1].

Ahd. *wîlâri* ist hier Bestimmungswort einer mit dem Grundwort ahd. *tal, dal* [2] komponierten Stellenbezeichnung, die sekundär auf die Siedlung übertragen wurde. "Im FlN führte Kontraktion zur Umdeutung: *Wilrdal > Wirdal > Weiher-Tal*" [3].

1) Quellennachweis: Schreibmüller, Reichsministerialen 126; LA Speyer D 32/61; NRH Nrr. 353. 460; vgl. Christmann, SNN I 617; Dolch/Greule 482 f.
2) Schützeichel, Wörterbuch 192 f., zur Verwendung in Namen vgl. Bach, Namenkunde

II, 1 §§ 287. 410.5. II, 2 § 514.
3) Dolch/Greule 483.

741. **Weiler-la-Tour**, L, Luxembourg-Campagne:

? Vilare ... cum attinentiis in villa Pippingen et finibus eius (739/75 K.); Wilre (1128 K.13, 1228 Or., 1235 K.18 u.ö.); Villare (1145 K.13); de Vilario (1235 Or., 1251 Or., 1296 Or. u.ö.); Villers (1235 Or.); de Wilario (1236 Or., 1237 Or.); de Villari (1241 Or.); Vilirs (±1242 K.13); de Villario (1242 K., 1248 Or., 1277 Or. u.ö.); de Villerio (1244 Or.); Vilerium (1249 Or.); Wilre Turri (1276 Or.); de Villario turris (1291 Or.); de Villario turri (1339/41 Or., 1351 K.); de Villariaturre (1354 K.); Vileir la Tour (1360 Or.); Wylre zu dem Turne (1366 Or.); Wilre me tourne (1367 Or.); Wilre dem Turne (1367 Or., 1380 Or.); Wylre zom toiren, var. Wiler zu dem Thorn, var. Wyler zume thorn (1485 Or.)[1].

< *Wîlâri*. Der unterscheidende Zusatz stellt sich zu mhd. *torn, turn*, nl. *toren* 'Turm'[2]. Dieses ist entlehnt aus einer für das Altfranzösische aus Ableitungen wie *tournelle* und *tournace* erschlossenen n-haltigen Variante zu afrz. *tur, tor* 'Turm'[3].

1) Quellennachweis: Wampach, Echternach Nr. 77 (zur Identifizierungsproblematik vgl. Nr. 2 Anm. 1); WLT I Nr. 372 (auch in: Kyll, Pflichtprozessionen 40; Gysseling, Woordenboek 1056; Meyers, Studien 133); MRR II Nr. 1884; WLT II Nr. 286; WLT I Nr. 426; Werveke, Bonneweg I Nr. 4; MRhUB III Nr. 1120; WLT VI Nr. 651 a; WLT II Nrr. 294. 310. 321. 384. 413; MRhUB III Nrr. 745. 968; Lamprecht, Wirtschaftsleben III Nr. 44; WLT IV Nr. 249; WLT V Nr. 390 (auch in: Werveke, Bonneweg I Nr. 59); Lamprecht, Wirtschaftsleben III Nr. 292; SVR III Nr. 590; WLT VIII Nr. 412; AD Mos 7 F 4; Weveke, Ansenbourg Nr. 36; AD Mos 7 F 528; WLT VIII Nr. 571; Publ. Lux. 26, 49 f. Nr. 210; Publ. Lux. 30, 25 Nr. 25; Publ. Lux. 35, 213.
2) Kluge/Seebold 842.
3) Dazu ausführlich FEW XIII,2 435 ff.

+Weilerchen, bei Ballern-Rech (Staerk, Wüstungen 399 f.): → Nr. 723.

+Weinweiler, nach Toussaint, Frontière 219, bei Munster (Dép. Moselle): entsprechende Flurnamen sind im Bannbuch des Ortes a 1735 Or. als *Wein weyer, Weinueyermatt*, etc., zu lesen, daher als Weiler-Wüstung wohl nicht zu halten.

742. **+Weisweiler**, Gde. Oberkirchen, OT Oberkirchen, D, Saarland, St. Wendel:

uff der vaigdye im Oysterdale gelegen zu sant Margreten Oystern zu Wießwilre und darumb (1472 Or.).
FlN: Weiseler Born ¹.

< *Wîsen-wîlâri* zum PN *Wîso* ².

1) Quellennachweis: Pfarrarchiv St. Wendel Urk. Nr. 70; Staerk, Wüstungen 400.
2) Vgl., auch zur Lautentwicklung, Nr. 755. Die alte Länge des Stammvokals wird durch die Diphthongierung zu [ei] indiziert, die bei Wiesviller wegen der Lage dieses SN innerhalb des sogenannten ostlothringischen Monophthonggebietes unterblieben war.

Weißwiller (1605 Or. u. ö.): → Nr. 755.

743. **Weiterswiller**, F, Bas-Rhin, La-Petite-Pierre:

ad Wideroldivillam (12. Jh. 2. Viertel Or.); Witterswilr (1316 Or.); Witterswiler (1336 Or., 1381 K. 18); Witerswiler (1344 Or., 1407 K.); Witterswilre (1348 Or., 1404 K.); Witterswilr (1356 Or., 1377 Or., 1397 Or., 1409 Or. u.ö.); Witherswilre (1360 Or.); Witterswiler (1381 K.18); Witterswiller (1397 K.18); Wytterßwilr (1440 Or.); Witterswilr (1403 Or.); Witerßwilr (1421 K.15, 1436 Or., 1470 Or. u.ö.); Witterßwilre (1435 Or., 1440 Or.); Witterßwiller (1438 Or., 1457 Or., 1522 Or. u.ö.); Witerßwilrre (1436 Or.); Witterßwilr (1479 K.15); Wyterßwyler (1529 Or.); Weiterschweiler (1547 Or.); Witterswiler (1553 Or.); Weyterßwyler (1554 Or.); Wietterschwiller (1561 Or.) ¹.

< *Wideraldes-wîlâri* zum wfrk. PN *Wideraldus* ², dessen Erstglied als wfrk. r-Erweiterung ³ des häufigen Stammes *wid-a-* ⁴ interpretiert werden kann, während das Zweitglied den Stamm *wald-a-* > wfrk. <-(o)ald> ⁵ enthält. Für das Erstglied wird die ursprüngliche Länge des Stammvokals durch gelegentliche <ei>-Schreibungen, Anzeiger der im betreffenden Raum mundartlich allerdings generell nicht durchgeführten nhd. Diphthongierung, indiziert, weshalb ein PN-Stamm *wiþrô-*, zu ahd. *widar* 'wieder, wider' ⁶ mit kurzem Stammvokal, wohl wenig wahrscheinlich ist.
In der Lautentwicklung des Bestimmungswortes muß von einer frühen Assimilation von [ld] > [ll], [l] mit anschließender Erleichterung der Dreikonsonanz [rls] > [rs], [rʃ] ⁷ ausgegangen werden.

1) Quellennachweis: Perrin, Essai 158; Eyer, Regesten Nr. 143; AD BR G 5446 Nr. 1; Oberndorff/Krebs, Regesten Nrr. 3634. 4805; AD BR G 5446 Nrr. 2. 5. 16 f.; AD BR G 5447 Nr. 2; AD BR G 5446 Nr. 8; AD BR G 5362 Nr. 8; AD BR C 282 Nr. 66; AD BR G 5530; AD BR G 5446 Nr. 7; AD BR G 5447 Nr. 1; AD BR C 304 Nr. 164; AD BR G 5447 Nr. 12: LA Sbr. Nass.-Sbr. II Nr. 1891; AD BR G 5447 Nrr. 5 f. 9. 11 f. 15; AD BR C 304 Nr. 167; AD BR G 5539 Nr. 1 f° 1v°; AD BR G 5447 Nr. 17; Herr, Ingweiler Nr. 100; AD BR G 5530; Herr, Ingweiler 192.
2) Belegt bei Förstemann, Altdeutsches Namenbuch I 1574; Morlet, Noms de personne I 222 a. In Unkenntnis des Erstbelegs deutet Kaufmann, Ergänzungsband 398 (vgl. auch ders., Rufnamen 188), den SN mit Hilfe des PN *Wīdhari*.
3) → 5.1.1.169.
4) → 5.1.1.165.
5) → 5.3.7.
6) Vgl. Schützeichel, Wörterbuch 233; Kaufmann, Ergänzungsband 410; Tiefenbach, Xanten-Essen-Köln 389.
7) Zahlreiche Parallelbeispiele für den [l]-Ausfall bei Wolff, Studien 112 f.; zur Entwicklung von [rs] vor Konsonant ausführlich unter 4.3.

744. **+Welchweiler**, Gde. Freisen, OT Asweiler, D, Saarland, St. Wendel:

Weldichwilre (1320 Or., 1463 K.); Weldeschwiler (1498 Or.); Weldichwyler (1515 K.).
FlNN: Welchweiler Biegel, Welchweiler Wies, Welchweiler Heeg [1].

< *Waldichen-wîlâri* zum PN *Waldicho* [2]. Umlaut [a] > [e] vor [i] [3] und Assimilation [ld] > [ll], [l] führen zur heutigen Lautung.

1) Quellennachweis: LHA Kobl. 1 A Nr. 4524; Pöhlmann, Bitsch Nr. 82; HStA München 112, 4 Nr. 354; AD BR E 166; Staerk, Wüstungen 400. Historische Belege für diese Wüstung werden in der Literatur häufig mit solchen für Wellesweiler (Nr. 746) vermengt. Tatsächlich waren sowohl die Mauchenheimer als auch die Bitsch gen. Gentersberg, aus deren Archiven die oben genannten Quellenzitate stammen, auch in Wellesweiler präsent, und zwar mit Besitz, den sie aus der Hand der Fleckensteiner empfangen hatten. Beide Geschlechter waren jedoch auch im nördlichen Saarland begütert, wie sich deutlich aus einer Urkunde des Jahres 1463 (Pöhlmann, Bitsch Nr. 82) ergibt. Als Trierer "Burglehen vom Schloß Grimburg" hatten die Bitsch gen. Gentersberg damals Besitz unter anderem in Hirstein, +Rimweiler (Nr. 570) und *Weldichwilre*, wobei die Urkunde ausdrücklich erwähnt, daß die betreffenden Güter zuvor im Besitz der Mauchenheimer und Heppenheimer gewesen waren. Die Zuordnung der oben genannten, auf Heppenheimer und Mauchenheimer Besitz bezüglichen Belege, die sich auch sprachlich schwerlich zu Wellesweiler stellen lassen, zu +Welchweiler scheint mir damit ausreichend begründet.
2) Förstemann, Altdeutsches Namenbuch I 1500; Morlet, Noms de personne I 214 a.
3) → 6.2.1.1.

745. **Welchweiler**, VG Altenglan, D, Rheinland-Pfalz, Kusel:

Welchwijlre (1364 Or.); Welchwilre (14. Jh. 2. H. Or., 1416 Or.); Welchwillr (1460 Or.); Welchwiler (1480 Or.); Welchwiller (1578 Or.). - Mda. welchwile^r [1].

< *Walichen-wîlâri* zum PN *Walicho, Welicho* [2].

1) Quellennachweis: HStA München, Rheinpfälz. Urkunden Nr. 6010; LA Speyer F 2/148 f° 117r°; LA Speyer D 34/92; LA Speyer A 2/138.2 f° 10v°; LHA Kobl. 24/539 f° 12; Fabricius, Veldenz I 87; LA Speyer B 2/304.3 f° 10; vgl. Christmann, SNN I 623; Dolch/Greule 485 f. Das dort als Erstbeleg genannte *Weldichwilre* möchte ich zu Nr. 744 stellen.
2) Förstemann, Altdeutsches Namenbuch I 1514, zum Kurzstamm *wala-, aus *wal(a)h-a-, zu ahd. *wal(a)h* 'Romane' oder zu ahd. *wal* 'Schlachtfeld' ? Vgl. Kaufmann, Ergänzungsband 378-383; ders., Pfälz. ONN 282; Tiefenbach, Xanten-Essen-Köln 384. Aufgrund des in Anm. 1 genannten Beleges *Weldichwilre* stellen Dolch/Greule 486, den SN zum PN *Waldicho*. Dagegen spricht allerdings das völlige Fehlen von Belegen mit altem <ld>, d. h. ohne die Assimilation von [ld] > [ll], die in den Urkunden dieser Gegend sonst erst seit dem ausgehenden 14. Jh. faßbar wird.

Weldichwilre (1320 Or. u. ö.): → Nr. 744.

746. **Wellesweiler**, Stadt Neunkirchen, D, Saarland, Neunkirchen:

Weldeswilre (1431 Or.); Weldeßwilre (1439 K.15); Weldeswilr (1451 Or.); Weldeßwiler ... uff der Bliesen (1465 Or., 1491 K.16, 1493 K.); Welleßwiller (15. Jh. Or.); Weldeschwiler by Myttelbexbach (1498 Or.); Weldeswiler (1515 Or.); Weldeßweiler (1534 Or.); Weldeßweyller (1540 Or.); Welleßweiler ... uff der Bließen (1548 Or.); Wellesweiller (1574 Or.); Welleßweiller (1611 Or. u.ö.) [1].

< *Waldînes-wîlâri* zum PN *Waldîn* [2]. Der SN zeigt Umlaut von [a] > [e] vor folgendem [i] [3] sowie Assimilation von [ld] > [ll].

1) Quellennachweis: LA Sbr. Nass.-Sbr. II Nr. 5554 f.; NRW Nr. 887; LA Sbr. Nass.-Sbr. II Nr. 3107 f° 30; Pöhlmann, Bitsch Nr. 86; LA Sbr. Nass.-Sbr. II Nr. 5405 f° 317; Pöhlmann, Bitsch Nr. 154; LA Speyer B 1/211; LA Sbr. Nass.-Sbr. II Nr. 2456 f° 6; Pöhlmann, Bitsch Nrr. 181. 201. 221. 280; LA Speyer B 1/217; Fürst, Einwohnerverzeichnisse 44.
2) Vgl. Nr. 717 Anm. 2.

3)   → 6.2.1.1.

747. **+Weltersweiler**, Gde. Hottviller, F, Moselle, Volmunster [1]:

FINN: Bois de Welthersweiller (1594 K.17); Weltersweillerweyer (1758 Or.) [2].

< *Waltheres-wilâri zum PN *Walthari* [3], komponiert aus den Stämmen *walð-a-* [4] und *har-ja-* [5]. In Analogie zum Suffix *-aere, -er* kann auch das Zweitglied *-hari* in PNN in jüngerer Zeit Umlaut des vorausgehenden Vokals auslösen [6].

1) Die Lokalisierung der Wüstung unter Bezug auf den (anders abzuleitenden) Flurnamen *Welckersberg* bei Ormesviller Brenschelbach durch Hiegel, Dictionnaire 369, ist zu korrigieren.
2) Quellennachweis: Alix 156; AD Mos Cartes et plans Nr. 986 ff.
3) Förstemann, Altdeutsches Namenbuch I 1506; Morlet, Noms de personne I 213 a.
4) → 5.1.1.165.
5) → 5.1.1.171.
6) → 6.2.1.1.

748. **Wemmetsweiler**, Gde. Merchweiler, D, Saarland, Neunkirchen:

Wymmeßweiller (±1540 Or.); Wymmerßwiler (1545 K.16); Wemmeßweiller (1611 Or.); Wemmißweiller (1629) [1].

Da [rs] im Saar-Mosel-Raum vor folgendem [w] mundartlich als [rʃ] erhalten ist [2], dürfte *Wymmerßwiler* vervollständigende Schreibung sein, so daß am ehesten von einer Grundform *Wimannes-wilâri, *Wimundes-wilâri zu den wfrk. PNN *Wimannus, Wimundus* [3], etc., auszugehen ist. Eine frühe Assimilation des stammauslautenden Konsonanten an den Anlaut des Zweitgliedes ist im westfränkischen Bereich aus romanischer Entwicklung gut erklärbar [4]. Allerdings zeigen die hier vorwiegend in Frage kommenden Namenstämme, insbesondere *wið-a-* [5] und *wig-a-*, *wig-ô-* im Stammvokal langes [î], das dann vor Konsonantenhäufung gekürzt [6] und schließlich zu [e] gesenkt worden wäre [7].

1) Quellennachweis: LA Sbr. Nass.-Sbr. II Nr. 2457 D; AD MM B 741 Nr. 4; Fürst, Einwohnerverzeichnisse 45; Freis, in: Merchweiler Heimatblätter (1988) 44.
2) → 4.3.
3) Vgl. etwa Morlet, Noms de personne I 223 b.

4) → 5.3.10.
5) → 5.1.1.169.
6) → 6.2.1.4.
7) → 6.2.1.5.1.

+Wendelsweiler, nach Müller, ONN II 71, bei St. Wendel. Weitere Hinweise fehlen.

749. **+Wenigen Werschweiler**, Stadt Homburg, OT Einöd, D, Saarland, Saar-Pfalz-Kreis:

Wenigen Wernswilr (1353 K.15); die fronde .. vmb Wenigen Werßwiler, var. Wynge Werswiler (1452 K.); Wenigen Wernßwilerer Gericht (1503); Wenigen Wernßwiler (1550 Or.); Wenigen Werschweiler (1551 Or.); Wennen Werschweiler Bann (1604) [1].

< *Warînes-wîlâri zum PN Warîn* [2]. Für den unterscheidenden Zusatz, der den Ort von dem nahegelegenen Wörschweiler (Nr. 772) abhebt, ist ahd. *wênag, wênig* 'unglücklich, elend, arm, erbarmungswürdig' [3] zu vergleichen.

1) Quellennachweis: PRZ Nr. 701 (vgl. NRW Nr. 715); LA Speyer F 1/39 f° 27v°; Christmann, SNN I 624; NRW Nrr. 1135. 1138; Kampfmann, Wüstungen 109. Literatur zu dieser Wüstung bei Staerk, Wüstungen 401 f.; über das "Bauernlegen", die Verdrängung der unfreien Besitzer von Bauerngütern durch die weltlichen und kirchlichen Grundherren als Ursache des Wüstfallens speziell dieser Siedlung vgl. Herrmann/Hoppstädter/Klein, Landeskunde I 79.
2) Förstemann, Altdeutsches Namenbuch I 1540; Morlet, Noms de personne I 219b.
3) Schützeichel, Wörterbuch 227, zu ähnlichen Bildungen ausführlich Kaufmann, Westdeutsche ONN 244 ff.

750. **+Wenschweiler**, Gde. Brouderdorff, F, Moselle, Sarrebourg [1]:

Weneswilre (13 Jh. E. Or., 1302 Or., 1304 Or., 1306 Or., 1317 Or., 1327 Or., 1328 Or., 1333 Or., 1343 Or., 1348 Or., 1349 Or. u.ö.); Weniswilre (1305 Or.); Weneswylre (1356 Or.); Weynßwayler (1366 K.16); Wenßwilre (15. Jh. Or.); Wenßwiler (1468 K.15); Wenßwiller (1483 K.16); Wenßwyler (1499 Or.); Wenßwyller (1573 Or.); Wenschweiller (1578 K.17, 1613 Or.); notre forêt dans laquelle était ci-devant situé le village de Wenschweiler (1616); le ban de Weinsueiller (1738); Wintchwiller (1764).

FINN: L'estang de Wentschwiller (1717); Wenschweiler, Winschweiler (±1840)².

Wegen der gelegentlichen <ei>- bzw. <ey>-Schreibungen am ehesten zu einer Grundform *Wagines-wîlâri zum PN *Wagin > wfrk. *Wainus*³. Ein Namenelement *wagan-a-, *wagin-a- ist nach Kaufmann westfränkische n-Erweiterung⁴ zu <wag-> (mit unsicherer Etymologie und Vokalqualität)⁵, hierzu gehört wfrk. *Wainus* mit romanischem Schwund von intervokalischem [g]⁶.

Die Wiedergabe von mhd. [ei] durch <e> ist vor Konsonantenhäufung auch sonst häufig⁷. Heute wird in der Mundart der Gegend für mhd. [ei] [ä:] bzw. [ẹ̈i] gesprochen⁸, welches in den jüngsten Belegen, wohl infolge einer Assimilation an das folgende [i] des Grundwortes, bisweilen zu [i] (<i>) weiterentwickelt ist⁹.

Nicht ganz auszuschließen ist für diesen SN wohl auch ein PN *Wen(n)i*¹⁰, den man zu einem Stamm <wan(i)->¹¹ gestellt hat, für den aber auch eine Herleitung aus dem häufigeren *Werni, Wern* ¹² (mit kindersprachlicher Assimilation [rn] > [nn] ¹³) und im westfränkischen Bereich, wo [i] > [e] gesenkt werden kann ¹⁴, wohl auch aus *Wini* ¹⁵, in Frage kommt.

1) Hinweise auf diese Wüstung bei Lepage, Dictionnaire 23. 159; RL III 1201; Langenbeck, Wüstungen 109.
2) Quellennachweis: AD MM B 742 Nr. 68; AD Mos H 4760 Nrr. 1-7; AD Mos H 4713 Nr. 3; HRS Nrr. 236. 339. 389. 393 f. 436. 1175. 1539; AD Mos H 4766 Nr. 2; AD Mos H 4708 Nr. 2; AD Mos G 1903 bis f° 31r°; AD Mos 1 E 27; AD Mos 8 F 5,1 f° 42r°; AD Mos J 1671 f° 1v°; AD Mos 8 F 5,3 f° 39r°; AD MM E 302; AD Mos J 1716 Nr. 2; AD Mos J 1711 Nr. 2; AD Mos J 1686; RL III 1201; Nap.Kat. Gde. Niderviller.
   Wegen des alten Weißenburger Besitzes in *Weraldo cella/Weroldes wilari*, den Haubrichs, SNN 271 (danach Hiegel, Dictionnaire 370), unter Umständen hier lokalisieren will, vgl. ausführlich Nr. 753. Keinesfalls wurde der PN *Weroald* mit Hiegel, Dictionnaire 370, "changé en *Wanno, Wenno ... et Wenno, Wini*".
3) Belegt bei Morlet, Noms de personne I 211a; LMR 275.
4) Kaufmann, Ergänzungsband 376; → 5.3.13.
5) Vgl. Kaufmann, Ergänzungsband 375 f.
6) → 5.3.11.
7) → 6.2.1.10.
8) Vgl. Wiesinger, Untersuchungen II 163 f.
9) Die gleiche Entwicklung stellen wir unter anderem auch bei +Girsingen (Nr. 244), Insviller (Nr. 342) und Ventzviller (Nr. 639), mundartlich *vintsvilα*, fest.
10) Vgl. Förstemann, Altdeutsches Namenbuch I 1521.
11) Vgl. Kaufmann, Ergänzungsband 384.
12) Vgl. Förstemann, Altdeutsches Namenbuch I 1540.
13) Dazu speziell Haubrichs, SNN 271.

14) → 5.3.1.
15) Förstemann, Altdeutsches Namenbuch I 1610 f.; Morlet, Noms de personne I 227 a; → 5.1.1.171.

Wensewilre (1436 K.): → Nr. 756.

751. **? +Wenzler**, Gde. Wormeldange, OT Machtum, L, Grevenmacher:

FlN: Wenzler [1].

< *Wenzen-wilâri* ? Vgl. Nr. 639.

1) Quellennachweis: Urkataster. Vgl. Carte Archéologique du Grand-Duché de Luxembourg Feuille 23 C.

752. **+Wermerswiller**, bei St. Avold, F, Moselle, St. Avold:

den hoff zu Wermerswiler (1459 Or.); ein hoff zu Ermerßwiler (1474 K.15); Ermerßwiller (1485 Or., 1494 Or.) [1].

Der Hof, der Matthias von Wintringen und seinem Sohn Johann als Metzer Lehen zugewiesen ist, ist ausweislich der jeweils mitgenannten Orte Macheren und Valmont im Raum St. Avold zu suchen und könnte ohne ältesten Beleg ohne weiteres mit Petit-Ebersviller (Nr. 520) identifiziert werden, das 1397 u.ö. als *Ermerswilre* aufscheint [2]. Nimmt man diesen Beleg hinzu und rechnet mit einer mundartlichen Deglutination des Anlautkonsonanten, für die es Parallelbeispiele gibt [3], so ist an den PN *Werinmar*, *Wermar* [4] zu denken.

1) AD MM B 956 Nr. 19 (Kopie des 15 Jhs. - ebenfalls mit dem <w>-Anlaut ! - im Metzer Bischofschartular : AD Mos G 8 f° 11); AD Mos G 9 f° 189v°; AD MM B 743 Nrr. 27. 31; AD MM B 956 Nr. 24.
2) AD Mos 3 J 12. Da dieses *Ermerswilre* als Kirchort bezeugt ist, ist hier die Identifizierung mit Kleinebersweiler sicher.
3) Vgl. z. B. Nr. 418.
4) Belegt bei Förstemann, Altdeutsches Namenbuch I 1545; Morlet, Noms de personne I 219 b. Zum Stamm *warin-a-* und seinen verkürzten Varianten → 5.1.1.168.

Werneswilre (1131 K. u. ö.): → Nr. 772.

Wernzwillare (1148 K.): → Nr. 754.

753. **+Weroldes wilari**, unbekannt im Oberen Saargau:

Uueroldesuuilare (797 K.9); Uueroldesuuilari (797 K.9); uel alias que uocatur Uueraldo cella et Bibera uilla illa ecclesia (847 K.9) [1].

< *Wer(o)aldo-cella/*Wer(o)aldes-wîlâri zum wfrk. PN Wer(o)ald [2], komponiert aus den Stämmen *war-ja- (bzw. verkürztem *war(i)n-a-) [3] und *walð-a- [4].

1) Quellennachweis: DTW Nrr. 62. 68. 200. Haubrichs, SNN 271, schlägt für diese Belege eine Identifizierung mit Ventzviller (Nr. 639) oder +Wenschweiler (Nr. 750) vor. Beides ist möglich, "und zwar über Koseformen zum Stamm Wari-: *Werines-... > *Wernes- > Wennes-", aber angesichts der großen Zahl abgegangener Weiler-Siedlungen im Bereich des Oberen Saargaus meines Erachtens nicht zwingend. Denkbar scheint mir vor allem eine Zuordnung zu Nr. 750. Für Nr. 639 würde ich wegen der erhaltenen Affrikata in der Wortfuge einen schwach flektierten PN vorziehen (→ 4.3).
2) Vgl. Förstemann, Altdeutsches Namenbuch I 1537; Morlet, Noms de personne I 218 a. Ein Enkel des Gundoin und der Wolfgunda (aus der bekannten Weißenburger Gründersippe der sogenannten Gundoine) trägt diesen Namen.
3) → 5.1.1.168.
4) → 5.1.1.165.

754. **Werschweiler**, Stadt St. Wendel, D, Saarland, St. Wendel:

Wernzwillare (1148 K.15); in villa Wernizwilre (1287 Or.); Wiris de Dune tient ... Wernizwilre (±1335 Or.); Werswilre (1345 Or.); Werßwilr (1411 Or.); Wertzwilre (1440 K.); Werßwiller (1449 K.16, 1452 K.16, 1454 K.16 u.ö.); Werswil[re] (1450 Or.); Werßwiler (1453 K.16, 1480 Or.); Wirßwiler (1463 Or., 1472 Or., 1505 Or.); Wirßwilre (1472 Or.); Werswiller (1537 Or.); Werßweiler (1542 Or.); Wersweiler (1572 Or.). - Mda. we'schwile' [1].

Wegen des Zischlauts in der Wortfuge vermutlich nicht zu einem schwach flektierten Kurznamen mit z-Suffix, sondern ein altes *Warines-wîlâri zum stark flektierten PN *Warin [2], mit früher Assimilation [rn] > [r] und regelhafter Entwicklung von [rs] > [rʃ] [3]. <i>-Schreibungen für [e] wie in Wirßwiler sind besonders vor folgendem [r] in den westmitteldeutschen Schreibdialekten häufiger [4].

1) Quellennachweis: MRhUB I Nr. 552 (genannt in einer päpstlichen Bulle für die Abtei Disibodenberg; die Identifizierung wird durch gut bezeugten Besitz dieser Abtei im Nachbarort Niederkirchen nahegelegt, dazu Herrmann/Hoppstädter/Klein, Landeskunde II 95); AD MM 706 Nr. 2; AD MM 700 Nr. 67; LHA Kobl. 55 A 4 Nr. 324; Mötsch, Regesten II Nr. 3455; Fabricius, Veldenz I 72; LA Sbr. Nass.-Sbr. II Nrr. 2768 f° 15. 2433 f° 160. 5405 f° 356. 1278. 5405 f° 357r°; Fabricius, Veldenz I 87; LA Sbr. Nass.-Sbr. II Nr. 1018; Schmitt, Creditformen 13; Kath. Pfarrarchiv St. Wendel; Fürst, Einwohnerverzeichnisse 7. 23. 35.
2) Vgl.Förstemann, Altdeutsches Namenbuch I 154.
3) → 4.3.
4) Vgl. Demeter, Studien 43 f.; Nebert, Geschichte 51 f.

755. **Wiesviller**, F, Moselle, Sarreguemines-Campagne:

Wisewire (1139/76 K.12); Wisewiller (14. Jh. K.18); Wisewilre (15. Jh. K.16); Wyswiller (1439 K.17); Wiesewilr (1442 Or.); Wiesewilre (1447 Or., 1466 Or., 1491 Or. u.ö.); Wiesewilre (1454 Or.); Wießwiller (1459 Or., 1536 Or. u.ö.); Wiesenwilr (1485 Or.); Wisewiler (±1494 Or.); Wißwiller (1515 Or. u.ö.); Wyßweiler (±1540 Or. u.ö.); Weissweiller (1594 K.17); Weysyeyler (1604 Or.); Weißwiller (1605 Or.); Wiesswiller (1756 Or.).- Mda. *vîsvileR* [1].

< *Wîsen-wîlâri* zum PN *Wîso* [2]. Nach Kaufmann [3] sind die Stämme **wis-u-*, **wis-i-* [4] und **wîs-a-*, **wîs-ô-* [5], mithin die Kurznamen *Wiso* und *Wîso* zu unterscheiden. Da der Ortsdialekt für altes [î] Monophthong zeigt (der SN liegt noch im Bereich des sogenannten ostlothringischen Monophthonggebietes, das die alten Längen unverändert bewahrt [6]), wird man einen PN *Wîso* mit dialektalem Erhalt von [î] annehmen dürfen, wofür neben den seit dem 16. Jh. aufscheinenden diphthongischen Schreibungen in der Belegreihe auch die häufigen <ie>-Graphien sprechen [7]. Gerade an den westlichen Rändern des althochdeutschen Sprachgebietes kommt für den PN *Wîso* neben dem genannten Stamm **wîs-a-*, **wîs-ô-* auch die Möglichkeit einer westfränkisch-romanischen Variante des PN *Wîdo* [8] (mit westfränkisch-romanischem s-Suffix und romanischer Assimilation von [ds] > [s] [9]) in Betracht. Angesichts der eminenten Bedeutung, die dem unweit von Wiesviller um Saargemünd begüterten Geschlecht der Widonen für den Landesausbau im Bliesgau nachweislich zukommt [10], mag diese Lösung unter Umständen sogar die wahrscheinlichere sein.

1) Quellennachweis: AD MM B 565 Nr. 1; Longnon/Carrière, Pouillés 266; Dorvaux, Pouillés 30; Kirch, Welferding II 18; LA Speyer C 19/55; AD MM B 571 Nr. 20; AD Mos 3 J 40; LA Sbr. Nass.-Sbr. II Nrr. 266. 997. 999; Pöhlmann, Bitsch Nrr. 70. 211;

LHA Kobl. 54 33 Nr. 728 f° 12r°; Pöhlmann, Bitsch Nr. 183; LA Sbr. Nass.-Sbr. II Nr. 2457 D; Alix 113; AD MM B 572 Nr. 40; Herrmann, Betreffe 128; Lex, Zustand 165; ALLG. Archäologische Funde sichern nach einer freundlichen Mitteilung von Frau Prof. Dr. F. Stein die Existenz der Siedlung bereits für das 7. Jh.
2) Vgl. Förstemann, Altdeutsches Namenbuch I 1622; Morlet, Noms de personne I 228. So gedeutet auch bei Dauzat Rostaing 734; Hiegel, Dictionnaire 371.
3) Vgl. Kaufmann, Ergänzungsband 409; Tiefenbach, Xanten-Essen-Köln 389.
4) Vgl. Schönfeld, PNN 267; Wrede, Ostgoten 132; Schramm, Namenschatz 36.
5) Zu ahd. *wis* 'weise' vgl. Schützeichel, Wörterbuch 238.
6) → 6.2.1.12.
7) Zur Verwendung von <ie> als orthographisches Längenzeichen z.B. Mettke § 28.
8) → 5.1.1.169.
9) Zu beidem vgl. ausführlich unter 5.2. Ein PN *Wizzo*, den Morlet, Noms de personne III 471, zur Deutung des SN Wiesviller vorschlägt, dürfte in deutscher Lautentwicklung aus wfrk. *Wīdso (eher denn aus *Widizo*, wie Morlet angibt) hervorgegangen sein.
10) Vgl. zu diesem Adelsgeschlecht allg. Metz, Miszellen; Doll, Hornbach 117 mit Anm. 59; zu den Besitzungen der Familie im Saargemünder Raum vgl. z.B. Büttner, Widonen 37; Angenendt, Monachi peregrini 25 f.

756. **Wiesweiler**, VG Lauterecken, D, Rheinland-Pfalz, Kusel:

Winsewilre (1335 K., 1336 K., 1363 K., 1368 Or. u.ö.); Winsewilr (1366 K.); Wynsewilre (1381 Or.); Winszwilr (1393 K.); Winßwilr (1415 K.); Wensewilre (1436 K.); Wenswiller (1454 Or.); Wenßwiler (1477 Or.); Wynswylr (1493); Wiesewiler (1548 Or.).- Mda. *wiswile'* [1].

< *Winzen-wîlâri zum PN *Winzo* [2]. Der PN ist mehrdeutig. Er kann mit z-Suffix zum Stamm *win-i [3] gehören; doch ist auch **winiþ-a-* [4] sowie ein mit ahd. *wintan* 'wenden' [5] zu verbindendes Namenelement <wind-> [6] zu beachten.
Die historischen Belege für diesen SN zeigen zum Teil die mitteldeutsche Senkung [i] > [e] vor folgendem Nasal [7]. Ins 16. Jh. gehört der für den Dialekt der Gegend typische Schwund des Nasals vor folgendem [s] mit gleichzeitiger sekundärer Längung des vorausgehenden Vokals [8].

1) Quellennachweis: Karsch, Geschichte 75; PRV Nr. 250; Fabricius, Veldenz II 17; Fabricius, Heide 141; PRV Nr. 304; HStA München, Rheinpfalz. Urkunden Nr. 4454; Fabricius, Veldenz II 17; PRV Nrr. 252, 297; HStA München, Rheinpfalz. Urkunden Nrr. 4458, 4788; Pöhlmann, Bitsch Nr. 156; Lager, Regesten St. Jakob Nr. 593; Müller, Untersuchungen 65; Dolch/Greule 491.
2) Vgl. Förstemann, Altdeutsches Namenbuch I 1618; Morlet, Noms de personne I 227 b.

3) → 5.1.1.171., außerdem Kaufmann, Ergänzungsband 407, sowie die neben Förstemann und Morlet u.a. auch bei Geuenich, PNN Fulda 95, und Tiefenbach, Xanten-Essen-Köln 389, belegten PNN *Winitzo, Winizo*.
4) → 5.1.1.173.
5) Schützeichel, Wörterbuch 236.
6) Kaufmann, Ergänzungsband 406.
7) → 6.2.1.5.1.
8) → 6.2.2.1.2.

Wihiviller (1291 Or. u. ö.): → Nr. 338.

757. **+Willer**, Stadt Boulay, F, Moselle, Boulay:

Willer (1318 K. 17).
FlNN: in der Willer langen Fuhren, unten an Willergewand, auf Willer parchen, Hub genannt Willerstatt (1694 Or.); zu Weller Wißen (1736 Or.); Willer [1].

1) Quellennachweis: AD Mos H 1086; AD Mos E dep. 534 1 G 1; AD Mos E dep. 511 1 G 1; Nap. Kat. Auch aus den umliegenden Gemeinden sind Flurnamen bezeugt, die sich vermutlich auf dieses Objekt beziehen, so aus Denting und Nidervisse die Flurnamen *Willer Wies, Viller Visse*, aus Ottonville der Flurname *Viller Parich*.

758. **+Willer**, Gde. Chémery-les-Deux, F, Moselle, Bouzonville:

FlNN: le bois de Viller (1693 Or.); Willer wald [1].

1) Quellennachweis: AD Mos E dep. 82 1 G 1; Nap. Kat. Hinweise auf diese Flurnamen bei Bouteiller, Dictionnaire 285, dort zum Nachbarort Bibiche gestellt.

759. **+Willer**, bei Gersweiler, D, Saarland, Saarbrücken:

GewNN: uff die Wiler bach (1450 K., 1460 K., 1524 K.); Willerbach (1539 K., 1619 K., 1631) [1].

1) Quellennachweis: LA Sbr. Nass.-Sbr. II Nrr. 2749 ff° 12 ff. 2871 f° 55.

+Willer, bei Habkirchen (Staerk, Wüstungen 405; Spang, Gewässernamen

243; Christmann, SNN II 559): → Nr. 218.

760. **+Willer**, Gde. Harskirchen, F, Bas-Rhin, Sarre-Union:

Wilre (1331 Or., 1402 Or., 1415 Or.); zu Weiler in dem dorff (1331 K. 18); Wilere (1387 Or.); Harschkirchen und Weyler (1728) [1].

1) Quellennachweis: HRS Nrr. 265 f. 554. 693. 841; AN Lux. A 52 Nr. 1243; AD BR E 5133 Nr. 6.

761. **+Willer**, Gde. Insviller, F, Moselle, Albestroff:

zu Wiler (1537 Or.).
FlN: Willerbach [1].

1) Quellennachweis: AD MM G 928; Nap. Kat.

762. **+Willer**, Gde. Kleinblittersdorf, OT Bliesransbach, D, Saarland, Saarbrücken:

? Wylaru (796 K.).
FlNN: Wielerwieschen (1600); Willerwies (1742); Willerwiese (1756); Willer Wiesen Clam (1742); Willerwies [1].

1) Quellennachweis: NRH Nr. 7; Staerk, Wüstungen 405; Lex, Zustand 135.

+Willer, bei Medelsheim (Staerk, Wüstungen 406 f.): → Nr. 223.

763. **+Willer**, Gde. St. Jean-Rohrbach, F, Moselle, Sarralbe:

Wilren iuxta Rorbach (1310/20 Or.); Wilre (1340 Or.); Wilre by sante Johan Rorbach (1342 K.); Weiller (1513 K., 1688); Willer (1594 K.17, 1723); Rorbach et Viller (1685 K.) [1].

1) Quellennachweis: Heyen, Teilverzeichnis 76 (vgl. BRW Nr. 396); BRW Nrr. 478. 487. 1003; Sauer, Inventaire Nr. 978; Alix 91; Feith, Saint-Jean-Rohrbach 13; AD

MM B 661 Nr. 9. Hinweise auf diese Wüstung u.a. bei Bouteiller, Dictionnaire 283; AT II 306; Hiegel, Dictionnaire 367.

764. **+Willer**, Gde. Vinningen, VG Pirmasens-Land, D, Rheinland-Pfalz, Pirmasens:

? zu Weiler (1334 K. 17).
FlNN: Willereck, Willerloch, Willerlöhn [1].

1) Quellennachweis: Buttmann, in: Westpfälz. Geschichtsblätter 16 (1912) 26; Christmann, SNN I 619 f.

+Willer, bei Walhausen (Staerk, Wüstungen 407): → Nr. 731.

765. **+Willer**, unbekannt im Raum Zweibrücken, D, Rheinland-Pfalz, Pirmasens:

zu Cuntwich unde Wiler (1295 Or.).
FlN: uff die Weiller furth (1547 K.) [1].

1) Quellennachweis: HStA München, Rheinpfälz. Urkunden Nr. 2579; Kampfmann, Beiträge 38.

766. **+Willer**, nicht identifiziert im Raum La-Petite-Pierre, F, Bas-Rhin, La-Petite-Pierre [1]:

1) Hinweise auf diesen SN (ohne Nennung historischer Belege) bei Langenbeck, Wüstungen 111; Humm/Wollbrett, Villages 10. Der Verweis auf *Actulfovillare* (Nr. 4) ist zu streichen.

767. **+Willer**, unbekannt im ehemaligen Amt Grafenstein:

Wilre (1299 Or.); Wilr (1367 K. 15); Wiler (1420 K.) [1].

1) Quellennachweis: HStA München, Rheinpfälz. Urkunden Nr. 1188 (NRH Nr. 157); Mötsch, Regesten I Nr. 1386. III Nr. 3981; vgl. Christmann, SNN I 619; Dolch/Greule 481.

768. **Willerwald**, F, Moselle, Sarralbe:

vu la requête à nous présentée par notre ami gruyer de Dieuze ... aux fin qu'il nous plaise de leur accorder un certain bois appelé Weiller pour l'essarter, défricher et y rebâtir un nouveau village, ainsi qu'autre fois il y en a eu un (1618); Willerwald (1681).- Mda. *vilRvalt* [1].

Willerwald ist die zu Beginn des 17. Jhs. angelegte Nachfolgesiedlung des alten Albweiler (Nr. 8) und sekundär nach dem Flurnamen *Willerwald* benannt (dieser ursprünglich für die alte, nach der Wüstungsbildung mit Wald bewachsene Siedlungsstelle).

1) Quellennachweis: AD MM B 2063; Sauer, Inventaire Nr. 182; Bouteiller, Dictionnaire 285; ALLG. Vgl. auch Besler, ONN I 46; Dauzat/Rostaing 716; Haubrichs, Bliesgauische ONN I 59; ders., SNN 233; Hiegel, Stand 298; ders., in: ASHAL 70 (1970) 64; ders., Dictionnaire 371 f.; Vincent, France 58.

Wilre: → auch +Albweiler, Bergweiler, Calmesweiler, Dorviller, Düppenweiler, +Frohwiller, Hangviller, Hülzweiler, Johannisweiler, Kreuzweiler, Neufvillage, +Nuhweiler, +Pfaffweiler, Primsweiler, Weierweiler, Woustviller, Wustweiler.

769. **? +Wilre**, bei Lisdorf, Stadt Saarlouis, D, Saarland, Saarlouis [1]:

Wilre (±1350 Or., 1395 Or.) [2].

1) Eine Weiler-Siedlung auf Lisdorfer Bann ist urkundlich, soweit ich sehe, nur selten genannt und daher bisher nicht wirklich zu sichern. Eine Identifizierung des Beleges mit Altforweiler (Nr. 13), wie sie Staerk, Wüstungen 408, für möglich hält, scheint mir allerdings ausgeschlossen, da letzteres mit einem PN komponiert ist. Wohl aber wäre an das nahegelegene Hülzweiler (Nr. 334) zu denken.
2) Quellennachweis: BRW Nr. 542 (vgl. auch JRS Nr. 1527); BRW Nr. 644.

770. **Wilre**, alter Name von Lutzelbourg, F, Moselle, Phalsbourg:

Wilre (1405 K., 1460 K.16) [1].

1) Quellennachweis: RL III 1191; AD Mos G 8 f° 32v°.

Winsewilre: → Nr. 756.

+Wirneweiler, nach Staerk, Wüstungen 409, im Raum Bedersdorf/Saarlouis: → Nr. 221.

771. **+Wirschwiller**, Stadt Bitche, F, Moselle, Bitche:

Wirswiler (1452 K.); Moulin de Wirschwiller (1844).
FINN: Wurschweiller berg (1758 Or.); Wurschwiller Berg (±1840) [1].

Vielleicht wie Nr. 776 mit Liquidentausch zu einer Grundform *Wulfileswîlâri* zum PN *Wulfilus*, mit l-Suffix zum Stamm *wulf-a-* [2], eventuell aber auch ein altes *Wurmînes-wîlâri* zum PN *Wurmîn*, mit n-Suffix zum Stamm *wurm-i-* [3]. Die Entwicklung zur heutigen Lautung hätte dann über die Zwischenstufen *Würmeswilre* (mit durch folgendes [i] ausgelöstem Umlaut des Stammvokals) und *Würres-, Würschwiller*, schließlich mit Entrundung des [ü] [4] zu heutigem *Wirschwiller* geführt.

1) Quellennachweis: LA Speyer F 1/39 f° 12r°; Verronnais, Statistique 346; AD Mos Cartes et plans Nr. 986-988; Nap. Kat. Hinweise auf die Wüstung auch bei Bouteiller, Dictionnaire 288; AT II 259; Hiegel, Dictionnaire 375.
2) → 5.1.1.175.
3) → 5.1.1.176.
4) → 6.2.1.7.

Wiwilr (1221 K. 15 in Wadgasser Überlieferung): → Nr. 264.

772. **Wörschweiler**, Stadt Homburg, Saarland, Saar-Pfalz-Kreis:

Werneswilre (1131 K., 1172 K., 1180 Or., 1202 K., 1209 Or. u. ö.); Werniswilre (1174/79 K., 1225 Or., 1226 K., 1229 Or., 1240 Or. u. ö.); Wernßwiler (1190/97 K.15, 1233 K.15, 1437 Or. u. ö.); Wernswilre (1220 Or., ±1270 Or., 1282 Or., 1291 Or. u. ö.); Werneßwilre (1223 K.15, 1253 K.15 u. ö.); Wernswilr (1224 Or., 1348 Or. u.ö.); Wernevillerio (1228 K.15, 1256 K.15, 1258 K. 16, 1261 K.15, 1273 Or. u. ö.); Wernerswilre (1254 K.15, 1257 Or. u. ö.); de Warnerivillerio (1258 Or.); Werswilre (1262 K., 1303 Or. u.ö.); Warniervillers, var. Werniervillers (1271 K.14, 1274 K.14 u. ö.); Warnievilleirs (1284 Or.); Warnierviler (1297 Or.); Wernestwilre (1287 Or.); Werneivilleirs (1310 Or.); Wernswylre (1345 Or.); Werneswylre (1354

Or.); Vernielviller (1400 K.16).- Mda. *we'schwile'* ¹.

< *Warines-wilâri zum PN *Warin, Werin* ², mit frühem Ausfall der unbetonten Mittelsilbenvokale (→ 1180 Or. *Werneswilre*, → 1220 Or. *Wernswilre*) und Vereinfachung der Dreikonsonanz [rns] > [rs], [rʃ] ³. In der mundartlichen Lautung nicht durchgesetzt ist die im Westmitteldeutschen auch nicht übliche Rundung von [e] > [ö] (mhd. *leffel* > nhd. Löffel) ⁴. Überaus häufig ist nach der Einrichtung einer Zisterzienserabtei im 12. Jh. in der Kanzleischreibung eine Latinisierung des Klosternamens zu *Wernevillerio*, *Wernivillerio*, *Wernovillerio*; auch eine vervollständigende Schreibung *Wernerivillerio*, etc., kommt vor. Sicherlich als altfranzösische Umsetzung dieser lateinischen Formen (<*werne*-> wird dabei in Analogie zu diversen romanischen SNN gleichen Typs ⁵ als Ergebnis einer romanischen Entwicklung aus *Wern(h)ero-villâre* interpretiert) muß man die exogenen französischen Doppelformen des Klosternamens werten, wobei es durchaus bemerkenswert ist, daß diese Doubletten verschiedene romanische Lautentwicklungen wie den Ausfall von vorkonsonantischem [r] ⁶ und den Wandel von [er] + Konsonant > [ar] ⁷ mitvollziehen.

1) Quellennachweis: NRW Nrr. 1. 3.; PRZ Nr. 7; NRW Nrr. 16. 23; PRZ Nr. 5; NRW Nr. 4; Ausfeld, Fraulautern Urk. Nr. 12; NRW Nrr. 64. 73; HStA München, Rheinpfälz. Urkunden Nr. 1924; NRW Nrr. 14. 83. 881; HStA München, Rheinpfälz. Urkunden Nr. 1418. 1941; NRW Nr. 340; TUH I Nr. 98; Nrw. Nrr. 53. 150; HStA München, Rheinpfälz. Urkunden Nr. 919a; LA Sbr. Nass.-Sbr. II Nr. 34; NRW Nrr. 69. 166; HStA München, Rheinpfälz. Urkunden Nr. 1931; PRZ Nr. 153; HStA München, Rheinpfälz. Urkunden Nr. 1940; NRW Nr. 159; HStA München, Rheinpfälz. Urkunden Nr. 1929 f.; AD Mos H 683; NRW Nr. 223; Hennes, Urkundenbuch I Nr. 364; AD Meuse B 256 ff° 386r°, 395v°-369r°; AM Metz II 303; AD MM H 338; NRW Nr. 356; WLT VII Nr. 1285; HStA München, Rheinpfälz. Urkunden Nr. 2135; LA Sbr. Neumünster Urk. Nr. 10; Salveda de Grave Meijers Schneider, Droit Coutumier II Nr. 1398; Christmann, SNN I 641.
2) Förstemann, Altdeutsches Namenbuch I 1540; Morlet, Noms de personne I 219 b.
3) Vgl. Wolff, Studien 119 ff.; zu [rs] auch Kapitel 4.3.
4) → 6.2.1.8.
5) Vgl. etwa Vernéville (F, Moselle, Ars-sur-Moselle: 16. Jh. *Waimeville*, 1544 *Werneville*; Bouteiller, Dictionnaire 268); Varnimont (Gde. Cosnes, F, Meurthe-et-Moselle, Mont-Saint-Martin: 1304 *Warniemons*; Bouteiller, Dictionnaire 267); Varnéville (F, Meuse: 1105 *Warneri villa*, 1241 *Warneville*; Morlet, Noms de personne III 467).
6) → 6.1.2.1.4.
7) → 6.1.1.3.

Wörschweiler, FlN bei Osterbrücken: → Nr. 776.

543

773. **Wolfersweiler**, Gde. Nohfelden, D, Saarland, St. Wendel:

Wolfueuiller, Wolfveviler (1220 K.); Lupivillaris (1222 K.); Luppivillaris (1222 K.); Wolfueuiller, var. Wolfueuilr (±1235 K.15); Wolfeswilre (1251 Or.); Wolfelwilre (1261 K.); Wolferswilre (1290 Or., 1389 Or. u.ö.); Wolffirswilre (1297 K.15, 1298 K.15, 1299 K.15 u.ö.); Wolfferswilr (1315 Or., 1327 K.15, 1334 K.15 u.ö.); Wolverswilre (1334 K.14, 1335 Or.); Wolfferswilre (1336 K.15, 1383 Or.); Wolferswilr (1369 Or.); Woülfferswilre (1384 Or.); Wolfferßwilr (1393 Or., 1395 Or., 1411 Or. u.ö.); Wolfferßwilre (1395 Or., 1408 Or. u.ö.); Wolfersweiler (1518 Or.); Wolfersweyler (1549 Or.) [1].

< *Wulfoaldes-wîlâri zum wfrk. PN *Wulfoald* [2], komponiert aus den Elementen **wulf-a-* [3] und **walð-a-* [4]. Daß PNN mit diesem Zweitglied häufig infolge eines Dissimilationsprozesses vor [l]-haltigem Grundwort einen Liquidentausch [l] > [r] [5] zeigen und damit wie die zahlreichen Vollformen auf *-hari* in der Wortfuge [rs] > [rʃ] aufweisen, ist durch Parallelbeispiele gut zu belegen [6]. Daß der Stamm **har-ja-* [7] hier wohl tatsächlich ausscheidet, belegt neben dem 1261 genannten → *Wolfelwilre* (und wohl auch 1251 Or. *Wolfeswilre*, sicher mit Assimilation [ls] > [s]) vor allem auch der fehlende Sekundärumlaut, den dieses Element sonst regelmäßig auslöst [8]. Die Belege der Jahre 1220 und ±1235, aus Verduner Tradition stammend und daher sicherlich nach romanischem Muster komponiert, legen für diesen SN eine exogene romanische Doublette *Wolfo-villâre* zum Kuznamen *Wulf, Wolf* [9] nahe. 1222 ebenfalls aus Verdun belegtes *Lupivillaris* ist wohl eine Latinisierung dieser romanischen Form.

1) Quellennachweis: Herrmann, Betreffe 244 f. (vgl. Hübner, Beziehungen Nr. 9-11); MRhUB III Nr. 531 (vgl. MRR II Nr. 2170); MRhUB III Nr. 1120; MRR IV Nr. 1793; HStA München, Rheinpfälz. Urkunden Nr. 2568a; NRW Nrr. 403. 409 f.; NRW Nrr. 413. 420 ff.; PRV Nr. 71. 74. 76; Mötsch, Balduineen Nr. 1134; LHA Kobl. 1 A Nr. 4845; PRV Nr. 294; HStA München, Rheinpfälz. Urkunden Nr. 2565a; Mötsch, Regesten I Nr. 1454; HStA München, Rheinpfälz. Urkunden Nr. 2667. 2697; PRZ Nr. 1015; Mötsch, Regesten III Nr. 3455; HStA München, Rheinpfälz. Urkunden Nr. 2699; Mötsch, Regesten III Nr. 3300; Lager, Pfarrarchive Nr. 625; Jung, Gerichtsbuch Nr. 32.
2) Förstemann, Altdeutsches Namenbuch I 1660; Morlet, Noms de personne I 231. Man beachte das bekannte austrasische Hochadelsgeschlecht der Wulfoalde, zu ihnen z. B. Ebling, Prosopographie 241 ff.
3) → 5.1.1.175.
4) → 5.1.1.165.
5) → 6.2.2.2.2.
6) Vgl. z. B. Nr. 209.

7) → 5.1.1.87.
8) → 6.2.1.1.
9) Förstemann, Altdeutsches Namenbuch I 1643; Morlet, Noms de personne I 231 b.

774. **+Wolfwilre**, unweit von +Wenschwiller, Gde. Brouderdorff, F, Moselle, Sarrebourg:

in pago ... [Saroinse] in ipso uilare nunccupante Uuolfgunda uuilare (830 K.9); im Bann Weneswilre 1 pfennwert wiese zu Wolfwilre vf der Bybern (1349 Or.).
FlN: ? Wolflingerthal (1680) [1].

Mit Haubrichs [2] stellt sich das Bestimmungswort zum weiblichen PN "Wolfgund bzw. der Koseform Wolfila" [3].

1) Quellennachweis: DTW Nr. 198; HRS Nr. 394; Haubrichs, Ortsnamenprobleme 272.
2) Wie Anm. 1.
3) Belegt bei Förstemann, Altdeutsches Namenbuch I 1651. Den Namen *Wolfgunda* trägt die Tochter des Hausmaiers Wulfoald und Gemahlin des Gundoin aus dem bekannten Hochadelsgeschlecht der sogenannten Gundoine, welches zu Beginn des 8. Jhs. am Biberbach reich begütert ist, vgl. Ebling, Prosopographie 241 ff.

Wolpeswilre (1328 K.): → Nr. 206.

Wopenswilre (1152 K. u. ö.): → Nr. 721.

775. **Woustviller**, F, Moselle, Sarreguemines:

Wilre (1232 Or., 1244 K. 16, 1343 Or., 1347 Or.); Wiler (1474/75 Or., 1539); Willer (±1494 Or., ±1525 Or. u.ö.); Wyler (1508, 1534, 1563 u.ö.); Weiler (1553 Or.); Weiller (1565/66 Or.); auf den Wüstweiler Bann (1603 K.); Woustwiller (1833) [1].

< *Wîlâri*. Ein Bestimmungswort (zum Adjektiv mhd. *wüeste, wuoste* 'nicht kultiviert, zerfallen, verwahrlost' [2]) tritt erst auf, nachdem der Ort gegen Ende des 16. Jhs. aufgelassen worden war. Auf den Trümmern ("wüster Weiler") der alten Siedlung wird das heutige Woustviller gegen Ende des 17. Jhs. neu errichtet [3].

1) Quellennachweis: BRW Nr. 107; LHA Kobl. 54 S 721 Nr. 2; Kirch, Welferding II 10; LHA Kobl. 1 A 5161; AD MM B 9165 f° 25; Kirch, Welferding II 29; AD Mos 4 E 601; LHA Kobl. 54.33 Nr. 728 f° 13v°; Lepage, Rustauds 120; Kirch, Welferding II 24. 28. 31. 35; Krämer, Sulger 58. 113; LHA Kobl. 182/45 f° 1r°; StA Wertheim 68/68; Touba, Region Saargemünd I 18; AD Mos 2 T 196. Der bei RL III 1232 genannte Beleg *Wustweiler* zum Jahr 1270 ist zu Nr. 778 zu stellen; von Hiegel, Dictionnaire 374, als Erstbeleg für Woustviller genanntes *Hildemannsweiler* (die Schreibung ist nach BRW Nr. 21 in *Hildemanswilre* zu korrigieren) gehört zu Nr. 301.
2) Vgl. Dittmaier, FINN 350, zur Deutung des SN auch Helbok, ONN 96; Kaufmann, Westdeutsche ONN 274; Haubrichs, Bliesgauische ONN I 44; Hiegel, Dictionnaire 375. Zu streichen ist der Deutungsvorschlag bei Dauzat/Rostaing 733 (ouest/westlich).
3) Vgl. RL III 1232; AT I 251 ff.

776. **+Würschweiler**, bei Osterbrücken, Stadt St. Wendel, D, Saarland, St. Wendel:

Wulßwiler (1480 Or.); Wurszwiler (1541 Or.); Wurtzweiler (1585/88 Or.). FINN: Würsweiler, Wörschweiler Rech, Wörschweiler Dell [1].

< *Wulfiles-wîlâri* zum PN *Wulfil(us)* [2], mit l-Suffix [3] zum Stamm *wulf-a-* [4]. Der SN zeigt Liquidentausch vor [l]-haltigem Grundwort [5] sowie Assimilation [lf] > [ll], [l] und [ns] > [s]. Die Lautverbindung [rs] entwickelt sich regelmäßig zu [rʃ] [6]. Die rezenten Flurnamenbelege zeigen mitteldeutsche Senkung [ü] > [ö] [7].

1) Quellennachweis: LHA Kobl. 24/539 f° 16; Fabricius, Veldenz I 32; Stoll, Hoof 153; Staerk, Wüstungen 411; Christmann, SNN I 642. Die von Staerk vorgenommene Verknüpfung mit dem Namen der sogenannten Warthweiler- oder Neumühle in der gleichen Gemarkung (Nr. 719) ist onomastisch nicht gerechtfertigt.
2) Förstemann, Altdeutsches Namenbuch I 1644.
3) → 5.2.
4) → 5.1.1.175.
5) → 6.2.2.2.2.
6) → 4.3.
7) → 6.2.1.5.2.

+Würschwiller, bei Bitche: → Nr. 771.

777. **+Würzweiler**, w. Reichweiler, VG Kusel, D, Rheinland-Pfalz, Kusel:

Wertzwiler, von einer wiesen in Wirtzwiler bach (1480 Or.); oben im Wurtzwiler grund ... hat ein dorf gelegen, Wurtzweiler genant, doselbst seind noch mauren darvon, und viel großer haufen stein zu sehen (1588 Or.) [1].

< *Wurz-wîlâri zu ahd. *wurz* 'Gewürzkraut' [2] ? Folgendes [i] des Grundwortes bewirkt Umlaut [3]; die ältesten Belege zeigen außerdem Entrundung [ü] > [i] [4] sowie mitteldeutsche Senkung [i] > [e] [5].

1) Quellennachweis: LHA Kobl. 24/539 f° 35; Fabricius, Wüstungen 129. Vgl. Altpeter, Burglichtenberg 92 f.; Dolch/Greule 500 f.
2) Schützeichel, Wörterbuch 243. Dolch/Greule (wie Anm. 1) setzen auf Grund von älteren Belegen, die wohl eher zu Nr. 754 gehören, den PN *Werinzo* an.
3) → 6.2.1.1.
4) → 6.2.1.7.
5) → 6.2.1.5.2.

Wulßwiler (1480 Or.): → Nr. 776.

778. **Wustweiler**, Gde. Illingen, D, Saarland, Neunkirchen:

Wilre (1160 K.17, 1270 K.14, 1321 K.); Oberwilre, Niderwilre (±1200 K.17); Wustweiler (1686) [1].

Zum adjektivischen Bestimmungswort vgl. Nr. 775.

1) Quellennachweis: LA Sbr. Nass.-Sbr. II Nr. 2448 ff° 12. 82. 111, Nr. 6, Nr. 2767 f° 24v°; MRR II Nr. 2033; LA Sbr. II Nr. 2411 f° 12r°; Kaufmann, Westdeutsche ONN 273 (vgl. Jungandreas, Lexikon 1149).

Wylaru (796 K.): → Nr. 762.

779. **Xaffévillers**, F, Vosges, Rambervillers:

Safleviller (884 F.12 K.17); Sasleviller < *Safleviller (962 F.12 K.17); Stafledevillare < *Scafledevillare (1051 K.18); Safleviller (1114 K.18);

Xeufflevillers (1248 K.15); Xaffeviller (1304 K.); Xaffleuilleir (1314 Or.); Xafflevillers (1336 K.18); Xaffleviller (1420 K., 1479 K.15); Xaflauiller (1460 K.15, 1490); Xafleuiller (1511 Or.); Xafeuiller (1634 Or.); "on prononce Chafeviller" (1779) [1].

< *Scaftfledo-villâre* zum wfrk. PN *Scaftfledus* [2], komponiert mit Hilfe eines zu ahd. *scaft* 'Speer, Lanze' [3] zu stellenden Namenelementes, das hier mit einem durch das Polytychon von St. Germain-des-Prés nachgewiesenen westfränkischen Zweitglied <*-flêdus*> [4] verbunden wird. Man wird dieses Element zu dem "im westfränkischen gebiete ... besonders beliebte[n]" [5] Stamm **flêd-î-* [6] stellen dürfen, der allerdings im Prinzip nur weibliche Namen bildet, weshalb die Männernamen auf <*-flêdus*> als "romanische Entartungen der weiblichen Namen" [7] gelten können. Die Lautentwicklung des SN zeigt Assimilation des auslautenden Dentals des Bestimmungswortes an folgendes [v]; ebenso assimiliert sich der Dental im Auslaut des ersten Gliedes an folgendes [f], das sich vor [l] erhält [8]. In der heutigen Namenform ist nachkonsonantisches [l] des PN vor [l]-haltigem Grundwort geschwunden.

1) Quellennachweis: MG DD Richgard Nr. 1; MG DD Otto I Nr. 443; DHV I 166; Gallia Christiana XIII Instr. 468; Calmet, Lorraine (2. Aufl.) V Pr. 129; MCM I 550; BM Nancy ms. 1788 f° 158; AD MM B 574 Nr. 96; BN Paris ms. lat. 9202 f° 260; BN Paris ms. fr. 5397 f° 73v°; AD Mos G 8 f° 157r°. 23r°; AD Vos G 2556 f° 22v°; BN Paris Coll. Lorr. Bd. 979 Nr. 110; Schmit, Pièces II 196; Durival III 453.
2) Dauzat/Rostaing 736, setzen einen PN *Scaft-laith* an, Morlet, Noms de personne III 441, einen *Scafleid*. Gamillscheg, Siedlung 149, denkt an einen nicht näher zu bestimmenden PN mit Zweitglied <*-fridus*>.
3) Vgl Förstemann, Altdeutsches Namenbuch I 1302 f.; Kaufmann, Ergänzungsband 304. Im romanischen Bereich ist für diesen Stamm mit einem durch Assimilation von vorkonsonantischem [f] an den folgenden Dental (Rheinfelder § 567; Kaufmann, Ergänzungsband 304) entstehenden Sekundärstamm <*scat(t)-*> zu rechnen.
4) Vgl. Schramm, Namenschatz 160. Nicht verzeichnet bei Longnon, Polyptyque I 360.
5) Förstemann, Altdeutsches Namenbuch I 508.
6) Vgl. Tiefenbach, Xanten-Essen-Köln 354; Kaufmann, Ergänzungsband 117; Schramm, Namenschatz 160.
7) Schramm, wie Anm. 4.
8) Vgl. Rheinfelder §§ 552. 629.

Xandronviller: → Nr. 588.

780. **+Xerbéviller**, Stadt Lunéville, F, Meurthe-et-Moselle, Lunéville [1]:

le pont qui est en la voie de Cerueiuilleir (1286 Or.); dou molin de Cerueluilleir (1329 Or.); molendini de Cerueuilleirs (1330 Or.); Sarbeviller (16. Jh. A. Or.); au lieu appellé Cerbeuiller (1666); Moulin de Xerbeuiller (1719); Cerbéviller (1779) [2].

< *Sórberto-víllâre zum germ. PN *Swâr-berht > wfrk. *Sórbert, komponiert mit Hilfe eines Namenelementes, für das ahd. swâri 'gewichtig, würdevoll' [3] zu vergleichen ist, sowie des in Namen überaus häufigen germ. *berχta- 'hell, glänzend' [4]. Im Erstglied des PN ist im romanischen Kontaktgebiet mit romanisch bedingtem Schwund von [w] in der anlautenden Verbindung [sw] und anschließender Verdunkelung des nachfolgenden Vokals [5] zu rechnen. Dialektspezifisch sind in diesem SN die Entwicklung des Vortonvokals zu [e] [6], das vor folgendem [r] zu [a] werden kann, der Wandel von anlautendem [s] zu zum Teil als <x> verschriftetem [ʃ] [7] sowie der Ausfall von [r] im Silbenauslaut vor Konsonant [8].

1) Hinweise auf diese Wüstung schon bei Durival, Description III 72, und Lepage, Dictionnaire 159. Die Siedlung lag am Ufer der Vezouze, vgl. die Flurnamen *Moulin de Xerbéviller* und *Moulin de plâtre* (Nap. Kat.).
2) Quellennachweis: AD MM H 3147 (vgl. De Pange, Actes Nr. 790; Levallois, Raoul Nr. 8); Choux, Obituaire 34. 97; Durival, Description III 72.
3) Schützeichel, Wörterbuch 190; zu den Namen auch Kaufmann, Ergänzungsband 335; ders., Rufnamen 181. 324.
4) → 5.1.1.30., allerdings kann im Ostfranzösischen auch -bôd als Zweitglied zu <-bé> reduziert werden (vgl. Nr. 305), so daß dieser Stamm wohl ebenfalls nicht ganz auszuschließen ist.
5) → 5.3.8.
6) → 6.1.1.9.
7) → 6.1.2.2.
8) → 6.1.2.1.4. Auf diesen Ausfall von [r] bereits im 13. Jh. verweisen die Schreibungen <ei> (mit sogenanntem "parasitischem" <i>, dazu 6.1.1.8.) und <el> (hyperkorrekt restituiert für altes [er]).

Xifwilre (1369 K.): → Nr. 590.

781. **Xonvillers**, Gden. Dommartin-lès-Remiremont und St Etienne-lès Remiremont, F, Vosges, Remiremont:

Cossonveler (1310 Or.); Quessonviller (14. Jh., 1569); la grange de Q[u]ysso[n]viller (15. Jh. Or.); Quesonviller (1525); Cussonviller (1593); Quessonville (1594 K.17); Xonvillers (1725).- Mda. *xõvilé* ¹.

< *Cossône-villâre. Der PN *Cosso könnte als Variante des gut belegten lat. *Cossus* ² zu interpretieren sein; man beachte allerdings als wohl fränkische Bildung auch den für das Jahr 742 bezeugten weiblichen PN *Cotsa* ³. Ihm würde ein männliches *Cotso entsprechen, das in romanischem Mund mit Assimilation des Dentals an folgendes [s] ⁴ ebenfalls *Cosso, in althochdeutscher Entwicklung besser belegtes *Cozzo* ⁵ ergibt. Dieser PN ist erklärbar als "expressive Kurzform zu PN mit Gauz-, Goz-" ⁶.
Die jüngeren Belege zeigen, wie in der lothringischen Skripta häufig, Abschwächung des Vortonvokals zu [e] ⁷. Wohl erst in jüngerer Zeit kommt es zur Deglutination der Vortonsilbe ⁸ und zum dialekttypischen Wandel des nun im Anlaut stehenden [s] zu [ʃ] ⁹.

1) Quellennachweis: BN Paris ms. nal. 2531 Nr. 83 a; BN Paris ms. naf. 1282 f° 49 v°; Mathieu, Seigneurie 76; Boulard, Documents 300; BN Paris ms. nal. 2537 Nr. 362; AD MM B 2510 f° 9; Alix; AN Q1 Nr. 1637; Georgel, Noms 152.
2) Vgl. Schulze, Eigennamen 519; Kajanto, Cognomina 178.
3) Bruckner, Regesta Alsatiae Nr. 146.
4) → 5.3.10.
5) Morlet, Noms de personne I 106.
6) Haubrichs, SNN 262. Romanisiertes *Cosso wäre ein zusätzliches Indiz der vor allem von Kaufmann vorgetragenen These, nach der PNN auf <gauz->, <goz-> als westfränkisch-romanische Varianten zu *gaut-a- (mit westfränkischer s-Erweiterung) zu interpretieren wären, dazu ausführlich Kaufmann, Ergänzungsband 142; ders., Rufnamen 312 f.; Felder, Münzmeisternamen 19.
7) → 6.1.1.9.
8) → 4.2.1.
9) → 6.1.2.2., dazu auch ALLR Nr. 195 'essuyer' (la vaisselle), wo gerade für den Raum um Remiremont der gleiche Vorgang gut dokumentiert ist.

Xoweinviller (1300 Or.): → Nr. 600.

Ywilre (de Y., Name eines Bürgergeschlechtes im lothringischen Saarburg): → Nr. 199.

782. **Zainvillers**, Gde. Vagney, F, Vosges, Saulxures-sur-Moselotte:

Sezainvilleir (1367 Or.); Zezainviller (1420 Or.); Seinvellay (1452); Zenvillay (1472); Ezainvillier (1493 Or.); Zainvillers (1569 K.18, 1605, 1681 u.ö.).- Mda. zẽvle [1].

Falls hier nicht ein romanischer PN, etwa *Sisinnius* [2], vorliegt, am ehesten zu einem westfränkischen PN *Sisoin* [3], dessen erstes Element Kaufmann allerdings mit langem Stammvokal ansetzt [4]. Er interpretiert PNN auf *Sîsi-, *Sîse- als unter romanischem Einfluß entstandene Varianten des häufigen Namenstammes *sigi(s)- [5] mit romanischer Kontraktion von intervokalischem [g] [6]. Eine Senkung auch von ursprünglich langem [î] zu [e] [7] ist speziell in den ostfranzösischen Dialekten (und besonders unter dem Vorton) gut möglich. Die jüngeren Belege zeigen Deglutination der Vortonsilbe [8].

1) Quellennachweis: BN ms. nal. 2533 Nr. 170; BN ms. naf. 1286 f° 85v°; BN ms. naf. 1295 f° 1; Marichal, Dictionnaire 461; AD MM B 2438 f° 6v°; DHV IV 190; Marichal, Dictionnaire 461; Sauer, Inventaire Nr. 408; Bloch, Parlers XII.
2) Vgl. Schulze, Eigennamen 94. 399.
3) Vgl. Morlet, Noms de personne I 201.
4) Kaufmann, Ergänzungsband 317.
5) → 5.1.1.148.
6) → 5.3.11.
7) → 6.1.1.7.
8) → 4.2.1.

783. **+Zeißweiler**, nw. Jettenbach, VG Wolfstein, D, Rheinland-Pfalz, Kusel:

Zeyßwilre (1430 Or.)
FlN: Zeißweiler (1753/54) [1].

< *Zeizzen-wîlâri* zum PN *Zeizzo* [2].

1) Quellennachweis: LA Speyer A 14/58m f° 6; Gemeindearchiv Jettenbach, Lagerbuch. Vgl. Christmann, in: MHVP 57 (1959) 29; Dolch/Greule 504.
2) Förstemann, Altdeutsches Namenbuch I 1387 f.; Morlet, Noms de personne I 233a. So auch Christmann (wie Anm. 1); Kaufmann, Pfälz. ONN 291; Dolch/Greule (wie Anm. 1).

784. +**Zeisweiler**, Gde. Illingen, OT Hüttigweiler, D, Saarland, Neunkirchen:

Didericus de Ceyswilre (1321 K.); (Henzo v.) Ceyswiler (1347 K.); Zeissweiller (1403 K., 1413 K.); Zeiswilre (1436 K.); Zeyßwyler (1524 Or.); Zeyßwiller (1524 Or.); in Zeisweiler (1620, 1662, 1721, 1791).
FlN: Zeisweilerwiesen [1].

< *Zeizzen-wîlâri zum PN Zeizzo [2] zu einem mit ahd. *zeiz* 'lieb' [3] zu verbindenden Stamm *tait-a- [4].

1) Quellennachweis: LA Sbr. Nass.-Sbr. II Nr. 2767 f° 23v°; JRS Nr. 1484; Florange, Sierck 63 (vgl. Goerz, Regesten 132; Hammerstein, Urkunden Nr. 674); Staerk, Wüstungen 415; Hannig, Regesten 115; Staerk, Wüstungen 415; Engel, Hüttigweiler 18. 21 f. 32; Staerk, Wüstungen 414.
2) Belege u.a. bei Förstemann, Altdeutsches Namenbuch I 1387 f.; Morlet, Noms de personne I 233 a; Tiefenbach, Xanten-Essen-Köln 381.
3) Schützeichel, Wörterbuch 245.
4) Dazu ausführlich Kaufmann, Ergänzungsband 338 f.; ders., Rufnamen 67; ders., Pfälz. ONN 290; Geuenich, Fulda 198.

785. +**Zinkweiler**, Gde. Illingen, OT Gennweiler, D, Saarland, Neunkirchen [1]:

Cinkwilre (1266 K.); Zinkweiler (1305 K.); Cinckewilre (1348 Or.); Czinckewilre (1432 Or.); Zingwilre (1433 Or.); Czinckwilre (1433 Or.); Zinckwilre (1435 Or.); Zinkwile[r] (1438 Or.); Zingwilr (1448 Or.); Zinckwilr (1477 Or.); Zinckwiler (1488 Or.); Zünckwiller (1526 K.16); Zinckwiller (1537 Or.); Zinckweiller (1629).
FlN: in Zinkweiler [2].

< *Zinzichen-wîlâri zum PN *Zinzicho. Dieser ist wohl k-Ableitung [3] zu einem mehrmals belegten Kurznamen Zinzo [4], für den der Erstbeleg des elsässischen SN Zinswiller [5], wohl ein altes *Zinzen-wîlâri, das 742 in romanischem Gewand als Cinciones uuillare bezeugt ist [6], eine ungermanische Herkunft vermuten läßt. Zu denken ist an ein keltisches Namenelement *cintu- [7], dazu der Kurzname Cintio, mit romanischer Assibilierung von [tj] [8] Cincio.
Für den SN ist eine Lautentwicklung zu *Zinzchenwilre, *Zinchenwilre zu erwarten; "der ch-Laut wird zu /k/, wenn er nachträglich in den Silbenanlaut tritt" [9]. Durchaus erwartbar sind im Westmitteldeutschen auch die gelegentlichen Schreibungen <ng> für [nk] [10].

1) Hinweise auf diese Wüstung u.a. bei Herrmann/Hoppstädter/Klein, Landeskunde I 99; Hoppstädter, SNN 77; Staerk, Wüstungen 416 f. Angaben über eine gleichnamige Wüstung in der Umgebung des lothringischen Ortes Guenviller (Nr. 264) u.a. bei RL III 337, und Langenbeck, Wüstungen 107, beruhen auf Fehlidentifizierungen; sie sind schon bei AT III 438 f., korrigiert.
2) Quellennachweis: JRS Nr. 477 (vgl. MRR III Nr. 2180); JRS Nr. 854; LHA Kobl. 54 E Nr. 6-8; LHA Kobl. 54 R Nrr. 124. 124 a. 124 b; AD Mos 10 F 396; LHA Kobl. 54 K Nr. 395; LA Sbr. Nass.-Sbr. II Nr. 2443 f° 590; Fürst, Einwohnerverzeichnisse 11; Freis, in: Merchweiler Heimatblätter (1988) 44; Staerk, Wüstungen 416.
3) → 5.2.
4) Belegt bei Förstemann, Altdeutsches Namenbuch I 1674.
5) F, Bas-Rhin, Niederbronn-les-Bains.
6) DTW Nr. 2, mit -es statt -is in der lateinischen Genitivendung.
7) Vgl. Holder I 1021; Evans, Names 179.
8) Vgl. Rheinfelder § 524.
9) Vgl. Paul/Wiehl/Grosse § 140 Anm 4.
10) Vgl. Nr. 571.

+Ziwiller, nach Langenbeck, Wüstungen 107, bei St. Jean-Rohrbach, mehr nicht bekannt.

Zwenwilre (1344 K., JRS Nr. 1404): → Nr. 230.

2.3. Nachträge zum Siedlungsnamen-Katalog

114a. **+Buchweiler**, Gde. Wadern, OT Gehweiler, D, Saarland, Merzig-Wadern:

FlN: Buchweiler Anwand [1].

< *Buoch-wîlâri, zu ahd. buohha, mhd. buoche 'Buche' [2].

1) Quellennachweis: Urkataster.
2) Vgl. Nr. 114.

170a. **+Eiweiler**, Gde. Rehlingen, OT Itzbach, D, Saarland, Saarlouis:

FlNN: pratum apud Ywile situm in loco dicto Walfesvourt supra flumen Nyde (1319 K.); wiesen in Ywiler (± 1494 Or.) [1].

< *Íven-wîlâri zum PN Îbo, Îvo ².

1) Quellennachweis: LHA Kobl. 54 V 106; LHA Kobl. 54,33/728 f° 47v°.
2) Vgl. Nr. 170.

436a. **+Morschweiler**, bei Bechhofen, VG Zweibrücken-Land, D, Rheinland-Pfalz, Pirmasens:

Morßwill[e]r (1489 Or.) ¹.

< *Môres-wîlâri zum romanischen PN Maurus > Môr ².

1) Quellennachweis: StA Trier WW 38 f° 8r°.
2) Vgl. Nr. 436.

2.4. "Scheinbare" Weilernamen mit analogischer Angleichung des nicht mehr verstandenen Grundwortes ahd. *bûr* an den Weiler-Typus

Bettviller, F, Moselle, Rohrbach-lès-Bitche:

Bedebur (1157 Or.); Bedebour (1313 Or.); Bedeburen (1318 Or.); Bedenburen (1361 Or.); Bettelburen (1392 K.18); Bedeborn (1398 Or.); Bedewilr (1445 K.15); Bedewilre (1454 Or.); Bedwyller (1466 K.16); Bedewiller (1489 Or.); Bedebronn (1496 K.17); Bedweiler (1521 K.); Bedwiller (1544 Or.); Bettweiler (1625 Or.) ¹.

< *beta-bûr* 'Haus des Gebets' ².

1) Quellennachweis: HRS 649; HStA München, Rheinpfälz. Urk. Nrr. 1203. 1208; Kirsch, Kollektorien 315; AM Sarreguemines G 13; HStA München, Rheinpfälz. Urk. Nr. 2712; LA Sbr. Nass.-Sbr. II Nrr. 241 (vgl. Pöhlmann, Bitsch Nr. 60). 266. 2443 f° 332; Pöhlmann, Bitsch Nr. 141; AD MM B 568 Nr. 25 f° 1; NRH Nr. 705; Herr, Ingweiler Nr. 90; LA Sbr. Nass.-Sbr. II Nr. 2403 f° 332.
2) Vgl. ahd. *betahûs* (Schützeichel, Wörterbuch 14, wegen ahd. *bûr* 'Haus, Kammer' vgl. ebd. S. 23). Zu dieser Etymologie auch Langenbeck, Untersuchungen 11; Engels, ONN 130; Haubrichs, Bliesgauische ONN I 44. Dauzat/Rostaing 143, und Morlet, Noms de personne III 245 b, deuten den SN als *Betten-bûr* bzw. *Betten-brunno*

zum PN *Betto*.
Die Ablösung des Siedlungsnamen-Grundwortes *-búr(i)*, dessen appellativischer Partner lediglich in bestimmten Zusammensetzungen (z. B. nhd. Vogelbauer) weiterlebt, durch *-weiler* ist auch sonst häufig (→ 3.7.2) und speziell für *betabúr auch in anderen Fällen belegt, vgl. dazu Humm Wollbrett, Villages 29, über eine Wüstung Bethebur Bettweiler im elsässischen Zutzendorf. Auch das lothringische Bettborn (Dép. Moselle, Ct. Fénétrange) erscheint im 16. Jh. einmal als *Bedweiler* (Lepage, Dictionnaire 16).

Schellweiler, VG Kusel, D, Rheinland-Pfalz, Kusel:

Conradus dictus Busche de Schulrebure (1277 K.); Conradi dicti Busche de Sullbure, *var.* Sulbure (1289 K.); Conradi dicti Busche de Sulburre (1290 K.); Scholwijlre (1466 K.); Scelwillr (1458 Or.); Schelwilre (1460 Or.); Scholwilere (±1470 K.); Schelwiler (1480 Or.); Schelweiler (1587 Or.). Mda. *schelwile'* [1].

Das Bestimmungswort ist unerklärt. Christmann, Kaufmann, sowie das neue pfälzische Siedlungsnamenbuch von Dolch und Greule [2] setzen mhd. *sölre*, *solre*, *sulre* 'Speicher, Dachkammer' an und behelfen sich zur Erklärung des seit dem 15. Jh. in Originalüberlieferung bezeugten anlautenden [ʃ] (statt [s]) mit volksetymologischen Umdeutungen.

1) Quellennachweis: Christmann, SNN I 538 (Kriegsverlust); Remling, Remigiusberg, Beilage 11; LA Speyer F 1 49a f° 69; LA Speyer T 3 16; LA Speyer A 2 138.1 f° 10; LA Speyer B 3/923 f° 24; LA Speyer F 1 49 a f° 44v°; Fabricius, Veldenz I 88; LA Speyer B 2/1368.1 f° 3; Dolch Greule 420.
2) Christmann, Siedlungsnamen I 538; Kaufmann, Pfälzische ONN 248; Dolch Greule 420.

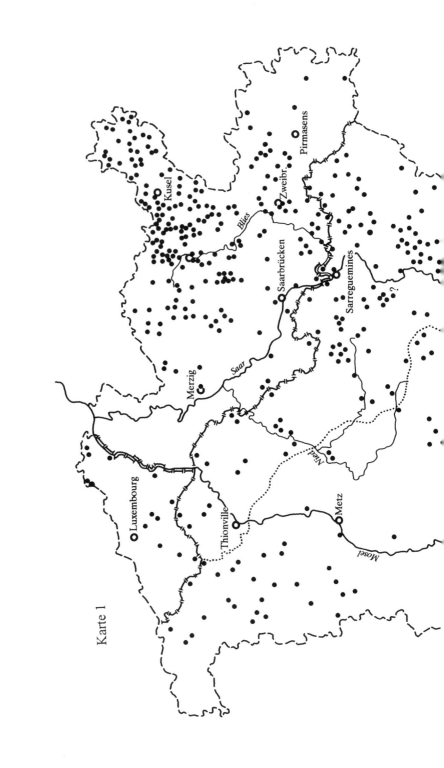

Karte 1

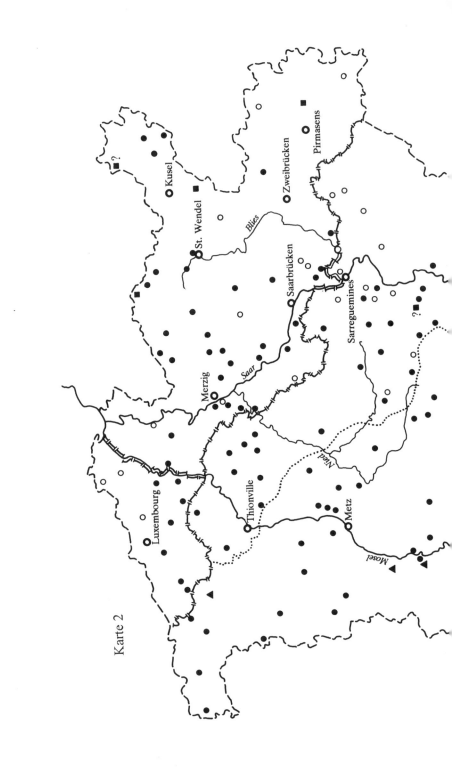

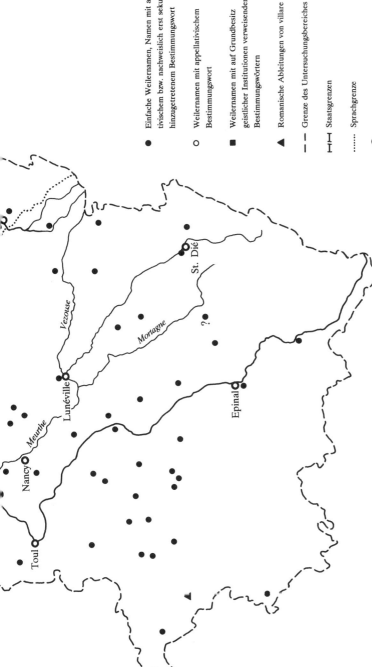